© SIMONSKAFAR - ISTOCKPHOTO.COM

PASSPORT

A la découverte de l'agritourisme

Depuis quelques années, la tendance est au vert, à la campagne, au tourisme rural. C'est pourquoi le Petit Futé a voulu créer ce guide, pour vous faire découvrir des richesses méconnues de notre territoire, des agriculteurs qui mettent à l'honneur le savoir-faire ancestral. Au fil des régions, partez à la découverte des éleveurs, des maraîchers, des arboriculteurs, des vignerons ou encore des fromagers. Profitez-en pour découvrir toutes les spécificités des terroirs et des départements : du vin, du cidre, de l'armagnac ou encore du cognac, du foie gras et autres victuailles, des fruits et légumes frais, des fleurs, des herbes aromatiques ou plantes aromatiques, sans oublier les huiles d'olives, les miels, les fromages allant du saint-félicien au maroilles... Vous allez pouvoir remplir vos paniers et ramener bon nombre de souvenirs. Et les plus petits en prendront plein les yeux à la découverte des animaux de la ferme, parfois classiques comme les poules, les vaches et les moutons ou bien plus insolites avec les autruches, les lamas...

Pour vous aider à vous repérer, le *Petit Futé* vous a concocté une sélection de fermes, d'auberges, de domaines... très différents les uns des autres, mais qui tous vont vous faire voyager, découvrir une gastronomie, une culture locale et surtout ravir vos papilles... Et ne vous privez pas de les visiter ! Alors bonne visite avec votre *Petit Futé* !

SOMMAIRE

© PIXDELUXE - ISTOCKPHOTO.COM

ISTOCKPHOTO.COM

© BLUECINEMA - ISTOCKPHOTO.COM

AUVERGNE-RHÔNE-ALPES

AUBERGE DE LA TOUR €€

91, impasse Utrillo - **AMBÉRIEUX-EN-DOMBES**
✆ 04 74 00 85 41
www.auberge-de-la-tour.fr

Ouvert du jeudi au mardi le midi, vendredi et samedi le soir. Menus de 29,50 à 39 €. Accueil des groupes. Mariage.

Dans une ferme du XIXe siècle parfaitement rénovée, au cœur de la Dombes, venez profiter de la nature, des étangs, des chevaux et d'un parc avec des animaux. Un cadre superbe et une tranquillité absolue ! Accueil chaleureux de Sylvie et Christophe. A table, cuisine traditionnelle composée de spécialités régionales. Sur une magnifique terrasse fleurie au bord d'un petit étang, chacun trouvera son bonheur gourmand. Soirées animées en été. Une adresse gourmande dans un cadre dépaysant à souhait. Lieu idéal pour organiser un mariage et d'autres événements privés.

MAISON NEUFCOEUR

375, rue du Quart Bozon - **ARANC**
✆ 04 74 38 56 99
www.maisonneufcoeur.com

Ouvert mardi, jeudi et vendredi 16h-18h30, samedi 10h-12h et 15h30-18h30. Mercredi des vacances zone A : 16h-18h30.

Chez Laurent Neufcoeur, apiculteur professionnel « bio » sur le plateau d'Hauteville, près de 200 ruches vous donnent le meilleur des miels de saison. Miel de montagne, d'acacia, châtaignier, lavande, sapin... tous les miels et d'autres produits - à commencer par le délicieux pain d'épice « pur miel », ainsi que des nougats ou des bonbons fondants, sucettes, pâtes de fruits... Et pour prolonger le bonheur, on prend racine au gîte La Maison de Pain d'Epices, classé 2 épis par Gîte de France, pour 5 à 6 personnes, dans un cadre ravissant et vraiment reposant.

LES ROUTES TOURISTIQUES DE L'AIN

✆ 04 74 32 31 30
www.routes-touristiques.com

Guides, cartes et informations disponibles en ligne et dans les offices de tourisme du département.

4 routes, 4 circuits touristiques à travers des étapes culturelles, gastronomiques, viticoles ou naturelles. Les circuits, qui peuvent avoir plusieurs itinéraires, sont : circuits de la Bresse, circuits du Bugey, circuits du haut Bugey, circuits de la Dombes. Tout au long de ces routes à faire selon son rythme, on découvre des petits bijoux et des grands sites, des paysages toujours grandioses et des hommes qui partagent avec passion un patrimoine d'exception.

LA FERME DES BIOUX

136, route de Buesle
BUELLAS
✆ 06 20 44 50 09
www.etiktable.fr/author/fermedesbioux/

A la ferme : mardi et vendredi de 9h à 18h30.

Achetée en 1996 par Gilles et Christine, cette exploitation maraîchère familiale s'est reconvertie progressivement pour passer au bio en 2014. La ferme des Bioux est exploitée aujourd'hui par les 2 associés aidés de 5 salariés. Ils vous y proposent des légumes bio et de saison, ainsi que d'excellents produits transformés sur place dans leur laboratoire, tels que des soupes et des produits sous vide. Ils pratiquent uniquement la vente directe en circuits courts, leur point de vente le plus éloigné étant la Panouille à Ceyzériat.

POISSONS DE DOMBES

2, Grande Rue
CHALAMONT
✆ 04 74 36 62 81
www.poissonsdedombes.fr

Parmi les produits d'exception de l'Ain, découvrez les Poissons de Dombes®. Une marque déposée qui répond à toutes vos exigences de qualité et de bien-être animal, vous garantissant des produits d'excellence. Les poissons sont élevés en eau douce pendant 3 ans, selon un savoir-faire ancestral et dans un environnement préservé pour des produits de haute qualité au goût remarquable. Depuis plus d'un siècle, les hommes et les femmes de la filière Poissons de Dombes® s'engagent durablement de l'étang jusqu'à l'assiette. Présente dans les eaux douces de la Dombes depuis l'origine, la carpe est appréciée pour sa chair savoureuse et se prépare avec de nombreuses recettes gourmandes ! Sur le site Internet, vous retrouverez des idées pour varier les plats, entrées ou apéritifs autour de la carpe. Profitant d'une filière locale : carpes, brochets et sandres sont à découvrir sur les étals de vos magasins, grandes surfaces ou magasins de producteurs fermiers, ainsi que sur les bonnes tables de la région.

Plus surprenant, les Poissons de Dombes® sont aussi à l'origine de la marque Cuir de carpe de Dombes®. Un cuir naturel servant à la confection d'une collection de maroquinerie, bijoux et accessoires pour hommes et femmes. Un showroom situé à Chalamont vous présente baskets, ceinture, boucles d'oreilles, portefeuille... Plusieurs points de vente locaux à retrouver sur www.cuirdecarpededombes.fr.

Chez soi ou au restaurant, les Poissons de Dombes® offrent le meilleur de leur terroir d'origine et d'un savoir-faire inimitable.

CHÈVRERIE LA RAMAZ

La Bertinière
HAUTEVILLE-LOMPNES
✆ 06 37 09 10 20
www.chevrerielaramaz.fr
Ouvert tous les jours à partir de 16h. Entrée : 2 €.

Cette exploitation familiale est située à 900 mètres d'altitude. Annie et Olivier élèvent une centaine de chèvres de race alpine, quelques saanen et cols noirs du Valais qui profitent d'une quarantaine d'hectares de prairies. La totalité du lait récolté est transformé en fromages dont la grande majorité est écoulée en vente directe. Venez à 16h pendant la saison pour participer à la traite des chèvres, puis dégustez et faites provision de fromages frais, chèvre au poivre, fromage miel cannelle ou une tome ; sans oublier les yaourts ou le lait cru de chèvre.

AUBERGE CHEZ ROGER LA GRENOUILLE €€

Les Rollets
ILLIAT
✆ 04 74 24 05 27
Ouvert du mercredi au dimanche le midi et le soir.

Grenouilles fraîches, fritures d'ablettes de la Saône, pavé de silure, jambonnette de grenouilles sont au menu de ce restaurant convivial tenu par un personnage adorable. La cuisine traditionnelle s'approprie les produits du terroir. A proximité, l'étang de Riveriat situé au coeur du village, offre de belles prestations pour d'agréables parties de pêche. Vous pourrez y taquiner tanches, carpes, brochets. Des sentiers de promenade permettent de se ballader le long des berges.

L'ATELIER DU MOULIN DE RIOTTIER

337, moulin de Riottier - **JAYAT**
✆ 04 74 30 37 17
www.safran-moulinderiottier.com
Atelier ouvert le midi en semaine et le soir du jeudi au dimanche. Autres jours sur réservation.

Une adresse particulièrement gourmande où l'on cultive une épice rare au goût unique, le safran. C'est en 2014 que Céline, auparavant dans la haute couture, est devenue safranière. Une activité qui demande patience et passion, quand on sait qu'il faut environ 200 fleurs de cette superbe fleur violette, le *crocus sativus*, pour en extraire 1 gramme de safran ! Mais cette épice en vaut largement la peine, elle qui donne un goût remarquable à toutes les préparations. Une adresse *Futé*.

LIBELUILE

1050, route de Béréziat
JAYAT
✆ 04 74 25 68 10
www.libeluile.fr
Ouvert du lundi au jeudi de 8h30 à 12h15 et de 13h30 à 17h30 ; le vendredi de 8h30 à 12h30.

Pour découvrir et goûter des huiles d'exception, direction Jayat au Moulin de Vernessin. C'est ici que sont produites les huiles Libeluile. Des huiles vierges aux parfums uniques, mais aussi des vinaigres à la pulpe de fruits – avec des saveurs surprenantes –, accessibles à tous les gourmands pour une cuisine saine et pleine de sensations. Huile vierge de pistache, de noix, de noisette, de sésame, d'amande, de graine de courge, de colza à la truffe, huile d'olive vierge au basilic, à la bergamote, à l'orange, au citron, à la menthe !

FERME PEDAGOGIQUE DE MONSIEUR SEGUIN

LA CHAPELLE-DU-CHÂTELARD ✆ 04 74 24 51 86
www.fermeseguin.fr
Fermé de novembre à février. Ouvert du lundi au samedi de 9h30 à 17h. Entrée : 5 €. Sur réservation en ligne.

Au cœur de la Dombes, venez découvrir les chèvres de M. Seguin, blanches et hardies, elles n'attendent que vous. Durant une heure et demie, les fermiers en herbe pourront approcher moutons, cochons et toute la basse-cour, et participer au nourrissage. La ferme accueille aussi les enfants (cadre scolaire ou centre de loisirs). Ateliers à thème autour du travail de la laine, de l'élevage des moutons, du grain de blé au pain cuit au feu de bois, de l'étude du paysage et de l'habitat.

MAISON ANGELOT

121, rue du Lavoir - **MARIGNIEU** ✆ 04 79 42 18 84
www.maison-angelot.com
Ouvert du lundi au samedi de 9h à 12h et de 14h à 19h ; le dimanche et les jours fériés de 9h à 12h et de 15h à 19h.

La maison Angelot, c'est un domaine familial de 29 ha de vignes en bugey, exploitées par Philippe et Eric Angelot. Viticulteurs, récoltants, ils offrent une large gamme de produits à retrouver dans de nombreuses caves de la région et au domaine où les dégustations nous semblent encore meilleures. Des vins de qualité avec un vignoble géré en « lutte raisonnée » et une vinification associant techniques traditionnelles et modernité, notamment pour le conditionnement. La personnalisation des bouteilles est possible et l'on peut réaliser des coffrets-cadeaux.

FERME DE JACQUES DELPON

Route de Charnoz
MEXIMIEUX
✆ 04 74 61 39 68
Ouvert du lundi au vendredi de 8h à 17h ; le samedi de 10h à 12h et de 13h à 17h.

Cet éleveur de canards accueille les groupes l'été pour leur faire découvrir l'univers fascinant de ce volatile destiné à finir dans nos assiettes sous toutes ses formes. En avril et en octobre, la ferme organise même des journées portes ouvertes de 4 jours. Foie gras, canards entiers, magrets, confits, rillettes, civets, sautés, terrines et sauces. En dehors de la ferme de Meximieux, les produits de Jacques Delpon peuvent également être achetés à la boutique Côté Ferme de Belley et chez les Fermiers de la Dombes, à Villars-les-Dombes.

FERME DECOUVERTE DES 2 COCOTTES

1433, route de Saint-Genis
SAINT-DIDIER-D'AUSSIAT ✆ 06 26 07 97 44
www.les2cocottes.fr
Fermé de novembre à mars. Haute saison du mercredi au dimanche de 10h à 18h sur réservation. Adulte : 2 €. Enfant : 5 €.

Cette ferme accueille aussi bien les familles que les groupes. Venez profiter d'une belle journée pour découvrir les poneys et chevaux, les ânes Shrek et Julo, les chèvres et leurs boucs, les cochons, les moutons, et la basse-cour poules, oies, canards, et les adorables lapins, sous la surveillance de Jules, le paon. Ateliers pédagogiques, nourriture, reproduction. En fonction des heures, ils pourront les nourrir et récolter des œufs. Minigolf. Pédalos. Aires de jeux et de pique-nique.

FERME DES PAMPILLES

138, route de Saint-Paul
SAINT-ANDRÉ-LE-BOUCHOUX ✆ 04 74 42 56 61
www.lafermedespampilles.fr
Lun-sam : 7h-12h/15h-19h. Dim : mêmes horaires du 01/04 au 31/10, uniquement le matin du 01/11 au 31/03.

Des chèvres, des fleurs, une vieille ferme traditionnelle lauréate au concours des maisons fleuries depuis bien des années… et un savoir-faire remarquable. Voilà le résumé de ce havre de paix où l'on découvre une boutique (fromages, confitures, saucissons, œufs fermiers, miel…) mais également une jolie mare, un parc de chèvres naines et une basse-cour. En fin de journée, possibilité d'assister à la rentrée des chèvres du pâturage et à la traite (16h30). Dans le café décoré avec de nombreux bibelots, une vidéo présente l'élevage et la fabrication des fromages.

DOMAINE DE LA DOMBES

Chemin de Verfey - **SAINT-PAUL-DE-VARAX**
✆ 04 74 30 32 32
https://domainedeladombes.com
Ouvert de mi-mars à mi-novembre. Ouvert tous les jours de 10h à 18h. 1h avec le soigneur pour 1 à 6 personnes : 60 €.

Sur les 30 hectares de verdure du domaine, vous allez avoir la chance de côtoyer 150 animaux, répartis dans 8 parcs. Volière, petite ferme, ânes, sangliers, wallabies, mouflons, bisons, cerfs et daims. Ajoutez à cela la visite de la nurserie, l'accès à l'espace bien-être, à un parcours d'accrobranche, au minigolf, au bassin de baignade. Egalement balades en rosalies et VTT, pêche, barque, jeux. Séjournez parmi eux confortablement installé dans l'un des 36 lodges atypiques perchés ou flottants, ou au camping, version tentes, mobil-homes, casa-homes ou meublés.

FOIRAIL DE LA CHAMBIÈRE

200, rue de la Montbeliarde
SAINT-DENIS-LES-BOURG
✆ 04 74 45 21 96
Ouvert le mardi de 6h à 19h. Gratuit. Restauration.

Le foirail de la Chambière est le premier marché bovin de France. Chaque mardi, environ 2 500 bêtes s'échangent. Un marché de gré à gré où les négociations sont très ritualisées. Les arrivées se font le matin. Les ventes, elles, ne se font que l'après-midi. Elles débutent à 13h45 avec les veaux. Suivent les broutards, les animaux destinés à la boucherie, puis les génisses pour la reproduction. Les premiers négociants sont sur place dès 5 ou 6 h du matin, les derniers s'en vont vers 19h. Une belle et grande journée au cœur de la ruralité où le public est bienvenu.

FERME AUBERGE THÉÂTRE DU PRÉ VELARD €

500, chemin de Baizenas - **THOIRY**
✆ 04 50 20 30 40 - www.aubergeprevelard.com
Ouvert d'octobre à juillet, vendredi et samedi soir et dimanche midi. Repas spectacle : 48 €. Pas de CB.

Cette ferme-auberge est appréciée pour son confit d'agneau, son gratin, ses fromages de brebis et son flan à la vanille... Elle offre aussi un autre moyen d'évasion, le temps d'un spectacle de théâtre de boulevard ou de variétés. L'idée est née dans les années 1990, de cette passion pour la scène de Christian Rouph, bien connu dans l'univers du spectacle, partagée avec son épouse Carmela, qui a mis ses talents culinaires au service de la ferme-auberge. Un moment hors du temps !

MINI-PARC ANIMALIER

Les Tanneries
AINAY-LE-CHÂTEAU
Ouvert toute l'année. Tous les jours. Gratuit.

Aux confins du département, au nord du Pays de Tronçais, le conseil municipal d'Ainay-le-Château a eu l'heureuse idée de créer, en bordure de la rivière Sologne, un espace accueillant différentes espèces de volatiles : poules, canards, oies, cygnes, paons... Ajoutez à ceux-là quelques ovins et caprins. Un second parc est maintenant dédié aux cervidés, avec l'occasion unique de pouvoir les observer en semi-liberté. Une visite à faire en famille, qui ravira aussi bien les petits que les grands, d'autant plus que le parc est en accès libre.

FOIES GRAS DE BERT

1, lieu-dit les Bertheliers
BERT
✆ 04 70 99 62 78
www.foie-gras-bert.fr
Ouvert du lundi au samedi de 9h à 19h.

Franck Arpentinier élève ses canards en plein air, nourris à l'herbe et aux céréales, puis gavés au maïs grain entier, puis cuisinés selon les recettes artisanales. Produits garantis sans additif, ni conservateur. Foies gras entiers en verrines et en terrines, confits en bocaux, cassoulet au confit de canard, cou farci, canard à la Duchambais. La chambre d'agriculture de la Région Auvergne-Rhône-Alpes lui a décerné le 1er prix au concours des Fermiers d'Or 2020 pour ses rillettes pur canard et le 2e prix pour son foie gras mi-cuit. Coffrets cadeaux.

DOMAINE GARDIEN FRERES

7, lieu-dit Chassignolles - **BESSON**
✆ 04 70 42 80 11
www.domainegardien.fr
Ouvert du lundi au samedi de 8h à 12h et de 14h à 19h. Dégustations toute l'année.

Depuis 1924, la famille Gardien exploite un domaine qui couvre 21 hectares en AOP. Des blancs, avec la cuvée Nectar des Fées, assemblage de chardonnay, sauvignon et tressallier. La cuvée AOP Réserve des Grands Jours en chardonnay et tressallier est élevée en fûts de chêne. Des rouges vieilles vignes, cuvée Secret de Jaligny, récoltée dans les vignes les plus âgées du domaine. Cuvée Réserve du Domaine en gamay récoltée dans des vignes trentenaires. Côté pétillants, Perle de Chassignolles assemblage chardonnay et de tressallier, et cuvée Rosée de Chassignolles.

LES VIGNES DE CESSET

Le Bourg
CESSET
Ouvert du lundi au samedi de 9h à 12h et de 14h à 19h. Sur rendez-vous.

Les vignes du Domaine Grosbot-Barbara sont situées sur trois villages : Bransat, Verneuil-en-Bourbonnais et Montord en AOC, et deux vignes hors appellation se trouvant au domaine. Le Domaine des Bérioles est cogéré par Jean Teissèdre, sa sœur Sophie et son beau-frère Jérôme Roux. Les 15 hectares sont exploités en agriculture biologique. Le Clos de Breuilly est sur la commune de Cesset-Breuilly, au sud. Les vignes du domaine ont entre 20 et 70 ans, et sont cultivées en bio depuis 2006. Le millésime 2020 marque le renouveau de l'un des plus beaux domaines viticoles.

CONSERVATOIRE DES ANCIENS CÉPAGES

Bellevue
CHAREIL-CINTRAT
✆ 06 83 93 43 93
Fermé d´octobre à juin. Visite guidée sur demande.

Géré par une association s'attachant à revaloriser d'anciennes variétés de vignes produites autrefois dans la région. Après le phylloxera, les viticulteurs ont replanté des variétés résistantes. C'est ainsi que furent abandonnés certains cépages que l'on retrouve au conservatoire. Elle entretient la mémoire des anciennes méthodes de culture et dispose d'un lieu d'échange dans l'une des dépendances du château. L'assemblage de dix anciens cépages blancs donne un vin de caractère unique.

PETIT PARC ANIMALIER

Font Saint-Julien
COULEUVRE
Accès libre toute l'année.

Ce mini-parc se situe en prolongement du plan d'eau, aux abords du camping municipal et des jeux pour enfants. Le parc accueille diverses familles d'animaux vivants en semi-liberté et en bonne entente. Vous pourrez admirer un magnifique cerf veillant sur sa harde de biches avec leurs faons. Le cygne et le paon sont là aussi, faisant leur parade en signe de bienvenue. Vous découvrirez également des chèvres naines, des nandous et diverses races de canards et d'oies, telles que la bernache nonnette... Une balade qui ravira toute la famille.

AUVERGNE-RHÔNE-ALPES

LES VERGERS DU BOURBONNAIS

7C, rue de Champagnat
CREUZIER-LE-VIEUX
✆ 07 62 62 23 81
Livraison possible (commande en ligne).

Une jeune et dynamique équipe a eu l'excellente idée de créer Les Vergers du Bourbonnais, liés à l'amitié et l'envie de ne pas gaspiller les fruits tombés des arbres. Les bons ingrédients sont là pour promouvoir un produit riche en goût, naturel et bon pour le partage. Les pommes sont ramassées à la main dans des vergers, chez les particuliers, où elles se perdent. Rendez-vous dans l'épicerie de Thierry à Saint-Germain-des-Fossés, ou passez commande en message privé.

LES LAMAS DU TILLOUX

Le Tilloux
DEUX-CHAISES
✆ 06 83 16 62 90
Ouvert d'avril à octobre, visite sur rendez-vous.

Dès le printemps, l'équipe des Lamas du Tilloux vous accueille pour vous faire visiter leur élevage de lamas et d'alpagas à la découverte de ces animaux insolites et attachants. Comme ils vivent dehors, il est donc préférable de venir les voir par beau temps. Également à la ferme : 120 solides vaches charolaises. Dans tous les cas, prenez rendez-vous au préalable par téléphone ou e-mail. Faites ensuite un tour à la boutique pour vous faire plaisir, avec des articles en laine de lama, écharpes, pulls, gilets, laines, bonnets, plaids…

LA FERME DES AVENTURIERS 03

60, chemin de Crevallat
DOMÉRAT
✆ 06 86 07 58 39
Visite du mardi au jeudi de 14h à 16h, sur réservation. Adulte : 5 €. Enfant de 5 à 10 €.

Amandine vous accueille sur place, ou vient à vous à domicile pour diverses prestations (ateliers famille, animations d'anniversaire, écoles maternelles). A ses côtés, vous pourrez approcher les animaux, aider au nourrissage des chèvres, des poules et des moutons. Craquez devant l'enclos des mini-chèvres, des cochons d'Inde et des lapins pour découvrir les adorables bébés lapereaux, et leur prodiguer plein de caresses. Stages petits fermiers et mini-fermiers, ateliers à thème et jeux.

DOMAINE DES KAOLINS

7, route des Carrières
ÉCHASSIÈRES
✆ 06 50 42 07 89
www.domainedeskaolins.com
Boutique en ligne.

Nicolas est devenu le premier producteur de noisettes du Bourbonnais. Il a planté 24 hectares de noisetiers, soit 14 000 arbres. Il propose bien plus que des simples noisettes en coque ou décortiquées. Dans son laboratoire de transformation, il crée de la pâte à tartiner sans huile de palme et 40 % de noisettes, des noisettes caramélisées, salées ou enrobées de chocolat, de la poudre de noisettes, des barres et des tablettes de chocolat avec éclats de noisettes. Il confectionne également des paniers de fruits et de légumes de son jardin.

BRASSERIE DU LOUP

23, route de Bourbon - **LE VEURDRE**
✆ 06 10 88 61 54
Ouvert sur rdv. Samedi 4 et 11 décembre de 15h à 19h. Le 24 et du 27 au 31 décembre de 10h à 12h et de 14h à 18h.

Cette microbrasserie artisanale est installée dans une chapelle du XIIe siècle. Matthieu et son équipe produisent des bières bio, dans des styles allant de la weizen la Barry à la Sweet & Stout, en passant par la rousse l'Orange Mecamunich ou encore une english IPA la Freaky Wolf's Bitter. Ils changent régulièrement pour plus de choix : blonde réalisée avec des levures de saison, blanche, *impérial stout* brassée avec du blé ou ambrée. En attente du label Nature & Progrès. Vendredi soir, lieu ouvert aux musiciens venus de toute la France. Ils sont sur les marchés.

FERME-AUBERGE LE VIEUX LOGIS €€

Vinzelles
LENAX
✆ 04 70 55 24 15
Fermé de novembre à mars. Haute saison ouvert du dimanche au vendredi le midi, le samedi soir.

La petite exploitation traditionnelle avec élevage bovins, caprins et volailles de Brigitte, située à une quinzaine de kilomètres de Lapalisse, direction Le Donjon, dans le hameau de Vinzelles. La grande bâtisse est dotée d'une salle d'une quarantaine de couverts au cadre sobre et reposant, avec des tables suffisamment espacées pour discuter tranquillement. Venez découvrir sa cuisine authentique, faite avec les produits du terroir et les spécialités régionales issus de ses productions.

CAVES DE LOUCHY-MONTFAND

Le Bourg
LOUCHY-MONTFAND
Ouvert du lundi au samedi de 9h à 12h et de 14h à 19h. Sur rendez-vous.

Visitez les Caves Bonvin de Cédric et Benoît, viticulteurs-récoltants. Ils élaborent des vins blancs cuvée Aurélie et la Réserve de la Sourde, un rouge cuvée Bourbonnaise, un rosé et une méthode traditionnelle. Les Caves de la Causerie appartenant à la famille Brest sont les plus vieilles caves du Saint-Pourcinois, et sont également les seules à encore faire les récoltes à la main et le tirage à la main. Ces vendanges manuelles font la fierté du chai. A découvrir : le fût de chêne rouge et blanc, le ratafia, la fine d'Auvergne, et les bulles de la Causerie.

FERME EARL LANDRIEAUX

5, rue de l'Artouzat
LOUCHY-MONTFAND
✆ 06 76 70 09 96
www.earl-landrieaux.fr
Ouvert du mardi au vendredi de 15h à 18h30.

Les Landrieaux sont céréaliers tout en tenant une boutique à la ferme, où ils vendent leurs produits transformés. Les céréales sont écrasées à la meule de pierre. Les farines ainsi obtenues contiennent vitamines et minéraux. Coquillettes, pâtes à lasagnes découpées à la main, pâtes aux piments d'Espelette AOP, pâtes à potage. Pour le goûter des enfants, kits pour pâtisserie, kit cookies au chocolat, kit madeleines au safran, kit sablés au sarrasin, et des chouquettes réalisées avec la farine blanche. Choix de paniers garnis pour tous les budgets et tous les goûts.

TERRES DE ROA

7, route du Bourbonnais
MONÉTAY-SUR-ALLIER
✆ 04 70 42 09 43
https://terresderoa.com
Ouvert tous les jours de 9h à 19h, sur rendez-vous.

Claudine, Luc Tisserand et Loren leur fille, sont les seuls à proposer du vin biologique en appellation AOC Saint-Pourçain. Depuis 2006, sur un domaine de 19 hectares, les vignes sont cultivées sans produit chimique de synthèse, dans le respect de l'environnement et de la biodiversité sur deux sites de production. La cuvée Solaire en blanc, la cuvée Lunaire en pinot noir, médaille d'or au concours des vins de Saint-Pourçain, la Mystik et les bulles de ROA en méthode brute et demi-sec. Terres de ROA est l'expression de «Raisin Organics Attitude».

AMARANTHE

26, rue Albert-Einstein - **MONTLUÇON**
✆ 04 70 05 91 35
Ouvert le lundi de 10h à 19h ; du mardi au jeudi de 9h à 19h ; le vendredi de 9h à 19h30 ; le samedi de 8h30 à 19h.

Le magasin Amaranthe est situé en plein cœur de la zone commerciale Saint-Jacques. Bernard met un point d'honneur à restaurer un commerce de proximité, ses rayons regorgent de produits diététiques avec des produits sans sel, sans gluten ainsi que des substituts au sucre. Vous trouverez également des produits bio et des produits frais, fruits et légumes de saison, de préférence en provenance directe des producteurs locaux. Un rayon boulangerie et un rayon charcuterie, mais aussi fromages, céréales, miels et confitures. Également cours de cuisine.

BRASSERIE BLONDEL

34, avenue de l'Europe
MONTLUÇON
✆ 04 70 51 43 38
www.brasserieblondel.fr
Ouvert mercredi, vendredi et samedi de 12h à 19h.

Toutes les bières d'Adrien Blondel ont pour nom la Lubie, une touche de fantaisie voulue par ce brasseur élaborant des bières de malt très fines, à partir d'ingrédients biologiques. Il a fait le choix de proposer des bières assez classiques, présentant toutes des arômes marqués et des saveurs dominées par les céréales, qu'elles soient blondes, blanches, ambrées, à la mûre, ou triples. En 2020, la Lubie triple a obtenu la médaille d'argent. Si vous êtes curieux de connaître plus en détail le processus de fabrication, des visites sont organisées sur rendez-vous.

VIA L'ESCARGOT

Lieu-dit Rebrière
NIZEROLLES
✆ 06 62 46 67 45
www.vialescargot.fr
Uniquement sur rendez-vous.

Michael élève 300 000 escargots, les transforme dans son laboratoire sous forme d'escargots en coquille, d'escargots en croquille, d'escargots sous-vide en court-bouillon, d'escargots en gougère, de boudin blanc d'escargot et en toastinette. Il vend ses produits en privilégiant la vente directe à la ferme, mais aussi sur les foires et les marchés de producteurs de la région. Il a ajouté une corde à son arc en proposant de la viande d'autruche à la vente. Michael prend régulièrement le temps de vous faire visiter son exploitation, sur rendez-vous.

FERME PEDAGOGIQUE DE LA GANNE

Route d'Issac - **PRÉMILHAT**
✆ 06 76 92 25 02
www.domainedelaganne.fr
Ouvert tous les jours de 14h à 19h. Visite libre : 7 €, enfant : 5 €. Visite guidée : 10 €, enfant : 8 €.

Sur 100 hectares d'une nature préservée composée de prairies conduites en agriculture biologique, le Domaine de la Ganne est à la fois une ferme pédagogique et un parc animalier, où gambadent des bovins highlands cattles, mais également tout un panel d'animaux, volailles d'ornement, cochons du Vietnam, paons, ânes, moutons d'Ouessant, kangourous et wallabies qui raviront toute la famille. Donnez le biberon aux veaux, célébrez anniversaire, mariage, cousinade. Aire de pique-nique.

MOULIN DE SAINT-DÉSIRÉ

13, rue du Moulin - **SAINT-DÉSIRÉ**
✆ 04 70 07 10 35
www.moulin-desaintdesire.fr
Gluten-free friendly. Ouvert du mardi au vendredi de 9h à 12h et de 14h à 18h30 ; le samedi de 9h à 12h et de 14h à 18h.

Sylvie et Sébastien produisent tout un panel de farines en sacs de 500 g et 1 kg. Des farines de type 45, 55, 65, 80, des farines de seigle, d'épeautre, de maïs, de sarrasin, de châtaigne, sans gluten, de châtaignes-figues-noisettes, et complète, son et levure sèche, ainsi que des préparations pour pains de campagne, aux éclats de céréales, provençal, aux noix, pain d'épices, spéculoos, mais aussi cakes au citron, fruits rouges, caramel et myrtilles, pour cookies et pour les pains des burgers et les fitz'n fiz. Tout simplement exceptionnel !

LA MUSETTE

4, rue de la Liberté - **SAINT-LÉON**
✆ 04 70 42 75 70
Ouvert du mardi au vendredi de 9h à 12h30 et de 16h à 18h30, samedi de 9h à 12h30 et dimanche de 9h à 12h.

Faites vos courses en circuit court, exclusivement auprès des producteurs locaux. Bœuf, porc et charcuterie de la Ferme de Gayère à Nizerolles. Les foies gras de chez Franck Arpentinier de Bert. Les légumes du Jardin de la Gare de Sorbier. Les fromages de chèvre du Domaine des Gachons et ceux de la Société Laitière de Vichy. Les condiments bio Nature et Progrès, fabriqués au cœur du Bocage bourbonnais par Anne Vernis de Pots d'Anne. Les miels de la Ferme des Mille Fleurs de Saint-Léon. Les farines blanches et de sarrasin de la ferme Landrieaux de Louchy-Montfand.

BRASSERIE LADY ALE

24, faubourg de Paris
SAINT-POURÇAIN-SUR-SIOULE
✆ 06 85 67 90 41
Ouvert mardi de 15h à 19h, du mercredi au samedi de 10h à 13h et de 15h à 19h.

Jean-Marc réalise des bières avec des produits bio et locaux, malt des Maltiers à Issoudun, et houblon bio des Jardins d'Elodie à Cindré. Bières élaborées avec des plantes aromatiques poussant au fil des saisons. Jamais à court d'idées, il produit une blanche au thym citronné, Les Sourcils de Vénus, une blanche douce avec une plante inattendue en dry hoping, une blonde au romarin, Les Collab', une bière exotique en partenariat avec la Brasserie du Loup du Veurdre. La Pink Lady toute rose, l'After Eight noire à la menthe. Retrouvez-le sur les marchés de la région.

DOMAINE NEBOUT

Route de Montmarault
SAINT-POURÇAIN-SUR-SIOULE
✆ 04 70 45 31 70
www.domainenebout.com
Ouvert toute l'année. Ouvert du lundi au samedi de 9h à 12h et de 14h à 18h et dimanche matin.

La famille Nebout exploite 27 hectares, répartis sur 8 communes, en AOC Saint-Pourçain. Attachés à leurs terres, ils cultivent leurs vignes en biodynamie. Ils produisent des blancs Tradition, Tressallier des Gravières, L'Insolite et le Classe N. En rouge, un Tradition, le Malgarnie, L'Harmonie, le Séduction et le Classe N. En rosé, l'Opale, les Nobles Perles en blanc et rosé, brut et demi sec, ainsi que les Bulles Champêtres et les Perles Rares en méthode ancestrale. Visite des caves, dégustation de vins avec pâtés aux pommes de terre et pompes aux grattons.

TRES ALLIER

10, rue Louis-Tellier
SAINT-POURÇAIN-SUR-SIOULE
✆ 04 70 49 53 76
Ouvert du mardi au jeudi et samedi de 10h à 13h et de 15h à 19h, vendredi de 10h à 19h.

Sont réunis tous les produits issus de l'agriculture et de l'artisanat locaux. Ce magasin appartient aux 8 producteurs associés, dont l'un d'entre eux est toujours présent pour vous servir. Pour compléter la gamme, une quarantaine de producteurs et artisans leur ont donné le mandat de vendre leurs produits. Engagés pour la qualité des produits, le respect du consommateur, de l'environnement, la défense du juste prix. L'Allier étant riche de productions agricoles et artisanales, vous trouverez tout ce qu'il faut pour bien manger et même plus avec l'artisanat d'art.

CAVE LAURENT

5, rue de Montifaud
SAULCET
✆ 04 70 45 90 41
Ouvert du lundi au vendredi de 8h à 12h et de 14h à 19h, samedi de 9h à 12h et de 14h à 18h30.

La famille Laurent est la plus ancienne famille de vignerons de la région. Les 20 hectares en AOC du domaine sont constitués de petites parcelles calcaires ou granitiques, disséminées sur les coteaux de Saulcet, Bransat et Verneuil. La vinification est faite par parcelle et par cépage. La cuvée de la *Toussaint* est une vendange de fin de saison qui n'a pas le droit de dire son nom, ni d'avoir d'appellation saint-pourçain, et ne peut être qu'un vin doux. Les cuvées en blanc et rouge sont *Tradition*, Calnite et Puy Réal et *Tradition* pour le rosé. Nouveau caveau.

CAVE LIONEL VERNOIS

15, route du Montet
SAULCET
✆ 04 70 45 94 06
http://domainenebout.com
Ouvert du lundi au samedi de 9h à 12h et de 14h à 19h.

Depuis des années la production de Lionel Vernois est vinifiée par le Domaine Nebout. C'est un ancien domaine familial avec un terroir argilo-calcaire et granitique. Lionel Vernois travaille en culture raisonnée, taille adaptée, ébourgeonnage systématique, et maîtrise les rendements ce qui permet d'acquérir des raisins riches de très grandes qualités. Sa production est vinifiée dans le respect de la tradition pour obtenir la typicité et la qualité optimum de ces vins tout en permettant de réaliser une gamme de vins AOC réservée aux cavistes.

DOMAINE RAY

8, rue Louis-Neillot
SAULCET
✆ 06 08 84 53 24
www.vins-saintpourcain-caveray.fr
Ouvert tous les jours de 9h à 12h et de 13h30 à 19h30.

Fanny Ray et son époux Alexandre Pinet sont à la tête du domaine familial, avec pas moins de 20 hectares en tant que Vignerons Indépendants, en AOC répartis sur Saulcet, Louchy et Verneuil, sur des sols argilo-calcaires et argilo-granitiques. Ils élaborent en blanc le Grand Jardin, le Coquillard et le Tradition. En rosé, le Tradition et le Rai de Soleil tous les deux issus de gamay pur. En rouge, la Cuvée des Gaumes, le Font Gervin et le rouge Tradition en gamay et pinot noir. En pétillant, le Ray de Bulles blanc et le Ray de Bulles rosé.

LES DOMAINES DE SAULCET

Le Bourg
SAULCET
Ouvert du lundi au samedi de 9h à 12h et de 14h à 19h. Sur rendez-vous.

Grâce à ses sols argilo-calcaires et granitiques Saulcet est la commune comptant le plus de domaines viticoles. Partez à la rencontre des vignerons pour partager leur passion et découvrir les cuvées qui font leurs renommées, et des cuvées uniques issues d'un cépage unique au Bourbonnais, le tressallier. A retenir : Famille Courtinat pour la cuvée rouge Tradition, Philippe Jallet pour la cuvée Les Ceps Centenaires. Famille Laurent pour la cuvée de Toussaint, François Ray pour la cuvée Le Coquillon, Famille Gallas pour la cuvée Tentation, GAEC Les Matelots en rouge.

LE SAFRAN DE MARIE

Chemin des Pucets
TRÉZELLES
✆ 06 67 69 57 22
Ouvert tous les jours. Boutique en ligne.

Anne-Marie et Bernard cultivent les crocus, et vous proposent des produits dérivés de leur production. Comme le sirop au safran, l'huile d'olive au safran, le vinaigre de cidre et moutarde au safran, la gelée de vin blanc au safran, les confitures au safran (pomme, abricot, bananerhum, prune...), ainsi que leur spécialité : le Safr'ail. Ils sont aussi présents sur les marchés des producteurs de pays de la région, à Molles, Cusset, Diou, Saint-Pourçain-sur-Besbre, Saint-Rémy-en-Rollat, Saligny-sur-Roudon, Avermes et Varennes-sur-Allier.

LES BIQUETTES DU PAYS DE TRONÇAIS

Lieu-dit les Combles
URÇAY
✆ 06 46 29 53 12
Ouvert du jeudi au mardi.

Des ateliers d'animations vous permettent de découvrir cet animal au petit gabarit au caractère à la fois doux, sensible, curieux et cabotin. Vous pourrez faire une petite promenade avec la chèvre au licol, partir à la découverte de son alimentation préférée en liberté, tester la traite à la main sur un petit quai mobile adapté également aux fauteuils roulants, déguster, sentir, manipuler de petits fromages et comprendre leur fabrication, nourrir les chevreaux au biberon...

MIELLERIE DE BOISSY

485, route de Chaussinand
ACCONS
✆ 04 75 29 30 66
www.miellerieboissy.fr
Vente à la miellerie du 1er juillet au 31 août tous les jours de 9h à 19h.

Voici une belle visite à faire en famille ! Grâce à la ruche vitrée on entre quasiment dans l'intimité de l'essaim et l'on va d'étonnement en étonnement en constatant l'organisation hiérarchique d'une ruche. Petite entreprise de la nature ou corps social constitué de milliers de parties vrombissantes, la ruche nous offre aussi le fruit de son labeur pour le plus grand bonheur de nos papilles. A la miellerie une dégustation de miels, pain d'épices et autres doux dérivés comme le nougat concluent une visite riche d'enseignements.

MOULIN LA FONTAINE DU MULETIER

Le Verdalet
BESSAS
✆ 06 15 98 05 46
Haute saison : ouvert tous les jours de 10h à 12h et de 17h à 19h. Hiver de préférence sur rendez-vous.

Avec ses 1 000 oliviers, issus des différentes variétés, Florence Cheyrezy récolte chaque année près de 6 tonnes d'olives transformées en quatre huiles monovariétales, en fruité vert ou en fruité mûr. S'ajoute une huile provenant d'un vieux verger dont la variété n'est pas déterminée. On peut visiter l'installation et l'oliveraie du domaine de la Fontaine du Muletier. On peut aussi apporter ses olives pour y faire presser son huile (à partir de 50 kg).

DOMAINE NOTRE-DAME DE COUSIGNAC

Quartier Cousignac
BOURG-SAINT-ANDÉOL
✆ 04 75 54 61 41
www.notredamedecousignac.fr

La famille Pommier exploite ce domaine depuis 1780. Vous profitez ici d'une adresse multiple, tout à la fois domaine viticole bio, maison d'hôtes et table de terroir bio et raffinée. Active dans l'association Goûter l'Ardèche, elle propose des activités œnotouristiques : visite des caves et dégustation, apprentissage du goût et des terroirs, repas du vigneron, spéléo et œnologie... En vente, outre les vins du domaine, de nombreux produits ardéchois. Label accueil vélo.

AUBERGE LES MURETS €€

CHANDOLAS
✆ 04 75 39 08 32
www.aubergelesmurets.com
Fermé de mi décembre à début février. Menus de 18 € à 47 €. Chambre double dès 95 €.

Au cœur d'un vignoble, cette ferme cévenole du XVIIIe siècle à laquelle la vigne vierge donne un peu de fraîcheur abrite une auberge-hôtel 3-étoiles et table gourmande estampillée Goûtez l'Ardèche. La terrasse permet des repas inoubliables à l'ombre du mûrier centenaire. Dans la salle voûtée du restaurant, on savoure une terrine maison cuite au feu de bois, un filet de merlan à la crème de brocolis, un filet de cannette rôti aux panais d'Ardèche. Pour séjourner, vous avez des chambres spacieuses, climatisées et de grand cachet.

FERME-AUBERGE DE JAMEYSSE €€

DESAIGNES
✆ 04 75 06 62 94
www.fermeauberge-ardeche.fr
Ouvert tous les jours sur réservation sauf le dimanche soir. Menu à 24,50 €.

Voici une bonne table qui défend les produits du terroir accommodés de façon simple et rustique, afin de laisser toute leur place aux saveurs fermières. Nul besoin d'artifice sophistiqué lorsque le produit est bon ! Et c'est le cas dans cette ferme. Utilisant un four à bois traditionnel, la patronne mijote une cuisine composée de produits de la ferme ou du terroir ardéchois. L'équipe est familiale et l'accueil convivial, la terrasse très agréable.

DOMAINE DE VIGIER

Lagorce
LAGORCE
✆ 04 75 88 01 18
www.domaine-de-vigier.com
Ouvert du lundi au samedi de 9h à 12h et de 14h30 à 18h30.

La famille Dupré vous accueille dans sa magnifique propriété au cœur de la vallée de l'Ibie avec ses 110 hectares de vigne ! Des abords très paysagés entourés de vignes tirées au cordeau contrastent avec la rusticité de l'accueil. Ici, pas de caveau sans âme, mais l'atmosphère directe du lieu de travail. En vente au domaine : la cuvée Romain côtes-du-vivarais AOP rouge, élevé en fûts, ou un bien sympathique IGP des Coteaux de l'Ardèche, sans oublier la Cuvée Mathilde, sept blancs dont un moelleux et trois rosés ! Le domaine produit aussi de l'huile d'olive.

DOMAINE OLÉICOLE ET MOULIN DE PONTET-FRONZÈLE

Les Riailles - **LAGORCE** ✆ 04 75 37 19 98

http://www.pontet-fronzele.fr

Boutique ouverte du lundi au samedi de 15h à 19h, en été de 11h à 12h et de 15h à 19h du lundi au samedi.

« *On a la main verte dans la famille* ». C'est sans doute grâce à cette prédisposition que Jean-Noël Berneau, instituteur de son état, a planté sans problème 20 hectares d'oliviers sur les terres escarpées de son domaine ardéchois. Une trentaine de variétés sont ainsi présentes formant un véritable conservatoire des variétés ardéchoises. Seules une quinzaine de variétés sont dédiées à la fabrication d'huiles monovariétales. Le domaine est désormais en agriculture biologique.

L'OLIVIER DE VINCENT - LA TABLE DU MOULIN

LES VANS

✆ 06 21 35 60 47

www.olivierdevincent.fr

7j/7 de 15h à 19h. Moulin fermé dimanche hors saison touristique. Ouverture du restaurant de début avril à fin octobre.

Dans une partie du bâtiment, le papa fabrique huiles d'olive et tapenades. A côté, sa fille Céline concocte une cuisine de terroir à base de produits frais. Une cuisine gourmande et pleine de saveurs au cœur des Cévennes ardéchoises. Autant dire que la réservation est impérative. Pour compléter le repas, n'oubliez pas de faire un tour au moulin. Il se visite tous les après-midis. Et en début avril vous pouvez assister à un cours de taille des oliviers.

LA FERME DU CHÂTAIGNIER

Le Roux - **LAMASTRE**

✆ 06 11 57 32 20

www.ferme-du-chataignier.com

Ouvert le mercredi et le samedi de 15h à 18h. Haute saison : du mardi au samedi de 11h à 19h.

Un incontournable de la châtaigneraie ardéchoise ! Plus de 65 spécialités se disputent la vedette : châtaignes AOP au naturel, en crème, au sirop, en farine, en liqueur... S'ajoute une collection gourmande d'une vingtaine de confitures et gelée à base de fruits du verger ou de la montagne. Également en rayon : viande d'agneau, bières et vins ardéchois. Vous pouvez parcourir la châtaigneraie et visiter l'atelier de transformation avant de savourer des spécialités dont vous ne manquerez pas ensuite de faire provision afin de pouvoir savourer l'Ardèche à domicile...

MOULIN À HUILE D'OLIVE FROMENT

10, route des Cévennes

LES VANS

✆ 04 75 37 34 88

Horaires d'ouverture variables.

Non il ne s'agit pas d'un moulin à farine ! C'est d'huile d'olive dont il s'agit et c'est la cinquième génération de la famille Froment qui se passionne pour cette production, mais aussi les collections de vélos et véhicules anciens présentés au public. Désormais c'est Alain Froment aux commandes. Sa meule en granit des Alpes extrait de l'huile vierge extra, du fruité vert et du fruité noir, même si la spécialité de la maison reste le fruité mûr. Un incontournable des Vans.

FERME DU PLATEAU DES SOIES

Plateau des Grads

LE POUZIN

✆ 06 73 13 40 69

www.fermeduplateaudessoies.com

Vente à la ferme tous les vendredis soirs.

Sandra et Mathieu ont décidé de s'installer sur le plateau des Grads en tant que paysans pour élever cochons et vaches. Les porcs sont gascons et les vaches Highland. Au sein de leur exploitation agricole bio, ils transforment une viande grasse et persillée en rillettes, boudins, confit de porc, filet mignon, côtes dans l'échine, chipolatas, saucissons... Soit une charcuterie paysanne, saine et goûteuse. Et un apiculteur bio de Privas met des ruches sur place pour du miel de garrigue.

À LA FERME TIALLOU

5, route de Daumas - **PEAUGRES**

✆ 06 67 45 91 72

www.ferme-tiallou.com

Ouvert toute l'année. Visite sur réservation. Boutique.

Joëlle et Hubert accueillent des groupes de 15 personnes pour visiter leur exploitation agricole. Vous découvrez les animaux de la ferme, les outils anciens, les traditions agricoles ardéchoises, un four à pain avant de savourer les produits du terroir, confitures et sirops maison. Une halte gourmande et sympathique pour toute la grande famille où l'on vous recommande de revenir régulièrement pour profiter des particularités de chaque saison. Et si vous vous sentez vraiment bien vous pouvez dormir sur place dans une chambre d'hôte et manger à la table du paysan.

NÉOVINUM - ESPACE DÉCOUVERTE ET CAVEAU

Boulevard de l'Europe-Unie
RUOMS
✆ 04 75 39 98 08
www.neovinum.fr
Horaires variables selon les saisons. Adulte 8 €.

La visite, pensée pour les familles, s'articule autour d'une découverte progressive, didactique et ludique. Dans la salle des Papilles vous rencontrez virtuellement un chef qui vous initie à la dégustation, un viticulteur qui raconte sa vigne, un géologue qui parle des sols... Vous terminez dans la salle dégustation où celle-ci varie en fonction de l'actualité viticole. Une salle est même réservée aux enfants - et aux plus grands - avec des jeux autour de la vigne et du raisin.

LA GLANEUSE

Le Basset - **SAINT-ANDRÉ-EN-VIVARAIS**
✆ 06 24 29 16 05
www.laglaneuse.net
En vente sur les marché, à la ferme (sur rendez-vous) et en ligne.

Installée dans un village aux portes de la Haute-Loire, à 1 000 m, cette productrice est une bonne fée. Monique Lempereur est une glaneuse qui arpente la nature du Vivarais pour cueillir aubépine, ortie, serpolet, bourgeon de pin, tilleul... Au total, une trentaine de variétés qu'elle sèche et met en sachets pour la vente en circuit court. Outre les tisanes, elle concocte des onguents, des huiles de soin, des gelées, des liqueurs et des sirops. Mais son best-seller, ce sont un sirop et une gelée de foin de moyenne montagne. Un délice avec du fromage de chèvre !

AUBERGE ROUSSET DU LAC €

Maltrate
SAINT-CIRGUES-EN-MONTAGNE
✆ 04 75 38 91 92
www.roussetdulac.com
Menus de 18 à 25 €. Nuitée 19 € en chambre.

Gîte d'étape, étapes d'âne... Ce bar-restaurant-auberge est vraiment une bonne adresse ! C'est le lieu idéal pour les amoureux de Stevenson qui veulent vivre, à quelques pas du GR7, tout près de la nature et la montagne. Cette ferme-auberge, où l'on trouve refuge pour des nuits paisibles, élève des ânes et divers animaux : brebis, agneaux, poules... A la table, où l'accueil est toujours chaleureux, on peut savourer des produits locaux, parfois du jardin, à travers de merveilleuses soupes ou une caillette aux légumes sauvages. Une escale vraiment hors du temps.

CAVE DE SAINT-DÉSIRAT

SAINT-DÉSIRAT
✆ 04 75 34 22 05
www.cave-saint-desirat.com
Ouvert du lundi au samedi de 9h à 12h et de 14h à 18h30. Et les dimanches et jours fériés non-stop.

Implantée depuis 1960 sur les terrasses qui bordent la rive droite du Rhône, dans l'AOP saint-joseph, la Cave Saint-Désirat fait partie des grandes maisons viticoles. A elle seule, cette cave représente près de 45 % des surfaces de Saint-Joseph, proposant cette AOP merveilleuse à base de la syrah en rouge et des cépages marsanne et roussanne en blanc, mais aussi des AOP condrieu, AOP côtes-du-rhône et des vins de Pays d'Ardèche. Une dégustation permet de découvrir et d'apprécier les particularités de chaque vin dans les meilleures conditions.

SPIRULINE DES MONTS D'ARDÈCHE

Mazabrad
SAINT-JEURE-D'ANDAURE
✆ 04 75 08 05 76
www.ardeche-spiruline.com
Vsite de l'exploitation et des serres sur rendez-vous. Vente à la ferme et en ligne.

Les Possety ont quitté la région lyonnaise pour s'installer ici et devenir producteurs de spiruline, cette micro-algue aux nombreuses vertus, riche en protéines et minéraux, et anti-oxydante. Dans trois bassins de culture, ils produisent, sous l'enseigne de Spiruline des Monts d'Ardèche, de la spiruline en brindilles ou en comprimés, estampillée bio. Les producteurs sont intarissables sur leur sujet et se font même un plaisir de vous donner des recettes.

PARC ANIMALIER DES GORGES DE L'ARDÈCHE

1800, route de Brujas - **VAGNAS**
✆ 06 50 04 25 93
www.parcanimalier07.com
Haute saison ouvert tous les jours de 9h à 19h. Adulte : 12 €. Enfant de 3 à 14 ans : 9 €.

Sur plus de 10 ha, le parc abrite une grande variété d'animaux dont certains issus de races anciennes et menacées. Vous verrez des vaches aubrac, plusieurs espèces de chèvres, moutons et canards, alpagas, cochons, âne, mule, poney, les perruches et le paon. Le sentier ombragé est ponctué de bancs et de transats. Il est possible d'approcher certains animaux dans le parc aux caresses, puis de rejoindre la clairière pour apercevoir les aurochs. Aquapark. Aires de jeux et de pique-nique.

LA GRANGE

13, avenue du 8-Mai
SAINT-PÉRAY
✆ 04 75 57 49 66

Ouvert du mercredi au samedi de 8h30 à 19h.

Cette Grange est l'émanation d'un regroupement d'une dizaine de producteurs drômois et ardéchois fermiers, qui a décidé d'ouvrir et de gérer une boutique de vente directe à l'entrée de Saint-Péray, idéal pour faire son marché. En rayon, les délicieux vins de Pascal Jamet, producteur à Arras-sur-Rhône, les viandes bovines et les poires de Philippe et Florent Cros de Boffres, les légumes de Rosa et Jean-Pierre Vial à Bourg-lès-Valence, les fromages de chèvres et de brebis de Nathalie et Alain Noyer à Mariac, les confitures et crème de châtaigne de Martine, Michel et Aurélien Grange à Lamastre, les fruits de Jean-Paul Laprat à Saint-Laurent-du-Pape, les œufs, pommes de terre, framboises et châtaignes de Véronique, André et Fabien Moins à Chalencon, la viande d'agneau de Sylvie Volle à Dornas et les charcuteries de Pascal Robin à Rochessauve. Parmi les nouveaux venus dans la maison : Yann-Vari Carel du Mas de Barral à Marsanne, pour les canards et le foie gras de canard, et Éric Roumeysi d'Ardoix pour les poulets, pintades et autres volailles. Et pour mieux connaître tous ces producteurs attachés à la qualité, un film vous présente le travail quotidien dans les fermes. Plus d'une raison de faire escale. Une adresse recommandée par *le Futé*. Et soyez vigilant sur Facebook : des journées dégustation sont régulièrement organisées par tel ou tel producteur autour de la viande d'autruche, des yaourts de brebis... Une très belle initiative qui mérite un détour pour faire des emplettes, rapporter des souvenirs...

BRASSERIE BOURGANEL

7, avenue Claude-Expilly - **VALS-LES-BAINS**
✆ 04 75 94 03 16
www.bieres-bourganel.fr

Avr-juin, sept-oct : mar-sam (sur RDV) 10 pers. mini. Juil-août : lun-sam à 15h, 16h, 17h et 18h. Adulte 4 €.

Depuis sa fondation en 2000, la maison Bourganel met l'Ardèche en bouteille ! Parmi les classiques de la maison, on savoure les fameuses bières aux marrons ou aux myrtilles, la bière au nougat, celle à la verveine du Velay, très désaltérante, la sublime bière au miel de châtaignier de l'Ardèche, primées au mondial de la bière de Strasbourg, sans oublier la Blond'07 au caractère bien trempé, la B10, une brune élégante brassée par infusion, ou l'Amb'Beer, une ambrée toute en finesse ! Une visite de la brasserie ou une simple (mais délicieuse) dégustation s'impose.

LA ROCHE O FRUITS

L'Hôpital
ALLANCHE
✆ 04 71 20 49 81
Visites et explications sur rendez-vous.

Situé à 1 050 mètres d'altitude, à 2 km d'Allanche, La Roche aux Fruits propose des pâtes de fruits, des sirops, des huiles et vinaigres aromatisés, des gelées de plantes, du miel et des confitures. Aucun additif ou produit chimique dans ces délicieux produits confectionnés à partir de fruits locaux : fraises, framboises, cassis, groseilles, mûres, myrtilles... Pour les curieux, il est possible de visiter le laboratoire. Bon à savoir, La roche aux fruits organise des promotions sur deux ou trois produits tous les mois. Humm, à nous les bonnes affaires gourmandes !

JEAN-JOSEPH ARNAULT APICULTEUR

La Bonnetie
CHAMPS-SUR-TARENTAINE-MARCHAL
✆ 04 71 78 11 42

Jean-Joseph bénéficie de la marque « Produit du Parc Naturel Régional des Volcans d'Auvergne ». Vous trouverez ici du très bon miel issu de différentes cultures : miel de montagne, de tilleul, de châtaignier et sous toutes les formes. Des produits originaux comme le vinaigre de miel ou encore des pâtisseries, et l'incontournable hydromel, moelleux, demi-sec ou liquoreux. Des coffrets sont proposés, une idée de cadeaux gourmande et originale. Présence sur les marchés locaux.

FROMAGERIE JEAN-BONAL

88, avenue de la République - **AURILLAC**
✆ 04 71 48 22 13
www.bonaljean-fromagerie-aurillac.fr/
Ouvert du lundi au samedi de 8h à 12h30 et de 14h30 à 19h. Fermé le lundi matin. Vente par correspondance.

Ce producteur est bel et bien un des fromagers-affineurs de référence des Aurillacois. La réputation de ses fromages a largement dépassé les frontières du département. Aujourd'hui, Jean Bonal fournit les Cantalous et exporte aussi ses produits dans toute la France. La boutique est située dans la grande ligne droite en direction de la gare. Ramenez donc un morceau de tomme dans votre région. Vous serez fier de cuisiner la truffade pour vos amis. La tomme voyage sans problème et se congèle très bien. Cantal salers et saint-nectaire, entre autres, au top !

FERME-AUBERGE LA NORMANDIE €€

JUNHAC ✆ 04 71 49 29 68
www.daims.fr
L'Auberge de La Normandie est ouverte sur réservation. En 2021 : restauration rapide à emporter midi et soir.

Juste à côté de la Vallée des daims, la ferme-auberge est installée dans un site arboré d'arbres fruitiers. Avec sa façade en briques, vous comprenez le lien avec une autre région verdoyante et le nom donné à cette ferme-auberge. Mais vous êtes bien, ici, au cœur du Cantal. Dans la salle du restaurant, vous pourrez goûter une cuisine traditionnelle avec des menus du terroir, des grillades ou de la viande de Salers ou de daim, de la charcuterie et des pâtisseries maison.

FROMAGERIE MORIN

7, rue du Buis - **AURILLAC** ✆ 04 71 48 63 10
www.fromageries-morin.fr
Ouvert du mardi au samedi de 8h30 à 12h30 et de 14h30 à 19h. Vente en ligne et présent sur beaucoup de marchés.

La Fromagerie Morin est située dans le Marché aux fromages, temple du bien manger depuis 1920. On y trouve des fromages d'Auvergne, mais aussi d'autres départements de France. La boutique vend aussi des produits gourmands de la région : charcuterie, croquants et autres spécialités locales, comme la Patranque, une recette ancienne que la famille Morin a remis au goût du jour. La Fromagerie Morin possède d'autres points de vente dans la ville : du centre commercial de Marmiers au Marché provençal. L'établissement est présent sur une quinzaine de marchés

LA VALLÉE DES DAIMS

Cols - **JUNHAC**
✆ 04 71 49 29 68
www.daims.fr
Ouvert d'avril à novembre. Haute saison ouvert tous les jours de 10h30 à 18h. Adulte : 9,50 €. Enfant : 7,50 €.

Depuis, la Vallée des daims est devenu un important parc animalier consacré aux daims. Plus de 200 animaux vivent en liberté sur plus de 30 hectares d'une zone boisée. La rencontre avec ces animaux est un ravissement pour les petits comme pour les grands. La proximité des daims, qui se laissent parfois caresser, font des rêves d'enfants une réalité. Une visite peut se faire, au choix, à pied ou en petit train. Possibilité de pique-nique ou d'une pause gourmande au restaurant de la ferme-auberge. Des chambres d'hôtes complètent l'offre.

FERME-AUBERGE DE LA CHAPELLE-D'ALAGNON

LA CHAPELLE-D'ALAGNON ✆ 04 71 20 23 86
www.ferme-chalets-cantal.com
Ouvert d'avril à octobre. Réservation recommandée. Réseau Bienvenue à la Ferme. Toute l'année location de chalets.

La Ferme-Auberge et les chalets sont situés dans la vallée de l'Alagnon, en bordure de la rivière du même nom, à environ un quart d'heure de la station du Lioran. Vous pourrez apprécier une cuisine traditionnelle à base de viandes bovines (AB) salers ou aubrac élevées sur l'exploitation. Deux chalets pour sept personnes et un chalet de cinq chambres avec une capacité de 12 personnes sont en location. La boutique vous propose des productions maison : rillettes, saucissons et truffade.

FERME GANDILHON ET FILS

La Chapelle - **LAVIGERIE**
✆ 04 71 20 82 70
Ouvert tous les jours d'avril à novembre. Vente de produits de la ferme et régionaux. Livraison possible.

La Ferme Gandilhon et fils existe depuis 1982. Nous sommes au pied du puy Mary, où les vaches semblent heureuses. Dans la boutique vous pouvez trouver les produits de la ferme : cantal fermier ou salers, mais aussi de nombreux fromages régionaux comme le saint-nectaire, le bleu d'Auvergne, la fourme, le brebis ou la tome de montagne, sans oublier la tome fraîche pour faire la truffade car il faut savoir choisir la bonne maturation pour préparer le fameux plat régional si prisé. La boutique propose également de la charcuterie produite dans la vallée.

LE JARDIN AUX ESCARGOTS

Sion-Haut (Route d'Anglards-de-Salers)
LE VIGEAN ✆ 04 71 40 45 99
www.le-jardin-aux-escargots.com
Mai-juin sur rendez-vous. Juillet-août : lundi 17h et mardi 10h30. Visite + dégustation : 6 €. Groupe sur réservation.

Dans le Jardin aux Escargots, Isabelle et Christophe Chaumeil élèvent 350 000 Gros gris en plein air. Vous pourrez à la fois découvrir la ferme aux escargots et comprendre le métier de ces deux passionnés, pour l'élevage des gastéropodes comme pour la cuisine. Dans la boutique, vous trouverez de nombreux mets gourmands élaborés à partir des petites bêtes à cornes mais aussi des produits et aromates du potager. Egalement vente de miel, jus de pommes pounti ou encore lentilles blondes de Saint-Flour. A retrouver aussi sur quelques évènements gourmands en France.

FERME DE LAVEISSIÈRE

Laveissière - Saint-Julien-de-Jordanne
MANDAILLES-SAINT-JULIEN
✆ 06 22 29 33 28
Ouvert du lundi au samedi de 9h à 12h et de 15h à 19h, le dimanche de 9h à 11h. Ouvert du 1er mai au 1er octobre.

Dans le Cantal, la gastronomie et les spécialités locales s'imposent à nous comme une nécessité d'aller en dégustant et de faire quelques achats comme on ne peut en faire nulle part ailleurs. En termes de fromages, salers et cantal fermiers sont les spécialités que produit la ferme de Laveissière. Des goûts que vous découvrirez peut-être, des goûts que vous trouverez incomparables ! Autant de raison pour venir déguster et acheter quelques-uns de ces bons produits fermiers et venir à la rencontre de ses adorables producteurs : Isabelle et Gilles Manhes !

L'ÉLEVEUR OCCITAN

Rue ampère - **MAURS**
✆ 04 71 46 75 82
www.eleveur-occitan.fr
Ouvert lundi, du mercredi au vendredi 8h30-12h30 et 13h30-17h30. Samedi en plus en haute saison 8h30-12h30.

L'Eleveur Occitan est né en 1994 de la volonté de producteurs de lait répartis sur trois départements (Cantal, Lot et Aveyron), pour valoriser leurs produits et maintenir leurs exploitations sur le territoire. Ils sont aujourd'hui une quarantaine à produire, transformer, affiner et commercialiser du lait de vache et de bufflonne et différents formages standards ou sous signes de qualité (AOP, Bio). Ils partagent les mêmes valeurs de respect des hommes, des animaux, de l'environnement et de la qualité des produits. Cela mérite bien une visite !

FERME DU NOISETIER

Cordesse
NEUVÉGLISE-SUR-TRUYÈRE
✆ 04 71 23 85 35
www.aupredesyourtes.com
Ouvert tous les jours sur réservation.

La famille Barthélémy a toujours fait preuve d'innovation et d'originalité. Depuis de nombreuses années, elle possède des chèvres angoras pour la production d'articles doux et chauds. Dans son camping à la ferme, elle vous propose une pointe d'évasion avec cinq yourtes pour une nuit ou une semaine. Et le confort est au rendez-vous avec une yourte avec cuisine équipée et des douches à proximité. Alors à Cordesse de Neuvéglise, sur la route de Chaudes-Aigues, pensez à faire une halte sur une exploitation agricole pas comme les autres.

LA FERME DE DAUDÉ

OMPS
✆ 04 71 64 75 65
www.fermededaude.com
Fermé de novembre à mars. Sur réservation.

Les deux animateurs organisent des ateliers élaborés de façon pédagogique, ludique et interactive. Découverte de la faune et de la flore de la Châtaigneraie cantalienne à travers une approche environnementale avec comme support la mare, le ruisseau, le barrage, la forêt, les monts et les vallées du Cantal. Mais aussi la transformation alimentaire (pain, confitures, sirops...), des animations autour du potager (cueillette, transformation et dégustation), du développement durable, des métiers de l'agriculture et la lombriculture. Hébergements sur place.

COOPERATIVE FROMAGERE DES MONTS DU CANTAL

Faverolles - **PIERREFORT**
✆ 04 71 23 37 81
www.fromages-du-cantal.com
Ouvert toute l'année. Magasins à Pierrefort et Valuéjols. Vente des formages produits par la coopérative.

Dans les années 1990, plusieurs coopératives de la Planèze de Saint-Flour et du Pierrefortais ont fusionné. L'objectif des adhérents était de moderniser leurs outils de production et de valoriser leurs produits. Le cantal haut herbage, fleuron de la coopérative, en est le parfait exemple. Les vaches sont nourries à l'herbe et au foin. Le lait cru est transformé dans les 24 heures après la traite. L'affinage s'effectue pendant 120 jours en cave, dans un ancien tunnel ferroviaire.

LES RUCHERS D'ENCHANET

Enchanet
PLÉAUX
✆ 04 71 40 40 47
Vente sur place tous les jours de l'année. Visites guidées - appeler avant.

Stéphanie et Christian Rivière sont des apiculteurs passionnés. Ils vous expliqueront que leur miel provient de fleurs de bourdaine, houx, ou d'encore d'aubépine. Mais pour eux, le plus doux des miels reste celui de montagne. Ces spécialistes sont également présents sur les foires de Pleaux et d'Aurillac. Vous ne trouverez ici que de très bons produits : des biscuits, bonbons, pain d'épice, madeleines, sablés, cookies, le tout au miel bien sûr ! Mais aussi du pollen et des bougies. Ils sont présents sur de nombreux salons en France.

L'ANGORA DES VOLCANS

Courbières
PRADIERS
✆ 06 07 47 97 14
Individuels mardi et jeudi à 14h30. Sur réservation le reste de l'année. Adulte : 5 €. Enfants de 6 à 12 ans : 3,50 €.

Sur le Cézallier, voilà une visite atypique à faire en famille ! Christian et Geneviève se sont pris de passion pour les lapins angora et se sont installés dans le village de Courbières. Ils font découvrir le poil soyeux de leurs 60 pensionnaires qu'ils récoltent au moment de la mue tous les cent jours. Les fils sont teintés maison pour la confection de bonnets, écharpes, gants et mitaines. Durant la visite, un film présente l'espèce et le travail tout en délicatesse des éleveurs. Un atelier tissage est proposé aux enfants de plus de 5 ans.

LA MAISON DE LA SALERS

Le Fau
SAINT-BONNET-DE-SALERS ✆ 04 71 40 54 00
www.maisondelasalers.fr
Ouvert de février à la Toussaint et pendant les vacances scolaires 10h-12h et 14h-18h. Juillet et août 7j/7, 9h-19h.

La Maison de la Salers est entièrement consacrée à la vache rouge. Elle est installée dans une étable du XVIIe siècle. C'est un espace ludique et moderne qui permet d'en savoir plus sur la race emblématique du Cantal. A l'aide d'écrans tactiles et des courts-métrages, vous découvrirez le travail des éleveurs, le rayonnement international et les qualités de la race. Des animations sont régulièrement proposées notamment une chasse aux trésors à partager en famille tous les mercredis en juillet et août. Un espace dégustation vous attend à l'issue de la visite.

FROMAGERIE DE SAINT-FLOUR

2, rue Léopold-Chastang
SAINT-FLOUR
✆ 04 71 60 53 28
www.fromagerie-saint-flour.fr
Magasin d'usine ouvert du mardi au vendredi de 9h à 12h30 et de 14h à 18h ; le samedi de 9h à 12h.

La Fromagerie de Saint-Flour dépend des Fromageries Occitanes implantées dans le Massif central et les Pyrénées. Le site industriel sanflorain, parmi les plus importants employeurs de la ville, produit exclusivement des fromages à «pâte persillée», c'est-à-dire les bleus comme l'AOP fourme d'Ambert ou sa spécialité maison, le bleu de Saint-Flour, très crémeux. Tous ses produits, ainsi que la gamme complète des fromages de la société, sont à retrouver sur place dans le magasin d'usine.

GAEC CAMBON

SAINT-PAUL-DES-LANDES
✆ 06 38 83 09 05

Visite pendant la traite gratuite de mai à octobre. Vente directe à la fromagerie tous les jours 9h-12h et 17h-19h.

Dans la famille Cambon, on aime les vaches et plus particulièrement la race locale, la salers. Ils produisent dans leur ferme un fromage 100 % lait cru de vaches salers : l'Acajou. Ce fromage a reçu par trois fois déjà le prix «Fermier d'or» en 2015, 2017 et 2018. Nathalie, Jean-Paul et Kevin vous accueillent dans leur exploitation pour y découvrir tout l'univers de cette race salers : de l'élevage à la traite jusqu'à la confection du fromage. Un accueil authentique et savoureux ! Où l'on pourra aussi faire la visite pendant la traite. Inoubliable.

LA FERME AUX ABEILLES - RUCHERS DE LA MARGERIDE

Le Bourg - VAL D'ARCOMIE
✆ 04 71 73 72 05
www.lesruchersdelamargeride.fr

Juillet et août ouvert lundi et jeudi de 15h à 17h. Visites toutes les heures. Hors saison, sur rendez-vous.

Simone Roume vous reçoit dans sa ferme apicole. Les ruches sont régulièrement déplacées pour obtenir différentes variétés de produits : montagne, sapin, acacia... N'hésitez pas à opter pour une visite gustative. Après la visite de la miellerie, un détour à la boutique s'impose pour faire le plein de produits dérivés faits maison (pain d'épices, cakes au miel, bonbons, florentins ou guimauves) et des produits cosmétiques (savons, huiles de massage, baumes...).

NATUR'AILES GÉRALDINE ET NICOLAS

SAINT-PONCY
✆ 06 72 59 77 61

Ouvert toute l'année sur rendez-vous. Sur rendez-vous ou à retrouver sur les marchés de Massiac et Saint-Flour.

Entre Saint-Flour et Massiac, Géraldine et Nicolas ont créé un havre de nature où les butineuses peuvent adorer leurs reines en toute sérénité. Grâce à un territoire riche en variétés de plantes, de courtes transhumances régulières permettent une alimentation diversifiée et la création d'un miel des plus gouteux.

Ils proposent à la vente leur récolte de gelée royale, propolis, cire d'abeille et bien sûr de miel, mais aussi du pain d'épices, du nougat, de l'huile de massage, des savons.

LA FERME DE LA VIDALIE

La Vidalie
VIEILLEVIE
✆ 04 71 49 96 98

Ouvert tous les jours en juillet et août. Sur réservation le reste de l'année.

Si vous ne connaissez pas les vins d'Auvergne, voici une bonne adresse pour les découvrir. Venez visiter la ferme d'Isabelle et Serge Broha qui exploitent deux hectares de vigne en terrasses. Leur vignoble, situé à 250 m d'altitude, permet une production de vins AOP – rouge, rosé et blanc. Mais ce n'est pas tout, le couple possède également un élevage de chèvres de race alpine, dont le lait sert à la fabrication de cabécous, parabels et tomettes. Une étape gourmande à planifier, car tous leurs produits sont en vente à la boutique. Possibilité de visiter la cave.

BRASSERIE 360

Les Quatres routes de Salers - SALERS
✆ 06 43 31 04 53
www.brasserie360.fr/

Visites guidées sur réservation pour les groupes de 10 adultes minimum. Entrée 8 € remboursée au premier achat.

Ouverte à la visite, la Brasserie 360 vous propose une plongée dans le monde brassicole mais également dans le terroir cantalien. Le visiteur est invité à descendre dans l'espace de production pour comprendre comment naît la bière. La visite est accompagnée d'une dégustation. Ici, la volonté est de défendre une bière de qualité et les valeurs du terroir cantalien. Le choix est donc fait d'utiliser des céréales d'Auvergne et l'eau jaillissant des anciens volcans. La gamme s'étend des bières blanches, blondes ou ambrées, rousses ou triples brunes. Avec modération !

EXPOSITION DE PAPILLONS ET AUTRES INSECTES

Ydes-Bourg - YDES
✆ 04 71 40 59 81
www.ydes.fr

Fermé hors saison. Haute saison ouvert du lundi au vendredi de 14h30 à 18h30. Entrée : 4 €.

Cette collection a été confectionnée par Serge Avrard et l'Association des Amis d'Ydes. Plus de 3 500 spécimens sont présentés dans des vitrines classées par thèmes, offrant un tour du monde des papillons et insectes. Si les espèces locales sont mises en valeur, celles de l'ensemble des continents permettent d'aborder le monde des insectes hors normes pour les standards européens. Papillons géants aux couleurs étonnantes, mais aussi des phasmes et même quelques spécimens d'araignées.

FERME DE L'AYGUEMARSE

BÉNIVAY-OLLON
✆ 04 75 28 10 02
www.ayguemarse.com
Ouvert tous les jours de 18h à 19h.

Florian Charrasse a repris l'exploitation familiale depuis 7 ans. En plus des abricotiers, des cerisiers et des vignes, il s'occupe du millier d'arbres qu'a plantés son grand-père après le gel de 1956. Des arbres qui, pour la moitié, possède un mono-tronc (un détour dans son oliveraie vaut le coup d'œil). C'est au moulin Chauvet, un moulin à l'ancienne, qu'il fait presser ses olives pour en tirer une huile AOP de Nyons. Le reste est réservé aux olives de table AOP Nyons et à la tapenade. Vous pourrez trouver ces produits directement à la ferme.

MILLE ET UNE CORNES

460, chemin des Pinèdes
CHARMES-SUR-L'HERBASSE ✆ 06 18 58 43 08
Fermé de novembre à mi-mai. Haute saison ouvert tous les jours de 10h à 19h. Adulte : 8,50 €. Enfant : 6,50 €.

Cette ferme de sauvegarde, conservatoire des races à cornes, au cœur d'une forêt aménagée de plus de 3 hectares. Vous y découvrirez les plus belles espèces de chèvres et de moutons du monde. Également sur place, un musée de la laine, du beurre et des vieux outils, une collection de tomates, des sculptures en métal, un jardin du Moyen Âge, une serre aux mille et une abeilles, un parc aux caresses, un parcours botanique. Il y a plus d'une raison de venir puisqu'il n'est même pas nécessaire de réserver. Vous pouvez même loger sur place dans une roulotte rétro.

MIELLERIE DES COLLINES ST-JOSEPH

467, chemin de Couriole - **BREN** ✆ 04 75 45 25 49
www.miellerie-saint-joseph.com
Du lundi au vendredi de 8h30 à 17h30. Samedi sur le marché de Tournon. Vente par correspondance via le site Internet.

La miellerie Saint-Joseph possède plus de 500 ruches. Jusqu'à 14 miels proposés : acacia, châtaignier, lavande,... et une gamme plus gourmande avec du miel amande, caramel, citron, noix, pistache... Des miels réalisés avec une grande exigence de qualité mais aussi des « produits santé » récoltés sur les ruches comme la gelée royale, le pollen et la propolis. Des visites de groupes sont possibles sur rendez-vous, sinon vous pourrez toujours apprécier la ruche transparente à l'entrée.

ALGOA SPIRULINE

845, route de Fouillouse
CHÂTEAUNEUF-SUR-ISÈRE
✆ 06 18 41 48 55
www.algoa-spiruline.fr
Ouvert le samedi de 15h à 18h. Pour les autres jours, sur rendez-vous. Vente direct à la ferme.

Jean-Marc et Sophie Robin sont... spiruliers. Venez découvrir leur ferme et la spiruline artisanale de la Drôme des collines. Algue d'exception, la spiruline est un élixir de bien-être et de santé. Ce produit offre au corps les nutriments essentiels pour lutter contre la fatigue, le surmenage et certaines maladies. La spiruline de la ferme Algoa est cultivée sous serre sans pesticide. Récoltée, égouttée, pressée et séchée, l'algue est réduite en paillettes déshydratées. Un concentré de vitalité. Visite de la serre sur demande. Dégustation, cours de cuisine.

FERME DU VILLARD

Les Raynauds - **BRETTE**
✆ 04 75 27 20 90
www.la-ferme-du-villard.com
Assiette découverte de 6 à 12 €, menu auberge 30 €. Camping : 14 € la nuit.

Dans ce hameau perché à 750 m d'altitude, 7 générations de la famille Reynaud se sont succédé aux travaux des champs. Nathalie et Hervé élèvent des agneaux et des chevreaux, fabriquent des tommes au lait de chèvre, fauchent le foin de leurs près, cultivent un potager, le petit épeautre et la lavande, pressent leurs noix pour faire de l'huile, préparent confitures, bocaux de légumes et coulis de tomates. Vous pouvez acheter leurs produits fermiers bio et manger à la table de la ferme. Camping et chambres d'hôtes. Une escale sur les routes de la lavande, 100 % bio.

BRASSERIE LA MANIVELLE

5, impasse de la Clairette - **DIE**
✆ 06 73 40 51 95
www.lamanivelle.beer/
Du lundi au vendredi 9h-12h et 13h-18h. Visite guidée le mercredi sur réservation. Payant.

La Manivelle c'est une histoire qui dure depuis 2009 où tout a commencé dans une ancienne usine hydroélectrique dioise, ce qui n'a pas été sans influence sur le choix du nom de la brasserie ! Depuis ses débuts, la brasserie propose onze recettes permanentes de haute fermentation et de style variés. Depuis 2020, la brasserie dispose également d'un bar et les bières sont même certifiées agriculture biologique. Et ce qu'on retrouve ici, et ce qu'on aime, c'est avant tout une équipe défendant les valeurs de l'artisanat qui n'attend que vous pour partager sa passion !

CAVE DE DIE JAILLANCE - MUSÉOBULLES

355, avenue de la Clairette - **DIE**
✆ 04 75 22 30 15
jaillance.fr

Ouvert tous les jours. Visite guidée sur réservation. Adulte : 5 €. Gratuit jusqu'à 16 ans. Boutique. Vente en ligne.

Un vin jaillissant naturellement de terre, à la manière d'une source vive qui a donné la vie à toute une région. Voici l'histoire de la clairette, bien avant que les Romains ne découvrent les saveurs de ce vin naturellement pétillant et rafraîchissant. Une légende qui nous est racontée à travers un parcours initiatique où tous les sens sont sollicités.

La visite, passionnante et pétillante, se termine évidement par une dégustation au Bar à bulles.

VIGNOBLES ET DÉCOUVERTE

DIE
✆ 04 75 21 29 76

Animations toute l'année et durant le Fascinant week-end d'octobre.

Vous le voyez bien en sillonnant le pays diois, la vigne est largement présente sur ce territoire, en alternance avec les champs de lavande, les pâturages et les vergers. Le Syndicat de la Clairette de Die et des Vins du Diois a candidaté avec succès voici quelques années pour l'attribution du label Vignobles & Découvertes, label national visant à promouvoir le tourisme sur le thème du vin et de la vigne. Celui-ci est attribué à une destination à vocation touristique et viticole proposant une offre multiple et complémentaire : hébergement, restauration, visites de caves et dégustations, activités de loisirs, sites patrimoniaux, évènements. Ce label est le garant d'une sélection d'offres qui permettent l'organisation de séjours sur la Destination Clairette de Die, Drôme Vallée autour de prestations de qualité. Ainsi depuis l'obtention de ce label exigeant et pointu, la destination viticole dioise peut valoriser au mieux l'œnotourisme avec la participation de ses vignerons, caves coopératives et adresses gourmandes. En outre, depuis 2019, la Destination Clairette de Die, Drôme Vallée a rejoint les opérations régionales du Fascinant Week-end, autre outil de promotion touristique des régions viticoles, autour de manifestations au moment des vendanges, en octobre, avec un programme varié comme des balades vigneronnes, des ateliers accords mets et vins, etc. Pour le Diois, ce sont plus de 200 animations proposées dans les caves et les vignobles dans le cadre d'un week-end festif et gourmand.

DOMAINE DISTAISE

Quartier Dounis - **GRANE**
✆ 04 75 61 78 58
www.distaise.com

Magasin fermier horaires variables selon saison. Chambre d'hôtes à 70 € pour 2, petits déjeuner compris.

La famille Chambon vous accueille ici depuis cinq générations. En 1998, c'est l'ouverture du magasin de vente à la ferme, en 2004 la création de 4 chambres d'hôtes (3 épis) et d'une aire pour les camping-cars, puis de 3 gîtes ruraux. Aujourd'hui, le point de vente regroupe les produits de nombreux producteurs régionaux avec fromages de chèvre, miel, huile d'olive, clairette, volaille, vins, légumes, fruits, ail et échalotes bio, sans oublier la charcuterie fermière. S'ajoutent assiettes légères et sandwiches à midi, menu de terroir, le soir. Accueil motards.

DOMAINE DE MONTINE

GRIGNAN
✆ 04 75 46 54 21
www.domaine-de-montine.com

Ouvert tous les jours de 9h à 12h et de 14h à 19h. Visite de cave + dégustation.

Le domaine s'articule autour des trois ambassadeurs du terroir trio local : vins, truffe, lavande. Le trio gagnant ! Deux petits kilomètres séparent le domaine de Montine du centre de Grignan, le temps de rêver aux accords sublimes que l'on trouve entre truffes et vins de l'appellation Grignan-les-Adhémar, Vinsobres et Côtes-du-Rhône. Vous pouvez déguster les vins au caveau, mais aussi découvrir à la boutique des truffes et l'essence de lavande. Au programme également des pique-niques vignerons et des soirées *food truck* et vins. Également des gîtes sur place.

L'ESSENTIEL DE LAVANDE

270, impasse de Fontchaude
LA BÉGUDE-DE-MAZENC ✆ 06 62 86 64 12
https://essentiel-de-lavande.com/fr/

En été. Atelier DIY 45 €/pers. A partir de 17 € le pique-nique avec plat, fromages, dessert, pain et boissons.

C'est une lavandicultrice bio qui vous accueille dans cette grange joliment restaurée. Au programme, des massages dans un champ de lavande. Deux nouveautés en 2021 : le pique-nique chic au milieu des lavandes avec des produits locaux selon 3 formules, la végétarienne, la terroir ou la très chic version premium avec foie gras et champagne. Vous trouvez sur place les produits cosmétiques maison l'Essentiel de Lavande à base de pure huile essentielle de lavande et lavandin bio. Ateliers DIY de fabrication d'un baume bio pour le corps. Visite découverte.

FERME PÉDAGOGIQUE DU VERCORS

Hameau Les Croix - **LA CHAPELLE-EN-VERCORS**
✆ 06 64 29 08 80
https://fermepedagogiqueduvercors.com
Ouvert tous les jours de 9h30 à 12h15 et de 14h30 à 17h15. Adulte : 10 €. Enfant moins de 12 ans : 7 € sur réservation.

Venez rencontrer les chèvres du Cachemire, ânes, cochons, poules du Vercors et cochons noirs. Dans leur immense parc, vous verrez les chiens de traîneau nordiques, esquimaux du Groenland, malamutes d'Alaska. La première visite du matin est dédiée au nourrissage des animaux, la dernière visite de la journée permet de rencontrer les animaux et d'assister au nourrissage de la trentaine de chiens. Vous pourrez également assister à une démonstration de filage de la laine mohair au rouet.

LE HÉRISSON BLEU

Les Combes
LABOREL
✆ 06 11 89 52 85

Ce couple de producteurs de lavande et d'apiculteurs propose à la vente leur précieuse huile essentielle de lavande, ainsi qu'une gamme de miels, mais également des confitures maison artisanales dont les parfums originaux vous séduiront : gigérune, campanette, potimarrons... Vous pouvez aussi à la belle saison loger dans la jolie roulotte stationnée sur leurs terres, coquette et confortable, romantique avec son hamac tendu entre deux arbres voisins et son petit salon de jardin où manger sous les étoiles ou au chant des cigales.

FERME DE L'AUTRUCHE DRÔMOISE

1120, chemin des Bruyères - **LIVRON-SUR-DRÔME**
✆ 04 75 62 82 33
www.ferme-autruche.com
Du mardi au vendredi de 16h à 19h ; le samedi de 10h à 12h et de 16h à 19h. Possibilité de loger dans une roulotte.

Les autruches d'Afrique du Sud apprécient la Drôme. Pascal et Marie-Christine, passionnés par ces grands oiseaux, en font l'élevage à Livron. On peut admirer leur force et leur résistance impressionnantes qu'elles doivent aux muscles de leurs pattes. D'où une viande peu grasse, riche en calcium et phosphore. On trouve en boutique steaks, pavés, rôtis, viandes à grillade, foies, terrines, saucissons, saucisses, viandes séchées... Mais aussi plumes, œufs géants et maroquinerie.

FERME DES PAYRES

Quartier le Payres
MARCHES
✆ 04 75 47 20 94
Ouvert du lundi au samedi de 10h à 18h. Ouvert le dimanche pendant les mois de septembre, octobre, novembre et décembre.

Dan et Davy ont repris l'exploitation créée par leur père en 1986. Ils élèvent donc près de 1 200 oies par an, à partir de l'âge de deux jours. Au départ, elles sont élevées à l'abri puis sortent au bout de quinze jours, profitant des grands parcs et des noyers qui les bordent. Elles sont alors nourries à partir de céréales concassées. A partir de 16 semaines, les oies sont ensuite gavées au trèfle et aux céréales. Dan et Davy commercialisent ensuite de délicieux produits : des toasts d'oie, des rillettes nature et aux raisins, du foie gras...

DOMAINE DU CHÊNE VERT BIO

Les Blâches
MIRABEL-AUX-BARONNIES
✆ 04 75 27 14 07
www.domaineduchenevert.fr/
Ouvert tous les jours de 10h à 19h. Il est préférable de téléphoner avant de venir.

Violaine et Pierre Trollat exploitent depuis 1978 les oliviers présents depuis onze générations sur les terres familiales. Soit 4 ha et près d'un millier d'arbres. Les Trollat ont également étoffé leur plantation en ajoutant près de 950 jeunes oliviers. Avec les fruits, récoltés en décembre et janvier, sont fabriqués des olives de table AOP Nyons (mises en saumure avec du sel de Guérande), de l'huile également AOP Nyons et de la tapenade. N'hésitez pas à y faire un tour !

MOULIN À HUILE DE CHAMEIL

Route de Vinsobres - **MIRABEL-AUX-BARONNIES**
✆ 04 75 27 17 22
www.moulin-de-chameil.com
Ouvert du lundi au samedi de 9h30 à 12h et de 14h30 à 18h.

René Bayle a repris l'exploitation familiale en 1995. Avec ses 500 oliviers cultivés en agriculture raisonnée, il produit trois huiles : une AOP Nyons, 1 monovariétale de tanche ainsi qu'1 monovariétale de verdale en fruité vert. Ce sont également entre 500 et 600 apporteurs qui se rendent à son moulin en chaîne continue. A partir de 200 kg, ils peuvent repartir avec leur propre huile. Le plus du moulin : il est entièrement chauffé avec les résidus de noyaux d'olives.

FERME BRÈS

Pied de Vaux
NYONS
✆ 06 86 34 86 56
www.fermebres.fr
Ouvert du lundi au samedi de 16h à 19h. Egalement sur rendez-vous en dehors de ces horaires.

La ferme Brès, avec ses quelque 1 900 oliviers de variétés tanche, est au cœur de la zone d'appellation d'origine protégée Nyons. C'est ainsi que depuis six générations, on travaille la tanche pour en faire des olives de table AOP Nyons et de la pâte d'olives noires baptisée « affinade » ainsi que de l'huile d'olive AOP, de l'olivade, une pâte d'olives tanche vertes à l'ail et au basilic, et une tapenade à base d'olives de Nyons parfumée à la tomate séchée bio. Vous trouverez ces produits en vente directe à la ferme toute l'année et sur les marchés locaux.

SYNDICAT DE L'OLIVE DE NYONS ET DES BARONNIES

40, place de la Libération - **NYONS**
✆ 04 75 27 41 02
http://www.nyons-aop.com
Ouvert du lundi au vendredi de 8h30 à 12h30 et de 14h à 17h.

Le syndicat de l'olive de Nyons assure la promotion de l'huile d'olive et des olives noires de Nyons et ses environs, estampillée d'une en AOC (variété tanche) depuis 1994. Il soutient ainsi les producteurs de la filière qui sont regroupés dans une cinquantaine de communes de la Drôme et du Vaucluse. Le syndicat organise des événements phares notamment les Olivades en juillet. Des conférences sont également données, notamment sur les maladies qui peuvent toucher les oliviers.

DOMAINE DE GRANGENEUVE

ROUSSAS ✆ 04 75 98 50 22
www.domainedegrangeneuve.fr
Ouvert du lundi au vendredi de 9h à 12h30 et de 14h à 19h ; le week-end de 10h à 12h30 et de 14h30 à 19h.

Ce magnifique domaine a été créé en 1964 par Odette et Henri Bour. Issue d'une longue lignée de vignerons, la famille Bour s'est attachée à constituer un domaine dans le respect des grandes traditions. En 1974, la construction d'une cave de vinification leur a permis de mettre en valeur les produits de leur terroir. Depuis lors, plus de 200 médailles sont venues récompenser leurs efforts. Le caveau est situé au cœur d'une bastide du XVIIIe siècle et l'accueil est aussi chaleureux que le lieu est beau. Le plus : de nombreuses animations autour de l'oenotourisme.

FERME DES CAILLATS

SAINT-JEAN-EN-ROYANS
✆ 04 75 47 51 81
www.lafermedescaillats.net
Du lundi au samedi de 10h à 12h et de 13h30 à 19h.

Au cœur du Royans-Vercors, Claude, Elisabeth et leurs trois enfants vous font partager la passion de leur métier autour de 3 activités dans cette ferme : exploitation agricole, fromagerie, gîte. Parmi les pionniers de l'agrotourisme, la ferme des Caillats accueille des hôtes depuis... 1958. On y fait provision de fromages de vache, saint-marcellin ou faisselles, beurre frais et huile de noix, œufs et lait frais, yaourts et crème fraîche. Visite de la ferme sur rendez-vous. Deux gîtes ruraux, l'un pour 5 personnes, à la ferme, l'autre pour 8 personnes, à 1 km.

AU PANIER DE CARABONY

Quartier Carabony
SAINT-MARCEL-LÈS-VALENCE
✆ 04 75 85 71 22
Ouvert le lundi de 14h à 19h ; du mardi au samedi de 9h à 12h et de 14h à 19h.

Les Royannez se sont reconvertis dans le maraîchage il y a une vingtaine d'années et furent parmi les pionniers de la vente directe. Vous venez acheter vos fruits et légumes dans un petit hangar au milieu des champs. Il est un peu difficile à trouver, mais l'expédition vaut vraiment le coup. Vous pouvez ainsi faire votre marché de primeurs fermiers à la source. S'ajoutent des jus fermiers 100 % naturels et des confitures, tous deux produits sur l'exploitation. Et en pleine production, vous pouvez acheter des cagettes de fruits à bon prix pour vos confitures.

LA FERME DE NATACHA

1000, chemin des Jarilles
SOYANS
✆ 07 83 12 65 30
www.la-ferme-de-natacha.fr
Uniquement sur réservation.

Une ferme qui propose (uniquement sur réservation) de bons produits fermiers vivants ou prêts à cuire : lapins, œufs, poulets, pintades, cailles, chapons, poulardes, poules (au pot !) élevés en plein air avec une alimentation 100 % végétale. Les poulets vivants à emporter sont des «cous-nus à pattes rouges», les lapins sont des «bleus de Vienne» ou des «fauves de Bourgogne». Les commandes peuvent être apportées à domicile (le vendredi en fin de journée) ou récupérées à la ferme le samedi matin. Et l'été, on profite du gîte sur place pour prolonger le séjour !

UNIVERSITÉ DU VIN ★

Château de Suze
SUZE-LA-ROUSSE
✆ 04 75 97 21 30
www.universite-du-vin.com
Formation professionnele et stages pour les amateurs. Voir le programme sur le site Internet.

Cette institution créée par les vignerons propose une centaine d'actions de formation professionnelle continue par an, sur les métiers de la vigne et du vin, et autour des techniques de dégustation, de production, les marchés, la commercialisation, l'oenotourisme, la réglementation vitivinicole. De nombreux sommeliers sont issus de cette école de renom, au milieu des vignes, et au sein du prestigieux château de Suze-la-Rousse. En accès libre, un circuit muséographique, une bibliothèque et un jardin ampélographique avec près de 70 cépages du monde.

CAVE DE TAIN L'HERMITAGE

22, route de Larnage
TAIN-L'HERMITAGE
✆ 04 75 08 91 86
www.cavedetain.com
Ouvert tous les jours. Horaires variables en fonction des saisons.

Implantée depuis 1933, au pied de la célèbre colline de l'Hermitage, la Cave de Tain, principal producteur des crus septentrionaux (Hermitage, Crozes-Hermitage, Saint-Joseph, Cornas et Saint-Péray), est labellisée Vignobles et Découvertes, et Vignerons en Développement Durable. Ses vins, respectueux des terroirs et de la biodiversité, sont reconnus dans le monde entier et obtiennent, chaque année, de nombreuses médailles. La cave propose un parcours pédestre à la découverte du vignoble de l'Hermitage ainsi qu'un circuit de visite guidée de ses chais.

LA FERME DES HAUCHES

Les Hauches
TRUINAS
✆ 06 95 30 23 28
Accueil paysan. Ouvert toute l'année. Tous les jours. Accueil enfants. Visite guidée. Boutique. Animations.

C'est en pleine nature, entre forêts et pâtures, que vous attendent trois gîtes indépendants, où vous serez invité à participer à la vie de la ferme auprès des vaches, agneaux, chèvres, chevaux, cochons, volailles, adorables lapins et leurs progénitures. Aidez à soigner des animaux, à les changer de parcs, à les nourrir ou à sortir le fumier. Vous pouvez aussi aider au jardin et profiter des légumes. Partir à la découverte des travaux des champs. Faire des cabanes dans la forêt de buis, des glissades sur les marnes, et profiter des balançoires, hamacs, ping-pong.

DOMAINE EYGUEBELLE

3, chemin de la Méjeonne - **VALAURIE**
✆ 04 75 98 03 80
www.eyguebelle.fr
Ouvert tous les jours. Visite du musée et dégustation gratuites. Boutique. Ouverts 7j/7 de 10h à 18h en continu.

Eyguebelle tient son nom de l'abbaye d'Aiguebelle où des moines cisterciens ont mis au point plusieurs recettes de liqueurs de plante complexes. Un savoir qui s'est transmis de génération en génération jusqu'à 1996, date à laquelle la marque est devenu laïque. La marque offre aujourd'hui une large gamme, tous les sirops de fruits de la région qui ont fait sa réputation mais aussi du pastis et la crème de noix ; sans oublier le fameux *élixir de vie* à base de plantes et de fruits élaboré au Moyen Age dans l'abbaye. A l'issue de la visite, une belle boutique !

FERME DU CLOS DE L'ORME

VESC
✆ 04 75 46 44 92
www.fermeduclosdelorme.fr
Visites guidées et ateliers pédagogiques sur réservation.

Fabienne et Edmond Tardieu vous accueillent sur leur exploitation agricole où ils s'adonnent à l'élevage de brebis et de chèvres mené dans le respect de l'environnement pour une agriculture biologique, durable et viable. Pour sensibiliser aux enjeux de l'alimentation et de l'environnement, le couple a décidé d'ouvrir sa ferme à tous et imaginé des activités ludiques et pédagogiques. Rencontres avec des chèvres, brebis, volailles, cochons et lapins. En vente directe : terrines et rillettes à base d'agneau bio, viande d'agneau bio. Le plus : un gîte sur place.

DENIS VINSON ET FILS

Domaine du Moulin
VINSOBRES
✆ 04 75 27 65 59
Pour visiter la cave, prendre rendez-vous 48h avant.

C'est un petit domaine de 20 ha, mais quels résultats ! Sur de grandes terrasses caillouteuses orientées au sud, Denis, Frédérique et désormais Charles et Joseph Vinson élaborent des Vinsobres puissants et aromatiques. Des nez de cassis, de mûre ou de garrigue, de l'ampleur et du gras en bouche. Lors de votre passage, mais sur rendez-vous uniquement, jeter un œil sur les voûtes à l'ancienne, elles ont été creusées à six mètres de profondeur pour faire de l'élevage en fûts. Pas étonnant que les vins qui y vieillissent aient tant d'ampleur !

AUVERGNE-RHÔNE-ALPES

ÉCOUTE DU BRAME DU CERF

ARLET

✆ 04 71 09 10 91

Du 1er septembre au 31 octobre.

On peut l'observer sur les communes d'Arlet et d'Aubazat assez facilement. En septembre et octobre il est possible de se mettre à l'écoute du brame du cerf puisque l'animal est en rut à cette époque de l'année. Le site est libre d'accès, on y accède par deux chemins dont un sentier botanique. Les moments privilégiés pour l'observation sont à l'aube ou au crépuscule, lorsque les animaux sortent du couvert protecteur de la forêt pour aller au gagnage, lieu où ils recherchent la nourriture. Sur demande, du matériel d'observation peut être mis à votre disposition.

VERGER CONSERVATOIRE DE LA VALLÉE DE LA LOIRE

AUREC-SUR-LOIRE

✆ 04 71 61 08 00

Ouvert toute l'année. Visite libre ou guidée.

A proximité du château du Moine-Sacristain, ce verger conserve des espèces fruitières mais aussi toute une biodiversité de faune et de flore. Gilles, son conservateur, vous présente ce petit trésor avec érudition. Sauvegarder les espèces, c'est conserver la saveur des terroirs, ses variétés locales, et aussi œuvrer à la préservation d'une diversité génétique aujourd'hui menacée. L'association propose des cours de taille et peut aider à déterminer les espèces chez des particuliers.

FERME DU COQ À L'ÂNE

Le Bourg

CHASSAGNES

✆ 04 71 76 85 85

Ouvert toute l'année. Adulte : 9,50 €. Enfant : 8,50 €. CB non acceptée. Visite guidée. Balades, gîte.

Petits et grands seront ravis de cette escapade ! Isabelle et Mikaël vous ouvrent les portes de leur ferme et réalisent le rêve des bambins le temps d'un après-midi. Avec une balade d'1 heure dans la campagne environnante (à pied pour les adultes, sur la charrette tractée par un âne pour les enfants), vous visitez la ferme avec ses animaux. Vous pouvez même vous initier à la traite des vaches et des chèvres. Les adultes autant que les enfants apprendront des choses ! Envie de rester plus ? Isabelle et Mikaël louent un gîte de 140 m² au cœur du village.

DOMAINE DES MARMOTTES

1, Maisonnettes

FAY-SUR-LIGNON

✆ 04 71 56 34 12

www.domainedesmarmottes.com

Ouvert tous les jours. Visite de la ferme sur rendez-vous.

Vous voulez goûter une liqueur de foin ? Ce domaine occupe un terrain de 6 ha planté en petits fruits rouges et plantes aromatiques cultivés dans le respect de l'environnement, et deux terrains à 1 300 m d'altitude en zone protégée pour la cueillette des gentianes, sureaux et myrtilles sauvages. La fabrication des liqueurs, apéritifs, confitures, sirops, sorbets et autres gourmandises se fait à l'ancienne. L'atelier est doté d'une baie vitrée pour que vous puissiez voir le travail réalisé. Osez l'apéritif framboise des Marmottes. Vous pourrez séjourner sur place.

FERME-AUBERGE DU PIPET €€

Le Bourg - **GOUDET** ✆ 04 71 57 18 05

Fermé de novembre à mars. Ouvert tous les jours. Menus de 10 à 25 €.

A 760 mètres d'altitude, la famille Massebeuf élève des vaches laitières et des moutons, possède une basse-cour et un grand potager en agriculture biologique. Venez découvrir l'authenticité d'un restaurant à la ferme. Charcuterie, saucisses, lentilles vertes du Puy AOC, pommes de terre au four, potée auvergnate, volailles, veaux, agneaux, porcs de la ferme, desserts maison. La salle peut accueillir une centaine de personnes. Accueil des randonneurs pédestres, équestres, cyclistes, vététistes, familles, groupes en nuitée, en week-end, dans leur gîte de quinze lits.

LES RUCHERS DE LAVAUDIEU

Rue Louis-Dejax

LAVAUDIEU

✆ 09 64 19 38 43

Du jeudi au dimanche de 10h à 12h30 et de 14h30 à 18h30. Haute saison : 7j/7 de 10h à 12h30 et de 14h30 à 18h30.

Au cœur du village de Lavaudieu, Jocelyne Chopart excelle dans son domaine. Apicultrice de profession, elle vous fera partager sa passion au travers des produits qu'elle propose (miels mais aussi différentes gourmandises à base de miel et de fruits des bois). Celle-ci vous permet également de découvrir son métier et ses collaboratrices au sein de «La Maison de l'Abeille» ; photos, matériel et dégustation à l'appui. Laissez-vous donc tenter par tous ses produits ! Amis de la nature, vous qui souhaitez rester en bonne santé : Jocelyne est en bio.

FERME DE LA SECONDE CHANCE

Fleurac - **LE BRIGNON**
✆ 06 09 71 80 70
https://ferme-de-la-seconde-chance.fr
Haute saison tous les jours de 14h à 18h. Entrée : 5 €. Enfant : 3 €.

Vous avez le choix entre trois types de visites : la simple promenade libre sans entrer dans les enclos, la visite guidée où chaque animal vous sera présenté et où vous pourrez entrer dans les enclos. Quelques missions pourront être proposées, comme mettre de la paille dans le poulailler, ou bien de l'eau dans la terre du cochon pour faire de la boue, pour finir avec un petit questionnaire avec des jeux. La dernière visite comprend une activité supplémentaire : pain, beurre, empreinte.

BRASSERIE ARTISANALE LA STROL

8, place Néron
MONISTROL-SUR-LOIRE
✆ 06 79 83 78 49
Vendredi de 9h à 12h30 et de 14h à 1h ; samedi de 9h30 à 13h.

Vincent Decroix et Sébastien Linger ont ouvert fin 2018 leur brasserie artisanale à Monistrol-sur-Loire. Dans l'arrière-boutique est installé tout le matériel pour brasser. À l'avant, un grand bar en forme de L permet la vente de leurs bières à la bouteille. Blanches, blondes, rousses, brunes, bière de Noël, bière de printemps... : toutes sont élaborées avec des malts d'orge et de blé bio cultivés entre la Haute-Loire et le Puy-de-Dôme. L'endroit parfait pour décompresser entre amis.

FROMAGERIE COULAUD

24, rue Grenouillit
LE PUY-EN-VELAY
✆ 04 71 09 08 50
Ouvert du mardi au samedi de 8h30 à 12h30 et de 14h à 19h.

Cette fromagerie de qualité perdure depuis 1925. C'est une boutique comme on les aime, simple, efficace et avec un accueil chaleureux. Ici, on valorise les produits du terroir et particulièrement le fromage, le roi des lieux. Jacqueline Coulaud reste fidèle aux fromages de pays (saint-nectaire fermier, cantal, salers, gaperons, artisons) et au miel du Velay, tandis que les bleus viennent de Gex, le roquefort AOP des Caves Baragnaudes... Coup d'œil sur la collection des cloches à fromages. Assiettes, biches, faisselles complètent le décor atypique et authentique.

BRASSERIE VELLAVIA

Route des Estreys
POLIGNAC
✆ 04 71 02 21 83
Ouvert du lundi au jeudi de 8h à 12h et de 14h à 17h.

Ce n'est pas un hasard si la Vellavia a vu le jour. Elle renoue avec le passé brassicole de la région. En 1870, le haut plateau volcanique du Velay fut en effet reconnu comme terre de prédilection pour la culture de l'orge nécessaire à la fabrication de la bière. À partir de cette époque, des malteries et brasseries se sont installées dans la région. Les agriculteurs cultivent la ponote, une ancienne variété d'orge à gros grain riche en amande. Son malt non torréfié donne à la bière une belle couleur dorée. Elle est déclinée en version blonde, brune et blanche.

LES GOURMANDISES DU PETIT PONT

Lieu-dit les Garniers
LISSAC
✆ 06 13 91 33 83
Ouvert du lundi au samedi. Sur rendez-vous. Livraison possible (vente en ligne).

Cuisinier-explorateur, Nicolas démontre son amour de l'Auvergne en préparant des confitures, sirops, vinaigres, des coulis, jus ou encore des pâtes de fruits, tous artisanaux. Nicolas cultive ses propres vergers dans le plus grand respect de la nature, sans aucun traitement, et s'aventure sur des produits insolites telle cette surprenante ConfiRure© de lentille verte du Puy, au goût intense évoquant la crème de châtaigne. A découvrir à la ferme sur rendez-vous, ou sur le site !

FERME-AUBERGE DU MOULIN €€

Le Bourg
SAINT-ARCONS-D'ALLIER
✆ 04 71 74 03 09
www.gite-aubergedumoulin.com
Ouvert toute l'année. Tous les jours le soir. Menu unique à 26 €.

Le cadre dans lequel se trouve la ferme est à couper le souffle. Un grand jardin agréablement boisé, quelques oies, une rivière astucieusement détournée pour former une petite cascade. Les menus varient au gré des saisons, dégustez les spécialités régionales, des produits de la ferme et du terroir : charcuterie, agneau et bœuf de la ferme, pommes de terre au four... Les amoureux de la nature seront enchantés par la beauté du site et pourront en profiter en logeant dans une des chambres. Dîner dans un vieux moulin du XVe siècle, voilà qui n'est pas banal.

LA BÒRIA DES GOTAS

La goutte Vachon - **SAINT-DIDIER-EN-VELAY**
✆ 06 95 82 79 82
www.laboriadesgotas.fr
Visite sur RDV. Ateliers en avril, juillet, août et Toussaint de 14h à 17h. Formule atelier : 2-12 ans 4 €, +12 ans 5 €.

La Boria des Gotas, c'est le projet de micro-ferme de Yann-Loïc et Gwendoline, construite autour d'une réelle préoccupation environnementale, expliquant par exemple le choix de la permaculture. Lors d'ateliers découvertes (pour adultes, enfants, ou personnes en situation de handicap), c'est ce modèle qu'ils présentent ainsi que leur jardin de plantes aromatiques et médicinales (Gwendoline ayant une formation en herboristerie). Producteurs, ils proposent en circuit court (à la ferme ou sur les marchés) des farines, aromates, infusions et confitures à tomber !

LA FERME DE MES PARENTS €€

Lieu-dit le Villard - **SAINT-PAL-DE-CHALENCON**
✆ 04 71 61 38 50
www.la-ferme-de-mes-parents.fr
Bienvenue à la Ferme. Ouvert le samedi midi et soir ; le dimanche midi. Menu unique à 22 €. Boutique.

La Ferme de Mes Parents est située en limite de la Loire, entre Boisset et Saint-Pal-de-Chalencon. Christine et Pascal vous accueillent à la ferme, ils sont producteurs de fruits rouges et mettent un point d'honneur à vous faire partager un moment de convivialité autour de la table. Pascal vous fait découvrir sa cuisine et le meilleur des produits. Sachez qu'ils peuvent recevoir huit personnes dans leurs quatre chambres d'hôtes. Pour leurs confitures, ils ont reçu la médaille d'or du concours régional Fermier d'or. À la boutique, vous pourrez faire le plein !

LA FERME DE L'AUTRE MONDE

Les Gardes - **SAINT-JEURES**
✆ 06 12 49 99 95
www.lafermedelautremonde.fr
Fermé de janvier à mars. Ouvert tous les jours sur réservation. Adulte : 10 €. Enfant : 8 €.

Située sur le plateau du Lizieux, dans un cadre de nature préservée, venez voir le cochon nain, les moutons, chèvres, chevaux, poneys, ânes, et toute la bassecour sans oublier de câliner les lapins. Ils proposent des ateliers de land art, de fabrication de pain. Découverte de la forêt avec chasse au trésor. Des promenades à poney. Pour finir avec un goûter avec brioches et confitures maison. Petite restauration fermière le midi avec les produits de l'exploitation et du terroir local.

FERME-AUBERGE LA CABRIOLE €€

D500 - **TENCE** ✆ 04 71 65 05 22
www.bienvenue-a-la-ferme.com
Fermé déc-mars. Basse saison : samedi soir, dimanche midi. Haute saison : mardi-dimanche midi et soir. Menus 18,50-24 €.

Catherine et Bernard Grangeon vous accueillent pour vous proposer de délicieux repas issus des produits de sa ferme. A midi, vous dégusterez une salade au fromage de chèvre ou une assiette de charcuterie maison, un plat du jour avec viande de la ferme, du fromage et un dessert. Le soir, ils vous proposent un repas avec salade au fromage de chèvre ou charcuterie maison, crique ou tarte au chèvre ou pommes de terre au sarasson ou omelette, fromage et dessert. Accueil chaleureux.

LES AUTRUCHES DE LA TORTUE

RD15
SAINT-JULIEN-CHAPTEUIL
✆ 04 71 08 45 58
www.lesautruchesdelatortue.fr
Fermé de septembre à juin. Haute saison de 14h à 18h. Groupes sur rdv. Boutique. Gratuit jusqu'à 12 ans. Adulte : 4 €.

Le Suc de la Tortue est un mont vers Saint-Julien, pourtant l'animal peuplant cette colline n'est ni le cerf ni le sanglier, mais l'autruche ! Ici, ces curieux volatiles naissent et grandissent en plein air et sont destinés à la consommation. Mais ce ne sont pas les seules espèces insolites à rencontrer : paon, faisan doré, et bientôt 3 lamas et 2 vaches highland ! Terminez la journée en passant à la boutique pour découvrir les produits autour de l'autruche : viandes, œufs, plumes…

GAEC DE TALLOBRE JALAVOUX

Jalavoux - **VERGEZAC**
✆ 09 61 47 59 98
www.gaec-tallobre.fr
Ouvert le lundi, le mardi et du jeudi au samedi de 7h à 12h et de 15h à 19h ; le mercredi de 7h à 12h.

Sur la RN102, au lieu-dit Jalavoux en direction d'Aubenas, il y a une ferme qui produit le fameux fromage aux artisous, le Velay, typique de la Haute-Loire. Vous y trouverez également des yaourts, du beurre, du fromage bleu et même des lentilles. Les fromages sont réalisés au lait cru de vache. Le savoir-faire de cette famille s'est transmis de génération en génération. Les artisons, artisous pour les connaisseurs, sont présents dans toutes les caves du terroir.

ARTMALTÉ

1, boulevard Bellevue - **ANNECY**
✆ 06 74 74 44 21
www.artmalte.com
Ouvert le mardi de 17h à 21h ; du mercredi au samedi de 17h à 23h.

ArtMalté, c'est une microbrasserie artisanale, mais encore une cave et un bar dédiés aux bières artisanales de la région où se retrouvent les meilleurs becs à bière du coin. Parmi les bières fabriquées sur place, des bières que l'on pourrait dire «classiques», comme cette Pils, une blonde rafraîchissante, cette bière de garde ou cette blanche particulièrement réussie. Bières de l'Instant : plus originales, elles célèbrent différents instants de l'année... Des bouteilles à personnaliser et des bières à savourer, avec un atelier de dégustation à faire entre amis.

LES LAMAS ET LE SAFRAN DE SALAGINE

754, route du Grand-Salagine - **BLOYE**
✆ 06 79 26 13 39
www.lamasafran.com
Ouvert tous les jours. Visite sur réservation. Adulte : 11 €. Enfant de 3 à 12 ans : 9 €. Boutique.

C'est une safranerie et un parc d'élevage d'une douzaine de lamas parfaitement acclimatés au climat haut-savoyard. La visite débute par une présentation des camélidés à travers un diaporama-vidéo commenté. Sur le terrain, on peut les approcher, les brosser et les câliner. Puis les balader à la longe en direction des étangs du site naturel de Crosagny. Au retour, une escale à la boutique pour découvrir la production de la safranerie avec une présentation du safran et une dégustation.

AUTRUCHELAND

1046, chemin du Moulinet
HAUTEVILLE-SUR-FIER ✆ 04 50 60 59 22
www.autrucheland.com
Basse saison week-end de 14h à 18h. Haute saison ouvert tous les jours de 14h à 18h. Sur réservation. Adulte 2 €.

Après une présentation des autruches, émeus, nandous, de l'élevage et des produits de la ferme, on peut se promener librement dans cet espace protégé. Vente de terrines et de viande d'autruche : pavé, filet, fondue, rillettes, ainsi que les œufs d'une taille impressionnante que l'on achète vides ou pleins. Des plumes colorées et divers objets se rapportant aux autruches. Pour les amateurs de pêche à la truite, un plan d'eau a été aménagé pour faire des prises, sans permis, de fario ou d'arc-en-ciel. Au mois de mai venez admirer les iris. Aire de camping-cars.

LA FRUITIÈRE

Les Thoules - **LA CHAPELLE-D'ABONDANCE**
✆ 04 50 39 98 23
www.fruitiere-des-neiges.com
Ouvert selon saison. Haute saison, tous les jours 9h-12h et 15h-18h30.

Dans cette fruitière – coopérative laitière qui regroupe la production laitière de 10 fermes de la vallée –, de délicieux fromages artisanaux : reblochon, tomme et abondance AOC. Avant de les déguster, découvrez les secrets de leur fabrication, du réchauffement au bain-marie du lait cru jusqu'au repos des belles meules sur les planches d'épicéa. Des visites sont organisées deux fois par semaine. Alors, si vous êtes de passage à La Chapelle-d'Abondance, faites une escale à La Fruitière pour y découvrir les saveurs locales. Inscriptions préalables recommandées.

CRÈMERIE DES ARAVIS

6, place du Petit Casino
LA CLUSAZ
✆ 04 50 02 60 93
www.alainmichel-fromager.com
En saison, ouvert tous les jours de 8h à 12h30 et de 15h à 19h. Horaires variables selon la saison.

Les crèmeries d'Alain Michel sont incontournables depuis plus de 50 ans dans la région. Cet artisan fromager, véritable passionné, met tout en œuvre pour proposer des produits locaux sélectionnés chez les meilleurs producteurs et affinés dans sa propre cave. Des spécialités locales : le reblochon, la tomme et le persillé (au lait de brebis) des Aravis, les chèvres frais de Thônes ou le bleu de Termignon en Savoie... mais aussi les fromages des autres régions de France. Autre merveille : la fondue Michel prête à l'emploi, idéale en saison. Un régal à partager.

FERME DES CORBASSIÈRES

98, chemin du Var - **LA CLUSAZ**
✆ 04 50 02 58 33
www.saveurs-des-aravis.fr
Tous les jours 8h-20h. Date d'alpage, juin-septembre, sur réservation. Hiver, chemin du Var. Été, alpage des Boissières.

La famille Donzel fabrique et vend sur place ses produits frais et affinés dans la Ferme de Corbassières, l'hiver, dans la vallée des Confins au lieu-dit du Var à La Clusaz. Cette ferme d'élevage bovin laitier de montagne de la région des Aravis produit du reblochon fermier et de la tomme toute l'année, uniquement avec le lait du troupeau. L'emmontagnage à l'alpage des Boissières du plateau de Beauregard, se fait de mai à octobre. Le chalet d'été fait également office de ferme-auberge et reçoit les visiteurs le temps d'une découverte ou d'une dégustation.

ÉLEVAGE DE SAINT-BERNARD

223, chemin des Vorziers
LES HOUCHES
✆ 04 50 47 23 60
Horaires variables selon les saisons.

Bien plus qu'une simple curiosité, l'élevage de chiens Saint-Bernard s'annonce comme une vraie idée de sortie en famille. A l'origine utilisé comme chien de garde par les chanoines de l'hospice du Grand Saint-Bernard, à la frontière italo-suisse, la légende populaire affuble rapidement ce bon gros toutou de montagne d'un petit tonnelet d'eau-de-vie sous le cou pour porter secours aux victimes d'avalanches. Jean-Pierre et Renée se feront un plaisir de vous guider dans le plus grand élevage des Alpes, ouvert au public depuis 1993.

PARC ANIMALIER DE MERLET ★

2495, chemin de Merlet - **LES HOUCHES**
✆ 04 50 53 47 89
www.parcdemerlet.com
Haute saison ouvert tous les jours de 9h30 à 19h30. Adulte : 8,50 €. Enfant de 4 à 15 ans : 5,50 €.

Chamois, mouflons, bouquetins, marmottes, daims, biches, et même lamas ! Le parc animalier de Merlet détonne par la quantité et la diversité de ses habitants. A 1 563 m d'altitude, la famille Cachat est aux manettes de ce safari montagnard créé en 1968. Au programme, une balade en toute liberté dans un domaine de 20 ha à la rencontre des plus illustres animaux des Alpes et des Andes. Comptez 20 minutes de grimpe avant d'atteindre l'entrée du parc puis on a le choix entre deux circuits : l'un complet de 2 à 3 heures, l'autre facile d'1 heure avec peu de dénivelé.

BRASSERIE VEYRAT

210, impasse des Prés-aux-Biches
MARCELLAZ-ALBANAIS
✆ 07 69 40 46 19
www.brasserie-veyrat.com
Ouvert vendredi et samedi, horaires selon saisons. Dégustations sur rendez-vous.

Notre brasserie-distillerie préférée. L'union de deux passionnés, artisans du bon goût : Manu qui, revenant d'un tour du monde à vélo, a eu la bonne idée de fabriquer ses bières avec du houblon bio et de l'orge cultivés à la ferme de Marcellaz-Albanais, et Aline, une sportive amoureuse de la montagne. La brasserie-distillerie Veyrat propose de fabuleuses bières (récompensées au Concours Général Agricole pour l'IPA et la bière d'été), mais aussi un whisky maison, du gin et du limoncello. Visites et dégustations incontournables pour ce grand coup de cœur.

DOMAINE DES ORCHIS

705, route de l'École-d'Agriculture - **POISY**
✆ 04 50 46 46 06
www.domainedesorchis.fr
Accueil au Domaine les mercredis et vendredis de 17h30 à 19h30, les samedis de 9h à 12h30 ou sur RV.

Tout près d'Annecy, à 15 minutes du lac, les gourmands peuvent se fournir directement chez le producteur pour trouver d'excellents produits du terroir typiquement français : des vins et des escargots. Sur son domaine, Philippe Héritier cultive la vigne et élève les escargots pour le bonheur des gourmands se régalant de l'un avec l'autre ! Comme le raisin grandit dans une démarche bio, les escargots sont élevés dans les meilleures conditions sur l'exploitation. Il ne reste plus qu'à les emporter pour les déguster à la maison avec une bonne bouteille.

LA FERME DE L'ANGELIE

115, route de Paravis
POISY
✆ 04 50 57 53 26
Ouvert du mardi au jeudi 14h30-19h, vendredi et samedi 9h30-12h et 14h30-19h.

Carole Depigny et Laurent Chatel élèvent une soixantaine de vaches. La production de lait de leur cheptel, estampillé lait savoyard, est transformée en tomme blanche, fromages frais ou affinés, petits bouchons apéritif, tomme fermière... Pour mieux valoriser le travail de la ferme, Carole a ouvert une boutique de vente de produits fermiers en direct. Elle y propose ses productions fromagères, mais aussi d'autres produits du terroir. Une escale gourmande agréable, d'autant que Carole est chaleureuse et partage volontiers ses trucs et astuces culinaires.

LA FERME AGRICOOL

60, route des Grands-Prés - **SAINT-PAUL-EN-CHABLAIS** ✆ 04 50 75 22 26
www.lafermeagricool.com
Ouvert aux individuels pendant les vacances scolaires uniquement. Adulte : 6 €. Enfant : 5 €.

Cette mini-ferme de découvertes comprend un espace de loisirs pour les enfants, jeux gonflables, pêche aux canards et tracteurs à pédales. Une partie abritée avec une salle chauffée, et un parcours de découvertes proposant des ateliers de traite des vaches, de fabrication de farine, de composition d'un potager... Idéal pour passer une journée en famille autour du cheval miniature, cochons d'Inde, chèvres naines, colombes, faisans, paons, cochons, perdrix, dindons et pintades. Les enfants jusqu'à 10 ans peuvent fêter leur anniversaire en privatisant la ferme.

FERME DES CHALETS D'OCHE

93, route des Grands-Prés
SAINT-PAUL-EN-CHABLAIS
✆ 04 50 75 19 51
www.chaletsdoche.com
Ouvert du mardi au samedi de 8h30 à 12h et de 16h15 à 19h15. Le dimanche de 17h à 19h.

A une dizaine de kilomètres d'Evian, un producteur-fermier chez qui l'on trouve notamment le fromage d'Abondance, mais aussi de la tomme, de la raclette, du gruyère de Savoie, du sérac ou encore le crottin de Gavot, inventé ici et qui, contrairement à ce que son nom pourrait penser, est un fromage au lait de vache particulièrement crémeux. Librement ou en visite guidée, on peut assister à la fabrication du fromage (le matin) et à la traite (en fin d'après-midi). Pour devenir incollable sur la vie à l'alpage, la traite et la fabrication du fromage.

LES AIGLES DU LEMAN ★★

Route du Moulin-de-la-Glacière
SCIEZ
✆ 04 50 72 72 26
Fermé de septembre à avril. Ouvert tous les jours de 10h à 18h. Adulte : 17 €. Enfant : 14 €.

Un parc unique en Europe (plus de 600 animaux, dont 50 aigles répartis en 17 espèces), pour découvrir les grands prédateurs des Alpes ! Mais ce qui impressionne le plus, ce sont les spectacles - 6 par jour - commentés où l'on apprend, sans s'en rendre compte, les secrets de ces animaux. Ainsi aigles et chevaux étaient dressés à travailler ensemble : un apprentissage époustouflant. Les plus jeunes restent quant à eux les yeux ébahis devant ces tournois chevaleresques surgis du passé ! Restauration sur place, aire de pique-nique et de jeux.

GAEC LE VENT DES CIMES

Le Bois Berger
SERRAVAL
✆ 04 50 64 14 93
http://gaecleventdescimes.com
Ouvert tous les jours.

Une ferme bien sympathique ! Le GAEC « Le Vent des Cimes » valorise la race locale de vaches d'Abondance pour leur adaptation à la vie en alpage et quelques tarines (Tarentaise). Un troupeau de chèvres complète la production. Chaque été, les jeunes agriculteurs s'installent dans l'Aulp de Marlens où ils ont ouvert un gîte (trente minutes à pied depuis le parking des Sardoches ou des Fontanettes) que fréquentent les randonneurs du tour de Val Sulens, pour un repas, une boisson où une nuit en demi-pension (jusqu'à 20 personnes).

LE FARTO

40, route d'Annecy - **THÔNES**
✆ 04 50 88 12 50
www.reblochon-thones.com
Ouvert du lundi au samedi de 8h à 19h, dimanche de 9h30 à 12h30 et de 15h30 à 19h. Visite guidée sur réservation.

En matière de fromages de nos alpages, à commencer par le reblochon fermier, le meilleur choix c'est d'aller au Farto. Simple d'accès sur la route des Aravis (vaste parking), la boutique se situe dans les locaux de la coopérative, sur un site unique taillé dans la roche. À l'issue de la visite, libre ou guidée, à votre tour de choisir votre fromage fermier. Affineur de reblochon fermier, chevrotin, tomme de Savoie fermière, abondance et beaufort, AOP et IGP de qualité à partager dans la voiture ou à rapporter chez soi bien emballé. Le Farto, c'est futé.

FRUITIÈRES CHABERT

710, route du Val de Fier - **VALLIÈRES**
✆ 04 50 62 25 66
www.fruitieres-chabert.com
Ouvert du lundi au samedi de 9h à 12h et de 15h à 19h. Visites et vente sur place. Visite : de 9h à 11h.

Les Fruitières Chabert ont été créées il y a trois générations, en 1936, à Vallières, et sont désormais présentes un peu partout sur le territoire des deux Savoie. Celle du Val de Fier à Vallières fabrique l'emmental de Savoie, le plus fruité des emmentals français, à la croûte sèche, jaune à brun jaune, à la pâte ferme et fondante. 75 jours (au minimum) avec une semaine en cave froide sont nécessaires pour affiner ce fromage au lait cru. Il n'est donc pas étonnant de retrouver les Fruitières Chabert parmi le réseau Itinéraires des Fromages de Savoie.

HELIXA - LA FERME AUX ESCARGOTS

120, chemin de chez Pallud - **VIUZ-EN-SALLAZ**
✆ 04 50 36 63 81 - www.helixa.fr
Ouvert du lundi au vendredi de 17h30 à 19h30 ; le samedi de 9h à 12h. Gratuit jusqu'à 4 ans. Adulte : 5 €.

Petits et grands seront séduits par cette ferme pédagogique qui ouvre ses portes aussi bien aux scolaires qu'aux familles le temps d'une visite et d'une dégustation. Durant 1h15, la ferme aux escargots dévoile les secrets de l'héliciculture ou élevage de ces gastéropodes baveux. Un parcours ponctué d'animations sur le thème « qui mange l'escargot et que mange-t-il ? ». Les enfants s'amuseront à faire des courses d'escargots, munis d'un vaporisateur d'eau pour les faire avancer.

FERME AUBERGE DU BESSARD €€

Le Bessard - **ALLEVARD** ✆ 04 76 97 54 82
www.au-bessard.com

Nuitée avec petit-déjeuner. Chambre 2 personnes : 65 €. Repas entre 21 et 27 €.

Un refuge au cœur d'une nature préservée sur les hauteurs d'Allevard, qui promet un moment exceptionnel à partager à deux ou en famille. Une ferme auberge pour faire provision des bons produits du terroir avec des foie gras maison, du miel, rillettes, des pains d'épices ou des noix à savourer sur place ou à rapporter dans son panier. Visites possibles de l'élevage. À la ferme, on trouve aussi quatre chambres d'hôtes (dont une suite) et une table forcément gourmande où l'on sert les produits de l'exploitation. Une autre façon, gourmande, de découvrir la région.

GAEC LES RUCHERS DU BON VAL

144, chemin de la Prairie
ANNOISIN-CHATELANS
✆ 04 74 83 85 14
www.lesruchersdubonval.com

De mi-avril à mi-octobre : visite commentée gratuite. Vente directe tous les jours, de 10h à 19h sauf le dimanche.

Alors que les abeilles sont en péril, voici une miellerie que nous vous conseillons de découvrir pour mieux connaître ce monde fantastique et gourmand. Panneaux pédagogiques, ruche vitrée, ruches anciennes, photos, démonstration d'extraction faciliteront votre découverte du monde des abeilles et du métier d'apiculteur. Cet enseignement, qui dure près de 2 heures, se terminera par une dégustation des produits de la miellerie : miel, hydromel, bonbons, pain d'épice et sablés au miel...

BIÈRE DU VERCORS

67, route de la Sure - **AUTRANS-MÉAUDRE EN VERCORS** ✆ 06 32 56 57 24
www.biereduvercors.fr

Pendant les vacances scolaires le bar boutique de la Brasserie du Vercors est ouvert tous les jours de 16h à 19h.

Située au cœur du Vercors, cette initiative vaut d'être savourée ! Sur 1,7 hectare, la belle équipe de la Bière du Vercors cultive du chanvre et du houblon biologique utilisés dans la fabrication de leurs produits. Non contents de réaliser des bières originales (au chanvre par exemple !), ils proposent également d'autres boissons telles que leurs limonades 100 % bio, ou leur whisky Wercors, tous deux lauréats de médailles. Ils proposent également des nourritures innovantes notamment pour l'apéritif (!), réalisés à partir de leurs cultures.

LA FERME DES MARMOTTES

262, route de Méaudre - **AUTRANS-MÉAUDRE EN VERCORS** ✆ 04 76 95 73 40
www.lafermedesmarmottes.com

Ouvert toute l'année. Ouvert mardi et vendredi à 15h. Adulte : 11 €. Enfant de 2 à 12 ans : 9 €.

Cette exploitation agricole de vaches laitières propose des visites guidées et commentées suivies d'un délicieux goûter maison. Vous apprendrez à reconnaître les habitations des animaux, leurs petits, à traire la vache, à donner le biberon aux veaux, et tout ce qui concerne leur l'alimentation vous sera expliqué. Vous pourrez approcher les chevreaux et chevrettes et les regarder faire leurs cabrioles, et bien évidemment câliner les adorables lapins. Les activités sont organisées en fonction des publics et les plus jeunes ont un programme particulièrement adapté.

CHATEAU DE MOIDIÈRE

525, chemin du Château - **BONNEFAMILLE**
✆ 04 74 96 44 63
www.chateau-moidiere.com

Haute saison ouvert du mercredi au lundi et les jours fériés de 14h30 à 18h. Adulte : 10 €. Enfant de 4 à 12 ans : 8 €.

Baladez-vous en pleine nature parmi les prairies, les étangs et un arboretum de 2 000 arbres et arbustes d'Europe. Visitez la partie préhistorique présentant des silhouettes au sol grandeur nature d'espèces disparues comme les mammouths, et deux labyrinthes jeux de piste. La mission du parc valorise le patrimoine sauvage européen. Vous y observerez donc des animaux rarement visibles dans la nature ou pratiquement disparus de France comme les lynx ou les loups d'Europe, 150 animaux la plupart en semi-liberté, ratons laveurs, oiseaux aquatiques, renards, mouflons.

LA LAITERIE DU MONT AIGUILLE

ZA la Croisette - **CLELLES**
✆ 04 50 45 95 77
www.fromagerie-mont-aiguille.fr

Ouvert tous les jours de 10h à 12h30 et de 14h30 à 19h.

Pour les amoureux de produits du terroir, arrêt obligé à La Laiterie du mont Aiguille. Une des dernières fromageries indépendantes en région AURA, engagée dans une démarche d'agriculture biologique, la Laiterie du mont Aiguille fabrique ses fromages avec le lait collecté chez les agriculteurs du plateau, réalisant des fromages de vache, de brebis et de chèvre. Des produits d'appellation « montagne ». À la boutique, toutes les saveurs des délicieux fromages fabriqués sur place.

À L'ABEILLE D'OR

3, rue de Strasbourg
GRENOBLE
✆ 09 50 11 69 69
www.labeilledor.fr
Ouvert du mardi au samedi de 9h30 à 12h30 et de 14h30 à 19h15.

Une adresse en or, une enseigne familiale - 4 générations de Chabert - qui nous régale depuis un siècle ! 100 ans que l'Abeille d'Or est la reine du miel. En 1921, les arrière-grandes-tantes de Laure montaient dans le Vercors pour rapporter le miel en ville grâce à l'une des toutes premières voitures de Grenoble. Aujourd'hui, Laure propose toujours les meilleurs miels de la région. Une quinzaine de variétés servies à la cuillère dans des pots de 1 kg, 500 g ou 250 g. Conseils avisés de passionnés et gourmandises au bon goût de miel.

COOPÉRATIVE LAITIÈRE DE HAUTE-TARENTAISE

16, rue Lesdiguières - **GRENOBLE**
✆ 04 76 27 63 04
www.fromagebeaufort.fr
Ouvert lundi 14h30-19h30, mardi et mercredi 8h30-12h30 et 14h30-19h30, du jeudi au samedi 8h30-19h30.

La coopérative originale se trouve à Bourg-Saint-Maurice... Alors, les gourmands grenoblois amoureux du fameux beaufort AOP sont tout heureux de pousser la porte de cette boutique en plein cœur de ville. Un savoir-faire incomparable pour fabriquer un fromage d'exception, dont le lait provient exclusivement de vaches Tarine et Abondance. Fromages de montagne dans ce chalet d'alpage, mais aussi des charcuteries de montagne et d'autres produits du terroir, vins y compris.

FROMAGERIE LES ALPAGES

2, rue de Strasbourg
GRENOBLE
✆ 04 76 46 32 62
www.les-alpages.fr
Ouvert du mardi au samedi de 6h à 12h30 et de 15h30 à 19h30.

La fromagerie de référence où les gens comptent plus que tout ! Bernard Mure-Ravaud, Champion du Monde des fromagers et l'un des Meilleurs Ouvriers de France, aime le fromage. Mais ce qu'il aime par-dessus tout, c'est le contact avec tous les clients. Une fromagerie comme nulle part ailleurs, où le contact compte autant que la qualité de fromages d'exception affinés dans les caves de la maison. Grand et humble, drôle et sérieux, Bernard Mure-Ravaud a ce grain de folie qui fait la différence. Transmission avec l'arrivée de Renaud Mure-Ravaud aux côtés de son père.

LAITERIE GILBERT

5, place Championnet - **GRENOBLE**
✆ 04 76 46 79 69
www.laiterie-gilbert.fr
Ouvert lundi de 16h30 à 19h30, du mardi au samedi de 8h30 à 12h30 et de 15h30 à 19h30, dimanche de 8h30 à 12h30.

Gilbert, ça ne vous dit rien ? Vous n'êtes pas grenoblois ! Parce que la Laiterie Gilbert est née à Grenoble il y a bientôt 75 ans. Référence locale en matière de produits laitiers, la Laiterie Gilbert continue de nous régaler des meilleures saveurs iséroises. A commencer par l'incontournable yaourt naturel de la marque au chamois, crème fraîche et lait frais, fromages AOP servis sur un plateau et plateau de raclette en hiver, fondue également, mais encore charcuteries de même qualité, bières et vins régionaux pour composer une excellente planche apéritive.

DOMAINE NICOLAS GONIN

945, route des Vignes
SAINT-CHEF
✆ 04 74 18 74 81
www.vins-nicolas-gonin.com
Dégustations sur rendez-vous.

Viticulteur et œnologue, Nicolas Gonin produit des vins de qualité sur un domaine créé de toutes pièces, avec les vignes de sa famille et de 20 propriétaires différents ! Nicolas Gonin travaille un domaine de 5,5 ha en cépages locaux (altesse, mondeuse, persan et viognier) et autres, sans utiliser d'engrais chimiques, dans un esprit « naturel ». Rosé et rosé pétillant, pinot noir et gamay, persan rouge, coup de cœur pour la mondeuse qui accompagne à merveille les viandes et l'altesse blanc à marier aux fromages de chèvre de la région. Belle découverte.

ÉLEVAGE DE SANTALÉ

104, chemin de Santalé - **SAINT-HILAIRE-DE-BRENS** ✆ 06 42 29 58 26
www.elevagedesantale.fr
Ouvert le mercredi de 15h à 19h ; le jeudi et le samedi de 9h à 12h30 et de 15h à 19h ; le vendredi de 9h à 12h30.

D'excellents produits fermiers de grande qualité réalisés dans un élevage traditionnel tenu par des passionnés : Hélène et Jean-Jacques Bouvet. Foie gras de canard, présenté en bloc, en bloc au sauternes ou au porto, en entier et en conserve ou semi-conserve, façon torchon ou mi-cuit sous vide. Une merveille. A l'élevage de Santalé, on trouve également de succulents produits frais (foie gras, magrets, cuisses de canard, oie), des plats cuisinés (cassoulet maison, confits de canard...), des pâtés et des rillettes. Journées dégustation pour tout découvrir.

DOMAINE DES HAUTES GLACES

SAINT-JEAN-D'HÉRANS
✆ 09 50 29 92 77
www.hautesglaces.com
Ouverture de la boutique du lundi au vendredi de 9h à 12h et de 14h à 17h tout au long de l'année.

C'est une ferme-distillerie qui exploite en agriculture biologique les céréales à partir desquelles elle élabore d'excellents whiskies aux personnalités marquées. La visite organisée vous permettra de découvrir tout d'abord, sa distillerie. Puis ses trois chais idéalement installés sous d'antiques voûtes de pierre aux température et degré d'hygrométrie particulièrement favorables au vieillissement des whiskies du Domaine. Une boutique se trouve sur place. Le plus : le panorama superbe.

DOMAINE DU LOUP DES VIGNES

10, chemin de La Rémonde
SAINT-SAVIN
✆ 04 74 28 95 82
www.domaineduloupdesvignes.com
Ouvert le lundi, le mardi, le jeudi et le vendredi de 14h à 19h ; le samedi de 9h à 12h et de 14h à 19h.

Depuis 2003, Stéphanie et Mario ont repris l'exploitation de Marc Bonnaire, l'un des vignerons qui fut à l'origine de la création du vin de Pays des Balmes Dauphinoises vers 1970. On découvre un vignoble offrant une gamme intéressante de vins de toutes les couleurs. Vous y trouverez le blanc chardonnay, le vin rosé, le vin rouge la Meute, assemblage de cépages syrah et mondeuse. Si vous préférez les vins mousseux, vous aurez aussi le choix. Dégustation de vins blancs, rosés et rouges.

LA FERME DES MAQUIS

165, route des Maquis
SAINT-MARTIN-D'HÈRES
✆ 04 56 17 40 91
fermedesmaquis.fr
Ouvert le mercredi, le vendredi et le samedi de 16h à 19h. Fermeture en hiver.

Bâtie en 2013 – sur les coteaux secs des Balcons de Belledonne – dans le but de préserver la faune et la flore qui l'entourent, cette ferme est occupée et animée par Céline, François et Anna qui y élèvent leurs chèvres dans le respect des valeurs de l'agriculture biologique. Ils réalisent en saison – de début février à fin novembre – des fromages variés et des faisselles que vous pouvez acheter directement à leur boutique ou trouver sur les marchés. Ils reçoivent également les scolaires pour les sensibiliser au travail à la ferme et à l'agriculture biologique.

AUBERGE FORESTIÈRE DE MALATERRE €€

Grande Allée - **VILLARD-DE-LANS** ✆ 06 07 87 52 80
www.malaterre.fr
Ouvert mi-décembre à mi-mars et juillet/août, tous les jours 11h à 17h. Sinon, dimanches et JF. Veillées, se renseigner.

Laissez-vous conter l'histoire de l'Auberge de Malaterre. Un nom peu rassurant pour une grande cabane blottie au fond des bois depuis plus de 100 ans. En hiver sous la neige, en été au milieu d'une nature sauvage, cette auberge nous transporte hors du monde. La table ne propose que des produits régionaux – certains cueillis sur place – avec un pain cuit au four, des omelettes aux champignons, des tartelettes aux framboises, pain d'épice au miel. Un lieu légendaire !

LA FERME DE BRÉVARDIÈRE €€

269, Brévardières - **SAINT-PIERRE-DE-CHARTREUSE** ✆ 04 76 88 60 49
www.brevardiere.fr
Jeu-dim et jours fériés midi et soir. Menus 24-25 €. Pas de CB.

Un lieu gourmand, une auberge de montagne, une belle maison tenue par deux passionnés de leur terroir, Céline et Philippe. Outre leur goût commun pour ce beau pays, ils partagent également l'amour des bons produits du jardin et celui, plus particulier, pour le safran cultivé sur place. Pain maison cuit dans le four à bois et savoureuse viande de Chartreuse au menu. Visite de la safranière, notamment lors de la floraison en automne, pour repartir avec des produits maison (safran pur, confiture, sirop, sel aromatisé…). Gîte de qualité situé au-dessus de l'Auberge.

PARC DU DOMAINE DE VIZILLE

Place du Château - **VIZILLE**
✆ 04 76 68 07 35
www.domaine-vizille.fr
Ouvert toute l'année. Haute saison ouvert tous les jours de 9h à 20h. Accès libre pour le parc.

Partez à la découverte d'un univers végétal admirable. Le grand canal, bordé d'un tapis de pelouse verdoyante, traverse le parc. Jardins à la française, roseraies, bosquets d'arbres ornementaux. Toutes les saisons sont propices à la visite. Le parc abrite paons, bassin de pisciculture, cygnes, oies, hérons, une réserve de 200 cervidés à observer du haut d'une tour aménagée, une maison de l'apiculture et des jeux enfants. On peut traverser le parc en petit train ou en poneys.

LA FERME A L'ANCIENNE

1, chemin de Morel
BOURG-ARGENTAL
✆ 04 77 39 60 75
Ouvert du 15 avril au 15 octobre, sur rendez-vous uniquement. Adulte : 3 €. Visite guidée.

Retour dans nos belles campagnes pour découvrir le monde paysan d'antan. Quel citadin connaît la ferme d'aujourd'hui ? Alors la vie des paysans d'autrefois encore moins ! Dans ce musée privé que l'on pourrait volontiers qualifier d'écomusée, retour vers le passé à la découverte des traditions rurales, du matériel - comme cet attelage de vaches - et des outils anciens pour cultiver la terre. On vient également le premier samedi de septembre assister au battage à l'ancienne. Sur une vache en résine grandeur nature, possibilité de s'essayer à la traite.

FERME-AUBERGE DE CHAVAS €

La P'tite Poule-Rousse - **DOIZIEUX**
✆ 04 77 20 94 68
www.poulerousse.fr
Ouvert vendredi, samedi soir, du vendredi au dimanche à midi. Pour les groupes en semaine. Fermé mercredi.

La P'tite Poule Rousse nous accueille dans la ferme du GAEC du Crêt Marcoux. Une adresse gourmande (lapins, volailles en bocaux et œufs en vente directe) où l'on vient sur réservation pour découvrir une cuisine traditionnelle de terroir préparée avec les bons produits de la ferme tout en participant, de temps en temps à des soirées thématiques pleines de saveurs. Et des saveurs, il n'en manque surtout pas autour d'une table conviviale dans un décor de pierres apparentes : charcuteries de la ferme, volaille en sauce avec légumes du jardin.

LA MITONNIÈRE €€

CHAMBLES
✆ 09 87 38 76 16
www.lamitonniere.com
Réservation impérative.

La Mitonnière est nichée dans les monts du Forez dans une jolie ferme-auberge tenue par Nicole et Pierre Jousserand. En vous arrêtant dans cet établissement, pensez à faire vos provisions de saucissons, de terrines fraîches, vous pouvez aussi repartir avec une caissette de bœuf, porc ou veau, des victuailles de qualité toutes aussi délicieuses les unes que les autres. La Mitonnière vous propose aussi la formule casse-croûte avec salade ou charcuterie maison, râpées, omelette à la fourme ou patia forézien, fromage blanc et tarte paysanne. Gite sur place.

MARIE LES ÉPICES

672, Chemin du Charles - **LA GIMOND**
✆ 06 26 03 25 65
www.marie-les-epices.com
Lundi, mercredi, vendredi : 11h-15h, samedi : sur rendez-vous. Vente de bulbes à safran en juillet.

Cette ferme est un lieu de découverte formidable où vous pourrez en savoir plus sur la culture ancestrale du safran. Plantée en 2010, c'est la première safranière de la Loire. L'expérience acquise au long de ces 7 années d'existence permet de vous offrir des visites de qualité respectant le label Bienvenue à la Ferme. Marie les Épices est également partenaire de France Passion, les camping-caristes sont accueillis sur un espace dallé et réservé. Une dégustation de thés et de produits safranés vous permettront de découvrir les saveurs de ce produit hors du commun.

FERME PÉDAGOGIQUE DE L'ÉTANG DE GRENOUILLAT

124, chemin du Canal - **CRAINTILLEUX**
✆ 04 77 30 67 22
Fermé de novembre à mars. Ouvert tous les jours de 14h à 18h. Adulte : 5 €. Enfant de 2 à 16 ans : 4,50 €.

Une centaine d'animaux sont présents autour d'un parcours sécurisé. Vaches, cochons, poules, lapins, chèvres, ainsi que des races anciennes et insolites en voie de disparition. Côté jeux, l'espace L'Enclos dispose d'un beau château gonflable, une pêche aux canards et d'autres jeux ludiques. Également La Grainеterie joliment aménagée dans des containers pour une pause-goûter, snack, bar et même afterwork dans un esprit guinguette. Terrain de pétanque. Ateliers à thème. Équitation.

LA FERME DE LA FENASSIÈRE

8, rue Léon Blum
ROCHE-LA-MOLIÈRE
✆ 06 48 26 30 80
Accueil enfants. Visite guidée.

Odile vous fera partager sa passion et découvrir le monde agricole. Après cette visite la vie des animaux : leur nourriture, leur logement, leurs soins, n'auront plus de secret pour vous. Vous découvrirez toutes les étapes de la fabrication des fromages de la traite des chèvres jusqu'à la dégustation. Une visite du clapier et de la basse-cour complètera ce moment convivial et familial. Plusieurs parcours pédagogiques avec ateliers et jeux sont proposés en fonction de l'âge des enfants.

JASSERIES DE GARNIER

SAINT-BONNET-LE-COURREAU

A 10 km du village, une petite route de montagne vous hisse, par-delà les prairies puis les bois sombres de résineux et de hêtres, au-dessus de 1 300 m d'altitude. Vous atteignez alors, dépourvue d'arbres, la région des Hautes-Chaumes, vastes plateaux de landes, bruyères et tourbières qui s'étendent sur un large horizon jusqu'au sommet de Pierre-sur-Haute et jusqu'à plusieurs cols du département voisin du Puy-de-Dôme. Quel dépaysement ! Altitude et conditions météorologiques extrêmes ont façonné le paysage. La flore éclot durant le bref été : jonquilles, muguet, puis le médicinal arnica des montagnes voisines avec les gentianes et quelques rares lys martagons. Un tapis pourpre de bruyères se déroule dès la fin août. Là, en pierres sombres, un long bâtiment isolé se dresse dans ce désert végétal : il s'agit d'une jasserie, une ferme d'estive où le berger se retrouvait avec son troupeau l'été venu. Après la traite, les vaches passaient la nuit à l'étable. Lavée tous les matins grâce à une réserve d'eau, l'étable fertilisait la fumade, nom donné à la prairie en aval du bâtiment. Au petit jour, les bêtes retournaient paître à l'entour. A notre époque, ce sont plutôt des troupeaux d'ovins qui transhument sur les champs de Garnier. De là, la vue est superbe sur le pays de Forez, et les promenades sont inépuisables. Pour profiter au maximum du décor, rendez-vous à l'auberge de Garnier au 5661 route de Garnier qui, en plus d'être un lieu de départ de randonnée, s'avère aussi un excellent gîte et restaurant tenu par Antoine Catesson.

L'ESCARGOT MARGOT

SOUTERNON

✆ 04 77 65 40 29

http://escargotmargot.chez-alice.fr/

Fermé du 16 octobre au 14 avril. Enfant : 7 €.

L'Escargot Margot c'est d'abord une ferme découverte aménagée pour accueillir des personnes de tous âges, en groupe ou seul. Alors si vous aimez l'original, si vous aimez la campagne, si vous aimez découvrir et déguster de nouveaux produits, n'hésitez pas à venir rencontrer Evelyne Cros, elle en sera charmée. Une visite des parcs extérieurs et une vidéo explicative vous permettront d'approcher un métier étonnant. Pour les particuliers la visite est gratuite mais toujours sur rendez-vous. Je vous en conjure, pensez à ses problèmes d'organisation ! Merci pour elle. Pour les groupes, la visite est similaire et suivie d'une dégustation de différents produits (4 € par personne), toujours sur réservation ! C'est aussi une ferme pédagogique ! Au cours d'une journée, enfants et adultes apprendront à connaître ce petit animal fort sympathique ; venez observer et comprendre son évolution de l'œuf à la maturité à travers maintes activités. La matinée se déroulera en deux parties, l'une axée sur les parcs où les enfants pourront découvrir en plein air les escargots, les regarder et les toucher… à pleines mains et au cours de l'autre, grâce à une vidéo explicative, l'enfant comprendra comment obtenir des œufs, des naissains puis des adultes, et comment les cuisiner. L'après-midi sera consacré aux travaux manuels ou à un atelier cuisine, un questionnaire ludique pour les plus grands et petit spectacle de marionnettes. Une course d'escargots clôturera cette belle journée dans la joie et la bonne humeur et pour le plaisir des bambins.

BISONS DES MONTS DE LA MADELEINE

Village Préfol - **SAINT-RIRAND**

✆ 04 77 65 76 88

www.bisonsdesmontsdelamadeleine.fr

Ouvert tous les jours de 10h à 12h et de 14h à 19h. Adulte : 5,90 €. Enfant : 4,10 €.

Sur un espace de plusieurs dizaines d'hectares de prairies et de bois constituant leur royaume, découvrez, comme au temps de la conquête de l'Ouest, à bord d'un chariot bâché, la vie des bisons des plaines nord-américaines, en toute sécurité. Rescapés, in extremis, des affrontements sanglants du XIXe siècle entre les colons et les Amérindiens, le bison des plaines doit sa sauvegarde à sa valeur patrimoniale et à la grande qualité de sa viande. Exposition auto-guidée.

VERT-ÂNES

Saint-Sabin - **VÉRANNE** ✆ 04 77 39 98 46

www.vertanes.fr

Balade : 25 € les 2h. Journée : 45 €. Anniversaire enfant : 120 € pour 10 enfants maximum. Restauration. Animations.

Vert-ânes vous accueille pour une randonnée nature avec les ânes de la maison. Au départ des sentiers de randonnée, pour débutants ou confirmés, vous pourrez faire une balade à dos d'âne. Le temps d'une heure, ou d'une journée, vous découvrirez la faune et la flore du lieu. Une promenade qui enchantera petits et grands. L'auberge propose des paniers-repas en guise de pique-nique, remplis de charcuterie, fromages, pain, fruits issus de petits producteurs locaux. Après l'effort, le réconfort ! L'auberge propose aussi l'organisation d'anniversaire pour enfants.

LA COUZE D'ARDES

ARDES

Longue de 48 km, elle prend sa source à 1 400 m d'altitude sur les flancs du mont Chamaroux. Ses berges sont la plupart du temps boisées et entrecoupées de gros cailloux, ce qui ne gêne en rien la pêche car ici toutes les techniques sont permises. Vu le peu de villages traversés, elle bénéficie d'une eau exempte de toute pollution. Les truites sont donc très nombreuses et de taille tout à fait correcte, étant donné la richesse du milieu. Cette abondance de nourriture profite aussi aux goujons et vairons, que l'on observe en grande quantité dans les courants.

LA COCOTTE MALTÉE

9, rue de romagnat - **AUBIÈRE** © 06 30 77 70 25

www.lacocottemaltee.fr

Atelier sur réservation : 150 €, 4h de brassage, 1 ou 2 pers, 18 litres de bière. Bon cadeau. Boutique (appeler avant).

Vous voulez découvrir comment de l'eau se transforme en bière ? Ici vous pouvez brasser votre bière ! La Cocotte Maltée permet de créer une bière au goût unique : la vôtre. L'équipe met à votre disposition son savoir-faire et son matériel pour vous permettre de brasser une bière à votre image. Choisissez une base (stout, bière belge, IPA, blanche, blonde...) puis personnalisez-la avec un large choix de houblons et d'épices. Découvrez aussi à la boutique les créations de la Cocotte Maltée : la Blanche Cocotte, la Golden Cocotte, la Keller Cocotte et la Cocotte Oat.

HUILERIE DE BLOT

BLOT-L'ÉGLISE © 04 73 97 49 22

www.huileriedeblot.com/

Mardi au samedi 9h à 12h et 14h à 18h. Juillet-août : lundi au samedi 9h à 12h et 14h à 18h. Visite groupes sur demande.

Fondée en 1857, l'huilerie artisanale de Blot-l'Eglise est incontournable pour découvrir le métier de moulinier. Bernard Bouleau a repris l'huilerie en 1997. La visite permet de (re) découvrir les étonnantes saveurs d'autrefois à travers de fines huiles vierges. Noix bien sûr, mais aussi colza, noisette, amande, pistache, sésame, cacahuète, œillettes, pépins de courge, cameline... Outre ces gammes originales, on trouve quelques fabrications maison : gâteaux rocher de Blot, bonbons Pouzzolanes des volcans, vinaigres, moutardes à l'ancienne, miels et confitures...

CAVE PELISSIER

Route de Dauzat

BOUDES

© 04 73 96 43 45

Ouvert du lundi au samedi de 8h à 18h. De préférence sur rendez-vous, particulièrement samedi et dimanche.

«Le grand-père plante la vigne, son fils fait le vin, son petit-fils saura pourquoi». David travaille sur l'exploitation familiale pour offrir une belle gamme de vins. A la dégustation, il propose un rosé Boudes gamay, au fruité remarquable. Le rouge est décliné en trois gammes : le gamay très fruité, le gamay-pinot aux notes de griottes, et la cuvée prestige élevée en fûts de chêne, subtilement boisée et vanillée. Le domaine commercialise également un autre rosé et des blancs issus de cépage Chardonnay. Ici, vous trouverez de quoi satisfaire vos convives.

CAVE VINCENT AUZOLLE

Rue des Charrettes

CÉBAZAT

© 06 07 13 18 05

Ouvert du lundi au vendredi de 17h30 à 19h ; le samedi de 9h à 12h. Possibilité de rendez-vous hors créneau.

Vincent Auzolle a développé son amour pour la vigne en travaillant avec son père. Il s'est toutefois lancé définitivement dans le métier de viticulteur en 1995. Aujourd'hui, il est doté d'un bâtiment de vinification performant et dernier cri. Il dispose de plantations nouvelles lui permettant d'approcher 3,5 hectares de vignes en production. Parmi ses différentes cuvées, qui marient le fruit et la fraîcheur, vous trouverez des côtes-d'auvergne en rouge et rosé, du chanturgue rouge, du châteaugay rouge et du marc d'Auvergne !

DOMAINE ROUGEYRON

27, rue de la Crouzette - **CHÂTEAUGAY**

© 04 73 87 24 45

Ouvert de lundi à samedi 9h-12h et 15h-19h. Sur RDV uniquement. Vente de produits fermiers, dégustation gratuite.

Le Domaine Rougeyron est l'un des plus vastes domaines viticoles du Puy-de-Dôme. Cette famille exploite près de 15 hectares de vignes étroites, nécessitant un travail quotidien. Dans une cave taillée dans la roche, Roland et David Rougeyron élaborent du châteaugay dans les trois couleurs. Les vins proposés sont fréquemment récompensés dans les concours. Vous trouverez par exemple du côtes-d'auvergne Châteaugay rouge cuvées Bousset d'Or, Vieilles Vignes et Fût de Chêne, du côtes-d'auvergne blanc et rosé ou encore du Perles des Volcans rosé (méthode traditionnelle).

BIAU JARDIN

Lieu-dit Le Moulin du Roy - **GERZAT**
✆ 04 73 90 00 98
www.lebiaujardin.org
Ouvert mercredi 13h30-19h, jeudi et vendredi 9h-19h. Tarifs mensuels : demi-panier 42 €, panier entier 62 €.

Créée en 1997, l'entreprise d'insertion Biau Jardin produit des produits biologiques sur une surface de 17 ha. L'offre est complète : légumes et fruits de saison, œufs issus de l'agriculture biologique, pains, produits équitables, produits de beauté-santé naturels et épicerie fine. Tout est proposé à la boutique, qui accepte d'ailleurs la doume, la monnaie locale. Biau Jardin propose chaque semaine, avec un système d'abonnement, des paniers remplis de légumes et de fruits de saison. De nombreux lieux de dépôt pour les paniers.

LA FERME DE L'ANGLE €

Route de besse
LE MONT-DORE
✆ 04 73 65 02 11
Fermé de novembre à mi-décembre et 2 dernières semaines d'avril. Réservation recommandée.

Aujourd'hui Maryse et Alexandra sont les 3e et 4e générations de fermiers-aubergistes qui vous prépare des « repas à la ferme » : les mardis et jeudis c'est la potée auvergnate qui est à l'honneur, les mercredis, samedis et dimanches voient les désormais fameuses, de réputation et de goût, pommes de terre truffadées au Cantal. Quelle que soit votre heure de passage on vous préparera ici de jolis casse-croûtes et des desserts maison gourmands. Nous vous conseillons de goûter le chocolat chaud au lait de ferme, une vraie madeleine de Proust.

L'ARCHE DE NOE

Le Bois des Lapins
JOSERAND
✆ 04 73 33 01 27
www.ferme-pedagogique-jozerand.com
Sur rendez vous uniquement.

Claudine vous propose de participer activement aux différentes tâches de la ferme : nourrir les poules, préparer la pâtée des cochons, distribuer du foin, ramasser les œufs, donner des biberons aux agneaux et aux veaux, participer à la traite des chèvres et des vaches, brosser les ânes et les poneys, cajoler et garder dans les mains des poussins, des bébés lapins, des canetons, des cobayes et des oisons. Il est aussi possible de louer des ânes pour vous accompagner en randonnée, compagnons de route agréables et habitués à porter les sacs et les bambins.

LES PIGEONNIERS

MARINGUES

À 1 km de Maringues vers Saint-André-le-Coq, le pigeonnier de Proulhat est un pigeonnier sur pilotis. Comme beaucoup d'autres à travers la Limagne, il a une grande valeur architecturale et historique. Avant la Révolution, ces petites constructions indiquaient la richesse d'une ferme. Toutes en possédaient un. C'est pour leur fiente, la colombine, que les pigeons y étaient élevés. Un excellent engrais ! De beaux pigeonniers et colombiers sont visibles entre autres à Montpensier, Villeneuve-les-Cerfs, Bussière-et-Pruns, Ennezat, Chaptuzat, Chappes et Saint-Laure.

SOCIÉTÉ LAITIÈRE DE LAQUEUILLE - LA MÉMÉE

Laqueuille-Gare - **LAQUEUILLE** ✆ 04 73 22 18 06
www.fromages-laqueuille.fr
Lundi-samedi 9h-12h30/14h-17h30 (été 18h30). Film et dégustation à la laiterie du 15 juillet au 26 août.

Spécialisée dans le fromage à pâte persillée, la laiterie est le deuxième fabricant de fourme d'Ambert et le troisième de bleu d'Auvergne. La majeure partie de sa production est faite à partir de lait de vache pasteurisé, avec des gammes spécifiques telles que le Bleu de Laqueuille La Mémée, le Bleu des Causses etc. La société fabrique des fromages au lait cru dans un atelier de production séparé. En constante évolution, La Mémée s'est mise à Internet en proposant un site web marchand.

FERME-AUBERGE LE PISE €€

MARSAC-EN-LIVRADOIS
✆ 04 73 95 66 91
www.auberge-lepise-63.com
Uniquement sur réservation. Fermé le dimanche soir.

À Marsac-en-Livradois, la ferme-auberge Le Pisé vous propose une cuisine familiale, avec des produits frais issus directement de l'exploitation. Nous vous conseillons vivement de goûter la terrine, l'assiette de charcuterie, le filet mignon au miel et la tripe. Les desserts ne sont pas en reste avec la succulente tarte aux myrtilles, ou l'originale glace au pain d'épices. Le cadre est chaleureux et convivial. Et après, ou avant le repas, n'hésitez pas à faire une petite balade avec les enfants autour pour découvrir les animaux de la ferme.

LES 140 CAVES DE SAINT-JULIEN

Chemin des Caves
MONTAIGUT-LE-BLANC
Toute l'année, tous les jours.

Ce village vigneron attenant à Montaigut est le lieu d'une balade pittoresque sur la route des caves. Elles ont d'abord été destinées à l'entrepôt du vin du pays. Elles furent ensuite employées pour l'affinage du saint-nectaire. Au début du XIXe siècle, les vignes auvergnates furent touchées par le phylloxéra. Une partie des caves n'a donc plus été utilisée, tandis que quelques-unes ont servi à l'affinage du fromage. Au nombre de 140, elles sont une curiosité du patrimoine local.

LA FERME DE LA MOULERETTE

Rue de la Moulerette
MONTPEYROUX
✆ 04 73 96 66 30
Sur réservation uniquement. Entrée : 5 €. Enfant : 5 €.

Venez découvrir le fonctionnement d'une ferme, des soins des animaux et de tous les petits gestes du quotidien. La visite peut être libre ou guidée, individuelle ou groupée. Le circuit permet de voir des vaches, chevaux, ânes, chèvres, cochons, pintades, dindons, poules, oies et canards, pigeons, lapins. Pendant les vacances scolaires, promenade en calèche et à poney, et différents ateliers pédagogiques. Nourrissage des animaux. Ateliers laine, beurre, pain ou fromage. Aire de jeux.

LA CHÈVRERIE DES MONTS DORE

Les Vergnes - **MURAT-LE-QUAIRE**
✆ 06 81 52 60 16
Du 30/08 au 30/09/2021, mercredi et vendredi de 16h30 à 18h30. Adulte : 7 €. Enfant de 3 à 17 ans : 5 €. Visite guidée.

Durant une heure venez faire le tour de la ferme pour voir le troupeau de chèvres et le travail à l'ancienne. De mars à octobre, production de fromage et de savon artisanal au lait de chèvre. Que vous soyez en famille, en groupes ou scolaires, donnez le biberon aux chevreaux, câlinez les chèvres, que l'on nourrit et trait. Pour tout apprendre sur les naissances et les étapes de la fabrication du fromage. La visite s'achève à la belle saison par une dégustation de fromages frais.

FERME-AUBERGE DE L'ESTRE €€

Le Rouvel
NEUVILLE
✆ 04 73 68 44 29
Ouvert le samedi soir et le dimanche midi.

Située entre Billom et Courpière, cette ferme-auberge décline les produits du terroir de belle façon. Comme souvent, c'est une ancienne grange retapée avec façade en pierre et une grande cheminée. La décoration est faite avec goût et les tables en chêne s'associent au parquet et à l'escalier. Vous pouvez vous régaler avec de la charcuterie maison, une tarte à la fourme d'Ambert, des viandes cuites à la broche, du bon gratin, le plateau de fromages et des desserts maison. Et comme l'accueil est fort sympathique, il ne faudra pas vous prier pour y retourner.

GAEC DE LASCHAMP

SAINT-MAIGNER
✆ 06 11 26 79 19
www.gaecdelaschamp.fr
Sur réservation visite de groupe à partir de 15 pers (payant). Vente en direct.

Pour vos escapades, on tient à vous indiquer ce qui, sur le chemin, vaut la peine d'être connu. C'est le cas de ce GAEC, créé par Alexis Vallet, Bertrand Duprat et son frère Fabien. Sa singularité ? Pas seulement sa polyculture et l'élevage de ses quelques centaines de blondes d'Aquitaine, mais plutôt sa philosophie : le GAEC vise l'autonomie énergétique. Ses moyens ? 8 000 m² de panneaux photovoltaïques, la production de biogaz, le fumier des vaches étant valorisé par méthanisation, ce qui préserve les nappes phréatiques. Le bilan carbone s'avère positif.

PARC PÉDAGOGIQUE ★

Route de Murol - **SAINT-NECTAIRE**
✆ 04 73 88 66 81
www.parc-pedagogique-saintnectaire.fr
Haute saison ouvert tous les jours de 10h30 à 11h30 et de 14h30 à 18h30. Adulte : 8,80 €. Enfant de 4 à 10 ans : 6,90 €.

Myocastors, chiens de prairie, saarloos, marmottes, rennes, wallabies, kangourous gris, mouflons corses, alpagas côtoient les plus traditionnels animaux de la ferme pour le plus grand bonheur des petits pouvant les approcher sans crainte. Les animaux évoluent en liberté dans un vaste parc au parcours bien aménagé en visite libre et guidée. Participez aux soins avec l'équipe du parc et donnez à manger aux wallabies. Tout est prévu pour les familles avec leurs bambins. Un espace couvert est à disposition pour piqueniquer. Produits à base d'huile de myocastor.

LA FERME DES PERRELLES

390, chemin des Perrelles
ANSE
✆ 04 74 67 16 49
https://lafermedesperrelles.fr
Ouvert le samedi de 9h à 12h30. Ou sur rendez-vous.

À la ferme des Perrelles, installée depuis 2002 dans un beau bâtiment en pierres dorées, vous trouverez tous les produits du terroir réalisés dans la pure tradition et le respect des animaux : foies gras maison, magret de canard, entier, tranché ou séché, tournedos, aiguillettes, cuisses, cœurs. Issus de souches de canards rustiques, le mulard, reconnu pour la qualité de sa chair, ces produits sont garantis sans OGM (maïs bio), sans conservateurs chimiques, colorants ou autres stabilisants. Des portes ouvertes sont organisées tout au long de l'année.

FERME PEDAGOGIQUE DE LA COURTINE

La Courtine-du-Bas
AVEIZE
✆ 04 74 26 00 05
Ouvert toute l'année. Visite commentée d'une exploitation agricole. Sur réservation.

La Courtine est une exploitation laitière où l'on peut découvrir les animaux de la ferme : veaux, vaches, cochons, chèvres, brebis, chevaux de trait et tous les animaux de la basse-cour... et le travail des agriculteurs. Visite de la ferme pour mieux comprendre le parcours du lait et la fabrication du beurre et du fromage, ainsi que des ateliers pour aller à la rencontre des animaux et du milieu agricole. Vous pouvez assister à la traite et participer au ramassage des œufs.

AUBERGE RELAIS DU PITAVAL €€

Le Pitaval - **BRULLIOLES**
✆ 04 74 26 58 81
Ouvert du mardi au dimanche. Menu unique à 29 € (39 € les week-ends et jours fériés). Menu enfant : 12 €.

Au milieu d'une nature préservée, d'un bout du monde comme on les aime. Dans cette maison de caractère, on découvre un art de vivre autour des bons produits de terroir. Le foie gras est un délice et les plats se succèdent au rythme des saisons d'un panier du marché. Pas de carte, mais deux saisons marquent les menus (l'hiver et l'été) avec l'assurance d'un repas généreux de qualité dans cette maison à la juste réputation où il est prudent de réserver. Avis à tous les gourmands !

DOMAINE DE SAINT-ENNEMOND

Lieu-dit Saint-Ennemond
CERCIÉ
✆ 04 74 69 67 17
www.domainebereziat.fr
Dégustations et visites toute l'année. Chambres d'hôtes : nuitée pour 2 personnes : 72 €, petit déjeuner compris.

Installée sur un domaine de 15 ha au cœur du Cru Brouilly, la famille Bereziat pratique une culture raisonnée et privilégie l'élevage de vins de qualité. S'appuyant sur un vignoble composé en majeure partie de vieilles vignes, le domaine produit des AOC Beaujolais, Beaujolais Villages, Brouilly et Moulin à Vent en cépage Gamay, ainsi qu'un vin blanc, cépage Viognier. Le raisin est récolté à la main et le vin mis en bouteille au domaine. Accueil dans l'une des 3 chambres d'hôtes.

CAVE DU CHÂTEAU DE CHÉNAS

910, route de la Bruyère
CHÉNAS ✆ 04 74 04 48 19
www.cavedechenas.com
Du lundi au vendredi 8h-12h et 14h-18h ; samedi 9h-12h et 14h-19h ; dimanche et jours fériés 10h-12h et 14h30-18h.

Le château de Chénas a été construit en 1821. En 1934, la cave vinifiait 44 hectares pour 44 viticulteurs. Aujourd'hui, elle en est à 220 hectares avec 148 exploitations et 110 adhérents. Les principales cuvées du château sont issues de ces deux AOC. Les appellations beaujolais et beaujolais-villages donnent des rouges et des rosés à boire dans leur jeunesse. Le château vinifie également quelques excellentes cuvées de fleurie, juliénas, saint-amour, brouilly et morgon.

DOMAINE CHRISTOPHE SAVOYE

11, route de la Grosse Pierre
CHIROUBLES ✆ 04 74 69 11 24
www.vins-chiroubles.com
Cave ouverte 7j/7, toute l'année. A 30 minutes de Lyon, A6 sortie Belleville à 10 minutes.

Sophie et Christophe nous reçoivent dans leur ancienne cave au cœur de Chiroubles. Cultivant 16 ha d'un vignoble certifié Haute Valeur Environnementale, ils produisent des crus d'exception : Chiroubles, Morgon et Régnié. Un terroir, une passion et une tradition au milieu d'une vue à couper le souffle avec la chaîne des Alpes. L'oenotourisme se prolonge dans une magnifique roulotte haut de gamme. Tour du domaine en 4x4, randos gourmandes, sans oublier les dégustations.

MAURICE ET BRIGITTE PORTE

La Verrière
COURZIEU
✆ 04 74 26 18 20
Ouverture de juin à octobre de 18h à 20h.

Et si l'on allait dans les champs de fraises pour une cueillette gourmande ? C'est ce que vous propose Maurice et Brigitte. Sur place, on peut acheter les bons produits de la ferme, notamment les fruits de saison (fraises, framboises, cerises, pêches de vigne, prunes, mirabelles...), mais également des produits transformés (confitures, sirops, fruits au jus..). La ferme propose encore un gîte rural 3 épis (2 chambres pour 4 personnes) pour séjourner sur place en toute indépendance.

FERME AU PIED DES SÉCHÈRES

2370, route des Pistes
LARAJASSE
✆ 04 78 48 48 45
Ouvert tous les jours de l'année sur réservation.

Cette exploitation laitière est typique des monts du Lyonnais, située à 800 mètres d'altitude. Venez découvrir en famille la laiterie, la salle de traite, mais aussi les animaux de la basse-cour, la porcherie, la chèvrerie et les clapiers pour câliner les lapins. Accueil aussi des groupes, en classe verte, pour apprendre tout ce qui concerne le lait, les œufs, les odeurs et plein d'histoires. L'après-midi, balade avec lecture de paysage, jeu de l'oie ou projection de diapositives.

PARC ANIMALIER COURZIEU ★

1865, route du Parc - **COURZIEU** ✆ 04 74 70 96 10
www.parc-de-courzieu.fr
Réservation obligatoire cette saison. Ouvert tous les jours de 10h à 18h. Adulte : 15 €. Enfant de 3 à 12 ans : 11 €.

Vivez des émotions fortes dans un milieu naturel entre loups et rapaces. C'est une journée merveilleuse que le Parc animalier de Courzieu vous propose de partager en famille. Un parc de 20 ha dans un secteur de nature préservée, à 40 min de Lyon, qui permet aux visiteurs d'approcher des espèces animales sauvages dans leur milieu naturel. Des rencontres intenses avec les loups, une promenade en forêt en direction des marmottes, avant d'assister au spectacle du vol des rapaces : aigles, vautours, faucons... Une journée sensationnelle dans un espace captivant.

LES SENTIERS VITICOLES

MILLERY

Le long de deux circuits dans le vignoble, la Fédération des Vins des Coteaux du Lyonnais a mis en place des panneaux d'information sur le métier de vigneron : entretien de la vigne et conception du vin. Un dépliant gratuit est à votre disposition à l'office de tourisme. Vous retrouverez également le sentier sur le feuillet des randonnées pédestres de Millery. Une idée de sortie dominicale en famille à la fois pédagogique et ludique. Possibilité de visites de groupe commentées par un viticulteur sur réservation auprès de l'office de tourisme.

PRAIRIE PONT CHABROL

Le Pont Chabrol
CRAPONNE
✆ 04 78 57 82 82
Sentiers pédestres en accès libre toute l'année.

Classée en zone naturelle d'intérêt faunistique et floristique, cette prairie de la moyenne vallée de l'Yzeron abrite trois mares riches en biodiversité caractéristique des milieux humides. Dans la plus grande des trois, on observe bécasse, pivert, bergeronnette, rouge-gorge, merle, grive, mésange, pinson, étourneau, geai, pie et corneille, mais aussi buse, épervier et faucon. Vous pourrez également apercevoir mulot, rat musqué, lapin de garenne, reptiles, batraciens, insectes, libellules et petits mollusques. Des panneaux d'interprétation ponctuent le parcours.

DOMAINE SAINT-SORLIN

Le Bourg
MONTMELAS-SAINT-SORLIN
✆ 04 74 67 37 60
www.domaine-saint-sorlin.com

Comme souvent, le Domaine Saint Sorlin est une exploitation familiale transmise de père en fils depuis plusieurs générations. Depuis 1952, l'exploitation située à Montmelas-Saint-Sorlin offre un très beau panorama sur la vallée de la Saône. Sur 16 hectares (ha) : 14,5 ha en AOC Beaujolais Villages rouge, 1 ha en AOC Beaujolais blanc et 0,5 ha en AOC Beaujolais Villages blanc. Cuvée Tradition, cuvée «L'Aurélie» ou cuvée «La Côte à Papy» 100 % gamay, les vins du domaine remportent souvent des médailles méritées lors des concours.

LES BIQUES DE VIGNYS

Les Vignys
SAINT-BONNET-DES-BRUYÈRES
✆ 06 64 99 84 34

Ouvert toute l'année. Sur réservation. Adulte : 2 €. Enfant : 2 €.

Si vous avez envie de faire découvrir l'univers de la ferme à vos enfants, c'est le lieu parfait. L'accueil est sympathique et ils verront chèvres, poules, boucs, cochons, lapins et autres volatiles. Les enfants joueront au fermier pour traire les chèvres, et assisteront à la fabrication du fromage. Pour les groupes jusqu'à 50 personnes visitent et partagent des produits de la ferme autour d'une dégustation. Cueillette des fruits du verger, les petits fruits de juillet à septembre. Votre cueillette sera pesée et vous pourrez bénéficier d'un tarif privilégié.

LES RUCHERS DE LA BREVENNE

521, chemin du Blanc - **SAINT-LAURENT-DE-CHAMOUSSET** ✆ 04 74 70 54 11

Ouvert samedi 10h-12h et 14h-19h. Fermé en janvier. Place Carnot à Lyon mercredi de 16h à 19h. Vente à la ferme.

Tilleul, lavande, acacia, sapin, châtaignier, bruyère... Chantal et Michel Carton, ces passionnés d'abeilles font transhumer leurs ruches dans différents coins de France pour dénicher ces parfums subtils. Ce couple d'apiculteurs produit également de la cire, de la gelée royale et du pollen. En plus, vous apprendrez à mieux connaître ce monde fascinant des abeilles en savourant chez eux du pain d'épice, des bonbons au miel, de l'hydromel, du nougat ou des confitures.

DOMAINE DES PAMPRES D'OR - VIGNOBLE PERRAS

1710, Route de Châtillon - **SAINT-GERMAIN-NUELLES** ✆ 06 07 46 13 61
www.vignoble-perras.fr

De juin à août, ouvert lundi au vendredi 17h-18h30, samedi 10h-17h. Sinon se renseigner, ou sur rdv.

Au sud du Beaujolais, dans la région des Pierres Dorées, c'est avec passion que sont exploités les 11,5 ha de vignes du domaine familial des Pampres d'Or depuis 3 générations. L'intégralité des bouteilles produites sur le domaine est labellisée AB depuis 2018. Le domaine a validé son passage à la viticulture biologique pour nous faire déguster les meilleurs des beaujolais. Deux gîtes aux noms évocateurs, le Gamay et le Chardonnay, avec trois chambres chacun.

FERME DECOUVERTE DU REY

Le Rey
SAINT-MARTIN-EN-HAUT
✆ 04 78 48 62 51

Ouvert de mars à novembre sur rendez-vous.

A la ferme, on fait comme les fermiers : vous apprendrez la conduite et les soins du troupeau, vous assisterez à la traite de 10h, recueillerez la crème, ferez le beurre ou moulerez le fromage blanc. Après, vous pourrez goûter ! Les lapins, pigeons, cochons, moutons, chèvres, ânes d'Hélène et Pierre Furnion vous seront présentés, et vous pourrez également vous balader dans la remorque du tracteur. N'oubliez pas de réserver avant de passer ! Pour découvrir ses produits, vous pouvez également vous rendre à l'AMAP Vert de Terre au nord de Lyon.

CAPVIGNES

37, Route de Beaujeu
SAINT-JEAN-D'ARDIÈRES
✆ 04 74 66 62 78
www.lyceeviticole.fr

Fermé d´octobre à mars. Ouvert tous les jours. Sur réservation. Gratuit.

C'est l'un des pôles œnologiques et touristiques du Beaujolais. Installé dans un élégant château, il invite le visiteur à une découverte à la fois intellectuelle et sensorielle du vin. Films et bornes interactives lui font connaître les métiers de la vigne et du vin, le temps des vendanges et le sensibilisent au respect de la qualité et de l'environnement. Le jardin des senteurs et le sentier viticole lui font ressentir la sensualité et le plaisir du vin, tandis que la vue qui s'offre à lui depuis la terrasse panoramique le plonge dans le territoire des vignes.

UN DIMANCHE À LA CAMPAGNE

Lieu-dit La Durantière - **THURINS**
✆ 04 78 81 94 38
www.un-dimanche-a-la-campagne.com

Ouvert le vendredi de 14h30 à 19h30 ; le week-end de 9h à 12h30 et de 14h30 à 19h.

Dommage que cette adresse ne soit ouverte que le week-end ! Car on y ferait bien ses courses tous les jours. En fin de semaine, on peut acheter chez Un dimanche à la Campagne des produits laitiers, de la volaille, des escargots, des agneaux et veaux de lait, de la charcuterie, des fromages, jus de fruits, vins, pain, miel... D'excellents produits, avec notamment des viandes particulièrement remarquables et des fromages délicieux. Tous les produits viennent de producteurs de la région.

LA FERME DE LA CORRERIE

La Correrie
AILLON-LE-JEUNE
✆ 04 79 54 64 70
www.ferme-correrie.fr
Ouvert du jeudi au mardi de 9h30 à 12h30 et de 15h30 à 19h30.

La ferme de la Correrie est familiale. Située au cœur du massif des Bauges, on y élève vaches et chèvres laitières pour y fabriquer du fromage qui sera affiné sur place dans ce cadre naturel exceptionnel, car Aillon-le-Jeune a su garder son authenticité et l'on y découvre bon nombre d'habitations typiquement baujues. On peut visiter la ferme et échanger avec Philippe Ginollin, et bien sûr acheter en direct le fromage. Assister à la traite est une expérience à ne pas manquer. Tome des Bauges AOP, tomme de chèvre et autres fromages sont à goûter absolument !

LA FERME DES LAMAS

3597, route de Chanaz
BARBERAZ
✆ 04 79 33 14 86
ami-des-andes.monsite-orange.fr
Ouvert tous les jours de 9h à 12h et de 14h à 17h. Sur réservation.

Découverte des lamas dans leurs enclos, lors d'une visite commentée avec la possibilité de les approcher, et de les toucher. Puis dans la continuité, partez en balade avec la caravane de lamas sur les sentiers de l'espace agricole et naturel sur les contreforts de la Chartreuse, pour apprendre les techniques de guidage. Ils organisent aussi des ateliers créatifs sur le thème du lama, la fabrication de la laine, l'utilisation du tricotin, mais aussi une chasse au trésor pour se défouler. D'autres activités sont possibles afin de choisir celle que vous préférez.

ANDRÉ ET MICHEL QUENARD

1327, route du Coteau de Torméry - **CHIGNIN**
✆ 04 79 28 12 75
www.am-quenard.fr
Ouvert du lundi au samedi 8h-11h30 et 14h-17h. En dehors de ces horaires, accueil possible sur rendez-vous.

Aux portes du Parc Naturel Régional du Massif des Bauges, ce vignoble bénéficie d'un ensoleillement important. Depuis 4 générations, la famille Quenard travaille la vigne sur les coteaux caillouteux de Toméry. De 300 à 400 mètres d'altitude sur des pentes à plus de 40 %, la production de vins en rouge, blanc et rosé est totalement atypique et aboutit à une vaste gamme de vins très originaux. Jacquère, altesse, roussanne, gamay, mondeuse, pinot noir, persan et malvoisie sont autant de cépages travaillés par ces vignerons passionnés que sont André et Michel Quenard.

DOMAINE DE L'IDYLLE

270, rue Marius Canton Chef lieu
CRUET
✆ 04 79 84 30 58
www.vin-savoie-idylle.fr

Le domaine de Philippe et François Tiollier a fêté ses 180 ans en 2020. Répondant à la charte des Vignerons Indépendants par laquelle le professionnel s'engage à respecter son terroir, à mettre en bouteille dans sa cave et à se perfectionner dans le respect des traditions, les 18 hectares de vignes sont ici travaillés avec la patience et la passion qui s'imposent. Le caveau est ouvert toute l'année, on s'y rend avec plaisir pour se laisser conter les vins du domaine, et découvrir avec passion le travail de Philippe et François.

DOMAINE DE MÉJANE - VENTE DE VIN AU DOMAINE

Les Reys
SAINT-JEAN-DE-LA-PORTE
✆ 04 79 71 48 51
www.domaine-de-mejane.com
Ouvert du lundi au samedi de 9h à 12h et de 14h à 18h.

En 2000, remis à neuf, le domaine est rebaptisé « Domaine de Méjane ». Aujourd'hui, le flambeau a été repris par les enfants de Jean, Philippe et Anne, et le vignoble s'étend sur 14 ha. « Vigneron indépendant », le vin est mis en bouteille à la propriété et le viticulteur est respectueux du terroir et des traditions. Jacquère, chardonnay, altesse, bergeron, gamay, pinot noir mondeuse et persan sont les cépages que l'on retrouve en allant déguster les vins au caveau.

LA FERME DES OURSONS

RD63
SAINT-OURS
✆ 06 87 38 32 15
Ouvert toute l'année sur rendez-vous.

Les journées sont basées sur la participation active des enfants dans tous les ateliers afin de découvrir la vie de la ferme. Ils ont l'occasion d'approcher, de toucher et de nourrir les animaux, et même de traire une vache. De nombreux ateliers ayant pour thème le métier d'agriculteur, la pratique de la traite de la vache à la main et la découverte du robot de traite, la participation à la transformation du lait en fromage, la fabrication du pain et la cuisson dans le four à bois, la production du jus de pommes, l'identification et la dégustation des fromages.

BOURGOGNE-FRANCHE-COMTÉ

LABEL VIGNOBLES & DÉCOUVERTES EN BOURGOGNE

BEAUNE

Depuis 2021, le label De Vignes en Caves du BIVB est intégré au label Vignobles & Découvertes en Bourgogne. Lancé en 2009, ce label national vise à promouvoir le tourisme sur le thème du vin et de la vigne. Il est attribué pour une durée de 3 ans par Atout France et le Conseil Supérieur de l'Œnotourisme, à une destination à vocation touristique et viticole proposant une offre de produits touristiques multiples. La marque regroupe donc des produits touristiques qualifiés ayant une valeur œnotouristique (hébergements, activités de loisirs, restaurants, domaines, visites de sites, de châteaux viticoles, agences réceptives, évènement...) avec l'objectif de faciliter au client l'organisation de son séjour.

La fusion des deux labels permet d'ajouter à la liste, des acteurs touristiques de la Côte de Beaune, de Nuits et du Châtillonnais en donnant un nouvel élan à la marque. L'idée est de proposer une offre œnotouristique complète qui privilégie la qualité des prestations. Pour les professionnels, la marque permet l'animation d'un véritable réseau.

Néophytes et amateurs sont invités à découvrir le vignoble de Dijon, Côte de Nuits et Beaune, de Corton en Montrachet, du Châtillonnais destinations labellisées parmi environ 400 prestations labellisées. Dans chaque village de la Route des Grands Crus, passage obligé pour admirer les 1 247 Climats du vignoble de Bourgogne inscrits au Patrimoine mondial de l'Unesco, rencontrez les professionnels engagés dans le label.

MAISON CHAMPY

5, rue du Grenier à Sel - **BEAUNE**

✆ 03 80 23 75 21

www.maisonchampy.com

La plus ancienne maison de Bourgogne et une visite quasi privée avec un guide passionné. A vivre absolument !

Dès l'entrée, vos yeux se portent sur la cuverie Eiffel, un des deux illustres, avec Louis Pasteur, ayant participé à la réputation de la maison, fondée en 1720, la plus ancienne de Bourgogne ! Cyrianne Cubadda vous raconte avec passion la saga familiale. Dans la cave reposent des trésors tel ce Gevrey Chambertin 1858. Reconnue internationalement pour ses Grands Crus dont le fameux Corton Charlemagne, intégrée à AdVini en 2016 et toujours en quête d'excellence, une grande partie de ses 21 ha de vignes est cultivée en bio. Le clou final : la dégustation !

LA MAISON DES CLIMATS - PATRIMOINE MONDIAL

6, boulevard Perpreuil - **BEAUNE** ✆ 03 80 26 21 30

www.climats-bourgogne.com

Ouvert tous les jours. Haute saison : du lundi au samedi de 9h30 à 19h ; le dimanche et les jours fériés de 9h30 à 18h

Libre et gratuite, c'est l'exposition de référence pour comprendre les Climats du vignoble de Bourgogne, ces plus de 1200 parcelles de vignes nommées, délimitées depuis des siècles, inscrites au Patrimoine mondial de l'Unesco depuis 2015. Salle d'exposition, film sur grand écran, maquette de 9 mètres de long du vignoble des Côtes de Nuits et de Beaune, tablettes numériques interactives : tout est fait pour comprendre la notion de terroir, la géologie et l'influence de l'histoire.

PÉPINIÈRES DIMA

Route de Brognon - **BEIRE-LE-CHÂTEL**

✆ 03 80 23 27 49

www.pepinieres-dima.com

Ouvert du mardi au samedi 9h-12h et 14h-18h30. Boutique en ligne. Bienvenue à la Ferme. Les Artisans du Végétal.

La Pépinière Dima est l'unique rosiériste de Bourgogne Franche Comté, avec plus de 400 variétés proposées. Rosiers résistants, plantes vivaces, sapins, arbustes à petits fruits, mais aussi accessoires et décoration pour le jardin. Christophe Dima, dont la famille est rosiériste depuis 7 générations, est installé depuis plus de 30 ans à Beire-le-Châtel. Ce grand professionnel cultive des plantes dans le respect de l'environnement. D'excellent conseils, il sera ravi de vous renseigner. Chaque année à l'automne, venez également découvrir Les samedis de la Rose.

DANIEL CACHOT

352, rue du Bernon

BROIN

✆ 03 80 26 96 82

www.daniel-cachot.fr

Sur rendez-vous.

Daniel Cachot est bien connu pour son savoir-faire artisanal. Dans sa ferme fruitière située à Broin, il entretient et récolte ses productions puis les décline en jus de fruits et nectars de pomme, de rhubarbe, de raisin, de cassis, de framboise, de groseille… Il propose également des confitures de fraise, de pêche de vigne, de cerise et de mirabelle, entre autres, qui ont le goût des quatre heures de l'enfance, tout comme les pâtes de fruits, véritables madeleines de Proust. Sans oublier ses crèmes de cassis, sa bière Poître Rouge et son eau-de-vie.

LA ROUTE DES GRANDS CRUS

BEAUNE

www.climats-bourgogne.com

Accessible en voiture, à pied, à cheval, à vélo toute l'année.

La Route des Grands Crus est l'itinéraire de prédilection pour découvrir les Climats, ces parcelles de vignes inscrites au patrimoine de l'Unesco le 4 juillet 2015. Tel un fil d'Ariane, cette ligne de Dijon aux Maranges déroule un paysage exceptionnel et ô combien essentiel à la compréhension et à la lecture des 1 247 climats. Cette route de 60 kilomètres sillonne 37 villages viticoles emblématiques avec chacun son identité unique et son architecture faite de maisons de pierre blotties autour d'un clocher souvent au toit de tuiles vernissées. Quinze panoramas superbes permettent de comprendre cette mosaïque de vignes à ciel ouvert. Des sites patrimoniaux importants comme le Château du Clos de Vougeot sont le témoignage de cette histoire millénaire, le résultat du labeur minutieux des moines du Moyen Age. Des domaines, caveaux et caves voûtées labellisés Vignobles & Découvertes sont ouverts pour une dégustation, tous racontent une histoire particulière et présentent les hommes et les femmes d'aujourd'hui qui continuent de façonner ce paysage.

L'itinéraire peut se faire en voiture, à vélo par la Voie des Vignes, à cheval par le Chemin équestre de la Côte dijonnaise, à pied par le Chemin des Grands Crus que l'on retrouve sur l'application Balades en Bourgogne. Vous pouvez choisir de parcourir l'itinéraire en entier ou par segments, picorer selon votre intérêt ce que vous souhaitez approfondir. On ne peut qu'apprécier les changements de couleur selon les saisons, l'automne sublime les paysages tandis que le petit patrimoine fait de murgers, de clos, de porches, de portails et de cabottes rythme votre échappée.

En 2022 seront fêtés les 85 ans de la première route des vins de France, créée en 1937 par le Conseil Général de la Côte-d'Or. Sa création coïncide avec les premiers congés payés de 1936. En attendant 2022, des festivités comme la Saint Vincent tournante, le Festival du mois des Climats, la Vente des Hospices de Nuits et de Beaune pour n'en citer que quelques-unes traduisent bien l'art de vivre bourguignon. Vous pouvez aussi partager l'esprit des vendanges dans des domaines ou des châteaux ou encore lors de fêtes comme celle du Vin Bourru à Nuits-Saint-Georges ou celle de la Pressée à Chenôve. Pour ne rien manquer, une carte est téléchargeable sur le site www.climats-bourgogne.com. Bernard Pivot, écrivain et président du Comité de Soutien, a résumé ce patrimoine exceptionnel avec magnificence : «En Bourgogne, quand on parle d'un Climat, on ne lève pas les yeux au ciel, on les baisse sur la terre».

ASSOCIATION LA TRUFFE CÔTE-D'ORIENNE

7, Grande-Rue

BURE-LES-TEMPLIERS

✆ 03 80 81 04 42

www.truffe-bourgogne.fr

Visite guidée. Animations.

La Truffe côte-d'orienne met en valeur la filière truffière en milieu naturel et dans les plantations. L'association diffuse des informations sur la sylviculture truffière, des recettes de cuisine et sur la législation qui encadre sa commercialisation. Un dynamisme qui a conduit à la création d'une association régionale et à la mise en place de projets d'expérimentation en lien avec l'O.N.F. Une truffière paysagère a été constituée à la Maison de la Forêt de Leuglay.

LES ALPAGAS DE LA TILLE

18, chemin de Vaux

CHAMBEIRE

✆ 06 36 27 92 73

www.alpaga-lama.fr

Ouvert toute l'année. Entrée à partir de 5 € selon le thème de la visite.

Sylvie élève depuis presque 20 ans des alpagas Huacaya et Suri de toutes les couleurs et vous fait partager sa passion en vous expliquant leur rôle, du débroussaillage à la randonnée en passant par la laine. Elle vous présente sa production de laine d'alpaga, de la tonte aux produits finis à la boutique. Les enfants seront ravis de pouvoir caresser et nourrir les alpagas et les adorables moutons nains. Les plus gourmands profiteront de la visite comprenant un goûter bio à la ferme avec dégustation de confiture maison sur des tartines de pain aux céréales et lin.

FERME A L'ECOLE

5, rue Paul-Bert

CHENÔVE

✆ 03 80 59 96 27

Basse saison tous les jours 9h à 17h. Haute saison ouvert tous les jours de 9h à 19h. Gratuit.

C'est aussi le jardin du Clos du Roy, un grand jardin public aménagé situé au cœur des vignes. Il comprend plus d'une centaine d'animaux, poneys, cochons, coqs, oies, lapins, pintades, moutons, ânes, des vignes, un verger, des fleurs, un labyrinthe où il faut suivre les petites traces de pas à la recherche d'un animal, une mare aux grenouilles. En saison, des stages de pêche enfants sont organisés à la journée ou à la semaine. Découverte des plantes aromatiques réparties dans de grands bacs à hauteur d'enfant. Aire de repos avec des jeux et aire de pique-nique.

LA ROUTE DU CRÉMANT DU CHATILLONNAIS

1, rue du Bourg
CHÂTILLON-SUR-SEINE
✆ 03 80 91 13 19
www.chatillonnais-tourisme.fr/
Label Vignobles et Découvertes.

La Route du Crémant est une des trois prestigieuses routes des vins qui sillonnent la Bourgogne après la Route des Vignobles de l'Yonne et la Route des Grands Crus. Elle vous permet de partir à la découverte du vignoble châtillonnais, de ses villages, ses cépages et de son histoire singulière. Le crémant est un vin qui se pare de bulles dans un processus qui est identique à celui du champagne et quand on sait que le Châtillonnais est un terroir de cépages à bulles et qu'il est si proche des vignes de l'Aube, on comprend pourquoi le Crémant est bon. L'itinéraire, jalonné de 74 panneaux, parcourt près de 120 km avec des incursions dans les vallées de la Seine, de la Laigne ou de l'Ource. Arrêt obligatoire à l'OenoCentre Ampélopsis ou au Musée du vigneron pour découvrir la star des bulles bourguignonnes, son histoire et ses secrets de fabrication. Autour de Châtillon-sur-Seine, de Laignes et de Montigny-sur-Aube, plusieurs circuits vous permettent de découvrir les richesses du patrimoine de la région et de ses vignerons. Vous êtes au cœur de l'AOC des Crémants de Bourgogne. En mars, ne manquez pas la Fête du Crémant et du Tape-Chaudrons, à Châtillon-sur-Seine où près de 5 000 visiteurs se pressent chaque année. Cette fête est organisée par la Ville de Châtillon-sur-Seine et le Syndicat de défense des intérêts viticoles des coteaux du Châtillonnais en partenariat avec la chambre de l'Agriculture. Infos sont disponibles sur le site www.routeducremant.fr.

LA FERME DE BRAY-JÉRÔME CORNEMILLOT

Chemin de la Mongeotte
DIJON
✆ 06 13 29 57 49
Ouvert le mercredi de 16h à 18h30 ; le samedi de 9h30 à 12h15.

La Ferme de Bray située à Dijon est gérée par Marine et Jérôme, spécialisés dans l'élevage de vaches charolaises et la production de céréales. Associés avec Nicolas, de la Ferme de Poissy, leurs produits sont en vente directe, proposant un large choix de morceaux disponibles au détail : steaks hachés, côtes de bœuf, rosbif, bavette...Testez le veau de lait Colis de viande de 5 kg ou le Colis barbecue. Vous y trouverez aussi lentilles et céréales.

MIELLERIE EMMANUEL DEGRÂCE

20, rue Charles Mazeau
DIJON
✆ 06 76 84 58 49
www.degrace.fr
Ouvert le jeudi de 14h à 18h30. Sur rendez-vous les autres jours. Label Bienvenue à la Ferme.

Apiculteurs depuis trois générations, la famille Degrâce est experte dans l'élevage des abeilles et des produits dérivés du miel. Elle vous accueille ici, dans son atelier où vous pouvez acheter les produits de l'exploitation composée de 350 ruches, réparties dans toute la Côte d'Or (vers Seurre, Saint-Jean-de-Losne, Brazey-en-Plaine, Fontaine-Française...). Les abeilles butinent donc en pleine nature, à l'abri des gaz de pots d'échappement, des fleurs qui donnent différents miels. Vous avez le choix entre le miel d'acacia, clair et liquide, le miel de printemps, onctueux et idéal pour le petit déjeuner (fait à partir de fleurs de colza, d'arbres fruitiers et de pissenlits) et enfin le miel de fleurs d'été (tilleuls, ronces, bleuets...) plus foncé, principalement utilisé pour la pâtisserie. La miellerie propose aussi à la vente des bonbons au miel, des gommes à la propolis pour la gorge et de l'hydromel, célèbre boisson fermentée. L'hydromel est un apéritif original à servir très frais et qui se bonifie en vieillissant. Mais aussi... du pollen de fleurs en pelotes ! Mais à quoi cela sert-il donc ? Riche en acides aminés, oligo-éléments et vitamine B, le pollen est un excellent stimulant et détoxifie. Pour bénéficier de ses bienfaits, vous pouvez le croquer ou le diluer. Pêche et bien-être assuré ! A noter : Emmanuel Degrâce présente ses produits dans de nombreuses foires et marchés. Toutes les infos sont sur son site internet.

L'ABREPIN

Rue du Bas-de-Sullier
FRANCHEVILLE
✆ 03 80 40 42 39
Haute saison tous les jours à partir de 10h. Famille visite le mercredi à 10h ou à 14h30. Entrée : 6 €. Boutique.

Cette ferme d'élevage de moutons reçoit familles et groupes avec un programme établi entre enseignant et agriculteur. Les enfants prendront soin des chevaux, chèvres, poules et pigeons. Craquer pour les agneaux et les poussins et, bien sûr, câliner les lapins. Ils pourront visiter le hangar de stockage des graines, du fourrage et du matériel agricole. L'après-midi est consacré aux ateliers sur la laine de mouton de la toison au fil de laine, confection d'un objet en laine brute ou laine feutrée, pour finir avec un goûter pain et confiture maison. Photo souvenir.

HALLE CHAMBERTIN

1, rue Gaston Roupnel - **GEVREY-CHAMBERTIN**
✆ 03 80 34 38 40
www.gevreynuitstourisme.com
Ouvert du mardi au samedi 9h30-12h30 et 13h30-17h30. Dimanche matin en haute saison. Dégustations de 10 à 25 €/personne.

Pour vous rendre à la Halle Chambertin, rien n'est plus simple, elle se trouve au centre du village, dans l'ancienne mairie de la commune. Aménagée par la Communauté de communes Gevrey-Chambertin Nuits-Saint-Georges, elle forme un pôle central en matière d'oenotourisme, abritant notamment l'Office Gevrey-Chambertin Nuits-Saint-Georges Tourisme. C'est encore et surtout le centre d'interprétation des Climats et de l'histoire de la commune, axé sur trois thèmes : vin, tourisme et nature. Trois maîtres mots clefs, pour connaître ce territoire viticole qui regroupe 9 des Grands Crus, parmi les 24 de la Côte de Nuits et les 33 de la Bourgogne. Dans ces anciennes halles construites en 1830, les arômes du « Vin des rois, roi des Vins » se dévoilent au cours d'une dégustation commentée d'appellations de domaines locaux. 16 vins, abrités dans des enomatics, sont ainsi proposés à la dégustation au verre. La Halle forme également une vitrine sur la Combe Lavaux Jean-Roland, une réserve naturelle protégée située sur les hauteurs des communes de Brochon et de Gevrey-Chambertin, qui s'étend sur 487 ha. La présentation de son histoire géologique et de sa biodiversité est ici mise en scène de façon très ludique. Profitez par ailleurs de Radio Chambertin et de ses postes d'écoute, afin de découvrir les témoignages d'expériences et les compétences de la commune. Enfin la Galerie des Pépites présente figures et trésors historiques de Gevrey-Chambertin, dont la couronne du Roi Chambertin et des objets représentatifs des traditions gibriaçoises.

PHILIPPE LECLERC

Rue des Halles - **GEVREY-CHAMBERTIN**
✆ 03 80 34 30 72
www.philippe-leclerc.com
Ouvert tous les jours de 9h30 à 19h. Sans réservation sauf pour groupes de plus de 15 personnes. Visite libre ou guidée

S'il y a un lieu à ne manquer, c'est le caveau de Philippe Leclerc. Ouvert tous les jours il ne ressemble à aucun autre. Ce dernier réunit aussi un espace musée et un dédale de caves qui se faufilent tel un labyrinthe. Derrière l'image d'un personnage excentrique, Philippe Leclerc cache un homme perfectionniste, talentueux et généreux. Homme de la terre et de la vigne il est aussi celui de la pierre, car une fois les vins en cave, il vit sa passion pour l'architecture et l'histoire des métiers d'antan en transformant progressivement ses caves en véritable musée.

LA TRUFFIÈRE PILOTE DE LEUGLAY

1, ruelle de la Ferme
LEUGLAY
✆ 03 80 81 86 11
www.truffe-bourgogne.fr

L'association La Truffe côte-d'orienne a créé en 2013, à Leuglay, une truffière pilote à portée scientifique, en partenariat avec la Maison de la Forêt. L'objectif est d'obtenir un développement des truffes en 4 ans (au lieu de 10 ou 15 en milieu naturel). Un an après sa création, les résultats sont encourageants. Des travaux sur les molécules et les arômes de la *tuber uncinatum* seront lancés par des chercheurs, gageure de la pérennité de l'engouement pour la truffe de Bourgogne.

CHÂTEAU DE MEURSAULT

Rue du Moulin Foulot
MEURSAULT
✆ 03 80 26 22 75
www.chateau-meursault.com
Horaires variables selon les saisons

Propriété de la famille Halley, ce domaine est réellement un incontournable de la région. Propriétaire de 65 ha de vignoble dont 27.3 ha en Premiers et Grands Crus, le domaine produit plus de 300 000 bouteilles chaque année. Le patrimoine s'étend sur 10 hectares à Meursault avec son clos, le château, l'Orangerie, le pigeonnier, les dépendances, la cuverie, les caves, le parc, le ruisseau Les Clous et son étang. Le Château de Meursault dont les origines remontent au XIe siècle est visité par plus de 20 000 personnes par an ! Sur place boutique et dégustation.

DOMAINE PIERRE ROUSSEAU ET FILS

Rue Saint-Robert
MOLESME
✆ 03 80 81 69 50
www.domainepierrerousseau.fr
Sur rendez-vous.

Pierre Rousseau et son fils Francis cultivent et vinifient deux cépages : le chardonnay et le pinot noir sur des surfaces de 4,5 ha pour les crémants et 1 ha pour les vins tranquilles. Les vins sont élaborés dans la plus pure tradition de la culture du raisin jusqu'à la mise en bouteille. N'hésitez pas à prendre rdv pour visiter leur domaine, déguster leurs vins et tout comprendre de leur savoir-faire. Le paysage est magnifique, les vignerons sympathiques et les vins très bons !

FERME DE MAIREY

Hameau de Mairey
MONT-SAINT-JEAN
✆ 03 80 84 31 43
Sur rendez-vous.

Pascal Laprée élève les canards mulards en sa ferme de Mairey depuis 1985, à une soixantaine de kilomètres de Dijon, ce qui est plutôt original dans la région. Il se charge ensuite de vendre les produits qu'il a lui-même préparés : du magret fumé, des confits, une terrine d'agneau, un plat d'agneau aux citrons confits... mais aussi du foie gras frais ou mi-cuit (sur commande) ! Et une spécialité originale : un duo 50 % rillettes, 50 % foie gras... Et le plus : l'emplacement qui offre une vue imprenable sur le château de Mont Saint-Jean.

LE CASSISSIUM ★

8, passage Montgolfier
NUITS-SAINT-GEORGES
✆ 03 80 62 49 70
www.cassissium.com
Visites guidées ; espace boutique ; ateliers cocktails sur réservation chaque 1er vendredi du mois. Entrée 9,50 €.

En mars dernier, le Cassissium fêtait ses 20 ans. Nombreux sont les visiteurs qui ont découvert le large éventail de ses curiosités. Une adresse incontournable parce que le cassis est célébrissime dans le secteur et à tel point célèbre que la maison Védrenne lui a dédié ce musée exclusif. Crèmes et liqueurs, confiseries, en coulis, en sorbet, l'excellente baie noire est déclinée à travers de nombreuses recettes et ses secrets d'utilisation se découvrent au fil de la visite. Créé en 2001 à Nuits-Saint-Georges, le Cassissium dirigé par Jean-Michel Tissot permet à tous de découvrir le cassis de manière ludique et interactive. Au programme du musée : expositions, écrans tactiles, manipulations d'objets, tiroirs à ouvrir, et même un film qui nous explique d'où vient le nom de kir. Visite guidée de la liquoristerie avec la découverte de l'usine de production et de son authentique savoir-faire. Pour bien finir ce parcours découverte, on pourra partager un moment de convivialité autour d'une dégustation offerte. Vous voulez apprendre l'art du cocktail ? Ne manquez pas les ateliers bartender proposés chaque premier vendredi du mois. Avec Cassissium, vous tenez une idée de sortie culturelle originale et vraiment conviviale, à faire en famille ou entre amis. Et avant de partir, rendez-vous à l'espace boutique au Coin produits qui propose les crèmes, liqueurs de fruits et sirops de la maison Védrenne. Créé en 1923 au cœur des vergers de Nuits, le Supercassis est la crème de cassis la plus médaillée au monde.

FERME FRUIROUGE

40, Grande rue
NUITS-SAINT-GEORGES
✆ 03 80 62 36 25
www.fruirouge.fr
100% Bio. Ouvert du jeudi au lundi et les jours fériés de 9h à 12h et de 14h à 19h.

Isabelle et Sylvain Olivier ont été labellisés « Artisans de qualité » pour leur production bio de petits fruits rouges (framboises, fraises, groseilles, cerises, pêche de vigne, ou encore cassis noir de Bourgogne) qu'ils transforment pour en faire de véritables petites merveilles gourmandes. Les époux Olivier nous concoctent d'appétissantes spécialités maison, telles que condiments, confitures, boissons, crèmes, beurres et pâtes de fruits... ou boisson alcoolisée comme la Vod'K6. Mention spéciale pour le ketchup au cassis. A voir, à faire et à déguster !

LA CABANE D'ANI'NOMADE

1, rue des Petites-Roches
PLOMBIÈRES-LÈS-DIJON ✆ 06 59 32 23 16
Ouvert mercredi et samedi de 15h à 18h. Adulte : 4 €. Enfant : 4 €. Réservation en ligne.

Cette association, spécialiste de la médiation animale, dispose de 3 ha de terrain et d'un lieu couvert, chauffé et climatisé. Il est possible d'entrer dans les enclos pour prendre soin des animaux. Poules, lapins et cochons d'Inde, mais aussi des tourterelles et des chinchillas. Ils organisent de nombreuses activités éducatives et pédagogiques en lien avec l'environnement, avec des supports adaptés à chaque public. Affiches, livrets, pictogrammes, textes, photos. Afin d'en apprendre plus sur les abeilles, le potager, le compost, la culture du blé et la nature.

JEAN-CHARLES FORNEROT

17, rue du Jeu de Quilles
SAINT-AUBIN
✆ 03 80 21 32 81
Vente au domaine. Visite de la cave sur réservation. Membre du réseau Bienvenue à la Ferme.

La famille Fornerot est une des plus anciennes du village qui cultive les mêmes vignes depuis 600 ans ! Jean-Charles Fornerot qui entretient 11 ha de vignes produit de nombreux 1ers Crus aussi bien en blancs qu'en rouges, il propose aussi un Puligny 1er Cru ainsi que des crémants blancs et un rosé. A l'évidence passionné, il est aussi passionnant quand il vous dévoile son 2e métier qui est celui de pépiniériste viticole. Aux beaux jours, il peut sur rendez-vous vous faire visiter sa pépinière. Sinon la dégustation peut suffire à vous charmer.

LA CHAMPIGNONNIÈRE DE DIJON

Hameau de Corcelotte en Montagne
SAINT-MESMIN ✆ 09 54 48 04 84
https://champignonnieredijon.fr
Ouvert jeudi et dimanche à 14h, vendredi et samedi à 15h30. Visite 1h. Adulte 7,50 €, enfant 6,50 €.

La Champignonnière de Dijon, située au château du Hameau de Corcelotte près de Sombernon est un lieu chargé d'histoire où l'on découvre les secrets de la myciculture. Il faut compter une bonne heure, voire une heure et demie pour les groupes qui ont réservé une dégustation pour faire le tour du propriétaire : visiter l'exposition retraçant la genèse de la Champignonnière, la boutique regorgeant de préparations à base de champignons pour agrémenter sa cuisine ou préparer un apéritif original. On apprend aussi que saint Bernard qui construisit l'abbaye de Clairvaux résida dans ce petit château qui a conservé un charme historique mis en relief par les décorations des portes qui rappellent la géométrie des différentes toitures bourguignonnes. Blandine et Luc Lecherf, qui se sont installés ici en 2016, partagent volontiers la passion qui les anime. Des dégustations peuvent être organisées et, à présent, la Champignonnière est aussi restaurant de ferme-auberge le dimanche midi sur réservation. C'est dans une salle authentique que l'on déguste les plats de champignons préparés avec les légumes du jardin du château. Trois fois par semaine, La Champignonnière est sur le marché de Dijon pour venir au plus près des mangeurs de champignons de la métropole dijonnaise. On les trouve à la Halle centrale près de l'horloge, le mardi, le vendredi et le samedi matin. Un accès direct et facile à leurs fameux champignons. Le must reste de monter au Hameau de Corcelotte pour en savoir plus !

LE MOULIN DE LÉOPAUL

9, rue du Chatel - **MONTIGNY-MORNAY-VILLENEUVE** ✆ 03 80 75 63 56
Visite sur RDV. Réseau Bienvenue à la Ferme, présent chez Gamm Vert, épiceries fines, AMAP, agréé 100% Côte d'Or.

© LE MOULIN DE LÉOPAUL

Au Moulin de Léopaul, Emmanuel et Stéphanie Raillard cultivent des blés 100% bio et 100% local. La production de blé, grand épeautre, petit épeautre et blé de Khorasan est transformée à la meule de pierre en farines de 1er choix et pâtes artisanales au goût inimitable. Les portes du moulin sont volontiers ouvertes pour découvrir leur métier d'agriculteur engagés, visiter l'installation et passer à la boutique. La qualité des farines et des pâtes séduit boulangers, pizzerias et restaurants gastronomiques qui s'extasient du résultat obtenu pour leurs préparations.

LA FERME AU GRÉ DU TEMPS

3, route des Mousseneux
VERNOT
✆ 06 27 02 21 32
www.escargot-bourguignon.fr
Les visites s'effectuent sur rendez-vous, d'avril à octobre.

La ferme hélicicole de Frédéric Marcouyoux a aussi pour but de faire connaître au plus grand nombre l'élevage des escargots et tout l'écosystème qu'il engendre. Des visites sont organisées dévoilant les secrets de la vie de ce curieux animal et le travail d'héliciculteur. Selon les saisons, visite de l'atelier de production, des parcs d'élevage ou encore ramassage des escargots. Membre de l'association Ecole en Herbe, Frédéric Marcouyoux valorise sa profession auprès du jeune public, en collaboration avec les enseignants dans le cadre de projets pédagogiques.

DOMAINE PASCAL MURE

2, Grande Rue - **VOLNAY**
✆ 09 75 97 58 86
www.domaine-mure.com
Vente et dégustations sur rendez-vous. Bienvenue à la Ferme.

Au domaine Pascal Mure, vous êtes toujours accueilli avec beaucoup d'attention. Pascal et Violette Mure secondés par leur fils Fabien y entretiennent un sens du partage de la passion de la vigne remarquable. Le domaine Mure s'étend sur près de 9 hectares entre Beaune, Pommard, Volnay et Monthelie. La production est essentiellement rouge en Villages et Premiers Crus. Les vins sont vendus à des prix raisonnables. Un domaine à connaître pour la qualité de son accueil qui ne cesse de grandir, au sens propre d'ailleurs, puisque les bâtiments viennent de s'étendre.

LE VERGER D'ARC SOUS CICON

Les Cordiers
ARC-SOUS-CICON
✆ 06 76 64 07 85
Ouvert du lundi au samedi de 8h30 à 13h.

Vous trouverez votre bonheur dans le verger d'Arnaud Pourcelot, producteur de fruits rouges et de confitures. Venez cueillir directement vos fruits et repartez avec des confitures maison au sucre de canne bio. Une activité vraiment intéressante à faire en famille. S'ils connaissent sans aucun doute les fraises et les framboises, que dire du cynorhodon ? N'hésitez pas à appeler quelques jours avant votre passage pour connaître la bonne période de cueillette.

L'ABEILLE DU HAUT DOUBS

route de Mouthiers
AUBONNE
✆ 03 81 69 93 62
www.abeilleduhautdoubs.fr
Ouvert du mardi au samedi de 9h30 à 12h et de 14h à 17h30.

Connaissez-vous les cinq produits que l'on peut obtenir avec l'apiculture ? Miel, cire, gelée royale, pollen et propolis, vous les retrouverez tous les cinq sous différentes déclinaisons dans ce véritable paradis de l'abeille ! Miel au pissenlit, à l'acacia, au sapin, de montagne, de tilleul et de diverses fleurs, régalez-vous de ces douceurs avant de vous servir une rasade d'un délicieux hydromel. Et si l'apiculture vous intéresse, du matériel est à la vente, et vous pourrez en apprendre bien plus en jetant un œil à l'écomusée juste à côté.

© DMAROSCAR - ISTOCKPHOTO.COM

FERME-AUBERGE DE SAINT-LIGIER €€

Lieu-dit Saint-Ligier
BAUME-LES-DAMES
✆ 03 81 84 09 13
www.chambre-doubs-saintligier.com
Réservation impérative.

Côté table d'hôte, vous apprécierez terrines de lapins, tourtes et fondues préparés par votre hôte avec des produits de la ferme. Que vous soyez pensionnaire de la chambre d'hôte ou que vous veniez juste dîner parce qu'on y mange bien, vous y serez bien et servis avec le sourire ! Le dimanche à midi et le samedi à midi, vous pouvez privatiser l'endroit (60 couverts possibles) pour y organiser un événement qui sera forcément spécial et personnaliser votre menu !

ASSOCIATION NATIONALE DU CHEVAL DE TRAIT COMTOIS

52, rue de Dôle
BESANÇON
✆ 03 81 52 50 45, le matin uniquement
www.chevalcomtois.com

L'association a pour but de perpétrer la race du cheval de trait comtois. Pour cela, elle veille aux techniques d'élevage, organise expositions et concours, et forme des jeunes. Elle sert également de passerelle entre vendeurs et acheteurs. Dans les années 1920, il retrouva sa place dans les campagnes franc-comtoises auprès des paysans. En dépit de l'arrivée des tracteurs, il n'a plus jamais déserté le pays et représente aujourd'hui la première race de cheval de trait en France.

BRASSERIE DU PINTADIER

9, rue Baigue-Henri-et-Maurice
BESANÇON
✆ 03 81 53 56 97
Brasserie artisanale. Visite sur rendez-vous uniquement, y compris en petits groupes. Livraison.

Cette brasserie se singularise par son emplacement. Jérôme Gloriot et Isabelle Banfi vous accueillent au rez-de-chaussée de leur demeure afin de vous présenter leurs bières plutôt typées, jusqu'à 8,2° pour la triple. Les Bisontins connaissent bien la bière du Pintadier, mais en dépit de sa taille volontairement restée modeste, elle s'est fait un nom bien au-delà. La vente se réalise directement, sans publicité. Que du bouche-à-oreille. On la retrouve lors de divers événements organisés par des associations locales et on peut la déguster dans quelques bars d'ici.

LA CRÉMERIE DU MARCHÉ

6, rue Claude Goudimel - **BESANÇON**
✆ 03 81 83 41 65
www.restaurant-laffineurcomtois.fr
Du mardi au vendredi de 8h à 13h et de 15h à 19h ; le samedi de 8h à 19h ; le dimanche de 8h à 13h.

Une fromagerie qui fait une large place aux produits laitiers en général. Les fromages franc-comtois ont la part belle bien évidemment. Le petit plus : le beurre au lait cru avec une grosse Montbéliarde en relief, délicieux, et le « metton » à acheter pour faire sa propre cancoillotte. Mais ne vous fatiguez pas, Pascal Colas est le roi de la cancoillotte il en produit toute une gamme diversement aromatisée. Vous trouverez également des spécialités issues de différentes régions françaises. c'est un grand professionnel qui vous guidera, passionné par ce qu'il fait.

FERME PEDAGOGIQUE LES DEUX COLLINES

2, route de Port-Lesney - **BUFFARD**
✆ 06 83 47 85 00
www.les2collines.fr
Fermé d'octobre à mars. Haute saison tous les jours sur réservation.

Dans un pittoresque petit village, Thomas et Céline vous accueillent dans leur ferme céréalière et laitière comprenant une cinquantaine de vaches de race montbéliarde. Ils vous expliqueront tout sur la production de lait permettant la fabrication du comté et du morbier. Les enfants partiront à la rencontre de Couenne et Yvonne, les poules, Donald et Vénus, les ânes, Blanquette la chèvre et Coopadou le bouc, Papillon, Pissenlit et Carotte, les lapins. Animations. Aire de pique-nique.

LES JARDINS DE COCAGNE

3, chemin de la Combe Balland
CHALEZEULE
✆ 03 81 61 22 76
www.cocagneboutique.org
Ouvert le vendredi de 10h à 19h. Adhésion et commandes directement en ligne.

Voici l'adresse pour des légumes bio ultra frais autour de Chalezeule ! L'association Julienne Javel, qui fait partie du réseau des Jardins de Cocagne, a été créée en 1991. Elle a mis en place des exploitations maraîchères locales tout en intégrant des personnes en réinsertion. Pas de boutique mais un système de livraison à proximité de votre domicile. La boutique à Chalezeule permet de choisir les produits maraîchers, mais offre également une sélection de jus de fruits en grands et petits formats, réalisés par les chantiers d'insertion de l'association.

PARC POLAIRE ★

1, le Cernois
CHAUX-NEUVE
✆ 03 81 69 20 20
www.parcpolaire.com
Haute saison ouvert tous les jours de 10h à 18h. Adulte : 9,50 €. Enfant de 11 à 15 ans : 8 €.

Un espace original entre le zoo et la réserve, où l'on va à la rencontre des animaux. On appelle le Val de Mouthe la petite Sibérie française. C'est tout naturellement là, dans une ancienne ferme d'alpage à 1 200 mètres d'altitude, dans la forêt du Risoux, que le Parc polaire a élu domicile. C'était il y a plus de 30 ans, à l'initiative de deux passionnés des chiens de traîneau Claude et Gilles Malloire qui n'ont pas hésité à renoncer à la vie citadine et au confort pour vivre durant 14 ans sans électricité ni eau courante, mais auprès des animaux, en pleine nature. La meute constituée de chiens du Groenland a donc aujourd'hui 30 ans de maturité et a trouvé son équilibre. Les visites durent au minimum 1h30, elles sont toutes guidées, en contact ou à proximité immédiate des animaux. Les guides sont des soigneurs animaliers spécialisés qui vous feront pénétrer dans l'espace de vie de leurs protégés. Vous découvrirez la plus grande harde de rennes occidentale, des chevaux Tarpans, des aurochs et des yacks. Avec vos guides, vous entrerez dans l'intimité du monde animal. Passez un moment à l'intérieur de la mini-ferme avec les animaux de la basse-cour, où une exposition et un film complètent cette rencontre ludique. Un hymne aux meilleurs amis de l'homme particulièrement réussi. Animations spéciales au moment du brame du cerf. Possibilité de bénévolat. Biodiversité : le Parc polaire est impliqué pour la protection du bison d'Europe dans un programme européen (EEP) d'élevage et de conservation d'espèces menacées.

BRASSERIE D'EPENOY

EPENOY ✆ 03 81 47 68 27
brasseriedepenoy.sitew.fr
Brasserie artisanale. Horaires sur site. A emporter ou à consommer sur place. Livraison. Coffrets cadeaux.

Cette brasserie s'est substituée à l'ancien bar-restaurant du village. Elle est l'œuvre d'Anaïs qui a redonné à ce lieu son rôle de poumon économique et social. Elle s'est lancée dans l'élaboration de bières en fermentation haute, non filtrées, non pasteurisées et refermentées en bouteille. Elle fonctionne un peu à l'anglo-saxonne pour obtenir des mousses légères, mais de caractères. L'eau de source est locale, les céréales grandement comtoises, les houblons alsaciens et anglais. 5 breuvages permanents sortent des brassins dont évidemment «La Dam'Naïs» !

FERME-AUBERGE DE LA FAYE €€

FOUCHERANS
© 03 81 59 27 34
www.fermeauberge-lafaye.com

L'auberge est ouverte, sur réservation, le dimanche midi. Réservation impérative. Menus de 26 € à 30 €.

Au bout d'un sentier, à seulement 20 minutes de Besançon, isolé au cœur de son jardin fleuri l'été, blanchi l'hiver, vous découvrirez un havre de pays qui cultive, depuis plus de 20 ans, son amour de la nature, sa simplicité, bref, son authenticité, entre terroir et tradition.... On se délecte de bonnes viandes, bien cuisinées et accompagnées de produits frais. Et, si vous ne voulez pas repartir, vous pourrez passer la nuit au refuge, dans le calme, loin des bruits de la ville, et vous réveiller avec un copieux petit déjeuner !

DOMAINE DU MOUTHEROT

23, Rue des Granges - **LE MOUTHEROT**
© 03 81 58 22 46
www.vindumoutherot.com

Ouvert du lundi au vendredi de 18h à 20h ; le samedi de 10h à 18h ; le dimanche de 10h à 13h. Téléphoner de préférence.

Le domaine compte aujourd'hui 7,5 ha exploités de façon responsable, c'est-à-dire sans engrais chimiques, sans désherbants, sans pesticides. Le chardonnay y règne toujours en maître en différentes cuvées : « Tradition », « Vieilles vignes ».. Un peu de rouge aussi avec la réintroduction du Pinot noir. Un caveau spacieux permet désormais l'accueil des groupes, notamment pour la « journée du bourru » en septembre. Ce « Moutherot » est en tout état de cause un exemple de résurrection rurale dans une région où la viticulture ne subsiste plus qu'à l'état de traces.

FRUITIÈRE DES LACS

1, rue derrière chez Saget
LABERGEMENT-SAINTE-MARIE
© 03 81 38 12 91

Du lundi au vendredi de 9h à 12h15 et de 16h à 19h ; samedi de 9h à 12h15 et de 14h à 19h ; dimanche de 9h à 12h15.

Fruitière, c'est le nom donné aux coopératives fromagères de la région. Dans celle-ci, on produit du comté, du morbier, de la raclette et du saint-théodule. Vous trouverez aussi en magasin de nombreuses salaisons et autres produits de la région. Vous avez envie d'en savoir plus ? Des visites sont organisées tous les jours de 9h à 10h30 vous permettant d'assister à la fabrication artisanale de vos fromages préférés. De quoi plaire aux curieux et aux plus petits ! Une exposition interactive est également à la disposition des visiteurs.

LA FERME AUX LAMAS

Rue Général-Donzelot prolongée - **MAMIROLLE**
© 06 99 69 37 42
www.la-ferme-aux-lamas.fr

Accès handicapés. Ouvert mercredi, samedi et dimanche de 14h à 18h.

Une centaine d'animaux de différentes espèces vous attendent dans cette ferme de 12 hectares. Les enfants sont tout particulièrement comblés grâce aux multiples activités. Depuis le nourrissage, en passant par des ateliers créatifs et découverte sur la laine et la tonte, thèmes choisis en fonction des saisons et de la météo. Dès 6 ans, ils peuvent partir une journée en balade avec leur lama, pique-niquer, et suivre le parcours pédagogique faune et flore. Les plus grands partiront en randonnées ou bien planteront leur tente et passeront une nuit auprès des lamas.

FERME-AUBERGE DU RONDEAU €€

LAVANS-VUILLAFANS
© 03 81 59 25 84
www.ferme-rondeau.fr

Ouvert du mardi au dimanche le midi de 12h à 13h30 et le soir de 19h à 20h30. Réservation recommandée.

La famille Bourdier tient cette ferme-auberge depuis des lustres et c'est toujours un plaisir de leur rendre une visite gourmande. A la tête d'une exploitation agricole estampillée en agriculture biologique depuis 1961, les Bourdier régalent leur petit monde avec des produits maison qu'ils glissent dans des menus pleins de légumes, découverte, douceur et gastronomique : sanglier, chèvre, saucisson, terrine, rillettes et des desserts tout aussi savoureux ! Une adresse digne représentante de ce que l'on attend d'une ferme-auberge !

FROMAGERIE DU MONT D'OR

2, rue du Moulin - **MÉTABIEF** © 03 81 49 02 36
www.fromageriedumontdor.com

Ouvert du lundi au samedi de 9h à 12h15 et de 15h à 19h ; le dimanche de 9h à 12h. Visite gratuite.

Le Mont d'Or a donné son nom à un fromage réputé et apprécié vendu dans sa célèbre boîte ronde en bois. Cette fromagerie propose d'approfondir ses connaissances dans le domaine du mont d'or. On peut même assister à la coulée du fromage. Il y a également le fameux moment tant attendu de la dégustation. On peut finir la visite à la boutique, pour acheter ces fromages dont la réputation n'est plus à faire. Le site Internet permet de retrouver quelques recettes à faire à la maison et de faire quelques emplettes pour retrouver le bon fromage franc-comtois à la maison !

LES GRENIERS DU MEIX LAGOR €€

Meix Lagor
MONTLEBON
✆ 03 81 67 26 03
www.meix-lagor.fr
Sur réservation. A partir de 15 à 20 personnes. A partir de 20€ / personne.

Une autre ferme typique pleine de charme, perdue en pleine nature à 1 100 m d'altitude. Cette auberge, c'est tout un concept, le gîte et les chambres sont aménagés dans un ancien grenier typique, ambiance 100 % finlandaise ! Les chambres respirent l'authenticité. On vous y accueille avec un sourire « grand comme ça », en s'efforçant de vous mettre à l'aise. Là encore, on peut passer un agréable moment tout en savourant les nombreux produits du terroir.

LA FROMAGERIE GRILLOT MONTS ET TERROIRS

35, place Courbet
ORNANS
✆ 03 81 21 51 92
www.montsetterroirs.com
Ouvert du mardi au samedi de 9h à 12h30 et de 14h à 19h.

Vous ne pouvez pas ne pas faire étape dans cette très réputée fromagerie. Les produits proposés proviennent essentiellement du terroir comtois. Tout le savoir-faire de la marque Monts et Terroirs se retrouve, entre autres, au travers du comté avec un affinage allant de 5 à 34 mois. Les autres appellations régionales sont très bien représentées. Côté épicerie fine : vins du Jura, sirops, les bières, limonades, confitures... Vraiment une très belle adresse gourmande.

LA FROMAGERIE FRUITIÈRE DE PASSAVANT CHAZOT

Grande-Rue
PASSAVANT
✆ 03 81 60 44 06
Ouvert le lundi, le mardi, le jeudi et le vendredi de 9h30 à 12h et de 17h30 à 18h30 ; le samedi de 9h30 à 12h.

Cette coopérative laitière produit, affine (en partie) et propose son propre Comté et produits issus du commerce local. Doux, fruité ou vieux, les saveurs enchantent le palais au rythme des affinages (jusqu'à 20 mois). Du comté mais aussi morbier, tome de vache frottée au vin du Jura et aux quatre épices côtoient vins d'Arbois, miel de Clerval et bières de la Mouthier-haute-Pierre. L'office de tourisme vous propose une visite découverte en été - sur réservation.

LA BONNE BOUILLE

14, rue du Magasin
PONTARLIER
✆ 06 40 59 98 46
www.brasseriebonnebouille.com
100% Bio. Magasin au centre-ville. Livraison possible (fûts sur commandes).

Sébastien Crelier estime que la bière est plus qu'une boisson, mais un art et qu'avec la sienne vous n'aurez plus jamais mauvaise mine ! Il faut avouer que le jeune brasseur a une «bonne bouille» qui enjoint plutôt à la joyeuseté. Le Haut-Doubiste de Pontarlier revendique des bières pétillantes de gaieté qui interpellent l'œil comme le palais. Il les prépare avec des orges 100 % bio. 5 références régulières sont disponibles à la vente, en 33 cl ou même en fût. Il parviendra même à vous convaincre de tenter un nouveau dessert baptisé «Bièramistu» !

GAEC ROGNON

La Baraque des Violons
TARCENAY
✆ 03 81 86 73 30
Ouvert du lundi au samedi de 10h à 12h et de 15h à 19h30 ; le dimanche et les jours fériés de 10h à 12h.

Dans cette fromagerie de Tarcenay, vous trouverez des produits typiques de la région, comme le morbier et sa ligne cendrée, ainsi que du gruyère. Du gruyère ? Il aura bien évidemment le goût bien affiné du comté, mais l'appellation d'origine contrôlée est stricte : le comté est nommé ainsi quand le lait est issu de plusieurs producteurs de la région. Or, ici, le fromage est produit uniquement avec le lait de la ferme. Le plus : vous pourrez également acheter du beurre, des yaourts, des œufs, de la crème fraîche et du fromage blanc.

FROMAGERIE-MUSEE

3, place de la Mairie
TRÉPOT
✆ 03 81 86 71 06
www.fromagerie-musee-trepot.fr
Sur réservation.

Cette ancienne fruitière fondée en 1818 abrite désormais un musée et une boutique. Une visite permet d'assister à l'élaboration du comté, notamment dans la salle des chaudières avec ses énormes cuves de cuivre. Le tout, accompagné d'un petit film très instructif, qui séduira même les plus jeunes. A la fin de la visite, votre comté sera à point ! Et on apprécie d'autant plus la dégustation de comté et de vin du Jura. Vous pourrez faire acquisition, entre autres, de livres sur les fromages. Une belle découverte avant de découvrir les fruitières alentour !

LA LUDORE FERME-AUBERGE €

5, rue des Nouveaux
ABONCOURT-GESINCOURT
✆ 03 84 68 71 28
www.laludorefermeauberge.fr
Ouvert toute l'année. Tous les jours sur réservation. Sauf le mercredi.

Au nord de Jussey, Anne-Françoise Garret et Laurence Collet ont restauré une ancienne ferme aux pierres et poutres apparentes. Elles proposent une cuisine familiale à base de produits de la ferme. L'établissement organise aussi de nombreuses animations tout au long de l'année : brunch le dimanche, marché de producteurs, soirée cancoillotte, apéros, soirée bœuf à la bière... Retrouvez les dates sur leur site Internet. Vous pouvez aussi leur commander des volailles et autres lapins à emporter. On recommande chaudement cet endroit !

FROMAGERIE MILLERET

12, route de Choye - **CHARCENNE**
✆ 03 84 65 68 68
www.milleretfromager.com
Fromagerie familiale depuis 1921. Visites gratuites sur réservation (10 personnes minimum). Livraison.

Quelle belle maison que cette fromagerie familiale ! Elle célèbre ses 100 ans en pleine forme. 4 générations avec Denis à la tête aujourd'hui. Elle ne collabore qu'avec des fermiers locaux et emploie près de 250 personnes ! Ses produits vous sont familiers : l'Ortolan, le Fin fou, le Roucoulons et Roucoulons boisé, le Charcennay et le 1921. Ce dernier étant le premier affiné par Henri dans sa cave voici un siècle. En 1991, Milleret rachetait la fromagerie belfortaine Le Francomtois, élargissant ainsi sa gamme avec des cancoillottes authentiques et subtiles.

VIGNOBLE GUILLAUME

32, Grande rue - **CHARCENNE**
✆ 03 84 32 77 22
www.vignobleguillaume.isasite.net
Domaine viticole familial de 50 ha. Ouvert toute l'année. Horaires sur site. Livraison.

Spécialisée dans le greffage d'arbres fruitiers depuis 1895, la famille Guillaume s'est recentrée sur les greffons de ceps mais surtout sur la vigne et la vinification. Son domaine occupe 50 ha. Elle y produit des vins en IGP «Vins de pays de Franche-Comté» et «Vins de France», effervescents et tranquilles. Un joyau haut-saônois avec moult trésors de cépages pas forcément comtois. Nous avons, entre autres, été subjugués par ce savagnin 2011, élevé sous voile en pièces durant 6 ans et 6 mois dans les caves des archevêques de Gy. Digne d'un grand vin jaune !

DOMAINE BERNHARD-REIBEL

20, rue de Lorraine
CHÂTENOIS
✆ 03 88 82 04 21
www.domaine-bernhard-reibel.fr
Ouvert du lundi au vendredi de 9h à 19h (samedi 18h). Dimanche sur rendez-vous.

Le domaine est une adresse attachante pour son accueil et sa simplicité. Cécile et son fils exploitent ensemble une superficie de 21 hectares, dans le respect de l'environnement - certifié en agriculture biologique -, afin d'améliorer encore davantage la qualité des raisins et des vins. La diversité des terroirs se retrouve dans la gamme variée de leurs vins, qui sont assez exceptionnels. Les vins issus des Vendanges Tardives et de Sélections de Grains Nobles sont également proposés à la dégustation. Le domaine est certifié bio Ecocert.

PARC ANIMALIER DE FOUGEROLLES SAINT-VALVERT ★

3, Les Granges
FOUGEROLLES
✆ 03 84 40 06 41
Haute saison ouvert tous les jours de 14h à 19h. Basse saison ouvert de 14h à 18h. Entrée : 2 €. Enfant : 1 €.

Ce parc animalier de 60 hectares vous donne une bouffée d'air frais dont les Vosges du Sud ont le secret… Suivez un chemin balisé sur 5 km aller-retour, soit trois heures de balade au cœur de la forêt du parc de Fougerolles Saint-Valbert. Émerveillement garanti pour les amoureux de la nature, petits et grands. Plus qu'une balade en famille, pas tout à fait un zoo. Partez à la découverte des mammifères communs cerfs sika, cerfs élaphes, mouflons, lamas, bouquetins, daims…, des panneaux explicatifs, des ateliers ludiques, ainsi que douze agrandissements photographiques agrémentent le parcours. Tout au long de l'année, vous sont proposées des visites guidées, des ateliers traces et empreintes, découverte sensorielle, sortie nocturne, et balade contée. Pour en apprendre toujours plus sur la forêt et ses habitants, des panneaux explicatifs et des ateliers ludiques agrémentent la visite. Pour préserver la tranquillité des habitants du parc, sachez que les chiens et les vélos ne sont pas admis. Cependant, un sentier entourant le parc est accessible librement à tous et permet de profiter de ce bel endroit. Ne cherchez pas l'accueil aux entrées du parc, car les guides vous attendent au fil de votre balade pour récupérer votre ticket, et se feront un plaisir de répondre à toutes vos questions. Un petit guide Ecobalade est disponible à l'office du tourisme, à la cabane d'accueil. Tout au long de l'année, des ateliers et visites commentées sont proposés.

L'BOUT D'CHEMIN

Château Gaillard
GÉNEVREUILLE
✆ 03 84 74 35 29
www.gitepaysan.fr
Haute saison ouvert tous les jours de 14h à 16h30 sur réservation. Boutique.

Ils accueillent aussi bien les scolaires et les groupes que les enfants et leurs parents séjournant à la ferme en gîte, camping ou yourte, et ainsi participer aux activités quotidiennes de la vie à la ferme, gratuitement. Nourrissage des animaux, fabrication de fromage... Après les ateliers d'une journée autour des plantes sauvages, la visite des groupes se termine par un goûter avec un maximum de leurs produits (miel, confitures, sirops, jus de pomme...). Balade à dos d'âne, land'art, dessin avec des plumes d'oie, jeux de société sur le thème des animaux.

FORÊT DU BANNEY

RD964
LUXEUIL-LES-BAINS
Ouvert toute l'année. Gratuit.

Cette forêt domaniale dévoile ses secrets, que ce soit à pied, à vélo ou bien à cheval. De nombreux circuits permettent de découvrir des fontaines celtiques. Idéale aussi pour les enfants, avec des jeux divers et variés, pour se défouler, pique-niquer, passer un moment en famille. Et sur le côté, deux grands enclos abritent des animaux de la forêt pouvant être observés plutôt facilement en faisant le tour des enclos, via une petite balade. Vous verrez des sangliers, des cerfs sika, originaires d'Extrême-Orient. Habitués aux visites, ils s'approchent des grillages.

FERME LIGNY

10, rue des Tuileries
MELIN
✆ 03 84 92 10 51
Visite sur demande.

La ferme Ligny produit des fromages au lait de chèvre ou de vache, du beurre, de la crème, de la cancoillotte, des yaourts, de la viande (Montbéliard) et de la volaille. Basée à Melin, la ferme possède deux boutiques, à Vesoul et Combeaufontaine. Cette exploitation, qui jouit d'une belle renommée, est également présente sur les marchés de la région. La diversification se poursuit, depuis septembre 2016, une petite dizaine de buffles sont venus compléter le cheptel et la ferme produit de la mozzarella. A découvrir absolument !

LE POTAGER BIO

Les serres de la saône Jolie - **PORT-SUR-SAÔNE**
✆ 09 67 09 68 82
www.lepotagerbio.eu
Ouvert du lundi au vendredi de 15h à 18h. Détails sur commandes et livraisons sur le site internet. Paniers de 8 à 12 €.

Marayat et Sylvie produisent des légumes et des plants certifiés bio dans leur exploitation de Port-sur-Saône. Ils pratiquent la vente directe à la ferme ainsi que la vente sur les marchés du jeudi et du samedi à Vesoul. Ils proposent également des paniers, comprenant entre quatre et six légumes, à récupérer sur place le mardi ou livrés (avec un point de livraison à Vesoul). Leurs légumes sont issus de races anciennes afin de vous garantir le meilleur du goût ! Idéal pour toutes les recettes de la salade à la soupe ou encore pour revisiter des recettes anciennes.

LES P'TITS SENTIERS ÂN'IMES

620, Muse - **SAINT-BRESSON**
✆ 03 84 93 66 64
Ouvert toute l'année. Haute saison ouvert tous les jours de 9h à 16h, sur réservation. Adulte : 6 €. Enfant : 4 €.

Perrine et Pierrot vous accueillent dans leur petite ferme d'autrefois. Dans ce charmant univers de contes et de poésies, les marionnettes Michel et Bertrand vous invitent à découvrir les animaux et la vie à la ferme d'une autre manière. Vous pourrez approcher, toucher, nourrir les animaux et découvrir la chèvre angora et sa production de laine mohair. Ils organisent des animations à thème, randonnées accompagnées, sorties nocturnes, veillées contées, jeu de piste, escape game.

FERME-AUBERGE LA FORGE D'ISIDORE €

10, Grande-Rue - **VILLERS-SUR-SAULNOT**
www.laforgedisidore.fr
Ouvert toute l'année. Le samedi soir ; le dimanche et les jours fériés le midi et le soir. Réservation recommandée.

Dans une ancienne forge de 1860, le couple Robert a installé une ferme auberge qui sent bon la campagne et l'herbe fraîchement coupée... Les époux tiennent avant tout une exploitation agricole (une quarantaine de vaches dont le lait produit de l'emmental grand cru). Ils vous accueillent le week-end (en semaine pour les groupes sur réservation) à leur table d'hôtes pour savourer des spécialités de la région. Gîte étape et chambre d'hôtes ouverts toute l'année à des prix imbattables.

CELLIER DES TIERCELINES

6, rue Mercière - **ARBOIS**
✆ 03 84 37 36 09
www.lecellierdestiercelines.com
Ouvert du lundi au samedi de 10h30 à 12h30 et de 14h30 à 18h30 ; le dimanche de 10h30 à 12h30. Tous les jours en été.

Vinificateur hors-pair, Jérôme Arnoux s'appuie sur 20 ans de vignes et de chais, menant deux créneaux de front. D'abord un domaine de 15 hectares, pour partie en bio. Puis « Les caves de la Reine Jeanne » pour le négoce, accueillant qui plus est les visiteurs sous ses voûtes et ogives médiévales. Difficile de recommander tel ou tel cru tant chacun est soigné. Nos sens se sont arrêtés néanmoins sur cette «Exception», un Arbois rouge trousseau 2018. Un parfum de fruit frais d'une finesse inouïe, conjugué avec un éventail de souplesse au palais.

FERME DE LA CHEVRETTE

10, route de Dole
AUMONT
✆ 03 84 37 50 50
Chèvrerie. Production de fromages. Ouverte tous les jours. Téléphoner de préférence.

En 1985, le couple Donzé reprenait les 30 chèvres d'un collègue en cessation d'activité. Le troupeau a été multiplié par 3 depuis, au fil du succès rencontré par leur production artisanale. Les fermiers possèdent également des laitières montbéliardes. Et les poules pâturent aussi autour de la ferme. Le lait des caprins se transforme en crottins (frais, demi-sec, sec, cendré), des fromages blancs, des bouchons ainsi que de la tomme fermière. Les prix sont très raisonnables. Un arrêt «emplettes» s'impose auprès de cette famille à l'accueil exemplaire.

DOMAINE ROLET

11, rue de l'Hôtel-de-Ville - **ARBOIS**
✆ 03 84 66 08 89
www.rolet-arbois.com
Ouvert tous les jours et les jours fériés de 10h à 12h30 et de 13h30 à 19h. Espace dégustation au centre d'Arbois.

Ce domaine créé en 1942 fut le précurseur des blancs de caractère et des rouges mono-cépages. Le domaine Rolet est constitué en AOC Arbois, ainsi que sous les appellations Château-Chalon, Etoile et Côtes du Jura. Les vendanges sont faites manuellement pour préserver au mieux le terroir. Une vinothèque avec des millésimes anciens vous permettra d'acquérir quelques beaux flacons. Une transmission réussie, dans le respect de ceux qui ont travaillé la vigne tout au long de ces décennies pour que ce domaine devienne ce qu'il est aujourd'hui : une référence.

BRASSERIE ROUGET DE LISLE

5, rue des Vernes
BLETTERANS
✆ 03 84 85 09 18
www.larouget.com
Réseau Made in Jura. Brasseur et distillateur de whiskys et vodkas. Visite. Horaires sur site.

Cette brasserie est l'œuvre de Bruno Mangin depuis 1994. La Rouget de Lisle fait figure de « grande sœur » dans le monde de la bière jurassienne. 30 références rien que pour elle. Désormais une distillerie génère un excellent whisky vieilli dans des fûts de vin du Jura, et aussi de la vodka et du gin. Au rayon sans alcool, des sodas : colas « Juracola » et limonades, dont la « Juralim ». Si vous êtes à Lons, vous retrouverez ces produits au Caveau Rouget de Lisle place de la Liberté.

BRASSERIE LA MONTAGNETTE

16, rue de la Croix-de-Fer - **ARINTHOD**
✆ 06 59 98 22 62
www.lamontagnette.jimdofree.com
100 % bio. Brasserie artisanale. Visite guidée, accueil groupes. Dès 2,70 € en 33 cl, 5,50 € en 75 cl. Fûts.

Yassine Amrouni a créé sa micro-entreprise en 2014 pour atteindre son rêve : produire des bières typées, naturellement pétillantes et équilibrées. Défenseur du bio, ses breuvages sont non filtrés, non pasteurisés et tous issus d'ingrédients rigoureusement choisis. Dans son Sud-Jura, sa production s'est intensifiée avec succès. Ses recettes sont réalisées en suivant ses coups de cœur. 4 variantes disponibles (blonde, ambrée, blanche et brune), toutes certifiées AB par Ecocert. Terminez votre dégustation par un panel d'infusions des plus inattendues.

VIGNE CONSERVATOIRE

CHAMPAGNE-SUR-LOUE
www.champagne-sur-loue.fr
38 anciens cépages et une caborde reconstituée. Visible toute l'année gratuitement. Site très accessible.

Cette vigne du Haut Val d'Amour, inaugurée le 1er juin 2019, a reçu le prix Renou de l'Association nationale des élus de la vigne et du vin. Un aboutissement pour l'association des vignerons amateurs emmenés par Christian Maréchal. Les 38 anciens plants employés jadis dans la région occupent la parcelle enrichie d'une caborde (ou abri) en pierres sèches. Site remarquable car il plonge sur la vallée de la Loue. Après avoir fait connaissance avec l'Argant noir, le Béclan et l'Enfariné, une balade non moins agréable complétera votre visite aux confins du Doubs.

BOURGOGNE-FRANCHE-COMTÉ

LA BRASSERIE DOLOISE

Le Mont Roland - **DOLE** ✆ 06 86 26 15 52
www.labrasseriedoloise.fr

Réseau «Made in Jura». 100 % bio. Brasserie artisanale. Horaires sur site. Dès 2,75 € les 33 cl. Livraison.

Située sur les hauteurs doloises du mont Roland, cette brasserie se veut «l'héritière» de Walter Gysin qui déposa la marque en 1900. Maria et Fabrice Pannaux y préparent d'excellents breuvages fruits de leurs expériences en Belgique, République tchèque et Allemagne. Leurs bières sont d'ailleurs élaborées selon «les lois de pureté allemande» (eau, malt, houblon, levure). 8 variantes : blonde, blanche, ambrée et rousse, brune, india pale ale avec des sobriquets amusants. Une terrasse avec petite restauration vous permettra de faire une agréable pause.

HÉRIA - PARC ANIMALIER DU HÉRISSON

Val Dessous - **DOUCIER**
✆ 0384257295
www.parc-heria.com

De 10h à 18h tous les jours durant les vacances scolaires. Mercredi, week-end et jours fériés le reste de l'année.

Voulant préserver un milieu naturel fragile que sont les tourbières, le Parc Héria, parc animalier du hérisson, œuvre pour la conservation de ces pâturages en les valorisant auprès du grand public. Le parc vous offre une pause nature pour découvrir les grands herbivores : yaks, mouflons méditerranéens, cerfs sikas, bisons d'Europe... Profitez en famille des activités proposées par le parc, et prolongez l'aventure pour une nuit en tipi ou en roulotte.

PARC ANIMALIER HERIA ★

Val-Dessous
DOUCIER
✆ 03 84 25 72 95
www.parc-animalier-jura.com

Haute saison ouvert tous les jours de 10h à 18h. Adulte : 9,50 €. Enfant à partir de 7,50 €.

Ce ne sont pas des hérissons qui vous attendent, mais des yacks, mouflons méditerranéens, cerfs élaphes et cerfs sika. Et bientôt les wallabies de Bennett, les daims et les bisons d'Europe. Activités : goûter des bisons, des chiens-loups, des cerfs et des mouflons, rencontre avec les patous, le mystère de l'aurochs reconstitué, le biberonnage des agneaux, un stage de fauconnerie. Profitez d'une pause ludique sur le parc avec le poney-bâton, le rallye tracteur, la vache à traire, le village des Indiens, le lancer de lassos et le sentier de l'aventure accrobranche.

MAISON SAILLARD

51, Les gros Louis - **FORT-DU-PLASNE**
✆ 06 25 16 69 95

100 % bio. Réseau «Made in Jura». Producteur de curiosités régionales. Téléphoner de préférence. Livraison.

Valérie et Rodolphe dynamitent vos sens pour tous les jours ou vos moments festifs. La Maison Saillard, nichée non loin de Saint-Laurent, s'est d'abord fait un renom avec miels, plantes aromatiques collectées dans la nature. Elle aiguise la curiosité, la recherche des alliances. Toutes des pépites pour mettre en avant le terroir jurassien. Du « Made in Jura » avec l'hypocras des templiers, les moutardes, les confits d'oignons ou d'échalotes, les vinaigres de savagnin, les gelées de macvin ou d'absinthe, les pâtes de fruits... Une « torture » bien douce à endurer !

FROMAGERIE POULET

10, place de l'Église
HAUTEROCHE
✆ 03 84 48 28 32
www.fromagerie-artisanale-jura.com

Fromagerie artisanale spécialisée dans le comté et le morbier. Ouvert tous les jours. Livraison.

Hervé Poulet a installé sa fromagerie artisanale dans l'ancienne fruitière locale datant de 1830. Le fils Hubert a repris les rênes en 2011, étant ainsi la 4e génération. Ici, la star est le morbier. Affiné dans les belles caves voûtées du chalet, il est régulièrement récompensé au salon de l'agriculture, étant même le plus primé de la décennie. On savoure aussi le comté, la biquette, la raclette et la tomme du Jura aux arômes généreux. Les murs se sont adjoints une boutique de produits du terroir. Autre adresse à Lons-le-Saunier, au 39 rue du Commerce.

LA MIELLERIE DE BAUME

3, La Tournelle - **HAUTEROCHE**
✆ 06 10 67 35 17
www.mielleriedebaume.fr

Label «Bio cohérence» et certification AB. Téléphoner (marchés et salons). Livraison. Pains d'épices également.

Marie-Pierre Bouly est tombée petite dans un fût de miel. Il ne l'a plus quitté, enrichissant son expérience dans des ruchers amateurs. L'apicultrice a repris en 2019 les ruches d'un voisin, Guy Bailly. 240 maisonnettes qu'elle a hissées sur le plateau près de Baume-les-Messieurs. Installée en zone « Natura 2000 », ses miels ont l'agrément AB et le label « Bio Cohérence » qui tolère la nourriture des abeilles uniquement l'hiver. Son pain d'épices bénéficie de la distinction « Bio Comtois ». Elle vous proposera aussi de la propolis, des bonbons et des cires.

FROMAGERIE LA FERTÉ

19, rue Principale - **LA FERTÉ**
✆ 03 84 37 58 09
www.fromagerie-laferte.fr

Lundi au samedi de 8h30 à 12h et de 15h à 19h, dimanche de 8h30 à 12h et de 17h à 19h ; jours fériés de 8h30 à 12h.

La réputation de cette fruitière n'est plus à faire : elle assure l'affinage in situ de sa production (8 700 meules) qui provient des 3,3 millions de litres de lait annuels. Les fromagers Pascal et Mathieu et leurs équipes élaborent 2 appellations, le comté et le morbier, ainsi qu'une tomme baptisée « La Fertoise » et une raclette. En boutique, on trouve une belle sélection de produits régionaux. Une fruitière à la page du XXIe siècle, car elle vient d'installer un système de traitement des déchets et des eaux usées aboutissant à zéro rejet de produits polluants.

LA FERME DE CHAMPANDRE

9, rue de la Cueille
LAVANS-LÈS-SAINT-CLAUDE
✆ 03 63 68 12 14

Ferme légumière, huiles essentielles et eaux florales. Téléphoner de préférence. Marchés locaux et magasins bio.

Le couple Briançon-Hillairet cultive légumes et plantes rue de la Cueille, cela ne s'invente pas. Un jardin à ciel ouvert. Elle était paysagiste et lui chargé de mission agro-environnement. Ils font pousser depuis 50 légumes et 10 plantes aromatiques à 650 mètres d'altitude. Leur passion les conduit aussi à collecter des variétés locales à travers bois et champs. Laurent a en outre aménagé un atelier distillation pour obtenir des huiles essentielles et des eaux florales. Il tire ainsi la quintessence du bleuet, de la camomille romaine, des menthes, des résineux.

FERME DECOUVERTE DE L'ENQUERNE

L'Enquerne - **LA PESSE**
✆ 03 84 45 38 56

Haute saison ouvert du mardi au dimanche de 10h à 19h. Basse saison mercredi et jeudi de 16h à 18h. Sur réservation.

Cette exploitation de vaches laitières est installée dans le Parc naturel régional du Haut-Jura. Au fil du circuit ponctué d'informations, vous allez découvrir les animaux de la ferme, ainsi que des espèces atypiques comme le zébu, les lamas, les chiens loups. Vous pourrez aussi entrer dans le parc des cabris et des agneaux. Devenir soigneur, les nourrir et en apprendre plus sur eux. Balade à poney. Aires de jeux et de pique-nique. Hébergements sur place, tente, caravane, chalet.

PHILIPPE ET KEVIN BUTIN

21, rue de la Combe
LAVIGNY
✆ 03 84 25 36 26

Vignerons. Accueil sur rendez-vous de préférence, groupes également. Livraison. De 8,50 à 39 € la bouteille.

Sur 5,5 ha dont 4 en chardonnay et savagnin, Philippe Butin dispose d'une parcelle en Château-Chalon. A la tête du domaine depuis 1980, il représente la troisième génération d'une famille de vignerons. La quatrième désormais avec son fils Kevin qui a préféré la vigne au collège. Le blanc savagnin est élevé en pièces de 228 l et les vins jaunes subjuguent les dégustateurs les plus exigeants. Au fil des récoltes, cette maison attachante s'est aussi forgé une réputation sans frontière avec ses rouges, également salués par les professionnels les plus critiques.

L'ESCARGOTIÈRE DU MARAIS

22, rue de la cueille
LAVANS-LÈS-SAINT-CLAUDE
✆ 03 84 42 19 71
www.lescargotieredumarais.ex-flash.com

A contacter avant votre visite.

Vous croiserez bon nombre d'escargots gros et gris élevés sur la roche. Vous pourrez alors les observer en plein air mais aussi les déguster : escargots fraîchement cuisinés, terrines d'escargots, escargottines pour notre plus grand plaisir. Mais aussi vous pourrez découvrir les bénéfices médicinaux de la bave de ces petites bêtes à cornes. Eh oui, cette matière tout à fait gluante est un condensé de vitamines, riche en antibiotiques ; elle a des pouvoirs réparateurs sur les brûlures et cicatrices. Catherine pourra tout vous expliquer avec passion !

LA FERME DE ROTSY

36, rue d'Andelot
LEMUY
✆ 03 84 51 42 82
www.ferme-de-rotsy.fr

Ouvert toute l'année, sur réservation.

C'est une exploitation familiale de 60 chèvres laitières, et c'est avec passion qu'ils vous conteront la vie à la ferme. Vous pourrez aussi caresser les chèvres et assister à la traite le matin ou le soir. Côté fromagerie, venez aussi assister à la fabrication du fromage et faire provision de produits fermiers, ainsi que de nombreux autres produits issus de l'exploitation. Dégustation de tomme, mais aussi de saucisson de chèvre. A disposition également, cinq emplacements gratuits, accessibles aux grands camping-cars, avec un point d'eau et l'accès aux poubelles.

MIELLERIE DES HAUTES-JOUX

Chemin de vie Lambert
LES CHALESMES
✆ 03 84 51 66 41
www.mielleriedeshautesjoux.fr
Téléphoner de préférence. Livraison possible.

La philosophie apicole de Julien Favret et de Laure se résume en une raison environnementale et la satisfaction de travailler pour soi. Les apiculteurs occupent une ancienne scierie depuis 2013 et ont construit leur miellerie l'année d'après, toute de bois vêtue. Les 200 ruches ont décroché l'appellation « Miel de montagne du Jura ». En découlent les nectars « fleurs de montagne », « sapin/forêt ». Mais n'oubliez pas « le pissenlit », la première récolte de l'année !

LES SERRES DE NEY

195, chemin des Vernettes
NEY
✆ 06 30 67 14 14
www.lesserresdeney.com
Champignonnière 100% bio. Ouvert tous les jours. (Horaires sur site). Marchés régionaux. Livraison.

Dominique Pascutto et Florian Da Ros ont ouvert leur champignonnière près de Champagnole en réoccupant des serres à l'abandon. Epaulés par Copilote (coopérative d'accompagnements de projets), ils ont démarré leur culture sur paille bio ensemencée par du mycélium. Les 1 000 m^2 du site produisent plus de 50 kg par semaine de pleurotes et de shiitakés, cette espèce dont les vertus sur la tension et le diabète sont reconnues. La vente se fait au domaine ou sur les marchés régionaux. L'offre s'est diversifiée avec la vente en sachets, en bocaux et en velouté.

COOP APICOLE DU JURA

363, rue Victor Puiseux - **LONS-LE-SAUNIER**
✆ 03 84 43 20 74
www.cooperative-apicole.fr
Ouvert du lundi au samedi (horaires sur site). Miels et dérivés, boutique de matériels. Ecole de formation.

Cette coopérative a vu le jour voici 70 ans. Elle est le fournisseur de matériels aux apiculteurs professionnels et amateurs ; mais aussi un outil d'informations techniques. Son « école de la Ruche » fait le plein (élevage des reines, fabrication d'hydromel...) La boutique ouvre au grand public attiré par les vertus du miel. La gelée royale et le pollen côtoient les confiseries. Les savons bios y trouvent leur place, tout comme des théières en forme de ruches, figurines, serviettes, bibelots en bois et des peluches, dont la célèbre Maya. Autant d'idées cadeaux !

FRUITIÈRE DU VAL D'AMOUR

4, rue du Bois - **OUNANS**
✆ 03 84 37 73 69
www.comtemorbier-valdamour.com
Ouvert de lundi à jeudi 9h-12h et 16h-19h, vendredi et samedi 9h-12h et 15h-19h, dimanche et jours fériés 9h-11h45.

Voici une coopérative où il faut faire étape. Elle réunit 11 fermes, réparties entre Loue et forêt de Chaux. Elle transforme 3 millions de litres de lait en comtés de 8 à 31 mois d'affinage, mais aussi des morbiers. La boutique en bois de résineux du pays est animée par Elyse et Nathalie. A travers la grande baie vitrée, vous pouvez observer les gestes des fromagers. Vous pouvez également acheter des produits locaux tels que les miels de chez Clerc ou des huiles artisanales. Lait cru oblige, pensez à la crème, au beurre de baratte, sans oublier les faisselles.

FERME DES 20 LACS

7, rue des Tilleuls
MENÉTRUX-EN-JOUX
✆ 06 45 11 61 96
Ouvert tous les jours de 14h à 19h. Entrée : 3 €. Restauration.

C'est entre petite montagne et plateaux où l'eau est partout et l'air vivifiant que vous dénicherez cette ferme atypique, à la fois agricole et bohème. La journée vous pourrez nourrir les petits ânes, les chèvres naines et câliner les lapins. Vous verrez aussi les poules et les canards sarcelles. Quelques ruches et un élevage d'escargots agrémentent également le lieu. Les soirs d'été, ils organisent des soirées à thème barbecue-concerts, jazz, rock et variétés. C'est aussi un lieu d'exposition de toiles d'artistes peintres. Les camping-caristes sont les bienvenus.

DOMAINE GRAND

139, rue du Savagnin - **PASSENANS**
✆ 03 84 85 28 88
www.domaine-grand.com
Du lundi au samedi. Caveau fermé les dimanches et week-ends de janvier à mars. Vente en ligne sur le site web.

Soucieux de l'environnement, Emmanuel et Nathalie gèrent depuis 2018 les 9,5 ha du domaine en culture biologique. Leur exigence se prolonge pendant les vendanges où le temps n'a plus d'importance, la juste maturité de chaque parcelle est attendue pour la cueillette des raisins. La récolte se fait par sélection manuelle des raisins où le regard a toute son importance, puis la vinification fait l'objet d'un suivi rigoureux. Les vins sont élaborés avec le moins d'intrants possible afin de préserver la matière première et les jus. On trouve aussi des vins nature.

BADOZ FROMAGES ET VINS

19, place des Déportés - **POLIGNY**
✆ 03 84 37 48 42
www.domaine-badoz.fr

Fromagerie artisanale. Vigneron 100 % bio. Horaires sur site. Groupes sur réservation. Livraison, boutique en ligne.

Chez les Badoz on est fromager dans le Doubs depuis 1830 et vigneron polinois depuis 1659. Benoît a repris le domaine après son père Bernard. De retour sur ses terres, il cultive sa vigne en conversion bio. Pour des raisons de confort, la clientèle de groupe est reçue au magasin du centre, en association avec la fromagerie. Celle-ci comme le vigneron est régulièrement primée. Benoit est à l'honneur cette année : Grand prix d'Excellence au Concours général agricole de Paris. Récompense suprême (5 médailles dont 4 d'or ces 3 dernières années). Chapeau l'artiste !

MIELLERIE JURABEILLE

26, route de Loulle - **SAFFLOZ**
✆ 03 84 25 71 90
www.jurabeille.com

Ferme apicole. Ouvert du lundi au samedi. Livraison. Egalement pain d'épices, bonbons, crème beauté,...

Cette miellerie familiale est quinquagénaire. Au départ, Jean Verjus son fondateur, fabriquait des ruches en bois. La miellerie bourdonne près du lac de Chalain. Les fils Jean-François et Olivier en assurent la relève depuis 1996. Leur rucher compte 600 casiers en 22 emplacements en montagne et en plaine. Au magasin, vous trouverez les classiques de forêt, sapin, acacia, fleurs mais aussi les miels de tilleul et... de mirabelle ! Les férus de produits dérivés se tourneront vers le pain d'épice, bonbons, propolis à mâcher ou en gélules, gelée royale et pollen.

SYNDICAT INTERPROFESSIONNEL DU MORBIER

Avenue de la Résistance
POLIGNY
www.fromage-morbier.com

Syndicat de défense de ce fromage AOP. 2 000 producteurs, 50 ateliers, 10 affineurs. Concours officiel annuel.

Cet organisme défend ce fromage, autre fierté régionale avec le comté. Il est produit sur le Jura, le Doubs, une partie de l'Ain et de la Saône-et-Loire, bénéficiant d'une AOP (Appellation d'origine protégée). Les 2 000 éleveurs des races montbéliarde et simmental génèrent annuellement 11 000 tonnes en fromage au lait cru ou pasteurisé. Chaque année se tient à Morbier le concours officiel qui distingue les plus belles réussites, l'occasion d'une belle fête !

LE VERGER D'HYMETÉRIUS

SAINT-HYMETIÈRE
✆ 03 84 48 05 71
croqueursjura.weebly.com

2 € par élève la demi-journée.

Ce verger a la particularité d'abriter 30 espèces de pommiers, mais aussi quelques poiriers (Curé, Catillac), pruniers, cerisiers ainsi qu'un cognassier et un pêcher de vignes. C'est l'association des « Croqueurs de pommes » du Jura-Petite Montagne qui l'anime. Son but ? Sauvegarder des variétés de pommes locales, souvent anciennes, maintenir la diversité et les faire connaître au plus grand nombre. Des initiations au goût, à la plantation, à la taille et à la greffe. Le calendrier détaillé est disponible sur son site. Un exemple à suivre.

COMPAGNONS DU MIEL

Route de Besançon - **PORT-LESNEY**
✆ 03 84 37 80 20
www.naturalim.fr

Ouvert lundi au vendredi : 9h à 12h30 et de 13h30 à 17h30. Livraisons. Visite gratuite de l'atelier pour les groupes.

Cette miellerie exerce à Port-Lesney. Elle se situe en réalité près de Mouchard. Des gens du cru lui apportent leurs miels depuis 1958. L'atelier s'est adjoint une vitrine afin de promouvoir le précieux liquide. Ici, respect des techniques apicoles traditionnelles, ruches en bois et extraction à froid. Acacia, tilleul, sapin, fleurs sauvages, forêts... la palette est vaste, souvent catégorielle : miels de pays (comme pour les vins) et miels bio et équitables. A tester : le miel brut de ruche, à la fois rustique, à la texture croustillante et au goût de cire.

DOMAINE DU TOURILLON

58, route du Revermont
SAINT-LOTHAIN
✆ 03 84 37 32 86

Sur rendez-vous de préférence. De 12€ à 30€ la bouteille.

Ne cherchez pas chez lui de vin « standard ». Pour Dominique Poitou, qui travaille tous les cépages du Jura, la force des vins du Revermont, c'est d'abord leur caractère à nul autre pareil. Installé depuis 1973 à Saint-Lothain, il a défriché une bonne partie de ses 4 ha avant d'y planter sa vigne. L'homme est un ambassadeur du terroir jurassien et du savoir-faire des viticulteurs de la région. La philosophie de la maison est de laisser le temps au temps et vingt ans après, ces pépites liquides ne prennent pas une ride. Goûtez absolument leur vin jaune !

LA FERME SPIRULINE

Chemin des Bouteillers - **SALANS**
✆ 06 87 05 71 32
www.spirulinedujura.com

Boutique ouverte du lundi au samedi (fermé le mercredi en été). Et sur rendez-vous pour les visites.

Florence et Nicolas se sont pris de passion pour la spiruline, cette micro-algue (3 fois plus fine qu'un cheveu) forte de 11 vitamines et 8 minéraux, à laquelle on attribue de nombreuses vertus. A Salans, la spiruline profite d'une eau de qualité, tempérée entre 20 et 40 °C que réceptionnent 3 bassins de 100 m² sous une serre de 1 100 m². L'exploitation est autonome en énergie. Après récolte et séchage, la spiruline est conditionnée sous forme de paillettes. Vente directe. Testez les paillettes avec des rillettes de sardine, du fromage blanc, du guacamole...

SPIRULINE DU JURA

Chemin des Bouteillers - **SALANS**
✆ 06 87 05 71 32
www.spirulinedujura.com

Ferme aquacole. Visite guidée sur rdv. Horaires sur site. Boutique en ligne. Dès 17 € les 100 g.

À 5 km de Dampierre, le couple Sarrazin a créé sa ferme aquacole. Elle produit de la spiruline 100 % naturelle. Hyper concentrée en éléments nutritifs, cette micro-algue verte, légèrement bleutée, fine comme un cheveu, se développe dans des eaux douces, tempérées, peu salées. Ses vertus médicinales ont été découvertes par les Aztèques. Reconnue parmi les aliments les plus complets. Recommandée pour les sportifs, femmes enceintes, végétariens... Elle s'incorpore dans moult recettes (rillettes de sardines, fromage blanc, guacamole...), et même en tartine.

LES RUCHERS CLERC

33, rue de Bersaillin
SELLIÈRES
✆ 03 84 85 52 05

Apiculteur. Téléphoner de préférence. Livraison. Dès 8,50 € le kilo.

Que ce soit à l'extérieur vers ses ruches ou à l'intérieur dans son laboratoire, vous trouverez Philippe Clerc en blanc. En combinaison ou en blouse. Le miel de cette dynastie est une longue histoire, Philippe étant le dernier. Entre Revermont et Bresse, il déploie ses 350 «maisonnettes» sur 12 sites. Ses «ouvrières» lui lèguent des miels de printemps, de fleurs, d'acacia, de montagne, de tilleul et de sapin. Vous pourrez goûter la gamme y compris ses bonbons au miel, la recette du grand-père. On relèvera également la volonté de maintenir des prix très sages.

LES VERGERS DE SELLIÈRES

41, rue de Bersaillin - **SELLIÈRES**
✆ 03 84 25 91 75
www.vergers-de-sellieres.com

Producteur de pommes, cerises, poires, vinaigre, jus de fruits, confitures. Téléphoner de préférence.

Depuis la reprise de ce domaine, Laura et Nicolas Mathon l'on engagé en reconversion biologique. Leurs 12 ha hébergent pommes, poires, cerises et fraises. Les particuliers cueilleurs peuvent y choisir entre autres 23 variétés de pommes mais aussi du jus et du vinaigre de cidre, des confitures, des compotes. De nouveaux services voient le jour en 2021 avec un distributeur de fruits frais et l'achat d'un pressoir. Celui-ci permettra à tout à chacun de venir extraire le jus de ses fruits. 1 600 arbres vont en outre enrichir le verger d'ici 2022 pour élargir l'offre.

LE POTAGER DE LA SALINE

5, Rue de la Saline
VILLERS-FARLAY
✆ 06 62 98 10 09

Ouvert le mardi et le jeudi de 17h à 19h ; le samedi de 10h à 12h.

Depuis 2 ans Lucie et Denis Pouret ont lancé leur jardin dans ce petit chef-lieu de canton aux portes d'Arc-et-Senans et sur la route de Salins-les-Bains. Leurs légumes y croissent notamment sous 60 ares de serres. La démarche est « bio ». Tous sont cultivés à la main. La cueillette débute par les salades et radis, puis les courgettes, les concombres, les tomates, les poivrons ; les aubergines pour s'achever par les carottes. Le couple privilégie de surcroît la vente directe. En prime, ce potager vous réserve un accueil souriant et de bons conseils.

LA MAISON DU MIEL

33, Grande rue
VILLETTE-LÈS-DOLE
✆ 06 73 85 88 55
www.bienvenue-a-la-ferme.com

Ouvert le mercredi et le samedi de 9h à 12h. Visite possible les autres jours sur rendez-vous.

Apiculteur amateur pendant quelques années et administrateur de la coopérative de Lons-le-Saunier, Frédéric Perchat vole de ses propres ailes depuis 2006 à Villette-les-Dole. Avec ses 300 ruches, Frédéric ne produit que des miels jurassiens en « apiculteur transhumant » tel qu'il se définit. 8 miels différents issus de ses ruches qu'il pose de la plaine à la montagne ; du pissenlit au sapin, c'est à dire entre 250 et 800 mètres d'altitude. Le professionnel vous communiquera sa passion à l'occasion de votre visite et d'une bonne dégustation.

LES RUCHERS DU MORVAN

D37
CHÂTEAU-CHINON-CAMPAGNE
✆ 03 86 78 02 43
www.achat-nivernais-morvan.com
Ouvert tous les jours de 10h à 12h et de 14h à 18h. L'été en continu de 10h à 19h.

Une entreprise familiale soucieuse de conserver le savoir-faire traditionnel et de produire des miels de qualité. Dominique et Jean-Jacques Coppin vous font partager l'amour de leur région et de leur travail en vous faisant visiter leur miellerie. Les petits peuvent en prendre plein les yeux en découvrant tous les secrets de ce nectar sacré venu des fleurs et des abeilles. Les miels et autres produits dérivés, tel le fameux pain d'épice, sont absolument à mettre dans vos paniers gourmands ! Une adresse que l'on apprécie sans mot dire.

LES COTEAUX DU GIENNOIS

COSNE-COURS-SUR-LOIRE

Vignoble ancestral de Loire, les coteaux de Cosne et de Gien ont traversé les âges sans que la culture de la vigne ne cesse. Trois produits bénéficient d'une AOC : les rosés, les blancs du cépage Sauvignon et les rouges qui représentent 32 % de la production et sont issus d'un assemblage de Pinot noir et de Gamay. S'étendant désormais sur près de 200 ha, le vignoble des Coteaux du Giennois se répartit pour deux tiers près de Cosne-Cours-sur-Loire et un tiers sur le Loiret limitrophe. Des visites guidées sont organisées par les différents Offices de Tourisme.

FERME DE PORT-AUBRY

COSNE-COURS-SUR-LOIRE
✆ 03 86 26 63 61
www.ferme-portaubry.fr
Ouvert toute l'année. Traite tous les jours dès 15h30.

La ferme est réputée grâce à son crottin de Chavignol, issu des 400 chèvres de la ferme. On s'attache surtout à montrer à la jeune génération la vie de la ferme, à travers la découverte des animaux. Il est possible de visiter librement la ferme, de rendre visite ainsi aux chèvres, vaches, yacks, chevaux, âne, moutons, cochons noirs… Un lieu plein de vie ! Sur place, une fabuleuse épicerie, avec plus de 600 références, où vous aurez la possibilité d'acheter des fromages, des produits du terroir local et des produits découvertes venus des quatre coins de France.

FERME DU PORT AUBRY

Port-Aubry - **COSNE-COURS-SUR-LOIRE**
✆ 03 86 26 63 61
www.ferme-portaubry.fr
Ouvert du lundi au samedi de 9h à 12h et de 15h à 19h. Dimanche et jours fériés de 9h à 12h et de 16h à 18h. Boutique.

Du lever au coucher du soleil venez découvrir les 400 chèvres de la ferme d'Emmanuel et assister à la traite deux fois par jour pour produire les fameux crottins de Chavignol. Elles se feront un plaisir de vous manger dans la main, si vous leur apportez quelques grains de maïs. Il n'y a pas que les chèvres qui aiment le pain, les vaches écossaises avec leurs grands poils roux cachant leurs yeux, et leurs cornes immenses en raffolent encore plus. Prenez un bon sac de pain sec pour nourrir poules, cochons, oies, canards, moutons, lapins, chevaux, ânes, et le furet.

FOIE GRAS COUDRAY OZBOLT

La Bretonnière
DONZY
✆ 03 86 39 47 65
Accueil tous les jours de l'année, uniquement sur rendez-vous.

Frédéric Coudray élève des oies et des canards en totale liberté, nourris aux céréales et gavés au maïs. Sont produits sur place à la ferme, des produits frais, des conserves artisanales, et notamment les foies gras entiers et confits, que l'on retrouve sur les foires et marchés de la région. Une visite de l'exploitation est possible sur rendez-vous. Enfin, ne manquez pas le rendez-vous annuel et incontournable depuis de nombreuses années, le marché à la ferme où ont lieu des animations à la ferme et un repas fermier autour des étals de producteurs locaux.

LA CHEVRE'RIT D'AMANDINE

10, rue des Grands-Buissons
GARCHY
✆ 03 86 21 51 44
Ouvert toute la semaine de 10h à 12h et de 17h30 à 19h.

Sur 2,4 hectares, l'élevage d'Amandine comprend une soixantaine de chèvres alpines dont l'intégralité du lait est transformée en crottins fermiers, crottins fermiers aromatisés, petites pyramides, grandes pyramides cendrées, fromage à tartiner, fromage blanc, yaourts, tomme de chèvre… Et depuis peu, ouverture d'un atelier de volailles avec des poules pondeuses. Venez en famille découvrir ces savoir-faire lors d'une visite conviviale et chaleureuse. En début de saison, faites plaisir aux enfants en venant voir les chevreaux qui caracolent dans leur enclos.

AGROPÔLE DU MARAULT

MAGNY-COURS

✆ 03 86 21 08 60

Ouvert toute l'année.

Cette vitrine de la race charolaise se veut avant tout un lieu de rencontres et d'échanges, ouvert au grand public, pour la promotion de la race et la qualité de la viande, mais aussi une mise en lumière des énergies renouvelables. Le site présente de nombreuses structures qu'il est possible de visiter lors d'une approche technique, afin d'aborder les différentes activités présentes à l'Agropôle, telles que le hall de vente, le hall d'exposition, le laboratoire... ainsi qu'une rétrospective sur l'historique de la race charolaise.

HO ! PRODUCTEURS

9 bis, rue de Ravelin

NEVERS

✆ 03 86 23 95 26

Ouvert du lundi au vendredi de 9h à 12h30 et de 14h à 19h ; le samedi de 9h à 19h ; le dimanche de 9h à 12h.

Un établissement regroupant les productions des Vergers des Beaumonts, des Eleveurs de la Charentonne et de la Ferme de Port Aubry (58). On trouve ainsi des fruits et des légumes, des pièces de boucherie et de la charcuterie d'origine française, ainsi que des fromages. Le choix et la qualité sont au rendez-vous. On apprécie la possibilité de commander des paniers de fruits et légumes de saison, et aussi l'amplitude d'ouverture du magasin : de quoi faire le plein de produits sains tous les jours de la semaine y compris le dimanche matin !

FERME DE LA PETITE FONTAINE

2, rue Fontaine - MHÈRE

✆ 03 86 47 40 56

Ouvert du mardi au samedi de 9h à 17h. Réservation des produits vivement conseillée en période de fêtes.

La maison Rabuat assure la production fermière de canards mulards, élevés sur l'exploitation dans des parcs herbagés : diverses sortes de foies gras de canard et conserves artisanales sont ici fabriquées. Ces produits naturels sont expédiés dans toute la France. Parmi les spécialités, on trouve du saucisson au foie gras, du magret de canard fourré au foie gras, des plats cuisinés. La ferme mérite un détour pour son accueil très sympathique et ses produits de grande qualité.

Ô LIEU BRASSERIE ARTISANALE DE LOIRE EN BOURGOGNE

40, rue Paul Vaillant Couturier

NEVERS

✆ 06 60 45 41 34

https://olieu.fr

Ouvert le jeudi et le vendredi de 17h à 19h. Ou sur rdv.

Il ne peut y avoir plus Neversoise que cette brasserie installée au cœur de la cité ducale ! Ô Lieu Brasserie Artisanale de Loire en Bourgogne est une brasserie artisanale 100 % biologique, utilisant du malt français bio, du houblon bio et des levures sans OGM. Pour satisfaire tous les palais, Daisy la blonde légère, Circé la rousse fumée, Hilda la blanche de type Allemande, Ishbel la blonde dorée, Georges l'ambrée et Georges II la brune cuivrée sauront tarir toutes les soifs !

LA FERME DU BOUEJO

Beaumont, 58230 Alligny-en-Morvan (France)

✆ 07 84 02 19 28

www.fermeduboueio.com

contact@fermeduboueio.com

A retrouver sur le marché d'Alligny les vendredis soirs.

Céline Houde, maraîchère bio, œuvre sur son exploitation de 1 ha où sont cultivées de très nombreuses variétés de légumes, dont des légumes locaux et oubliés tels le bouejo, un haricot sec du Morvan autrefois très largement cultivé. Une méthode de culture basée sur du paillage permanent, et une vente en circuit court, favorisant la vente directement à la ferme et sur les marchés locaux. Des paniers composés sont aussi disponibles et se diversifient en fonction des saisons. Une belle initiative à encourager, et une manière de découvrir les cultures locales !

FERME-AUBERGE DU VIEUX CHÂTEAU €€

7, rue Charles-Roy

OULON

✆ 03 86 68 06 77

www.vieuxchateau.com

Ouvert toute l'année. Tous les jours. Réservation impérative. Menus de 21 € à 28 €.

Catherine et Tony Tilliot sont heureux de vous convier autour de leur table gourmande, où la Nièvre est à l'honneur ! Aussi authentique que leur ferme (XIIe-XVe siècles), leur cuisine est riche des saveurs du terroir. Vous apprécierez notamment les terrines de campagne, le foie gras maison, le lapin en gibelotte ou encore le gigot accompagné de pommes de terre paysannes. Tout est issu des produits de la ferme, directement du producteur au consommateur !

DOMAINE F.TINEL-BLONDELET

La Croix-Canat
POUILLY-SUR-LOIRE
✆ 03 86 39 13 83
www.tinel-blondelet.com
Ouvert toute l'année.

Au cœur de cette propriété familiale qui s'étend sur 15 ha, Annick Tinel perpétue une tradition vieille de six générations. Elle se sert de la diversité des terroirs pour produire des vins différents, proposés parmi des cuvées toutes personnalisées, comme l'Arrêt Buffatte 2007, issue de vieilles vignes et très typée. Soulignons la dernière médaille obtenue lors du Decanter World Wine Awards 2019, la médaille de bronze pour le Sancerre Blanc 2018.

DOMAINE FIGEAT EDMOND ET ANDRÉ

21, rue René-Couard
POUILLY-SUR-LOIRE
✆ 03 86 39 19 39
Ouvert toute l'année.

Producteur de pouilly-fumé et pouilly-sur-loire depuis neuf générations, le domaine est une exploitation familiale qui a su préserver avec rigueur les savoir-faire traditionnels pour produire des vins de qualité, dont la cuvée La Chaunniennes qui a notamment été récompensée. La dégustation de ces nectars se fait au caveau, en individuel ou en groupe sur réservation, où l'on peut également s'approvisionner en bouteilles. Ce domaine adhère à la charte « Vignerons Indépendants de France ».

DOMAINE MASSON BLONDELET

1, rue de Paris
POUILLY-SUR-LOIRE
✆ 03 86 39 00 34
www.masson-blondelet.com
Vente et dégustation à la propriété.

Ce domaine de 21 ha de vignes en AOC Pouilly-Fumé ou Sancerre ne cesse de produire, millésime après millésime, de génération en génération, des cuvées tout aussi agréables qu'abordables. De très nombreuses médailles aux grands concours nationaux sont à mettre au palmarès du domaine. Pierre-François et sa sœur Mélanie, 7e génération à la tête du Domaine Masson-Blondelet, poursuivent cette « viticulture propre » initiée par leurs parents il y a plus de 40 ans. L'accueil est chaleureux et professionnel, et vous pourrez déguster ces nectars directement à la propriété.

DOMAINE SERGE DAGUENEAU ET FILLES

Les Berthiers
POUILLY-SUR-LOIRE
✆ 03 86 39 11 18
www.s-dagueneau-filles.fr
Ouvert toute l'année.

Depuis plus de 4 générations, la famille Dagueneau se transmet le savoir-faire hérité de leur aïeule Léontine. Ce sont les filles qui aujourd'hui perpétuent les traditions dans le respect des sols. Aux 17 ha plantés sur le versant des coteaux de Pouilly-sur-Loire et de Saint-Andelain, s'ajoutent les 2 ha des Montées de Saint-Lay. Avec des pratiques agricoles raisonnées et des assemblages harmonieux, leurs vins affichent une palette de nuances subtilement fruitées aux arômes complexes.

MAISON SAGET LA PERRIERE

La Castille
POUILLY-SUR-LOIRE
✆ 03 86 39 57 75
http://sagetlaperriere.com
Ouvert du lundi au vendredi de 8h à 12h et de 14h à 17h30.

Depuis des générations, la famille Saget exploite quelques 360 ha de vignes. Les vignes se développent sur un terroir de prédilection qui profite d'une excellente exposition et d'un microclimat favorable. Les vignes sont âgées de cinq à trente ans et donnent des vins à fort caractère, issus d'une culture raisonnée et d'une vinification à la pointe de la technologie. Visite guidée, dégustation et initiation possibles. Notez aussi que le domaine propose une découverte œnotouristique « Loire et Terroirs », véritable voyage au cœur des vignes du Val de Loire.

LE VIGNOBLE DE POUILLY-SUR-LOIRE

POUILLY-SUR-LOIRE

La culture de la vigne règne ici en maître. Bénéficiant d'une AOC depuis 1937, le vignoble s'étend sur un peu plus de 1 200 ha et concerne, avec Pouilly-sur-Loire, les communes de Garchy, Saint-Andelain, Tracy-sur-Loire, Saint-Martin-sur-Nohain, Saint-Laurent-l'Abbaye et Mesves-sur-Loire. Les cépages chasselas et sauvignon s'enrichissent de la géologie des sols pour donner au vin son goût de pierre à fusil. La Tour du Pouilly-Fumé est le digne représentant de cette culture viticole.

DOMAINE MICHEL REDDE ET FILS

La Moynerie
SAINT-ANDELAIN
✆ 03 86 39 14 72
www.michel-redde.fr
Ouvert toute l'année.

Depuis des générations, l'exploitation familiale est implantée sur le domaine de La Moynerie, au cœur du vignoble de Pouilly. Des 40 ha de vignobles, situés sur les coteaux dominant la Loire naissent des vins riches et harmonieux. Mais le fleuron du vignoble est à chercher dans les vignes plantées sur la butte de Saint-Andelain et dont le terroir argilo-siliceux donne cette minéralité à l'excellent pouilly-fumé. De belles cuvées et des vins généreux à découvrir !

DOMAINE PATRICK COULBOIS

Les Berthiers
SAINT-ANDELAIN
✆ 03 86 39 15 69
www.patrick-coulbois.fr
Ouvert toute l'année sur rendez-vous.

Issu d'une longue lignée de vignerons, Patrick Coulbois est installé depuis près de 40 ans sur les coteaux de Saint-Andelain, particulièrement réputés pour leur terroir d'argile à silex. Son vignoble de 8 ha produit des vins à la typicité reconnue, comme la cuvée « les Cocques », particulièrement représentative du type « pierre à fusil », qui fait la spécificité du terroir local. Cette cuvée a été maintes fois distinguée et récompensée, à l'image des autres crus que l'on rencontre sur les meilleures tables ! Boutique en ligne et visite sur rendez-vous.

L'ETANG TAUREAU

RD20
SAINT-BRISSON
Ouvert toute l'année. Accès libre.

Situé sur le domaine de Saint-Brisson près de la Maison du PNR du Morvan, l'étang a été créé avant la Révolution pour permettre le flottage du bois vers la capitale. Baladez-vous dans les grandes prairies tourbeuses, en suivant un parcours pédagogique spécial nature composé de panneaux explicatifs sur la faune et la flore typiques du Morvan. Tout près de l'étang, vous apercevrez des vaches rustiques appelées Highlands Cattles pâturant certaines parcelles. Leur long pelage leur donne un air très sympathique, mais attention à leurs grandes cornes en forme de lyre.

LE RUCHER DE L'ÉCOLE

Solo
SAINT-LÉGER-DE-FOUGERET
✆ 03 86 85 09 47

Depuis deux générations, ces «bergers des abeilles» récoltent, sur les monts du Morvan, le miel des abeilles dites «noires du pays». Chrystelle et William ont installé leur miellerie dans l'ancienne école communale, et vous garantissent une fabrication de qualité dans le respect de l'art apicole. Laissez aller votre gourmandise en choisissant parmi les nombreux miels, les pains d'épices, le pavé au miel, le gâteau médiéval, la crème de nougat version nature ou marrons glacés, et autres savoureuses gourmandises. Visite de la miellerie sur RDV.

LA CHÈVRERIE DE LA FILLOUSE

9, rue des Ecoles - **SUILLY-LA-TOUR**
✆ 06 84 98 53 74
Du lundi au mercredi et samedi de 9h à 12h et de 17h à 19h ; jeudi et vendredi de 17h à 19h ; dimanche de 9h à 12h.

Au cœur de la vallée du Nohain, la chèvrerie de la Fillouse est une belle escale pour découvrir les bons fromages de chèvres de la région. Ici Raphaël Bourdon produit lui-même à partir du lait de ses chèvres crottins, bûches, pyramides et autres bouchons... des fromages qui trouvent leur place aussi bien en apéritif que dans de bonnes salades ! Sur place, il est possible de venir faire une visite de la chèvrerie l'été, de faire une dégustation et d'acheter bien entendu les produits.

CHEVRERIE DE CHEUGNY

2, rue Pierre-Brossolette
VARENNES-VAUZELLES
✆ 06 68 10 28 03
Fermé de décembre à février. Ouvert mardi, vendredi et samedi de 10h à 12h et de 14h à 19h.

Venez rencontrer des chèvres alpines chamoisées : on vous contera la fabrication du fromage de chèvre au lait cru et entier. Crottin nature et aux aromates, pyramide cendrée, fromage blanc, apérichèvre nature et aux aromates, brique cendrée, crottin sans sel... Le lait utilisé est produit exclusivement sur l'exploitation. Certains fromages sont médaillés au concours régional de Bourgogne. Vous verrez aussi la production d'articles en mohair issus du troupeau de chèvres angoras. Suivant les transformations : pelotes de toutes les couleurs, chaussettes, écharpes.

PARC AUX SANGLIERS

ANOST

Ouvert toute l'année. Accès libre. Gratuit.

Sur les hauteurs du Morvan s'étend la vaste forêt domaniale d'Anost dans laquelle a été aménagé un parcours sur 20 hectares, et dont certains des hôtes sont des sangliers et leurs marcassins. En général, il n'est pas très facile de les observer dans ces vastes espaces sylvestres, mais là ce sont eux qui viennent vers vous en espérant quelques friandises, générosité qui n'est pas proscrite par les gestionnaires venant nourrir régulièrement ce cheptel dont la densité est bien sûr trop forte pour qu'ils puissent se nourrir entièrement seuls dans le milieu naturel.

ROUTE TOURISTIQUE DES GRANDS VINS DE BOURGOGNE

BUXY

www.bourgogne-tourisme.com

La route des Grands Vins de Bourgogne est un parcours balisé d'une centaine de kilomètres en Côte Chalonnaise qui traverse près de 40 communes viticoles. Ce circuit permet de découvrir un terroir riche de grandes appellations des vins de Bourgogne tels Rully, Mercurey ou Bouzeron. De village en village, découvrez les murets de pierre, les maisons vigneronnes, et des paysages à couper le souffle. A faire à vélo sur la Voie Verte, en bateau sur le Canal du Centre ou en voiture.

BALADES ET RANDONNÉES EN AUTUNOIS MORVAN

13, rue Général Demetz - **AUTUN**

✆ 03 85 86 80 38

www.autun-tourisme.com

Accès libre toute l'année. Application «Onprint» gratuite.

Nichée en Bourgogne du Sud, sur les contreforts du Morvan, l'Autunois est une région naturelle dont la richesse s'exprime au travers de ses paysages. Sa diversité offre à la fois de vastes étendues de forêts sur les hauteurs mais aussi des bocages dédiés à l'élevage en plaine. Ce sont ainsi des centaines de sentiers balisés qui vous attendent, à pied, à cheval ou à VTT. Choisissez de randonner connecté avec l'application «Onprint» et laissez-vous guider à votre rythme !

LES BOTTES EN CABOUD'CHOUX

2, rue de la Petite-Chaume

CHÂTEL-MORON

✆ 06 38 36 46 06

Ouvert du lundi au vendredi. Sur réservation en demi-journée ou journée complète.

Venez découvrir l'élevage de bovins et ovins charolais d'Aurélie et Benoît, à 600 mètres d'altitude dans un paysage verdoyant. Les enfants pourront côtoyer les animaux de près. Rencontrer les ânes, poules, chèvres, paons, canards, sans oublier de câliner chats et chiens de la ferme. Ils pourront s'adonner à la cueillette de fruits et de légumes. Leur credo, sensibiliser les jeunes à l'agriculture et à l'environnement. Ils disposent également d'une chambre d'hôte et d'un gîte sur place.

VIGNES CONSERVATOIRES DU CHATEAU DE BISSY-SUR-FLEY

BISSY-SUR-FLEY ✆ 03 85 92 00 16

www.pontus-de-tyard.com

Vignobles et Découvertes. Visites libres.

La vigne pousse à Bissy depuis fort longtemps ! Tout à côté du château Pontus de Tyard, l'association Renaissance du château Pontus de Tyard a planté il y a une dizaine d'années un vignoble original puisqu'il est constitué d'un conservatoire de chardonnay, une collection de 80 chardonnays !, et un conservatoire d'anciens cépages bourguignons. Ces vignes donnent deux cuvées vinifiées par la cave des Vignerons de Genouilly : une cuvée commercialisée Pontus de Tyard, qui est un « vin possible de la table de Pontus de Tyard » au XVIe siècle, et une cuvée Pasithée, à découvrir uniquement au château, vin patrimonial clairet. Les vignes, labellisées Vignobles et Découvertes, se visitent librement.

CHEVRERIE LA TRUFIERE

Lys - **CHISSEY-LÈS-MÂCON**

✆ 03 85 50 15 26

www.chevrerielatrufiere.fr

Ouvert tous les jours de 9h à 12h et de 16h à 18h. Ouvert de mi-mars à mi-novembre.

Elles sont heureuses les 150 chèvres de la chèvrerie La Trufière, dans les vallons des verts pâturages de la campagne mâconnaise. La chèvrerie est née en 2000, le bâtiment fromagerie a été construit entre 2000 et 2001 et le magasin a ouvert en 2005. Il propose une gamme de 11 fromages du terroir au lait cru de chèvre à consommer mi-secs, frais ou affinés. Tous les fromages sont produits directement sur place et proviennent de la traite des chèvres de race alpine nourries au foin et aux céréales sans OGM et la gestion de la ferme respecte les gestes écologiques.

THEO POTAGER

10, chemin de la cure - **FRAGNES-LA LOYÈRE**
✆ 06 71 06 70 13
www.theopotager.com
Ouvert le mardi de 16h à 18h ; le samedi de 9h à 13h.

Théo est un jeune maraîcher plein de volonté. Même s'il ne dispose pas du label bio, ses productions sont cultivées sans pesticides dans une véritable volonté de protection de l'environnement avec à terme un souhait de permaculture. Vous pouvez venir directement chercher vos produits au potager ou le retrouver sur les marchés du coin. Légumes pour la soupe ou pour composer les salades de crudités, ici on fait de vrais produits non calibrés mais cultivés avec passion ! Si l'envie vous vient de faire vous-même votre potager, des plants sont aussi mis en vente.

DOMAINE LA SOURCE DES FÉES

Route du May
FUISSÉ
✆ 03 85 35 67 02
www.lasourcedesfees.fr
Ouvert tous les jours. Visite sur rendez-vous.

Le domaine de la Source des Fées marie vignes, gastronomie bourguignonne et douceur de vivre. Il semble que les fées se soient bien penchées sur ce domaine de 4,5 ha qui produit du pouilly-fuissé et du saint-véran pour les vins blancs ainsi que du mâcon rouge. Marquez une halte dans ce beau domaine et profitez-en pour déguster les cuvées. En septembre, plongez dans l'ambiance des vendanges typiquement bourguignonnes, réalisées à la main et toujours dans la bonne humeur.

DOMAINE THENARD

7, rue de l'Hôtel de Ville
GIVRY
✆ 03 85 44 31 36
Ouvert du mardi au samedi de 9h à 12h et de 14h à 18h. Le lundi sur rdv.

C'est à deux pas de la Porte de l'Horloge que le Domaine Thénard vous ouvre ses portes. Un domaine familial né en 1760 et dirigé par Jean-Baptiste Bordeaux Montrieux, son épouse Dominique et leur fils André, une famille attachante et accueillante. La grande majorité de leurs vignes est implantée sur les plus belles parcelles de Givry. Certaines sont situées en Côte de Beaune et Côte de Nuits avec de fabuleuses appellations en 1ers et Grands Crus. Les caves du XVIIe remarquables par leur grande hauteur et leur charpente en voûte peuvent être visitées.

HUILERIE LEBLANC

Bas d'Iguerande
IGUERANDE
✆ 03 85 84 07 83
www.huile-leblanc.com
Ouvert du lundi au samedi de 9h à 12h30 et de 14h à 18h30.

Voilà plus de 120 ans qu'on se transmet dans la famille Leblanc, de père en fils, l'outil de travail et le savoir-faire pour continuer de produire de manière artisanale des huiles. Si le moulin est situé en Bourgogne, les huiles Leblanc sont également présentes à Paris dans leur boutique (6, rue Jacob). Si le produit phare de l'entreprise est l'huile de sésame, de très nombreuses autres huiles sont produites : olive (en vierge extra et aromatisée à la truffe), pistache, tournesol, pignon de pin, noix et noisette, argan, huile de pépin de raisin ou de courge...

DOMAINE CHRISTOPHE DRAIN €€

43, rue de la Côte Chalonnaise
JAMBLES
✆ 03 85 44 31 92
www.domainechristophedrain.fr
Uniquement à midi et sur réservation 24h à 48h à l'avance.

Christophe et Séverine Drain ont eu la bonne idée de proposer une table d'hôtes au domaine. Leur salle remarquablement aménagée dans l'ancienne salle du pressoir possède tous les codes d'un excellent restaurant bourguignon. Séverine vous concocte de bien jolis plats aux accents bourguignons mais revisités façon cheffe de métier. Les plats s'enchaînent en accord avec les vins du domaine qui vous sont passionnément présentés. Crémant ou Ratafia Drain en apéritif et Fine 7 ans d'âge du domaine en digestif. Le café est à prendre sur la terrasse à la vue imprenable.

LES CONFITURIERS DU MORVAN

Le Pré Bouché - **LA CELLE-EN-MORVAN**
✆ 03 85 54 13 01
Ouvert lundi et mardi 7h à 13h et 13h30 à 17h ; mercredi et jeudi 7h à 12h et 13h30 à 17h30 ; vendredi 7h à 13h.

De vrais délices ces confitures artisanales cuites en chaudron de cuivre ! Si on les trouve dans les épiceries régionales, c'est bien à la Celle-en-Morvan qu'il faut se rendre. Plus de 40 parfums dont une pâte à tartiner exclusive à la boutique avec jusqu'à 50 % de pâte de noisettes. Les confituriers du Morvan participent au concours agricole du salon de l'agriculture depuis que les confitures sont devenues lauréates en 2015 avec une moisson de médailles chaque année.

CHÂTEAU DE LA GREFFIÈRE

500, route de Verzé - **LA ROCHE-VINEUSE**
✆ 03 85 37 79 11
www.chateaudelagreffiere.com
Ouvert du lundi au samedi de 9h à 11h30 et de 14h à 17h30. Visite du musée 9 € ; gratuit pour les moins de 16 ans.

Le Château de la Greffière, c'est l'histoire d'un domaine viticole de 48 ha et de la famille Greusard qui depuis 1924 se passionne pour ses vignes implantées sur les 6 villages rayonnant autour du château. Il réunit à la fois le musée de la vigne et du vin, la cave voûtée du XVIIIe siècle où reposent les fûts du précieux alcool, ainsi que les chais. Une riche collection regroupe plus de 2 000 instruments et outils retraçant l'histoire de la viniculture de la région. Une façon de découvrir la région avec un domaine fier d'en partager les multiples richesses !

FERME ANIMALIERE DU PARC MAUGRAND

Boulevard Maugrand
MONTCEAU-LES-MINES
Ouvert toute l'année. Gratuit.

Les parcs Maugrand et Saint-Louis occupent les sites d'anciens puits de mine. Parfait pour la promenade et la pratique sportive. Y ont été aménagés le parcours muséographique des anciens puits de mine, un golf 6 trous, des aires de jeux, et surtout une ferme animalière, avec des lamas, paons, moutons et bien d'autres encore. A découvrir en cheminant le long des sentiers ombragés. Observez aussi une curieuse structure métallique en forme de pagode. Aire de pique-nique.

CRÈME ET BEURRE DE BRESSE AOP

LOUHANS
www.aoc-creme-beurre-bresse.fr

Issus d'une terre de caractère jalonnée de bocages et de prairies, la Crème de Bresse AOP et le Beurre de Bresse AOP doivent leur excellence à un savoir-faire ancestral issu d'une tradition fermière préservée. Le territoire de la Bresse a donné sa typicité et ses saveurs uniques à 2 AOP pour 3 produits d'exception : le beurre de baratte, la crème semi-épaisse et la crème épaisse. Des produits savoureux mis à l'honneur par Davy Tissot, MOF 2004 et ambassadeur d'excellence de ces AOP.

VITTEAUT ALBERTI

16 bis, rue de la Buisserolle - **RULLY**
✆ 03 85 87 23 97
www.vitteaut-alberti.fr
Dégustation gratuite. Visite sur réservation à partir de 4 personnes. Consulter les horaires sur le site Internet.

De la cuverie aux techniques d'élaboration d'un effervescent, la visite de la Maison Vitteaut Alberti permet de suivre l'ensemble du processus d'élaboration du Crémant, de l'arrivée du raisin à la dégustation de 7 cuvées en passant par la spectaculaire opération de dégorgeage. Si les machines sont très présentes, la méthode est 100 % traditionnelle. Tous les crémants vieillissent au minimum 24 mois sur lattes. Les 23 ha de vignes en propriété en Côte Chalonnaise, Hautes-Côtes de Beaune et dans les Maranges permettent la production de 300 000 bouteilles.

SENTIER DU MONTAGNY

MONTAGNY-LÈS-BUXY
Vignobles et Découvertes.

Le vin, le Montagny en particulier, vous aimez le déguster ? Mais savez-vous comment la vigne pousse, quel cépage est utilisé, comment les terrains donnent ses qualités au vin, comment les hommes travaillent la vigne ? Pour répondre à toutes ces questions et bien d'autres, tout en profitant d'un paysage d'exception, il faut parcourir cette boucle de 4,5 kilomètres à travers le vignoble de Montagny-lès-Buxy. Le Sentier d'Interprétation viticole du Montagny commence près du caveau communal, à l'entrée du village, traverse le bourg et part sur les chemins balisés à la découverte du vignoble à travers 8 panneaux thématiques. Des haltes chez les vignerons de l'appellation Montagny permettront d'ajouter la dégustation au plaisir de la balade.

FERME DES ANIMAUX DES PETITS BOIS

555, route des Petits-Bois - **SAGY**
✆ 03 85 74 05 77
www.lesanimauxdespetitsbois.com
Fermé de décembre à mars. Haute saison tous les jours de 10h30 à 19h. Entrée : 7,50 €. Moins de 2 ans : gratuit.

Dans ce parc de 12 hectares vous attendent les animaux de la ferme. Chevaux, vaches, cochons, chèvres, moutons, poules, pigeons, pintades, dindes, coqs, oies, canards, oiseaux, lapins, ânes, poneys, chiens, chats, poissons, souris, cobayes, mais aussi des espèces plus rares et originales : buffles, lamas, tortues. Les animaux sont accessibles et sympathiques, car ils ont l'habitude des visites et viennent demander des caresses ou une petite gourmandise. On peut donner le biberon.

FERME AUBERGE LOU METCHE

1, rue des Vernes - **SAINT-BONNET-EN-BRESSE**
✆ 09 60 10 07 96
Livraison possible. Auberge sur réservation (50 couverts) : Accueil de groupe et visite de l'exploitation.

On se croirait dans le sud-ouest, pourtant c'est bien en Bresse bourguignonne que Marie-Anne Ballan élève et gave ses canards qui sont abattus et transformés directement sur place. Les abattages ayant lieu chaque semaine, les produits sont 100% frais. Au menu : rillettes, terrines, foie gras, confits, cassoulets, produits frais sous vide. Les produits se dégustent directement à la ferme. Une boutique permet de repartir avec une belle panoplie de ses plats savoureux sous le bras sans oublier une quantité de coffrets cadeaux. Possibilité de visiter l'exploitation.

AU COEUR DE LA FERME

1176, route de Baudrières
SAINT-VINCENT-EN-BRESSE
✆ 06 34 70 97 56
Ouvert toute l'année sur réservation. Boutique.

Venez visiter l'exploitation agricole d'élevage bovin et caprin d'Alexia et Jeremy pour découvrir leurs installations ainsi que les animaux de la basse-cour et les autres. Ils proposent aux familles et aux groupes des ateliers pédagogiques de construction de cabane, mais aussi de traite de la vache et de fabrication de fromage, afin d'être capable de transformer le lait en crème, beurre, fromages frais et faisselles. Vous pourrez ensuite réaliser ces produits facilement chez vous. Egalement une initiation au maraîchage et à la confection d'un herbier.

FERME DE LA GRANDE PLAINE

Le Nuzeret
SAINT-VINCENT-EN-BRESSE
✆ 03 85 72 86 05

Les passionnés d'équitations et des chevaux de race apprécieront les conseils avisés des professionnels. Les activités et services sont nombreux. Parmi eux, élevage, pension, vente et saillies mais aussi, cours d'équitation sur de superbes paint-horse. C'est d'abord grâce à un « cheval école » que les curieux de l'équitation western pourront s'essayer et s'entraîner. Ainsi l'objectif pour les plus doués et passionnés sera, à force de travail, de se produire dans des shows western.

LE MOULIN DE LA PETITE VERRIÈRE

Lieu-dit Le Moulin
LA PETITE-VERRIÈRE
✆ 03 85 54 13 94
www.moulinpetiteverriere.com
Ouvert du vendredi au mercredi. Pêche au poids (autre site Les Prés Bardiaux à Arleuf 58430) - Boutique et restaurant.

© LE MOULIN DE LA PETITE VERRIÈRE

Le Moulin est un site d'élevage de truites de 1re catégorie, truites arc-en-ciel, Fario, Goden ou saumon de fontaine. C'est l'eau de la Chaloire qui alimente la ferme piscicole qui produit environ 10 tonnes de poisson par an. Une formule de pêche au poids est proposée : venez sans matériel, tout vous est prêté. Une fois la pêche terminée, selon votre choix, les poissons sont vidés. Vous pouvez acheter des produits transformés sur place ou les déguster au restaurant.

FERME-AUBERGE DE LA MERE BOITIER €€

Le Grand-Chemin
TRAMAYES
✆ 03 85 50 59 83
www.mereboitier.com

Des agriculteurs et des vrais, avec vaches, poulets, brebis et quelques spécimens sympathiques, comme une petite famille d'ânes gris. C'est ici que l'on vient s'attabler en famille ou en groupe, et se régaler d'une cuisine de région. Tout est fait maison par Mme Briday. Rillettes de volaille, fromage de tête, bœuf bourguignon, ou encore la tarte à la mirabelle. Le bonheur à l'état pur. Ces produits bio sont proposés à la vente : prendre rendez-vous ou venir le samedi de 10h à 12h.

L'ILE AUX LAMAS

50, rue Principale
ANGEOT
✆ 06 73 33 94 29
Entrée : 4 €. Uniquement sur rendez-vous par SMS. Boutique. Animations.

L'élevage compte actuellement un troupeau d'une dizaine de bêtes, dont un mâle reproducteur. Tous nos animaux sont d'origine chilienne et argentine, berceaux des lignées les plus pures. Ils sont réputés pour leur gentillesse, leurs couleurs variées et la qualité de leur laine. Ils effectuent le travail de tissage depuis la toison brute jusqu'à l'article fini, de façon artisanale. Ils proposent des ateliers de filage, tissage et feutrage de la laine de lama. Promenades avec des lamas et/ou des ânes à l'heure, journée, week-end. Vente des produits issus de toisons.

BOUCHERIE CHARCUTERIE TRAITEUR BONNEMAISON

1, place d'Armes
BELFORT
✆ 03 84 28 06 73
Ouvert du lundi au samedi de 8h30 à 12h30 et de 14h à 19h.

Cette adresse belfortaine bien nommée est connue des locaux depuis fort longtemps. Mettant à l'honneur la richesse du terroir, on y décline les chapelets de charcuterie comtoise, cochonnailles fumées, jambonneaux, pâtés lorrains, saucissons, saucisses de Morteau ou Montbéliard... Sur l'étal du rayon boucherie, on pourra choisir entre le bœuf, l'agneau ou le veau français sans oublier la volaille, qualité Label rouge. La bonne maison propose aussi un service traiteur au quotidien.

FERME EQUESTRE DE LA FORGE

13, rue de Lamadeleine
ETUEFFONT
✆ 06 84 83 53 56
Toute l'année sur réservation. Demi-journée : 30 €. Journée : 50 €.

Une autre manière d'appréhender les animaux en faisant plaisir à vos enfants avec une sortie insolite. Partez en promenade en autonomie complète, de trente minutes à une heure sur un itinéraire balisé, avec des ânes, excellents compagnons de randonnée appréciant les câlins et les marques de tendresse. Chaussez-vous en conséquence pour marcher à côté de l'âne, les casques sont fournis. Partez le temps d'un week-end avec des ânes bâtés, ils porteront votre pique-nique et vos affaires.

AUBERGE DU BALLON €€

LEPUIX
✆ 03 84 23 97 21
Réservation conseillée

À 30 kilomètres de Belfort, l'auberge est installée dans une ancienne marcairie, ferme d'altitude typique des chaumes vosgiennes. C'est un des seuls établissements au sommet du ballon d'Alsace ! Vous apprécierez les spécialités locales : porc fumé, pommes de terre à la crème et la traditionnelle tarte aux myrtilles. Egalement 4 chambres d'hôtes. L'auberge dispose également d'une belle terrasse. Le site vous propose une large palette d'activités (balade du sommet, randonnée, parapente, pêche...) ainsi que des plus beaux panoramas sur les vallées environnantes.

LE BIAU POTAGER

51 bis, Grande-Rue
REPPE
✆ 03 84 23 83 44
www.biaupotager.fr
Ouvert le vendredi de 17h à 18h30 ; le samedi de 15h à 17h.

Le Biau Potager est une des pépites belfortaines ! Denis et Christophe produisent des légumes sur 6 ha, dans le Sundgau, entre Belfort et Altkirch. L'agriculture biologique y est pratiquée depuis la création du « potager » en 1989 : compost comme seul amendement, haies variées, traitements limités en cas de problèmes (mildiou, doryphores, acariens, limaces) à base de produits végétaux ou de produits minéraux. Ils complètent leur offre en achetant ailleurs d'autres produits biologiques (fruits, fruits secs, œufs, farine, etc.).

FERME ALTENBACH

38, rue Principale
SUARCE
✆ 03 84 19 31 62
Ouvert le vendredi et le samedi de 14h à 19h. A la ferme, selon disponibilités. Appelez de préférence avant de venir.

Depuis 1985, Dominique élève des canards dans ce petit village typique du sud du Territoire de Belfort, à la limite du Sundgau et de la Suisse. Il prépare ensuite des produits à base de canard : foie gras de canard mi-cuit, foie gras en conserve, bloc de foie gras mi-cuit ou en conserve, mais aussi magret, saucisson, terrines, rillettes... Retrouvez tous ses produits à la ferme, mais aussi à la ferme du Bien-Manger à Argiésans (90), à l'épicerie des halles à Delle (90), au Coin Gourmand, à Riquewihr (68) et au magasin du Paysan à Kaysersberg (68).

EARL HIVERT - CROC DUCK

Rue de Montréal
ANGELY
✆ 06 07 37 42 93
Samedi 10h-12h (ou sur rdv). Food truck : Noyers, l'Isle sur Serein, Montréal et Coutarnoux.

A deux pas de Montréal il vous suffira de suivre les canards le long de la route et vous arriverez chez Croc Duck. Cette ferme exploitée par Adeline et Emmanuel Hivert se consacre au canard. Vous y trouverez foies gras, magrets, terrines et autres rillettes au chablis. Mais ce n'est pas tout : chaque semaine, un food truck vous permet de goûter aussi aux produits de la ferme depuis Noyers, l'Isle sur Serein, Montréal et Coutarnoux. Et des paniers-repas peuvent même être livrés aux entreprises ou aux groupes de touristes sur Avallon et Auxerre (sur réservation).

LA SEREINE

32, route de Noyers
ANNAY-SUR-SEREIN
✆ 03 86 82 65 93
www.lasereine.com

La Sereine, c'est une huilerie installée depuis 2005 au cœur de la Bourgogne à Annay-sur-Serein. Un atelier artisanal qui produit exclusivement de l'huile de colza, élaborée par une seule pression à froid afin de conserver ses richesses gustatives et ses nombreuses qualités diététiques et nutritionnelles. Le site Internet explique le processus de fabrication de l'huile et propose aussi différentes recettes de cuisine à base d'huile de colza. Voilà un détour intéressant à faire, histoire de remplir ses placards de cette huile 100 % locale.

ROUTE TOURISTIQUE DES VIGNOBLES DE L'YONNE

16-18, Boulevard de la Marne
AUXERRE
https://www.vignobles-yonne.com

Sur ce terroir étroit où l'érosion des rivières a fait affleurer un sol propice, se sont développés des vignobles de qualité : le Chablisien et ses sept grands crus dans la vallée du Serein, l'Auxerrois et le Jovinien dans la vallée de l'Yonne, le Tonnerrois dans la vallée de l'Armançon, et le Vézelien dans la vallée de la Cure. Dans les cinq vignobles de l'Yonne, des circuits arborant la grappe du logo du BIVB vous font découvrir les villages du vignoble, leurs attraits touristiques.

FERME GILLOT

20, rue Neuve
BEUGNON
✆ 03 86 56 40 48
Tous les jours sauf le jeudi, le samedi matin, et le dimanche après-midi. Dégustation sur réservation. Visite guidée.

A 5 kilomètres de Saint-Florentin, Sandrine et Philippe Gilot vous reçoivent dans leur ferme. L'occasion de déguster (sur réservation) leurs excellents soumaintrain, saint-florentin, tommes et autres produits laitiers du cru. Si vous le souhaitez, vous pourrez aussi visiter l'exploitation, la fromagerie, voire (pourquoi pas ?) assister à la traite. Un joli moment à vivre avec les enfants ! A noter que les Gillot sont aussi distribués au Drive fermier d'Auxerre, et présents sur plusieurs marchés de l'Yonne et de l'Aube. Notamment le samedi matin à Tonnerre.

FOIE GRAS ROY

6, chemin du Pré-des-Murs
BEUGNON
✆ 03 86 35 35 50
Sur rendez-vous.

La famille Roy s'est spécialisée dans la préparation du canard selon des recettes familiales. Sa spécialité ? Le foie gras entier poché : il est cuit dans un poche, ce qui le rend plus onctueux et plus ferme qu'un mi-cuit classique. Il se vend par portions de 100 grammes, au choix du client de préciser le poids souhaité. Reste alors à goûter au foie gras entier en bocal, fabriqué entièrement à la main. Sachez que la famille Roy propose également des repas à la ferme qui permettent à leurs hôtes de découvrir leurs produits. Délicieux !

LES FORMES DE PIERRETTE

7, route de Thizy - **BLACY**
✆ 06 82 06 56 47
www.lesformesdepierrette.fr
Du lundi au vendredi 9h30-12h/14h-17h. Visite guidée (1 heures-) sur rdv : 5 €/ pers (avec dégustation/goûter).

Les Formes de Pierrette, c'est en fait l'histoire de Fanny, installée dans cette ferme en agriculture biologique qui jadis appartenait à sa grand-mère. Recyclage des eaux de pluie, épuration des eaux usées, plantations de haies, chauffage au bois, ni pesticides, ni herbicides, ni OGM dans les champs... Ici, vous pourrez acheter les fromages de la ferme (de la tomme ou des pierrettes), mais aussi ses nombreux produits laitiers. Et pour agrémenter la découverte, des visites guidées vous conduiront jusqu'au troupeau, au pré, à la salle de traite... On aime !

FROMAGER AFFINEUR LEROUX

2, route de Laroche
BRION
✆ 03 86 91 90 57

Les amateurs de fromages ont plaisir à acheter leurs produits dans une vraie fromagerie ! A Brion, le fromager affineur Leroux vous propose un choix délicieux pour les papilles. Sept spécialités sont à sa carte : le fromage fermier affiné au chablis, le chaource, le fromage Le Bussy, le fromage soumaintrain fermier, le fromage saint-florentin fermier, ou encore le Brillat-Savarin et le chaource fermier... Voilà de quoi remplir vos plateaux avec de bons conseils ! Un vrai plaisir que l'on retrouve le mercredi et le samedi sur le marché de Joigny.

ALPAGAS BONHEUR

14, route d'Auxerre
CHABLIS
✆ 06 43 23 16 37

Visite sur réservation. Adulte : 8 €. Enfant : 6 €.

Ce petit parc animalier permet de s'immerger dans le monde des alpagas et des lamas et d'assister aux nourrissages dans un espace confortable à l'ombre et au frais, et de pouvoir les approcher et les câliner. Une salle est prévue pour les goûters des enfants. Ne repartez pas sans un petit souvenir, que ce soit de jolis pendentifs ou des bracelets lamas en bois et résine. Il est aussi possible de prolonger la visite en séjournant en lodges, véritables observatoires sur le parc, et donnant l'opportunité d'une balade insolite en se promenant une heure avec un lama.

BUREAU INTERPROFESSIONNEL DES VINS DE BOURGOGNE

1, rue de Chichée
CHABLIS
✆ 03 86 42 42 22
www.chablis.fr

Ici, en Bourgogne du nord, se sont développés cinq grands vignobles : le Chablisien bien sûr, mais aussi l'Auxerrois, le Jovinien, le Tonnerrois et le Vézelien. Rouges d'Irancy, de Coulanges-la-Vineuse ou d'Auxerre, blancs du Vézelien, premiers et grands crus de Chablis, vin gris de Joigny... De nombreuses découvertes vous attendent ! Pour ce faire, des circuits balisés vous aideront à la visite de ces zones viticoles, leurs villages et leur attrait touristique.

MADDAM

4, rue des Vendanges - **CHABLIS** ✆ 03 86 47 51 46
www.maddam-chablis.com

Lundi-jeudi 9h30-12h/14h-17h30. Vendredi : 9h30-12h/14h-19h. Samedi 14h30-19h. Dimanche 10h30-13h.

Alexis et Vianney ont décidé de se lancer dans une folle aventure : créer une micro-brasserie à Chablis à partir de malts provenant tous de Bourgogne. Des bières 100 % bio, comme « Porte Romane » qui a remporté à Londres le titre de « meilleure blonde de France ». N'oublions pas « Vintage », une série limitée de bières élevées en fûts de chêne de Chablis Premiers et Grands Crus. Leur lieu de fabrication est aussi leur boutique, qui se transforme en Brewpub à la belle saison. De nombreux établissements de la région les ont mis à leurs cartes. On les comprend !

DOMAINE DE L'ERABLE

6, route de Toucy - **CHEVANNES**
✆ 09 79 17 67 49
www.chablis-erable.fr

Visite caveau sur rdv, du lundi au samedi. Livraison gratuite à partir de 12 bouteilles. A partir de 9,50/bouteille.

Né en 1986 sur la commune de Courgis (entre Auxerre et Toucy), le domaine s'est progressivement étendu sur celles de Beines et de Chablis. Il offre aujourd'hui des vins d'une profonde richesse aromatique, avec deux niveaux d'appellation, Chablis et Petit Chablis, et une sélection minutieuse des raisins. Sans compter la vinification traditionnelle pour mettre en lumière toute leur fraîcheur et leur minéralité. A noter aussi les excellents ratafias. Sans oublier la vente au caveau de produits artisanaux comme des bières ou du miel de Bourgogne.

LA FERME DE FLO'

7, rue des Ramoneds
EVRY
✆ 03 86 95 29 80
www.lafermedeflo.fr

Ouvert toute l'année sur rendez-vous, du lundi au vendredi. Entrée : 6,50 €.

La ferme céréalière en production raisonnée de Florence abrite plus de 200 animaux à voir en famille ou en groupe. Vaches, chèvres, cochons, ânes, furets, poules, poneys... La visite est ponctuée d'ateliers sur la vie de la ferme, les cinq sens, les proies et prédateurs, la biodiversité, l'eau, l'énergie solaire, la reconnaissance des cultures du champ à l'assiette, l'identification et les soins des animaux, le matériel agricole. Vous pourrez aussi entrer dans les enclos et en nourrir certains. Vous trouverez même un escape game : Epouvantail et bottes de paille.

LA CUVERIE

4, chemin des Fossés
IRANCY
✆ 07 66 13 96 04
http://brasserie-lacuverie.fr
Du mardi au samedi de 14h à 18h30.

Au cœur d'Irancy, la brasserie La Cuverie a ouvert ses portes dans l'ancienne école du village. Camille et Lucile, maîtres brasseur et brasseuse, élaborent ici des bières biologiques aux styles variés et au caractère unique. La Cuverie dispose également d'une petite boutique afin d'acheter les bières directement sur leur lieu de fabrication, ainsi qu'une belle terrasse en été pour les déguster entre amis ou en famille ! Enfin, ces brasseurs artisanaux vous attendent également chaque week-end sur les deux plus beaux marchés de l'Yonne, ceux de Chablis et de Toucy.

DOMAINE DAVID RENAUD

11, chemin des Fossés - **IRANCY**
✆ 03 86 42 27 39
www.davidrenaud-irancy.com
Ouvert sur rendez-vous, fermé le dimanche. Dégustation en cave ou à la propriété. Visite de vignes

Situé dans le petit village d'Irancy depuis quatre générations, le domaine (11 ha) produit des vins (en agriculture bio, labellisée AB) issus pour l'essentiel du cépage pinot noir. Une agriculture biologique contrôlée qui donne aux productions de la finesse et de la minéralité. Des vins rouges et des vins rosés qui exaltent des notes fruitées, florales et épicées. A tester, les Irancy « vaupessiot », « paradis » « palotte » ou « mazelots », les bourgognes rosés ou encore le crémant de Bourgogne ! Une adresse à découvrir, et un accueil toujours sympathique !

LES RUCHERS DE LA CROIX BLANCHE

MONTACHER-VILLEGARDIN
✆ 03 86 97 56 04
Haute saison : ouvert du lundi au vendredi de 14h à 19h. Sur rendez-vous.

Christine, Didier et Sylvestre Bonnemain sont spécialisés depuis 1986 dans la production de miels de cru. Grâce aux abeilles de leurs 700 ruches, ils récoltent sept variétés distinctes sur la flore très diversifiée de la région. Leurs produits phares : les miels d'acacia, de tilleul, de châtaigne, de fleurs de printemps en pot en verre de 250 g, 500 g et 1 kg. Ils ont remporté plus de 20 médailles depuis 1996. Du pollen, des pains d'épice sont également disponibles à la vente.

CAVES BAILLY-LAPIERRE

3, Quai de l'Yonne - **SAINT-BRIS-LE-VINEUX**
✆ 03 86 53 77 76
www.bailly-lapierre.fr
Horaires visites guidées et cave : voir le site Internet. Tarif visites guidées : adulte 6 €. Accueil enfants.

Passer près des caves de Bailly sans aller les découvrir serait une erreur ! Car ces caves souterraines de 4 ha, situées dans des carrières exploitées depuis le XIIe siècle, vous laisseront des souvenirs pour longtemps. Creusées au cœur d'un gigantesque gisement de calcaire vieux de quelque 170 millions d'années, elles vous permettront en effet de comprendre la vinification du Crémant de Bourgogne dont les caves Bailly-Lapierre sont le berceau. Et pour cause : elles ont été aménagées il y a tout juste 50 ans, en 1972 pour permettre la première cuvée de cette appellation née 3 ans plus tard. Avant votre visite guidée, vous pourrez partir en balade dans les vignobles (du mardi au samedi à 10h, sur réservation). Et pour conclure joliment, une dégustation de deux coupes de crémant vous sera proposée afin de mettre en pratique ce que vous viendrez d'apprendre (avec une flûte souvenir offerte).

Mais, bien entendu, on n'est pas obligé de visiter les lieux pour découvrir la fameuse production maison. Ici, on vient aussi très souvent pour une simple dégustation entre amis. Alors, n'hésitez pas, car un festival de découvertes des cépages régionaux vous attend. Et, pourquoi ne pas repartir avec quelques exemplaires de ces excellents crus dans son coffre, histoire de prolonger le plaisir ?

Un conseil : en venant visiter ou seulement déguster dans ces caves, n'oubliez surtout pas de vous perdre dans la campagne environnante. Les paysages sont superbes, quelle que soit la saison. Et les villages aux alentours, typiques et magnifiques !

FERME DU CHÂTEAU DE SAINT-FARGEAU

Allée des Platanes - **SAINT-FARGEAU**
✆ 03 86 74 03 76
www.ferme-du-chateau.com
Haute saison ouvert tous les jours de 10h à 19h. Adulte : 8 €. Enfant de 4 à 15 ans : 6 €.

On observe poussins, biquettes, ânes et chèvres angora tout en profitant des nombreuses animations comme déguster un petit morceau de pain sorti tout droit du four, donner le biberon aux veaux et aux chevreaux, goûter le lait de chèvre encore chaud. On peut apprendre à atteler un cheval de trait et découvrir le métier de forgeron, voir la reconstitution de la maison du fermier, version années 1950 et faire des balades à poney après le pansage. Aire de pique-nique.

LA TRINQUELINETTE

Trinquelin (hameau)
SAINT-LÉGER-VAUBAN
✆ 03 86 32 20 97
www.latrinquelinette.com
Du lundi au vendredi de 8h à 16h.

Cette fabrique produit artisanalement vingt-six sortes de confitures et de compotes. Elle possède une boutique où il est possible de passer pour acheter directement quelques produits. La démarche n'est pas garantie de succès si personne n'est disponible pour le recevoir. N'hésitez pas à appeler un peu avant, histoire d'être sûr. Toutefois le détour en vaut la peine car parvenir à se procurer des confitures de la Trinquelinette est une belle récompense. Pas de conservateur et seulement 45 % de sucre. Le goût authentique est roi.

SAVEURS BIOHUILES

23, rue de la Mairie - **SAINT-PÈRE**
✆ 06 66 87 13 15
www.huilerie-nansot.fr
Pas d'horaires à l'atelier, Sur rdv en basse saison. Visite et Dégustation gratuites.

Nicolas Nansot produit des huiles de qualité, issues de graines cultivées en agriculture bio. Toutes sont élaborées par une seule pression à froid afin de préserver tous les constituants essentiels. Peu de stock, pour être au plus court entre le pressage, la vente et la consommation. L'occasion aussi de déguster noix, noisette, courge, œillette, cameline, chanvre, sésame, moutarde… Par ailleurs, de janvier à mai, chacun peut venir (sur rendez-vous) faire peser ses graines et récupérer l'huile obtenue (à partir de 5 kg de noix ou noisettes décortiquées). On aime !

LA MÉTAIRIE AU ROY

Blandy
SAINT-MARTIN-DES-CHAMPS
✆ 06 22 33 08 73
www.lametairieauroy.fr
Livraison possible (dans un rayon de 15 km).

Installée depuis 2009 sur l'exploitation familiale, Anne Lesire a développé ses cultures maraîchères pour vous proposer des fruits et des légumes de saison, mais aussi du miel, et des confitures qu'elle confectionne pour votre plus grand plaisir ! Vous serez accueillis à la ferme sur rendez-vous - pour visiter et déguster - mais vous pourrez également trouver les diverses productions d'Anne sur les marchés de Bléneau et de Saint-Fargeau, ou encore dans plusieurs boutiques locales (voir la liste sur le site internet de la ferme).

FERME LORNE

8, rue de l'étang
SOUMAINTRAIN
✆ 03 86 56 32 07
Ouvert tous les jours sauf jours fériés, sur rendez-vous.

A dix kilomètres de Saint-Florentin, le village de Soumaintrain est le berceau du fromage ! C'est dans une exploitation typique de la région (avec son corps de ferme ouvert et un vieux portail en fer forgé) que la famille Lorne crée les siens depuis 3 générations. Boris, qui vient de reprendre l'activité familiale, produit son savoureux Soumaintrain dans un moule datant des années 50. N'hésitez pas à faire une halte afin de goûter également son Saint-Florentin fermier et ses fromages blancs. L'occasion, en même temps, de découvrir la vie d'une ferme d'élevage.

LA FERME DES GLACIERS

Route des Glaciers
SAINT-MARTIN-DU-TERTRE
✆ 03 86 64 38 24
www.fermeglaciers.jimdo.com
Haute saison ouvert tous les jours de 14h à 19h sans rendez-vous. Entrée : 8 €.

Dans cette ferme céréalière au milieu des champs et des bois, vous allez découvrir les différentes cultures, le matériel, et tous les animaux de la ferme à nourrir et à caresser. Côté loisirs ludiques, rien ne manque : labyrinthe géant en maïs et ses animations, avec plus de cinquante jeux géants en bois, piste de karting à pédale pour adolescents et adultes, piste pour les petits, promenade en rosalie au milieu des animaux, village des petits, structure gonflable, tracteurs à pédales, jeux pour petits et grands. Atelier de fabrication du pain.

DOMAINE DU PETIT BÉRU

10, Les Montants de Béru - **TONNERRE**
✆ 06 28 48 13 31
www.domainedupetitberu.com
Visite-dégustation : lundi au samedi 10h-12h/13h30-18h. Téléphonez d'abord. Fermé le dimanche. Boutique en ligne.

Dans ce hameau de Tonnerre, Emeline Rouyer vous accueille depuis qu'elle a succédé – il y a peu – à ses parents. Des agriculteurs passionnés qui ont planté leurs premiers plants en 1990 pour obtenir leur première vendange en 1995. Si ces vignes se situent sur 2 autres lieux-dits tonnerrois (Les Bel-Airs et Les Rouquins), toute la production est vinifiée au Domaine, dans une cuverie en inox alliée à la technique ancienne en fût de chêne, du moins pour ce qui concerne une grande partie des pinots noirs et chardonnays (AOP), proposés ici et même du B. rosé !

BRETAGNE

BRASSERIE UNCLE

17, rue Duguesclin - **BINIC-ETABLES-SUR-MER**
✆ 06 83 03 17 77
www.brasserie-uncle.com
Du lundi au vendredi de 8h à 18h, samedi de 14h30 à 18h. Visites guidées les samedis d'été, sur réservation (10 €).

Née en 2016, la « brasserie des tontons » est le fruit des aventures et des envies de ses trois fondateurs : Mathieu, Benoît et Benjamin. Dans un ancien hangar à bateau, les bières (d'inspiration anglo-saxonne) sont produites à partir d'une quinzaine de houblons et une dizaine de malts d'orge et de blé. Elles possèdent un goût fruité, avec des arômes d'agrumes et de pins, et une agréable amertume. On trouve aussi leurs Tagarin Ale, Blanche IPA, Witbier, Stout Toujours et IPA dans plusieurs caves et bars du coin. Les visites guidées sont drôles et instructives !

FERME PÉDAGOGIQUE DU BOTRAI

BRÉHAND
✆ 02 96 42 66 23
Horaires variables selon les saisons.

Ce domaine de 9 hectares propose de nombreuses activités pédagogiques concernant une vingtaine d'animaux d'élevage différents. Au programme : la basse-cour avec poules, pintades, canards, la porcherie, les vaches et leurs veaux, la cavalerie, les lamas, etc. Brosser, caresser, nourrir, découvrir les espèces, partir en calèche dans la campagne… Le parcours pédagogique est sécurisé et agréé, de quoi emmener sans inquiétude les petits pour leur faire découvrir la ferme et ses animaux.

LES ESCARGOTS DU TRÉGOR

HENGOAT ✆ 06 82 39 53 45
Fermé d'octobre à avril inclus. De novembre à avril, achats sur les marchés du Trégor.

Béatrice Cheval a créé son élevage d'escargots dans lequel se trouvent quelque 10 000 gros gris ! Le tout sur 700 m², bien protégé pour éviter les escapades. Il est possible de visiter l'élevage et Béatrice propose des animations comme des courses d'escargots qui sauront séduire les petits comme les grands. Il est possible de pique-niquer et on peut même conclure la visite en repartant avec un kit pédagogique pour faire son propre élevage à la maison.

Elle vend ses escargots en feuilletés, bocaux et tartinades sur les marchés du Trégor de novembre à avril.

LA FERME DE MARIE-JEANNE

1, Lourmel - **LAMBALLE ARMOR**
✆ 06 87 32 17 44
www.lafermedemariejeanne.fr
Ouvert lundi et mardi de 14h30 à 19h, du mercredi au vendredi de 9h30 à 12h30 et de 14h30 à 19h, samedi de 9h à 13h.

Cet élevage de volailles en plein air comprend une grande boutique de produits fermiers et locaux. On y trouve, bien sûr, les rillettes, filets et plats préparés par Marie-Jeanne et ses deux associées, mais aussi des délices bretons de toutes sortes : glaces, pâtes, gâteaux, conserves, bières, cidres, confitures, fruits et légumes de saison, produits laitiers, tisanes… Tout le nécessaire pour un ravitaillement complet. Aux heures d'ouverture de la boutique, il est possible, sur demande, de faire un tour devant les enclos où s'égaillent les gallinacés.

LE PANIER IODÉ

LAMBALLE ARMOR
✆ 02 96 32 74 99
www.lepanieriode.com
Du mardi au dimanche de 10h à 18h30 (tous les jours de 9h à 19h en été). Visite des bouchots : 14 € adulte, 8 € enfant.

Ce producteur de moules de bouchot propose une expérience complète autour du fruit de la mer : vous pouvez d'abord acheter toutes sortes de coquillages et crustacés, dans la boutique aménagée devant le hangar mytilicole. Vous pouvez même vous attabler pour une dégustation, à la terrasse ou dans la salle, qui offre une belle vue sur la cale de Jospinet. Le Panier iodé propose enfin des visites guidées au cœur des bouchots. Vous y découvrirez l'histoire de la culture de la moule en baie de Saint-Brieuc et les méthodes de travail des mytiliculteurs.

LA PAIMPOLAISE DU LARGE

Zone ostréicole
LANMODEZ
✆ 02 96 22 85 91
https://www.lapaimpolaisedularge.com/
Commande en ligne possible.

Fondée en 1953 par Henri Mahéo au cœur de la baie de Paimpol, la Paimpolaise du Large produit encore aujourd'hui celles qui ont fait sa renommée : les huîtres creuses, élevées selon des méthodes anciennes, et les huîtres plates, espèce plus rare, élevées au sol en petites quantités. Pour s'adapter à la demande grandissante, elle commercialise également des moules de Bréhat, élevées en pleine mer durant un an minimum, ainsi qu'ormeaux, coquilles Saint-Jacques, homards bretons ou encore palourdes, pêchés sur les côtes bretonnes. Fraîcheur garantie !

MOHAIR DU PAYS DE CORLAY

La Garenne Morvan - **LE HAUT-CORLAY**
✆ 02 96 29 44 18
Visite en famille, du lundi au samedi de 14h à 18h et sur rendez vous. 6 € par adulte 3 € par enfant

Depuis 1994, ces éleveurs de chèvres angoras ont à cœur de faire découvrir leur métier et partager leur savoir-faire. Arrêtez-vous dans cette ferme-boutique située juste au bord de la route départementale ! Vous pourrez y acheter gants, écharpes, pulls, chaussettes ou pelotes de laine mohair pour profiter de cette « fibre magique qui a de l'âme », mais vous pourrez aussi rencontrer les adorables petites chèvres angoras, au poil frisé, qui produisent cette merveille de laine. Cette famille d'éleveurs passionnés vous fera également visiter son exploitation.

LES DÉLICES DE KERFAGOT

ZA route de Saint-Gouéno
LE MENÉ
✆ 02 96 26 13 26
Vente directe au restaurant L'Olivier du mardi au vendredi de 8h à 17h.

Olivier et Maryline Handaye ont développé une activité de traiteur-restaurateur en 2001 dans les Côtes d'Armor, au restaurant L'Olivier de Plessala. En 2007, ils ont ouvert également une conserverie et mettent au point des recettes originales. Parmi les spécialités justement, le foie gras entier mi-cuit, simplement assaisonné de sel, poivre et d'armagnac, les rillettes de canard avec 30 % de foie gras et, plus original, le pâté de confit de canard au foie gras et aux cèpes. Des coffrets cadeaux permettent de découvrir plusieurs de ces spécialités.

LA FERME HUET

Rue des Hortensias
PABU
✆ 02 96 21 03 13
Ouvert le vendredi de 9h à 12h et de 14h30 à 18h ; le samedi de 15h à 18h.

Ingrid et Pierre-Yves Mareaux élèvent et transforment en leur ferme de Huet à Pabu des volailles, des porcs et des canards qu'ils ont élevés et nourris à l'aide de céréales cultivées sur place ! Ils vendent ensuite leurs produits à la ferme et sur les marchés des environs toute la semaine (Pontrieux, Paimpol, Lannion, Guingamp, Ploubazlannec, Lanvollon, Penvennan, Ploubezre, Morlaix). Parmi les produits proposés, on trouve rillettes, confits, gésiers, magrets... et foie gras. Il est vendu en tranche, en bocal frais ou en conserve.

REFUGE DES LOUPS DE COAT FUR

Coat-Fur - **LESCOUËT-GOUAREC**
✆ 06 12 26 32 41
www.refugedesloups.org
Haute saison ouvert tous les jours de 14h à 18h. Adulte : 10 €. Enfant : 5 €.

Lancé par une association en 2006, ce lieu unique en France a d'abord hébergé des loups, issus du trafic animalier, saisis chez des particuliers ou des professionnels ou bien placés par des parcs animaliers et des dresseurs, avant de commencer à recueillir des daims. Les loups sont aujourd'hui 16 à 20 à vivre au sein du refuge, partenaire de la fondation Brigitte-Bardot. Attention, Coat Fur n'est pas un zoo. Ils y vivent au plus proche des conditions du milieu naturel, leur tranquillité est préservée au maximum et ils ne peuvent être observés que de loin. La patience est donc de mise : si vous effectuez le parcours indiqué trop rapidement, vous ne les verrez peut-être pas. Alors, prenez votre temps, asseyez-vous sur les bancs installés le long du parcours et laissez venir cet animal discret, mais curieux. La récompense d'apercevoir un loup, même à une vingtaine de mètres et caché dans les fourrés, est hypnotisante et vaut bien ces efforts, croyez-nous. Tout au long du parcours, des panneaux vous permettent de mieux comprendre leur fonctionnement. Outre les loups, vous pourrez observer des cerfs, des daims et un bœuf écossais ! Le refuge, aménagé au cœur d'un magnifique coin de campagne, vallonné et boisé, comporte également une grande buvette couverte, qui abrite des dîners aux chandelles, tous les vendredis soir d'été (sur réservation). Il est même possible de dormir sur place, dans une yourte aménagée. L'occasion, peut-être, d'entendre hurler les loups, au cœur de la nuit.

BAR À HUÎTRES ARIN

10, Hent Don Kerarzic - **PAIMPOL**
✆ 02 96 20 60 02
www.huitrearin.com
Ouvert de mai à septembre, du lundi au vendredi et dimanche de 11h à 19h30. 7,50 € les 6. Vente directe toute l'année.

Créée en 1947, la Ferme marine paimpolaise produit deux sortes d'huîtres : la Kerarzic, fine et iodée, et la Bréhat, plus charnue et moins iodée. Toutes deux ont été récompensées au concours général du salon de l'agriculture 2020 : médaille d'or pour la première, argent pour la seconde. Le bar à huîtres, ouvert l'été, est l'occasion de s'attabler aux tourets sous les voiles de bateaux, face à la mer, pour une dégustation d'huîtres accompagnée d'un verre de vin. Des palourdes et des tapas de rillettes de la conserverie de la Paimpolaise complètent la carte.

CIDRERIE LE P'TIT FAUSSET

2, rue de la Chaussée
MERDRIGNAC
✆ 02 96 28 40 19
www.leptitfausset.com
Ouvert toute l'année du mardi au samedi de 9h à 12h30 et de 14h à 19h et le samedi de 9h à 12h30 et de 14h à 18h.

Voilà une affaire de famille où l'on croque la vie et la pomme à pleines dents. Située dans des Landes du Mené, la cidrerie Barbé, quatorze fois médaillée au Concours général agricole de Paris depuis 1974 et de nombreuses fois aux « Terralies » de Saint-Brieuc, compte parmi les meilleurs ambassadeurs du terroir breton. D'abord, il y a eu Jean qui, en 1921 se lança dans l'apiculture et la fabrication du chouchen. Puis, il y a eu Paul, son fils qui, pour diversifier son activité, s'orienta vers la production d'un cidre qu'il baptisa « Le P'tit Fausset ». « P'tit Fausset » ? C'est le nom de la cheville de bois placée sur le devant du fût. Vous savez celle que l'on retire pour goûter le bon cidre avant de mettre le fût en perce. Et, puis, voilà Gilles. C'est lui qui vous accueille, maintenant, sur le domaine familial. Lorsqu'il succède à son père, en 1989, il apporte, à son tour, sa touche personnelle : la gamme s'étoffe d'un jus de pommes et d'un vinaigre de cidre tandis que se fait la conversion en bio. La certification AB fait aujourd'hui la réputation de la maison. Les pommes grandissent sur le verger familial de quatre hectares ou proviennent des pommiers haute tige des producteurs des environs. Le cidre bio pur jus « Le P'tit Fausset » séduit par sa bouteille à bouchon mécanique en porcelaine, le vinaigre de cidre par son parfum doux et fruité... Bref, c'est ici le mariage riche et intense des saveurs bretonnes comme on aime à les partager.

LA CAVE D'À CÔTÉ

4, place de l'Hôtel de ville
PERROS-GUIREC
✆ 02 96 91 26 49
Ouvert du mardi au samedi de 9h30 à 12h15 et de 14h30 à 19h, le dimanche de 10h à 12h30.

Depuis 1989, cette cave située en centre de Perros sélectionne de bons crus dans différentes régions viticoles françaises. Les vins sont bien classés, par région. On découvre aussi une sélection de petits prix et des produits d'épicerie fine, dont un corner réservé aux produits bretons. A découvrir : les babas au rhum de Saint-Malo, les cidres bio du P'tit Fausset et fermiers du Verger de Kernivinen, la Fine de Bretagne, le miel de Plouescat, la bière Philomenn de Tréguier, les sardines de la Quiberonnaise... L'équipe est toujours de bon conseil.

MUSÉE DU CIDRE ★

La Ville Hervy - **PLEUDIHEN-SUR-RANCE**
✆ 02 96 83 20 78
www.museeducidre.fr
Avril, mai, juin et septembre de 14h à 18h30 du lundi au samedi. Juillet et août : le lundi de 14h à 19h.

Depuis les vergers à la fabrication des tonneaux et jusqu'à votre verre (ou votre bolée), le Musée du Cidre vous expliquera tout sur la production de cette boisson et la mise en bouteille. Vous pourrez vous délecter ensuite de la production issue directement des 10 hectares de vergers de cette ferme familiale, régulièrement médaillée au Concours Général Agricole de Paris. Le verger, 100 % en agriculture biologique, est essentiellement greffé de haute tige, facilitant ainsi les travaux d'entretien et la récolte. A découvrir !

TREGOR COQUILLAGES CRUSTACES

1, chemin des Douaniers
PLEUMEUR-BODOU
✆ 02 96 15 35 17
Horaires variables selon les saisons.

Venez visiter cet établissement emblématique en matière d'huîtres. Sa production a reçu la médaille d'argent au Concours Général Agricole et les mollusques élevés dans les eaux vives et les courants de la Manche y acquièrent une saveur incomparable. La maison peut aussi vous ravitailler en toutes sortes de coquillages et crustacés de Bretagne et vous préparer de très appétissants plateaux de fruits de mer. La maison expédie aussi ses produits dans toute la France.

GAEC DE MA VALLEE

PLOUGUENAST
✆ 02 96 28 74 89
www.mavallee.com

L'origine de cette chèvrerie remonte à 1976. Aujourd'hui, le GAEC de la ferme de Ma Vallée est une exploitation agricole organisée en agriculture durable. Elle se compose d'un élevage de 280 chèvres laitières et de 100 brebis à viande. Toute la production de lait de chèvre est transformée à la ferme (ce qui représente environ 230 000 litres !) et vendue dans pas moins de 60 points de vente. C'est le lait de chèvre cru qui est transformé en fromages fermiers selon des méthodes traditionnelles en Bûchettes, Crottins, Pyramides ou Lingots.

FERME DU GOAZIO

13, Kerhonn- Goazio
POMMERIT-LE-VICOMTE
✆ 02 96 35 14 47
Cueillettes de mai à octobre. Marché de producteurs, samedi de 10h à 13h.

Dans cette ferme, située à 10 km seulement de Guingamp, vous avez la possibilité de venir cueillir vous même des fruits et légumes dont vous avez besoin. Vous avez selon la saison le choix entre fraises (parmi 5 variétés dont la fameuse gariguette), framboises, haricots et petits pois... Les autres choix du moment sont présentés sur le site internet. Sur celui-ci vous pouvez également acheter des œufs de poules de races rustiques, (Marrans et Sussex), et le samedi matin, venir faire votre marché auprès d'autres producteurs bio du coin !

LA FERME DU POURPRAY

Le Pourpray
SAINT-ALBAN
✆ 02 96 63 08 62
Lun au jeu 16h-19h, ven et sam 9h30-12h30 et 16h-19h. Ete : lun au sam 8h30-13h et 15h30-20h, dim 9h30-13h et 18h-19h.

Vous aimez la campagne, les animaux, mais aussi le bord de mer et les bateaux ? La Ferme du Pourpray est faite pour vous. Vous êtes accueillis, sur un terrain d'où l'on voit la mer, par d'authentiques éleveurs bio d'oies, de poules, de moutons et de gentils porcelets, entièrement grandis grâce aux cultures de l'exploitation. Et tout cela à deux pas d'où vous dormirez : de quoi faire craquer les enfants. Et pour les grands, une boutique fermière ouverte tous les jours, et un marché à la ferme, avec les produits d'autres producteurs tous les vendredis.

CHOUCHENN D'ARMOR

15, rue Marcel Sanguy
ROSTRENEN
✆ 02 96 29 30 16
www.chouchenn-d-armor.fr
Visite et dégustation sur rendez-vous.

Apiculteur, Patrick Gouédard ne se contente pas de récolter du miel. Il fabrique aussi du chouchen, nom breton donné à une boisson alcoolisée proche de l'hydromel. Cet alcool est obtenu à partir de la fermentation de miel dans l'eau. Il s'agit d'une boisson liquoreuse, qui se consomme bien frais, généralement en apéritif. La fabrique est installée dans un bâtiment traditionnel construit en 1919, ancien chai d'un négociant en vins. Il subsiste, dans la cour, deux cuves de 70 hectolitres chacune. Possibilité de visite guidée des chais, avec dégustation de chouchen.

BRASSERIE PHILOMENN

Parc Sainte-Catherine - **TRÉGUIER**
✆ 02 96 92 24 52
www.philomenn.com
Ouvert du mardi au samedi de 10h30 à 12h30 et de 14h à 17h30. Visite guidée 5 € (réduit 3 €).

C'est une véritable institution dans le Trégor, présente dans tous les troquets. Cette marque de bière porte le nom de l'arrière-grand-mère de Bertrand Salomon, le créateur de la brasserie. Fabriquée de façon artisanale, avec des orges bio et locales, la Philomenn se décline en rousse, blonde, stout, tourbée, blanche, triple... Pour faire votre choix, rendez-vous directement à la brasserie, qui a investi d'anciens ateliers ferroviaires au bord du Jaudy. Le bel entrepôt de briques, entièrement rénové, comporte un espace vente et dégustation, avec vue sur les cuves.

FROMAGERIE DARLEY

Ferme de Bellevue
RUCA
✆ 02 96 41 14 66
www.fromagerie-darley.fr
Ouvert du mardi au samedi de 15h à 19h. L'été uniquement.

Vous trouvez les fromages fermiers au lait cru de cette exploitation sur les marchés d'Erquy, de Lamballe, de Saint-Cast-l'Isle, dans de nombreuses épiceries fines et fromagers de Bretagne et en vente directe à la ferme. Une aventure familiale que cette reconversion d'une exploitation laitière en fromagerie pour transformer le lait. Voici deux générations que l'affaire se développe avec succès. Goûtez leur emblématique Darley, à pâte pressée non cuite et à croûte lavée, affiné pendant 2 mois en cave. Délicieux, tout comme le reste des fromages !

LA FERME DU COIN

Le Village des Landes - **TRÉMÉREUC**
✆ 0650251744
www.fermeducoin.fr
Ouvert le mardi, le mercredi et le vendredi de 10h à 12h30 et de 15h à 19h ; le samedi de 9h30 à 12h30.

Claire et Régis, paysans bio, produisent une soixantaine de légumes tous certifiés en agriculture biologique. Afin de compléter leur offre de vente directe à la ferme, ils ont eu l'idée d'ouvrir un magasin afin de proposer d'autres produits bio de leurs collègues de la région. Ouverte en mars 2020 à l'entrée de Trémereuc, le magasin est certifié AB. Vous y trouverez fromages, pains, viandes, fruits et légumes bio. Des produits qui ont beaucoup de goût. Les prix sont un peu élevés, mais calculés au plus juste pour rémunérer correctement les producteurs.

BRASSERIE L'URBAINE

29, rue Charles Berthelot
BREST
✆ 06 61 42 19 83
Ouvert le mardi et le vendredi de 9h à 12h et de 14h à 18h30.

Située au cœur de Saint-Martin, l'Urbaine est une micro-brasserie artisanale de Brest créée par Julien Plégades. L'établissement se veut un lieu de création et de production de bières artisanales dans un esprit écoresponsable. L'Urbaine propose des bières biologiques faites avec passion ! La Stoner, bière blonde Pale Ale, par exemple, est distribuée dans les bars, les restaurants et chez les cavistes. Voilà une brasserie artisanale modeste et qui semble remplie de belles valeurs humaines et écologiques : la recherche, le goût et du plaisir !

EN BIÈRES INCONNUES

25, Rue de Pontaniou - **BREST**
✆ 06 95 87 78 08
www.enbieresinconnues.fr
Ouvert du mardi au dimanche de 10h à 19h. Le vendredi jusqu'à 22h. Fermé le lundi.

Cette nouvelle brasserie, au cœur des Capucins, ne laisse pas indifférent. Le dépaysement est total grâce à une cave proposant une centaine de références de bières locales et étrangères. Mais ce n'est pas tout : l'enseigne propose un atelier de brassage permettant de créer sa propre boisson. Vous réaliserez une recette choisie parmi vingt-cinq. Moment de partage et de découvertes assuré. Le plaisir continue un mois après lorsque vous revenez chercher vos propres bouteilles. Comptez 150 euros seul ou à deux. Privatisation possible jusqu'à vingt personnes.

REINES D'ARMORIQUE

35, place An Dachenn Hir
BREST
✆ 06 59 26 61 12

Apiculteur passionné, Georges Matsaeff produit un miel 100 % fleurs sauvages sur le site de la presqu'île de Plougastel. Production artisanale, avec un cheptel réduit afin de suivre au plus près les abeilles, il récolte quatre sortes de miels : miel de printemps, miel d'été et, fin septembre, l'Armor et l'Argoat, des récoltes tardives. Sa « conquête en apiculture » produit un véritable kaléidoscope de la pointe de l'Armorique, riche d'arômes floraux, de subtilité et de couleur. Vous n'avez plus qu'à les goûter pour savoir lequel vous préférez !

HUÎTRES PRAT AR COUM

Lieu dit Prat ar Coum
CARANTEC
✆ 02 98 04 00 12
www.prat-ar-coum.fr
Le restaurant est ouvert du 1er juillet au 31 août, du lundi soir au samedi soir.

Prat Ar Coum est avant tout l'histoire de la famille Madec. Installée sur place depuis 1898, pionnière de l'ostréiculture dans les Abers en faisant dès le début le choix des meilleurs parcs, elle sert depuis les meilleures tables de France, pour un succès qui n'a jamais tari. Leurs huîtres, en séjournant à Prat-Ar-Coum, acquièrent leur saveur singulière et subtile, caractère unique des Abers. Ce terroir pourrait se traduire par un mélange de douceur et de vivacité iodée accompagné d'un petit goût de noisette, qui a fait leur réputation. Avis aux amateurs !

SECRETS DE FAMILLE

ZI de Kroas Lesneven
CHÂTEAUNEUF-DU-FAOU
✆ 02 98 73 41 13
Ouvert du mardi au vendredi de 14h à 18h.

Secrets de famille est une conserverie familiale tenue par deux sœurs, qui remettent au goût du jour les recettes de leur grand-mère. Parmi leurs produits phares, rillettes, pâtés, terrines de légumes, plats cuisinés, soupes et une petite curiosité, le velours de foie gras ! Ce sont des foies gras à la crème, mariés à des parfums originaux qui leur donnent un goût unique, à déguster sur un toast légèrement grillé : au menu, velours de foie gras aux cèpes, à l'abricot-pistache, aux oignons confits à la figue balsamique et à la fine de Bretagne.

PARC ANIMALIER DU QUINQUIS

4, lieu-dit le Quinquis - **CLOHARS-CARNOËT**
✆ 02 98 39 94 13
www.parcanimalierduquinquis.com
Haute saison ouvert tous les jours de 10h30 à 19h. Adulte : 10 €. Enfant de 5 à 11 ans : 5 €.

Dans ce parc botanique préservé cohabitent daims, biches, alpagas et une famille de zébus. Une magnifique promenade dans une vallée d'environ 10 hectares avec étangs et bocages où les animaux en liberté se laissent parfois approcher. Le parc comprend aussi un Parcabout, immense structure-sculpture en filets, suspendue dans les arbres, où l'on circule librement, en toute sécurité et sans harnais. Support de spectacles de théâtre et de cirque ou de projection de films en plein air.

TRI MARTOLOD

ZA de Colguen
CONCARNEAU
✆ 02 98 66 20 22
www.trimartolod.fr
Du lundi au samedi de 10h à 19h. Visite de la brasserie les jeudis, du 15 juin au 15 septembre.

Le credo de cette brasserie artisanale : des bières de basse fermentation, ni filtrées ni pasteurisées, pour préserver les arômes naturels. Tri Martolod privilégie l'humain ainsi que l'indépendance de la société. Blonde, blanche, rousse ou brune, les bières sont déclinées selon les goûts. Dans son bâtiment en entrée de la ville, vous trouverez tous leurs produits. Dans le prolongement, le bar s'anime à l'occasion de soirées concerts. Il est aussi possible d'observer de plus près le processus de fabrication, les cuves étant ouvertes pendant la fermentation.

CIDRERIE DU PAYS MELENIG

Quenehaye
ELLIANT
✆ 02 98 94 16 50
www.cidremelenig.fr
Ouvert du lundi au samedi de 10h à 12h et de 14h à 19h.

Issu d'un terroir exceptionnel, le cidre Melenig (prononcez : « ic ») est l'un des plus réputés de Cornouaille. D'ailleurs, ce n'est pas pour rien qu'il est AOP Cornouaille, et bio depuis 2009. Christian Toullec, passionné par son métier, vous fait découvrir, du verger à la cave en passant par l'embouteillage, la fabrication de son cidre AOC. Et cela commence, bien entendu, par le ramassage des pommes ! Pour découvrir ses secrets de fabrication, des visites sont organisées du lundi au samedi en juillet et août. La visite se termine bien sûr par une dégustation.

LA FERME AUX INSECTES (SAVÉOL)

Kervao - Savéol Nature
GUIPAVAS
✆ 02 98 40 09 39
www.saveol.com
Ouvert toute l'année.

Savéol, connue pour ses tomates, vous ouvre les portes de sa ferme expérimentale qui développe des solutions naturelles pour protéger les cultures. Ici vous apprendrez tout sur les bourdons, les petites guêpes et les punaises, insectes essentiels à la culture des plants et qui aident à lutter contre les espèces nuisibles. La visite se déroule dans deux espaces : l'un axé sur la pollinisation, et l'autre, sur la protection des cultures, c'est ludique et pédagogique !

LES VIVIERS DE PENFOULIC

Route de Beg-an-Aer - **LA FORÊT-FOUESNANT**
✆ 02 98 56 83 89
auxviviersdepenfoulic.jimdo.com
Ouvert du lundi au samedi de 9h à 12h30 et de 15h à 19h ; le dimanche de 9h à 12h30.

Les deux ostréiculteurs passionnés produisent ici des huîtres, aussi bien creuses que plates, d'une exceptionnelle qualité, pleines de la fraîcheur tonique de la mer dont elles ont en leur sein concentré les vertus ! Se situant au-dessous des cerisiers et des vergers de pommiers, l'huître se gorge aussi des arômes de cidre des pommes en se développant… Et, le plus, quelques tables sont installées à côté des viviers pour pouvoir y déguster sur place ces délicieux crustacés et fruits de mer… Une adresse comme on les aime et à côté de laquelle on ne passe pas.

VIVIERS DE BEG AR VILL

«Le Passage»
LANDÉDA
✆ 02 98 04 93 31
Ouvert toute l'année. Les horaires peuvent varier, consultez leur site internet. Vente sur place et sur les marchés.

La famille Bescond se consacre à l'élevage ostréicole depuis plus de 60 ans. Situés sur l'Aber Benoît et l'Aber Wrac'h, les parcs sont visibles à marée basse et s'étendent sur sept hectares. Les viviers proposent divers produits de la mer : palourdes, huîtres, bigorneaux, homards, etc. Et bien sûr des moules, charnues et goûteuses, élevées sur corde. Ce type d'élevage, unique dans les Abers, permet de produire des huîtres fermes et non-laiteuses, qui font la réputation des viviers de Beg Ar Vill (« pointe de galets » en breton). A noter : visites en été.

FROMAGERIE DE L'ABER-BENOIT

55, Caméan - **LANNILIS**
✆ 06 22 94 81 39

Au pays des Abers, Jean-Yves Abarnou élève des chèvres pour leur lait et fabrique d'excellents fromages au lait cru pour la plus grande satisfaction gourmande des amateurs de crotins frais, demi-secs ou secs et autres tomes de chèvre. En plus, Jean-Yves est un passionné qui aime parler de son métier, de son troupeau, de l'histoire de son exploitation et même du temps qu'il fait. Et c'est un plaisir que de l'écouter… Possibilité de vente à la ferme.

LE GROIN DE FOLIE

Kernéguez
PLOUDANIEL
✆ 06 16 80 87 16
www.legroindefolie.fr

Ouvert le lundi de 17h à 19h ; le vendredi de 16h à 19h ; le samedi de 10h à 13h. Label Rouge.

Elodie et Alexandre sont éleveurs, mais pas seulement. Ils ont décidé de mettre leur matière première à l'honneur et c'est tout de rose vêtus qu'ils proposent viande de porc et cochonnaille dans leur petit magasin à la ferme. En caissette ou au détail, frais ou fumé, sous vide ou en conserve, vous aurez l'embarras du choix pour vous faire plaisir. Vous trouverez également des produits d'épicerie fine de qualité, grâce aux partenariats du couple avec les producteurs locaux. N'hésitez pas à tester ou à offrir le pâté Coat : il a un goût unique !

MIELLERIE COTE DES LEGENDES

Prat Bian - **PLOUESCAT**
✆ 02 98 69 88 93
www.miel-plouescat.fr

Ouvert du lundi au vendredi de 9h à 12h et de 14h à 18h. Livraison possible.

A 300 mètres de la mer à peine et 3 kilomètres du bourg, voila pour la localisation de cette miellerie. On y trouve un panel de miel : miel de sarrazin, miel de pissenlit, miel de ronce ou miel à la noisette... dans des pots contenant de 250 g à 1 kg. D'autres produits gourmands sont en vente : pains d'épices, gourmandises au miel, gâteaux et bonbons. Savons et produits de cosmétique viennent compléter la gamme de produits à base de miel. La fabrique se visite sur réservation.

LE GALL JEAN-LUC

Route Porz-ar-Loc'h - **PLOUGASTEL-DAOULAS**
✆ 02 98 36 63 66
www.jeanluclegall.fr/

Ouvert du lundi au vendredi de 8h à 12h et de 14h à 16h ; le samedi de 10h à 12h ; le dimanche matin d'octobre à Pâques.

Vous trouverez chez Jean-Luc Le Gall, ostréiculteur et mareyeur à Plougastel-Daoulas, des produits de qualité. Parmi les nombreuses huîtres, citons la Belon mais aussi la Spéciale Le Gall, une huître creuse au goût de Saint-Jacques. Côté mareyage, on retrouve ici un grand choix de coquillages et de crustacés allant de la moule aux praires, pétoncles ou palourdes en passant par la coquille Saint-Jacques de la rade et même les ormeaux ! Et côté crustacés, vous pourrez déguster tourteaux, araignées ou homards... Futé : la vente en ligne sur le site Internet.

LES VIVIERS DE KERALIOU

Port de Keraliou - **PLOUGASTEL-DAOULAS**
✆ 02 98 30 34 74
www.keraliou.com

Ouvert du mercredi au vendredi de 9h30 à 18h ; le samedi de 9h30 à 14h30 ; le dimanche de 11h à 14h ; de 10h à 21h.

Si vous aimez les huîtres et les fruits de mer, venez faire un tour au port de Keraliou ! Vous êtes prévenus : ici, il n'y a pas de frais, mais uniquement du vivant ! Vous pouvez ainsi commander votre plateau à emporter ou profiter d'un repas sur place, profitant d'une terrasse les pieds dans l'eau avec une vue magnifique sur la rade de Brest et ses parcs à huîtres, dans un climat convivial et chaleureux. Les Viviers de Kéraliou ont une excellente réputation. Une adresse incontournable pour tous les amateurs de la mer, où il est indispensable de réserver.

BRASSERIE DE POULDREUZIC

Trégonguen
POULDREUZIC
✆ 02 98 54 37 71

En juillet et août, visite de la brasserie le lundi, le mardi, le jeudi à 18h. Vente sur place toute l'année.

Au pays de Per Jakez Helias et du pâté Hénaff, dans une ancienne ferme au cachet indéniable, Patrick Daniel (premier brasseur du pays bigouden en 1999 !) brasse des bières traditionnelles, de haute fermentation, pur malt et non filtrées, dans des cuves venues du pays de Galles. Il existe cinq sortes de bières de Penhors : ambrée, blonde, brune, blanche et stout. Environ 400 hl/an sortent des cuves bigoudènes. Et depuis quelques années, une délicieuse limonade bio artisanale est également fabriquée sur place ! Une très belle découverte.

LA FERME DE LOCMARIA

2, rue Marie Curie
QUIMPER
✆ 06 25 22 42 96

100% Bio. Ouvert le mardi de 15h30 à 19h30 ; le vendredi de 12h à 19h30 ; le samedi de 9h à 13h.

La Ferme de Locmaria est un magasin de producteurs, tenu, à tour de rôle par les producteurs eux-mêmes. Ils sont actuellement une vingtaine à s'être réunis pour proposer leurs produits en direct. On y trouve des produits bruts comme la viande de cochon, bœuf, veau, volaille, les légumes mais aussi du pain au levain, des yaourts, du fromage, des œufs. On trouve enfin un rayon épicerie bien garni avec des jus de fruits, du cidre, des céréales, huile, vinaigre et autres farines ! Une belle manière de découvrir de bons produits locaux et de soutenir l'économie locale.

HUÎTRES CADORET

La Porte Neuve
RIEC-SUR-BELON
✆ 02 98 06 91 22
http://huitres-cadoret.fr
Commandes d'octobre à mai pour les particuliers.

C'est depuis cinq générations que se perpétuent la tradition et le savoir-faire. Autant dire qu'en commandant ses huîtres ici, on est garanti de la qualité. Un savoir-faire donc et une telle qualité d'élevage et d'affinage que son patronyme s'avère fort réputé tant parmi les professionnels que parmi les amateurs de l' « Ostréa Edulis », autrement dit, l'huître plate ! Huîtres fines, spéciales Cadoret ou encore plates du Bélon, toutes raviront certainement vos papilles. Un enchantement à l'état naturel pour des huîtres finement affinées dans le Bélon.

HUITRIÈRES DU CHÂTEAU DE BÉLON

Port du Bélon - **RIEC-SUR-BELON**
✆ 02 98 06 90 58
www.huitre-bretagne.com
Ouvert toute l'année tous les jours sauf les 25 décembre et 01 janvier. De 10h30 à 17h. En juillet et août jusqu'à 19h.

Première exploitation ostréicole sur le Bélon, les Huîtrières du Château de Bélon ont été créées en 1864. Depuis lors ces fameuses huîtres au bon goût de noisette (dû au mélange d'eau douce et d'eau de mer) ont su conquérir tous les palais. Aujourd'hui, les huîtres du Bélon plates ou creuses sont toujours de grande qualité. A noter que les Huitrières ont été agréées Ferme ostréicole de Découverte dans le cadre de leur label «Bienvenue à la ferme».

LA FERME APICOLE DE TÉRÉNEZ

Lieu-dit Térénez - **ROSNOEN**
✆ 02 98 81 06 90
www.fermeapicole.com
Ouvert tous les jours de 9h à 20h. Ecomusée en accès libre.

C'est au bord de l'Aulne qu'Irène et Stéphane Brindeau se sont installés en 1987, pour développer leur beau projet apicole. A partir de leurs 700 ruches, qui butinent les saveurs du bocage breton, ils ont créé toute une gamme de produits : miel, shampoing, cire de meuble, chouchen... Dans leur ferme, ils mènent plusieurs activités : leur miellerie, un écomusée de l'abeille, une boutique proposant leurs produits ainsi que des articles locaux, et une location de chambres à la ferme.

FERME D'EDEN

Lieu dit Kérizinen - **SAINT-VOUGAY**
✆ 02 98 29 55 80
www.ferme-eden.fr
Fermé de novembre à mars. Haute saison ouvert tous les jours de 10h à 19h. Adulte : 10 €. Enfant de 5 à 11 ans : 7 €.

N'hésitez pas à venir rencontrer les animaux de cette ferme ! Vous pourrez découvrir de nombreuses espèces. Prévoyez deux heures de visite pour en profiter. Vous découvrirez les caractéristiques de certains animaux méconnus ou en voie de disparition et pourrez en caresser d'autres, voire pénétrer dans certains enclos. Parmi les espèces représentées : mouton, chèvre, lama, alpaga, chameau, buffle, zébu, renne... A noter : un espace buvette, ainsi que des tables et des abris de pique-nique et une aire de jeux sont à votre disposition sur le site.

CIDRE ROZ A VERN

Le Launay - **TELGRUC-SUR-MER**
✆ 02 98 27 33 19
www.rozavern.fr
Du lundi au samedi de 10h à 19h ; ouvert également le dimanche pendant les vacances scolaires et jours fériés.

Membre du réseau « Bienvenue à la Ferme », en agriculture biologique, Mylène Mazeau-Dubreuil vous accueille à sa cidrerie pour une dégustation de ses produits élaborés sur place. Et ils sont nombreux : cidres, jus de pommes, vinaigres de cidre, confits de cidre, Lambig ou Pommeau... Vous aurez le choix parmi les produits transformés à base de pomme. Une étape dans la presqu'île. Durant les heures d'ouverture, profitez-en pour visiter les vergers et faire une dégustation de cidre, de préférence sur réservation par téléphone ou mail.

BRASSERIE DE BRETAGNE

Lieu-dit Kerouel - **TRÉGUNC**
✆ 02 98 50 25 97
www.brasserie-bretagne.fr
Ouvert du lundi au jeudi de 10h30 à 13h et de 15h à 21h ; le vendredi et le samedi de 10h30 à 13h et de 15h à 23h.

Située en plein cœur du Finistère-Sud, à deux pas des plages de sable fin, la brasserie accueille le public dans un espace réservé où les différentes bières sont proposées à la pression : la Britt, reconnaissable entre toutes à son oiseau « macareux », mais surtout sa saveur qui évoque la force et la fraîcheur des vagues finistériennes, la Saint-Erwann, aux parfums intenses et variés, une bière bio aux sept céréales de type abbaye, le Dremmwel, et Ar-Men, qui est non seulement bio, mais possède beaucoup de caractère et se décline en quatre recettes.

FLEUR DE CIEL

36, rue des Tintiaux
CANCALE
✆ 06 89 18 43 36
www.fleurdeciel.fr

Charles Julien, 3e génération d'apiculteurs, est un vrai professionnel du miel amoureux des abeilles. L'exploitation assure la vente en direct de miels (toutes fleurs, châtaignier, colza, lierre, sarrasin...), gelée royale, propolis et pollen. Pour préserver les abeilles, sentinelles de l'environnement, soutenez les apiculteurs en mangeant et en offrant du miel, d'autant qu'il est reconnu pour ses nombreuses vertus. Pour acheter ce miel d'exception, contactez Charles Julien par téléphone mais vous pourrez également le trouver dans différents points de vente.

LES PARCS ST. KERBER

L'aurore - **CANCALE** ✆ 02 99 89 65 29
www.saintkerber.com/fr/index.php

Ouvert du mardi au samedi de 8h à 20h ; le dimanche de 8h à 13h30. Horaires de marché couvert Saint-Germain.

Cette entreprise familiale installée depuis 1930 est une référence dans le monde des huîtres de Cancale. La famille Pichot a également créé la ferme marine, qui propose une visite dans laquelle vous pourrez découvrir une impressionnante collection de coquillages du monde entier. Dans ses parcs, Saint-Kerber cultive une belle variété d'huîtres : creuses, plates Belon, Pied de Cheval, et des moins connues comme les Tsarskaya, iodées et croquantes, ou les Muirgen, charnues et délicates. Amateurs, faites-vous plaisir, et découvrez la finesse des huîtres de Cancale.

LES VIVIERS DE LA HOULE

37, quai John Kennedy
CANCALE
✆ 02 99 89 62 66
www.les-huitres-de-cancale.fr

Basse saison : ouvert tous les jours de 8h à 19h. Haute saison : tous les jours de 8h à 19h30.

Vous trouverez aux Viviers de la Houle : huîtres creuses ou plates en direct de leur production, coquillages, crustacés, plateaux de fruits de mer ou encore des plats cuisinés selon la saison : brochette de poisson, parmentier de cabillaud... Fraîcheur exemplaire et qualité rare. Possibilité d'expédition d'huîtres sur toute la France *via* la boutique en ligne d'octobre à fin avril. Pour accompagner ces produits, vous trouverez du beurre Bordier, des rillettes, des soupes, du miel et d'autres produits artisanaux, ainsi que des vins en direct du producteur.

BRASSERIE SKUMENN

8, impasse des charmilles - **CESSON-SÉVIGNÉ**
✆ 06 41 68 40 51
www.skumenn.com

Ouvert le mardi (16h30-21h), le mercredi (12h-21h), le jeudi et vendredi (12h-22h30) et le samedi (14h30-19h30).

Cette jeune brasserie qui fait la fierté des Rennais a été fondée par Thomas Cléraux et Stéphane Le Boucher, deux amis d'enfance, qui ont décidé de commencer à brasser de la bière dans leur garage. La brasserie produit aujourd'hui plusieurs bières différentes, avec l'ajout d'une bière spéciale en série limitée de temps en temps, aux goûts fleuris et corsés, parfois affinées en fût de cognac pour ajouter à la saveur, et d'autres surprises au gré des saisons et de l'inspiration de ces messieurs, ou des collaborations avec d'autres brasseurs de la région.

FERME LE LION D'OR

10, rue du Lion-d'Or - **CHERRUEIX**
✆ 02 99 48 87 15
www.le-lion-dor.fr

Ouvert lundi 10h-12h30 et 14h-19h ; mardi, jeudi et vendredi 9h-12h30 et 14h-19h ; samedi 14h-19h ; dimanche 9h-12h30.

Les canards sont élevés à la ferme du Lion d'Or, dans un parc de 1,5 ha. Leur alimentation est essentiellement constituée d'herbe, complétée par des céréales produites sur l'exploitation (blé, maïs, pois). Les produits sont ensuite élaborés avec le plus grand soin. Parmi les produits proposés : foie gras de canard entier mi-cuit, en terrine ou au torchon, bloc de foie gras, pâtés, rillettes pur canard, rillettes à l'ail, rillettes au foie, confits, magrets frais, fumés, cassoulets, canard à l'orange, canard au cidre, canard aux pruneaux...

MICHEL ET MARTINE COMMUNIER

EARL de l'Aune, le pas de l'âne
LANGOUËT
✆ 02 99 45 52 49

L'EARL de l'Aulne, exploitation avicole spécialisée en production et vente d'œufs biologiques propose la vente directe d'œufs, de volailles, poulets fermiers et pintades. L'exploitation d'élevage en plein air est menée avec soin par Michel et Martine. Passionnés par leur métier, ils ont su s'investir et proposer sans cesse des produits de qualité. Pour un goût et des saveurs que vous ne trouverez pas ailleurs. Pour du vrai, du bon et de la qualité.

BRASSERIE DE LA BIZHHH

54, route Nationale - **LE RHEU**

✆ 06 85 81 16 97

Du lundi au vendredi de 9h à 19h

Créée par Mickaël Legendre en 2017, la Brasserie de la Bizhhh est une brasserie artisanale qui s'est taillé une bonne réputation sur la place rennaise. Basée au Rheu, elle dévoile une gamme de bières blondes, ambrées, rousses, IPA, SMaSH (composée seulement d'un seul malt et d'un seul houblon), Porter (bière noire). Les bières sont toutes réalisées à partir de matières premières biologiques. Active de la vie locale de notre capitale bretonne, la Bizhhh est notamment partenaire du festival I'm from Rennes. Et pour les plus baroudeurs, retrouver cette année notre brasserie Rheusoise au célèbre Festival Craft Beer de Saint-Malo, dédiée à la bière artisanale et française et internationale.

EARL LECHIEN

Port-Est

LE VIVIER-SUR-MER

✆ 02 99 48 85 12

Mytiliculteur depuis 1976, il produit entre 200 et 250 tonnes de moules par an ! Les Moules de Bouchots de la Baie du Mont Saint-Michel peuvent s'enorgueillir d'être le premier de la mer à obtenir une AOC. Les mytiliculteurs oeuvrent chaque jour pour sauvegarder l'équilibre naturel du site. Ils s'engagent à toujours privilégier la qualité. La Moule de bouchots de la baie du Mont Saint-Michel est un produit unique d'une qualité exceptionnelle. Sa chair est onctueuse, moelleuse, fondante et sa saveur à dominante sucrée s'apprécie de juillet à février.

FAMILLE MARY

7, rue Vasselot - **RENNES**

✆ 02 99 70 00 30

www.famillemary.fr

Ouvert le lundi de 14h à 19h ; du mardi au samedi de 10h à 19h.

Apiculteur à 50 kilomètres de Nantes depuis 1921, la Famille Mary est présente depuis vingt ans rue Vasselot. Engagée dans la démarche éco-responsable, elle propose trois miels à la cuve (on peut apporter son propre pot), des miels bio et utilise des méthodes réduisant l'impact sur l'environnement. On se laisse tenter avec curiosité par un miel premium mangue-passion ou un miel bien-être à l'aloe-vera. On y trouve aussi de la gelée royale, du propolis et même des rayons de ruche à croquer ! Les déclinaisons sont multiples : infusions, confitures, pains d'épices...

FERME DES BASSES GAYEULLES

Rue du Professeur-Maurice-Audin - **RENNES**

✆ 02 99 36 71 73

Fermé les jours fériés. Ouvert le mardi, le jeudi et le vendredi de 16h30 à 18h en sept-oct et de févr à juin. Gratuit.

Cette ferme accueille les enfants pour des activités centrées sur les animaux, le jardin et les travaux de la ferme. Sur place, les animaux sont très accessibles et les enfants accompagnés de leurs parents peuvent découvrir lapins, poneys, vaches, cochons, chèvres, poules et canards. Non seulement les enfants découvrent les animaux de la ferme, mais ils apprennent comment transformer le lait en beurre, devenir de vrais petits fermiers en ville en partant à la découverte du potager.

LES SAULES - PAUSE SAUMON

Halles centrales

RENNES

✆ 07 61 36 37 08

www.lessaules.fr

Du mar. au jeu. (9h30-14h et 16h-19h), ven. (9h30-14h et 15h30-19h), sam. (9h-14h et 15h-19h). Marché des Lices le sam.

Les Saules est une entreprise familiale située à Chanteloup qui exerce son savoir-faire depuis plus de 30 ans. Un côté mer et un côté terre, car ils transforment le saumon bio, mais également le canard français. On trouve ici des produits issus d'une transformation artisanale réalisée à la main : pavés de saumon, saumon fumé tranché à la main... et les seuls sushis bio de la ville ! On se procure aussi des rillettes de poisson, et côté canard, de la viande et du foie gras à se damner !

LE JARDIN DU FRUIT DE MER

7, rue du Bord-de-Mer - **SAINT-BENOÎT-DES-ONDES**

✆ 09 80 93 74 13

www.jardindufruitdemer.com

ouvert du jeudi au mardi de 9h à 19h. Haute saison : du jeudi au mardi de 9h à 22h

Producteur d'huîtres installé sur la route du Mont-Saint-Michel, le « Jardin du Fruit de Mer » vous invite à découvrir des produits d'une fraîcheur et d'une qualité irréprochables. Le magasin offre tous les jours coquillages (huîtres, mais, moules, palourdes, Saint-Jacques, bulots, bigorneaux...) et crustacés (tourteaux, araignées, homards, bouquets, langoustines), crus ou cuits. Toute l'année, la maison vous accueille pour emporter ou déguster sur place des plateaux de fruits de mer.

LA PERLE DES GRÈVES

51, rue du Bord-de-Mer
SAINT-BENOÎT-DES-ONDES
✆ 02 99 58 66 32
www.laperledesgreves.com
Ouvert tous les jours de 8h30 à 19h.

La Perle des Grèves est, depuis plus de trente ans, producteur de moules de bouchot de la baie du Mont-Saint-Michel et d'huîtres plates et creuses de Cancale. Vous y trouverez des coquillages et crustacés - cuits sur place ou vivants : du crabe (tourteau, araignée...), de la langoustine, de la coquille Saint-Jacques, du homard breton, Ce magasin situé sur la route de la côte entre Cancale et le Mont-Saint-Michel assure la livraison de plateaux de fruits de mer à domicile dans toute la France (commande passée avant 13h et livrée le lendemain entre 8h et 13h).

MAISON DU BEURRE BORDIER

9, rue de l'Orme
SAINT-MALO
✆ 02 99 40 88 79
www.lebeurrebordier.com
Haute saison : du lundi au samedi de 9h à 13h et de 15h30 à 19h30 ; le dimanche de 9h à 13h.

Le roi du beurre est breton ! Jean-Yves Bordier peut se réjouir de voir son beurre servi sur les meilleures tables du monde. Son produit phare : le beurre aux algues ! Une petite révolution pour les palais bretons, et les autres. Goûtez-le et vous comprendrez mieux son succès. N'oublions pas le beurre de baratte demi-sel ou doux, le beurre de baratte au sel fumé, au yuzu, au piment d'Espelette ou encore le beurre au sarrasin. Sans parler des fromages délicieux, pas moins de 230, affinés dans leur cave avec un savoir-faire exceptionnel. Incontournable.

LES HUÎTRES DE CÉLINE

Les Nielles
SAINT-MÉLOIR-DES-ONDES
✆ 02 99 89 16 93
Ouvert du lundi au vendredi de 7h30 à 16h.

Productrice, Céline Maisons a repris l'affaire familiale pour prolonger la belle histoire faite d'huîtres creuses et plates. Sorties des claires et après passage en bassin d'expédition, les huîtres sont immédiatement et soigneusement conditionnées pour être expédiées. Très originale : l'idée du colis pique-nique avec des huîtres creuses, un pain de seigle, un citron, un beurre bordier, un muscadet, un couteau, des fourchettes à huître, un tire-bouchon et des rince-doigts. La maison propose aussi une belle gamme de rillettes, bisques et autres soupes de la mer.

FERME DE LA RÉAUTÉ

La grande réauté - **THORIGNÉ-FOUILLARD**
✆ 02 99 62 01 09
www.cueillettethorigne.fr
Magasin ouvert le lundi (14h-19h), du mardi au jeudi (9h30-13h/14h-19h), le vendredi (9h30-19h), le samedi (9h30-18h).

Le concept ? Aller cueillir soi-même ses fruits et légumes ! Françoise et Jean-Claude Ferron sont à la tête de cet endroit propice au retour à la nature, et proposent une douzaine d'espèces fruitières, plus de 25 espèces de légumes et des fleurs et aromates qui se relaient au fil des saisons. Exploitation en culture biologique intégrée, elle favorise la prolifération de la faune et des insectes pour un écosystème local harmonieux. Le magasin de la ferme propose aussi des produits bio et locaux comme du fromage, du lait et de la viande.

LA FERME DU LUGUEN

Le haut Luguen
VAL D'ANAST
✆ 02 99 34 08 65
www.lafermeduluguen.fr
Ouvert du mardi au vendredi de 9h à 12h30 et de 14h à 18h ; le samedi de 16h30 à 18h.

A la ferme du Luguen, on est éleveur de canards de père en fils depuis 1902. Les canards de race mulard ne sont pas élevés ici, mais arrivent à la ferme après avoir passé dix semaines dehors en liberté. Ils sont alors gavés pendant quinze jours, puis c'est l'heure de la préparation des produits frais et préparés : foie gras de canard entier, mi-cuit, à poêler... Retrouvez ces foies gras au marché des Lices de Rennes, sous la halle de Redon le samedi matin, sous les halles de Talensac à Nantes, aux halles de la Baule ou dans la boutique maison !

LA FERME EN CAVALE

Le Grand Chevillé
VEZIN-LE-COQUET
✆ 06 82 55 36 22
www.lafermeencavale.com
Haute saison tous les jours sur réservation. En famille le dimanche. Entrée : 8 €. Boutique.

Un dimanche après-midi par mois, venez en famille profiter d'activités ludiques avec les chevaux, s'initier à la construction de cabanes, à la vie en pleine nature et au quotidien des activités d'une ferme. Il est aussi possible de faire des balades à poney. Ils accueillent également les groupes et leur proposent des ateliers en fonction de leur programme scolaire ou de leur projet pédagogique. Avec pour thème, la culture de céréales, la nature, les animaux de la ferme, les poneys et les ânes, l'élevage de poules pondeuses et la production d'œufs biologiques.

LES BELLES D'IRUS / EARL LE BERRIGAUD

Pen er Men - **ARRADON**
✆ 02 97 44 74 47
leberrigaud-huitres-morbihan.com
Vendredi : 18h30-21h ; dimanche : 11h30-14h. Haute saison : mercredi, jeudi, samedi, dimanche 11h30-14h et 18h30-21h.

L'ostréiculteur Paul Le Berrigaud, dans la lignée de ses parents, a ouvert sur un site à se damner, un espace dégustation pour y savourer sa production locale : la Belle d'Irus qui est pour ainsi dire : sa marque. Les parcs sont situés devant l'île d'Irus (d'où le nom !). Le site dispose d'un beau terre-plein devant le magnifique spectacle des courants brassés du golfe du Morbihan, au naturel, permettant d'accueillir une cinquantaine de personnes.Un vrai bol d'air marin !

MAISON JÉGAT

18, allée de la Pointe
ARRADON
✆ 02 97 44 02 45
Dégustation en terrasse de mai à septembre. Vente sur place toute l'année. Visite sur demande. Expéditions en France.

Depuis 1925, la famille Jégat a su entretenir et pratiquer un élevage « à l'ancienne » avec uniquement des huitres naturelles (c'est-à-dire nées en mer). Ici, on produit des huîtres plates et creuses. La qualité prime et l'exigence de l'artisan ostréiculteur se savoure. Depuis 2012, les huîtres Jégat ont reçu 5 médailles d'or et d'argent au salon de l'agriculture. En 2017, une terrasse de dégustation, sur pilotis, orientée ouest pour des soleils couchants somptueux, est sortie de l'eau. Elle accueille ses convives autour d'une table de bistrot, ambiance 1950's.

LA FERME DU MONDE ★

Le Bois Brassu - **CARENTOIR** ✆ 02 99 93 70 70
www.lafermedumonde.com
Ouvert du 1er avril au 11 novembre. Juillet et août ouvert tous les jours de 10h à 19h. Adulte : 9,50 €. Enfant : 6 €.

La Ferme du Monde vous invite à la rencontre de plus de 400 animaux d'élevage des 5 continents vivant en semi-liberté. L'observation rapprochée peut se faire à pied, en pédal-kart ou commentée en petit train. Ludique et pédagogique, ce parc ombragé vous propose de nombreuses activités et animations. Pour les plus petits, contact direct avec les animaux à la ferme des enfants, baptême à poney, aire de jeux. Egalement sur place : snack bar, aire de pique-nique. Un bel environnement, créateur de bons souvenirs en famille ou entre amis ! Un café est offert sur présentation de ce guide.

HUÎTRES LE PRIOL €€

165, rue du Pô - **CARNAC** ✆ 06 89 91 17 92
www.huitreslepriol.fr
Été (juillet et août) de 9h30 à 22h. Commandes possibles toute l'année. Vente à emporter et dégustation. Terrasse.

Depuis trois générations, cette famille produit des huîtres dans les règles de l'art. Les huîtres arrivent à l'âge de 12 mois à Carnac (où elles passent un an), puis sont triées et remises en poche pour être emmenées à Paimpol où elles passeront 12 mois et seront de retour à Carnac pour être commercialisées. Embarquez sur les petites chaloupes transformées en tables conviviales et dégustez des huîtres à peine sorties de l'eau, mais aussi des crevettes, bulots, palourdes et rillettes de poissons, face à la mer. Des formules adaptées à vos événements sont proposées.

HUITRES HENRY

31, le Luffang - **CRACH**
✆ 02 97 56 32 20
www.huitres-henry.com
Ouvert du vendredi au dimanche de 10h à 18h. Livraison possible. Plateaux de fruits de mer personnalisés sur commande.

Depuis 5 générations, la famille Henry se consacre à l'ostréiculture. Et aujourd'hui, les Huîtres Henry comptent trois sites de production : la baie de Quiberon, la rade de Brest et la baie du Mont-Saint-Michel. Venez goûter des huîtres 100 % naturelles, qui ont remporté de nombreuses médailles. Vous pourrez les déguster sur place ou à emporter. L'entreprise propose aussi des palourdes, praires, bigorneaux, amandes, pétoncles, moules, bulots, homards, langoustes, tourteaux et araignées. Possibilité de composer son plateau de fruits de mer.

LES FUMAISONS DE L'ILE DE GROIX

GROIX
✆ 02 97 12 38 66
www.fumaisons-iledegroix.fr

A gauche sur le port, on aperçoit le bâtiment des fumaisons de l'île de Groix dont la démarche est entièrement éthique. Thon blanc germon, maquereau, sardine, lieu jaune, merlan, mais aussi lotte ou mulet, tous les poissons sont fumés au bois de hêtre, sans apport d'additif ni de conservateur. Les produits sont vendus sous vide ou bien sont à déguster sur place, face au port, accompagnés d'un verre de vin naturel. À ne pas manquer : la terrasse au coucher du soleil, superbe.

GROIX HALIOTIS

1, quai Port Tudy - **GROIX**
✆ 02 97 86 81 35
www.groixhaliotis.com
Ouvert toute l'année. Visite gratuite jusqu'à 16 ans. Adulte : 3 €. 45 min. Visite + dégustation : 7,50 €.

Deuxième producteur de Bretagne en la matière, l'entreprise exerce une activité artisanale : ici, tous les ormeaux sont nourris avec des algues fraîches récoltées sur l'île. Elevés pendant deux à trois ans dans une eau de mer de très haute qualité, les ormeaux sont ensuite conditionnés en terrine ou décortiqués sous-vide, permettant ainsi une expédition du produit sur toute la France. La boutique Groix Haliotis propose également des huîtres, des homards, des crabes, des palourdes, des bigorneaux, des bulots. Commandes possibles via le site internet.

LES AUTRUCHES DE LA SAUDRAYE

La Haye
GUIDEL
✆ 02 98 96 75 86
www.ferme-autruches.com

Depuis plus de 20 ans, Boris Le Bec élève des centaines d'autruches sur 30 hectares de prairies et d'espaces boisés, dans son domaine familial, à Guidel. Respectueux du bien-être de l'animal, l'exploitation maîtrise la ponte des œufs, l'abattage et la transformation. La viande est une bonne alternative à la viande de bœuf : rouge, tendre et raffinée ! Tous les produits de la ferme sont en vente sur la boutique fine en ligne : www.latypique-epicerie.com.

BRASSERIE LA BELLE JOIE

181, rue Maréchal Joffre
HENNEBONT
✆ 06 51 55 32 62
www.labellejoie.fr/
Ouvert le mardi et le mercredi de 15h30 à 17h30 ; le vendredi de 10h à 18h ; le samedi de 10h à 13h.

Ancien pilote d'avion, Dave Bednarowicz s'est lancé en 2013 dans la fabrication artisanale des bières, passion qu'il exerçait déjà en amateur. Aujourd'hui, il produit pas moins de 6 000 litres par mois. Parmi les bières brassées à l'année : la Pilote en Mousse (blonde), la Covale (blanche), la Boom (blonde de type IPA), la Kervignacoise (triple) et la Chonchon (bière ambrée). Fort de son succès, la brasserie vous accueille désormais dans un bel espace au sein d'une ancienne imprimerie. Possibilité de louer une tireuse à bière et des fûts pour vos événements.

GÎTE DE BOURG POMMIER €€

Bourg-Pommier
LIMERZEL
✆ 06 83 86 97 38
Ouvert toute l'année. Dès 35 € la semaine, pour 6 personnes maximum.

Ce charmant gîte à la ferme est tenu par Nathalie et Laurent. Votre hébergement ? Une ancienne grange, parfaitement rénovée, il va de soi ! L'établissement est référencé Rando Accueil et se situe à proximité immédiate du GR®37 (2 km). Vous pourrez donc randonner, à pied, à dos d'âne ou en carriole : il n'en faudra pas plus pour ravir les petits et les grands. Vous pourrez aussi visiter les environs sur les conseils de vos hôtes, ou simplement prendre le temps d'être à la campagne, de faire un barbecue (en été) ou de profiter d'un bon feu de cheminée.

BRASSERIE L'ETRILLE

2 Lieu dit Bellevue
LOCMARIAQUER
✆ 06 28 81 01 13
Vente directe à la brasserie du mardi au samedi de 10h à 13h et de 17h à 19h. Ou sur les marchés des environs.

C'est au Chili que Clotilde et Yann Morvant commencent à brasser leur propre bière faute de proposition locale satisfaisante. Revenus en France, ils ramènent dans leurs valises cette même idée : brasser artisanalement leur propre bière à Locmariaquer. L'Étrille était née ! C'est précisément dans leur maison, dans un coin spécialement aménagé pour, qu'ils brassent, conditionnent et vendent leur breuvage. Vous pourrez même déguster une bière blonde ou ambrée sur place, dans le jardin à côté du potager, avec une très belle vue sur l'eau. Superbe !

LAITERIE DE KERGUILLET

1, rue Victor Hugo
PLOUAY
✆ 02 97 33 06 83
Ouvert du lundi au vendredi de 7h à 17h. Produits également en vente dans divers magasins bio de la région et de France.

Créée en 1920, cette entreprise artisanale se trouvait à l'origine à Lorient où elle a d'ailleurs conservé une boutique. Mais depuis 1999, les produits sont fabriqués à Plouay. En rayon : spécialités bretonnes, notamment le lait ribot, le beurre en baratte et produits laitiers plus classiques comme les yaourts, les fromages frais nature et fruits et la crème fraîche... Vous trouverez également un assortiment de délicieux fromages d'autres producteurs et des œufs frais. Les produits sont, pour plus de la moitié d'entre eux, estampillés biologiques.

LE PANIER DES DUNES

15, village de Kerbascuin
PLOUHINEC
✆ 02 97 36 78 21

Ouvert le samedi de 14h à 18h30. Possibilité de commander via Internet.

L'exploitation existe depuis 1900 et a vu passer trois générations. Depuis 1998, c'est Isabelle et Ronan Lamourec qui se sont installés comme maraîchers dans le village. **Le plus** : cueillette à la ferme le samedi après-midi de 17h à 19h en saison estivale. Légumes vendus en direct aux professionnels et aux particuliers et disponibles sur les marchés de Port-Louis et Lorient gare et dans divers commerces de proximité. **Futé** : afin de faire connaître le métier de maraîcher, le couple organise également des visites pédagogiques et des randonnées sur demande.

LE STEROU PARC NATUREL

Le Stérou le sterou
PRIZIAC
✆ 02 97 34 63 84
www.lesterou.com

Au cœur d'un parc de 80 hectares, Le Stérou compte quelque 120 cervidés vivant en totale liberté, un lieu unique en Bretagne. Pour les observer, vous pourrez suivre les 12 km de parcours pédestres aménagés et découvrir de remarquables sites. On notera d'ailleurs les inoubliables balades à thème comme la rencontre des arbres insolites ou encore les contes. Profitez du safari d'une heure en voiturette pour observer les cervidés.

Pour un séjour insolite empreint de magie, venez dormir dans l'un des trois chalets en bois, vous y croiserez certainement quelques Trolls.

LA MAISON QUINTIN - LA PERLE DE QUEHAN

7, Route de Quehan - **SAINT-PHILIBERT**
✆ 02 97 55 01 94
https://maison-quintin.com/

Terrasse avec superbe vue sur l'eau. Haute saison : ouvert 7j/7, midi et soir. Boutique. Dégustation. Gîtes.

Depuis trois générations la Maison Quintin, plusieurs fois médaillée pour la qualité de ses produits, est installée sur les bords de la rivière de Crach. Aujourd'hui, c'est Jean-François qui vous propose ses huîtres plates et creuses, homards, langoustes, tourteaux et araignées de mer. La maison propose également un service de livraison, un coin boutique et des gîtes. A ne surtout pas rater : la magnifique terrasse en été qui donne sur un panorama de rêve !

ZÉPHYR BRASSERIE DE LA PRESQU'ÎLE

18, rue des Voiliers
SAINT-PIERRE-QUIBERON
✆ 02 97 29 86 02
zephyr-biere.com

Horaires variables selon les saisons.

Créée en 2013 par deux associés, la Zéphyr a fait une belle progression depuis ses débuts. Leur bière artisanale est brassée à base de malt d'orge d'origine française et de houblon d'Alsace. La Zéphyr se décline en 4 variétés : blonde, blonde spéciale bitter, brune et ambrée. Proposée en bouteilles de 33 ou 50 cl en vente directe dans le nouveau local de Quiberon situé 9, boulevard Plein-Ouest, vous pourrez la déguster accompagnée d'une planche de charcuterie ou de fromage.

FERME FROMAGÈRE DE SUSCINIO

Route de la Duchesse-Isabeau-d'Ecosse
SARZEAU ✆ 02 97 41 85 68
www.tomederhuys.fr

Haute saison : lun.-sam., 9h-19h30 ; dim. 12h-19h30. Visites guidée (traite des vaches : 17h30). Restauration. Boutique.

« La ferme fromagère de Suscinio » vous permet d'assister à la traite des vaches, d'observer la fabrication du fromage, de goûter la production sur place et même de déjeuner ou dîner au Pie Noir Café. La boutique vous invite à déguster les produits dans une ambiance nature et authentique. Cédez à la tentation de la tome, du lait cru, du crémeux et du fouetté de Rhuys (avec des oignons de Roscoff), de la crème fraîche, du petit Rhuys (avec de la confiture bio) ou du fromage blanc.

AUX FILLES DES MARÉES

108, route de la Pointe du Ruault
SARZEAU
✆ 02 97 41 73 11

Haute saison : ouvert du jeudi au samedi de 10h à 12h et de 16h à 18h30 ; le dimanche de 10h à 13h.

Marine, la fille, et Nathalie, la mère, sont les deux « filles des marées ». Elles vous accueillent sur leur chantier ostréicole en juin, juillet et août, et sur demande hors saison. L'entreprise est implantée dans le village du Ruault depuis 4 générations : c'est Marie-Joseph, la grand-mère de Nathalie, qui avait lancé l'aventure familiale en 1936. Vous pourrez déguster et acheter les huîtres sur place, tout en profitant du paysage. Hors saison, consultez les horaires et possibilités de commande sur la page Facebook Aux Filles des Marées.

LA NURSERIE DU GOLFE

Chemin de Bénance
SARZEAU
✆ 06 79 93 84 54
www.lanurseriedugolfe.com
Ouvert du mercredi au dimanche de 12h à 13h30 et de 18h30 à 20h30.

Une visite originale d'une ferme aquacole et horaire malin : à l'heure de l'apéri-huîtres ! De la production de phytoplancton au nursage, en passant par la vie larvaire, vous en saurez plus sur l'élevage des bébés huîtres. Marie Gabrielle, originaire des Antilles vous accueillera au milieu de ses parasols et palmiers pour « tenter » de vous transmettre sa passion. Les chantiers sont ouverts au public, pour vous intégrer dans l'évolution des secrets de croissance grâce à la production locale du phytoplancton. Le plus : la production de spiruline !

LES VIVIERS DE BANASTÈRE

66, rue de Bénester - **SARZEAU**
✆ 02 97 67 40 79
www.viviers-banastere.com
Ouvert 7j/7. Vente toute l'année, dégustation en haute saison sur réservation. Vente en ligne et livraison à domicile.

Le vivier profite d'un environnement exceptionnel. Ses huîtres creuses sont issues de son propre parc de 1,5 ha. Plusieurs fois médaillées à Paris (tous les ans depuis 2013 et médaille d'or en 2019), elles sont élevées dans les parcs d'Arradon et de Pénerf. Comme le proclame haut et fort Malo, l'ostréiculteur du Vivier : « *Je suis attaché à mon territoire comme une bernique à son rocher.* » Tous les jours, il fait déguster huîtres, coquillages bretons, langoustines au rythme des marées et des saisons. Réservation impérative l'été, cela ne désemplit pas.

LES JARDINS DU CLÉRIGO

2, Rue des Lavandières
THEIX-NOYALO
✆ 06 19 49 21 56
lesjardinsduclerigo.blogspot.com
Ouvert le mercredi de 9h30 à 12h et de 17h à 19h ; le samedi de 9h30 à 12h. CB non acceptée.

Située sur la route de Tréfléan à environ 300 mètres sur la gauche, « les jardins du Clérigo » vous proposera une production locale et de saison. Les salades croquantes, les légumes pour vos soupes « maison », pommes, laitage (que ce soit du bon beurre ou des yaourts), des galettes, pain et fruits régionaux vous attendent. Dans la même enceinte, l'épicerie participative Le ClériGASE, nouvellement redynamisée par une bande de passionnés et régie en tissu associatif et collégial vous propose des produits en circuit court, local et bio.

DISTILLERIE DU GORVELLO

Route de Pébéyec - **SULNIAC**
✆ 02 97 54 04 11
www.distilleriedugorvello.fr
Hors saison du mardi au samedi 9h30-12h30 et 14h-18h. En juillet-août du lundi au samedi 9h30-12h30 et 14h-19h.

La cidrerie Gorvello est une petite exploitation agricole familiale de 18 hectares, reprise en 2012 par Nicolas Poirier. Spécialisée dans la culture de pommes à cidre, la ferme entame cette même année, sa conversion en biologique. Dans la continuité de cette production agricole, grâce à un atelier de transformation implanté au sein même du verger, Nicolas Poirier élabore avec soin et selon des méthodes artisanales des produits qualité dont deux cidres de Bretagne, la cuvée « Tradition » (IGP Bretagne), acidulée et fruitée et la célèbre cuvée « Guillevic », monovariétale, typique du terroir de Vannes. D'autres productions, apéritifs et eaux-de-vie de cidre distillées, vieillis en fûts de chêne font, également, partie de la famille : jus de pommes, vinaigre et, pour les amateurs de saveurs parfumées, pommeau de Bretagne en appellation d'origine contrôlée (AOC) et fine Bretagne en appellation d'origine réglementée (AOR). Cette maison de qualité est régulièrement remarquée et récompensée en concours. En 2013 (entre autres), deux médailles d'or et deux d'argent ont été décrochées aux « Terralies » de Saint-Brieuc, respectivement pour la Fine Bretagne et le pommeau, eau-de-vie de cidre et le cidre artisanal. Vous trouverez, ici encore, deux spécialités maison : « Le petit Guillevic », assemblage de cidre monovariétal et d'eau-de-vie de cidre et « La Fleur de cidre », moelleux de pommes que nous vous conseillons de déguster et, d'emporter pour vous ou pour offrir afin de prolonger ces moments de plaisir vécus lors de votre visite.

BRASSERIE LANCELOT

Site de la Mine d'Or - **VAL D'OUST**
✆ 02 97 74 74 74
http://brasserie-lancelot.bzh
Du lundi au jeudi 10h-12h30/13h30-17h. Visite guidée tlj à 15h ; à 11h et 15h en juillet et août. 4 € (+ dégustation).

La brasserie Lancelot est une institution pour les Bretons, notamment ceux de Brocéliande... La marque a créé de nombreuses bières cultes, comme la Cervoise, la Duchesse Anne, les Bonnets rouges, la Blanche Hermine. Chaque année, elle brasse la bière de la Samhain : la bière du Nouvel An celte. C'est aussi la brasserie Lancelot qui produit le Breizh Cola et ses variantes de thé glacé et soda aux agrumes. Il est possible de visiter le site de production lors des séances guidées, ou simplement de faire ses emplettes à la boutique sur place.

CENTRE-VAL DE LOIRE

FERME DE ROMECROT

Route d'Oizon - **ARGENT-SUR-SAULDRE**
✆ 02 48 73 60 40
www.ferme-de-romecrot.fr
Ouvert le mercredi et le jeudi de 15h30 à 19h ; le vendredi et le samedi de 9h à 12h30 et de 15h30 à 19h.

C'est une agréable ferme en Pays-Fort à l'orée de la Sologne où l'intensif élevage caprin (plus de 400 têtes) permet la fabrication des diverses variétés de fromages de chèvres dont notamment l'AOP Crottin de Chavignol. Un cheptel de 40 vaches laitières assure le beurre, le lait, les yaourt, la crème fraîche... Cela fait un siècle que cette ferme au fil du temps ne cesse de s'agrandir et de conforter sa qualité sans cesse jusqu'à même recevoir 10 fois déjà, le titre de *Première ferme fleurie* pour le département du Cher décerné chaque année depuis 2000 !

FERME AUBERGE DES PIRODELLES €€

210 Les Pirodelles - **AUGY-SUR-AUBOIS**
✆ 02 48 74 51 26
www.ferme-lespirodelles.fr
Sur réservation. Fermé mardi soir et mercredi (sauf fériés : ouvert à midi). Menus de 14 à 23 € (en semaine).

Dans cette belle ferme d'élevage, voilà une salle au décor rustique pour goûter une délicieuse cuisine de terroir réalisée avec les produits de la ferme et les produits locaux, servie généreusement. En salle ou en terrasse, on est toujours bien reçu pour savourer une salade de chèvre chaud, mais surtout une fameuse pièce de bœuf préparée par Jérôme Guienot. N'hésitez pas à visiter la ferme et à acheter quelques produits à la boutique. Une halte formidable sur le chemin de Compostelle.

FERME DU COUDREAU - FROMAGERIE LE BORGNE

Le Coudreau
BEDDES
✆ 02 48 61 30 41
Ouvert du lundi au vendredi de 10h à 12h et de 16h à 19h ; le samedi de 16h à 19h.

Voici une fromagerie dont on nous vante les délices à des kilomètres à la ronde. A juste titre : tout d'abord, l'accueil est cordial et des plus sympathiques. Les fromages de chèvre produits à la ferme sont fabriqués dans la plus pure tradition. Le magnifique plateau qui s'offre à vous pour une dégustation gratuite vous fera découvrir des pyramides de Valençay (AOC), des crottins du Berry, des bûches cendrées, des fromages blanc et bien d'autres.

BRASSERIE BOS - LA FABRIQUE À BIÈRE

11, allée Napoléon III
BOURGES
✆ 02 48 65 90 71
www.brasserie-bos.fr
Ouvert le jeudi et le vendredi de 9h à 18h30.

Cette brasserie berruyère fabrique des bières de qualité, naturelles, de double fermentation haute, non filtrées et non pasteurisées. Elle met un point d'honneur à utiliser des produits provenant de la région. Découvrez ici des bières aux épices, au piment d'Espelette, au miel, aux fruits rouges et aux orties. Chaque année, une nouvelle recette à découvrir. La brasserie propose désormais de personnaliser ses bières avec des étiquettes design, drôles et attachantes.

LE SENTIER DU VIN

Route de Quincy
BRINAY
✆ 02 48 51 30 17
www.officedetourismedevierzon.com
Ouvert du lundi au samedi de 9h à 12h et de 13h30 à 17h. Sauf période des vendanges.

Le Sentier du Vin vous invite à partir à la découverte du domaine de Jean-Michel Sorbe. Grâce au parcours thématique, toutes les étapes préalables à la fabrication du vin vous seront présentées. Vous allez commencer par apprendre les secrets de la taille et autres travaux saisonniers. Ensuite place aux étapes de la vinification du pressoir à la mise en bouteille avant d'apprendre l'art de la dégustation. Vous pourrez notamment vous délecter d'un quincy ou d'un reuilly produits par le propriétaire des lieux. Boutique sur place.

ESCARGOTS JACQUIN

1, Domaine de la Madeleine
CHAMBON
✆ 02 48 60 45 30
Visites de groupes tous les jours en après-midi sur rendez-vous d'avril à octobre. Parking car. Accueil camping-car.

Au sud du Cher, nous découvrons un élevage original : l'escargot, la référence du gourmet. Ici, on ne manque jamais de faire découvrir aux visiteurs les principales phases de l'élevage d'escargots (ou héliciculture, pour faire savant), de l'hibernation à la croissance en parc en passant par la reproduction et la naissance des naissins (nom donné aux petits). Mais si le luma, comme on dit en berrichon, est si bien élevé, c'est pour mieux le déguster. En plus des escargots prêts à consommer, on vous proposera d'excellentes préparations.

DOMAINE HENRI BOURGEOIS

Route de Menetou - **CHAVIGNOL** ✆ 02 48 78 53 29
www.henribourgeois.com
Espace dégustation ouvert du lundi au vendredi de 9h30 à 18h30 ; week-end et jours fériés de 10h à 18h30.

Depuis 10 générations, la famille Bourgeois est vigneronne de père en fils en petit-fils, comme *ad aeternam*. En 1950, le domaine qui comptait seulement 2 hectares s'est agrandi. Depuis, au fil des années, Henri Bourgeois, ses fils et ses petits-fils, ont constitué un vignoble de 65 hectares, judicieusement répartis sur les coteaux de Sancerre et Pouilly-Fumé. Les différents types de terroirs tels : silex, marnes kimméridgiennes, calcaire, argilo-calcaire, sablo-graveleux, sablo-limoneux, limon et tuffeau offrent des spécificités rares en bouche. Sancerre blanc, pouilly-fumé, sauvignon blanc, menetou-salon, sancerre rouge, sancerre rosé, sont des gammes prononcées qui avivent de belles alliances restauratrices. On s'arrêtera présentement sur le pouilly-fumé, élu de notre cœur par son arôme bien distinct mais aussi se faisant rare quant à la belle qualité que l'on se doit envers, ainsi « La Demoiselle de Bourgeois » allie élégance et prestance faisant de ce vin dont la cuvée n'est embouteillée qu'au bout d'un an, un modèle d'expression pure et délicate du Sauvignon blanc. On ne mettra pas de côté le sauvignon blanc nommé « Sancerre d'Antan » d'autant qu'il n'est pas filtré et que ses nuances fruitées et minérales sont puisées dans l'exceptionnel terroir de silex du village de Saint-Satur. Il y a un espace dégustation ouvert presque tous les jours de l'année, des visites de cave sur demande...Également un restaurant à proximité, tenu par un membre de la famille.

Le Domaine Henri Bourgeois, ça bouge ! Sans appel : INÉVITABLE !

CHÈVRERIE DES GALLANDS

Les Gallands - **CRÉZANCY-EN-SANCERRE**
✆ 02 48 79 01 92
www.chevrerie-des-gallands.fr
Fermé de décembre à mi-février. Traite du soir à 17h15 de mars à novembre. Visite libre ou guidée.

A 2,5 km du bourg, cette chèvrerie (qui compte 160 chèvres et 8 boucs) vous invite dans les coulisses d'une exploitation agricole qui bénéficie d'une très belle vue. Vous pouvez selon l'heure assister à la traite, à la conduite au pré et facilement caresser les chèvres. Un tour à la boutique s'impose. Vous y trouverez de nombreux fromages de chèvre (crottins de Chavignol notamment), mais aussi des yaourts fermiers nature (sur commande) ou encore des créations originales comme la confiture de lait de chèvre ou le Camenchèvre, fromage de chèvre façon camembert.

DOMAINE DU CHAILLOT

Place de la Tournoise
DUN-SUR-AURON
✆ 02 48 59 57 69
www.domaine-du-chaillot.fr
Ouvert sur rendez-vous toute l'année.

Pas facile de tomber sur une bouteille signée Pierre Picot lorsqu'on vient sur place à son caveau, car elles sont quasiment toutes retenues d'une année sur l'autre. Il faut dire que ce sympathique vigneron fait preuve d'une très grande régularité, ce qui ne déçoit jamais. Pour tous ceux qui traversent la Région Centre ou encore Paris, grands restaurateurs et cavistes proposent du Domaine Chaillot. La maison propose des vins rouges, blancs et rosés. Le domaine du Chaillot dispose également d'un moulin grâce auquel il produit sa farine blanche et brune.

HUILERIE D'AURON

6, Quai du Canal - **DUN-SUR-AURON**
✆ 02 48 59 50 10
www.huilerie-auron.fr
Ouvert du mardi au samedi de 9h à 12h et de 14h à 18h. Vente directe. Boutique en ligne. Port gratuit dès 60 € d'achat.

Les nouveaux gérants – Ondine Caron et Samuel Dion – ont rebaptisé l'ancienne huilerie Boussard mais ils fabriquent toujours de façon artisanale et selon la même méthode de production depuis 1860, de l'huile de noix et de noisettes. Les particuliers peuvent aussi apporter leurs cerneaux de noix et de noisettes. On peut assister à la fabrication en direct et repartir avec sa bouteille. L'huilerie d'Auron fabrique de l'huile de noix pure, de l'huile de noisette pure... C'est l'une des trois dernières huileries du Cher et donc une curiosité en soi.

HUILERIE JACOB

La Forge - **DUN-SUR-AURON**
✆ 02 48 59 80 40
www.huilerie-jacob-dunsurauron.fr/
Ouvert du lundi au vendredi de 9h à 12h et de 14h à 18h. CB non acceptée.

Depuis 2004, l'huilerie Jacob régale les gourmands et gourmets avec son huile de noix fabriquée artisanalement. Petite entreprise familiale, elle possède sa propre plantation de noyers et met ses dix ans d'expérience en huilerie au profit d'une huile de caractère au goût typé. Est-ce la fabrication dans le respect d'un procédé ancestral, la sélection drastique des noix ou les cerneaux d'abord écrasés avant d'être torréfiés qui lui donnent ce goût incomparable ? Probablement un mélange de tout cela, avec une touche secrète. Un délice pour parfumer ses plats !

© NIKIDAVISON - ISTOCKPHOTO.COM

FERME DE LA FONTENILLE €€

52, route de la Vallée du Cher - **LAPAN**
✆ 02 48 48 00 18
lafontenille.fr
Ouvert toute l'année.

L'ancienne bergerie a été aménagée en un gîte confortable au cœur de la ferme de la Fontenille. Au rez-de-chaussée, on trouve la cuisine, un salon-salle à manger et une chambre. Deux autres chambres sont à l'étage. Le gîte dispose d'un espace extérieur avec terrasse pour manger dehors et profiter du soleil. Des jeux sont prévus dans le jardin. L'ensemble est chaleureux et accueillant. Les lits sont faits à l'arrivée et le linge de toilette est fourni. Vos hôtes sont céréaliers, apiculteurs et cultivateurs de truffes. N'hésitez pas à découvrir leur travail.

FERME DE LOISIRS LA MOUTONNERIE

La Moutonnerie
GERMIGNY-L'EXEMPT
✆ 06 59 98 20 69
Ouvert le mercredi et le samedi de 10h à 18h. Périodes scolaires : du mardi au dimanche 10h à 18h.

Dans cette ferme pédagogique, petits et grands découvrent des chèvres, des moutons, des cochons, des oies, des dindes, des canards et des pintades. Ici, on peut toucher les animaux et hériter d'un joli savoir grâce à la visite guidée. À La Moutonnerie, le jeu tient aussi une place importante puisqu'on y vient pour faire une petite course de karting à pédales, s'équilibrer sur des échasses ou sauter en l'air grâce à un trampoline, voire tirer à l'arc. Restauration sur place.

CHÈVRERIE DES GENIÈVRES

Les Genièvres
LA CHAPELOTTE
✆ 02 48 26 72 78
Pour les ventes à emporter, ouvert du lundi au dimanche de 8h à 20h.

Aux portes du Sancerrois, Marie-Line et Jean-Mary Bailly vous accueillent à la chèvrerie des Genièvres pour vous proposer une visite d'élevage suivie d'une dégustation de leurs fromages. Depuis 20 ans, la chèvrerie produit des crottins de chavignol AOC, des tommes de chèvre, des bûches, des cœurs, des pyramides cendrées. Les saveurs sont nombreuses comme aux noix, à la ciboulette, aux baies roses... La ferme de chèvres alpines chamoisées compte 280 femelles en lactation, 120 chevrettes et 25 boucs. Une visite qui plaît à toute la famille.

DOMAINE JEAN TEILLER

13, route de la Gare
MENETOU-SALON
✆ 02 48 64 80 71
www.domaine-teiller.fr
Ouvert du lundi au samedi de 8h30 à 12h et de 14h à 18h.

Jean-Jacques et Monique Teiller travaillent sur le domaine avec leur fille et leur gendre Patricia et Olivier Luneau, la troisième génération. Situé sur les meilleurs coteaux des communes de Menetou-Salon, Parassy, Aubinges et Vignoux, leur vignoble est travaillé dans son intégralité en Agriculture Biologique (certifié depuis 2017) et en Biodynamie (première année de conversion chez Biodyvin en 2019), et il s'étend désormais sur un peu moins d'une vingtaine d'hectares. La propriété produit des Menetou-Salon blancs, rouges et rosés. Le blanc est issu du cépage sauvignon. Il est représentatif de l'appellation Menetou-Salon et son goût est typique du Domaine Teiller. Son nez est intense et minéral aux notes d'agrumes, de pêches et de fruits mûrs. Il est idéal sur un crottin de Chavignol - par exemple, sur un poisson, de la viande blanche ou un apéritif. Le rouge et le rosé sont eux issus d'un cépage de pinot noir ancré plus profondément dans le sol argilo-calcaire. Le rouge libère ses arômes de fruits rouges, de framboises, de cerises et d'épices en un bouquet de saveurs. Il accompagne à merveille terrines, viandes… et desserts au chocolat ! Sa renommée dépasse les frontières. Tadashi Agi et Shu Okimoto y font même référence dans leur célèbre manga *Les Gouttes de Dieu*. Le domaine Jean Teiller produit trois cuvées de blanc (classique, Mademoiselle T, Rencontre), une cuvée de rosé classique et trois cuvées de rouge (classique, Hommage, Rencontre rouge). Un beau domaine du Cher à découvrir !

CHÈVRERIE LES CHAMONS

1, route de La Gargaude
MÉNÉTRÉOL-SOUS-SANCERRE
✆ 02 48 79 93 30
http://chevrerie-les-chamons.com/
Visite de la ferme sur réservation.

Julia est spécialisée dans la fabrication des crottins de Chavignol. En plus de repartir avec une large déclinaison de fromages (crottins, petits bouchons pour l'apéritif, tomme de chèvre), vous pourrez participer aux travaux de la ferme. Vous donnerez à manger aux animaux, les caresserez et prendrez la pose à leurs côtés. Avant de quitter la ferme, un petit tour par la boutique où de nombreux produits régionaux sont vendus (miel de l'apiculteur du village, lentilles du Berry...) sera incontournable. La ferme élève aussi des chevaux.

GITTON PÈRE & FILS

7, Chemin de Lavaud
MÉNÉTRÉOL-SOUS-SANCERRE ✆ 02 48 54 38 84
www.gitton.fr
Ouvert du lundi au vendredi de 8h à 12h et de 13h30 à 17h30. Le week-end sur rendez-vous.

C'est souvent comme cela, les anciens ont commencé avec peu de superficie et la relève familiale a continué, agrandissant l'entreprise. En 1945 Marcel Gitton, seul, fonde avec un-demi hectare de vigne ce qui deviendra plus tard les Vignobles Gitton Père & Fils qui voient leur superficie atteindre les 33 hectares, répartis parmi les meilleurs climats du terroir, dont les sols diversifiés proposent du raisin riche en couleur et en saveur à la fois sur les communes de Sancerre et de Ménétréol. Une notoriété acquise grâce à un beau labeur qui se pérennise depuis, car ce vignoble produit des vins blancs sérieusement travaillés. La vendange manuelle est souvent de mise d'autant que certaines parcelles ont des superficies n'atteignant pas même un hectare ainsi pour le Sancerre Galinot dont les bouteilles sont numérotées ou le Sancerre Les Herses élevé neuf à dix mois en fûts demi muids de chêne de deux à trois ans. Côté rouge, le Sancerre Les Romains est vinifié et élevé en cuves inox, de même le rosé éponyme, tous deux en cépage pinot noir.

On « Pouilly » aussi de l'autre côté de la Loire, où le « lancinant sauvage » par ses eaux sédimenteuses permet des naissances vinicoles uniques, autrement dit prisées par le grand nombre, ceux dont le palais – d'abord taquiné par les vaporeuses échappatoires odoriférantes que propose le nez approprié – s'exerce allègrement à l'appréciation du *Fumé*, ravi d'en découdre, car avant l'éventuelle ivresse, il y a le basculement vers de belles promesses tant esthétiques que gustatives.

VERGER DES MURAILLES

sur la route de Flavigny au sud de Nérondes
NÉRONDES ✆ 02 48 74 81 78
www.vergerdesmurailles.fr
Vente au verger jusqu'à mi-novembre de 14h à 18h. Vente à la ferme l'hiver.

Au Verger des Murailles, on peut faire soi-même sa cueillette ou acheter des pommes cueillies. A partir de juin, c'est la saison des cerises, du cassis et des groseilles. On trouve également à la boutique de nombreux produits gourmands, sains et naturels, comme des jus de fruits, des nectars ou des confitures réalisés avec les pommes et les fruits rouges. On peut aussi se laisser tenter par les produits des voisins : des poires, des poulets, des fromages, des pommes de terre, des échalotes, des produits laitiers, de l'huile... De quoi se faire un repas complet !

FERME PÉDAGOGIQUE DU TRAVAIL COQUIN

Domaine du Travail-Coquin
PLOU
✆ 02 48 26 21 58
www.travailcoquin.com
Label Tourisme & Handicap. Visite guidée.

Cette ferme céréalière comprend un écomusée expliquant l'évolution du monde agricole à travers tous les outils d'autrefois. Ajoutez à cela des expositions et un magnifique four à pain d'antan. Au fil de la visite, les enfants pourront résoudre des énigmes, se déguiser en Berrichons, fabriquer de la farine et du pain, et approcher tous les animaux de la bassecour. Puis le parcours se poursuit autour de l'exploitation à la découverte des habitants de la mare, de la grange et de la forêt.

LE PAVILLON DE PRÉCY

Route de Charentonnay
PRÉCY
www.lepavillonprecy.fr

Cela manquait : la bière du Berry ! C'est dans les communs et l'ancienne écurie du château de Précy (XVIIIe siècle) que s'est installée cette microbrasserie à l'ancienne. Le premier objectif est de brasser avec les malts de l'orge produite au Pavillon afin de devenir une ferme-brasserie, ce qui sera tout à fait novateur. Une initiative à soutenir avec les différentes gammes réalisées telles que la blonde classique, et dans le style européen l'Irish Red Ale, la Porter, l'Hefeweizen, la Saison et, cerise sur le gâteau, la Mandarina Bavaria à l'arôme saisissant.

DOMAINE DES BRUNIERS

40, Route de Lury
QUINCY
✆ 02 48 51 34 10
www.laregiedesdomaines.fr
Ouvert tous les jours, de préférence sur rendez-vous.

Au Domaine des Bruniers, on produit depuis de longues années du Quincy. Exposé sur les rives du Cher, le vignoble pousse sur des terrasses de sable et de graves reposant sur les calcaires et argiles des rives. Ce noble terroir permet au cépage sauvignon d'atteindre très tôt sa maturité. C'est sur ces terres qu'il atteint le plein épanouissement de ses arômes et de sa saveur lui conférant son originalité. Aller rendre visite à Jérôme de La Chaise, en prenant rendez-vous ! Une salle de dégustation et un point d'accueil sont aménagés pour notre plus grand plaisir.

DOMAINE APICOLE LE RUCHER DE PRIVET

Privet
SAINT-JEANVRIN
✆ 02 34 67 78 27

Patrick Valencier est apiculteur professionnel. Il ne compte pas moins de 300 à 400 ruches réparties dans toute la région et même dans l'Indre, chez des particuliers et des agriculteurs. Il cultive quatre à cinq sortes de miels différents, selon les saisons : fleurs de printemps en mai, acacia en juin, châtaignier et toutes fleurs en juillet, tournesol en août. A la ferme, il vend donc le fruit de ses récoltes : pots de miel, ainsi que du pain d'épices, du pollen et de la gelée royale.

LA FERME DE MARION

La Fontaine - **SAINT-CHRISTOPHE-LE-CHAUDRY**
✆ 02 48 56 68 46
www.fermedemarion.fr
Ouvert du lundi au vendredi de 10h à 18h ; le samedi de 15h à 18h. Mieux vaut téléphoner avant de venir.

Marion Munoz s'est lancée dans l'élevage d'oies (environ 120) et de canards (environ 750 canards gras et canards de Barbarie) dans sa ferme traditionnelle du Boischaut. Ici, les palmipèdes sont élevés en plein air, au sein de prairies verdoyantes (7 ha). Les oisons et canetons arrivent ici à l'âge de un jour, par lots de soixante-dix. L'abattage et la transformation sont réalisés sur place, et donnent confits, rillettes, pâtés, cou farci, magret séché ou foie gras ! Marion a également aménagé un local sur place, pour vendre directement ses produits à la ferme.

DOMAINE JEAN MARC ET MATHIEU CROCHET

40, rue Saint Vincent - **SANCERRE**
✆ 02 48 54 11 30
www.jeanmarc-mathieu-crochet.com
Ouvert du lundi au samedi de 8h à 19h. Dimanche et jours fériés sur rendez-vous.

Le Domaine Jean-Marc et Mathieu Crochet est une question de passion, une belle histoire de famille qui dure depuis le XVIe siècle, permettant tout simplement de créer des cuvées remarquables. Le domaine s'étend sur 10 hectares de Sancerre Blanc et 2 hectares de Sancerre rouge et rosé. La cuvée M est vieillie 9 mois en fût de chêne, ce qui lui confère rondeur et puissance. Est-ce à dire qu'une dégustation a besoin de mots pour exprimer toutes les saveurs en découverte ?

AUBERGE DES MAISONS ROUGES

19, route de Bourges
SAINT-ELOY-DE-GY
✆ 02 48 25 42 04
www.auberge-des-maisons-rouges.com
Ouvert du lundi au samedi. Ouvert le dimanche.

Pascal Giraud, passionné de la cuisine du terroir, sait nous régaler avec ses confitures maison dites «Confitures des Maisons Rouges» en vente à l'Auberge. En mariant les saveurs des produits de saison, il réalise plus de 30 sortes différentes. On a le choix entre les classiques (tomate verte, groseille), les surprenantes (figue-pêche, fraise-menthe, rhubarbe-cannelle) et les insolites (sureau, fleur de lavande, melon-mûre...). Mais c'est aussi un très bon restaurant !

DOMAINE VINCENT GRALL

149, avenue Nationale
SANCERRE
✆ 02 48 78 00 42
www.grall-vigneron-sancerre.com
Tous les jours de 10h30 à 18h.

Sur sa petite exploitation de 3,8 ha, Vincent Grall produit des sancerres blancs et rosés, issus de terroirs silex et argilo-siliceux. Sa cave est installée sur le piton de Sancerre et son vignoble sur les coteaux alentour. Des vendanges manuelles, un soin particulier au travail de la vigne dans le respect des sols, des amendements organiques, des rendements limités, une vinification simple et naturelle, permettant la pleine expression du sauvignon, donnent ses excellents vins. Visite du vignoble possible, avec dégustation sur rendez-vous.

MAISON DES SANCERRE

3, rue du Méridien - **SANCERRE**
✆ 02 48 54 11 35
www.maison-des-sancerre.com
Ouvert de fin mars à début novembre. Ouvert tous les jours de 11h à 18h30. Gratuit jusqu'à 16 ans. Adulte : 8 €.

La Maison des Sancerre, superbe bâtiment édifié au XVe siècle pour abriter les thermes de la ville, fut successivement occupée par un tonnelier, une association religieuse, la sous-préfecture, une école. Depuis 2005, c'est le site remarquable pour découvrir le vignoble de Sancerre avec 350 m² d'une scénographie imaginée par les vignerons de l'appellation. Une belle porte d'entrée du vignoble et des coulisses de la vinification avec des jeux, des ateliers, des dégustations. Les enfants ne sont pas oubliés, notamment dans le jardin des arômes.

LA BETE NOIRE SANCERROISE

Le Guenetin
THAUVENAY
✆ 02 48 79 97 17
www.crottinsdechavignol.com
Ouvert tous les jours de 10h à 12h et de 14h à 19h.

Cette exploitation agricole a aménagé un parcours ludique permettant de découvrir les différents animaux, chèvres alpines, boucs, moutons, ânes, poules et vaches. On peut câliner les lapins. Vous pourrez apercevoir canards, chevreuils et cygnes traversant parfois les pâturages. Sur réservation, pour les groupes, visite guidée pour devenir incollable sur l'élevage des biquettes avec dégustation de sancerre et de différents crottins. Aire de pique-nique. Boutique de produits régionaux.

FERME DES 3 SOURCES

Le Plaix - **SANCOINS**
✆ 06 52 03 16 43
http://3sources.fr
Ouvert toute l'année. Ouvert du lundi au samedi de 8h à 19h.

Cette ferme combine plusieurs activités, l'équitation et la pension des chevaux, une ferme pédagogique et une ferme thérapeutique. C'est donc le lieu parfait pour s'aérer, s'amuser et apprendre. Découvrir les poules, chèvres, cochons, lapins, poneys, et chevaux. Leur donner à manger, caresser les chèvres, s'approcher du coq, attraper une poule. Observer les poissons et les grenouilles de la mare, ainsi que les insectes et papillons du jardin. Différents thèmes sont abordés en fonction des espaces. Alimentation, reproduction, découverte de la forêt, du potager.

DOMAINE ÉRIC LOUIS

26, rue de la Mairie - **THAUVENAY**
✆ 02 48 79 91 46
www.sancerre-ericlouis.com
Ouvert tous les jours de 10h à 12h et de 13h30 à 19h (samedis, dimanches et jours fériés inclus).

Thauvenay fait partie des 14 communes à pouvoir prétendre à l'AOC de Sancerre. C'est dans ce charmant village vigneron que se trouve le Domaine Éric Louis, installé depuis plus de 150 ans ! L'accueil est parfait pour la visite de la salle des cuves, puis de la chaîne d'embouteillage avant de terminer par la cave. La deuxième partie de la visite oenotouristique se déroule dans la salle de dégustation pour goûter plusieurs vins produits par le domaine accompagnés de fromages de chèvre. Labellisé Tourisme et Handicap, possibilité d'événements privés et Accueil Vélo.

DOMAINE RAIMBAULT PINEAU

7, route de Sancerre - **SURY-EN-VAUX**
✆ 02 48 79 33 04
www.raimbault-pineau-sancerre.fr
Ouvert du lundi au vendredi de 9h à 12h et de 14h à 17h30. Le Samedi de 9h à 11h30 sur rendez-vous.

Cela fait plus de trois siècles et dix générations que les membres d'une même famille de vignerons se succèdent sur ce domaine à quelques kilomètres de Sancerre. Sur un sol argilo-calcaire et bien exposé, le domaine s'étend sur trois appellations : sancerre, pouilly-fumé et coteaux-du-giennois, que les vignerons vous feront visiter de manière libre et très accueillante. Une dégustation, modérée, est également proposée gratuitement. Et enfin, plusieurs gîtes sont à la location pour passer plusieurs jours dans ce cadre exceptionnel.

HUILERIE LA GOURMOTTE

GAEC André et Piot – La Chaumotte
VILLEQUIERS
✆ 02 48 26 12 24

La Gourmotte est réservée aux gourmets ou aux amateurs de bonne huile. C'est du colza, produit sur l'exploitation, que naît cette fameuse huile, première pression à froid. Il n'y a donc pas de raffinage mécanique, et encore moins chimique, qui interviennent dans cette élaboration. La Gourmotte propose également diverses préparations culinaires qui, tout comme l'huile, s'utilisent en filets pour les plats à la vapeur, en assaisonnement après cuisson pour les plats au four, les salades... Impossible de passer à côté de l'huile aromatisée à l'échalote, à l'ail..

LES FROMAGES ANTHONY MOULIN

Le Tremblay
ARROU
✆ 02 37 97 05 11

Vente en direct à la ferme du lundi au vendredi de 8h à 11h et de 17h à 18h.

Anthony Moulin est aujourd'hui le seul producteur de fromages d'Eure-et-Loire ! Ici, les 15 vaches sont nourries avec des produits de la ferme. Il vous propose en vente directe à la ferme fromage blanc, frais salé, bleu de Beauce, carré aux épices, Patichon et tomme. Sa grande spécialité est la fromagée au poivre, plat servi dans les fermes de Beauce autrefois, et dont il sait faire revivre le goût. Il n'est jamais avare de conseils pour déguster au mieux ses fromages.

MAISON SAVOURÉ

11, avenue Justin CLICHY
JANVILLE
✆ 02 37 90 00 27
www.maisonsavoure.com

Une découverte bien locale ! Créé par la maison Savouré de Janville - en 2010, Beauce Cola exalte les produits du terroir. L'eau nécessaire à sa fabrication provient de la nappe de Beauce, le sucre est issu de betteraves transformées à Artenay. Les Savouré n'ont pas souhaité copier mais adapter la recette en tenant compte des matières premières du coin. Le goût peut donc surprendre. Mais les Savouré s'y entendent, eux à qui l'on doit la limonade La Beauceronne et qui livrent combustibles et boissons (ça ne s'invente pas !) depuis 1888.

LA FERME AUTOUR DU GRAIN

6, route de Berchères - **BOUGLAINVAL**
✆ 06 59 77 67 08
www.fermeautourdugrain.com

Ouvert sur réservation toute l'année. Journée : 7 €, demi-journée : 4 €.

Martine et Bertrand possèdent une ferme de polyculture et vous expliquent la production du grain. Vous verrez le silo de stockage, les bâtiments et les animaux. Dans le cadre de classes de découverte vous apprendrez à reconnaître la graine, le développement de la plante et sa transformation (blé tendre, blé dur, orge, pois, féverole, colza, moutarde...) en alimentation humaine. C'est aussi l'occasion d'approcher poneys, moutons, chèvres, ânes. Ils organisent également des jeux. Vous saurez tout sur le semis de graines et comment créer des outils, entre autres.

« AU COCHON GRILLÉ », AUBERGE GRAND' MAISON €€

La Grand'Maison - **MEAUCÉ** ✆ 02 37 81 05 32
www.aucochongrille.com

Du mardi au dimanche de 12h à 18h30 et de 19h30 à 2h30. Réservation impérative. Formule : 42 € (w-e et jours fériés).

Au Cochon Grillé, place est faite aux grandes tablées, festoyant autour d'un menu percheron : en même temps que vous sirotez votre apéritif, ne manquez pas de vous approvisionner au buffet campagnard : terrines, jambon, et boudin noir à volonté ! Ensuite, place à la découpe et la dégustation du porc rôti au feu de bois et farci aux légumes... un vrai régal, suivi par des fromages de région, et un dessert le repas, prenez le temps de danser ou de visiter la ferme et son domaine.

VISITE A LA FERME - PHILIPPE GASSELIN

Ferme de la Grand-Cour
CLOYES-LES-TROIS-RIVIÈRES
✆ 02 37 98 30 19

Ouverte en période scolaire et l'été sur rendez-vous le lundi, le mardi, le jeudi et le vendredi.

Vous ne pourrez pas la rater : la ferme de Philippe Gasselin se trouve juste en face de l'église Saint-Pierre à Cloyes-les-Trois-Rivières. Cet agriculteur dynamique vous fera découvrir les 1 001 facettes de son métier, du monde animal et de la polyculture avec force, photos et maquettes. Vous pourrez visiter quelques jachères fleuries qui jalonnent le paysage beauceron en été et voir la faune sauvage y trouvant refuge. Une belle visite autant pour les petits que les grands !

FERME DU BOIS DES LOUVIERES

15, rue de la Tour - **MÉZIÈRES-EN-DROUAIS**
✆ 02 37 43 80 86
www.boisdeslouvieres.fr

Ouvert lundi, mercredi, vendredi et samedi de 9h à 13h et de 15h à 19h, dimanche et jours fériés de 9h à 13h.

Venez assister à la traite et composer un panier de produits vrais et savoureux. Vous aurez toutes les explications retraçant l'ensemble des événements de la vie d'une chèvre, ainsi que les différentes étapes jalonnant le parcours du lait jusqu'au fromage, au travers d'un film réalisé dans leur locaux. Ils répondent aux questions suscitées par le film. Chaque année, la journée portes ouvertes est l'occasion d'ouvrir la ferme, généralement le 3e week-end d'avril, et de faire des achats.

LA FERME DES MURS

MIERMAIGNE
✆ 06 95 93 45 28
Ouvert tous les jours de 9h à 20h.

Venez participer à la vie du fermier et découvrir tous les animaux de la ferme et leurs petits secrets. Les enfants pourront les nourrir, feront la traite à la main, observeront l'évolution des poussins à l'intérieur des œufs, assisteront à des naissances et des éclosions. Tous les animaux sont dressés, sociabilisés et peuvent donc être touchés, câlinés, observés de très près. Tous les travaux de la ferme sont réalisés à l'aide des chevaux percherons selon les méthodes de l'agriculture ancienne. Des promenades en attelage avec des percherons sont aussi organisées.

FERME DE LA GARENNE

Route de Rouvres
OULINS
✆ 02 37 64 56 30
www.fermedelagarenne.com

Valérie et Laurent Duyck cultivent des céréales et élèvent les canards gras dans la plus pure tradition, en leur ferme de la garenne, située non loin de Houdan. Les palmipèdes grandissent ainsi en plein air, logent dans des bâtiments écologiques, et sont nourris grâce aux céréales de la ferme, pour garantir des mets de qualité. Ils proposent ensuite des produits transformés tels que rillettes, magrets, confits, cassoulet, foie gras... et les vendent dans une boutique située rue Diane de Poitiers à Anet. Rendez-vous à la ferme, pour découvrir l'exploitation.

LA FERME AU COLOMBIER

2, rue d'Ormoy
NÉRON
✆ 02 37 82 74 85
www.ferme-au-colombier.com

Ce domaine agricole fortifié, biologique depuis 1978, de polyculture et d'élevage, abrite des bâtiments agricoles et une demeure remarquables. C'est tout à la fois un lieu d'accueil avec salle de réceptions, chambres d'hôtes, préau et colombier, et une exploitation produisant céréales, légumes, légumes secs, etc. et élevant volailles et abeilles. Osez le goûter sur place : dégustation de gâteaux, jus de pommes, et l'étonnant biscuit de carottes aux amandes. Possibilité de vous balader en carriole ou bien entendu de faire provision de produits fermiers.

MICRO-BRASSERIE DE CHANDRES

3, rue Parmentier - **SOURS**
✆ 02 37 25 77 56
http://leurelienne.fr
Ouvert du lundi au vendredi de 14h à 18h ; le samedi de 10h à 12h et de 14h à 18h.

L'Eurélienne, c'est une bière à trois saveurs. La blanche, la brune et la rousse, trois bières à la fois légères et savoureuses. Vincent Crosnier, le jeune brasseur, vous les expliquera lui-même puisqu'il a amélioré ses propres recettes qu'il fabriquait d'abord en amateur. Elles sont composées à 20 % de céréales crues – de l'orge, du blé et de l'avoine blanche – provenant de l'exploitation agricole familiale. Vous trouverez aussi dans la boutique une sélection de produits du terroir.

ABBAYE DU BOIS DE NOTTONVILLE ★

L'Abbaye
NOTTONVILLE
✆ 02 37 96 91 64
Tous les après-midi de 15h30 à 19h d'avril à fin octobre De 15h à 18h de novembre à fin mars.

Il faut entrer en profondeur dans les terres beauceronnes de la vallée de la Conie pour découvrir la monumentale abbaye de Nottonville. Tourelles, poternes, murailles dignes d'un château féodal, l'édifice a été construit au XVe siècle et est inscrit sur la liste des monuments historiques. A proximité de l'enceinte, Marie-Thérèse Pousse propose du fromage de chèvre fermier (du crottin, de la buche de chèvre, de la faisselle et d'autres) issu de l'élevage caprin qui vit dans le domaine.

LE DOMAINE DE VOISIN - BENOIT POMMIER

7, rue de Voisin
TILLAY-LE-PÉNEUX
✆ 02 37 99 44 28

Au Domaine de Voisin, Benoît Pommier s'occupe d'un élevage de canards gras. Prévoyez de grands paniers, à la ferme on ne résiste pas au grand choix proposé. On fait provision de produits frais (foie gras, canard, magret, cuisse, saucisses) ou de produits transformés (foie gras mi-cuit, terrine à l'orange, au poivre vert, à l'armagnac, confits, rillettes, cassoulets, cous farcis, sauté de canard au vin de Loire), et parole de gourmet, on se régale.

FERME DU CAROIRE

10, Champ d'oeuf
AZAY-LE-FERRON
✆ 02 54 37 01 52
www.fermeducaroire.fr
Ouvert tous les jours et les jours fériés de 8h à 19h. De début février à fin décembre.

A la ferme du Caroire, Christophe Vandooren élève des chèvres et des vaches. Il produit du fromage de chèvre mais il vend aussi de la viande de chèvre et de chevreau, ainsi que de la viande bovine, des plats cuisinés et du jus de pomme. On peut acheter ses produits à la ferme ou sur les marchés. L'éleveur a un banc au marché de Saint-Gaultier le vendredi, à ceux du Blanc et d'Argenton-sur-Creuse le samedi. Il est possible également de visiter la ferme, sur demande. Une sortie à faire avec des enfants ! Membre du réseau Bienvenue à la Ferme.

LES LÉGUMES DE LA FERME

210, avenue des Marins
CHÂTEAUROUX
✆ 02 54 34 08 99
Horaires variables selon les saisons.

La boutique propose exclusivement des produits locaux. Il s'agit surtout de fruits et légumes dont beaucoup en bio. Tous sont de saison et viennent de la région. On vous propose aussi du miel, des fromages, du vinaigre, de l'huile, du safran, des biscuits, de la bière... L'accueil est très agréable et on saura vous donner des détails sur la provenance de ce que vous achetez. Le propriétaire de l'enseigne possède également le restaurant La Tomate Russe, en centre-ville, où la même philosophie (utiliser des produits frais et locaux) est mise en pratique.

MIEL ET SAVEURS DE BRENNE - FERME DE LALEUF

CHALAIS
✆ 02 54 37 61 37
www.miels-et-saveurs.wix.com/de-brenne
Ouvert le vendredi et le samedi de 14h à 19h.
Ouvert tous les autres jours sur simple appel.
Vente à la ferme.

Dans ce petit bourg se trouve une miellerie très accueillante. Marie-Christine Tortiget, apicultrice récoltante, s'occupe de ses ruches et récolte grâce à un principe d'extraction à froid un précieux miel 100 % naturel : miel de printemps, miel de fleurs sauvages ou de sarrasin... Elle fabrique aussi de délicieux pains d'épices, des bougies à la cire d'abeille et travaille la sucrine du Berry. Dans la boutique, outre la miel, confitures, gelées, sirops, condiments et vinaigres.

FERME LES JARRIGES

Les Jarriges
CHAZELET
✆ 02 54 24 88 16
www.fermelesjariges.fr
Ouvert toute l'année sur réservation.

Cette exploitation agricole de polyculture et d'élevage de vaches limousines en agriculture biologique propose des visites et des ateliers pédagogiques ayant pour thème la connaissance du vivant (fonctionnement, reproduction, besoins des animaux, des végétaux), l'approche du milieu (les cycles naturels, les habitats, l'espace), comprendre l'origine de notre alimentation, les céréales du grain au goûter, les poules : quoi de n'œuf ? Sont abordées sous forme de visites les vaches et leur environnement, les céréales de la graine à l'épi et les énergies renouvelables.

CHÈVRIER-FROMAGER LAURENT DELRIEU

Ferme du Grand-Bois
CHASSIGNOLLES
✆ 02 54 48 57 94
Tous les jours de mars à décembre.

Dans sa ferme agréée «ferme pédagogique», Laurent Delrieu, chevrier fromager, vous accueille pour une visite des lieux. Cela commence par la découverte des chevreaux, se poursuit par la fabrication du fromage depuis la traite jusqu'à l'art de son affinage et se termine par une dégustation. La ferme vend sur place ses fromages de chèvre affinés - tomme, crottin, bûche, pyramide - et son fromage blanc à l'ancienne. Vous trouverez aussi des savons au lait de chèvre 100 % artisanaux.

DOMAINE APICOLE DE CHEZELLES

26, rue du Lavoir - **CHEZELLES** ✆ 02 54 36 66 01
www.domaine-chezelles.com
Vente en ligne.

C'est en 1900 qu'Alexandre Robin installe à Chézelles ses soixante paniers d'abeilles. Sur la douzaine d'hectares de terre qu'il possède, son fils René développera une véritable exploitation apicole. Aujourd'hui, après quatre générations de Robin, Chézelles produit du miel, du pollen ainsi que de la gelée royale, des friandises et même des produits cosmétiques. L'entreprise commercialise aussi de la propolis, une résine dont les vertus antibiotiques sont reconnues. Un domaine d'une importance considérable, à visiter absolument. Les produits sont de grande qualité, ils sont disponibles également sur la boutique en ligne.

LES RUCHERS DE SALLERON

7, Salleron
CONCRÉMIERS
✆ 02 54 37 48 93
Vente au rucher sur commande.

Eric Degorce produit du miel depuis 1990. Installé dans le Parc naturel de la Brenne. D'abord des miels de saison (plus crémeux et pâle au printemps, liquide, foncé et plus fort en début d'été, plus jaune et crémeux en fin d'été). Il élabore du pain d'épices, des bonbons, des chocolats au miel (à Pâques et Noël seulement). Il réalise aussi des sirops, du vinaigre, des savons, de l'hydromel... On peut lui rendre visite sur rendez-vous et on trouve également ses produits dans les commerces et à la Maison des Produits Locaux de Pouligny-Saint-Pierre.

LA FERME DE PAMPILLE

4, Lavaud
EGUZON-CHANTÔME
✆ 06 07 45 55 90
Ouvert d'avril à novembre. Entrée si portail ouvert. Appeler au besoin.

Lorsque le portail est ouvert, c'est l'indication que vous pouvez entrer faire une visite et acheter du bon fromage. Virginie Brunet propose son fromage de chèvre en vente à la ferme. Son exploitation, toute petite, se compose de 10 chèvres laitières et d'un bouc répondant au nom de Babylone. L'été, il est agréable de pouvoir les voir dans la prairie. Pour les enfants, c'est merveilleux de découvrir les chèvres, leurs aliments (maïs, luzerne...) et goûter le fromage au bon goût traditionnel. La ferme de Pampille produit 8 000 fromages chaque année.

AU POTAGER FRUITÉ EGUZONNAIS

51, rue Jean Jaurès
EGUZON-CHANTÔME
✆ 02 54 47 48 10
Horaires variables selon les saisons.

Ce maraîcher fait de la culture raisonnée sur un terrain de 6 000 m² à l'entrée d'Eguzon. Il vend au verger ses fruits et légumes, ainsi que des plants (légumes, fleurs, arbres). Vous y trouverez par exemple des tomates, des poivrons, des courgettes, de l'oignon, des échalotes l'été. En hiver, il s'agira de courges, patissons, potimarrons, carottes, pommes de terre, châtaignes, etc... Toute l'année, il est présent au marché d'Orsennes le mercredi et à celui du Menoux le vendredi matin.

FERME LA GRAND' LANDE - ODILE ET SEBASTIEN FLOURY

GARGILESSE-DAMPIERRE
✆ 02 54 47 86 65
Ouvert du lundi au samedi de 9h30 à 12h et de 15h à 18h30. Fermeture à 18h en hiver.

Ici, on produit bien sûr des Gargilesse, des cœurs de l'Indre, des petits chèvres pour l'apéritif – les apérobiques (marque déposée) – mais aussi des Qéops brunes ou blondes, des lingots, des p'tits rondins ou encore des fromages blancs rustiques. Les fromages sont moulés salés au sel blanc ou cendré et affiné dans le hâloir de la fromagerie selon les normes CE. Odile et Sébastien Floury vous accueillent pour vous faire découvrir ces différents fromages de chèvres fermiers.

FAUNE, FLORE ET UTOPIES

8, La Blanchardière - **HEUGNES** ✆ 06 12 28 85 57
www.fauneflorеetutopies.fr
Ouvert toute l'année sur réservation. Ouvert mardi, mercredi, et week-end de 14h30 à 19h. Adulte : 6 €. Enfant : 4 €.

Venez vivre des moments passionnants pour tout apprendre sur la nature, grâce aux animations autour des animaux en liberté, et leur faire de gros câlins. Ils sont apprivoisés et ne sont pas agressifs. La bienveillance de chacun entretient leur confiance. Visite pédagogique de l'élevage de lapins béliers, du potager conduit en permaculture, ainsi que des bâtiments et équipements écologiques. D'autres passionnés viennent présenter leur savoir-faire et leurs créations. Ils organisent aussi des chasses aux trésors, et d'autres événements tout au long de l'année.

© ALVAREZ - ISTOCKPHOTO.COM

CENTRE-VAL DE LOIRE

© STEFANIKOLIC - ISTOCKPHOTO.COM

FERME DE LA PETITE MENARDIERE

LIGNAC

✆ 02 54 24 28 34

Tous les jours de mars à novembre, marché bio le mardi soir. 1er et 3e mardis du mois d'avril à décembre 18h-20h.

Le petit brennou est un fromage de chèvre typique, de forme cylindrique. Philippe et Chantal Doyelle ont été remplacés par Jonathan Crogiez, qui a repris leur élevage de chèvres bio. Il élève la même chèvre à cou clair du Berry, une race ancienne. La vente directe de fromages de chèvre est possible tous les jours et un marché bio se déroule dans la cour deux fois par mois. On y trouve du miel, des fruits et légumes, du pain cuit au feu de bois, du vin, du jus de pomme, des œufs...

FERME DES AGES

Les Ages

LE BLANC

✆ 02 54 37 06 43

http://epl.chateauroux.educagri.fr

Ouvert du lundi au samedi de 8h30 à 11h.

Ce producteur propose des ventes à la ferme de ses fromages de chèvre fermiers A.O.P Pouligny-Saint-Pierre. Depuis plus de 25 ans, la ferme caprine produit ce délicieux fromage de forme pyramidale qui tient sa particularité à son goût léger, sa pâte lisse et onctueuse, et sa croûte fine gris bleutée. La Ferme des Ages a obtenu 14 médailles en 20 ans. Elle est un des sites d'exploitation du lycée agricole de Châteauroux. La ferme se visite, pour le bonheur des familles, mais la réservation est conseillée - en particulier l'été.

MIELLERIE, LES RUCHERS DU BAS-BERRY

Les Genestières

MERS-SUR-INDRE

✆ 02 54 36 96 62

Thierry Pornet est installé à Mers-sur-Indre, dans le bocage de la Vallée Noire. Cet apiculteur récolte et met en pot plusieurs variétés de miel de ses ruches : celui de printemps doux et fondant, celui d'été plus corsé, à la robe ambrée, et celui de fleurs sauvages. Il vend également du pollen de fleurs, des bonbons au miel, des bougies... Ses produits sont en vente chez de nombreux commerçants locaux, notamment dans les magasins de producteurs.

FERME AUBERGE DE POUMOUÉ €€

LE MAGNY

✆ 02 54 48 22 95

Réservation recommandée.

La ferme-auberge de Poumoué est un élevage de chèvres en agriculture bio. Yves et Sylviane Jouhanneau reçoivent leurs convives dans une ancienne étable du XVIIIe siècle, aménagée avec beaucoup de goût, dans le style campagne. 50 personnes peuvent s'installer dans la grande salle aux poutres anciennes et aux murs à pierres vues, autour de la cheminée. Le menu se compose essentiellement de charcuterie, de viande et de fromage de chèvre. On peut y manger, par exemple, une traditionnelle galette de pommes de terre. Des produits de qualité et un bon accueil.

FERME AUBERGE DE PLUME CANE €€

37, Route de la Gabrière - **MÉZIÈRES-EN-BRENNE**

✆ 02 54 38 03 04

www.fermedeplumecane-36.com

Du vendredi au dimanche le soir ; dimanche midi. Du 1er mai au 30 sept : ouvert aussi le lundi soir et le samedi midi.

La ferme auberge de Plume Cane vous propose des repas réalisés à partir des produits issus de son exploitation : poules noires du Berry, pintades, canards barbarie, foies gras, confits, rillettes... Ici le service s'effectue au plat, ce qui instaure d'emblée une convivialité. Bien vu : un espace enfants avec jeux, livres, coloriages permet aux parents de déjeuner en toute quiétude. Une boutique vous permet de repartir avec de bons produits fermiers.

LA RUCHE MARTIN

559, Chemin de la Croix Blanche
MONTIERCHAUME
✆ 02 54 26 08 11
www.laruche-martin.com
Ouvert du lundi au samedi de 9h à 12h et de 14h à 19h. Livraison possible (vente en ligne).

La Ruche Martin produit du miel et des produits dérivés depuis une trentaine d'années. C'est la troisième génération d'apiculteurs qui s'active autour des ruches aujourd'hui. Cette entreprise vend non seulement du miel, de la gelée royale, des bonbons et autres dérivés, mais aussi tout le matériel pour devenir apiculteur. Vous trouverez sur le site ou à la boutique des ruches, ruchettes, cadres, extracteurs, pots, étiquettes, tenues d'apiculteur... Huit variétés de miel sont proposées (printemps, forêt, acacia, lavande, fleurs des champs...).

MIEL DE BRENNE

9, La Renonfière
PRISSAC
✆ 02 54 25 01 92

Hervé Oizon produit des miels divers : de sarrasin, de châtaignier, de printemps, de tournesol, d'acacia... Il les propose en pots de 30 g à 1 kg, selon les appétits. il fabrique aussi des bonbons au miel et vend du pollen. Vous pouvez parrainer une ruche ou acheter un essaim si vous souhaitez vous lancer dans l'apiculture (une formation est dispensée). Vous trouverez ces miels sur les marchés de producteurs de pays, dans les commerces et supermarchés locaux, et aussi aux ruchers. Pensez à prendre rendez-vous avant de vous déplacer.

LES RUCHERS DE LA VALLÉE NOIRE

72 bis, Route de La Châtre
NEUVY-SAINT-SÉPULCHRE
✆ 02 54 30 85 64
Vente à l'exploitation sur rendez-vous.

Les merveilleux ruchers de Paul Desnoyers produisent du miel bio. On y trouve bien entendu du miel de fleurs crémeux et fondant, du miel d'acacia couleur ambre, à la saveur très fine, du miel de montagne plus corsé. Paul Desnoyers réalise aussi de l'hydromel et du pain d'épices. La conservation se fait en petits pots (500 g) ou en plus gros (1 kg). On trouve les miels dans de nombreuses boutiques locales, ainsi que dans les magasins bio du département.

AUBERGE DES BUTTONS €

Le Rianvert - **ROSNAY**
✆ 02 54 37 11 76
www.lafermedesbuttons.com
Mobil-home (de 5 à 7 personnes) de 53 à 80 €/nuit selon les périodes. Gîtes pour deux personnes de 25 à 35 €.

La ferme des Buttons propose un espace naturel de camping. Vous pouvez y planter votre tente ou garer votre camping-car. Le camping loue aussi un mobil-home accueillant de 5 à 7 personnes. C'est le calme assuré, au cœur de la Brenne, au milieu des oiseaux et des grenouilles. La ferme-auberge propose ses viandes limousines et ses poissons d'étangs. De nombreuses animations sont possibles : pêche à la carpe no-kill, balades naturalistes guidées, équitation, découverte du «cattle drive» comme les cow-boys, soirées western, concerts...

FROMAGERIE DES GRANDSCHAMPS VESCHE

POULIGNY-SAINT-PIERRE
✆ 02 54 37 25 62
Vente à la ferme tous les jours.

Jean-Luc, Patricia et Benjamin Forand fabriquent depuis 1996 des fromages fermiers de Pouligny-Saint-Pierre, A.O.C., médaillés d'or. Un vrai délice pour les amateurs de fromages de chèvre ! Depuis 2002, ils ont voulu diversifier leur production en élevant aussi des moutons et des porcs. La viande est vendue également en direct à la ferme. Ils réalisent aussi des charcuteries. Vous les retrouverez également sur les marchés de Le Blanc, Déols et Tournon-Saint-Martin.

FERME DES LOGES

RUFFEC
✆ 02 54 37 70 89
Du lundi au vendredi à partir de 16h. Marché de producteurs de Chalais l'été.

La Ferme des Loges propose des ventes directes à la ferme de ses produits fermiers : des canards gras, des foies gras, des magrets, des confits, des rillettes de poule, de canard et d'oie, des volailles entières ou cuisinées en conserve ainsi que des chapons, des dindes et des oies pour les fêtes. Pensez à réserver quelques jours en avance. Mention spéciale aux rillettes pour pique-niquer dans la Brenne et profiter d'un séjour 100 % nature. Réseau Bienvenue à la Ferme. On trouve ses produits sur le marché de producteurs de Chalais l'été.

NICOLE ET JEAN-MARIE CARRAND

Ferme de Ponfichard
SAINT-AUBIN
✆ 02 54 21 23 35
Visite de la ferme, dégustation, cours de cuisine et vente sur un simple coup de fil.

Voilà une visite à ne pas manquer - surtout si l'heure du goûter est proche... Nicole, gastronome fermière, cultive de manière écologique des légumes et des fruits qu'elle transforme ensuite en compotilles, confits, vinaigres, gelées, douceurs, aromates séchés, pesto berrichon, sirops, condiments, jus de pomme et soupes fraîches. Le petit déjeuner de Nicole mérite à coup sûr de s'arrêter : elle fait des crêpes qu'elle sert avec du sirop de pissenlit !

CHRISTEL ET DENIS VANDROMME

Fonterland - **TOURNON-SAINT-MARTIN**
✆ 02 54 28 70 66
www.fonterland.fr
Ouvert du lundi au samedi de 9h à 12h et de 17h à 19h ; le dimanche de 17h à 19h.

Christel et Denis Vandromme élèvent une centaine de chèvre en bio. Ils produisent des fromages d'appellation Pouligny-Saint-Pierre : pyramide, bûche, faisselle et petits apérobiques. Leurs produits sont en vente à la ferme et chez plusieurs distributeurs. Le samedi matin, on les trouve également sur le marché du Blanc. Les exploitants font visiter leur ferme : comptez une heure environ pour les groupes et les scolaires. Une dégustation est possible (avec un supplément).

JEAN PIGET GAEC SAINT-LOUIS

Bel-Air
SAINT-GAULTIER
✆ 02 54 47 00 21
www.ferme-de-bel-air.fr
Vente à la ferme sur commande sauf le dimanche.

La ferme de Bel-Air, signalée par un grand panneau à l'entrée de saint-Gaultier (route de Thenay) vous accueille pour la vente à la ferme. On vous propose une sélection de produits au lait de vache : du fromage au lait cru entier, le Galtois, du fromage blanc, de la crème fermière et du lait frais. Il est possible de visiter la ferme sur demande. Sur les marchés : le vendredi à Saint-Gaultier, le samedi à Châteauroux et à Argenton-sur-Creuse, un mercredi sur 2 à Orsennes.

FERME DE LA CHARITÉ

TOURNON-SAINT-MARTIN
✆ 02 54 37 52 77
www.fermedelacharite.com
Ouvert le jeudi. Sur commande. Livraison possible (plusieurs points de livraison).

La vente à la ferme de viande en élevage biologique se fait sur commande. Vous trouverez des colis de viande de génisse, bœuf, vache et veau (de race limousine), ainsi que d'agneau et de porc de race cul-noir du Limousin. Pour le porc, il s'agit à la fois de viande à la découpe et de charcuterie (boudin, saucisse, pâté). Les commandes se font une fois par mois environ et sont à retirer à la ferme le jeudi. Il existe également des points de livraison, se renseigner lors de la commande. Livraison possible si vous êtes à proximité.

LE RUCHER DE SAINT-GILLES

La Gare aux loups
SAINT-GILLES
✆ 02 54 25 53 56
www.rucher-saint-gilles.fr

Au Rucher de Saint-Gilles, Caroline Gauthier produit du miel bio, de grande qualité, de la gelée royale, de la propolis ainsi que des pains d'épices et des gâteaux, du vinaigre et même des moutardes (au pain d'épices ou au miel). Les produits sont vendus à la ferme apicole, sur les marchés de producteurs et dans plusieurs boutiques bio (Biocoop à Châteauroux, la Maison du Coin à Eguzon, La Vie Claire à Le Blanc, Force Santé à Argenton-sur-Creuse).

LA FERME DU PRÉ VERT

VICQ-EXEMPLET
✆ 02 54 30 03 53
Ouvert uniquement le jeudi de 9h à 12h et de 14h à 19h pour la vente à la ferme. Les autres jours, c'est sur rdv.

Au cœur du Bocage, non loin de La Châtre, Valérie Kupiecki élève volailles (dont la race locale la Noire du Berry), moutons et palmipèdes... Si c'est l'endroit idéal où acheter en fin d'année chapon, dinde, poularde ou oie à rôtir, c'est également un très bon endroit pour acheter foies gras de canard ou d'oie ! Les produits sont en vente à la ferme et sur les marchés de Chateaumeillant et de Saint-Florent sur Cher (les vendredis), et de La Châtre et Issoudun (les samedis). Portes ouvertes le premier week-end du mois de décembre.

ETANG D'ASSAY

D26

ASSAY

Toute l'année en accès libre.

Ce grand étang de 33 hectares a été aménagé au début du XVIIe siècle, ainsi qu'une zone humide de 11 hectares constituée de petits bassins ayant servi à l'élevage des brochets. Sa grande superficie en eau ainsi que la présence d'une vaste roselière en font un site important pour la nidification et l'hivernage des oiseaux. De nombreuses sorties nature permettent de les découvrir dans de bonnes conditions. Y vivent aussi de nombreux insectes protégés comme l'agrion de Mercure. Cette année un observatoire ornithologique et un sentier de découverte seront aménagés.

MAISON DES VINS DU VÉRON

14, rue du 8-Mai-1945 - **BEAUMONT-EN-VÉRON**

✆ 02 47 58 86 17

www.lamaisondesvinsduveron.com

Mai-oct : du mardi au samedi 10h-12h30 et 14h30-19h. Nov-avril : 10h-12h30 et 15h-18h30. Dégustations. Boutique. Visite.

Au sein de cette magnifique maison du vin, vous découvrirez les 23 vignerons adhérents et leurs nectars, appellation d'origine contrôlée Chinon. La maison vous propose une dégustation, des parcours dans les vignes, des expositions de vieux outils et, pour les groupes, la possibilité de se restaurer, dans une magnifique cave de pierres sculptées. C'est l'endroit idéal pour découvrir les produits gastronomiques typiques de la région (rillettes de poissons, poire tapée...) ainsi que les meilleurs vins et les accessoires indispensables de tous bons œnologues. Tchin !

RÉSERVE DE BEAUMARCHAIS

Beaumarchais - **AUTRÈCHE**

✆ 02 47 56 22 30

www.reserve-de-beaumarchais.com

Haute saison semaine visite 11h, 14h30 et 16h, week-end de 10h à 11h30 et de 14h à 17h30. Adulte : 8,50 €. Enfant : 7 €.

Tout a commencé par l'achat de quelques sangliers, puis d'un laboratoire de transformation de charcuteries, d'un petit train, de cerfs, de daims, de chevreuils, d'autruches, de bisons d'Amérique et de wallabies de Bennet. Dans la réserve, on observe les grands gibiers élevés en France. Un mini-safari permet d'en comprendre l'origine, la vie et l'élevage des différentes espèces présentées. En fin de visite, un diaporama est projeté sur grand écran dans une étable circulaire. En septembre, des soirées dédiées au brame du cerf sont souvent organisées.

AOC BOURGUEIL

BOURGUEIL

Ce vignoble ancien a évolué autour de l'abbaye de Bourgueil. Il couvre une superficie d'environ 1 150 hectares avec une production moyenne de 70 000 hl dont 1 500 à 5 000 hl en rosé. Comme le chinon et le saint-nicolas-de-bourgueil, c'est un vin de monocépage, le cabernet franc, même si le cabernet sauvignon, peu utilisé, est autorisé dans la limite de 10 %. Les vins sont produits sur la rive droite de la Loire, tout d'abord sur les terrasses graveleuses à sableuses, puis en montant vers le coteau sur des sols argilo-calcaires.

CHÂTEAU DE L'AULÉE

Route de Tours

AZAY-LE-RIDEAU

✆ 02 47 45 44 24

www.laulee.com

Ouvert tous les jours de 10h à 19h. Pour les groupes, visite et dégustation sur rendez-vous.

Château et chais de 1856. Vignoble d'une trentaine d'hectares. Un terroir exceptionnel, un savant mélange de traditions et de technologies actuelles permettant à Marielle Henrion, propriétaire et œnologue champenoise, d'élaborer deux méthodes traditionnelles, l'une pur chenin toute en élégance, l'autre très aromatique mêlant la puissance du chardonnay à la finesse du chenin. De la même exigence de qualité naissent ses vins AOC secs, tendres ou moelleux. Possibilité de visites, de dégustations, de séjourner au sein du château de l'Aulée dans le gîte.

CAVE DE LA DIVE BOUTEILLE

2, rue des Caves de Chevrette

BOURGUEIL

✆ 02 47 97 00 00

Ouvert du 1er avril au 31 octobre. Du mardi au samedi de 11h à 19h. Gratuit -18 ans. Adulte : 5 € (visite + dégustation)

Au cœur du vignoble, découvrez un site troglodytique qui recèle de trésors en lien avec la vigne et le vin : pressoir, outils, fûts, certains datant même du XVIe siècle. La visite d'environ une heure est suivie d'une dégustation. En groupe, vous pourrez partager un repas terroir avec les spécialités de la région. Profitez de l'aire de pique-nique et du petit caveau faire une pause fraîcheur (paniers casse-croûte sur commande). Un bon plan futé à la découverte des crus de la région !

LES PÊCHERIES LIGÉRIENNES - LA CABANE À MATELOT €€

19, Avenue du 11 novembre - **BRÉHÉMONT**
✆ 09 51 30 22 68
www.les-pecheries-ligeriennes.fr
D'avril à fin décembre, les vendredis, samedis et dimanche. Plat de 20 à 22 €. Boutique. Traiteur. Terrasse.

Dans ce restaurant, à la belle saison et sur le chemin de la Loire à vélo, on mange ce que Romain va lui-même pêcher, le tout cuisiné par Ambroise et accompagné de produits frais et de vins locaux. Selon la pêche, vous pourrez déguster des accras ligériens, du silure grillé au naturel ou bien encore une fouée de pêcheries. Et n'oubliez pas de goûter les délicieux hors-d'œuvre ! Une pause gourmande et locale pendant son périple à vélo à ne pas rater !

DOMAINE COCTEAUX FRANCK ET AMÉLIE

Fleuray
CANGEY
✆ 02 47 30 01 44
www.franck-cocteaux.com
Ouvert du lundi au vendredi de 8h à 12h et de 13h30 à 18h30 ; le samedi de 8h30 à 12h30

Dans cette famille, la passion de l'œnologie se transmet de père en fils : Franck représente la 5e génération de vignerons. Dans cette cave installée depuis 1991, on respecte les traditions qu'on associe à la technologie actuelle. La production est vinifiée et champagnisée sur place. Vous retrouverez des AOC Touraine-Amboise, Touraine-Mesland, Touraine et crémant-de-loire. Fondez pour les bulles de Fleuray, déclinées en blanc brut, blanc demi-sec et rosé.

CHÂTEAU DE VALMER

Valmer - **CHANÇAY**
✆ 02 47 52 93 12
www.chateaudevalmer.com
Ouvert toute l'année sauf du 24 décembre au 2 janvier. Adulte 10 €. Labels : Tourisme & Handicap, Jardin remarquable.

Adossé à un parc de 60 ha, le château de Valmer se compose de superbes jardins Renaissance dont les terrasses à l'italienne épousent la pente du coteau, dans un panorama unique. Sur huit niveaux et une trentaine de mètres de dénivelé se succèdent balustrades, statues, colonnes, escaliers et jets d'eau mais aussi damiers de couleurs et de saveurs. A voir, une chapelle troglodytique de 1524 qui abrite un exceptionnel autel du XVe siècle. Dans les caves de tuffeau vieillissent les vins de Vouvray ; 6 des 29 ha se trouvent d'ailleurs dans l'enceinte du parc.

CAVES PAINCTES ★★

Impasse des Caves Painctes - **CHINON**
✆ 02 47 93 30 44
www.chinon.com
Fermeture le lundi. Visites guidées l'été du 01/07 au 31/08, 4/jour. Durée : 1h15. Adulte 3 €. Gratuit -16 ans.

Situées dans l'enceinte de la ville-fort de Chinon dont elles sont l'un des fleurons, ces caves constituent un lieu de pèlerinage pour les admirateurs de Rabelais et du vin. Son aspect n'a pas été modifié depuis le XVIe siècle et on peut encore y humer l'odeur des anciennes carrières. La confrérie des Bons Entonneurs Rabelaisiens, considérée comme l'une des plus prestigieuses de France, tient chapitre solennel quatre fois par an et organise des chapitres exceptionnels sur demande. Trois salles de réception sont également mises à disposition.

BRASSERIE DE L'AURORE

5, avenue de la Gare - **CORMERY**
✆ 06 51 06 15 90
www.brasserie-aurore.fr
Ouvert jeudi et samedi 15h-20h, et vendredi 15h-21h30. Boutique. Vente en ligne. Visite de groupe sur RDV.

Vous connaissiez les vins des pays de la Loire ? Il faudra désormais compter avec ses bières ! Dans la petite ville de Cormery, la Brasserie de l'Aurore en produit des blanches, des blondes, des ambrées et des brunes, une belle lignée portant le nom de Turone, un peuple gaulois installé entre la Loire et le Cher. D'où l'origine de Tours... Au programme : une alliance subtile de malts de blé et d'orge de la Beauce, auxquels ont été ajoutés du houblon, du miel, et un mélange d'épices secret. Une brasserie qui connaît de nombreux amateurs en Touraine !

DES POULES ET DES VIGNES

Manoir de la Galotière
INGRANDES-DE-TOURAINE
✆ 07 78 81 63 44
www.despoulesetdesvignes.com
Commande en ligne.

Gabriel Simon est amoureux des paysages de Touraine, et notamment de ceux de la région de Bourgueil dans laquelle il élève des volailles de races anciennes en plein air, mais aussi des lapins sur foin, des oies et des canards gras. Il propose des volailles entières dont le poulet des vignes et le Gournay, de succulentes terrines à déguster autour d'un verre de vin issu d'une collaboration, du foie gras, mais aussi quelques confitures, du pain, des biscuits... Il ne faut pas non plus hésiter à passer commande en ligne pour une livraison rapide.

AOC TOURAINE NOBLE JOUE

JOUÉ-LÈS-TOURS

www.vinsvaldeloire.fr

La confrérie folklorique du Noble-Joué regroupe des viticulteurs de Joué-lès-Tours, Esvres, Saint-Avertin, Chambray-lès-Tours et Larçay, dont l'objectif est d'améliorer la qualité de ce vin tout en continuant à pratiquer une vinification traditionnelle. Pour mémoire, ce vin gris issu du mariage de trois pinots est né il y a plus de cinq siècles entre l'Indre et le Cher. Ce vignoble, partiellement détruit lors de la Seconde Guerre mondiale, a été relancé par un groupe de vignerons passionnés et a retrouvé le succès sur les tables tourangelles.

LE VAZEREAU

83, route du Coteau - **LA ROCHE-CLERMAULT**

✆ 02 47 93 18 89

www.levazereau.fr

Du lundi au samedi 8h-12h30 et 14h-19h. Janvier et février fermeture à 18h. Visite possible de la chèvrerie.

Au pays de Rabelais, le Vazereau signifie fromage au lait de chèvre. D'où le nom de cette exploitation agricole qui produit des fromages de chèvre fermiers. Le troupeau de chèvres de race alpine est nourri à base de fourrage cultivé sur la ferme. La ferme est labellisée Agriculture Biologique depuis septembre 2019. Les fromages sont fabriqués artisanalement et affinés dans les caves de la ferme. Vous trouverez ici des fromages dans toutes les versions : Fraîche, Neutre, Douce, Peu prononcée, Prononcée, Forte, Très forte. Vous êtes prévenu !

MAISON PERRIN

Civray

LA CELLE-GUENAND

✆ 02 47 94 95 81

Visite de la ferme sur rendez-vous.

Valérie et Philippe Charcellay sont installés à la ferme de Civray et élèvent les canards. Ils élaborent ensuite sur place du foie gras, des rillettes et pâtés, des confits de canard, des plats cuisinés et de délicieux paniers gourmands. Parmi les spécialités de foie gras et de mousses au foie, citons le foie gras entier, le foie gras entier mi-cuit, le savoureux aux raisins, le savoureux au naturel et, sur commande, la terrine de foie gras cuite au four ! N'hésitez pas à les appeler avant votre passage pour mettre de côté les produits.

LA FERME D'ARCANIA

LOCHÉ-SUR-INDROIS

https://lafermedarcania.fr

Haute saison du mardi au samedi de 9h à 18h. 2 dimanches par mois de 11h à 18h. Entrée : 6 €. Moins de 2 ans : gratuit.

C'est l'endroit parfait pour se détendre en se promenant auprès des animaux, en flânant entre jardins horticoles et paysagers, en s'amusant dans le labyrinthe végétal. Dans la salle de détente, de grands jeux en bois pour tous, et découverte de l'aquaponie. D'autres ateliers manuels thématiques sont régulièrement proposés : plantations, découverte de plantes aromatiques, land art, démonstration d'apiculture... Promenades pour enfants à dos de poney autour des jardins, poney tenu en main sous la responsabilité des parents. Aire de pique-nique et jeux d'orientation.

MURMUR'ANES AUX MILLEVENTS

3, rue de la Garenne-de-Chargé - **LA ROCHE-CLERMAULT** ✆ 07 77 91 34 05

Visite en semaine à 17h, week-end à 10h ou à 17h. Entée : 12 €. Randonnée demi-journée de 84 à 130 €.

Ils proposent des ateliers de pédagogie nature, de découverte des animaux, ainsi que des ateliers jeux et arts créatifs. Ils organisent des balades avec des ânes et des poneys, à pied ou en carriole, des balades à thème comme le travail de la terre avec les ânes, la médiation animale. Des soirées mini-camps, manifestations, fêtes médiévales, fêtes des écoles. Anniversaire sur place, avec chasse au trésor, randonnée et goûter au milieu des animaux, ou à l'abri si le temps est mauvais.

FERME DE LA ROCHE MARTEL

Roche Martel

LOUESTAULT

✆ 02 47 24 41 94

Ouvert le lundi, le mardi, le jeudi et le vendredi de 8h à 18h. Et le samedi après-midi.

A une vingtaine de kilomètres de Tours, Romain, Anne et Nicolas Boussion élèvent des canards mulards (environ 4 000), des volailles et des porcs fermiers et cultivent du blé, du maïs, des pois et des tournesols sur 255 ha. Ils concoctent ainsi de délicieux produits, qu'il est possible d'acheter directement en cette jolie ferme du XIXe siècle, au cœur du village (du lundi au vendredi de 8h à 18h sauf le mercredi ; ouverture également le samedi après-midi). Il est également possible de trouver ces produits aux Douceurs Tourangelles à Tours.

AOC MONTLOUIS

MONTLOUIS-SUR-LOIRE

www.vinsmontlouissurloire.fr

Devenu AOC en 1938, le Montlouis s'étend sur 350 ha, entre Amboise et Tours, sur la rive gauche de la Loire. « Vin de taffetas » selon Rabelais, le Montlouis a des ardeurs secrètes… Il est issu du chenin blanc, appelé ici pineau de Loire. C'est un vin blanc très élégant qu'on trouve aussi bien sec, tendre, demi-sec ou moelleux, et quelquefois liquoreux. Il se conserve bien et « mûrit » en bouteille. Bon à savoir : on le trouve également pétillant (selon la méthode traditionnelle) ; sous cette forme, il fait un excellent vin de cocktail.

DOMAINE AMIRAULT - LE CLOS DES QUARTERONS

46, avenue Saint Vincent

SAINT-NICOLAS-DE-BOURGUEIL ✆ 02 47 97 75 25

www.domaineamirault.com

Toute l'année du lundi au samedi 8h30-12h30 et 14h30-17h30. Visite sur RDV. Boutique en ligne. Bio. Animations.

La famille Amirault et le Clos des Quarterons, c'est une histoire familiale qui dure depuis plus de 180 ans ! Un savoir-faire qui se transmet depuis 6 générations. Aujourd'hui, Agnès, Xavier et Thierry vous ouvrent les portes du clos sur une trentaine d'hectares, à la découverte du domaine, de leurs cépages (essentiellement du cabernet franc), de leurs vins (rouge, blanc et fines bulles) et de leur méthode culturale : la viticulture en biodynamie.

LES GRANDES CAVES SAINT-ROCH

65, quai de la Loire - **ROCHECORBON**

✆ 02 47 40 40 20

www.grandescavesstroch.com

Toute l'année. Du lundi au samedi 9h-18h en basse saison. 10h-18h30 haute saison + dimanche en juillet/août. Visite 3 €.

Situées à Rochecorbon, entre Tours et Vouvray, les Grandes Caves Saint-Roch sont à l'origine des carrières d'extraction du tuffeau. Elles ont été creusées entre le XIIe et le XIXe siècle. Vous découvrirez des activités souvent méconnues telles que la sériciculture ou les champignonnières. Il faut visiter ce monde troglodyte passionnant. A découvrir : les gammes de l'appellation, méthode traditionnelle (Vouvray, Crémant-de-Loire et Touraine) et les vins de propriété.

LA HAUTE PILTIERE

La Haute Piltière

SAINTE-MAURE-DE-TOURAINE

✆ 02 47 65 65 03

Ouvert du lundi au samedi de 7h30 à 19h30 ; le dimanche de 7h30 à 13h et de 17h à 19h30.

Ici, on travaille le lait de chèvre pour fabriquer un fromage ancestral. Ce fromage de forme tronçonique fait la fierté de la région. Beaucoup de producteurs vous proposeront de visiter leur élevage de chèvres, puis de déguster et éventuellement acheter leur fromage. Une paille de seigle qui traverse celui-ci atteste de sa qualité et de son origine. Après l'avoir ôté vous pourrez lire le nom du producteur dessus. A la Haute Piltière, c'est Raymond de Loof qui vous reçoit. Il a reçu en 2006 la médaille d'or du concours régional de fromage de chèvre !

DOMAINE DES FORGES

Les Forges

SAINT-BENOÎT-LA-FORÊT

✆ 02 47 58 01 26

Sur rendez-vous.

A la reprise du Domaine des Forges, à l'état de ruines, tout a été entièrement rénové. Et fort heureusement, car il aurait été dommage de voir disparaître cet ancien fief du château de Chinon, où Louis XI séjourna. Côté cave, le domaine des Forges réserve de belles surprises. L'équilibre de ce 2006 résulte de justes proportions entre le fruit, la matière et les tanins. Parce que le volume est mesuré, le vin paraît léger et frais. Et si on ne sait pas comment l'accompagner, il nous reste juste à écouter les conseils avisés des propriétaires.

DOMAINE WILFRID ROUSSE

21, route des Candes - **SAVIGNY-EN-VÉRON**

✆ 02 47 58 84 02

www.chinonrousse.fr

Du lundi au samedi : 9h-12h et 14h-18h30. Dimanche 10h-12h. Fermeture annuelle du 16 au 31 août. Livraison possible.

Vous reconnaîtrez sans souci la signature du domaine Wilfrid Rousse : une sirène tenant dans sa main un poisson. Le domaine s'étend sur 19,5 hectares, dont 18 ha de cabernet franc, auxquels s'ajoute un demi-hectare de chenin. Le domaine bénéficie de l'appellation Agriculture biologique. Dans ce domaine Cave d'excellence, vous trouverez de grands crus, comme Les Puys, Les Cinq Pères, Le Clos de la Roche ou encore Les Galuches… Des vins de plaisir et de garde avec des arômes de fraise des bois ou de violette. Cave ouverte au public, avec vente et dégustation.

AUX VERGERS DE LA MANSE

59, rue de la République - **SEPMES**
✆ 02 47 65 59 75
www.vergers-manse.fr
Du lundi au jeudi de 9h à 12h et de 14h à 18h30 ; le vendredi de 9h à 13h et de 14h à 18h30 ; le samedi de 9h à 12h30.

Il s'agit ici de l'empire du fruit ! La famille Debruyn, producteurs de fruits depuis 1987 à Sepmes, possède plus de 15 hectares de vergers et s'occupe tout au long de l'année de vous confectionner des paniers garnis avec des fruits de saison. La star ? La pomme ! Une large gamme est proposée. Les jus de fruits maison sont un vrai régal. Nouveauté, un distributeur automatique de pommes, poires et de jus de fruits.

Au départ la pomme était le seul fruit cultivé, mais les vergers comptent aujourd'hui également des poiriers et des cerisiers.

FERME DU CABRI AU LAIT

Les Héraults
SEPMES
✆ 02 47 32 94 86
www.cabriaulait.fr
Ouvert du lundi au samedi de 9h30 à 19h. Visite et dégustation : 5,35 €. Enfant de 4 à 12 ans : 4 €.

Venez participer aux soins des animaux pendant une journée, en commençant par mettre du foin dans les râteliers, et donner les céréales aux chevrettes. Assistez à la traite. Le déjeuner permet de découvrir le fromage sous toutes ses formes, du lait au fromage sec, en passant par le yaourt. En début d'après-midi, une balade dans les champs permet d'observer les fleurs et les plantes des prairies, cueillir quelques fleurs pour mettre dans l'herbier et parfumer aussi les fromages. La fabrication du fromage se déroule le matin. Autres ateliers selon les saisons.

LA BASSE COUR

Les Halles Centrales
TOURS
✆ 02 47 38 61 78
Ouvert du mardi au vendredi de 7h30 à 13h et de 15h à 19h ; le samedi de 7h30 à 19h ; le dimanche de 8h à 13h.

Mickaël Guerche est l'un des spécialistes de la vente de volailles. Si vous visez la qualité, alors ne cherchez plus, vous êtes au bon endroit. Les animaux sont élevés en plein air et nourris avec des aliments spécialement conçus pour eux. Originaires de Vendée ou de Château-du-Loir, vous trouverez des poulets, pintades, canards et du foie gras, la spécialité de la maison. Et si vous avez besoin de conseils sur la cuisson, n'hésitez pas à vous adresser aux vendeurs, ils se feront une joie de partager leurs connaissances en la matière. Une autre perle des Halles.

FAMILLE MARY

28, rue des Halles - **TOURS**
✆ 02 47 88 06 01
www.famillemary.fr
Ouvert le lundi de 14h30 à 19h ; du mardi au samedi de 10h à 19h.

Le miel n'est pas qu'une affaire de gourmandise : ses multiples bienfaits pour la santé ont été prouvés. Cette enseigne présente dans toute la France propose dans sa boutique du miel mis à toutes les sauces, si l'on peut dire : ampoules, gelées, gélules, sirops, comprimés, lotions, huiles, céréales, thés, etc. Et bien sûr, on le déguste aussi sous sa forme brute et délicieuse, avec diverses variétés en fonction de ce que les abeilles ont butiné (tilleul, acacia ou eucalyptus sont nos préférés). Un lieu pour prendre soin de soi et où l'on bourdonne de plaisir !

APIS 37

ZA Les Petits Partenais
VEIGNÉ
✆ 02 47 48 17 61
www.apis37.fr
Ouvert le vendredi et le samedi de 9h à 12h et de 14h à 18h30 ; le dimanche de 10h à 12h.

Dans le royaume de Nicole et Alain Marchais, toutes les abeilles sont des reines. Vous y trouverez les produits issus de la ruche, et pas seulement des miels, aussi de la gelée royale, du propolis, des produits de soins de beauté et d'hygiène, de l'hydromel, des bougies en cire, des confiseries... Pour exploiter votre propre rucher, les outils nécessaires sont aussi disponibles à la vente et à la location et Nicole et Alain ne sont pas avares de conseils pour partager leur passion. Ils sont également disponibles pour organiser des animations pédagogiques.

DOMAINE DE ROCHE BLONDE - EARL CHRISTOPHE GAUDRON

90, rue Neuve - **VERNOU-SUR-BRENNE**
✆ 02 47 52 12 17
www.christophegaudron-vouvray.fr
Ouvert du lundi au samedi de 9h à 19h. Visite de cave et dégustation.

Encore un des nombreux domaines du coin qui mérite amplement une visite ! Christophe Gaudron a repris l'exploitation de ses parents, étendue sur 12 hectares. Son vouvray dégage une force tranquille et éclate en mille bulles dans votre palais. Attaché à la méthode traditionnelle, élaborée au sein de la cave, il produit des vins tranquilles secs et demi-secs tous les ans, des moelleux les bonnes années, et toujours des vins de garde. Connaisseur, il transmet sa passion avec le sourire !

ASINERIE DE LA VALLEE

50, route de la Vallée
ANGÉ
✆ 06 89 92 86 04
www.asineriedelavallee.com
Haute saison mercredi à partir de 14h30 et le reste de l'année sur réservation. Adulte : 3 €.

Bienvenue au royaume des ânes, ceux avec de grandes oreilles, bien évidemment. Cécile et Olivier vous ouvrent les portes de leur asinerie. Au cours de cette visite, vous apprendrez ainsi à analyser et découvrir les différentes races, mais vous passerez également à la pratique en participant à la traite du lait d'ânesse. Découverte de la fabrication artisanale des savons naturels au lait d'ânesse frais, en vente à la boutique, ainsi que d'autres produits de soins de fabrication artisanale. Gîte de cinq personnes à disposition.

DOMAINE DES HUARDS

Les Huards - **COUR-CHEVERNY** ✆ 02 54 79 97 90
www.domainedeshuards.com
Ouvert du lundi au samedi de 9h30 à 12h et de 14h à 18h en basse saison et jusqu'à 18h30 en haute saison.

Un des très bons domaines de l'appellation Cour-Cheverny. Preuve en est, sa présence régulière dans le *Guide des vins du Petit Futé* et le plus cité dans la région. Michel Gendrier conduit son vignoble en culture biodynamique. Le domaine couvre 34 hectares de vigne avec le cépage historique romorantin, ces pieds de vigne bourguignons implantés au XVIe siècle par décision royale. La palette complète des vins répondra aux désirs de tous les amateurs. Le rosé est un vin de plaisir pour les soirées d'été, les rouges se marient au gibier et les blancs aux fruits de mer.

FERME DE LA FAUBONNIERE

920, rue du pré Châtelain
CHÉMERY
✆ 02 54 71 81 77
www.fermedelafaubonniere.com
Ouvert du lundi au samedi de 9h à 12h30 et de 14h à 18h.

Bienvenue au paradis de la gastronomie solognote ! La ferme était en ruine lorsque les frères Crèche l'ont reprise, il y a trente ans de cela. Depuis 2014, les nouveaux exploitants, Isabelle et Vincent Cailleau, ont a cœur de perpétuer la tradition de leurs prédécesseurs tout en développant l'offre. Vous n'aurez que l'embarras du choix entre foie gras, conserves de rillettes ou de pâté de canard, civet de canard, de cerf ou bien du salmis de canard aux girolles... Les portes de leur exploitation sont aussi ouvertes, sur rendez-vous, si vous souhaitez la visiter.

FERME DE L'ÉTANG

L'Etang - **EPUISAY**
✆ 02 54 72 01 67
www.ferme-etang.com
Ouvert toute l'année. Ouvert mercredi, vendredi et samedi de 10h à 12h et de 14h à 18h. Visite guidée : 3 €.

Venez visiter l'élevage de Cathy et Michaël, les nouveaux heureux propriétaires de cette ferme atypique. L'exploitation compte aujourd'hui presque une centaine de biches, quelques cerfs, pratiquement 90 faons et une dizaine de daguets. Faites tranquillement le tour du parc en famille, et, sur réservation, ils vous expliqueront tout sur ces animaux étonnants et majestueux. A la boutique, il est possible de se procurer terrines, plats préparés et de la viande fraîche. N'hésitez pas à passer commande. Accueil des camping-caristes.

DOMAINE DE LA PLANTE D'OR

5, voie de La Démalerie
CHEVERNY
✆ 02 54 44 23 09
www.val-de-loire-41.com
Visite sur rendez-vous, avec dégustation. Casse-croûte solognot. Prestations pour groupe (consulter le domaine).

Visite du Musée viticole dans le chai à barriques avec diaporama. Ce domaine vous ouvre les portes pour faire partager une passion familiale. Vous y apprendrez, entre autres, que le domaine est connu pour son cépage romorantin qui était, dit-on, le vin préféré de François Ier. Vin blanc de grande garde qui, selon Rabelais «se nourrit du feu de l'esprit et éteint le feu des passions». Le domaine contribue à la renommée des appellations Cour-Cheverny et Cheverny.

HUBERT ET OLIVIER SINSON

1397, rue des Vignes - **MEUSNES**
✆ 02 54 71 00 26
www.vins-sinson.com
Du lundi au samedi de 9h à 19h ; le dimanche et les jours fériés de 9h à 13h. Portes ouvertes le week-end de Pâques.

Ce domaine, dans la même famille depuis quatre générations, pratique une culture respectueuse de la tradition et de l'environnement. Il produit des vins frais et gouleyants avec une belle minéralité typique de ce terroir. Pour les apéritifs ou les desserts, vous pourrez opter pour une méthode traditionnelle «Plaisir du Musa» en blanc élaborée avec du chardonnay ou celle en rosé élaborée avec du Pinot Noir et du Côt : Volupté du Musa, mais aussi pour ce Sauvignon blanc doux qui accompagne également le foie gras et les dessert aux fruits.

CAVE CHAMPIGNONNIÈRE DES ROCHES ★

40, route des Roches
MONTRICHARD VAL DE CHER ✆ 02 54 32 95 33
www.le-champignon.com
Ouvert de début avril à mi-novembre et durant vacances de Noël et d'hiver. Restauration sur réservation (groupes).

Percez le mystère des châteaux de la Loire en parcourant l'une des anciennes carrières de tuffeau, qui retracent les techniques d'extraction des tailleurs de pierre. Puis découvrez une ville souterraine : 1 500 m² de façades sculptées dans la masse, véritable témoignage d'un passé unique aujourd'hui disparu. La Cave Champignonnière permet de découvrir la seule cave à cultiver dans leur atmosphère naturelle, les champignons gastronomiques Une visite incontournable et inoubliable.

HUILERIE DU BERRY

42, rue de Tours - BP 17
NOYERS-SUR-CHER
✆ 02 54 75 75 75
www.huiles-guenard.com

Comme le veut la tradition régionale, chaque vendredi de février, cette huilerie accueille les particuliers qui viennent apporter au pressoir leurs cerneaux de noix. Comme il faut compter 2 kg de noix pour 1 l d'huile, les particuliers sont nombreux à faire transformer leur cueillette ! Tout au long de l'année, l'huilerie de la famille Guénard produit également des huiles variées : huile de noisette d'Aquitaine, huile de germe de maïs, huiles de chanvre, de sésame, de colza, d'amande, de pistache, de pépin de courge... mais également de l'huile d'olive.

DOMAINE DU CROC DU MERLE

38, rue Chaumette - **MUIDES-SUR-LOIRE**
✆ 02 54 87 58 65
www.domaineducrocdumerle.fr
Basse saison : mardi au samedi 9h-12h30/14h-18h30. HS : lundi au samedi 9h-12h30/14h-19h, dimanche 9h-12h30.

Patrice et Anne-Marie Hahusseau vous invitent sur leur domaine pour vous faire découvrir, sous forme de séances de dégustation, leurs vins tout comme le lait de leurs vaches qui sert à élaborer tous les produits fabriqués à la ferme : camembert, fromages au poivre ou aux légumes du jardin, faisselle, yoghourt, et bien sûr beurre et crème fermiers. Ne passez pas à côté de leur gelée et leur sirop de cassis. Au cours de la dégustation, vous aurez le choix entre les six cépages, dont le sauvignon, le chardonnay et le gamay, qu'ils cultivent sur 10 hectares de terre.

DOMAINE LES VAUCORNEILLES

10, rue de l'Egalité
ONZAIN
✆ 02 54 20 72 91
Ouvert du mardi au samedi de 10h à 12h et de 14h à 19h, le dimanche de 10h à 12h30. Tous les jours sur réservation.

Le domaine s'étend sur 13,65 hectares de vignes en appellation contrôlée Touraine-Mesland et bénéficie d'une exposition privilégiée plein sud. Christine et Gilles Chelin vous accueillent sur leur exploitation pour vous faire partager leur passion pendant la dégustation de leurs crus. Une visite de leur exploitation est possible sur rendez-vous, au cours de laquelle ils vous présenteront les différentes étapes d'élaboration de leurs vins, ainsi que leurs vignes qui font leur fierté.

DOMAINE DES CAILLOTS

2, chemin du Vigneron
NOYERS-SUR-CHER
✆ 02 54 32 27 07
Ouvert du lundi au samedi de 9h à 12h et de 14h à 19h. Le dimanche (sur rendez vous). Visite du chai et dégustation.

Vigneron de père en fils depuis de nombreuses générations, Dominique Girault vous fera visiter le domaine familial qui exploite 20 hectares de vignes sur les coteaux du Cher sur des sols sableux avec des sols en silex ou argilo-calcaires qui donnent tout le caractère de ses vins AOC Touraine et AOC Crémant de Loire et AOC Touraine Chenonceaux, le tout en agriculture raisonnée. Groupes de 10 à 100 personnes sur rendez-vous : visite guidée en français et en anglais avec dégustation accompagnée de fromages et de spécialités locales.

FERME DE LA CABINETTE

Route de Chambon
ONZAIN
✆ 02 54 20 70 32
Ouvert du lundi au samedi de 9h à 13h et de 14h30 à 18h30.

Vous ne passerez quand même pas par Onzain sans ramener un sainte-maure-de-touraine ! Alors, foncez dans cette ferme qui vous invite à venir déguster sa production de fromages de chèvre variés. Et comme ici on fait dans le local, sachez que les fromages sont issus du lait des 190 chèvres. Tous les ans, le troisième week-end d'avril, vous pourrez découvrir un mini-marché des produits régionaux à la ferme. La ferme vous propose également à cette occasion des promenades à cheval. La Cabinette appartient au réseau Bienvenue à la ferme.

LA FERME DU MOULIN

27, route de Beaugency
OUCQUES
✆ 02 54 23 21 48
http://fermedumoulin.wixsite.com
Ouvert du lundi au samedi de 10h à 19h ; le dimanche de 10h à 12h.

La boutique propose des produits issus de l'agriculture biologique, des produits régionaux ainsi que les spécialités maison telles que la mirabelle en confiture, de l'eau-de-vie, des sirops, des légumes bio notamment d'étonnantes variétés de pommes de terre comme la vitelotte à la chair bleue. La ferme propose des journées cueillettes de mirabelles et de reines-claudes de mi-août à mi-septembre. L'exploitation accueille également des expositions temporaires d'artistes. Un incontournable si vous êtes dans le coin, pour petits et grands !

DOMAINE DES ROY

3, rue Franche - **PONTLEVOY**
✆ 02 54 32 51 07
www.domainedesroy.com
Cave ouverte tous les jours sauf le dimanche en été ; mercredi, samedi et dimanche matin le reste de l'année.

Passionnée par son métier et le vin Anne-Cécile Roy organise des randonnées à travers le vignoble familial de 8 hectares, Elle a repris la suite de son grand-père et de son père qui, dès les années 1970, se préoccupait de la qualité de son vin. Elle produit aujourd'hui une gamme complète, en agriculture bio, de vins blancs secs et moelleux, rosés, rouge et fines bulles de Touraine. Elle propose une visite guidée du vignoble et du chai avec dégustation de vin et de produits régionaux. Le domaine propose également un gîte et une aire pour camping-cars.

FERME PEDAGOGIQUE DE PRUNAY

Prunay
VALLOIRE-SUR-CISSE
✆ 06 98 99 09 86
Fermé de novembre à février. Ouvert tous les jours.

Venez séjourner sur l'un des 99 emplacements du camping de la ferme, dans un cadre calme et authentique. Un petit coin de paradis pour profiter de la piscine et de la pataugeoire, du jardin d'enfants, du parc des animaux de la ferme, de la pêche et de la barque. Les activités pédagogiques ne manquent pas, entre fabrication du pain, balade en tracteur remorque, nourrissage des animaux, feux de camp. Randonnées pédestre et équestre, vélos, pétanque, ping-pong, babyfoot, jeux de société.

CHAMPIGNONNIÈRE DU VAL SAINT-ANDRÉ

4, rue de la Fontaine
VILLAVARD
✆ 06 81 88 42 17
www.champi41.com
Ouvert du mardi au samedi de 10h à 12h30 et de 15h à 18h.

Une visite ludique, instructive et originale ! La culture des champignons de Paris, pleurotes et autres shiitakes n'aura plus aucun secret pour vous après la visite de cette cave, fantastique dédale de 3,5 km. Vous y découvrirez également les carrières de tuffeau, hébergement idéal pour ces délicats végétaux préférant les endroits frais, humides et à l'abri de la lumière. Une boutique de produits du terroir vous permettra de faire vos emplettes sur place.

MAISON DU CERF ★

3, place de l'Eglise - **VILLENY** ✆ 02 54 98 23 10
www.maisonducerf.fr
Haute saison ouvert du mardi au dimanche et jours fériés de 14h à 18h30. Adulte : 6 €. Enfant de 6 à 16 ans : 3 €.

Au cœur du massif du Cosson qui abrite l'une des plus belles populations de cervidés de France, la Maison du Cerf est installée dans un bâtiment typiquement solognot. Vous y découvrez tous les secrets du roi de nos forêts : sa naissance, sa cellule familiale, la chute et l'évolution de ses bois, son brame, etc. Vous serez immédiatement dans l'ambiance grâce aux animations sonores, entouré de panneaux pédagogiques, de diaporamas ainsi que des films permettent tout au long de la visite de devenir incollable sur le cerf, plus grand mammifère sauvage de France. La Maison du Cerf organise des soirées entre la mi-septembre et la mi-octobre, comprenant une visite du musée, la sortie à l'écoute du brame et un buffet campagnard (sur réservation), pour des personnes de plus de 12 ans. Les appels rauques des grands cerfs, le bruit, l'ambiance entre chien et loup et l'expérience même du règne animal rendent ces sorties inoubliables. A l'aube et au crépuscule, deux moments aussi mystérieux l'un que l'autre, et même si tout semble les opposer, ce sont pourtant les deux moments que privilégie le cerf pour bramer. La commune de Villeny dispose de chemins communaux pour vous promener en forêt. Vous trouverez à disposition des brochures avec les circuits pédestres. Mais le cerf reste un animal sauvage, il est donc par définition difficile à observer car craintif envers les humains. Pour avoir la chance de l'apercevoir, il vous faudra rester discret, privilégier des heures matinales ou en soirée, mais également avoir une bonne dose de chance.

LA FERME COQALANE

32, rue de Paumeton
CHAPELON
✆ 02 38 85 85 31
www.lafermecoqalane.fr
Ouvert toute l'année. Visite : 6,50 € pour tous, sur réservation.

Qu'ils soient citadins ou non, petits et grands enfants trouveront tous de l'intérêt dans la visite et la participation aux ateliers de cette ferme pédagogique. Que ce soit pour les animaux, pour la présentation de la vie d'une ferme, pour la découverte du jardin - avec évidemment les pieds et mains dans la terre -, pour la randonnée avec les ânes ou les nombreux ateliers de découverte de la nature, le choix ne manque pas dans cette ferme gérée par des passionnés, heureux de faire partager leur savoir-faire et leurs connaissances.

LA FERME DE CORINNE ET JEAN-MARIE VECTEN

377, Maisonneuve
CHÂTILLON-SUR-LOIRE
✆ 02 38 31 03 45
Le samedi toute la journée et le dimanche jusqu'à 11h. Les autres jours sur rendez-vous.

Les 120 brebis laitières de Corinne et Jean-Marie Vecten pâturent d'avril à novembre, à la belle saison, puis sont nourries en hiver de luzerne, céréales et autres pois produits sur l'exploitation. Leur traite a lieu de février à octobre, après l'agnelage au mois de janvier, dans la bergerie. Leur lait cru est transformé en fromage sur l'exploitation : le brébier, une pâte lactique de type crottin, le blason d'Orléans, une pâte molle, et le capétieux, une pâte pressée.

PARCOURS PEDAGOGIQUE DES OISEAUX

Chemin des Pâtures
CHÉCY
Accès libre toute l'année.

La ville de Chécy, en partenariat avec la LPO, a réalisé, au départ du pont-tournant, un parcours des bords de Loire, jalonné de panneaux donnant toutes les explications nécessaires à la découverte des oiseaux. Sur chacun d'eux, un QR code permet d'obtenir plus d'informations. Cette zone naturelle est protégée, soyez respectueux. Munissez-vous, si vous le pouvez, d'une paire de jumelles et habillez-vous de vêtements sombres. Ne faites pas de bruit, il sera plus facile de les observer.

FERME PEDAGOGIQUE DES PENNETIERES

Les Pennétières - **DOUCHY-MONTCORBON**
✆ 06 76 41 45 02
Ouvert toute l'année. Entrée journée : 9,50 € pour tous. Demi-journée : 5,50 €. Supplément goûter : 2 €. Sur résa.

Que vous soyez en groupe, des scolaires ou en famille, venez découvrir la ferme et prendre soin des animaux, ramasser les œufs, assister à la traite et en apprendre plus sur les légumes. Sur réservation, ils proposent aussi un goûter comprenant de la brioche accompagnée de jus de fruits artisanaux, et des boissons chaudes aussi goûteuses que gourmandes et de la confiture de lait. Vous pouvez séjourner sur place dans une caravane atypique et un mobil-home pouvant accueillir 6 personnes.

LA HAIE GOURMANDE

Lieu-dit La Grosse Planche
FÉROLLES
✆ 02 38 58 88 48
www.lahaiegourmande.fr
Téléphoner avant visite. Réseau «Bienvenue à la ferme».

Voici une adresse qui devraient rallier un maximum de suffrages ! Depuis le temps qu'ils sont installés dans cette ferme et qu'ils cultivent en bio, Thierry et Brigitte Filippi se sont taillés un nom et une réputation autour de leurs produits. Leur mot d'ordre est : diversité ! Aussi cultivent-ils 25 sortes de fruits, fleurs et plantes qui sont ensuite transformés sur place afin de donner jour à une quarantaine de variétés de confitures, 15 sirops, des condiments, du vinaigre et bien d'autres ! Allez-y, vous nous en direz des nouvelles !

BERGERIE DE LA PETITE FERME

400, route d'Orléans
LA FERTÉ-SAINT-AUBIN
✆ 02 38 64 63 73
www.bergerie-petite-ferme.fr
Ouvert du lundi au samedi.

Hervé et Dominique de Vial vous accueillent [sur réservation de préférence] pour vous faire visiter l'exploitation et déguster leurs savoureux repas à la ferme. Toute l'année, on peut venir acheter de la viande d'agneau, prête à être mise au congélateur ou pour faire un méchoui. Le mardi midi, toujours sur réservation, l'auberge propose ses propres repas : c'est l'occasion de goûter les produits de la ferme. La bergerie loue aussi sa grande salle pour les réunions de famille.

LE CLOS SAINT FIACRE

560, rue Saint-Fiacre
MAREAU-AUX-PRÉS
✆ 02 38 45 61 55
www.clossaintfiacre.fr
Ouvert du lundi au samedi de 9h à 12h30 et de 14h à 19h.

La réputation de ce domaine va grandissante depuis l'obtention des AOC «Orléans Cléry» et «Orléans» en 2006, fruit d'un combat mené depuis plusieurs années par les vignerons de l'Orléanais. Elles sont ainsi les plus jeunes de France. La famille Montigny-Piel, présente sur la commune depuis quatre générations, saura vous faire partager sa passion pour le travail de la vigne. Dans le petit musée «Daniel Montigny», le fameux paternel, vous découvrirez plus de 2 000 outils liés au métier : tonneaux, pompes à vin, herse, vieilles charrues, etc.

LA RACINERIE

237, rue Haute
SAINT-CYR-EN-VAL
✆ 02 38 69 21 35
www.laracinerie.fr
Ouvert tous les jours de 8h à 12h et de 14h à 19h. Horaires du mois de novembre au mois de mai.

Oubliez les rayons froids des supermarchés, chaussez vos bottes et arpentez les allées de la Racinerie. C'est tellement meilleur et tellement moins cher ! La qualité de ses produits est la clef de son succès. Gérard Michaud a particulièrement à cœur d'expliquer son métier, la nature de ses produits, de sensibiliser le consommateur à son rôle d'écocitoyen. En dehors de la période de cueillette, la ferme vous accueille aussi pour vous proposer ses légumes de saison, ses fleurs en godets (au printemps) et ses œufs frais, à déguster toute l'année !

DE L'ÉTABLE À LA TABLE

1410, rue de la Bergeresse
OLIVET
✆ 02 38 49 01 38
Ouvert du lundi au samedi de 9h à 19h30 ; le dimanche de 9h à 12h30.

Trouver un fromager qui fait encore son beurre (sans jeu de mots ici, permettez !), cela devient rare. De l'étable à la table fabrique du beurre de baratte doux et demi-sel. Un beau rayon de fromages de chèvre composé d'une bonne trentaine de variétés de la région occupe une place prépondérante à l'étal ainsi qu'une série de tommes de diverses régions. D'autres pâtes fermes françaises, suisses et hollandaises sont présentes, honorant tout fromager qui se respecte. Un bel ensemble réconciliant tant pour les néophytes que pour les connaisseurs.

SOLOGNE AUTRUCHES

Route de Coullons
SAINT-GONDON
✆ 02 38 36 91 14
Ouvert le mardi, le mercredi, le vendredi et le samedi de 15h à 19h.

Installé depuis 1999, cet élevage a su se tailler une place dans le département. Sur ce domaine d'une trentaine d'hectares, Isabelle et Jean-Pierre Perrette élèvent près de 150 autruches. L'élevage se visite : vous verrez ce fier volatile vous toiser de toute sa hauteur et vous fixer de ses yeux ronds. Mais les lois de l'élevage sont ce qu'elles sont et un abattoir extérieur est chargé d'abattre ces grands oiseaux dont la viande - réputée pauvre en cholestérol - est transformée en saucisson, terrines ou steaks, en vente dans la boutique à l'entrée du domaine.

CHÈVRERIE DU GRAND BARDELET

La Ruellée - **POILLY-LEZ-GIEN** ✆ 02 38 67 29 24
www.chevreriegrandbardelet.com
De février à mi-novembre, tous les jours, sauf le mardi, de 14h30 à 19h. Possibilité d'assister à la traite vers 18h.

Cette petite ferme abrite un élevage d'une centaine de chèvres laitières, boucs, chevreaux, brebis, béliers et agneaux. On peut venir y acheter des crottins de Chavignol AOP. On peut profiter de ces achats pour prendre connaissance de la vie de la ferme, au milieu des animaux. On découvrira aussi une exposition de machines agricoles du début du XXe siècle. Du 1er septembre au 15 novembre, c'est le moment d'acheter de la viande d'agneau, vendue sur commande, uniquement.

FERME SAUTE MOUTON

Le Petit Forcelles
TIGY
✆ 02 38 57 22 14
www.saute-mouton.net
Fermé de novembre à mars. Visite sur réservation en ligne. Entrée : 8 € pour tous.

Après avoir demandé l'autorisation, promenez-vous dans la ferme sur un parcours délimité le temps de découvrir les élevages de moutons, volailles, cochons et les ânes ainsi que le jardin d'aromatiques. Les enfants sont sous la responsabilité des adultes. Vous pourrez assister au nourrissage encadré par les animateurs. Par contre, vous ne devez pas nourrir les animaux, au risque de les rendre malade ou de déséquilibrer leur alimentation. Ateliers semis et plantations au potager. Il y a aussi un camping. Suivez toutes les actualités sur la page Facebook.

A CUPULATTA ★★★★

Route territoriale 20 - **AJACCIO**
✆ 04 95 52 82 34
www.acupulatta.com

Haute saison ouvert tous les jours et jours fériés de 9h à 18h. Adulte : 12 €. Enfants de 5 à 11 ans : 9 €.

Ce parc est unique en son genre. Sur un site naturel de 2,5 ha, vous découvrez la vie cachée des tortues. De l'Amérique du Sud à la Méditerranée, en passant par l'Asie et l'Afrique, tous les continents sont représentés, de la tortue étoilée d'Inde à la tortue à tête rouge d'Amérique du Sud en passant par la tortue géante des Galápagos ou l'impressionnante tortue alligator. Créé par l'Association A Cupulatta (tortue en corse), le centre a pour vocation l'élevage, l'étude et la protection des tortues terrestres et aquatiques du monde entier. Le parc en abrite 170 espèces pour un total qui dépasse 3 000 animaux. Un cadre naturel remarquable, des éléments climatiques particulièrement favorables ainsi que des aménagements très bien adaptés offrent des bonnes conditions de vie et de reproduction. En 2020 cinq petites tortues exotiques de l'espèce charbonnière d'Amérique du Sud que l'on reconnait à leur carapace sombre aux écailles jaunes, et leurs pattes aux écailles rouges sont nées à Ajaccio. En 2021, les équipes du parc ont vu la naissance de trois tortues à tête de crapaud. Un exploit salué dans le monde entier ! Cette espèce d'Amérique du Sud, encore méconnue et difficile à observer dans son habitat, ne s'est quasiment jamais reproduite en captivité. Dans la nurserie chauffée des dizaines d'œufs attendent d'éclore. Chaque année, le parc A Cupulatta s'attache à ces naissances pour que soient préservées les espèces menacées. Des programmes d'échanges avec d'autres parcs et de réintroduction dans la nature sont en cours.

CHARCUTERIE SAN LARENZU

Casciaco - **AULLÈNE**
✆ 07 60 06 24 83
www.sanlarenzu.com

Ouvert tous les jours de 8h à 20h. Livraison possible (et Chéques vacances acceptés). American Express

Henry Laurent élève et « charcute » depuis plus de vingt ans sur les cimes de l'Alta Rocca dans le petit village d'Aullène ses porcs de race corse et ses bovins. La transhumance s'organise sur le plateau du Cuscione à 1 500 m d'altitude. On pourra y découvrir le séchoir et apprécier le fumet délicieux de ces prisutti, coppa, lonzu, salami, figatellu, pancetta... Conditionnement sous vide pour le voyage. En prime : les chambres et le beau restaurant U San Larenzu sur place à un prix très accessible pour les prestations offertes (bain à remous, spa et sauna).

U SAN LARENZU €€

Casciaco - **AULLÈNE** ✆ 07 60 06 24 83
www.sanlarenzu.com

Gîtes de France (2 épis). Ouvert de début mars à octobre. Chambre à partir de 85 €. Bain bouillonnant, sauna.

Antoinette et Laurent Henry proposent aux amateurs de tranquillité des chambres de grand confort, un bain bouillonnant, le sauna et ses bains de soleil. Belle production charcutière maison que l'on pourra même emporter. Literie neuve, nouvelle déco, salle panoramique et toujours l'accueil au top. Au beau milieu des montagnes de l'Alta Rocca et de la vallée du Taravo de belles balades et randonnées tout autour en forêts ou au plateau du Cuscione à la découverte du pastoralisme insulaire authentique traditionnel. Vous aurez le meilleur des conseillers avec Laurent.

PARC ANIMALIER DE BOTTACINA

Route de Bottaccina - **BASTELICACCIA**
✆ 06 22 38 39 18

Ouvert du mardi, vendredi 10h à 16h, mercredi 10h à 14h, jeudi, dimanche 10h à 12h. Sur réservation. Entrée : 4 €.

Ce parc de 6 600 m² comprend un chalet et une terrasse couverte. Partez à la rencontre des oies, dindons, canards coureurs, et Yurak le bébé lama, attendant friandises et caresses. Les activités varient en fonction de l'âge de l'enfant. Pour les 5 à 12 ans, ateliers ludiques et pédagogiques, après une visite commentée du parc. A partir de 9 ans, le matin, est proposé un stage de soigneur d'un jour, alliant soins, nourrissage, nettoyage et pansage. Possibilité de pique-niquer sur place.

DOMAINE BRUNELLI

Cavallo Morto
BONIFACIO
✆ 04 95 73 05 41
www.cavallomorto.com

Ouvert tous les jours de 9h à 12h et de 17h à 20h.

Alain Brunelli a découvert près de 550 oliviers multi-centenaires perdus au milieu du maquis. Après plusieurs mois d'effort pour les remettre en état, il a commencé leur exploitation dans les années 1990. Deux huiles monovariétales sont produites à la propriété : l'AOP Oliu di Corsica et l'huile Oliu d'Aliva. Elles sont toutes les deux issues de la zinzala, une petite olive typique du pourtour méditerranéen très parfumée. Depuis 9 ans, c'est Fabienne qui a repris l'exploitation au décès de son mari, perpétrant ainsi son savoir-faire.

MARIE-CLAUDE SCARBONCHI

U Poghju
CUTTOLI-CORTICCHIATO
✆ 04 95 25 83 46
www.itrevaddi.fr

Environ 6,50 € le pot de confiture.

Sur les hauteurs d'Ajaccio, il y a bien un endroit qui devrait plaire à tous les gourmands. Marie-Claude Scarbonchi cultive ses arbres fruitiers à hautes tiges dont elle récolte les fruits à la main pour les transformer, sur place, en belles confitures. Les confitures, certifiées Ecocert, sont confectionnées à partir des fruits frais. Toutes fleurent bon le terroir corse, au total, il y en a une trentaine. On aime particulièrement celle aux figues blanches. Cette agricultrice est présente sur le marché d'Ajaccio tous les samedis matin.

DOMAINE PETRA BIANCA

Petra Grossa - **FIGARI**
✆ 04 20 01 71 39
www.petra-bianca.com

Ouvert du lundi au vendredi de 9h à 12h. Haute saison : du lundi au samedi de 9h30 à 13h et de 15h30 à 19h.

Domaine composé de 50 ha nichés entre plaines et coteaux, avec des rendements à l'hectare très bas. La personnalité de ces vins résulte de la meilleure utilisation des potentialités de la région, du climat et de ses cépages insulaires. Vinifiée et élevée en fûts, pour le rouge et le blanc, sa confidentialité en fait un breuvage d'exception, le rosé représente le meilleur équilibre du cépage sciaccarellu, sur sol granitique. Le domaine se complète d'un élevage ovin qui produit le brocciu et des fromages fermiers, issus des pâturages spécifiques de cette vallée.

LES MARCHÉS DE LECCI

RT10 - **LECCI**
www.lecci-sudcorse.com

Lecci : ouvert toute l'année le mercredi de 8h à 13h. Saint-Cyprien en haute saison : le vendredi de 19h à 23h.

Deux marchés à Lecci : toute l'année celui du mercredi matin situé à La Croix de Lecci, avec des producteurs fermiers biologiques sous le label «Marché des producteurs de pays». Durant la saison, tous les vendredis soir dans la rue commerçante du village marin de Saint-Cyprien, vous trouverez une ambiance conviviale et l'opportunité de faire des trouvailles de producteurs artisanaux (bijoux, produits de beauté, décoration...) et sa quarantaine d'exposants dans une ambiance musicale. Tous les lundis soir en saison, soirées découverte musicale sur la plage.

A PIGNATA €€

Route des sites archéologiques de Cucuruzu - **LEVIE** ✆ 04 95 78 41 90
www.apignata.com

Fermé de janvier à mars. Ouvert tous les jours et les jours fériés le midi et le soir. Réservation recommandée.

L'intégration des bâtiments de cette ferme-auberge est exemplaire avec l'usage de pierres granitiques et de bois de chêne, la décoration intérieure élégante. En cuisine, Jean-Baptiste De Rocca Serra concocte une cuisine de tradition à base de produits corses dont le porc noir élevé sur l'exploitation par son frère Antoine. Le menu unique offre un panorama du meilleur de la Corse. L'agneau de 7 heures, les haricots mijotés dans la sauce, les cannelloni au bruccio et à la menthe, etc. tout est parfait, généreux, savoureux. Pour séjourner : chambres de charme.

FERME-AUBERGE DU COL DE LA VACCIA €€

Col de la Vaccia - **OLIVÈSE**
✆ 06 84 75 70 27

Ouvert d'avril à octobre. repas 30 €. Haute saison : ouvert tous les jours et les jours fériés le midi et le soir.

Antoine-Dominique Buresi, agriculteurs du village, tiennent à bout de bras cette charmante auberge perdue au bout du monde à 1 150 mètres dans un panorama grandiose. On y arrive par hasard, soit par Olivese soit par Aullene, soit par Zicavo et l'on pourra y manger ou dormir en toute quiétude et profiter d'un environnement exceptionnel. L'établissement possède des chambres familiales agréables et une terrasse. Une seule condition, il vous faudra impérativement réserver !

DOMAINE SANT ARMETTU

Sant Armettu - **OLMETO**
✆ 04 95 76 24 47
www.santarmettu.com

Ouvert à l'année : consulter horaire sur le site internet. Livraison possible et expéditions sur demande.

La vallée du Baracci enchante, la lumière est ici chez elle et lors d'un instant de grâce vous la trouverez aussi en bouteille, car c'est là que mûrit le raisin du Domaine Sant'Armettu créé en 1996. Un domaine de 40 ha où blancs, rosés et rouges se déclinent en plusieurs gammes Mino, Rosumarinu, Myrtus dont la robe noire augure de la richesse des arômes, patiemment élevé en fût de chêne. Les cépages sont en grande partie endémiques : Minustellu en rouge et Genovese en blanc. Huile d'olive du domaine en deux versions : Olealta et Spuma.

BIORTU

Lieu-dit Bottega
PETRETO-BICCHISANO
✆ 06 12 90 08 20
www.biocorse.fr

Sur 15 ha de vergers, cultivés en agriculture biologique, poussent figuiers, framboisiers, pommiers, pruniers. Tous les fruits récoltés ici sont transformés sur place en de délicieuses confitures qui abritent des morceaux de fruits encore fermes, ce qui ajoute au plaisir de la dégustation. 100 % naturelles, ces confitures doivent être consommées dans le mois après ouverture du pot. Rien de plus facile ! Sur les 35 ha restants, Biortu conduit un troupeau d'ovins pour viande d'une centaine de têtes, certifié bio. Vente en ligne ou sur commande des agneaux.

FERME PEDAGOGIQUE DE PADULA

Route de Porra - **PORTO-VECCHIO**
✆ 06 11 79 96 76
www.fermepedagogiquecorse.com
Ouvert toute l'année sur réservation. Nourrissage à 10h30 et 16h.

C'est une exploitation agricole dont la particularité est d'exercer des actions de médiation animale. Composée d'une partie équestre et d'une partie ferme pédagogique. Dans cette partie ferme se trouvent six parcs, où vivent et se reproduisent les animaux toute l'année, plus un parc nurserie. Laëtitia propose des visites interactives où il sera possible de rentrer dans les parcs pour approcher, caresser et nourrir les animaux. Sont également prévus des baptêmes à poney d'une demi-heure

CHEZ BRIGITTE ET BERNARD LABBE €

PIANOTTOLI-CALDARELLO
✆ 04 95 71 86 18
Bienvenue à la Ferme. Gîtes de France (2 épis). Ouvert toute l'année.

Évadez-vous au bout du monde, entre Sartène et Bonifacio chez des agriculteurs bio, amoureux de l'authenticité.On viendra ici pour savourer un vrai accueil paysan. On s'endormira au chant du petit duc et l'on s'éveillera avec merles et geais. Côté table, la famille Labbé au grand complet cuisine la production locale du potager et des arbres fruitiers de l'exploitation. Belles prestations hôtelières dans les 5 chambres coquettes, toutes remises à neuf.

LA FORÊT DE L'OSPEDALE ★★

PORTO-VECCHIO

La forêt de l'Ospedale est enchanteresse. Le village tient son nom « u Spidali » d'un ancien hôpital qui accueillait des voyageurs et des bergers en route vers la montagne dès le XVe siècle. Fontaine, horloge solaire, grands escaliers et maisons de pierres nous rappellent la vie d'autrefois. Autour du village, une forêt de pins lariccio et de hêtres abrite une faune et une flore endémiques. Plus haut, son barrage dessine un décor surprenant. Puis, à quelques pas, un sentier balisé mène à la cascade Piscia di Ghjaddu, une chute d'eau spectaculaire de 60 mètres !

DOMAINE DE PRATAVONE

Pratavone - **PILA-CANALE**
✆ 04 95 24 34 11
www.domainepratavone.com
En saison de 8h à 12h et de 14h à 19h30. Avril, mai, juin, septembre de 8h à midi et 14h à 18h et le samedi matin.

Depuis 1991 Isabelle Courrèges a su faire évoluer son vignoble devenu au fil des ans l'une des valeurs sûres de la région. Issus de la typicité des cépages corses, vermentinu pour les blancs et sciaccarellu, niellucciu pour les rouges et rosés. Le Domaine vous reçoit dans ses bâtiments tout neufs, la cave de vinification a été entièrement refaite en 2012. Nous vous conseillons la cuvée Guillaume, élevée en fût de chêne pour le rouge et la même en blanc, vin de gastronomie qui vous étonnera par sa complexité et son originalité. Visite du Domaine sur rendez-vous.

DOMAINE ROSA DE CALDANE €€

Caldane - **SAINTE-LUCIE-DE-TALLANO**
✆ 04 95 73 50 26
www.hotelresidence-caldane.com
Ouvert toute l'année. Tous les jours et les jours fériés le midi et le soir. Réservation recommandée.

Une jolie table champêtre au sein du domaine de Caldane pour prendre des forces avant ou après les bains. On y profite d'une terrasse ombragée dominant les bassins et d'une cuisine locale de bonne tenue : tripettes, sauté de veau à la mode corse, cabri ou porcelet. Une adresse située dans un site naturel entre deux montagnes que l'on apprécie pour le calme de l'environnement. En prime : la résidence juste à côté et bien sûr, l'espace bien-être des bains d'eau chaude, du parc avec son mini-golf et la salle de sport et remise en forme.

CLAUDE BLANC

Acqua In Sù
SARI-D'ORCINO
✆ 06 26 79 27 81
Visite sur reservation. CB non acceptée.

Le domaine s'étale sur les coteaux de la commune de Sari-d'Orcino, où il associe la production de vergers multiséculaires à celle d'une jeune plantation, qui porte le nom d'une chapelle romane dominant la vallée de la Cinarca : San Ghjuvà (d'où le nom de son huile). Certifiée AOP Oliu di Corsica, elle résulte du mélange de la ghjermana et de la sabina, qui lui donnent des saveurs subtiles et complexes, herbacées et fruitées, auxquelles s'ajoutent l'effet de la prégnance aromatique du maquis environnant et l'influence d'une mer Méditerranée toute proche.

DOMAINE FIUMICICOLI

Pulmona - **SARTÈNE**
✆ 04 95 77 10 20
www.domaine-fiumicicoli.com
Ouvert du lundi au vendredi de 9h à 12h et de 14h à 18h.

Ce domaine créé en 1964, s'étend sur 73 ha dont 45 en AOC Sartène et se situe à 8 km de Sartène, sur la route de Levie, après le célèbre pont pisan de Spina Cavallo. Dans le superbe caveau de dégustation est présentée une intéressante gamme de vins maintes fois récompensés. Ces précieux nectars sont la résultante d'un travail de culture à l'ancienne, dans le plus grand respect de ce terroir béni des dieux. La gamme se complète d'un rosé fruité, mais dangereux sous le soleil et d'un original muscat rouge Muscateddu 50 cl pour l'apéritif ou les desserts chocolatés.

PARC NATUREL D'OLVA ★

Route de la Castagna - **SARTÈNE**
✆ 06 11 75 29 64
www.parc-animalier-corse.com
Haute saison ouvert tous les jours, de 10h à 18h. Basse saison week-end et jours fériés de 10h à 17h. Adulte : 7,50 €.

Sur plus de 20 ha, venez découvrir les plus belles essences du maquis méditerranéen et les animaux domestiques de l'île. Un parcours botanique répertorie chaque espèce. Ânes, chevaux, volailles et cochons évoluent dans leur cadre naturel. Tout ce qui fait le parfum et la beauté de la Corse émerge ici de chaos granitiques où se perchent chèvres et cabris. Les fréquentes naissances permettent d'assister à leurs premières cabrioles. A la fin de la visite promenades à poney et atelier de traite des chèvres. Des lamas viennent de rejoindre le site.

U TARAVU €

D83 - **ZÉVACO**
✆ 04 95 24 46 06
www.auberge-u-taravu.com
Bienvenue à la ferme. Ouvert de décembre à septembre et le samedi et dimanche l'hiver. De 24 à 33 € boissons incluses.

À la sortie du village, en direction de Zicavo, une ferme-auberge traditionnelle et authentique comme on les aime : ici, toute la panoplie de la cuisine traditionnelle du Taravo est préparée par Nadia : soupe corse, charcuteries maison, pâté, boudin, porcelet. Pour le midi, on apprécie la proposition plat du jour et l'assiette gourmande composée différentes version de charcuterie locale. On pourra repartir avec un souvenir de la vallée grâce à la vente des produits de la ferme, dont la fameuse et incontournable charcuterie de la famille Andreucci.

A ZEVACACCIA

D83 - **ZÉVACO**
✆ 04 95 24 46 06
www.gietaravu.com
Ouvert tous les jours et les jours fériés de 9h à 20h. Ouvert le dimanche. Expédition par la Poste. CB non acceptée.

Impossible de visiter la Corse sans partir à la découverte de sa gastronomie et notamment de ses produits d'origine animale. Nous sommes ici chez Angeot Andreucci, éleveur-sélectionneur et producteur de charcuterie fermière à base de porcs corses Nustrale. Les cochons sont élevés en liberté sous les châtaigniers du haut Taravo à 800 m d'altitude, complémentés aux céréales et abattus dans les règles de l'art et des méthodes insulaires. Bon à savoir : vente sur place et visite de l'exploitation sur réservation. Expéditions sur demande.

DOMAINE DU LISTINCONE

AGHIONE

✆ 06 77 69 95 89

Sur une centaine d'hectares de terres caillouteuses de Haute-Corse, Martine et Francis Vielès se sont lancés dans un élevage de volailles : des poulets, des dindes, des chapons et poulardes, et des canards. Un laboratoire situé dans la propriété permet de transformer ensuite les volailles en produits finis : au domaine du Listincone, on prépare donc des foies gras entiers en conserve, mi-cuits au torchon, des cous farcis, des magrets fourrés... N'hésitez pas à découvrir ces spécialités qui ne sont en rien gersoises, landaises ou périgourdines, mais 100 % corses !

DOMAINE MARQUILIANI

AGHIONE

✆ 04 95 56 64 02

Vente à la ferme, Ouverture : Tous les matins, ou sur RDV, sauf le dimanche.

Ce verger, créé avec son père en 1994, s'étale sur 10 ha. Formée à la dégustation des vins, Anne retranscrit son savoir-faire avec l'huile qu'elle produit soit en monovariétale soit par le biais d'assemblage. On trouve trois huiles au domaine : les AOP Oliu di Corsica (fruitée douce et la ghermana) et, plus atypique, la fruitée sauvage, issue de la variété sabine. Toutes ont une caractéristique commune : elles sont issues d'olives pressées très rapidement après la récolte afin de garder tous les arômes primaires. Une des meilleures huiles de la région !

U FRAGNU €

Couvent d'Alando

ALANDO

✆ 04 95 48 68 39

Ouvert toute l'année. Haute saison : tous les jours et les jours fériés le midi et le soir.

Une adresse adorable que cette ferme-auberge tenue par Xavier Bernardi, éleveur bovin et porcin réputé dans la région, qui bénéficie de plusieurs atouts : un cadre agréable avec une salle typique où trône l'ancienne meule, une terrasse panoramique qui plonge sur la vallée et une cuisine familiale et traditionnelle. Les portions sont sincères et généreuses, servies à petits prix. Mention particulière pour la charcuterie maison qui fond dans la bouche. Il n'y a pas meilleur endroit pour découvrir les spécialités corses dans un cadre de quiétude absolue.

FERME AUBERGE L'ECURIE €€

Padulone - **ALÉRIA**

✆ 04 95 57 94 26

www.domainedepadulone.com

Bienvenue à la Ferme. Ouvert de mi-mars à mi-décembre midi et soir.

Une belle création de la famille Vincentelli du domaine de Padulone, exploitants agricoles de génération en génération. L'aménagement de l'ancienne écurie familiale est une vraie réussite. Au programme des réjouissances, le veau, l'agneau, le cochon et le bœuf bio du domaine, la pêche locale de Daniel Defusco et même un vivier à langoustes et homards. Avec sa grande terrasse ombragée et la belle salle très originale des anciens box, et un seul mot d'ordre : se poser, admirer, respirer et déguster tranquillement une belle cuisine authentique de terroir !

LA ROUTE DES SENS AUTHENTIQUES ★★★

Avenue Paul-Giacobbi

BASTIA

✆ 04 95 30 95 23

www.gustidicorsica.com

Ouvert toute l'année.

Et si, après quelques jours de détente sur les plages corses, l'envie vous gagnait de découvrir les racines de la Corse à travers ses produits labellisés ? Matérialisées par des centaines de panneaux signalétiques aux quatre coins de l'île, les Routes des Sens authentiques vous guident pour des découvertes hautes en saveurs. Chef d'orchestre de cette valorisation agricole récente, l'Office du développement agricole et rural de Corse (ODARC) vous invite à la découverte des productions certifiées AOP, IGP ou AB : miels, Brocciu, charcuteries, vins, huile d'olive, farine de châtaigne, clémentines, pomelos, noisette... mais également à la rencontre d'artisans d'art, de fermiers aubergistes ou de distillateurs d'huiles essentielles. La Route des Sens Authentiques est une invitation au voyage au cœur de la Corse rurale. Profondément attachés à leur terre, des femmes et des hommes passionnés qui ont su conjuguer art de pratiquer un métier ancestral et mode de vie moderne, vous offrent la chaleur d'un accueil traditionnel et la garantie d'un produit d'origine. Dans ces lieux à forte identité, savoir-faire ancestraux et modernité se côtoient pour un accord parfait entre authenticité et qualité. Suivez ces panneaux pour accéder à leurs exploitations, leurs ateliers, leurs auberges. Les adhérents de la Route des Sens respectent un cahier des charges précis qui vous garantit des productions de qualité et d'origine, des saveurs et des savoir-faire uniques ainsi qu'une hospitalité rare !

CORSE

U PAESE

4, rue Napoléon
BASTIA
✆ 04 95 31 12 27
Ouvert du lundi au samedi de 9h à 12h et de 15h à 19h.

U Paese perpétue depuis près de trente ans le savoir-faire des artisans insulaires. Sonia propose figatelli, coppa, lonzu, saucisses, prizuttu, ventrè piènu... une charcuterie de porcs corses de qualité qui porte haut les couleurs de la Castagniccia, mais également fromages de chèvre et de brebis de bergers, brocciu, farine de châtaigne, liqueurs, sans oublier l'incontournable huile d'olive. Une grande sélection de vins corses de haute volée : agriculture biologique et/ou en biodynamie pour le plaisir du vrai et du goût. Une boutique à voir d'urgence !

DOMAINE TERRA DI CATONI

CAGNANO ✆ 04 95 46 00 14
Ouvert de 9h à 19h. Visite du domaine en 4x4 et dégustation : 10 € par personne (sur réservation). Menu du jour 25 €.

Lieu pluriel où Christian Mons-Catoni a réussi à sublimer les terrains de ses grands-parents. Les pentes abruptes qui plongent dans la mer abritent plus de 5 ha de vignes et les 4 500 oliviers dont l'huile a fait la réputation du domaine. On vous conseille vivement la visite que l'on réalise en 4x4. Au volant, Christian lui-même, ancien champion de France de Formule 3, vous conduit pour arpenter les pistes vertigineuses qui slaloment entre vignes, oliviers et végétation, pour vous faire découvrir pagliaghji et bergeries ancestrales. Sensations garanties !

LE MOULIN DE PRUNETE

Acqua Vida Prunete
CERVIONE
✆ 04 95 38 01 84
Haute saison : ouvert du lundi au samedi de 9h à 12h et de 15h à 19h.

Après quelques années d'exploitation, Joseph Rioli est passé de la presse traditionnelle à la chaîne continue en 1995. Une modernisation qui lui permet de presser jusqu'à 400 tonnes d'olives chaque année. Il exploite un domaine de 6 ha où sont cultivées des variétés comme la ghjermana, la Sabine ou la picholine. Deux huiles AOP en découlent : le moulin de Prunete (olives cueillies sur l'arbre, assemblage de ghjermana, sabine et picholine) et l'huile d'olive du couvent de Cervione (olives cueillies sur filet après leur chute naturelle, prédominance de ghjermana).

A CHJUSELLINA €€

Route d'Aleria - **CORTE**
✆ 04 95 47 13 83
www.achjusellina.com
Fermé d'octobre à avril. Ouvert du lundi au samedi et les jours fériés le soir. Réservation impérative.

Charmante initiative de Nathalie et Jean-Max Leonelli, exploitants agricoles au nord de Corte, qui ont mis toute leur sueur pour offrir une belle étape dans le pur esprit agro-touristique. On y découvre, à l'entrée de l'exploitation, leur auberge et les chambres d'hôtes aux prestations de haute qualité. La table et l'hébergement ne souffrent d'aucun défaut et on y profitera d'une situation bien pratique pour visiter mer et montagne. Le petit plus : producteur et transformateur de charcuterie AOP en dégustation et vente sur place.

OSTERIA DI L'ORTA €€

2, avenue du Pont-de-l'Orta - **CORTE**
✆ 04 95 61 06 41
www.osteria-di-l-orta.com
Ouvert du lundi au vendredi et les jours fériés le soir. 3 chambre double de 80 € à 107 €, 2 suites de 120 € à 200€.

Tenue par Marina et Antoine, de vrais fermiers-aubergistes, cette adresse vaut le détour. A l'entrée de Corte, on se repérera à la grande maison de maître, dans sa parure bleu ciel, encerclée de vignes, au pied de la cité. Une formule table d'hôtes et son menu unique, copieux, varié et savoureux, pour sortir de table repu et heureux. Pour compléter ce tableau idyllique, on se devra d'y rester dormir, dans l'une des chambres ou suites aménagées avec amour par ces jeunes passionnés. En prime, les 3 salles pour l'organisation de banquets, mariages et événements.

A ROBBA PAISANA

6, avenue de la République
CORTE
✆ 06 79 55 53 06
Ouvert du mardi au vendredi de 9h à 12h et de 15h à 19h. Ouvert à l'année.

Créé en 2015 par 6 agriculteurs cortenais, A Robba Paisana commercialise uniquement des produits issus de producteurs fermiers et identifiés. Situé tout à l'entrée de la ville, vous y trouverez bien sûr des produits de saison : maraîchage bio ou traditionnel, vins, confitures artisanales, moutardes, charcuteries et fromages fermiers, biscuits, canistrelli, œufs fermiers et poulets bio ainsi que de la viande de veau corse, du pain à l'ancienne, des huiles essentielles, des cosmétiques... Les producteurs se relaient pour vous accueillir dans la boutique.

DOMAINE MAESTRACCI

Route de Santa-Reparata
FELICETO
✆ 04 95 61 72 11
www.domaine-maestracci.fr
Visite de la cave sur rendez-vous. Dégustation.

Mutation en douceur dans ce domaine trentenaire avec l'arrivée de la cinquième génération de cette famille de vignerons. Camille-Anaïs, jeune œnologue et viticultrice s'attache à féminiser ce monde de brut des AOC calvais. Outre l'intérêt de visiter cette belle propriété, on y trouvera la gamme Villa Maestracci en rouge et blanc, issue des vieilles vignes et élevée en barrique 12 mois, le grand classique E Prove dans les trois couleurs dont un rosé gris dangereux, le Clos Reginu, dans les trois couleurs, cuvée traditionnelle et les Marottes d'Anaïs en rouge.

A MERULA

Villa Santa Catalina
FOLELLI
✆ 06 85 93 17 86
A la villa Santa Catalina, à Folelli, les achats sont possibles sur place en visitant la propriété sur rendez-vous.

François Andreani exploite sur une petite dizaine d'hectares, entourées de noisetiers, de vergers et de maquis, des oliviers de la variété locale ghjermana. Les olives sont ramassées à maturité, directement sur l'arbre. Son huile, commercialisée sous la marque A Merula (signifiant le merle en corse, oiseau très friand des olives !), est produite dans son propre moulin : les olives sont ainsi triturées dès le lendemain de la récolte. Certifiée AOP Oliu di Corsica, elle a reçu la médaille d'argent au Salon de l'agriculture en 2012.

FROMAGERIE SISTI

Casa Pieraggi
GHISONI
✆ 04 95 56 38 18
www.fromageriesisti.com

Dans un environnement exceptionnel dominant la Costa Serena à mi-chemin entre Bastia et Figari, sur une propriété d'une centaine d'hectares, cette fromagerie constitute une étape incontournable sur la route des saveurs corses. La structure commercialise une quinzaine de références de fromages, six au lait de chèvre, huit au lait de brebis... La fromagerie a su conserver un savoir faire ancestral en l'adaptant à une infrastructure moderne correspondant aux normes sanitaires européennes. L'idéal pour faire provision de Tommettes, Tomes, Brocciu et autres Crottins.

KILL BRIE

avenue Paul Doumer
L'ILE-ROUSSE
✆ 06 09 16 47 96
Ouvert du mardi au samedi de 9h à 12h et de 15h30 à 19h ; le dimanche de 9h30 à 12h30.

Kill Brie, c'est la belle histoire de Virginie Bruno qui a délaissé son métier de professeur de lettres pour affiner des fromages dont 7 créations fromagères originales qui font sa renommée : le Kill brie, un brie aux truffes totalement addictif, et le Jackie Brocciu, un brie au brocciu, à la nepita et aux noisettes. Une boutique qui regorge de trésors rares. Cerise sur le gâteau, Virginie confectionne des plateaux de fromages incroyables entre fleurs, fruits, fromages et un sens de l'esthétique magique comme ces pièces montées ! A découvrir absolument !

MOULIN OLTREMONTI

Tristani
LINGUIZZETTA
✆ 04 95 35 23 48
https://www.oltremonti.fr/fr/
Ouvert du lundi au samedi de 9h à 18h. Dégustation. Boutique en ligne.

C'est en 2008 qu'Emilie et Ivo débutent l'aventure Oltremonti. Sur leur parc de 15 ha en culture certifié AB, ils construisent leur moulin en 2013, ce qui leur permet de maitriser leur production de A à Z. En résultent une gamme de six huiles d'olives vierges ou extra-vierges, dont la Galoppa qui fait partie du top 10 des meilleures huiles du monde ! Le Moulin a d'ailleurs remporté la médaille d'argent au Concours international d'huile d'olive de New York en 2017. Vous trouverez aussi des condiments méditerranéens ainsi que des savons à base d'huile du moulin.

CLOS CULOMBU

Chemin San-Petru - **LUMIO**
✆ 04 95 60 70 68
www.closculombu.fr
Ouvert du lundi au samedi de 9h30 à 13h et de 14h à 18h30. Le dimanche de 10h30 à 12h30 et de 15h30 à 17h30.

Le domaine de la famille Suzzoni se situe sur le chemin de la chapelle San-Petru du XIIe siècle, classée aux Monuments historiques. Il s'étend sur 50 hectares sur les communes de Montegrosso et Lumio, cultivés de manière traditionnelle, sur un terroir d'arènes granitiques et de terrasses argileuses, planté de niellucciu, sciaccarellu, vermentinu, grenache, syrah, cinsault et muscat petit grain. Engagée en bio depuis 2010, la nouvelle cave superbe permet dégustation, visite et commentaires éclairés. A déguster : le Domaine Culombu, le Clos Culombu.

SYNDICAT AOP OLIU DI CORSICA

26, quartier de la Poste - **LUMIO**
✆ 04 95 56 64 97
www.oliudicorsica.fr

En Corse, où les pratiques culturales et les variétés implantées depuis l'Antiquité sont l'héritage d'une civilisation ancestrale basée, entre autres, sur la culture de l'olivier, l'huile d'olive est un produit identitaire par excellence, issue en grande partie d'oliviers multicentenaires, jamais altérés par le gel, qui atteignent parfois jusqu'à 20 mètres de haut.

Créé en 2002, par une poignée de récoltants passionnés, attachés à la sauvegarde de la tradition oléicole corse et de cette oliveraie sans équivalent, le syndicat AOP Oliu di Corsica s'emploie à la promotion et à la défense d'une huile d'olive d'exception, toujours produite en petite quantité dans un environnement riche et préservé,.

En 2015, les oléiculteurs insulaires font reconnaitre la spécificité des différents arômes obtenus selon le mode de récolte, et aujourd'hui, l'huile Oliu di Corsica AOP, se décline en deux gammes : l'une plus « fraîche », issue de la « récolte sur l'arbre ». L'autre plus « douce », issue de la « récolte à l'ancienne », par chute naturelle sur filets, aux arômes d'olive noire, de fruits secs ou de fleurs du maquis ; elle accommode particulièrement bien les plats chauds tels que viandes et poissons grillés...

Afin de préserver ce patrimoine exceptionnel, notamment de la redoutable xylella fastidiosa, qui décime les oliveraies italiennes, le syndicat AOP Oliu di Corsica, qui comprend à présent 176 membres, a mis en œuvre une production locale de plants d'oliviers de variétés corses.

AUBERGE U SANT'ANTONE €€

Marine de Nonza
NONZA
✆ 07 88 62 34 20

Fermé du 15 octobre au 15 juin. Haute saison : ouvert tous les jours et les jours fériés le midi et le soir. Résa.

Une petite auberge-paillote totalement atypique à découvrir sur la route de la plage de Nonza. On arrivera chez Cyril Olmeta, éleveur à Olcani, qui propose sur la terrasse de belles assiettes copieuses et savoureuses, élaborées avec ses produits à lui. Les grillades sont parmi les meilleures du Cap Corse et pour cause, les viandes arrivent directement de son exploitation et sont cuites au feu de bois. Simple et authentique. Un personnage original, un cadre adorable où l'on peut voir le soleil de coucher, des prix justes et une vraie authenticité.

LIBERTALIA BISTRO TROPICAL €€

Route de l'Église - **PATRIMONIO**
✆ 04 95 60 36 77
www.brasseria-ribella.com

De mai à octobre, ouvert tous les soirs à partir de 18h (dernier service à 0h). Réservation recommandée.

Une ferme-auberge *slow-food*. Pierre-François Maestracci, fils de viticulteur et précurseur du slow-food en Corse vous accueille en son bistrot tropical, dans les jardins de la maison familiale. Sous les arbres centenaires, au milieu d'une végétation luxuriante, c'est un ballet bien orchestré de plats du jour et pizzas. Les assiettes sont généreuses, les légumes bio du potager, la pêche locale et quotidienne, la bière artisanale Ribella du village, les cocktails inspirés.

DISTILLERIE AGRICOLE PIETRACORBARA

A Murticcia - **PIETRACORBARA**
✆ 04 95 55 66 98

Fermé en novembre, février et mars. Ouvert tous les jours de 8h à 13h et de 16h à 19h. Boutique. Restauration.

Entre plage, rivière et maquis, c'est à la fois une distillerie, un élevage caprin et porcin, et une ferme animalière, où vous pourrez approcher ânes, autruches, paons, poneys, biquettes et cochons et toute la basse-cour. Craquez devant les porcelets et les cabrioles des chevreaux. Aire de jeux. Sur place, des chambres d'hôtes et une auberge où vous seront servis les produits fermiers. Boutique de produits corses, vins, charcuterie. Vente directe de liqueurs, apéritifs, eaux-de-vie.

CASA ORSI D'HERBES BIOLOGIQUES

Hameau de Vignalello - **ROGLIANO**
✆ 06 10 66 91 38
www.casaorsi.fr/a-propos

Ouvert le lundi, le mardi et du jeudi au samedi de 15h30 à 18h. Vente par correspondance.

Isabelle Orsi a créé la première exploitation oléicole du Cap Corse en 1997 avec 4 ha de vieux oliviers endémiques produisant son huile dans le moulin du domaine, l'Alivi di Roglianu estampillée AOP Oliu di Corsica. Ajoutant 7,5 ha de maraîchage et plantes aromatiques, elle vient de changer son fusil d'épaule. En 2019, elle a fait le choix de cesser la production d'huile pour se consacrer entièrement à celle d'infusions, herbes aromatiques et oignons de Sisco, 100 % bio.

MIELLERIE DU NEBBIU OLIVIER MORATI

Lieu dit Vezzi
SANTO-PIETRO-DI-TENDA
✆ 04 95 37 71 98
Basse saison, sur rdv. Haute saison : tous les jours.

Si Charles et sa femme ne consacraient que 20 % de leur activité à l'huile d'olive (la production de miel représentait 80 %), leur fils, Olivier, a inversé ces proportions. Il a remis en état 1 500 oliviers multiséculaires (sabine) et plantés 21 hectares d'arbres de variétés biancaghja et frantoio. La récolte se fait de façon traditionnelle : de janvier à juin, on récupère les olives tombées dans les filets suspendus. Boutique sur place avec miel, pain d'épices...

OLIVIER BARDIN

Le Poggio
SISCO
✆ 06 16 22 11 24
Vente sur place sur rdv téléphonique et aussi dans divers magasins ou restaurants.

Après avoir travaillé en Camargue, Olivier Bardin est revenue sur les terres familiales, en Corse, pour cultiver l'olivier. Il a remis en état près de 400 oliviers devenus sauvages. Issues des variétés capanace et oliese, endémiques du Cap Corse, les olives sont récoltées « au filet » de novembre à fin mai : il faut dire que les rafales à 180 km/h qui soufflent régulièrement sur le Cap facilitent leur chute ! Son huile, non filtrée et pressée dans un moulin moderne, est vendue au domaine, tout comme les fameux oignons de Sisco, variété ancienne récemment relancée.

L'ORTU & A MANERA

Hameau de Barrigioni - **SISCO**
✆ 06 41 74 64 44
www.la-safraniere-du-cap.com
Principal point de vente : «A Casetta» - Hameau de Barrigioni à Sisco. Prendre RDV par mail ou tél (06 69 10 97 66).

Stéphanie Scavino s'est lancée il y a quelques années dans la production de safran et s'ouvre aujourd'hui à la récolte de fruits et légumes et à la fabrication de produits issus de ses récoltes. Aucun produit phytosanitaire n'est utilisé sur l'exploitation et ici, tout est artisanal. En vente : les pistils de safran, les bulbes de crocus sativus, les douceurs safranées et confitures, les célèbres oignons de Sisco, etc. Parmi les confitures stars, on découvre par exemple clémentine et safran, pomelo et gingembre, pomme et safran et le duo citre et verveine.

CAPRA PARC

Favale - **TOX**
✆ 06 12 72 35 67
www.capra-parc.com
Sur rendez-vous, sous réserve des conditions météo. Arrivée 8h30 pour la traite ou 10h pour le parcours. Adulte : 25 €.

Cette exploitation agricole a pour activité principale l'élevage de chèvres corses et la transformation fromagère. Ils font aussi partager leur vision de l'élevage pastoral tel qu'il devrait être plus souvent pratiqué. Ils vous permettent de découvrir ce mode d'élevage en venant rencontrer les bergers et leurs chèvres. Visitez la bergerie ou essayez la traite manuelle. Ils organisent des programmes à la journée et vous proposent de partir en randonnées avec les chèvres à la découverte du maquis. Dégustation et vente de fromages frais bio.

U FRAGNU €€

Lieu-dit Campo
VENZOLASCA
✆ 04 95 36 62 33
Fermé d´octobre à novembre. Haute saison : ouvert tous les jours et les jours fériés le soir.

Une de ces fermes-auberges authentiques et pittoresques de l'arrière-pays. On y vient pour découvrir la vraie cuisine corse, avec la garantie d'une matière première irréprochable. C'est très bon et copieux. Qui plus est, on est dans le cadre magnifique d'un ancien pressoir à olives, restauré de main de maître par François Garelli. Comme quoi, on peut bien manger dans un superbe cadre, à deux pas de Bastia. Un très bon rapport prix prestations. C'est notre coup de cœur pour la micro région. Possibilité de couchage en cas d'abus de digestif maison.

FROMAGERIE PIERUCCI

Torra
VESCOVATO
✆ 04 95 36 72 74

En trois générations cette entreprise est devenue l'un des principaux producteurs de fromages corses. Aujourd'hui la fromagerie Pierucci est une entreprise qui parvient à allier modernité et tradition. Elle collecte la production de plus de 60 exploitations laitières de la région. Tout en modernisant ses équipements, la famille Pierucci a su garder l'esprit des hommes et des femmes qui ont fait son succès. La fromagerie fabrique sept fromages traditionnels, au lait de brebis ou au lait de chèvre, dont l'incontournable AOC Brocciu.

GRAND EST

SAMYN MARYSE ET ALAIN

19, rue Dyonne
ARNICOURT
✆ 03 24 38 04 34
Vente à la ferme sur commande.

Maryse et Alain Samyn proposent à leur clientèle des poulets élevés en plein air sur un parcours herbeux et bénéficiant d'une alimentation exclusivement à base de céréales, garantie sans aucun apport de farine animale. Ils sont conditionnés par carton de quatre pièces et sont prêts à cuire. La vente s'effectue à la ferme et sur commande. Vous pourrez ainsi tester cette production et, parole de gourmet, vous reviendrez faire vos emplettes chez Maryse et Alain Samyn et ferez profiter vos parents et amis de cette bonne adresse.

POCQUET - APICULTEUR

5, rue du Brachois - **AVANÇON** ✆ 03 24 39 06 27
www.pocquet-apiculture.fr
Ouvert le mardi, le jeudi et le vendredi de 9h à 12h et de 14h à 18h30 ; le mercredi et le samedi de 9h à 12h.

Samuel Pocquet propose, depuis 20 ans, une gamme de produits issus de ses ruches. Vous aurez le choix entre le miel toutes fleurs, le miel de forêt, le miel d'acacia et quelques gourmandises auxquelles vos papilles auront du mal à résister : pain d'épices, nonnettes à l'orange, boules de *mielline*. Pour exercer vos talents de cuisinier, offrez-vous le vinaigre de miel. Ou de l'hydromel ambré moelleux, de la *mayanne* framboise ou mûre (à base d'hydromel) ou encore du cidre de miel. Pour votre santé, offrez-vous un peu de gelée royale, du pollen, des gommes...

IL ÉTAIT UNE FOIE...

Rue de l'Eglise
ARTAISE-LE-VIVIER
Sur rendez-vous.

Fabien et Séverine Warzee tiennent une petite exploitation entre les villages de Sedan et Vouziers. Dans leur ferme, ils y élèvent des bœufs et des canards gras. Ils élèvent ainsi les canards gras en plein air, selon la tradition, avant de les gaver à la propriété et de transformer enfin les produits en délicieux mets à déguster. Parmi les spécialités de foie gras et dérivés de canard, on trouve un foie frais, des rillons, magrets frais, cuisses de canard, un foie gras mi-cuit et surtout, un velouté de châtaigne au foie gras !

G.A.E.C DEPARPE

13, rue de la Chapelle
BANOGNE-RECOUVRANCE
✆ 03 24 72 44 69
Visite sur rendez-vous, vente à l'exploitation et sur commande.

Alain et Brice Deparpe sont éleveurs de bœuf charolais dans les Ardennes. Ils proposent une visite de leur exploitation et vous informent sur les soins et la nourriture qu'ils donnent aux animaux. À l'issue de cette visite, libre à vous de faire votre choix parmi les produits vendus à la ferme. Ils prépareront votre commande avec beaucoup de soins, il ne vous restera plus qu'à mitonner rôtis, daube, pot-au-feu... car cela n'est plus de leur ressort. Bon appétit ! Et pour ne pas venir pour rien, il est préférable d'appeler avant de passer.

ARDENNES AUTRUCHES S.C.E.A GIOT-MARY

6 bis, rue du château
AVANÇON
Vente à la ferme.

Il s'agit d'un «troupeau» de quelque 130 autruches. Élevées en plein air, nourries avec des produits issus de la ferme, elles sont réputées donner une viande tendre, goûteuse et d'une grande finesse. La production de la SCEA Giot-Mary se décline en un assortiment de viande, filet et pavé d'autruche, mais aussi de la charcuterie. La vente se fait à la ferme, ainsi que sur les marchés. Il est prudent de prendre contact par téléphone avant tout déplacement.

DOMAINE DE BELVAL

Route Départementale 4
BELVAL-BOIS-DES-DAMES
✆ 03 24 30 01 86
https://domaine-belval.org
Visite sur rendez-vous.

Dans le massif forestier du Dieulet, les sangliers et les marcassins circulent en semi-liberté, tout comme les cerfs dont on vient entendre le brame en saison. 620 hectares de bois, de prairies et d'étangs à découvrir en sortie pédagogique autour de la faune et la flore. Plus de 150 espèces d'oiseaux ont été recensées dont certaines assez emblématiques comme la cigogne noire, le butor étoilé et le pygargue à queue blanche. Le verger pédagogique compte environ 250 fruitiers de variétés anciennes et locales. Musée de la Chasse, école de chasse de Belval.

LA FERME DU VILLAGE [JEAN-CLAUDE MARTINEZ]

9 F, rue de Roizy
BERGNICOURT
✆ 03 24 38 91 37

Livraison gratuite à domicile, sous conditions. Compost en sacs de 10, 20, 30, 50, 100 et 200 kg.

Jean-Claude Martinez est apiculteur, éleveur de lapins et lombriculteur. Pendant que les abeilles et les lombrics font leur travail, notre homme ne reste pas inactif. Son élevage de lapins demande tous ses soins. Il élève une race d'animaux pour la reproduction ou pour la consommation. Leur chair fine et goûteuse fait le régal des connaisseurs. Mais il élève aussi des lapins nains, petits animaux de compagnie, calmes et affectueux qui font le bonheur des enfants.

LES VERGERS DE JEAN-MICHEL

lieu dit Hurtebise
GUINCOURT
✆ 03 24 71 47 46

Vente à la propriété.

Jean-Michel Thiry fait partie des quelques familles qui perpétuent la culture et la commercialisation des fruits dans le carré magique des villages de Tourteron, Guincourt, Suzanne et Saint-Loup-Terrier. La production locale est dominée par la culture de la pomme, mais depuis quelques années les arboriculteurs ont diversifié leur production faisant la part belle aux poires, mirabelles, reines-claudes, quetsches, cerises, fraises et framboises. Faites une halte chez Jean-Michel Thiry !

FRANÇOIS JADOT - MARAÎCHAGE BIOLOGIQUE

rue de l'Eglise
ECLY
✆ 03 24 72 85 91
www.jadot-bio.fr

Vente sur place et sur certains marchés de la région.

François Jadot cultive des légumes bio. La vente se fait sur place, mais il est conseillé de prendre rendez-vous. Ce maraîcher est également présent sur divers marchés de la région. Vous retrouverez la saveur des produits de saison, cultivés dans votre région, et contribuerez aussi à aider un producteur à vendre sa production près de chez lui. Cueillis au fur et à mesure de la demande, ces légumes gardent alors toutes leurs vitamines et ainsi toute leur saveur.

LA FERME DU LION D'OR

16, rue du Lion-d'Or
JANDUN
✆ 06 60 52 73 76
www.fermeduliondor.fr

Ouvert chaque mardi en août à 17h30. Adulte : 8 €. Enfant : 4 €.

Un voyage à la ferme qui enchantera petits et grands. Dans une ambiance d'un autre temps, venez déguster un agréable goûter et assistez, voire participez aux soins des animaux. La traite n'aura plus aucun secret pour vous, après cette visite guidée pleine d'humour et de gentillesse. Vivent ici non seulement des vaches, mais aussi des chevaux de trait, des chèvres et des moutons. Quel plaisir ensuite de faire ses emplettes dans une boutique emplie de bons produits. À tester aussi, le gîte du bon vieux temps dans un ancien relais de poste.

FLORENCE ET LIONEL THIRY

lieu dit Hurtebise
GUINCOURT
✆ 03 24 71 28 13

Vente sur place tous les après-midi et sur certains marchés de la région.

Lionel Thiry est le digne héritier de son grand-père Henry qui s'installa en 1956 à Guincourt au cœur des crêtes pré-ardennaises. Avec Florence, son épouse, ils maternent leurs «bébés», qui se prénoment Melrose, Boskoop, Jonagold, Elstar, Reinette du Canada, Golden, Chanteclair. À cela s'ajoutent deux variétés de poires [Williams et Conférence], mais aussi des cerises, mirabelles, reines-claudes, quetsches, et des fraises cultivées hors sol sous serre. Le pétillant de mirabelle est un pur délice et le jus de pommes façonné avec trois variétés est à goûter !

BÉATRICE ET ERIC LEGUAY « CONFITURES D'ARDENNES »

5, rue Victor Piot
LA NEUVILLE-EN-TOURNE-À-FUY
✆ 03 24 72 77 66
www.confituresardennes.blogspot.com

Vente à la ferme

Béatrice et Eric Leguay confectionnent toutes sortes de confitures et gelées à partir des fruits produits dans leurs vergers. À côté des confitures et gelées classiques, vous trouverez une multitude de saveurs et parfums originaux, par exemple de la confiture aux fleurs de pissenlit, de la poire à la vanille, de la pomme aux épices mais aussi des pâtes de fruits. La vente directe se fait à la ferme, dans certaines boutiques [liste sur le blog], sur les foires et marchés.

FERME PÉDAGOGIQUE DE LIART ★

Rue des Gobins - **LIART** ✆ 03 24 54 48 33
www.fermepedagogiqueliart.fr
Haute saison ouvert du lundi au vendredi de 9h à 12h et de 13h30 à 17h. Adulte : 10 €. Enfant : 5 €. Sur réservation.

Au cœur de la Thiérache ardennaise, ils accueillent aussi bien les groupes que les familles souhaitant passer une agréable journée entourée des vaches, veaux, cochons, lapins, ânes, cheval de trait, chèvres, moutons, et la basse-cour. Tout en apprenant en fonction de l'âge tout ce qui concerne la famille, l'habitat, la morphologie, la reproduction. Et d'ateliers de fabrication du pain, confiture, fromage, architecture à partir de l'histoire des *3 Petits Cochons*. Découverte du verger.

MICHÈLE ET MICHEL BLANGUERIN

3, rue Pont Taillard
NOVY-CHEVRIÈRES
✆ 03 24 38 05 28
Sur rendez-vous et sur certains marchés du département.

Michel Blanguérin est une référence dans le cercle des producteurs de miel. Son épouse le seconde et a su diversifier l'offre à la clientèle par l'apport de produits dérivés tels que le pain d'épices, l'hydromel, des figurines à la cire d'abeille. Depuis quelques années, Michel Blanguérin a un peu réduit le nombre de ses ruches. En conséquence l'offre est moins importante et il ne faut pas hésiter à faire vos provisions dès le début de la vente de la récolte de l'année.

EARL COGNIARD JULIEN ET PATRICK

11, route de Juniville
PAUVRES
✆ 03 24 30 33 06
www.volailles-de-la-ferme.com
Vente à la ferme sur rendez-vous.

Julien et Patrick Cogniard élèvent des volailles de souche fermière qui sont nourries avec des aliments produits à la ferme. Les agneaux nés à la ferme sont élevés sous la mère, puis nourris avec les aliments de la ferme. Cette production 100 % ardennaise, se fait toute l'année pour les volailles et de janvier à novembre pour les agneaux. Vous trouverez à la ferme du boudin blanc de volaille, rillettes et pâté de foie de volaille en verrines et du pâté croûte de lapin.

PARC ARGONNE DÉCOUVERTE ★

RD946 - **OLIZY-PRIMAT**
✆ 03 24 71 07 38
www.parc-argonne-decouverte.fr
Haute saison tous les jours de 10h à 19h. Adulte : 14 €. Enfant de 3 à 11 ans : 10 €.

Partez à la découverte de la faune argonnaise et ses loups dans ce parc unique, qui mêle sensations nature et pédagogie. Tout au long de la journée, une multitude d'activités et d'animations s'offrent à vous. Ne manquez pas le repas des loups et le spectacle d'oiseaux en vol libre, avec une quinzaine d'espèces présentées sur 30 minutes, d'avril à fin août, deux temps forts de votre visite. Le parc propose également des animations sur les animaux de la ferme, les insectes et les secrets de la vie animale au Théâtre du Vivant. Vous pourrez visiter le parc librement pour observer sa faune : des ratons-laveurs, des chouettes, hiboux, cigognes, perroquets et des aigles, mais aussi des races locales et anciennes d'animaux de basse-cour. À l'intérieur du bâtiment principal, n'ayez pas peur de plonger dans l'ambiance de Nocturnia pour observer chauves-souris, genettes, grenouilles, rongeurs, insectes, axolotls... Côté loisirs, un film spectaculaire en 3D et sensations fortes au Hamac à Bonds, un ensemble de trampolines dans les arbres plutôt étonnant, conçu comme un labyrinthe de filets et qui se termine par des toboggans. Les stars incontestables sont bien sûr les loups avec la meute de loups gris d'Europe et la meute de loups arctiques. L'occasion d'en savoir plus sur cet animal fascinant, et le repas des loups est le rendez-vous idéal pour les observer et échanger avec les soigneurs animaliers. Il est possible de manger à la Cime des Arbres, restaurant avec vue panoramique sur la forêt d'Argonne.

PATRICK ROUYER [APICULTEUR]

22, Petit Remilly
REMILLY-AILLICOURT
✆ 07 69 91 85 50
rouyer.apiculture.free.fr
Cueillette d'essaims gratuite. Miel de 3 € les 250 g à 8 € le kilo. Bonbons au miel 20 % 2 € les 150 g.

Patrick Rouyer propose sa production artisanale de miel des Ardennes. Lorsque l'on connaît les bienfaits du miel sur la santé, c'est un plaisir peu onéreux que l'on peut s'offrir. La vente se fait sur place, avec une possibilité de retrait sur Paris et Lille. L'apiculteur propose des séances d'information en milieu scolaire ou associatif. N'hésitez pas à le contacter pour effectuer un achat ou pour organiser une visite guidée du rucher. Vous serez toujours les bienvenus !

GRAND EST

LA FERME DE LA HERSE

4, place de la République - **RETHEL**
✆ 03 24 38 71 45
www.fermedelaherse.com
Ouvert le mercredi et le vendredi de 9h30 à 12h30 et de 15h30 à 19h ; le samedi de 8h30 à 12h30 et de 15h à 19h.

Éleveurs depuis 5 générations, la famille Gambier vous propose dans leur boutique retheloise un large choix de viandes et charcuteries de leur ferme de Novion-Porcien. De nombreuses spécialités de la région s'offrent à vous, à commencer par le boudin blanc de Rethel dans toutes ses déclinaisons en tourte accompagné d'escargots, en feuilletés mais aussi du jambon d'Ardennes, du saucisson de sanglier, des verrines de gibier de la forêt de Sedan, des pâtés en croûte ardennais ou encore de l'andouillette à la ficelle... Vente en ligne possible.

ALAIN BELLOY

Hameau de Terrier
SAINT-LOUP-TERRIER
✆ 03 24 71 29 42
Il est conseillé de téléphoner avant tout déplacement.

Alain Belloy commercialise du jus de pomme, du cidre brut et du cidre doux, du jus de poire, élaborés à partir de fruits produits dans ce coin des Ardennes réputé pour ses vergers. Vous trouverez aussi chez ce producteur des fruits du Tourteronnais : pommes, poires, mirabelles et quetsches. Alors, si au cours de vos promenades vous passez par ce village, une halte chez Alain Belloy s'impose. Il vous fera déguster ses spécialités et vous repartirez avec quelques bouteilles de délicieux breuvages et paniers de fruits, sources de vitamines.

G.A.E.C GOZÉ [RÉMI GOZE]

10, rue du château
SÉVIGNY-WALEPPE
✆ 03 24 72 41 94
Vente à la ferme.

Rémy Cozé vous propose des légumes produits sur son exploitation. Venez faire le plein de pommes de terre, d'oignons, de poireaux ainsi que divers légumes secs. Il vous attend à la ferme, mais il est conseillé de prendre rendez-vous car les occupations de cet agriculteur se pratiquent plus au grand air que derrière le comptoir de vente de ses légumes. Vous ferez ainsi provision de légumes de saison, produits dans votre région et contribuerez ainsi au développement de l'activité de l'un de ses producteurs locaux. Et en plus, repartez avec plein de bons conseils !

JEUX DÉCOUVRE LA FERME

11, La Croix-Colas
SIGNY-LE-PETIT
✆ 03 24 53 11 25
www.jeuxfermefamilleardennes.jimdo.com
Ouvert tous les jours sur réservation. Pass famille : 10 €. Visite guidée.

Au travers de ce jeu de mots se cache une association qui promet des heures de plaisir et de découverte pour les enfants. Ici, les petits fermiers d'un jour pourront nourrir poules et coqs, puis les biquettes et moutons, Dingo le poney, Dudulle le cochon laineux, l'âne Gribouille, les nouveaux venus les alpagas Oskar et Raven et câliner les lapins. Participer à un goûter avec les produits de l'exploitation. En adhérant à l'association, s'ouvrent encore de nouvelles activités, balades à cheval dans les bois et randonnées sont proposées plusieurs fois dans l'année.

LA MAISON D'ALINE €€

8, rue du Pâquis
STONNE
✆ 03 24 22 40 62
www.gites-en-ardennes.fr
Ouvert toute l'année.

Vanessa et Luc Ponsin vous accueillent chaleureusement dans leur ferme labellisée Bienvenue à la Ferme. Ils vous proposent une visite de l'exploitation (départ de la visite 17h, 18h et 19h). À 20h, rendez-vous pour le dîner au cours duquel vous dégusterez un méchoui, apéritif et café offert. Au sein de la propriété, des animations vous sont proposées : Ciné Ferme, devenez agriculteur producteur, Savez-vous planter... des radis (atelier semis de radis enfants de 2 à 10 ans) dans un cadre calme et reposant, n'hésitez pas à vous renseigner auprès des propriétaires.

AUBERGE DU MOULIN DE GIRONVAL €

Chemin Clavy Warby
THIN-LE-MOUTIER
✆ 03 24 54 74 40
Réservation recommandée.

Dans un ancien moulin niché dans la verdure de la forêt ardennaise, Bruno et Agnès Ayer vous accueillent pour vous faire déguster une bonne salade au lard accompagnée de leur cidre artisanal. Vous pourrez même visiter la cave après le repas et en apprendre plus sur la fabrication de ce doux breuvage. En plus d'une table d'hôtes excellente, l'Auberge de Gironval propose également des chambres d'hôtes pour les visiteurs désireux de prolonger leur séjour dans ce cadre champêtre.

LE CHEMIN DU VIGNERON

CELLES-SUR-OURCE

www.tourisme-cotedesbar.com

Un circuit de 6 ou 11 km, un peu plus de 3h dans les mollets, le tout balisé en blanc et jaune au départ de l'ancien lavoir place de la Liberté. Il est appelé « chemin du vigneron » et fait aussi l'objet d'une randonnée conviviale, fin mai, la Randonnée gourmande (nécessité de s'inscrire). On picore lors de cette fête, on goûte, des assiettes sont proposées sur le parcours... Dans tous les cas, on franchit des chemins herbeux en bordure des vignes, les bords de l'Ource mais on se repaît de cette quiétude des vignes alentour, paisibles et fructueuses.

CIRCUIT DES CADOLES

COURTERON

Au départ du village, rue des Œillets, un itinéraire fléché parcourt vignes et campagne à la rencontre d'une douzaine de cabanes de vignerons : les célèbres cadoles, construites par les ancêtres du lieu et pieusement conservées. Le circuit se répartit en fait en 3 circuits de longueurs différentes :

- **Circuit de 7,2 km** - 2h. Départ place de la halle de Ricey-Haut. Suivre le balisage bleu.
- **Circuit de 14,5 km** - 4h. Départ idem. Suivre le balisage jaune et ensuite jaune et vert.
- **Circuit de 22 km** - 6h. Départ idem. Suivre le balisage jaune.

FERME DE LA MARQUE

La Marque - **CHAMP-SUR-BARSE**

✆ 03 25 41 47 97

www.fermedelamarque.com

Haute saison visite libre lundi au samedi de 10h à 12h et de 14h à 17h30. Adulte : 10 €. Enfant de 3 à 12 ans : 7,50 €.

Au cœur du Parc naturel régional de la forêt d'Orient et de ses lacs, cette exploitation agricole de 120 hectares de terre cultivée, est également composée de 70 vaches laitières, 60 génisses et de tous les animaux de la ferme. Cochons et moutons, cheval, ânes et poneys, et les lapins qu'il faut nourrir, sans oublier les poussins qu'il est possible de tenir dans les mains. Visitez les installations et profitez des nombreuses animations. Vente des produits de la ferme, yaourts, crèmes desserts, tomme, crème fraîche, beurre, œufs, glaces. Aire de pique-nique.

CHAMPAGNE CHARLES CLÉMENT

33, rue Saint-Antoine - **COLOMBÉ-LE-SEC**

✆ 03 25 92 50 71

www.champagne-charles-clement.fr

Du lundi au vendredi 8h-12h et 13h30-18h ; samedi 9h-12h et 14h-18h. Ouvert dimanche en été 14h30-18h30.

Créée en 1956, cette coopérative viticole, qui regroupait alors 22 vignerons, toute proche de Colombey-les-Deux-Églises et de sa croix, affiche aujourd'hui un vignoble qui couvre 120 ha en chardonnay, pinot noir et pinot meunier. C'est sous le nom de Charles Clément qu'est labellisée cette cave. Et pour ceux qui ne peuvent se déplacer, une boutique en ligne est désormais disponible sur le site du domaine. Rendez-vous sur place pour un accueil convivial et une dégustation pétillante !

LA FERME D'HOTTE

22, rue Largentier - **EAUX-PUISEAUX**

✆ 03 25 42 15 13

www.lafermedhotte.com

En hiver jusqu'au 1er avril, ouvert sur rendez-vous. D'avril à octobre ouvert tous les jours. Musée 4,50 €.

Franchir la porte de la ferme de Gérard et Corinne Hotte, c'est déjà presque tout savoir de l'aventure de la petite pomme au pays de Champagne-Ardenne. Au début, Gérard et Corinne, ne voulant pas abandonner la ferme (pourtant trop petite pour qu'ils en vivent), ont décidé de restaurer les vergers, replantant des pommiers d'anciennes variétés locales et optant d'emblée pour la conduite bio. Il y a de l'amour dans tout cela : le couple partage sa passion en accueillant le public dans la ferme du XIXe siècle et dans le musée du Pays d'Othe aménagé dans la grange où sont consignés trois siècles de mémoire et de matériels anciens. Un voyage à travers le temps assorti d'une visite des vergers et d'une dégustation. C'est enivrant tellement c'est beau. Les cidres ? Vous en dégusterez quelques crus de choix dont certains médaillés du concours agricole de Paris : cidre bouché traditionnel du Pays d'Othe, cidre doux, cidre champenois « Saveur de pommier », cidre tranquille, des nouveautés aussi comme le Cidromel ou le cidre rosé mais aussi de l'huile de colza ou de l'eau-de-vie de cidre. À noter : la pressée à l'ancienne (comme au Moyen Âge), qui a lieu le dernier dimanche de septembre avec chevaux et meule en pierre, ne se vit nulle part ailleurs.

Le petit musée du Cidre retrace pas moins de trois siècles d'histoire autour de la pomme et du cidre. On peut y admirer bon nombre d'objets anciens pour découvrir la fabrication de l'époque, notamment des pressoirs à roue de perroquet, à abattage, à vis parallèles...

LA FERME DE LA VALENTAINE

30, rue de Puiseaux - **EAUX-PUISEAUX**
✆ 03 25 42 10 88

Fermé de novembre à mars. Ouvert tous les jours, sur réservation. Forfait 1h : 10 €.

Ici, les animaux sont rois et une fois revenus de promenade, vous serez invités à venir les visiter. Sept ânes présents toute l'année sont en location pour une promenade alentour d'une heure à une journée entière, selon la résistance et l'âge des enfants. Une bonne solution pour profiter de la région est d'apprendre à faire obéir un animal. Attention à prendre un appareil photo pour immortaliser la journée, et de la pommade contre les piqûres d'insectes. Aire de pique-nique.

FERME PÉDAGOGIQUE

Avenue Jules-Jacquemin
ROMILLY-SUR-SEINE
✆ 03 25 24 10 28

Horaires variables selon les saisons.

Au parc de la Béchère, la ferme pédagogique s'harmonise parfaitement avec le site sur lequel elle se situe, entre rivière et forêt. Dans ce milieu arboré et verdoyant, on découvre de nombreux animaux répartis dans des espaces dédiés : la volière, la mare aux canards, le bassin aquatique, le parc animalier (avec ânes, chevaux, lamas, vaches, poules, oiseaux, etc.)... Des animations ponctuent désormais l'année avec des courses aux œufs, Halloween... Vous pouvez aussi, moyennant un forfait, y organiser l'anniversaire de votre enfant.

LA FERME DES GLOBES-TROTTEURS

21, rue de Piney
GÉRAUDOT
✆ 06 14 61 10 04

Les dates d'ouverture sont disponibles sur la page Facebook de l'établissement.

Une visite parfaite en famille ! La Ferme des Globe-trotteurs comprend pas moins d'une quarantaine d'animaux. Ce ne sont pas de simples fermiers, mais des amoureux des bêtes qui ont compris la dimension thérapeutique et éducative des animaux. Ânes, lapins, chinchillas et boucs nains sèment le bonheur dans cette ferme qui reçoit aussi des enfants autistes. Partant du fait que les animaux contribuent aussi au bonheur de l'homme, adoptez la philosophie de Sandrine et Nathalie.

FERME PEDAGOGIQUE DE LA BECHERE

Avenue Jules-Jacquemin - **ROMILLY-SUR-SEINE**
✆ 03 25 24 10 28

Ouvert toute l'année. Ouvert mardi, mercredi vendredi de 14h30 à 18h30. Week-end de 14h30 à 18h. Gratuit.

La ferme est installée au cœur du parc de la Béchère. Les enfants pourront approcher les lamas, chevaux, ânes, chèvres, cajoler Tigresse la vache et les adorables lapins, la basse-cour et voir le paon, les oiseaux et les poissons. La ferme organise de nombreuses animations tout au long de l'année, Halloween, Noël, la course aux œufs, des animations thématiques une fois par mois avec des démonstrations et des ateliers. Vous trouverez également une aire de jeux et un mini golf gratuit.

ESPACE FAUNE DE LA FORÊT D'ORIENT ★

Chemin du Gatty - **PINEY** ✆ 03 25 43 38 88
www.pnr-foret-orient.fr

Haute saison ouvert tous les jours et jours fériés de 14h à 19h. Basse saison dimanche de 14h à 18h. Adulte : 5 €.

Les lacs et les milieux forestiers permettent à de nombreuses espèces d'oiseaux migrateurs de faire une halte. Les vasières forment un écosystème unique en Europe. Les mares sont appréciées des amphibiens, favorisant aussi la présence de plusieurs reptiles liées aux milieux humides. 800 espèces de coléoptères ont été recensées ainsi que de nombreuses espèces de papillons, criquets et libellules menacées pour la plupart. 24 espèces de mammifères et 16 espèces de chauves-souris.

DOMAINE SAINT-VICTOR

SOULAINES-DHUYS

Ouvert toute l'année. Du lundi au vendredi de 10h à 17h. Gratuit.

Le domaine abrite le centre permanent d'initiatives pour l'environnement (CPIE) du pays de Soulaines. Le parc abrite une faune et une flore remarquables, de nombreuses espèces animales et végétales dont certaines sont menacées, rares et/ou protégées. Sur les 8 ha qui leur sont réservés le long de la route départementale, une vingtaine de daims pâturent tranquillement. Mettez-vous à l'affût en empruntant le chemin de randonnée balisé qui traverse le domaine, un observatoire y est installé. À voir aussi, un arboretum riche de 60 essences, et un potager.

LA FERME SCHMITT

19, rue Ried - **BISCHOFFSHEIM**
✆ 03 88 50 26 67
www.ferme-schmitt.fr
Lelundi 14h-17h ; du mardi au jeudi 8h30-12h30 et 14h-18h30 ; le vendredi 8h30-18h30 ; le samedi 8h30-17h.

Jean-Paul Schmitt élève des canards, des oies et des poules noires d'Alsace. Il s'est fait une spécialité de tout ce qui concerne volaille et palmipèdes pour les cuisiner sous diverses formes : charcuterie fine de volaille, cassoulet et choucroute au canard, rillettes… et l'immanquable foie gras ! Jean-Paul Schmitt vend également quelques spécialités comme la mousse de foie ou l'Excellent, un pâté de campagne amélioré qui marie foie de volaille, foie gras de canard, viande de volaille et de porc pour un résultat… excellent !

FERME MARTZLOFF €€

51, rue Principale - **BREUSCHWICKERSHEIM**
✆ 03 88 96 02 89
www.fermemartzloff.com
5 chambres. Chambre double de 57 € à 82 €. Petit déjeuner inclus. 2 gîtes à partir de 350 €/sem.

Cette ancienne ferme familiale du XVIIIe siècle a été rénovée avec goût par Christiane et Pascal Weimer. L'établissement abrite deux gîtes et cinq chambres équipées. Les pièces sont lumineuses et disposent d'une salle de bains et d'une kitchenette. Au petit déjeuner, vous vous régalerez des confitures faites maison, accompagnées de pain et viennoiseries variées. L'hiver, le feu de cheminée flambe dans la salle à manger, offrant une ambiance cosy. Appréciez la vue sur le jardin et le château du XIIe siècles. Le jardin dispose de nombreux aménagements.

FERME-AUBERGE DU NOUVEAU CHEMIN €€

Nouveau Chemin - **BOURG-BRUCHE**
✆ 03 88 97 72 08
www.fermedunouveauchemin.fr
Repas samedi et dimanche midi, autres jours pour les groupes sur réservation. Menus de 18 € à 21 €.

Nadine et Wilfred Kreis ont investi cette ferme montagnarde en 1979. Sur une trentaine d'hectares, ils élèvent un troupeau de vaches allaitantes, des lapins, ainsi que des abeilles dans leurs ruches. Nadine, discrète mais attentionnée, propose la semaine un menu très local : pâté en croûte, tarte au munster, baeckeofe, fleischschnaka, ragoût de veau à la sauge et spätzele, tarte aux fruits de saison, tarte aux myrtilles, charlotte aux fruits, crème vanille au kirch, glace fermière…

DOMAINE BERNHARD & REIBEL

20, rue de Lorraine
CHÂTENOIS
✆ 03 88 82 04 21
www.domaine-bernhard-reibel.fr
Vigneron Indépendant. Certification AB. Visite et dégustation du lundi au vendredi de 8h à 18h, de préférence sur RDV.

Issus tous deux de familles vigneronnes, Cécile Reibel et Robert Bernhard ont uni leur savoir-faire au service de la vigne en 1981. Géré depuis 2001 par leur fils Pierre, le domaine Bernhard & Reibel couvre 24 ha et jouit d'une belle variété de terroirs : Rittersberg, Bischofs Weingarten, Hahnenberg, Georgen Brunnen, Coteaux du Haut-Koenigsbourg. Certaines parcelles se déploient également sur des terroirs de plaine (sols de grave). Visite et dégustation instructives.

À LA CHARRUE €€

59, rue Principale - **BREUSCHWICKERSHEIM**
✆ 03 88 96 00 04
www.restaurantlacharrue.fr
Ouvert tous les jours sauf lundi, mardi et le samedi midi. Menu du jour entrée + plat 12,50 €. Menus de 36 € à 42 €.

Une ferme à colombages avec beaucoup de charme et généreusement fleurie, une terrasse agréablement paysagée, des serveuses professionnelles, une cuisine savoureuse et créative, avec une addition raisonnable ! À midi, le plat du jour est une vraie aubaine avec des plats traditionnels et régionaux. À la carte, on trouve par exemple un rouleau de tee de veau, un waedele, un munster frit. Et des desserts qui vous feront pâlir d'envie. Une salle à manger privatisable est disponible. Le restaurant est accessible à vélo à partir de Strasbourg, pour les plus téméraires !

RUCHER DES 3 CHÂTEAUX

24, chemin du Neuerweg
CHÂTENOIS
✆ 06 15 80 68 85
www.rucher3chateaux.fr
Horaires variables selon la saison : consulter le site web. Boutique en ligne.

En matière de miel, la famille Colin-Valentin en connaît un rayon ! Depuis 3 générations, elle entretient un précieux savoir-faire d'apiculteur-récoltant. Aujourd'hui, c'est Damien Colin qui bichonne avec soin les abeilles de la ferme apicole. Il produit des miels 100 % alsaciens et naturels (sans additif) qui bénéficient du label IGP (Indication Géographique Protégée). Miel de sapin, de châtaignier, de forêt, de tilleul, d'acacia ou de fleurs : il y en pour tous les goûts et toutes les tartines ! La boutique propose de nombreux et succulents, produits dérivés.

LE SENTIER VITICOLE

Au départ du parking de la Cave Vinicole de Cleebourg - **CLEEBOURG-BREMMELBACH**
✆ 03 88 94 50 33
Visite libre toute l'année, hors période de vendanges. Gratuit.

Ce sentier de balade est le plus septentrional des sentiers viticoles. Accessible librement, il débute au niveau du lieu-dit du Pfeiffersberg à proximité de la Cave coopérative de Cleebourg pour une balade d'une distance de 4,6 km. Le sentier marque le début de la Route des Vins d'Alsace. Des panneaux explicatifs jalonnent l'itinéraire accessible aux marcheurs de tous niveaux. Si vous souhaitez plus d'explications sur le site, un dépliant-carte peut être acquis auprès des offices de tourisme de Wissembourg et de Hunspach, ou tout simplement à la Cave de Cleebourg.

DOMAINE DU REMPART - SCEA BECK

5, Rue des Remparts
DAMBACH-LA-VILLE
✆ 03 88 92 42 43
www.vins-beck.fr

La famille Beck vous accueille dans 5 gîtes nichés en bordure des vignes. Ils disposent d'un espace de bien-être commun. Au Domaine du Rempart, les enfants sont les bienvenus : jeux de sociétés et caisses de jouets, bac à sable et « maison découverte » dans le jardin. La famille Beck organise régulièrement des journées et des soirées œnotouristiques autour des vins et de la gastronomie alsacienne. Et puis il y a le fameux marché paysan estival, riche en produits du terroir savoureux !

DOMAINE SCHAEFFER-WOERLY

3, place du Marché
DAMBACH-LA-VILLE
✆ 03 88 92 40 81
www.schaeffer-woerly.com
Ouvert du lundi au samedi de 9h à 18h.

Vincent et Lucie Woerly conduisent 8 ha de vignes répartis sur le ban communal, ainsi que sur Scherwiller et Dieffenthal. Le domaine possède des parcelles sur le Grand Cru Frankstein et sur le lieu-dit Breitstein. Vincent propose la gamme des sept cépages alsaciens, dont les délicats Riesling Vieilles Vignes et Grand Cru Frankstein. Le Gewurztraminer Grand Cru Frankstein est tout à découvrir car il surprend par sa richesse aromatique et sa finale toute en minéralité. Des visites commentées du vignoble sont organisées à la belle saison, assorties de pique-niques.

GÎTES BECK - DOMAINE DU REMPART €€

5, rue des Remparts
DAMBACH-LA-VILLE
✆ 03 88 92 42 43
www.vins-beck.fr
5 gîtes (2/7 personnes). Semaine dès 365 €. Aire d'accueil camping-cars. Vente : vins du domaine, produits du terroir.

Depuis 1763, les Beck transmettent de génération en génération un savoir-faire et une passion de la vigne dans le plus grand respect des traditions, notamment avec les Grands Crus Frankstein, tout en finesse et avec une structure minérale tout simplement inimitable. Le domaine propose 2 gîtes jouissant du cadre traditionnel de la vraie demeure alsacienne. Ces gîtes ont été entièrement revisités cet hiver pour vous offrir tout le confort pour y passer un séjour romantique.

© LE DOMAINE DU REMPART

© LE DOMAINE DU REMPART

MOULIN DES MOINES

101, route de Wingersheim
KRAUTWILLER ✆ 03 90 29 11 93
www.naturline.fr
Vente directe à la boutique et sur le site.
Cette célèbre enseigne fait partie des pionnières en ce qui concerne le bio. Ici on écrase en farines les céréales issues de culture biologique depuis 1970 pour fabriquer des produits composés d'épeautre et de petit épeautre. Bâti sur le site d'un moulin du XIIIe siècle fondé par des moines cisterciens, le Mönschmühle produit non seulement des farines, mais aussi de nombreuses variétés de pâtes alsaciennes… Vous trouvez dans la grande surface de vente au détail, une gamme impressionnante de produits à base de céréales ou de légumineuses.

CHEVRERIE EBER

Rue des Puits
GRIESHEIM-PRÈS-MOLSHEIM
✆ 03 88 38 61 58
Horaires variables
Carole et Michaël Eber sont de véritables passionnés, amoureux de leurs animaux et des bons produits, de l'environnement. Le bien-être des chèvres est essentiel pour eux, ils les nourrissent avec soin, leur offrent de beaux espaces et soignent le moindre souci. Cela s'en ressent bien évidemment sur la qualité de leur lait. N'hésitez pas à venir le constater par vous-même. Pour petits et grands, il est possible de se rendre à la ferme pour observer son fonctionnement et nouer un contact avec les animaux qu'ils soient chèvres, oies, cochons, ânes ou lapins…

FERME DU BRUEHL

8, rue Albert Schweitzer
ECKWERSHEIM
✆ 03 88 59 45 38
www.bienvenue-a-la-ferme.com
Sur réservation. Adulte : 5 €. Enfant : 5 €. Dégustation gratuite lors de l'animation. Accueil enfants.
Dans le cadre d'une animation d'une demi-journée, Jeannine Bauer propose de découvrir sa ferme laitière. Les petits sont ravis ! Vous pourrez ainsi participer aux soins des animaux, à une traite, admirer les machines agricoles… Mais aussi découvrir la vie de la vache, grâce aux explications et aux jeux : son alimentation, sa carte d'identité, l'évolution du veau à la vache… Une boutique ouverte de 16h à 18h permet également d'acquérir de délicieux produits laitiers, des œufs, des caissettes de viande ou encore des pommes de terre.

FERME DOLLINGER

39, rue de la République - **HOERDT**
✆ 03 88 51 79 20
www.ferme-dollinger.com
Du lundi au vendredi de 9h à 19h. Samedi de 8h30 à 15h. Dimanche de 10h à 12h. Panier de 10 € à 15 € ou fruits 9,50 €.
Ici vous trouverez des fruits et des légumes du jardin, produits par la ferme depuis cinq générations. Ses spécialités sont avant tout l'asperge bien sûr en tant que spécificité de la ville de Hoerdt, mais aussi les pommes de terre, patates douces, artichauts, courges et les fraises. Possibilité d'acheter des produits locaux provenant d'autres fermes comme du fromage, du miel ou encore de la viande et de la charcuterie. Vous pouvez réserver en ligne votre panier de la semaine et venir le chercher quand cela vous arrange. Bon et pratique !

DOMAINE DU FOIE GRAS DU VIGNOBLE

2, route de Nothalten - **EPFIG** ✆ 03 88 85 52 96
www.foie-gras-vignoble.fr
Horaires variables selon la saison : consulter le site web. Épicerie fine. Restaurant. Terrasse. Boutique en ligne.
Serti dans un immense parc verdoyant entre forêt et vignoble, ce domaine réunit le site de production de foie gras, une boutique de vente et le restaurant Gansaliesel Stebel, prolongé par une terrasse. Ici, on déjeune sur réservation. Au menu : duo de foie gras d'oie et de canard, baeckeoffe de canard, choucroute à l'oie… Après ces agapes, un passage à la boutique permet de s'approvisionner en foie gras, rillettes, confits, magrets, plats cuisinés et autres produits du terroir.

FERME AUBERGE DU MOULIN DES 7 FONTAINES €€

Sur la D 77 entre Lobsann et Drachenbronn - **DRACHENBRONN-BIRLENBACH** ✆ 03 88 94 50 90
http://7fontaines.fr
Gîtes de France, Bienvenue à la ferme. Fermé lundi et jeudi. Chambres d'hôte : 54 € à 110 €. Table d'hôte soir : 20 €.
Dans une magnifique bâtisse construite au XVIIIe siècle par un serviteur du baron de Fleckenstein, à proximité de deux moulins (l'un à grain, l'autre à huile), une ferme-auberge et dix chambres d'hôtes. À la carte, des plats alsaciens : bäckeoffe, fleischknepfle, pot-au-feu, canard, grumbereknepfle, tartes flambées le samedi soir. Le cadre est agréable. On séjourne et l'on se régale au cœur de l'exploitation. Alentour se dressent les vestiges des autres moulins.

FERME MATHIS

9, rue de Geudertheim - **HOERDT** ✆ 03 88 68 11 20
www.fermemathis.com

Cueillette libre ouverte de juin à début septembre (hors asperges et pommes de terre). Paniers de 5 € à 15 €.

À la ferme Mathis, vous trouverez légumes frais, conserves, plats cuisinés (réalisés dans la cuisine et vendus dans le magasin de la ferme) et même des produits issus de producteurs environnants. Vous pouvez cueillir dans les champs, ou acheter les produits dans leur magasin. Il est aussi possible de commander son panier légumes et œufs. Lors de la saison des asperges (de mi-avril à juin), la structure propose de nombreux événements comme la visite des aspergeraies, des ateliers de conditionnement et même un restaurant éphémère avec asperges à volonté.

FERME CLAUSS

4, rue du Général Leclerc - **LA WANTZENAU**
✆ 03 88 96 60 31
www.bienvenue-a-la-ferme.com

Ouvert du lundi au vendredi de 8h à 12h et de 15h à 19h ; le samedi de 8h à 15h.

A la ferme, vous pourrez récolter les fruits et les légumes cultivés par Anne et Gérard Clauss. Fraises, haricots, petits pois, courgettes... le choix est vaste ! Si manier la bêche n'est pas votre hobby préféré, vous pouvez aussi acheter les fruits et légumes au magasin. Vous y trouverez aussi des aliments de producteurs locaux : fromages, charcuterie, bière, épices, condiments, glaces, miel, champignons, asperges, conserve de poissons, œufs, jus de pomme... Ainsi que des plats cuisinés et des confitures confectionnés par Anne, avec les produits de la ferme.

PARC ANIMALIER FRIEDEL

Rue du Girlenhirsch - **ILLKIRCH-GRAFFENSTADEN**
✆ 03 88 66 80 80
www.illkirch-graffenstaden.fr

Haute saison ouvert tous les jours de 14h à 19h. Basse saison mercredi et week-end de 14h à 18h. Gratuit.

Dans le quartier du Girlenhirsch, le parc animalier Friedel est un site de promenade qui accueille de nombreux animaux, dont certains se promènent librement dans les sentiers. Sur deux hectares, à l'ombre des arbres ou au bord de la mare, des chèvres, boucs, alpagas gambadent parmi les visiteurs. Dans leurs enclos, les vaches, poneys, lapins et poules... Les cigognes sont perchées dans leurs nids et les paons saluent les visiteurs avec leur cri caractéristique. Une balade parfaite à faire en famille pour se rapprocher du monde animal !

FERME-AUBERGE DU KREUZWEG €€

21, route du Kreuzweg
LE HOHWALD
✆ 03 88 08 35 00
www.fermeauberge-kreuzweg.fr

Réservation recommandée.

À 760 mètres d'altitude, avant le sommet du Col du Kreuzweg, cette ferme-auberge profite d'un paysage enchanteur. On y propose des séjours hébergement et restauration. Les 2 gîtes peuvent accueillir de 4 à 6 personnes. Vous pouvez y cuisiner ou préférer mettre les pieds sous la table. Florent propose entre autres de nombreux produits fermiers à base de canard (de la ferme, élevés en liberté) : foie gras, magrets, confits et des spécialités montagnardes de notre région.

CIGOLAND ★

Route de Sélestat - **KINTZHEIM**
✆ 03 88 92 36 36
www.cigoland.fr

Ouvert du 26 mars au 6 novembre 2022, 10h-18h, selon calendrier cf. web. Adulte : 18,50 €. Enfant (3-11 ans) : 16,50 €.

Ce charmant parc de loisirs réunit tous les ingrédients pour satisfaire petits et grands désireux de découvrir l'univers des cigognes blanches d'Alsace de manière ludique ! Monorail aérien, sentier pieds nus, «cigopanoramique», petit train de la mine, jeu de piste, parcours aquatiques (avec canoës, bouées et même canards géants), Water Game en été, animations pour Halloween, King Kong rugissant, animaux de la ferme et du Ried : il y en a pour tous les goûts et tous les âges ! De quoi passer une excellent journée en s'amusant.

FERME KIEFFER

lieu dit Auf Rotzen - **LIMERSHEIM**
✆ 06 06 66 96 87
www.ferme-kieffer.fr

Possibilité de visite simple aux animaux ou de les nourrir le mercredi et le samedi à 17h, labyrinthe de maïs en saison.

Ouverte à tous, la Ferme Kieffer offre un moment unique et émouvant de contact privilégié avec les animaux qu'elle abrite. Des ânes, des chevaux, des moutons, en passant par Saucisson le cochon, Charly le bouc et Marquise la vache, les animaux ont l'habitude du contact et le recherchent ! La ferme organise également de nombreux évènements : anniversaires à la ferme, chasse aux œufs, labyrinthe de maïs de début juillet à fin octobre, soirées nocturnes comme pour Halloween, nourrissage des animaux en famille, contes de Noël...

AUBERGE DU GRAND RIED €€

4, rue de Wyhl
MACKENHEIM
✆ 03 88 74 92 60
Ouvert le vendredi, le samedi et les jours fériés de 18h30 à 22h ; le dimanche de 12h à 14h et de 18h30 à 22h.

Cette auberge de campagne est ouverte le week-end en complément de l'activité viticole de Rémy Biwand. Tous les plats sont faits maison et élaborés à partir de produits locaux pris chez les producteurs amis du coin. Vous y découvrirez également les vins produits ici à partir de raisin bio ainsi que des spécialités alsaciennes plutôt classiques mais très bien exécutées, dans la plus pure tradition régionale. Sur commande, vous profiterez de baeckehoffe, matelote ou choucroutes garnies. Pour tous vos évènements, le lieu peut être privatisé.

FERME DE LA BANNAU

13, rue Saint-Paul
PLOBSHEIM
✆ 06 07 28 15 36
Ouverture sur demande.

Grégory Bapst produit des grains et confectionne des farines : farine bise (T65) semi-complète, complète et intégrale (son). La farine est issue uniquement de ses cultures de blé, seigle, épeautre, blé dur, sarrasin, pois, engrain. Il cultive également des fruits tels que les pommes, poires, quetsches et mirabelles. Passionné par son métier, il aime faire visiter sa ferme et expliquer les procédés de cultures et meulages. Profitez de ses conseils, toujours avisés, et qui vous permettront de découvrir d'autres manières de consommer.

FERME ÉLEVAGE DE STEINBACH

6, rue du Langenacker
OBERSTEINBACH
✆ 03 88 09 50 98
Ouvert toute l'année. Du lundi au samedi de 8h à 12h et de 14h à 18h.

Dans cette exploitation agricole qui compte près de 10 hectares de pâturages, Christine et Christophe Jahn élèvent des chevaux islandais, juments, étalons destinés à la reproduction ou au commerce. Leur exploitation est aussi un gîte qui permet aux cavaliers de se reposer et de passer la nuit avec leurs chevaux accueillis dans des prés, paddocks et box. Si vous souhaitez vous balader, les Jahn vous organiseront des escapades sur les nombreux chemins que comptent les Vosges du Nord.

FERME ÉDUCATIVE CINAE AGF

Rue du Sergent-Viala
RHINAU
✆ 03 88 74 66 44
Ouvert le mercredi de 16h à 17h. De 15h à 16h en hiver.

Ce Centre d'Initiation à la Nature par l'Animal pour l'Enfant (CINAE) fonctionne comme une ferme éducative et profite d'un environnement naturel remarquable pour favoriser la découverte du vivant. Approche sensorielle et ludique de la nature, développement de la relation affective avec l'animal, plaisirs de la découverte personnelle, les enfants sont encouragés à s'intéresser et à s'investir pour l'environnement : mini-camps, séjours d'été, ateliers thématiques...

DOMAINE JEAN-CHARLES VONVILLE & FILS

4, place des Tilleuls - **OTTROTT**
✆ 03 88 95 80 25
www.vins-vonville.com
Ouvert du lundi au samedi de 9h à 12h et de 14h à 18h ; le dimanche de 9h30 à 12h et de 14h30 à 17h.

La famille Vonville est implantée dans le village d'Ottrott depuis 1830. Son domaine de 13 ha se nourrit d'une passion vinicole qui se transmet de père en fils depuis 6 générations. La dégustation se déroule dans un vénérable caveau du XVIe siècle, de quoi ravir vos yeux autant que vos papilles. Si vous souhaitez prolonger votre séjour à Ottrott, la famille Vonville met à votre disposition un charmant gîte (4 personnes) avec terrasse, mobilier de jardin et barbecue.

CHEZ MURIEL - FERME TUSCHERER

25, rue Principale - **ROPPENHEIM**
✆ 03 88 86 30 27
Ouvert lundi, jeudi et vendredi de 16h à 19h, samedi de 6h30 à 17h et dimanche de 7h30 à 12h.

Tout à la fois pimpante et ravissante, cette jolie ferme signalée par une végétation luxuriante vous invite à vous approvisionner en œufs frais, pommes de terre, oignons et échalotes. Elle vous ravitaille également en légumes et fruits de saison : cerises, fraises, groseilles, pommes, poires... Mais c'est aussi un charmant salon de thé où l'on peut savourer diverses variétés de thés, cafés, chocolats, pains croustillants et autres viennoiseries et pâtisseries faites maison !

DOMAINE FREY-SOHLER - ALSACE

72, rue de l'Ortenbourg
SCHERWILLER
✆ 03 88 92 10 13
www.frey-sohler.fr

Cette boutique est une belle vitrine pour le domaine homonyme, dirigé par Damien et Nicolas Sohler, avec pas moins de 29 hectares de vignes produisant l'ensemble des sept cépages alsaciens. Sur place, la dégustation vous permettra de choisir votre ou vos bouteilles préférées. La boutique propose également un bel assortiment de produits du terroir : moules à baeckaeoffe ou à kougelhopf, verrerie, coffrets sommelier, jeux de société autour du vin et de la gastronomie.

LE JARDIN DE MARTHE

9, chemin Goeb - **STRASBOURG**
✆ 03 88 31 11 48
www.lejardindemarthe.fr

Horaires d'ouverture étendus lors de la saison des asperges. Panier gourmand : 15 € ou 25 € (sur commande). Parking.

La famille Hornecker exploite depuis trois générations cette ferme maraîchère, constituée de 4,46 hectares en agriculture biologique. De nombreux produits, dont le choix varie au fil des saisons, sont disponibles en vente directe : oignons, tomates, courgettes, choux, poireaux, œufs, miel, épices et fruits, que vous pouvez commander sur place ou préalablement sous forme de paniers. L'origine précise de chaque produit vendu en négoce est clairement détaillée. Ils proviennent souvent de fermes alsaciennes partenaires ou d'un grossiste bio.

MARAÎCHER ANDRÈS

15, rue de l'Afrique
STRASBOURG
✆ 03 88 31 10 69
http://maraicher-andres.fr/

Ouvert le lundi et du mercredi au vendredi de 8h à 12h et de 13h30 à 18h ; le samedi de 8h à 15h30.

Une des deux dernières exploitations maraîchères encore en activité à la Robertsau, l'entreprise familiale Andrès existe depuis 1928 et cultive 5 hectares de terrain en agriculture raisonnée. Le magasin de vente directe situé dans une aile de la ferme propose une grande variété de légumes ainsi que quelques fruits frais. Une production maraîchère aux portes du centre-ville, il faut en profiter ! Selon les saisons, la ferme produit en outre des plants de légumes à repiquer ainsi que des pots d'herbes aromatiques et de fleurs...

RUCHERS DES VOSGES DU NORD

12, rue des Bergers - **STRUTH**
✆ 03 88 01 52 42
www.ruchers-vosgesdunord.fr

Le vendredi de 13h30 à 17h ; le samedi de 8h30 à 12h. Visite de l'exploitation pour groupes sur demande.

Le bien-être de leurs colonies d'abeilles, un millier de ruches, et la qualité de leur production, sont essentiels pour les Lehr. C'est pourquoi ils pratiquent la transhumance pour permettre aux abeilles de produire une grande variété de miels de qualité : de fleurs, d'acacia, de tilleul, de châtaignier, de forêt, de lavande, noisette et miel pour ne citer que ceux-là. Les Lehr produisent aussi du miel de sapin, réputé pour ses vertus antianémiques et son arôme résiné.

FERME FRUITIÈRE ROTHGERBER

1 A, route du Scharrach - **TRAENHEIM**
✆ 03 88 50 38 07
www.rothgerber.alsace

Ouvert le lundi de 14h à 19h ; du mardi au vendredi de 8h à 19h ; le samedi de 8h à 18h.

Installée à Traenheim depuis 1542, la famille Rothgerber s'est toujours consacrée à la culture des vignes et à l'arboriculture. Une quinzaine de variétés de pommes sont produites ici en agriculture biologique et les jus de fruits, mis en bouteille sur place, se déclinent tous autour, parfois agrémentées d'ingrédients originaux (coing, fleur de sureau, mangue) 100% naturels. Ils sont régulièrement primés au Concours général agricole. Un petit rayon traiteur complète l'offre.

DOMAINE DES BUFFLONNES

Chemin de la Forêt
UHRWILLER
✆ 07 87 51 32 64
www.domainedesbufflonnes.fr

Ouvert le vendredi de 18h à 19h ; le samedi de 9h à 12h.

En se promenant en lisière de forêt à Uhrwiller on peut croiser de drôles d'animaux... Des buffles ! Oui oui, ce sont bien des buffles, ou plus précisément des bufflonnes, qui sont là tranquillement à brouter l'herbe tendre. Ces vaches noires à caractère de cheval comme les qualifie l'éleveuse passent à la traite deux fois par semaine. Si leur lait est bien plus faible en quantité, il est néanmoins plus gras et bien plus protéiné que celui des vaches. Tomme, yaourt, faisselle, mozzarella, brie et glaces sont ainsi produits !

FERME HUMBERT

83, rue Principale
URBEIS
✆ 03 88 57 06 00
www.biofermehumbert.com
Ouvert du lundi au samedi de 16h30 à 18h.

En bio depuis 1990, cette petite ferme de montagne propose en vente directe yaourts, crème, beurre, desserts lactés, fromage frais, lait cru, glaces, viandes de bœuf et de veau, charcuteries à base de bœuf, œufs, légumes de saison et pain. Signe de qualité, elle a été de nombreuses fois récompensée par les labels bio européen, biocohérence, le trophée de l'agriculture durable 2012 et la marque race bovine vosgienne. Faites vos courses et profitez-en pour faire un petit tour à l'étable dire merci aux vaches, et prendre le temps de discuter avec Dédé.

LES VERGERS D'ARLETTE

9, rue Principale
VOELLERDINGEN
✆ 03 88 00 07 91
www.lesvergersdarlette.com
Ouvert le mercredi, le vendredi et le samedi de 15h à 17h. Et boutique en ligne.

Tout un éventail de certifications : Ecocert, Naturland, Nature et Progrès, Demeter... sont obtenus par ces amateurs de l'arboriculture bio, puis la biodynamie, pour ensuite investir dans un atelier à jus de pommes et l'achat d'un alambic. Vous trouverez chez les Carrier, jus de fruits, apéritifs, liqueurs et eaux de vie bio, dont la liqueur de fleurs de sureau, leur grand succès. Ils produisent aussi des vinaigres et des bières, dont la Gégé, à l'épeautre et au houblon bio ou l'Arlette. Certaines bières sont parfumées à la pomme, à la quetsche, à l'aspérule.

À LA FERME ADAM

9, rue Principale
WAHLENHEIM
✆ 03 88 51 02 11
Ouvert du mardi au vendredi de 8h à 12h et de 13h30 à 19h. Samedi de 8h à 18h.

À la tête de cette entreprise familiale, lancée par leur père en 1964, les frères Adam proposent une gamme complète de produits pour tartes flambées : fonds de tartes et préparation pour la garniture sont assurés dans leurs ateliers avec des produits frais. Ils proposent également la location du four ! À la ferme, grâce au lait de leur centaine de vaches, yaourts, crème fraîche, fromage blanc, crèmes glacées et tomme aux fruits sont produits... Ils proposent aussi dans leur boutique des viandes et produits d'épicerie locale.

LE GAVEUR DU KOCHERSBERG

14, route du Hochfelden - **WILLGOTTHEIM**
✆ 03 88 69 90 77
www.gaveur-kochersberg.fr
Ouvert du lundi au vendredi de 8h30 à 12h et de 13h à 19h (18h le lundi). Samedi de 8h30 à 12h et de 13h à 17h.

La ferme Nonnenmacher de Woellenheim élève des canards et cultive les céréales pour les nourrir. Elle se visite au début du mois d'octobre ou sur rendez-vous. Ses produits, transformés sur place, sont issus d'une agriculture raisonnée. En saison, elle cultive aussi des asperges. La ferme dispose d'une salle de réception pour 50 personnes et d'un service traiteur. Elle propose des plateaux-repas, un large choix de viandes dont une large déclinaison à base canard : rillettes, terrines, saucisson, paupiettes et plusieurs spécialités à base de foie gras.

CHÈVRERIE DU WINDSTEIN

Route de Nehwiller
WINDSTEIN
Ouvert tous les jours de 16h à 18h.

Envie de câliner de jolis animaux et de faire découvrir à vos enfants la vie à la ferme ? La Chèvrerie du Windstein est idéale pour cela ! Ici, il y a bien sur des chèvres, mais aussi des vaches Highland Cattle et des porcs gascons. Durant une heure et demie, sur réservation auprès de l'office de tourisme, partez à la découverte de la chèvrerie, des habitants de la ferme dans les prés, et terminez par une petite dégustation des très bons produits que l'on fabrique ici. Un moment proche de la nature et des sources de la gastronomie que l'on appréciera forcément.

BASSE-COUR DU FORT KLEBER

13, rue du Fort-Kléber
WOLFISHEIM
✆ 06 12 76 17 14
www.bassecourdufortkleber.over-blog.fr
Ouvert le samedi de 9h à 12h et de 17h30 à 19h. Tous les autres jours de la semaine de 17h30 à 19h. Gratuit.

Cette ferme pédagogique vous permet de découvrir une multitude d'animaux de basse-cour. Tout au long de l'année, des événements sont organisés : chasse aux œufs à Pâques, fête de la basse-cour, exposition avicole ou encore marché de Noël. Le soir, vous pourrez aider les bénévoles en nourrissant les animaux ou en nettoyant les enclos. Idéal pour profiter d'un moment de tendresse avec les charmants pensionnaires de la basse-cour, et saluer la mascotte du centre : le petit cochon nain.

AUBERGE DES DAHLIAS €€

Chemin Linngasse - **BERRWILLER**
✆ 03 89 28 23 67 - www.aubergedesdahlias.fr
Du jeudi au lundi midi et soir et mardi midi. Fermé mercredi. Formule midi : 14 €. Chambres disponibles.

Au pied des vignes et des prés, la Ferme des Dahlias est ouverte toute l'année. Joël à l'exploitation et Didier à l'auberge, ne ménagent pas leurs efforts depuis 2008. Au milieu de la salle trône un Kachelhoffa qui diffuse une douce chaleur dès les premiers frimas. Le restaurant propose une cuisine campagnarde et saisonnière aux saveurs authentiques. Les entrées, les röstis et les fromages sont présentés sur ardoise. Le menu du jour est très attractif grâce au lien direct du producteur au consommateur. Terroir, convivialité et détente sont les maîtres mots ici. On peut aussi acheter les produits de la ferme. Depuis le village, de nombreux circuits de randonnée sont possibles.

FERME-AUBERGE LES BUISSONNETS €

24, rue des Buissonnets - **BOURBACH-LE-HAUT**
✆ 03 89 38 85 87
www.ferme-auberge-buissonnets.fr
Pour les jours d'ouverture se reporter au site. Menus de 15,50 € à 18,50 €. 50 €/personne la demi-pension.

Nichée entre les vallées de la Doller et de la Thur, au pied du Rossberg, cette ferme-auberge bénéficie d'une vue superbe depuis sa terrasse. Très facile d'accès, elle accueille les randonneurs et les gourmands dans un cadre préservé ! Les spécialités maison sont renommées et servies avec le sourire. Ici on a toujours profité du meilleur de la nature. Baptiste, Caroline, la petite Capucine y assurent un service d'excellente qualité ! Vous y dégusterez une cuisine familiale avec des viandes issues de la ferme ! Les grillades de Baptiste sont goûteuses et tendres à souhait !

LE PARC À CIGOGNES

Rue René-Guibert
CERNAY
Accès libre toute l'année.

Cernay, ville étape de cet oiseau emblématique, est surnommée la cité des cigognes. C'est aussi un des premiers centres de réintroduction de cette espèce en collaboration avec le centre régional de baguage d'oiseaux. Actuellement sont recensés environ cinquante couples dont vingt sont complètement sédentaires. Chaque année, il y a environ trente naissances. Les cigognes se promènent librement dans la ville et se rendent en général au parc pour les repas. Il contribue à la protection de cet oiseau. En été, des visites guidées en groupes sont organisées sur demande.

BRUNO HERTZ

9, place de l'Église - **EGUISHEIM** ✆ 03 89 41 81 61
www.lesvinshertz.com
Certification HVE. Mardi de 18h à 19h. Mercredi à dimanche de 16h à 19h. Groupes sur RDV. Œnotourisme. Gîte (2-6 pers).

Certifié Haute Valeur Environnementale, ce superbe domaine est conduit de père en fils depuis plus de 250 ans. Les vins Hertz sont issus de raisins produits exclusivement sur l'exploitation. Certains bons crus sont vieillis dans les caves historiques des Hospices de Strasbourg. Bruno Hertz vous dévoile sa belle cave du XVIe siècle avant de déguster de fins nectars dans le caveau aménagé juste au-dessus de la cave. Il vous propose aussi une visite guidée du vignoble en 2CV ou en Méhari (3 personnes max) avec pique-nique ou déjeuner dans un bon restaurant du coin !

L'API DE LA BROQUE

18, rue des Frênes
FRÉLAND
✆ 06 15 72 11 89
Ouvert le lundi et le mardi de 16h à 19h. Vente directe de miel artisanal. Dégustation gratuite.

Les abeilles disparaissent inexorablement en France : la faute aux pesticides, à certains parasites et au frelon asiatique. Au cœur du Pays Welsche, Benoît Parmentier travaille à préserver l'univers apicole. Il élève ainsi des abeilles dans un cadre préservé, au sein de ruches 5 étoiles joliment parées de couleurs vives qui égayent la nature environnante. Benoît élabore diverses variétés de miel qui séduisent les papilles par leurs saveurs raffinées et leurs textures pleines de douceur. À découvrir sur place ou à la boutique de l'hôtel Les Alisiers à Lapoutroie.

FERME LAURENT

La Taupré - **FRÉLAND**
✆ 03 89 47 55 37
Ouvert toute l'année de 8h à 19h (18h en hiver). Élevage laitier (label AB). Vente sur place de produits de la ferme.

La famille Laurent pratique l'élevage laitier en agriculture biologique. Ici, vous découvrirez le métier d'éleveur, les animaux de la ferme (vaches, chevaux, cochons). À travers les vitres de la fromagerie, vous assisterez aux différentes phases de la fabrication de fromage. Vous pourrez aussi participer à la traite des laitières. Avant de repartir, faites le plein de bons produits bio ! Tchic (fromage blanc frais du jour), munster, barkass, raclette, faisselle, yaourts… Vous trouverez également les produits de la Ferme Laurent à L'Échoppe Paysanne à Ribeauvillé.

FERME-AUBERGE DU HAAG €€

Au pied du Grand-Ballon - **GEISHOUSE**
✆ 03 89 48 95 85
www.fermeaubergealsace.fr
Ouvert du jeudi au lundi de 9h à 23h ; le mardi de 9h à 14h. Fermé de mi-décembre à mi-janvier.

Les journées commencent tôt à la ferme-auberge, la famille Munsch le sait bien. Pauline vous accueillera avec bonne humeur. Nicolas est au début de la chaîne. C'est lui qui trait puis fait le fromage dont le cœur du Massif, une tomme à base de lait de vosgiennes ! Ici on pratique une agriculture biologique, comme les maraîchers et les vins d'Alsace sont en biodynamie. On vous servira tout au long de la journée, d'excellentes assiettes froide de fromages, de lard de la ferme... ou encore un bon verre de lait chaud de la ferme ou un *glühwein* en hiver !

NATUROPARC ★

Route de Ribeauvillé - **HUNAWIHR**
✆ 03 89 73 72 62
https://naturoparc.fr
Haute saison ouvert tous les jours de 10h à 18h30. Adulte : 11 €. Enfant de 3 à 12 ans : 8 €.

Sur 5 hectares, on parcourt un labyrinthe dédié aux sens des hommes et des animaux ainsi qu'une terrasse perchée à 7 mètres permettant d'observer les secrets de la cigogne. Tout au long de la journée, les soigneurs animaliers proposent des rendez-vous où ils présentent la cigogne, mais aussi petit déjeuner des loutres, la collation des hamsters, l'apéro des ragondins, le dessert des ratons laveurs. Dans un immense bassin vitré, certains de ces animaux révèlent leurs techniques de nage et de pêche lors de séances très animées. Visitez la nurserie. Jeu de piste.

LES LAMAS DE LA MONTAGNE BLEUE

Ferme du Hornihof
KIFFIS
✆ 03 89 40 33 60
Visite guidée dimanche et jours fériés sur rendez-vous de 15h à 17h.

Au col du Blochmont, il n'est pas rare de croiser des lamas et des chiens de bergers d'Asie centrale. La ferme du Hornihof élève ces animaux de plus en plus populaires. Idéal pour les balades, le lama peut servir de porteur mais aussi à l'entretien et à la valorisation des espaces naturels. L'élevage se visite et la ferme propose des promenades, pour une journée instructive. Une visite des plus déroutantes sur un site préservé d'une beauté à couper le souffle.

FERME-AUBERGE DU HAHNENBRUNNEN €

Route des Crêtes - **LAUTENBACH**
✆ 03 89 77 68 99
www.fermeauberge-hahnenbrunnen.fr
Fermé le lundi sauf lundi de Pentecôte. Ouvert de mi-mai à mi-octobre, selon la neige. Réservation recommandée.

Cette ferme auberge fait partie de la tradition ! Profitez bien de cette halte où l'on déguste du munster avec du beurre de la ferme, de la tomme, du bargkas et du fromage blanc maison. Le repas marcaire qu'on vous sert est riche en goût : tourte en entrée, puis pommes de terre fermières, viande fumée et salade, fromages et dessert. Les tartes aux fruits de saison sont excellentes. Reste le plus difficile : trouver ce lieu, caché en contrebas de la route des Crêtes !

LA FERME-AUBERGE DU TREH €€

Le Markstein - **LAUTENBACHZELL**
✆ 03 89 39 16 79
www.fermeauberge-treh.fr
Repas marcaire 19,50 €. Prix à la carte à partir de 15 €. Label Tourisme & Handicap.

Cette très belle bâtisse a été rénovée avec succès. Le décor agréable reflète l'esprit de notre région. Entrez dans la grande salle et visitez la belle terrasse en été, vous comprendrez notre engouement. Les mets préparés quotidiennement reprennent les classiques alsaciens. Le repas typiquement marcaire est un régal. Vous pourrez aussi rapporter des produits de la ferme, fromages préparés et affinés sur place, charcuterie, etc. C'est une très chouette aventure à la fois culinaire et sortant des sentiers battus que de pousser la porte de cette ferme-auberge !

LA FERME D'ARGENTIN

3, Chemin du Frarupt - **LIÈPVRE**
✆ 03 89 22 19 19
www.ferme-argentin.com
Tous les jours de 10h à 18h30. Animations sur réservation. Visites possibles sur réservation hors période d'ouverture.

La ferme d'animation d'Argentin est un tout nouvel espace particulièrement bien pensé où petits et grands découvrent en s'amusant l'histoire de l'agriculture de la Préhistoire à nos jours. Ce voyage dans le temps ludique et vivant, où l'on approche et caresse les animaux et où l'on prend le temps de flâner à travers champs et vergers en en apprenant plus sur les plantes qui nous entourent, est une véritable expérimentation complète. Cette structure solidaire met l'accent sur l'accessibilité du site y compris dans ses nombreuses animations.

GRAND EST

FERME-AUBERGE ENTZENBACH €€

MASEVAUX-NIEDERBRUCK ✆ 03 89 82 45 49
www.ferme-aubergeentzenbach.fr
Fermé en janvier. Ouvert du jeudi au mardi. Réservation impérative. 20 min à pied, camping à la ferme.

Isolée et nichée en pleine nature, le cadre est rustique mais authentique. Bernard Leiser a reconverti sa ferme à la biodynamie et l'exploite avec son fils. Ici, on produit bio, d'ailleurs la fondue au bargkass est à tester. Des journées découvertes sont proposées autour des activités traditionnelles : la forge, le travail du bois, le rôle des animaux, l'intérêt des jardins de plantes aromatiques et médicinales. Tout un programme pour redécouvrir le plaisir dans la simplicité ! Conseil futé : venez avec votre tente et profitez de ce que la nature vous offre.

FERME-AUBERGE UFF RAIN €

Lieu-dit Uff Rain - **METZERAL**
✆ 03 89 77 67 68
Ouvert de fin avril au 1er novembre. Fermé mardi soir et mercredi. Réservation recommandée. Terrasse. Vente à emporter.

Nichée à 1 180 mètres d'altitude à proximité du col du Platzerwasel, cette ferme-auberge bénéficie d'un superbe panorama sur les crêtes vosgiennes et la Vallée de Munster, qu'on peut admirer depuis sa grande terrasse. Ici, le repas marcaire est de règle, mais, le soir, place aux fleischnaka, gratin de munster et autre raclette fermière. Attention, la réservation est plus que recommandée ! Bien vu : les enfants profitent en toute sécurité d'une belle aire de jeux extérieure. Vente directe de produits fermiers : fromages, charcuteries et autres spécialités maison.

FERME AUBERGE DEYBACH €€

Lieu-dit Schnepfenried - **MITTLACH**
✆ 03 89 77 61 61
www.ferme-auberge-deybach.fr
Ouvert du jeudi au mardi de 9h à 21h. 3 menus du jour. Terrasse. Vente à emporter. Chalet (9 pers) dès 560 €/semaine.

Cadre montagnard tout de bois revêtu : on s'attable ici dans une ambiance chaleureuse pour savourer en toute décontraction les plats plantureux de la famille Deybach. Repas marcaire, choucroute garnie, munster coiffé, côtelettes Grand-Mère et autres bouchées à la reine. La famille Deybach propose également des produits faits maison à emporter : lard, jambon cru, presskopf, metwurst, fromage de munster, bargkass, crème, beurre… Bon à savoir : la famille Deybach loue (semaine ou week-end) un chalet parfaitement équipé pour accueillir jusqu'à 9 personnes.

FERME-AUBERGE DU CHÈVREMONT €€

323, Chèvremont - **ORBEY** ✆ 03 89 71 23 51
www.fermeaubergeduchevremont.fr
Jours d'ouverture : cf site web. Menu marcaire : 22 €. Terrasse. Vente à emporter. Aire camping-car. 4 chambres d'hôtes.

Cette accueillante ferme-auberge est nichée aux abords d'anciens sentiers de chèvres, d'où son nom ! Menu marcaire, planchette paysanne, tchic fermier, choucroute, baeckaoffe aux 3 viandes, tourte alsacienne, jambon au foin, fondue au munster : autant de plats généreux pour se rassasier après une belle randonnée ! La famille Guidat tient à disposition 4 chambres d'hôtes ainsi qu'un terrain équipé d'un bloc sanitaire pour les campeurs (tentes et caravanes) et les camping-caristes.

FERME-AUBERGE DU PRÉ BRACOT €€

331, lieu-dit Pré Bracot - **ORBEY** ✆ 03 89 71 25 29
www.fermeaubergeprebracot.com
Ouvert à midi du mardi au dimanche, le soir en été et le week-end. Repas marcaire. Terrasse. Jeux. Vente à emporter.

Cette ferme-auberge est absolument somptueuse ! Elle est accessible en voiture toute l'année et son accueil est facilité pour les personnes à mobilité réduite. Murs tapissés de rondins de bois, grandes tables conviviales, clarines et objets vintage : la déco vaut le coup d'œil. Dans l'assiette : que du bon et fait maison à partir des produits de la ferme. Menu marcaire forcément, mais aussi choucroute garnie et baeckaoffe. Terrasse joliment fleurie, aire de jeux pour les aux enfants.

FERME-AUBERGE-GÎTE DU RAIN DES CHÊNES €€

215, Basses Huttes - **ORBEY** ✆ 03 89 71 30 42
www.ferme-auberge-alsace.com
Ouvert du jeudi au dimanche : 11h-22h. Carte, suggestions à l'ardoise. Accueil des groupes. Terrasse. Vente à emporter.

Une halte gourmande dans cette ferme-auberge pas comme les autres ! Outre un élevage traditionnel de vaches et de cochons, la famille Chaize dorlote également un troupeau de yaks ! Ici, on se régale de spécialités maison : terrine de yack, galettes vosgiennes, burger Mc Camille, côte de bœuf d'1 kg accompagnée de frites Mamie et tartes flambées à gogo. Quand le soleil brille, on adore s'installer sur la vaste terrasse qui offre une vision panoramique sur les hauteurs d'Orbey.

GÉOVINO

RIQUEWIHR ✆ 03 89 73 23 23
www.geovino.alsace
Parcours pédestre (2,5 km) dans les vignes ouvert toute l'année. Infos : Office de Tourisme de Ribeauvillé-Riquewihr.

Ce parcours pédestre (sur 11) permet de découvrir les particularités d'un vignoble d'exception. Son point de départ est situé en face de la mairie de Riquewihr. Il est signalé par un totem composé de 6 blocs superposés qui représentent les roches et sols composant les terroirs locaux. Cette agréable balade de 2,5 km est jalonnée de bornes d'informations en relation avec la viticulture et les vins alsaciens ! Une carte du parcours est disponible à l'office de tourisme de Riquewihr. En parallèle, des vignerons proposent des visites guidées et diverses animations.

FERME-AUBERGE DU HINTERALFELD €€

SEWEN
✆ 03 89 82 98 44
www.ferme-auberge-du-hinteralfeld.com
Fermeture annuelle de décembre à mars en fonction de la météo. Réservation recommandée.

À 2 km après le lac d'Alfeld, cette ferme-auberge est accessible en voiture, mais bien cachée dans un écrin de verdure. On vous y servira ce que la nature produit de meilleur. Après une longue balade par exemple, quoi de mieux qu'une bonne omelette au lard, des fromages maison ou une terrine campagnarde ? On trouve un réel choix de produits en provenance directe de la ferme ou de fermes alentour. Vente à emporter de lard fumé, de jambon, de fromage et produits laitiers.

LA FERME CLARISSE

28, route des Vins - **SIGOLSHEIM**
✆ 03 89 47 12 17
www.lafermeclarisse.alsace
Ouvert du mardi au samedi. En décembre, ouvert le dimanche. Horaires cf site web. Gite (9 pers) : tarifs sur demande.

Cette boutique de produits du terroir vous invite à faire des emplettes pleines de saveurs : asperges printanières, fraises de saison, fruits et légumes toute l'année. Il y a aussi un rayon de boucherie-charcuterie alimenté par des producteurs et des fermiers du coin. Idem pour les fromages et les laitages, les vins, les bières, les jus de fruits, les condiments et autres conserves, tisanes, miels et confitures qui garnissent les rayons. La Ferme Clarisse est une belle aubaine pour les gourmets du coin et les touristes en quête de produits alsaciens hors norme !

LA POMMERAIE

CD10 - **SIGOLSHEIM**
✆ 03 89 78 25 66
www.la-pommeraie.com
Ouvert de juin à Noël du mardi au dimanche de 9h à 19h, jours fériés inclus. Cueillette de fruits en libre service.

Voici un lieu idéal pour vous aérer en famille tout en cueillant vos fruits et légumes ! Munissez-vous de votre petit panier et venez récolter mirabelles, prunes, quetsches, myrtilles, cerises, framboises... Sans parler de délicieuses variétés de pommes : Wellant, Pirouette, Elstar, Belle de Boskoop... Le magasin de vente propose un large choix de fruits de saison, ainsi que des confitures, des pains d'épices et des miels issus de la miellerie du Bois Matisse à Labaroche. Ici, on travaille avec des producteurs locaux et la gamme de produits s'étoffe au fil des ans.

SUNDGAU AUTRUCHE

49a, rue Général-de-Gaulle
SONDERSDORF
✆ 03 89 40 38 29
Bienvenue à la Ferme. Ouvert le dimanche de 14h30 à 17h30 sur réservation. Visite guidée

D'abord élevage puis le cheptel a grandi jusqu'à former un troupeau de 170 animaux avec l'autorisation d'abattage. On peut donc acheter de la viande d'autruche. La visite commence par un film sur la vie des autruches, puis un guide vous emmènera voir les animaux de près. Pour terminer la visite à la boutique, où tous les produits dérivés sont présentés, œufs d'autruches et d'émeus vidés nature, articles en cuir, produits cosmétiques et plumes. Ils organisent aussi des soirées avec repas sur le thème de l'autruche. Profitez des portes ouvertes pour les découvrir.

FERME-AUBERGE GLASBORN-LINGE €

Col du Wettstein-Linge - **SOULTZEREN**
✆ 03 89 77 37 78
www.ferme-auberge-glasborn.fr
Du 6/04 au 11/11, du mardi au dimanche : 9h-20h. Menu marcaire 24 €. Terrasse. Réservation impérative. Vente à emporter.

Posée à 950 m d'altitude à proximité du Col du Linge, cette ferme-auberge est gérée depuis plus de 40 ans par la famille Didierjean qui régale autant ses fidèles habitués que les touristes et les randonneurs ! Outre le traditionnel repas Marcaire, on peut opter (réservation préalable) pour un menu baeckaoffa, choucroute, jambon braisé ou «pic pic» (soupe et ailes de poulet grillé à l'ail et au persil). Le Glasborn propose en des produits fermiers (fromages, charcuteries) à emporter.

MUSMISS €

Col du Wettstein - **SOULTZEREN**
✆ 03 89 71 32 33
Ouvert toute l'année (sauf en décembre). Repas marcaire. Terrasse. Vente de plats à emporter (sur commande préalable).

La ferme-auberge de la famille Baumgart vaut le déplacement car sa vue sur le Tannet, le Hohneck et le Falimont est grandiose ! Le cadre est rustique mais sans excès et, surtout, la table est généreuse ! Ici, le menu marcaire remporte toujours un franc succès : potage, tourte de la vallée, roïgabrageldi et munster. Au dessert, place au siaskass : ce fromage blanc au kirsch est tout simplement irrésistible. Les portions sont gargantuesques, mais rien ne vous empêche de partager à plusieurs une assiette de charcuteries et de fromages en guise de mise en bouche !

FERME-AUBERGE DU BUCHWALD €

131, Buchwald - **WASSERBOURG**
✆ 03 89 77 37 08
Ouvert début avril à mi-novembre, uniquement le week-end en début de saison. Fermé le lundi. Terrasse. Vente à emporter.

À 1 050 mètres d'altitude, vue imprenable sur les sommets de la vallée et bons petits plats régionaux : bienvenue à la ferme-auberge de la famille Wehrey ! Il y a des vaches, des chèvres, des cochons, des chats et des chiens. On s'attable dans une jolie salle cosy ou sur une terrasse rustique. Dans l'assiette : croûtes au munster, jambon au four et Roïgabrageldi, tarte aux myrtilles panachée de crème chantilly. Au terme de ces riches agapes, une promenade digestive s'impose !

AUBERGE DES TROIS FOURS €€

Route des Crêtes - **STOSSWIHR** ✆ 03 89 77 31 14
www.auberge-des-trois-fours.com
De mai à début novembre et en février (vacances scolaires). Menu marcaire. Terrasse. Vente à emporter. Chambres d'hôtes.

Face au Hohneck et au Schaeferthal, cette sympathique ferme auberge offre une vue plongeante sur la Vallée de Munster depuis sa vaste terrasse ensoleillée. La famille Schott perpétue la cuisine traditionnelle du cru, notamment le repas marcaire composé de tourte de la vallée, de roïgabrageldi, de collet fumé, d'un assortiment de fromages et d'une tarte aux myrtilles, d'un skiaskass ou d'une meringue glacée. Sur place, on peut acheter du munster, du bargkass, du beurre et des fromages de chèvre frais. À disposition : 8 chambres d'hôtes (2-4 pers.) en demi-pension.

FERME-AUBERGE STROHBERG €

Lieu-dit Strohberg - **WASSERBOURG**
✆ 03 89 77 56 00
www.ferme-auberge-strohberg.com
Fermé du 1er novembre au 1er mai. Réservation recommandée. Menu Marcaire : 21,50 €. Terrasse. Vente à emporter.

Accrochée à une pente impressionnante à 1 100 m d'altitude, cette ferme-auberge à la décoration centrée sur l'univers des vaches s'ouvre sur deux terrasses d'où la vue coupe le souffle. La famille Barb nourrit les marcheurs avec son fameux menu marcaire. Chaque soir, le munster coiffé et les *gröstel* du Strohberg (pommes de terre, lardons, oignons, le tout recouvert de deux œufs au plat) sont au menu ! Et les soirées du week-end, c'est pierrade à gogo sur réservation. Les habitués du coin en profitent aussi pour faire le plein de fromages et de charcuterie maison !

LA FERME AUX RENNES

Schantzwasen - **STOSSWIHR**
✆ 03 89 77 99 10
www.lafermeauxrennes.com
Ouvert du jeudi au lundi de 12h à 17h. Adulte : 6 €. Enfant de 3 à 10 ans : 4,50 €.

Installée sur 6 hectares à 1 096 mètres d'altitude, au cœur du Massif du Tanet. Les bois plein de velours ou le poil plus garni, chaque saison apporte une nouvelle observation des animaux et le printemps marque l'arrivée des bébés trop mignons. La visite débute par une vidéo de présentation de l'élevage, après quoi on se lance sur les sentiers nature parsemés de panneaux informatifs, au cœur du groupe de rennes en totale liberté. Le tout se termine par un passage au musée sâmi pour admirer la collection ethnographique d'Alan Borvo et la maison du Père Noël.

SENTIER VITICOLE

WUENHEIM

Créé voici une vingtaine d'années et entièrement réhabilité au printemps 2017, le sentier viticole de Wuenheim arpente les coteaux de la commune sur 3 km. Le départ se fait depuis le parking de la Cave du Vieil Armand. Il est jalonné par 17 panneaux explicatifs grâce auxquels on peut découvrir les différents travaux de la vigne au fil des mois, les cépages du terroir, le domaine d'Ollwiller et son château ainsi que la faune, la flore et la biodiversité locales. Un excellent moyen pour joindre l'agréable à l'utile au cours d'une balade dans les vignes !

FROMAGERIE BERTRANT

10, Grande Rue
ANDILLY-EN-BASSIGNY
✆ 03 25 90 66 03
http://fromageriebertrant.chez.com/
Mieux vaut appeler avant.

Dans les riches herbages du Bassigny, Jocelyne, Bernard et Aurélie Bertrant élèvent un troupeau d'une quarantaine de vaches laitières dont le lait est vendu à une fromagerie industrielle, et un troupeau d'environ soixante-dix chèvres dont le lait sert à la production de leurs propres fromages. La star ici sont en effet le chèvre rond frais, le chèvre affiné et le chèvre cendré, à déguster avec un petit vin de Coiffy. Une fromagerie en toute transparence, animée par l'amour invétéré des propriétaires pour leurs animaux. Un régal !

LES CONFITURES DES CARMOTTES

4, rue du Docteur-Vauthrin - **ANROSEY**
✆ 03 25 88 85 97
www.lescarmottes.com
Ouvert de mai à décembre entre 14h et 17h. Visite sur rendez-vous.

En marge de son exploitation laitière, Jeanne-Marie Collin est une passionnée, à la main bien habituée, qui élabore plus de 50 variétés de confitures et gelées différentes pour le plus grand plaisir des gourmands. Elle réinvestit de grands chaudrons en cuivre avec tout ce que la nature environnante lui offre, ainsi qu'avec les produits de son jardin. Elle utilise aussi bien des fruits, des légumes, des plantes, des fleurs et même le lait de ses vaches. Visite sur rendez-vous.

PARC AUX DAIMS ★

Rue du Parc
CHÂTEAUVILLAIN
✆ 03 25 32 99 22
Fermé du 15 octobre au 15 novembre. Ouvert tous les jours et les jours fériés de 9h à 19h. Gratuit.

Dans un site naturel préservé composé d'arbres aux essences rares vivent une centaine de daims en liberté. Une jolie promenade bucolique permet de les voir évoluer. À voir également, les vestiges d'anciennes carrières d'où ont été extraites, entre-autres, les pierres des enceintes des XIIe et XIVe siècles de la ville. Le parc est fermé pendant la période de reproduction des daims et durant la période du rut afin de préserver la tranquillité des animaux. Il voit la réalisation d'un projet d'espace naturel de découvertes Animal Explora.

CELLIER SAINT-VINCENT

Rue de La Mairie - **COLOMBEY-LES-DEUX-EGLISES**
✆ 03 25 02 58 05
Fermé du 1er décembre au 28 février. Ouvert le week-end et les jours fériés de 10h à 12h et de 15h à 18h.

Point d'accueil de la route du champagne, on vient ici déguster les champagnes haut-marnais, ceux de la Côte des Bar et découvrir les métiers de la vigne. La visite est commentée par un vigneron producteur. À proximité, c'est un véritable musée du vin qui est proposé : exposition de photos et de vieux outils de la vigne et du vin ainsi que des projections de vidéos commentées et des débats. Après s'être nourri d'informations passionnantes, on pourra se désaltérer autour d'une dégustation de champagne réalisé à partir des cépages de pinot noir et de chardonnay.

FERME DES GOURMANDISES

5, rue de Bouzancourt - **DAILLANCOURT**
✆ 03 25 02 18 00
https://lafermedesgourmandises.fr
Sur réservation. Haute saison lundi et mercredi à 10h, mardi, jeudi et vendredi à 14h. Adulte : 4 €. Enfant : 10 €.

Benoît et Anne-Lise vous accueillent dans leur ferme et organisent des visites sur trois thèmes. L'écurie, donner le biberon aux chevreaux, du grain aux chèvres et bien d'autres choses encore. La traite de la chèvre et l'instant câlin avec les lapins. Et le tour de calèche et de poney dans le village. À voir les mouflons et lamas. Ils proposent aussi des goûters composés de crêpes. Tandis que la ferme-auberge permet de déguster les produits de l'exploitation. Vous allez vous régaler avec le coq au vin. Ils vendent lentilles, œufs, volailles et saucissons secs.

FERME DU GRAND DER

1, rue du Chêne - **FRAMPAS**
✆ 06 79 46 74 96
Ouvert toute l'année sur réservation. Visite simple : 6 €. Visite guidée : 10 € + 3 € pour le labyrinthe de maïs.

Dans cette exploitation céréalière convertie en agriculture biologique a été aménagé un parc de 2 hectares où vivent des animaux atypiques. Moutons nez noir du Valais, moutons Ouessant, chèvres naines, chèvres girgentana, cochons mangaliza, vaches highland, lapins géants des Flandres, alpagas, âne, baudet du Poitou, poney shetland, paon arlequin, dindon royal, faisan Lady Amherst... Vous pourrez également découvrir l'élevage d'escargots, où toutes les étapes de production se font sur l'exploitation, de la reproduction aux plats cuisinés. Production de safran.

LA FERME DES RIEUX

37, rue principale
GUDMONT-VILLIERS
✆ 03 25 94 50 56
fermedesrieux.fr
Ouvert le vendredi de 17h30 à 19h30 ; le samedi de 10h30 à 12h30. Vente directe à ferme.

Depuis les années trente, la ferme des Rieux a bien grandi. L'exploitation familiale compte aujourd'hui une soixantaine de vaches Primholstein ou Montbéliardes et continue de nous régaler avec ses délices au lait cru : des crèmes, des faisselles, des yaourts, des fromages frais et bien d'autres... Sans oublier évidemment, quatre sortes de fromages affinés : le Matolien, le palet des Rieux, le Rieux et le camembert. Tous les produits sont faits artisanalement à partir du lait du troupeau de l'exploitation et en vente direct à la ferme.

NICOLAS-GY

15, rue des Charmes
MARAC
✆ 03 25 87 32 70
Ouvert tous les jours. En haute-saison : après 17h30. Visites gratuites sur rendez-vous.

Nicolas Gy raconte le monde des abeilles et les produits issus de la ruche : les miels du pays de Langres et un pain d'épice aux parfums variés : amandes, oranges, chocolat… Des produits qu'on se procure ici, certifiés AB, (agriculture biologique). Si cet univers vous intéresse, mieux vaut téléphoner à M.Gy avant, et, gratuitement, il vous expliquera les secrets de fabrication ! En outre, vous pourrez acheter les produits bio de la Miellerie sur le marché de Langres (vendredi matin) et sur celui de Chaumont, le samedi matin.

FERME BEL'AIR

Ferme Bel Air - **OCCEY**
✆ 03 25 88 31 40
www.fermebelair.com
Lundi, mercredi et vendredi de 9h à 12h et de 15h à 19h ; mardi et jeudi de 15h à 19h ; samedi de 9h à 12h.

La famille Cadet a installé son exploitation dans une ancienne auberge du XVIIIe siècle, qui à l'époque était aussi un relais de chevaux. Sur ces 171 ha de terres, 4 ha sont réservés aux volailles. Celles-ci, de très bonne qualité, ont été nourries avec les céréales produites sur place. Vente également de produits du terroir : confitures, farine, divers vins, miel, terrines de canard ou de pintade, persillés de poulet, quenelles, gésiers ou plats traiteur, le tout dans les bocaux à l'ancienne... Un paradis pour les gourmets !

LA CHÈVRERIE D'ARTÉMIS

Le Coteau des Côtes - **RIAUCOURT**
✆ 03 25 01 35 06
www.chevreriedartemis.fr
Ouvert du mardi au samedi de 16h45 à 18h30. Entrée : 3,50 € pour tous. Avec dégustation, adulte : 6 €, enfant : 4,50 €.

Le troupeau est constitué principalement de chèvres alpines et quelques saanens. Ils travaillent en circuits courts avec vente directe à la fromagerie, un dépôt dans un magasin de producteurs et un stand dans les halles du marché de Chaumont. Ils font partie de l'association Richesses du Terroir, proposant divers produits des petits producteurs de la région. Le printemps est la période la plus propice pour visiter l'exploitation, avec tout un tas d'activités à découvrir. Assistez à la traite et approchez les chèvres. Une dégustation s'impose, en fin de visite.

FERME DU BOCAGE €€

15, rue de la Haye
RIVES DERVOISES
✆ 03 25 04 23 28
www.lafermedubocage.fr
Réservation conseillée

Cette ancienne ferme à pans de bois est également, depuis les années 1990, à la fois une auberge, proposant aussi à la vente de délicieux produits et un gîte de séjour. Ici, on aime le canard, aussi bien le temps de l'élevage que cuisiné sous toutes ses formes par le patron qui en parle avec passion. Les spécialités de la maison étourdissent les papilles dès l'assiette de dégustation. Une bonne adresse pour un séjour en famille ou entre amis. Pour vos célébrations, possibilité d'apporter votre champagne avec étiquette réglementaire sans droit de bouchon !

LE RUCHER DU GRAND-JARDIN

Rue Basse
SIGNÉVILLE
✆ 03 25 01 22 39
Ouvert toute l'année sur réservation.

Rythmé par les floraisons successives au printemps et en été, le travail de Mauricette Anesa et son mari, autour de leurs 300 ruches permet la création de produits divins. Vous pouvez également assister à la fabrication artisanale de bougies à la cire d'abeille. Dans son atelier se côtoient des outils du siècle dernier et les dernières sophistications d'un laboratoire moderne. Vous allez découvrir une multitude de variétés savoureuses : miel de tilleul, de ronce, de forêt…

FERME DU CHATEL

Ferme du Châtel
AULNAY-L'AÎTRE
✆ 03 26 72 95 91
www.fermeduchatel.com
Ouvert le vendredi de 14h30 à 18h ; le samedi de 10h à 12h et de 14h à 18h. Ouvert toute l'année sauf la première quinzaine de janvier.

En Champagne, il y a le champagne mais aussi des produits fermiers, des volailles, du miel, des escargots… enfin bref, de quoi assouvir tous les estomacs en mal de produits du terroir, les vrais. A la ferme du Chatel appartenant à la famille Scieur, vous pourrez faire vos emplettes, partager vos victuailles lors de banquets organisés et apprendre à cuisiner lors d'ateliers à thèmes.

CLOS SAINT-VINCENT

Allée Clos du Mesnil
LE MESNIL-SUR-OGER

Le clos Saint-Vincent est un jardin aromatique qui vous emmène à la découverte des secrets de l'effervescent breuvage champenois et de ses arômes. Cette balade au milieu des galipes vous présente les trois cépages champenois : pinot noir, pinot meunier et chardonnay, à travers trois stade : la jeunesse, la maturité et la plénitude. Des arômes de synthèse figés dans des céramiques par des parfumeurs viennent parfaire cette étonnante visite sensorielle. Dans la seconde partie du parc, un beau point de vue avec tables et mange-debout permet de profiter du panorama.

CHAMPAGNE WARIS LARMANDIER

608, rempart du Nord - **AVIZE**
✆ 03 26 57 79 05
www.champagne-waris-larmandier.com
Ouvert du lundi au vendredi de 8h30 à 12h et de 14h à 18h. Visite des caves et visite de l'atelier, sur rendez-vous.

À cette adresse se conjuguent deux talents, le champagne et l'artisanat d'art. Depuis 4 générations, le travail de la vigne et du vin se pratique, et Marie-Hélène Waris, peintre céramiste, complète l'activité et ne tarit pas d'explications sur son art. Viticultrice à Avize la journée et artiste, elle aime la vie en couleurs et fait partager sa passion. L'accueil à la propriété, dans un cadre fleuri et chaleureux, donne à découvrir les cuvées de la maison à l'image de l'artiste.

LA FERME GOURMANDE

58, avenue du Docteur-Justin-Jolly
LA CHAUSSÉE-SUR-MARNE
✆ 03 26 72 98 22
Ouvert mercredi, samedi et dimanche de 15h à 18h. Fermeture en janvier et février. Restauration sur réservation.

La ferme gourmande, c'est d'abord un élevage de chèvres que vous pourrez visiter gratuitement, y compris en assistant à la traite, et vous pourrez même y donner le bib' aux chevreaux ! Sympa, non ? Lieu atypique à l'ambiance familiale, l'endroit dispose également d'une salle de restaurant rustique. C'est un lieu à la fois de découverte et de détente dans une typique ferme champenoise. Vous trouverez également une boutique qui met en valeur les produits du terroir : miel, jambon des Ardennes, cidre, croustillants à la viande de chevreau…

CHAMPAGNE JULIEN CHOPIN

1, rue Gaston Poittevin - **MONTHELON**
✆ 03 10 15 36 41
champagnejulienchopin.com
Ouvert du lundi au samedi de 9h à 11h30 et de 13h à 16h30. Les week-ends et jours fériés sur rendez-vous.

Voilà qui tranche en Champagne ! Coup de cœur assuré pour cette Maison atypique. Située dans les coteaux sud d'Epernay et fondée en 1947, Emmanuel et Marion Chopin y développent aujourd'hui une belle activité œnotouristique.

Niché dans les coteaux sud d'Épernay, le vignoble de 6 hectares, est travaillé en viticulture raisonnée et produit 8 champagnes classifiées en 2 gammes baptisées les « Originelles » et les « Classiques ».

Assez rare pour être souligné, la Maison produit 4 Ratafia champenois : 1 en meunier, 1 en pinot noir, 1 en chardonnay et 1 en meunier solera. Un site web dédié « ratafiachampenois.com » sous le grand parrainage d'Arnaud Lallement, grand chef cuisinier à la tête du restaurant gastronomique « l'Assiette Champenoise », triplement étoile au guide Michelin est d'ailleurs en train de voir le jour.

Le Domaine organise également Les Samedis découvertes qui vous offrent la possibilité de vous initier à des accords mets/vins et des cocktails à base de Ratafia champenois.

A découvrir également, leur concept « Ma Vigne » qui vous offre la possibilité de louer des pieds de vigne pendant 1 an pour en découvrir tous les secrets. Un coffret contenant un certificat, un diplôme, des newsletters, 1 repas au champagne et votre champagne vous sera remis au cours de l'expérience.

My Chopin Box, quant à elle, vous permet de recevoir tous les 2 mois une offre unique, ludique et pédagogique (2 bouteilles de champagne/Ratafia, 1 livret explicatif, 1 accessoire cadeau, des invitations et des offres privilèges en exclusivité).

RANCH DU MOULIN ST MARTIN

23, rue du Moulin-Saint-Martin - **MONTMIRAIL**
✆ 06 45 16 71 59
www.ranchdumoulinstmartin.fr

Haute saison ouvert du mercredi au samedi de 14h à 18h. Entrée : 4,50 €.

Venez découvrir le milieu agricole et la nature dans un cadre western. Le parcours aménagé permet d'observer la vie de nombreux animaux de la ferme et autres comme les lamas et les oiseaux exotiques. Elle est aussi ludique grâce à ses nombreux jeux d'adresse et de motricité, mini-golf et diverses activités régulièrement proposées après avoir assisté au nourrissage des animaux. Entre orpaillage, art navajo, attrape-rêves, initiation au lasso, fabrication de mangeoires, jeu US Marshall.

LE SENTIER DU VIGNERON

1, place Garitan - **MUTIGNY** ✆ 06 84 98 50 54
www.mutigny-en-champagne.com

Visite guidée sur réservation à partir de 20 € par personne (5 € pour les 12-18 ans, gratuit pour les moins de 12 ans).

Le sentier du vigneron de Mutigny vous emmène en balade à travers les vignes. Admirez les paysages champenois du haut de Mutigny, à 240 m d'altitude, le village le plus élevé de la Montagne de Reims. La visite guidée est faite avec amour et connaissance parfaite du terroir local. Ce parcours ludique et pédagogique au gré d'une boucle de 2,2 km est jalonné de 12 stations thématiques qui relatent le travail de la vigne, le climat, l'appellation champagne... La balade d'environ 1h30 se termine par une dégustation de champagne et un déjeuner au cœur des vignes.

CHÈVRERIE DE NESLE-LA-REPOSTE

Route de Nesle-la-Reposte - **NESLE-LA-REPOSTE**
✆ 06 15 21 79 62
www.chevreriedeneslelareposte.fr

Basse saison ouvert le dimanche 14h30 à 18h30. Haute saison mercredi et week-end de 14h30 à 18h30. Sur réservation.

Souvent, on cherche pour les enfants de quoi donner le change aux visites de musées. Les fermes pédagogiques sont alors les bienvenues. Ici, vous faites double profit car une centaine de chèvres captiveront les plus petits tandis que les grands pourront se régaler des produits de la ferme : fromages de toutes sortes, du frais, du cendré, du mi-sec... Des gaufres sont aussi en vente pour prendre le goûter sur place, ainsi que des tartines salées. La chèvrerie est accessible à tous.

L'ESCARGOTIÈRE CHAMPENOISE

19, rue du Docteur-Choquart
PLEURS
✆ 03 26 42 65 08

Horaires valables de mi-mars à fin décembre, hors période sur rendez-vous uniquement.

Lionel Lizon est héliciculteur c'est-à-dire qu'il élève des escargots en plein air et les transforme ! Il s'agit d'un élevage de gros-gris, qu'il prépare et cuisine de différentes façons. Il propose une belle gamme de produits : des escargots au court-bouillon, des escargots en coquille à la bourguignonne, des escargots pour l'apéritif en bocaux et aussi en surgelés. Pour ceux qui veulent les préparer ou ceux qui veulent uniquement les consommer... Il y en a pour tout le monde !

L'ARTICHAUT

24, rue de Mars - **REIMS** ✆ 06 65 74 05 99

Ouvert du mardi au vendredi de 9h à 13h et de 15h30 à 19h et le samedi de 8h à 13h et de 15h30 à 19h.

Primeurs et maraîchers depuis 4 générations, Anne-Line Ladam et Patrice Richard, meilleur ouvrier de France, perpétuent la tradition familiale dans leur jolie boutique du quartier des Halles et partagent avec leurs clients le goût des fruits et légumes de qualité. Leurs étals colorés débordent de beaux produits de saison cultivés en pleine terre, des variétés de tomates anciennes, des fraises en direct des champs, des champignons sauvages, mais aussi des jus de fruits frais et des fruits secs, parfaits pour un en-cas ou des apéritifs *healthy*. En plus d'un panier bien garni, vous repartirez avec de bons conseils et de nouvelles idées de recettes, de quoi avoir la banane !

SENSES BREWING

49, rue Gosset
REIMS
sensesbrewing.com

Brasser les sens, c'est le maître mot de Dominique et Yves Lebœuf ! Dans leur micro brasserie artisanale et familiale Senses Brewing, ils entendent bien faire mousser la culture brassicole rémoise pour éveiller vos sens. Brasseur et œnologue ont su allier leur savoir-faire pour créer des bières multisensorielles aux saveurs étonnantes, de la rafraîchissante Concombre libre finement salée à la réconfortante Summer Pie, aux arômes de tarte aux quetsches en passant par Berlin avec la Berliner Classique ou Tokyo.. on s'offre un beau voyage au pays des sens !

CHAMPAGNE DEGENNE DAMIEN

24, rue de Châtillon
SACY
✆ 03 26 49 75 92

Le domaine possède 6,80 hectares plantés de trois vignobles champenois produisant une belle gamme de champagnes fruités et équilibrés qui ont conquis le cœur (et surtout le palais) des connaisseurs. Entre autres, la Cuvée Spéciale 2007, composée de 30% de pinot noir, 30% de pinot meunier et 40% de chardonnay, est un vin fruité, en effet, aux notes intéressantes de fleurs séchées. Le Brut Extra - pinot noir et pinot meunier à parts égales - est un vin robuste et néanmoins élégant, qui se laissera boire en apéritif ou en début de repas.

LE VERGER DE L'ARLY

6, rue des Vignes - **SAUDOY** ✆ 03 26 80 60 29
www.vergerdelarly.fr/

Le magasin de vente est ouvert tous les jours sauf dimanche et jours fériés de 9h à 12h et de 14h à 18h.

Une effervescence naturelle : ce qui est bien normal au pays du champagne ! Les fruits sont la spécialité de Véronique et Jean-Christophe Leglantier et ils profitent de leur richesse pour en extraire le meilleur. Depuis 25 ans, les pommes de leurs vergers participent à l'approvisionnement de la coopérative du coin (Agrial), mais, bien malins, ils en gardent toujours une petite partie de côté pour fabriquer le cidre de Brie champenoise, mélange des pommes de l'exploitation et d'anciennes variétés collectées aux alentours. Le cidre est pur jus et non pasteurisé, la prise de mousse se faisant de façon naturelle et traditionnelle. Les levures qui consomment une partie du sucre résiduel provoquent, à l'arrivée, une effervescence agréable. D'autres nectars complètent la gamme de leur cru : le jus de pommes (équilibré en sucre et en acidité, pasteurisé et sans aucun conservateur), les « bulles de pomme » (jus de pommes pétillant comme son nom l'indique, filtré puis gazéifié à l'aide d'adjonction de gaz carbonique), le pomineau (ou mistel maison, l'équivalent du pommeau en Normandie, une liqueur apéritive à base de jus de pommes et d'eau-de-vie de cidre, vieillie en fût de chêne). Vous ne pensiez pas trouver du cidre en Champagne et pourtant... celui-ci mérite une halte entre deux bulles de raisin.

Le plus : en octobre, il est possible de venir cueillir ses pommes en libre-service au verger. Idéal à faire en famille, les enfants seront ravis ! N'hésitez pas à regarder les dates et horaires des cueillettes sur le site Internet.

LA FERME DE TILLOY

31, route Nationale
TILLOY-ET-BELLAY
✆ 03 26 66 06 31
www.lafermedetilloy.com

Ouvert le mercredi et le samedi de 10h à 12h ; le vendredi de 15h à 19h. Et sur rendez-vous.

À 20 km à l'est de Châlons-en-Champagne se situe la ferme de Tilloy. Ouverte à la polyculture, elle accueille également un atelier de transformation des canards gras. Désormais on fait donc tout sur place : élevage en plein air, gavage traditionnel en parc sur paille, transformation et commercialisation dans la boutique de la ferme. Vous pourrez acheter les morceaux de choix du canard, du magret au confit en passant par l'aiguillette, et bien sûr, le parfait foie gras, mi-cuit, en semi-conserve ou en foie gras. Et bien d'autres surprises à la boutique.

LAIT BRASSEUR - L'ORGEMBULLE

2, impasse Félix Eboué - **TINQUEUX**
✆ 06 60 02 62 58
www.lait-brasseur.com

Ouvert mardi et vendredi de 10h à 13h ; mercredi et jeudi de 10h à 13h et de 15h à 19h ; samedi de 10h à 19h.

Du fromage et de la bière 100 % bio, voilà qui va faire des heureux ! C'est Margaux Renard et Antoine Crehin qui sont à l'origine de cette belle rencontre entre laiterie et brasserie artisanale. Leur boutique propose yaourts brassés, beurre de baratte, fromages frais aux herbes et épices, carré champenois et fromage à raclette qu'on accompagne bien sûr d'une bouteille d'Orgembulle. Intemporelle blonde, fraîche Blanchette ou Roubignole ambrée, rien de tel qu'une bonne mousse !

CHÈVRES D'ARGONNE

16, rue du Chemin de Châlons
VILLERS-EN-ARGONNE
✆ 06 74 69 78 98

Ouvert le lundi, le mercredi, le jeudi et le samedi de 10h à 11h30 et de 17h à 18h30.

Sophie Laluc vous accueille dans sa ferme. Son cheptel se compose d'une centaine de chèvres, des Saanen qui donnent un lait doux et des Alpines dont le lait est plus typé et près de 70 brebis. La journée débute aux aurores avec la traite, avant de passer à la fabrication dans son laboratoire : fromages frais et affinés, tomme, crottin, bûches mais aussi yaourts et faisselle... c'est à en devenir totalement chèvre ! Sophie propose aussi du saucisson sec, merguez, saucisses, chorizo, pâté en croûte... de chèvre et de la viande d'agneau et de chevreau en saison.

LA FERME DE PASCALE

Rue des Jardins
AGINCOURT
✆ 06 06 77 38 15
Familles uniquement haute saison du lundi au samedi de 14h à 18h sur réservation.

Venez visiter la bergerie. Occasion d'échanger avec Pascale sur le fonctionnement de la ferme. Puis retour à la ferme et dégustation de steaks hachés. Diplômée de médiation animale, elle permet aussi de travailler la motricité en prenant le pain pour le donner au cheval, de jeter de la salade aux poules, de mettre du pain dans le seau d'eau des canards et des oies. Ramassage des œufs des poules et des cailles. Caresser les lapins. Faire un tour de magie avec la poule. Course de lapins. Grand jeu sur le thème de la basse-cour. Divers ateliers créatifs et ludiques.

PRODUITS DU TERROIR

26, rue Remer
AUDUN-LE-ROMAN
✆ 03 82 21 60 08

Si vous êtes dans les parages, ne manquez pas d'aller faire une visite de l'exploitation située au centre de la commune de Audun-le-Roman, sur réservation, avec des dégustations pendant ou au terme de celles-ci. Jean-Pierre Thierry s'est spécialisé dans l'élevage. Il propose des agneaux entiers ou demis et pour les barbecues, des saucisses, merguez, brochettes... ainsi que du saucisson sec. La spécialité de la maison, ce sont les Marinettes, des saucisses d'agneau aux petits légumes. Une belle opportunité de découvrir et consommer ces produits de nos terroirs !

DOMAINE DE LA LINOTTE

90, rue Victor-Hugo - **BRULEY** ✆ 06 89 53 61 90
www.domainedelalinotte.fr
Ouvert toute l'année. Prévenir de sa visite. Journées découvertes (2 week-ends par mois sur réservation).

Depuis 1996, Marc Laroppe et son épouse Géraldine exploitent 2,2 ha de vignes, après que Monsieur ait replanté des pieds dans son village natal. Le cep se divise ainsi à 80 cm du sol en V, garantissant une meilleure exposition au soleil et une protection à l'humidité plus efficace. Le domaine produit les cépages gamay, pinot noir et auxerrois. Médaillé dès ses premières récoltes, Marc Laroppe produit aujourd'hui chaque année en moyenne 18 000 bouteilles, qu'il commercialise en direct. Géraldine gère également les chambres d'hôtes installées dans l'exploitation.

DOMAINE REGINA

350, rue de la République - **BRULEY**
✆ 03 83 64 49 52
www.domaineregina.com
Du lundi au jeudi de 13h30 à 18h30 ; le vendredi et le samedi de 10h à 12h et de 13h30 à 18h30. Ou sur rendez-vous.

Régulièrement récompensé, ce domaine du Toulois est à l'initiative d'Isabelle et Jean-Michel Mangeot, qui ont commencé leur activité de viticulture en 1997. Aujourd'hui, Isabelle Mangeot poursuit l'aventure et transmet cette passion en proposant 13 cuvées différentes, et pas moins de 120 000 bouteilles produites chaque année. Les cépages qui constituent l'appellation sont l'auxerrois qui donne des vins blancs aromatiques et sans acidité, le gamay, cépage rustique qui apporte fruité et vivacité, et le pinot noir qui apporte richesse, rondeur et finesse au vin.

JACQUES MASSON VITICULTEUR

39, rue Saint Vincent - **BULLIGNY**
✆ 03 83 62 57 01
viti.masson.jacques.free.fr
Ouvert tous les jours. De préférence sur rendez-vous.

Voilà neuf générations que la famille Masson travaille la vigne dans le Toulois. Le domaine, de 2,45 ha, jouit d'un bel ensoleillement grâce à son orientation au sud-est. Jacques Masson se fera un plaisir de vous faire découvrir sa production. Dernières nouveautés : le vin blanc vieilli en fût de chêne, très fruité avec son arôme de noisettes grillées ; et le vin rouge, élevé lui aussi en fût de chêne, d'où son goût finement tannique. Un large panel d'eaux-de-vie est également proposé.

FERME DARTOY

2a, Grande-Rue
BURTHÉCOURT-AUX-CHÊNES
✆ 03 83 46 85 39
Haute saison du lundi au samedi de 14h30 à 16h30. Entrée : 9 €.

Venez découvrir la ferme de polyculture-élevage, une certaine de bovins dont 40 vaches laitières et 40 hectares de céréales, de Sandrine et Hervé. Vous apprendrez tout sur leur métier et les animaux le temps d'un après-midi. Vaches, veaux, lapins, poules, l'âne et les chats font le bonheur de tous. Ramassage des œufs, participation au nourrissage, traite les vaches sans oublier les gros câlins aux lapins. Les personnes fragilisées sont privilégiées. Accueil en groupes, individuel, jeunes, moins jeunes, en situation de handicap. Un goûter maison clôture la visite.

BRASSERIE FRANKFURTER BRAUHAUS

2, rue Gabriel-Bour
CHAMPIGNEULLES
© 03 83 39 50 00
https://www.frankfurter-brauhaus.de
Visite gratuite sur rendez-vous.

La légende veut que saint Arnoul, évêque de Metz, devînt le saint patron des brasseurs en accomplissant le miracle de multiplication de la cervoise pour les hommes assoiffés chargés du transfert de ses reliques. Et c'est dans le caveau Saint-Arnoul que débute et se termine la visite de cette brasserie : salle de brassage, de fermentation, chaîne d'embouteillage, sans oublier la dégustation. Elle a été rachetée par un brasseur allemand en août 2007 mais a pu poursuivre son activité.

LES FRUITS DU PAYS

3, rue du Bexot - **FAULX** © 03 83 40 83 91
masson-producteurs.jimdo.com
Ouvert du mardi au vendredi de 14h à 18h30 ; le samedi de 10h à 12h et de 14h à 18h. Possibilité de visiter le verger.

Producteurs de fruits sur les coteaux du village, Nicolas Masson vous propose de découvrir plus d'une quinzaine de variétés de pommes, plusieurs de poires et suivant les saisons des cerises, fraises, pêches, abricots, mirabelles ou quetsches. Un magasin permet de ramener chez soi de beaux fruits, des légumes, mais aussi des jus de fruits pour faire le plein de vitamines ainsi que du miel, des confitures, des huiles... Il est également possible de visiter le verger sur demande. Enfin d'autres bons produits de la ferme peuvent être achetés : œufs, poulets, pintades...

LES FLEURS ANGLAISES

34, rue du chêne
EULMONT
© 03 83 22 97 29
www.lesfleursanglaises.fr

Cette chambre d'hôte de 35 m² est conçue avec des matérieux respectueux de l'environnement (chanvre, bois et chaux), dans une maison de vigneron du XVIIe entourée par un jardin bio. Couleur pivoine, la décoration est originale et joyeuse, avec une vue sur le jardin et, au loin, la silhouette des Vosges. Des cosmétiques bio sont mis à la disposition des hôtes, et il est possible de profiter, sur réservation, de la table d'hôte végétarienne et bio. Et le plus, cette ferme propose également des stages de jardinage tout à fait passionnant !

MIEL DE J. HOUPERT

24, rue de Malleloy
FAULX
© 03 83 49 26 56

Dans la période de récolte, c'est-à-dire en été, on peut visiter les ruches et voir comment se passe l'extraction. Mais l'endroit est aussi propice à l'achat de miel d'une excellente qualité. En effet, les miels de cette exploitation sont régulièrement primés au concours général de Paris. Qu'il soit de fleurs d'acacia, de tilleul ou de sapin, le miel est crémeux et se déguste à toutes les sauces. Les producteurs, passionnés, ont une activité par ailleurs. Il vaut donc mieux appeler avant de venir les voir. Le miel a ici ses lettres de noblesse.

APICULTEUR DE FAULX

24, route de Malleloy
FAULX
© 03 83 49 26 56
Vente sur place (contacter par téléphone) ou sur le marché de Nancy.

Quand on est 38 fois médaillé au concours général de l'Agriculture, on ne peut que produire du miel de grande qualité. Ici, les ruches sont transhumées de nuit, ce qui est un gage de régularité et de qualité. Chez les Houpert on est tout simplement passionné. Pour vous mettre l'eau à la bouche : miels crémeux, toutes fleurs, acacia, tilleul, montagne et sapin... et même pains d'épice au miel fabriqués sur demande. Et aussi une multitude de recettes salées/sucrées comportent du miel. Découvrez leurs produits sur place ou sur le marché de Nancy.

AUBERGE DE LA MIRABELLE - CHEZ LÉON €

6, rue de Nancy - **FERRIÈRES**
© 03 83 26 62 14
www.auberge-mirabelle.eu
Ouvert tous les jours le midi ; le samedi midi et soir. Menus de 13 à 36 €. Terrasse.

On sert ici une cuisine traditionnelle et locale : tous les produits utilisés (ou presque) proviennent de la ferme ou des exploitations alentour. Le cadre ravira les gourmets puisque l'auberge dispose de trois salles et de deux terrasses. Au menu : opéra de foie gras et joue de porc confite au vin rouge, sablé au parmesan, fricassée de volaille crémée aux champignons, pommes persillées, et en dessert, dacquoise à la pistache et au chocolat au lait. Une cuisine gourmande et généreuse.

FERME DE LA CROISETTE

3, rue de l'Embornement
HOUSSEVILLE
✆ 03 83 25 31 55
www.fermedelacroisette.fr
Sur réservation.

Si la ferme de la Croisette s'est fait une spécialité de la production de foie gras, elle propose également des stages de transformation du canard gras, sur place, dans le laboratoire de la ferme. Vous apprendrez ainsi dans une ambiance conviviale à concocter un canard entier et pourrez emporter à la fin de la journée une douzaine de bocaux : du foie gras, mais aussi du confit, des rillettes, des gésiers, de la graisse... La journée comprend le repas, l'atelier, un canard avec un foie, pour un prix total de 145 € par personne. Pensez à réserver !

LE SENTIER VITICOLE

LUCEY
Ouvert toute l'année. Tous les jours. Gratuit.

Envie de vous plonger dans la tradition viticole de la région ? Empruntez ce sentier de 2,5 km à travers les vignes. Le départ se fait au centre du village et vous évoque l'histoire de la vigne en Lorraine, les différents cépages utilisés et les travaux viticoles, au fil des saisons. Une jolie balade dans les coteaux plein sud et une excellente immersion dans le travail viticole et la passion de ce qui fait un bon vin. Gageons que cette longue et belle balade vous aura ouvert l'appétit et vous donnera envie ensuite, de déguster les bons petits plats de la région.

FERME DE LORO

1, Hameau de Loro
LOROMONTZEY
✆ 06 09 30 16 26
www.loro.fr

C'est une promenade facile au départ du centre de Loromontzey, qui vous invite à la découverte du patrimoine bâti et paysager de la commune et ses alentours. Ainsi, votre visite débute par l'église du village. Si tous ses éléments ne sont pas d'origine, les baptistères et certaines pièces du mobilier datent, eux, de sa création. Ensuite, direction le hameau et la ferme de Loro ; vous serez surpris d'apprendre que les premiers écrits concernant cette dernière remontent à l'an 1306 ! Le moulin de Loro marquera enfin votre dernière étape, avant de revenir à bon port.

RUCHERS DE LORRAINE

21, rue de la Salle - **NANCY**
✆ 03 83 32 18 33
www.ruchersdelorraine.com
Ecoute téléphonique ouverte du mardi au samedi de 9h30 à 12h et de 14h30 à 19h (boutique en ligne).

Guy Steininger nous accueille dans son commerce dédié aux produits de la ruche. Les miels sont de Lorraine (mention spéciale au délicieux miel de sapin issu du massif des Vosges), ou bien importés d'Espagne ou de Nouvelle-Zélande. Guy est capable de nous parler de chaque produit, de ses propriétés et vertus. Bien sûr il y a aussi du pollen, de la gelée royale, du propolis, ainsi que des produits cosmétiques, des bonbons au miel et des équipements apicoles destinés aux spécialistes. Tous ces articles sont disponibles sur la boutique en ligne.

MAISON LORRAINE DE LA POLYCULTURE

94, Grande-Rue
LUCEY
✆ 03 83 63 85 21
www.maisondelapolyculture.fr
Adulte : 1,50 €. Visite guidée (sur rendez-vous).

La maison présente l'évolution des techniques agricoles en Pays Toulois du XVIIIe siècle à 1914, celle de la culture et savoir-faire du chanvre et de la vigne. Pour y apprendre tout sur le vin par les objets exposés tels que pressoirs, alambics et autres ustensiles, vous y verrez aussi de nombreux instruments brassicoles, car Lucey fait également partie de la Route de la bière. La maison cultive du safran : la safranière est donc incluse dans la visite !

LES BRASSEURS DE LORRAINE

3, rue du Bois-le-Prêtre - **PONT-À-MOUSSON**
✆ 03 83 80 02 64
www.brasseurs-lorraine.com
Mardi-samedi 10h-12h et 14h-18h. Visite guidée vendredi à 17h, 2 € pour les 10-17 ans (gratuit -10 ans), adultes 5 €.

Créés en 2003, les Brasseurs de Lorraine sont l'un des garants de la tradition brassicole de la région. Avec sa large gamme de bières, l'entreprise est la plus grande brasserie artisanale de Lorraine, où l'on forme également les futurs brasseurs. La qualité de ses produits 100 % naturels est reconnue par le label Origine France Garantie et a reçu de nombreuses récompenses. Il est également possible de visiter la brasserie et de déguster les produits.

LA MAISON DE LA MIRABELLE

16, rue du Capitaine-Durand
ROZELIEURES
✆ 03 83 72 32 26
www.maisondelamirabelle.com
Horaires variables selon les saisons.

Dans la famille Grallet, on est distillateur de père en fils depuis déjà 1895. C'est donc en toute logique que la Maison de la mirabelle, située par un heureux hasard en plein cœur de la Lorraine, a vu le jour ici. La famille Grallet, du haut de ses quelque 25 hectares de mirabelliers, est aujourd'hui ce qu'on pourrait appeler l'ambassadeur du fameux petit fruit jaune et du terroir lorrain en la matière. Ici, on apprend tout sur la mirabelle avec un parcours découverte, des projections et un magnifique son et lumière dans la distillerie mettant à l'honneur ce joli fruit jaune-orangé dans une toute nouvelle scénographie. En un mot, sur la fabrication de l'eau-de-vie de mirabelle, du plantage de l'arbre à la distillation de l'alcool, rien n'aura plus de secret pour vous. Vous pourrez échanger vos impressions avec les autres visiteurs lors des séances de dégustation aussi conviviales que savoureuses. Vous pourrez alors décider le produit qui convient le mieux à vos papilles et vous le procurer à la jolie boutique. Un passage obligé en fin de visite ! Vous saurez qu'on y trouve des nectars fort originaux, comme par exemple ce fameux whisky lorrain ! Et on y trouve même du parfum ! Eh oui, vous ne le saviez peut-être pas, mais les senteurs du petit fruit jaune sont tellement riches et précieuses qu'elles ont inspiré Anne-Marie Grallet et l'ont poussé à créer le parfum Mirabelle Unique… Étonnant, non ? Tant de richesses pour un si petit fruit…

LA PORCINIÈRE

7ter, rue du Parc de Lorraine
SEICHEPREY
✆ 03 83 23 15 19
www.laporciniere.com
Ouvert le vendredi de 9h à 12h et de 14h à 19h ; le samedi de 9h à 12h.

Éleveurs de porcs dans la localité, Marie-France et Luc Philippe se sont spécialisés dans la vente de viande de porc et charcuterie. Avec une production de 150 truies et entre 1 500 porcelets et porcs, l'activité demande une présence quotidienne et un travail intense. Les porcs sont vendus en gros, demi-gros et au détail. Chaque vendredi et samedi matin, la boutique ne désemplit pas. On y achète fidèlement fromages de tête, boudins, andouillettes, demi-porcs découpés, grillades… et porcelets destinés aux méchouis. Un beau concentré de talents du terroir lorrain !

DOMAINE DE L'AMBROISIE

45, impasse Victor Hugo
TOUL
✆ 03 83 63 29 02
www.bienvenuesaveurs54.fr
Du lundi au vendredi de 14h à 18h30. Le samedi : 9h-12h et 14h-18h30.

Thomas Colson et Rémy Welter travaillent la vigne sur près de 9 hectares, avec un équilibrage progressif entre le gamay, le pinot noir et l'auxerrois. Ce domaine compte en ses rangs 4 hectares de vergers bio, car ici les maîtres mots sont la qualité et l'authenticité. Parallèlement ces deux compères, ont créé, à Toul, en plein cœur de ville, dans les anciennes caves Cordier (négociant installé sur le port de Toul), un nouveau lieu de vinification et de commercialisation plein de charme, que vous pourrez visiter à loisir et vous initier à la dégustation.

FERME-AUBERGE SAINTE-MATHILDE €€

9, rue de la Pâle
TUCQUEGNIEUX
✆ 03 82 21 29 04
Réservation impérative. CB non acceptée. Accueil des groupes (en semaine midi et soir). Vente à emporter.

Bienvenue chez Marie-Madeleine et Étienne Finot ! Des exploitants agricoles passionnés qui ont le sens de l'hospitalité ! Fiers de leur exploitation agricole bio, ils y produisent des céréales et des fruits, et y élèvent des volailles, lapins en plein air, et porcs sur paille. La ferme-auberge organise régulièrement des soirées à thèmes. Rendez-vous sur leur site Internet pour la liste complète et les dates précises des soirées gourmandes et à thèmes.

FERME PEDAGOGIQUE SAINTE-CATHERINE

Route de Rosières - **VELLE-SUR-MOSELLE**
✆ 06 88 24 49 64
www.ferme-sainte-catherine.fr
Ouvert du lundi au samedi de 9h30 à 17h. Visite libre : 8 €, enfant : 6 €. Famille : 25 €. Visite guidée : 10 €.

Venez en famille découvrir les animaux et la vie à la ferme. À l'aide de panneaux et fiches pédagogiques disposés sur le parcours, vous observerez vaches et veaux, moutons, poules sur prairie produisant des œufs Label Rouge, lapins, chevaux en retraite, ânes et moutons. Ils proposent également des ateliers en fonction de l'âge des enfants, pour particulier, groupes, scolaires. Ayant pour thème, le sens de l'éveil, ou la fabrication de farine. Vous pourrez aussi monter sur un tracteur.

MAISON DU MIEL ET DES ABEILLES DU VAL DUNOIS

Rue d'Argonne - **AINCREVILLE** ✆ 03 29 80 64 22
www.maison-du-miel.fr

Haute saison ouvert week-end de 14h à 17h. Visite libre : 1,50 €. Visite guidée adulte : 5 €. Enfant : 2,50 €.

Des apiculteurs passionnés vous font découvrir le monde merveilleux de la ruche au travers d'un parcours ludique. Attention, seule une période de l'année permet d'ouvrir une ruche sans mettre la colonie en péril afin de vous présenter l'ensemble des opérations de la récolte du miel. Expositions commentées. Projection de film. Fabrication d'une bougie. Dégustation de miel. À la boutique vous trouverez tous les produits dérivés de la ruche, confiseries, produits cosmétiques et bien-être.

MAISON DES TRUFFES ET DE LA TRUFFICULTURE

Rue du 1er Septembre 1944
BONCOURT-SUR-MEUSE
✆ 03 29 91 68 54
www.maisondestruffes.com

Horaires variables selon les saisons.

Situé dans une ancienne ferme, la Maison des truffes vous propose un parcours initiatique dans l'univers de la truffe. Sur 450 m², une exposition et un film présentent les secrets de ce champignon souterrain recherché par les plus fins gastronomes, sans oublier la dégustation qui compète la visite. Des démonstrations culinaires et des ateliers de cuisine sont régulièrement organisés, sur demande pour les groupes. Une boutique offre un vaste choix de produits élaborés à base de truffe.

LA FERME DU NORD

11, rue du Calvaire
BROUENNES
✆ 03 29 80 69 00

Ouvert toute l'année de 14h à 19h, fermé dimanche et lundi.

Si vous êtes de passage dans le nord du département, vous ne regretterez pas un arrêt à la ferme de Brouennes à la rencontre de Jean-Marc Petit. Producteur de foie gras, celui-ci vous accueillera au sein de sa petite ferme où vous découvrirez son environnement de travail ainsi que ses charcuterie et spécialités du terroir. Foie gras, fromage de tête, boudin noir de canard au foie gras, boudins blancs et autres produits... que vous pourrez acheter à la ferme ou occasionnellement retrouver sur le marché de Verdun selon la saison.

MIEL DRONET

77, rue des Capucins
COMMERCY
✆ 03 29 91 05 19

Ouvert tous les jours de 8h à 20h. Visite gratuite, vente et dégustation sur place.

L'exploitation apicole de la famille Dronet comprend cinq cents ruches, toutes situées en Meuse. Elles permettent de produire du miel d'acacia, de tilleul, de sapin, de la gelée royale, du nougat, du pain d'épices ainsi que du propolis et de la cire. Tous les produits apicoles sont conditionnés à Commercy et restituent toutes leurs propriétés naturelles. Le passionnant travail de l'apiculteur et celui de ses abeilles se découvrent lors d'une visite gratuite du domaine. Vente sur place des miels ainsi que des produits dérivés.

FERME AUBERGE DE SOIRY €€

INOR
✆ 03 29 80 31 93

Réservation conseillée.

Dans cette ferme, on élève des cerfs, des lapins et des sangliers, qui se retrouvent d'ailleurs au menu. L'endroit est aussi bien connu des amateurs de randonnées en 4x4 et en quad, car les maîtres des lieux les accueillent sur leur domaine de 180 hectares de sentiers boueux et de zones de franchissement. Sur les 20 kilomètres de pistes, les 4x4 sont obligatoires. Ce site est ouvert depuis plus de dix ans. Il est possible de bivouaquer sur place (200 places) ou de dormir à la ferme. On vous conseille toutefois de réserver avant.

OBSERVATOIRE DE L'ETANG DE LACHAUSSEE

LACHAUSSÉE

Accès libre toute l'année.

La Réserve naturelle régionale de Lachaussée est un site privilégié pour la nidification, l'hivernage et les haltes migratoires des oiseaux. Depuis l'observatoire vous verrez au printemps dans les roselières, butor étoilé ou blongios nain. Le busard des roseaux et busards Saint-Martin ou cendré. Les ballets nuptiaux des grèbes huppés ou à cou noir, héron, grande aigrette. De la digue on aperçoit fuligules morillons et milouins, sarcelles d'hiver, canards colverts et foulques macroules.

ENCLOS DU LAMA

Grande-Rue
MARVILLE
Accès libre. En saison.

En vous dirigeant vers la sortie du village par la Grande-Rue, vous aurez la surprise de découvrir sur votre droite, une fois la maison du chevalier Michel dépassée, des lamas vivant paisiblement dans un enclos pourvu d'une petite cabane. Marc a d'abord eu Serge, un lama mâle, puis est venue Léa. Puis est née Clochette et voilà une autre une petite femelle. Comme les autres camélidés, il se caractérise par un long cou blanc, un museau arrondi, de grands yeux et un pelage épais. Sur le mur, un panneau explicatif vous les présente.

FERME DE LA VALLÉE

15, rue des Eperchies - **RARÉCOURT**
✆ 07 86 50 36 01
www.rarecourtoise.com
Le vendredi de 18h à 20h. Groupes : 75 € + goûter fermier (1,50 €/pers). Individuel : gratuit, sauf le golf (2 €/pers.)

À la fois microbrasserie, meunerie et confiturerie artisanale, la Ferme de la Vallée vous invite à découvrir quelques réalisations en matière d'agro-écologie, écoconstruction et production d'énergie renouvelable. Ici authenticité, passion et pédagogie semblent entrer dans la composition de chaque produit. Visite du domaine et des équipements, ateliers, séances de dégustation de bières fermières et de confitures à l'ancienne, mini-golf brassicole et parcours champêtre. Boutique. Individuels et groupes. Ferme pédagogique agréée.

LA CLÉ DES CHAMPS

1, chemin Ile-de-France
MÉLIGNY-LE-PETIT
✆ 03 29 90 50 04
www.confituresdelacledeschamps.com
Mieux vaut appeler avant.

La clé des champs est une ferme pédagogique qui remet à l'honneur les baies, ces savoureux petits concentrés de vitamines sur plusieurs hectares : groseilles, prunelles, nèfles, poirettes, baies de sureau... Une fois récoltés, les petits fruits, fleurs et plantes constituent les ingrédients principaux de délicieux produits. À toutes les saisons, des visites découvertes thématiques sont proposées aux familles ou groupes autour la ferme et son environnement ou l'élaboration de confitures avec une balade dans les vergers et un pot de précieux nectar sucré en cadeau.

DOMAINE DE LA GOULOTTE

6, rue de l'Eglise
SAINT-MAURICE-SOUS-LES-CÔTES
✆ 03 29 89 38 31
domainedelagoulotte.fr
Ouvert tous les jours de 8h à 18h.

A 30 kilomètres de Verdun et à proximité de Billy-sous-les Côtes, le Domaine de La Goulotte, producteur de vins de pays de la Meuse, est ouvert tous les jours sur rendez-vous. La cave se visite également sur demande. Sur place, découvrez du blanc, rouge, gris, du blanc de blanc confectionné selon les méthodes traditionnelles, vieilli un an dans des bouteilles sur lattes, et du rosé. Pour vos apéritifs et digestifs, eau-de-vie à la mirabelle de Lorraine ou à la poire Williams, crème aux fruits et lirette raviront vos palais, ainsi que celui de vos invités.

BRASSERIE DE CHARMOIS

MOUZAY
✆ 06 09 90 05 00
www.bierecharmoy.com
Vente sur place le samedi (9h-12h). En semaine appeler avant. Visite guidée le week-end sur réservation (avril à oct.).

L'ancien château de Charmois a été entièrement rénové par une famille passionnée de vieilles pierres. Le fils, Alain Bonnefoy, y a établi sa microbrasserie depuis plus d'une décennie. Il y crée ainsi sa bière, la Charmoy, considérée comme la petite sœur de la belge trappiste d'Orval. À découvrir : une bière blonde, une ambrée non filtrée fermentée avec une garde longue, ainsi qu'une bière de mars, en hommage aux anciens procédés qui liaient agriculture et brasserie. Elles sont élaborées à partir de blé en grains crus produit sur l'exploitation et de malt.

PARC ANIMALIER

13, rue des Dormaux - **THIERVILLE-SUR-MEUSE**
✆ 03 29 86 09 90
Fermé de novembre à mars. Ouvert mercredi de 14h30 à 16h45, dimanche de 10h30 à 17h. Gratuit.

Il est géré par l'Association de l'AMSEAA, qui s'occupe principalement des jardins botaniques et zoologiques, ainsi que de la préservation des réserves naturelles. Faites le tour des enclos accolés à un hangar, pour voir les animaux de la ferme. Cochons, moutons, lapins, oies, coqs, ânes, vaches, dindons et poules. Ateliers pédagogiques pour les groupes sur le thème des animaux, entretien, toilettage, distribution de nourriture, ramassage des œufs et des végétaux jardins aromatiques, fleurs. Des balades en calèche sont proposées de temps à autre. Aire de jeux.

FERME DE LA HARDONNERIE

Route d'Avaucourt - **VAUQUOIS**
✆ 09 74 19 15 32
https://lahardonnerie.fr
Haute saison week-end de 10h à 18h. Adulte : 4,50 €. Enfant de 4 à 12 ans : 3 €.

Ferme refuge et éducative, elle recueille les animaux abandonnés, issus d'élevage intensifs ou de sites d'abattage illégaux pour leur offrir un nouveau foyer sur son site à la biodiversité préservée. Dans ce havre de paix, vous découvrirez les conditions de vie des animaux d'élevage au travers de l'histoire de chacun des petits pensionnaires de la ferme. Lapins, cochons, moutons, chèvres, poules... Tout apprendre sur le comportement des animaux, le respect de leur bien-être et faire un pas de plus vers une consommation responsable. Jeu d'aventure en famille.

VERGER CONSERVATOIRE DE LORRAINE

VIGNEULLES-LÈS-HATTONCHÂTEL
✆ 03 29 89 58 18
Visites guidées l'été, de 1h à 3h. A partir de 5 € l'entrée

Au pied des Côtes de Meuse, répertoire de 137 souches de prunes et de mirabelles. La visite du verger (l'été, lorsque les arbres sont en fruits. Floraison mars-avril) est l'occasion unique de découvrir les missions du site (sauvegarde et soutien de l'arboriculture) ainsi que le patrimoine culturel et technique lorrain lié à la prune. Formations techniques, vente de fruits et d'arbres, entre autres mirabelles de Nancy-Metz, prunes de Prince ou de Bonzée, quetsches et reines-claudes.

CHÈVRERIE DES 3 CABRIS

8, rue de la Vannerie
VAUX-LÈS-PALAMEIX
✆ 03 29 89 10 48
Visite guidée le samedi sur réservation.

Depuis 2010, Élise et Marc élèvent une cinquantaine de chèvres. Tous les jours après la traite, ils transforment le lait pour obtenir diverses sortes de fromages proposés à la vente sur place : bûches, pyramides, fromage frais, petits bouchons épicés, tomme et même des yaourts doux et légers aromatisés à la vanille, à la noix ou aux fruits rouges. En plus, la visite de la chèvrerie est gratuite ! Retrouvez également leurs produits aux drives fermiers de Bar-le-Duc, de Saint-Diziers, ainsi que dans les boutiques de petits producteurs de Saint-Mihiel et de Verdun.

FERME DU COLOMBIER

10, rue du Mont
VILLOTTE-SUR-AIRE
✆ 03 29 75 00 19
www.ferme-du-colombier.fr
Ouvert du mardi au samedi de 10h à 12h et de 13h30 à 18h.

« Tout est bon dans le cochon ! » et ici on tient à le prouver. Pour la partie ferme, voilà une exploitation qui est spécialisée dans l'élevage et la transformation de porc ainsi que dans la culture de céréales. Depuis 2011, l'exploitation s'est agrandie et accueille en moyenne 900 porcs et 100 truies gestantes. Après avoir été élevés et nourris avec la farine issue de l'exploitation céréalière de la ferme, c'est une farandole de produits charcutiers frais et transformés qui est proposée à la vente au magasin rillettes, pâtés, saucissons, plats cuisinés...

LES JARDINS DE LORRAINE

32, rue de la Mirabelle
VIGNEULLES-LÈS-HATTONCHÂTEL
✆ 03 29 89 32 24
www.jardin-de-lorraine.com
Horaires variables selon les saisons

Créée en 1969, Jardin de Lorraine est une coopérative fruitière située sur les côtes de Meuse. Ses vergers s'étendent sur une zone de 60 km et cette entreprise collective réunit une soixantaine d'arboriculteurs. Leurs activités se divisent en trois grands secteurs : la vente de fruits (mirabelles de Lorraine, quetsches, cerises griottes), l'élaboration d'eaux-de-vie AOC à partir de leurs trois fruits principaux et réalisées grâce à une distillation artisanale et enfin des produits dérivés pour les gourmands. Le plus : les nombreuses animations.

LA FERME DE WOIMBEY

Chemin des Vignerons - **WOIMBEY**
✆ 06 70 43 01 23
www.lafermedewoimbey.com
Ouvert mercredi, week-end et jours fériés de 10h à 12h et de 14h à 17h30 sans réservation. Adulte : 5 €. Enfant : 7 €.

Baladez-vous librement sur les 4 hectares de la ferme. Passez par la grange, la volière, le verger, le petit bois, l'aire de jeux. La besace délivrée à l'entrée aux enfants, guide et fournit les éléments nécessaires pour participer aux activités situées sur quatre espaces distincts. Soyez tout de même attentif. Chaque escalier, passerelle, parcours dénivelé du petit bois, bassin, clôtures, le fait d'entrer dans les enclos des animaux, sont autant de dangers, les enfants de tous âges ne doivent jamais être laissés seuls sur les parcours ou les animations.

GRAND EST

DOMAINE BUZEA GEORGES-CONSTANTIN

10, rue Raymond-Mondon - **ANCY-DORNOT**
✆ 03 87 30 98 98
www.domaine-buzea.fr
Ouverture sur rendez-vous. Téléphoner de préférence après 18h. Accueil de groupe, possibilité de dégustations.

Démarrez votre découverte par le frizzant d'été, un vin étonnant et original, et vous comprendrez que ce viticulteur travaille avec audace et savoir-faire. Ce jeune producteur sympathique dont les vignes ont plus d'un siècle, exploite un domaine de 8,5 hectares étendu à Ancy-sur-Moselle, Dornot et Novéant. N'hésitez pas à vous y rendre le temps d'une visite ou d'une dégustation. Dans tous les cas, l'ensemble des vins proposés sont frais, et surprenants !

RUCHER DES TROIS FRONTIÈRES

106 C, route de Belmach
APACH
✆ 03 82 83 22 51
www.rucher3frontieres.eu
Sur rendez-vous uniquement. Achat en ligne toute l'année.

Le Rucher des Trois Frontières comblera tous les gourmands en proposant une gamme complète de produits issus de l'apiculture. La production s'effectue par transhumance (déplacement des ruches) pour vous offrir une gamme variée de miels (de châtaigner, de sapin, de fleurs etc.). D'autres produits issus du travail des abeilles, tels que le pain d'épices, les bonbons, le pollen frais, et le vinaigre vous sont également proposés. Sans oublier l'excellente gelée royale française labellisée.

FERME DU KLEINWALD

BREIDENBACH
✆ 03 87 96 58 81
www.gite-ferme-kleinwald.fr
Ouvert tous les jours. Vente à la ferme sur rendez-vous, les joindre par téléphone.

Situé au cœur du parc naturel des Vosges du Nord, la ferme du Kleinwald est un lieu idéal pour se retrouver en pleine nature. Et si cela fait du bien aux personnes, cela fait également du bien aux animaux. Les propriétaires prennent soin de leurs animaux afin de proposer des produits frais et de qualité. Vous pourrez ainsi vous procurer de la viande de bœuf et de cochon, des volailles et des œufs, la ferme produit également des céréales afin de nourrir directement ses animaux. Et si vous souhaitez séjourner sur place, la ferme dispose d'un gîte avec spa.

FERME PEDAGOGIQUE DE LA COLLINE BLEUE

7, rue Principale
DENTING
✆ 03 87 79 22 89
Haute saison ouvert tous les jours de 10h à 13h et de 14h à 17h. Sur réservation.

Dans cette exploitations de vaches Salers et céréalières, venez nourrir les adorables chèvres naines et les juments très dociles, toujours à l'affût d'un bout de pain. La salle chauffée permet de profiter de jeux de synthèse avec petits outillages manuels. Sur le thème de la vache au veau, des poussins, poules et lapins. Du blé aux pâtes alimentaires, du blé à la pâte à modeler et du maïs à la pâte à porcelaine. Ainsi que les légumes du potager. Suivi d'un goûter. Aire de pique-nique.

LA FERME DU GRAND PRÉ

LORRY-MARDIGNY
✆ 06 41 73 17 97
www.lafermedugrandpre.fr
Ouvert le vendredi et le samedi de 9h à 12h. Au marché de Metz cathédrale, le samedi à partir de 8h.

Amélie et Guillaume créent une exploitation de 4 hectares dont 3 hectares sont destinés aux bêtes. En plein air, toute l'année quel que soit le temps, les bêtes sont 3 000 de janvier à juillet et à partir d'août jusqu'aux fêtes on monte à 4 500 volailles afin de répondre à la demande. Chapons, pintades Label, poulardes de lait, poulets, vous seront proposés à des tarifs de l'éleveur aux consommateurs, en circuit court. Un seul abattage par semaine, dont un tiers part à la découpe. Une ferme éthique qui fait du bien au paysage local !

PIERRETTE PORTEN

26, rue principale
MANDEREN
✆ 03 82 83 85 55
www.fermeporten.sitew.fr

Depuis 1993, la famille Porten élève des canards et des volailles dans le village de Manderen. Ici, les canetons arrivent entre les mois de juin et d'octobre, pour un gavage jusqu'à la fin du mois d'avril. Ils sont élevés dans le respect de la tradition, en plein air, sur parcours herbeux avant d'être gavés. La transformation est réalisée sur place. Vous pourrez ainsi acheter des conserves de foie gras, de pâtés, rillettes, confits.. du saucisson de canard, des magrets, de la viande de canard (magret, cuisses, aiguillettes) et des volailles prêtes à cuire.

VINCENT NEVEUX

Hameau de Aumont
NORROY-LE-VENEUR
✆ 03 87 51 25 38

Basse saison : ouvert du mercredi au vendredi de 16h à 18h. Haute saison : du mercredi au vendredi de 16h à 19h.

Amoureux de la terre et des bons produits, il veille à s'inscrire dans une logique d'agriculture locale et responsable. Par le biais d'une culture traditionnelle, il utilise moins de traitement chimique et contribue ainsi à un plus grand respect de l'environnement. C'est sain et savoureux ! Les petites imperfections indiquent un mode de traitement naturel, sans produits chimiques. Au total, c'est pas moins de quatre hectares d'arbres fruitiers et de culture maraîchère en plein champ ! Également confitures et jus de fruits maison.

LE DOMAINE DES HATTES

65, rue de la République
MARANGE-SILVANGE
✆ 03 87 35 72 90
www.domainedeshattes.com

Ouvert le dimanche de 10h à 18h. Uniquement sur rendez-vous. Dégustation et visite gratuite.

Le Domaine des Hattes s'étend sur 1,5 ha et propose 5 cépages. Le vignoble bénéficie de conditions qui favorisent un microclimat propice au développement des vignes. La famille L'Huillier passionnée, est heureuse d'accueillir les amateurs de vins locaux. Elle vous fera découvrir le domaine et vous racontera l'histoire de ce vignoble qui regorge d'anecdotes. Leur devise : « produire un vin de qualité plutôt qu'une grande quantité de bouteilles ». Selon le cépage, les vins accompagneront apéritifs, poissons, viandes, desserts... Alors hâte de tester ?

RANCH DES BISONS

3, ferme du Grand Niedeck - **PETIT-REDERCHING**
✆ 06 72 79 50 16
http://ranchdesbisons.com

Haute saison ouvert tous les jours de 14h à 15h et de 17h à 18h. Adulte : 6 €. Enfant de 4 à 12 ans : 5 €.

Ambiance Far West garantie avec de véritables bisons d'Amérique du Nord au cœur du Pays de Bitche sur une centaine d'hectares. Visites sous forme de safari organisées en haute saison pour les familles, et toute l'année pour les groupes sur réservation. Une fois dans le camion, vous aurez l'impression de partir à la conquête de l'Ouest, en observant cet impressionnant mammifère dans un milieu naturel. Possibilité de séjourner sur place en gîtes ou en lodges. Atelier de transformation, spécialités de viandes, pâtés et terrines de bisons, en vente à la boutique.

ÉPICERIE FERME BEL AIR

10, rue Ladoucette
METZ
✆ 07 88 67 35 79
www.fermebelair.fr

Ouvert du mardi au samedi de 9h à 13h et de 14h à 18h. Boutique en ligne.

Dans la famille Guillaume, 10 générations d'agriculteurs se sont succédé. La Terre est au centre de la vie de cette famille passionnée par son métier. C'est cet amour et la volonté de transmettre qui les a convaincus de se tourner vers une agriculture biologique respectueuse de l'environnement. Vous retrouverez au marché couvert leurs différents produits : toute une gamme d'huiles vierges (colza, chanvre, cameline, courge...), des légumes secs et graines, des pâtes artisanales, des farines de céréales anciennes... Le tout en libre-service, sans emballage.

CHÂTEAU DE VAUX-VIGNOBLE AOC

4, place Saint Rémi
VAUX
✆ 03 87 60 20 64
chateaudevaux.com

Voici le seul vignoble mosellan bénéficiant d'un «château». Labellisé AOC depuis 2010, Marie-Geneviève et Norbert Molozay créent des cuvées à fortes identités. Sur les coteaux de Vaux, Jussy et Lessy, leur muller-thurgau aux arômes floraux et leur auxerrois au nez d'agrumes donnent à à leurs vins un caractère particulier. Différentes cuvées à déguster : les Gryphées, les Boserés, les Hautes Bassières et le généreux Septentrion ainsi que les cuvées Maddalena et Pylae.

BERGERIE DE STRAITURE

683, Hervafaing
BAN-SUR-MEURTHE-CLEFCY
✆ 03 29 50 31 54
www.bergerie-straiture.fr
Sur rendez-vous.

La bergerie se trouve dans la vallée de Straiture, entre le col de Surceneux et de Fraize. Créée en 1999 pour exploiter les friches de trois communes et entretenir le paysage, cette bergerie en bois s'intègre parfaitement dans le panorama vosgien. Olivier, éleveur, et Véronique, artisan-paysan, s'occupent de 200 brebis et proposent des animations tout public. Vous pourrez être au premier rang lors de la période d'agnelage, un cours d'initiation au dressage des chiens pourra vous être proposé et encore bien d'autres animations à voir. Moment authentique garanti.

FERME-AUBERGE LA SCIE GOGUETTE €

Les Calois - **FONTENOY-LE-CHÂTEAU**
✆ 03 29 36 20 99
Haute saison : ouvert du jeudi au dimanche le midi et le soir. Ouvert les week-ends sur réservation durant l'hiver.

C'est Gaëlle Boban qui vous accueille dans sa ferme-auberge La Scie Goguette. Dans cette exploitation de 28 ha, elle élève des volailles, des cochons et des vaches de race vosgienne. Elle récolte également tous les légumes que vous dégusterez. La famille Boban vous propose divers produits du terroir comme la tourte vosgienne, la quiche de la Goguette... C'est un vrai repas vosgien qui vous est proposé ! Il est possible de louer des ânes pour faire d'agréables promenades en famille.

FERME-AUBERGE DE LA MEXEL €€

66, chemin de la Mexel - **GÉRARDMER**
✆ 03 29 63 39 36
Hors vacances scolaires : du jeudi au dimanche midi. Pendant les vacances : ouvert du mardi au dimanche midi.

Il faut impérativement réserver sa table ! La viande sera ainsi préparée tôt le matin. Le bœuf de race limousine est la spécialité de la maison. Il est élevé à la ferme dans les pâturages situés à quelques centaines de mètres de la ferme. Aux fourneaux, c'est Brigitte qui vous prépare des plats du terroir vosgien qui sentent bon la cuisine de nos grand-mères. D'ailleurs pour pouvoir profiter de ses délicieux mets, les propriétaires organisent des événements tout au long de l'année.

FERME DU PICHET

1, rue Fort-Julien - **NORROY**
✆ 06 33 39 00 84
www.fermedupichet.fr
Ouvert du lundi au samedi de 10h à 12h et de 14h30 à 17h. Matin : 8 €, enfant : 10 €. Après-midi : 12 €, enfant : 15 €.

Posée sur une colline, cette exploitation agricole produit lait, viande et culture céréalière en agriculture biologique. Ils accueillent aussi bien les familles que les groupes et proposent de nombreux ateliers ludiques et pédagogique sur le thème de la transformation. Que ce soit le beurre, farine, jus de pomme, pâte à modeler, pain, fromage... Vous pouvez fêter votre anniversaire avec des jeux sur le thème de la ferme, piscine de paille, parcours en brouette, œufs fous, jeu de l'âne ferré, ballons, musiques et gâteau. Ils disposent de quelques chambres d'hôtes.

FERME AUBERGE LES GRANDS PRÉS €€

1, Les Grands Prés
PLAINFAING
✆ 03 29 50 41 66
Vacances : tous les jours 12h-15h et 19h-21h sauf le lundi. Hors vacances : vendredi et week-end 12h-15h et 19h-21h.

Envie de déguster de délicieux produits fermiers et locaux ? Vous êtes à la bonne adresse. Cette ferme auberge située à Plainfaing offre une vue inoubliable sur la vallée des Vosges. Le repas est réalisé avec les légumes du potager et les viandes issues de l'exploitation. Le fromage et les petits fruits proviennent des fermes des environs. Des soirées à thème sont organisées tout au long de l'année en fonction des saisons. Une belle adresse à découvrir !

LA CHÉNEVIÈRE €€

645, route de Semouse
PLOMBIÈRES-LES-BAINS
✆ 03 29 30 03 25
www.restaurant-la-cheneviere.com
Tous les jours de 12h à 13h30. Réservation recommandée.

La Chénevière est une ferme-auberge qui propose de bons produits de sa production. Depuis plusieurs générations, la famille Cornu élève en effet des volailles, des veaux, des porcs et cultive des fruits et légumes. La carte est élaborée en fonction des spécialités du moment. Les produits de la ferme sont proposés à la vente ! Des propriétaires généreux, chaleureux et authentiques, qui savent vous mettre à l'aise. Le cadre est situé dans un écrin de verdure. Pour ceux qui n'aiment pas les cartes qui font dix pages, cet endroit est fait pour vous.

FERME CORNU €

91, route de Ruaux
PLOMBIÈRES-LES-BAINS
✆ 03 29 66 08 13
www.fermecornu.com
Sur rendez-vous uniquement.

Cette ancienne ferme, au toit de lave, située sur le plateau surplombant Plombières vous propose à sa table d'hôte de déguster du pain fabriqué sur place, des terrines maison, du fromage et des tartes. Outre l'hébergement et la restauration, Annie et Claude Cornu vous ouvrent leurs portes avec une grande gentillesse pour des « Casse-croûte-Accueil paysan ». L'occasion de faire une agréable visite de leur ferme et de savourer un délicieux goûter. Et pour prolonger l'expérience, pourquoi ne pas profiter du gîte pour passer quelques jours loin de tout ?

AUBERGE LES TEMPLIERS €€

14, chemin de Xugney
RUGNEY
✆ 03 29 38 14 24
www.auberge-les-templiers.com
Du mardi au dimanche

Dans un écrin de verdure, au cœur d'un domaine céréalier de 167 hectares d'un seul tenant où l'on y cultive des céréales, de l'orge et du blé, l'auberge à la ferme Les Templiers vous accueille toute l'année dans une salle campagnarde avec cheminée ou sur une terrasse de verdure ombragée par un noyer centenaire. Des menus du terroir pour repas de groupes sont proposés sur réservation uniquement. L'occasion de découvrir également le magnifique jardin, la chapelle du XIIe siècle, vestige d'une ancienne commanderie des Templiers. Également chambres d'hôtes.

LA RUCHE VOSGIENNE

3, rue du Château
SANDAUCOURT
✆ 03 29 94 59 99
Ouvert du mardi au vendredi de 14h à 18h. Fermé en janvier et les jours fériés. Visite de groupes sur rendez-vous.

Venir découvrir la Ruche Vosgienne est une belle activité à faire en famille. Vous pourrez ainsi y voir les différentes installations apicoles : comprendre comment fonctionne les ruches, ou encore comment se fait l'extraction du miel. Vous vous retrouverez face à une ruche vivante vitrée comme si vous y étiez. Les enfants vont pouvoir en prendre plein les yeux ! Des dégustations de miel et de confiseries sont proposées. Enfin, les gourmands seront ravis de repartir avec leurs produits préférés grâce à la boutique. Un site à venir voir sans modération.

FERME DES PRÉS EN BULLES

8, chemin du Pré-Claudel - **SAPOIS**
✆ 03 72 73 50 12
www.pres-en-bulles.fr
Fermé de novembre à mars. Ouvert tous les jours de 9h à 20h. Randonnées sur réservation. Demi-journée : 30 €.

Au cœur des ballons des Vosges à 750 mètres d'altitude, venez découvrir la vie à la ferme. Entre troupeau de vaches highlands, volailles et ânes. Marie et Deil vous proposent des balades avec leurs ânes de bât. Avant de partir il faudra les brosser et les harnacher. Ecouter les instructions sur les bonnes attitudes à adopter avec eux, et suivre le circuit préconisé. Les plus aguerris profiteront d'une des trois formules de randonnée sur plusieurs jours. En itinérance avec hébergement, en bivouac ou en étoile. Séjour à la ferme. Panier pique-nique sur réservation.

FERME AUBERGE LES PRENZIÈRES €

2470, route de l'Envers des Graviers
SAULXURES-SUR-MOSELOTTE
✆ 03 29 24 80 41
Ouvert le week-end. Ouverture les samedis et dimanches, sur réservation, de mai à fin octobre.

Le restaurant de la ferme est situé sur les hauteurs de Saulxures-sur-Moselotte, dans un cadre authentique, propice à la détente. La grande salle chaleureuse offre une vue privilégiée sur la montagne. Vous pourrez déguster des produits du terroir et les spécialités régionales. Le menu marcaire vous permettra de déguster du bœuf ou du veau, selon la saison. Avant de partir, vous pourrez acheter quelques produits de la ferme : yaourts, lait, fromages… Une belle découverte !

CHEVRERIE DE PEUTE GOUTTE

12, chemin de Peute-Goutte
VENTRON
✆ 06 76 85 68 77
Haute saison ouvert du lundi au samedi de 16h à 18h, dimanche de 10h à 11h30.

C'est dans ce paisible village montagnard vosgien que Florence a installé sa chèvrerie. Elle se fera un plaisir de vous faire découvrir le monde des chèvres, en assistant d'abord à la traite, puis à la fabrication de ses fromages. Dès le printemps, elle vous convie à venir voir les adorables petits cabris, à ne surtout pas manquer. Elle répondra à toutes vos questions autour d'une sympathique dégustation de ses déclinaisons de fromages frais, tommes... Ne repartez pas les mains vides.

PASSPORT

HAUTS-DE-FRANCE

LA CHÈVRERIE DE BRUYÈRES

Fort de Bruyères - **BRUYÈRES-ET-MONTBÉRAULT**
✆ 06 22 08 61 80
www.lachevreriedebruyeres.fr
De mars à octobre : pendant les vacances, visite guidée tlj sauf le lundi. Hors vacances, les samedis et dimanches.

D'emblée, ce qui frappe, c'est l'écrin dans lequel se situe la chèvrerie pédagogique : un fort datant de 1878. Passé le porche et après avoir franchi des passages voûtés, la chèvrerie, toute de bois vêtue, vous attend. Béatrice vous accueille pour une visite en deux volets. Le premier, théorique : biologie, élevage, fabrication des fromages, le second, pratique : brossage, biberons des chevreaux (février et mars), foin pour les adultes, traite. A noter : les chevreaux mâles ne finissent pas à l'abattoir mais en éco-pâturage. Aucun doute, ici on aime les chèvres !

AU MOUTON BLEU DES VIVIERS

1, rue du grand pont
CHAOURSE
✆ 06 81 92 09 16
Ouvert tous les jours.

Le rendez-vous des gourmands et des amateurs de produits faits maison. Ici, place à la dégustation de confitures artisanales de Thiérache. Mais ce n'est pas tout ! Découvrez également : gelées, confits de fruits, légumes, sirops de fleurs, plantes aromatiques, vins, cidre. De quoi repartir avec un panier bien garni ! On apprécie tout particulièrement l'originalité et la fantaisie de certaines recettes. Mais surtout, que c'est bon et quel délicieux retour en enfance !

LES ATELIERS DE L'ABEILLE

Lieu-dit la Fontaine Du Bois
CHAVIGNON
✆ 03 23 21 61 62
www.complexe-apicole.fr
Visite ludique en famille, à votre rythme, avec audioguide à 1 €.

La découverte d'un monde étonnant. Ici, vous saurez tout sur les abeilles, l'évolution du matériel au fil des âges et évidemment sur la fabrication du miel. L'exploitation dispose de plus de 1 000 ruches. A travers des parois vitrées, vous observerez le travail de la colonie. Un film pédagogique permet d'en apprendre davantage. Une visite sympathique en famille, les enfants adorent. Enfin, la boutique propose de nombreux produits gourmands délicieux et d'autres, sources de bien-être.

LES CANARDISES DES 3 VALLÉES

2, rue du Cahot - **CONDÉ-EN-BRIE**
✆ 03 23 82 74 96
www.canardises.fr
Ouvert du jeudi au samedi de 9h à 19h. Ouvert les autres jours sur rendez-vous.

Depuis 1995 chez Fanny et Bertrand Fagot, vous trouvez le canard sous toutes les formes : en foie gras, en magret, confit, ou en plat cuisiné. Le tout préparé maison avec un savoir-faire reconnu. La maison est d'ailleurs devenue une référence sur le secteur. En boutique, une seule envie tenaille : se mettre à table et goûter tous ces divins mets. A noter, chaque année (en juin et décembre), le couple organise des portes ouvertes et propose une visite unique de son exploitation.

FOIE GRAS DE LONGPONT

28, rue Carnot
FÈRE-EN-TARDENOIS
✆ 03 23 82 20 77
Ouvert du mardi au samedi de 8h30 à 12h30 et de 15h à 19h30 ; le dimanche de 8h30 à 12h30.

Sébastien Carré est éleveur et producteur spécialisé dans la volaille haut de gamme (poulets de races anciennes). Il a d'ailleurs été récompensé d'une médaille d'or pour sa volaille fermière. L'une de ses grandes spécialités reste le foie gras pour lequel il a obtenu, en 2018, la médaille d'or au Concours général agricole. Les autres spécialités sont aussi délicieuses : pâté de campagne fermier, médaillons, cous farcis, rillettes, saucisson de cheval (médaille d'or 2019 à Bordeaux). Vous ne saurez où donner de la tête face à l'offre pléthorique de ses vitrines.

FERME DE LA FONTAINE ORION - MAROILLES FERMIER

Rue de Hurtebise - **HAUTION** ✆ 03 23 98 22 50
https://maroilles-claire-halleux.fr
Ouvert du lundi au vendredi de 9h à 12h et de 14h à 18h ; le samedi de 9h à 12h. Fermé les jours fériés.

Ici, Claire Halleux fabrique le maroilles fermier dans la plus pure tradition : le lait cru utilisé est celui des vaches qui paissent paisiblement autour de la ferme, le fromage est préparé sur place, puis affiné dans la cave voûtée aux murs de brique cachée sous l'un des bâtiments. Son maroilles «Mignon» a reçu la Médaille d'Argent au concours général agricole en 2019 : un gage de qualité. Laissez-vous aussi tenter par ses autres spécialités fromagères, vous ne serez pas déçu.

MAROILLES FAUQUET

28, rue de la Croix
LE NOUVION-EN-THIÉRACHE
✆ 03 23 98 35 70
www.fauquet-maroilles.com
Ouvert le mercredi et le jeudi de 9h à 12h30 et de 13h à 15h30. Sauf jours fériés.

Un des plus célèbres fromages de France est fabriqué ici depuis 1925 : le fameux maroilles. C'est en Thiérache que Paul Fauquet a créé la fromagerie qui porte toujours son nom. Depuis, la tradition s'est perpétuée avec générosité et authenticité. Vous trouverez également au magasin de la fromagerie : le vieux-lille, le Flamelon (la véritable tarte au maroilles), la crème de maroilles (délicieuse !), etc. Les amateurs de fromages forts en goût seront ravis. Il ne nous reste plus qu'à vous souhaiter une très bonne dégustation !

LA FERME DES CAPRICES DE SIDONIE

11, rue des Vaches - **RONCHÈRES**
✆ 06 75 32 91 69
www.lafermedescapricesdesidonie.fr
Ouvert mercredi et samedi seulement sur réservation.

Venez découvrir cette étonnante exploitation agricole. Munissez-vous de bottes et de vêtements chauds, car après avoir visité la basse-cour et avoir salué poules, lapins, canards, cochons, chèvres et tous les autres, on vous propose la visite guidée d'un élevage assez atypique, constitué de myocastors. Les gérants vous expliqueront tout sur cet animal fascinant, leurs anatomie, origine, mode de vie, milieu, nourriture : vous deviendrez incollable ! Commandez les produits de la ferme.

CLOS DE LA FONTAINE HUGO : CIDRES ET FOLIE DOUCE

Hameau de Wichery - **ROZOY-SUR-SERRE**
✆ 06 74 84 82 67
www.folie-douce-aperitif.fr
Toute l'année sur rendez vous. Ouvert du 1er mai au 30 sept. le samedi (14h-18h). Visite de la cidrerie et du verger.

Le cidre tout le monde connaît mais qu'est-ce donc que la Folie Douce ? Une substance qui permettrait, comme son nom l'indique, de perdre pied agréablement, puisqu'il s'agit d'un vin de fruits ! Ceux de Grégoire Leroux sont issus de la fermentation naturelle d'une dizaine de variétés de fruits. Il propose aussi un autre produit, le cidre traditionnel de Thiérache, composé de variétés anciennes de pommes. Passez donc voir ce passionné qui vous fera découvrir les facettes de son métier.

LES ALPAGAS DE LA COUR FARROUX

2, chemin de la Gardieux - **SOMMERON**
✆ 06 29 66 06 98
www.elevage-alpagas.com
Ouvert tous les jours de 14h à 19h. Adulte : 5 €. Enfant de 3 à 12 ans : 3 €.

Ces compagnons curieux et affectueux sont présents dans de nombreuses manifestations, comme la foire aux fromages de La Capelle. Brigitte vous accueille dans son élevage reconnu pour la qualité de la laine. Une présentation vidéo permet d'en apprendre plus. Possibilité de les nourrir, de les voir dans les pâtures, de les promener au licol. Séances de médiation animale. Des ânes et des chèvres vous attendent également. Assistez à la tonte des alpagas lors des journées portes ouvertes.

FERME DE LA LICORNE

2, route de Clairfontaine - **SOMMERON**
✆ 06 15 66 43 47
Ouvert du mercredi au dimanche de 14h à 18h. Adulte : 5 €. Enfant de 5 à 12 ans : 3 €. Visite guidée sur réservation.

Venez visiter cet élevage familial de chèvres naines, toys, anglo-nubiennes et moutons miniatures. Les lamas, les poneys miniatures, les ânes ou les chevaux sont également de la partie dans un cadre de verdure de 3 hectares et ses nombreux animaux dont certains en liberté. Le contact entre les visiteurs et les animaux est privilégié dans le respect mutuel, bien entendu. Bonne humeur assurée. Faites un tour sur la page Facebook, vous verrez les premières naissances de ces adorables petits chevreaux. Sachez que vous pouvez aussi les acquérir. Aire de pique-nique.

LA FERME SOUCHINET

9, ue des Sources - **VERNEUIL-SOUS-COUCY**
✆ 06 74 30 32 84
www.lafermesouchinet.com
Haute saison ouvert tous les jours de 11h à 19h. Adulte : 9 €. Enfant : 7,50 €.

Une ferme avec un élevage d'autruches, mais pas seulement puisqu'au fil de la promenade, vous verrez aussi des zébus, poneys, yacks, alpagas et encore plein d'autres espèces. Le thème des activités change chaque mercredi. Côté loisirs, labyrinthe insolite avec jeux d'adresse et de réflexion. Vous trouverez également un parcours sensoriel où l'on marche pieds nus sur de la terre, des feuilles, galets... en répondant à des questions. Vous pourrez aussi faire un tour à poney sur un circuit en sous-bois. Formule anniversaire avec ou sans parents. Hébergement possible.

LA FERME ET LES ECURIES DE VERNAELDE

165, rue du Boernhol
COUDEKERQUE-BRANCHE
✆ 03 28 24 15 41

Ouvert toute l'année. Permanence pour les écuries : du lundi au vendredi de 8h30 à 11h30 et de 13h30 à 17h.

La Ferme Vernaelde est une ancienne ferme flamande installée sur un terrain de 15 hectares de nature juste en face du parc du Fort-Louis. L'accès aux animaux est gratuit. Avec des enfants, une visite à la ferme est toujours un succès. À eux de retrouver les poules, coqs, les oies, les lapins, les cochons d'Inde, les ânes, les chèvres ou les cochons... Approcher il est interdit de les nourrir ! Le centre équestre accueille les enfants à partir de l'âge de 4 ans.

CENTRE ÉQUESTRE ET FERME PÉDAGOGIQUE

44 bis, rue Charles Leurette - **GRAVELINES**
✆ 03 28 65 39 00
www.ville-gravelines.fr

D'octobre à mars : 10h-20h. D'avril à septembre : 9h-21h.

Chevaux et poneys vous attendent, que vous soyez débutant ou initié. Les équipes sont sympathiques et ont clairement envie de faire partager leur passion de l'équitation. Stages, initiations, cours individuels ou en groupe, trotting, manège… vous pourrez tout voir et tout tester ! Mais la particularité de ce site, c'est sa petite ferme animalière. Détente et amusement, découverte de la nature et de l'univers du cheval et de nombreuses autres activités seront au rendez-vous.

LA Z'ÂNE ATTITUDE

Chemin de la Bauderie - **FRELINGHIEN**
✆ 06 80 10 58 26
www.lazaneattitude.jimdo.com

Haute saison ouvert mercredi de 15h30 à 18h, samedi de 15h30 à 19h, dimanche de 15h à 19h. Enfant : 5 €.

C'est à la fois une asinerie, un centre de découverte de l'âne et un élevage. Ici, les animaux sont en contact libre et attendent petits et grands pour des séances de caresses, brossage et câlins. Placide et compréhensif, l'âne aurait des propriétés thérapeutiques par sa seule présence. Pour parfaire votre zânitude, faites escale à la Tis'Ânerie, un salon de thé avec coin enfants dont la terrasse offre une vue sur la campagne et le cheptel. Autre escale le Mag'Asin avec ses cosmétiques au lait d'ânesse, souvenirs, peluches, textile, livres. Salon de thé. Gîte.

LA MAISON DE MAYA

19 bis, rue du Bois
LE FAVRIL
✆ 03 27 77 26 73

La maison de Maya, c'est avant tout de la vente directe de produits maraîchers et de miel. Sylvie et François Di Nunzio sont de vrais écologistes engagés. Au point d'avoir construit eux-mêmes leur maison avec des matériaux sains. Idem pour leur production de fruits et légumes et de miel : tout est naturel ! Les tomates, poivrons, aubergines poussent en serre, les pommes de terre, carottes en extérieur. Les abeilles butinent les plantes mellifères du jardin. Pas une once de pesticide, ni d'engrais chimiques et le goût s'en ressent forcément.

LES VERGERS TELLIER

200, route de Valenciennes
LE QUESNOY
✆ 03 27 26 29 06
www.lesvergerstellier.com

Ouvert du lundi au jeudi de 8h à 12h30 et de 14h à 19h ; du vendredi au dimanche de 8h à 20h.

Situé aux portes de l'Avesnois, Les Vergers Tellier allient savoir-faire traditionnel et spécialités régionales. C'est une véritable institution dans la région, pour les locaux comme pour les gens de passage ! Producteurs de pommes, poires, miel, jus de pomme, cidre et quercymûre (cidre à la crème de mûre), les propriétaires proposent leur produits dans deux magasins qui se trouvent au Quesnoy. On y trouve également une gamme permanente de fruits et légumes de saison, de quoi faire le plein de bonnes choses à chaque passage !

FERME PÉDAGOGIQUE MARCEL DHÉNIN

14, rue Eugène-Jacquet - **LILLE** ✆ 03 20 55 16 12
www.lille.fr
Hiver : mar-ven 9h30-17h, w-end 10h-12h30/14h-17h. Été : lun-ven 9h-18h30, w-end 9h-12h/14h-18h30. Gratuit. Ateliers.

En plein cœur de la ville, se cache un petit coin de nature aussi étonnant que charmant. Là, les familles pourront découvrir ou redécouvrir les animaux et les plantes de la ferme et participer à des ateliers conviviaux et ludiques sur des thématiques nature et environnement. C'est aussi ici que vous pourrez… louer une poule grâce à l'opération « Prêt d'poules ». Idéal pour avoir des œufs bio et pour se débarrasser naturellement de ses déchets de table, mets très prisés des gallinacés !

LA JARDINE HIER

160 bis, rue de Bondues
MARCQ-EN-BAROEUL
✆ 06 18 05 03 29
Ouvert du mardi au samedi de 9h à 12h et de 14h à 19h ; le dimanche de 10h à 12h.

La Jardine'Hier n'est pas une ferme maraîchère comme les autres. En plus de la vente directe des produits de la ferme, de nombreuses animations sont proposées tout au long de l'année par la jeune exploitante Magalie Sory-Cocqueel. Dans le magasin de la ferme, vous retrouverez des produits de saison comme des œufs, du beurre, des fruits et des légumes, du miel et de la confiture maison… mais aussi des fleurs et plus de 100 variétés de cucurbitacées. Et parfois des visites de la ferme sont organisées ! Un rendez-vous incontournable !

FERME DES MOTTES

330, rue de la Ferme des Mottes
MARQUILLIES
✆ 06 95 69 62 77
Ouvert du mardi au vendredi de 17h à 19h ; le samedi de 9h à 13h.

Vous ne pouvez pas faire plus locales que les bières de la Ferme des Mottes, puisque ces dernières sont réalisées à partir de l'orge de l'exploitation agricole ! D'ancien brasseur amateur, Bertrand Coustenoble est devenu un artisan-brasseur de talent, qui prône un brassage 100 % naturel. Blonde, brune, ambrée ou au safran, il y en a pour tous les palais ! La Ferme propose également des visites-ateliers très conviviales pour découvrir la culture de l'orge et s'initier à la fabrication artisanale de la bière, le tout suivi d'une dégustation évidemment !

LAPI CULTEUR

93, rue de Cassel
NEUF-BERQUIN
✆ 03 28 42 83 08
www.lapi.fr
Ouvert du lundi au samedi de 9h à 12h et de 14h à 19h. Visite : 4€. Gratuit pour les moins de 4 ans.

Au cœur d'une ancienne ferme flamande, les amateurs de petites douceurs pourront découvrir un vaste choix de produits réalisés à partir du patient travail des abeilles et de leurs apiculteurs : miel d'acacia, gaufres fourrées, nonnettes au miel et à la marmelade d'orange, mais aussi hydromels et liqueurs… Les déclinaisons des produits de la ruche sont nombreuses, qu'il s'agisse des gourmandises ou de produits de bien-être : gelée royale, huiles essentielles, propolis ou bougies. Il est également possible de profiter d'une visite au Musée des Abeilles.

LA FERME DES VANNEAUX

326, rue Jean-Jaurès
ROOST-WARENDIN
✆ 03 27 80 00 77
Ouvert du lundi au vendredi de 8h30 à 12h30 et de 13h15 à 16h30.

La Ferme des Vanneaux cultive sur ses parcelles des fruits et des légumes en permaculture, le tout dans le respect de l'environnement. Après leur récolte, les fruits et les légumes sont proposés à la vente, ainsi que des produits frais et transformés élaborés dans l'atelier traiteur situé à Sin-le-Noble avec des produits de la ferme principalement. Craquez pour le jus de pommes bio, 100 % local ! La Ferme des Vanneaux, c'est également une ferme qui aide à la réinsertion sociale par l'emploi. Une belle entreprise solidaire et engagée !

L'ATELIER CONFITURE

9, rue de Roubaix
TEMPLEUVE
✆ 03 20 59 95 62
www.atelier-confiture.com
Ouvert du lundi au samedi de 10h30 à 12h et de 16h30 à 19h.

Pêche, abricot, mûres, fraise, framboise, pomme, poire, orange, mangue, goyave… Il n'y a pas un fruit que l'atelier ne transforme pas en confiture (avec au minimum 70 % de fruits s'il vous plaît). Fabriquées dans les ateliers de Lomme, elles sont vendues ici à Templeuves, mais également dans diverses boutiques de la région telles que Les Compagnons des Saisons à Wambrechies. Duo, fondantes, aux fleurs… vous n'aurez que l'embarras du choix. L'atelier vous propose également des cours de cuisine en compagnie d'un chef pâtissier.

LA FERME DE L'EVEIL

38, rue de la Mairie - **CAMBRONNE-LÈS-RIBÉCOURT** ✆ 06 14 58 09 35
www.fermedeleveil.com
Visites 1er et 3e samedis du mois de 14h à 16h30. Entrée : 5 € par personne, sur réservation.

Dans cette ferme d'élevage et de production de volailles et de charolais, les enfants pourront tout l'été s'occuper des animaux, les nourrir, les câliner mais aussi découvrir le potager, la transformation de la toison des moutons, des chèvres et du poil de lapin angora, fabriquer de la confiture et plein d'autres choses encore. Il est possible de fêter son anniversaire. Les propriétaires proposent également des paniers de fruits et légumes provenant de producteurs locaux. Boutique de produits régionaux, confitures, sirops, plats préparés, produits en laine angora.

LA FERME DU VAL DE NOYE

2, rue du Pont-aux-Anes - **PAILLART**
✆ 03 44 07 11 30
www.lafermeduvaldenoye.com
Un distributeur automatique est à votre disposition 7j/7 à la ferme. Rôtisserie tous les dimanches.

Oies, dindes, coqs, canards, pintades… Des volailles élevées en plein air, en pleine Picardie et surtout nourries au grain qui a poussé sur l'exploitation. Ghislaine Dagmey et Delphine Cnudde conseilleront à ceux qui pensent tout connaître de la volaille une petite dinde rousse des Ardennes. En boutique, on trouvera aussi de nombreux plats cuisinés tels que la pintade au cidre ou le coq au riesling. Les gourmets se jetteront peut-être sur les rôtis de canard fourrés aux cèpes, figues ou foie gras. Bref, on ne se lassera pas de manger de la volaille !

FERME DEBRAS

12, Grande-Rue
ESQUENNOY
✆ 03 44 07 06 04
Ouvert du lundi au mercredi, le vendredi et le samedi de 7h30 à 20h ; le dimanche de 7h30 à 12h30.

Depuis des dizaines d'années, la famille Debras élève des chèvres et fabrique de délicieux fromages que l'on retrouve dans différents points de vente de la région. On peut aussi découvrir en direct leurs délicieux fromages fermiers au lait de chèvre fabriqués directement sur l'exploitation : frais, demi-secs, secs, cendrés, au poivre, à l'échalote... On trouve aussi les produits d'autres agriculteurs : pâtés, miel et œufs… Sur place, ils sont toujours souriants et de bon conseil, alors n'hésitez pas à passer remplir vos paniers ici !

FERME DE LARRIS

854, rue de Larris
PONCHON
✆ 06 25 40 62 89
Haute saison ouvert du mardi au samedi de 10h30 à 16h. Adulte : 4 €. Enfant : 6 € avec un sachet de nourriture.

Alexandra, éducatrice de jeunes enfants, vous accueille à la ferme qu'elle fait visiter ou vous laisse libre. Elle propose des animations variées adaptées à chaque âge, des journées festives, en lien avec la nature, l'environnement, les animaux, les fruits et légumes de saison. Aide au nourrissage. Chasses au trésor et aux œufs, carnaval, Halloween. Ainsi que des ateliers ludiques comme la fabrication d'un moulin à vent, d'un épouvantail, d'un bonhomme gazon, d'une mangeoire à oiseaux et tout cela à partir de matériel de récupération. Séances de médiation animale.

FERME DE BOURIQUETTE

22, rue du Château - **JONQUIÈRES**
✆ 06 23 11 63 16
Haute saison du mercredi au samedi de 14h à 18h. Basse saison mercredi et samedi 14h-18h. Adulte : 5 €. Enfant : 2,50 €.

Delphine et Jérôme vous accueillent dans leur ferme de 35 hectares, pour une visite libre de deux heures pleine de découvertes. Anes, poneys, moutons, chèvres, chevaux, cochons, poules, oies, canards, lapins, pigeons, dindons, pintades, lamas ainsi que la vache miniature. Vous pourrez les aider à nourrir certains de leurs pensionnaires. Ils organisent les anniversaires des enfants, la découverte des herbes aromatiques et quelques quiz à la fois ludiques et pédagogiques, mais également des balades à poney. Pique-niquez sur place. Baladez-vous dans la forêt voisine.

LA FERME L'ARBRE À POULE

28, rue Mortefontaine
VILLERS-SAINT-PAUL
✆ 06 15 29 43 14
www.larbreapoule.com

Un éco-lieu en permaculture. C'est une ferme pédagogique où acheter des fruits et légumes en direct et qui partage sa passion de l'élevage, du potager et du verger dans un cadre familial et chaleureux. Patrick et Magalie proposent des ateliers de soins aux animaux de la ferme et de jardinage pour vous initier au maniement des outils et vous apprendre à semer, planter et récolter selon le principe de la permaculture. Des animations sont régulièrement organisées pour les enfants le week-end, mais il faut réserver longtemps à l'avance.

HAUTS-DE-FRANCE

FERME AUBERGE DU PRÉ MOLAINE

9, rue Lancino
ABLAIN-SAINT-NAZAIRE
✆ 03 21 45 20 01

Voici une adresse sympathique et chaleureuse où il fait bon séjourner. Alliant restauration, réception et chambres d'hôtes, la Ferme-auberge du Pré Molaine est une enseigne complète. Dans un cadre reposant, l'équipe vous accueille amicalement et vous propose de déguster les fameux légumes issus de la production de la ferme, ainsi que ses viandes de porc et de volaille, vraiment savoureuses. Et comme on y est si bien, pourquoi ne pas prolonger l'expérience avec une chambre d'hôtes ?

DOMAINE DE L'ABEILLAU

14, rue du Pré
AIX-NOULETTE
✆ 03 21 29 42 74
www.abeillau.fr

Ouvert du mardi au samedi de 14h à 19h. Gratuit pour les individuels.

Dans le cadre d'un jardin situé au cœur des collines de l'Artois, un apiculteur passionné vous invite à découvrir le monde merveilleux des abeilles. En complément des explications délivrées par cet apiculteur enthousiaste, une exposition sur l'homme et l'abeille à travers les âges vous est proposée. A travers une ruche vitrée vous observerez le travail incessant des ouvrières et le rôle des mâles. A l'issue de la visite vous pourrez bénéficier d'une dégustation de différents miels. Dans la boutique vous retrouverez l'ensemble des produits de la ruche.

LA FERME AUX CHICONNETTES

23, rue d'Angoulême
ACHIET-LE-PETIT
✆ 03 21 23 69 14
www.lafermeauxchiconnettes.com

Restauration. Animations.

Un écomusée spécialisé dans la culture de l'endive, à découvrir lorsqu'il fait beau de préférence. Ce dernier plaira autant aux petits qu'aux grands, par ses activités ludiques adaptées : dégustations, promenade par étapes, goûter, présentation de la ferme, découverte du laboratoire, découverte du magasin, atelier de dessin... Il y en a pour tous les âges. Vous ne verrez plus les endives de la même manière après votre visite à la ferme. Boutique sur place et en ligne.

LA FERME DU WINT

Rue du Wint
BRUNEMBERT
✆ 03 21 32 30 67
www.lafermeduwint.fr

Ouvert du lundi au jeudi de 9h à 12h et de 14h à 19h ; le vendredi et le samedi de 9h à 19h.

Entre Lumbres, Licques et Desvres, au cœur d'un terroir riche en saveurs, allez faire un saut à la ferme du Wint. La famille Leduc y produit moult produits de qualité, dont d'excellents cidres, des jus de pomme et divers fromages. Tout y est issu de leur verger et de leur exploitation laitière et tout y est bio depuis 1998 ! Et avis aux gourmets et gourmands, il est toujours bon de savoir que la gelée de cidre est absolument divine sur des crêpes... La ferme du Wint fait partie des réseaux France Passion et Bienvenue à la ferme.

CHÈVRERIE DU BOIS DE NOULETTE

44, rue de la Chapelle - **AIX-NOULETTE**
✆ 03 21 18 18 30

Ouvert le lundi, le jeudi et le vendredi de 9h à 12h ; le mercredi et le samedi de 9h à 12h et de 15h à 18h.

A 5 min de la Brasserie Saint-Germain, cette chèvrerie artisanale propose quelques fromages brossés comme la Tomette affinée et la Tome, ainsi qu'une large gamme de fromages à pâtes lactiques, à pâtes molles et à pâtes pressées. Distinguée du label Saveur en Or, on retrouvera tous leurs produits directement sur place dans la Bouc'tique. Aux côtés des fromages figure désormais une gamme de produits cosmétiques au lait des chèvres de la ferme : savons, lait corporel et même lessive !

FERME DE COURRIÈRES

66, rue Jacquard
COURRIÈRES
✆ 03 21 20 53 11

Semaine de 9h à 12h et de 13h30 à 18h, samedi de 10h à 12h et de 13h30 à 18h, dimanche de 10h à 12h et de 14h30 à 18h.

Dans un cadre verdoyant, venez découvrir plus de 150 animaux de la ferme. Moutons, chèvres, lapins, cochons, dindons, oies, poules, vaches, paons, canards, ânes, poneys. Au printemps, venez voir les adorables bébés. La ferme propose des activités originales, fabrication de pain ou de beurre, de pizzas dégustées sur place le midi. Atelier laine (tonte de mouton, cardage, filage). Jeu de l'oie. Tissage avec les matériaux trouvés à la ferme. Fabrication d'épouvantail. L'équipe pédagogique organise des balades à poney et des cours d'équitation du débutant au confirmé.

FERME DE LA BASSE-COUR DES MAISONNETTES

8, chemin de Fruges
CRÉQUY
✆ 03 21 90 63 98
Sur rendez-vous.

Rendez-vous à Créquy ! A partir du village, suivez les flèches et vous parviendrez facilement à la basse-cour des maisonnettes ! Ici, on élève poules, dindes, bovins et canards ! Ces derniers arrivent dans l'exploitation à l'âge de un jour et sont élevés en plein air, sur parc herbeux, pendant trois à quatre mois, avant d'être gavés au maïs mi-cuit, deux fois par jour, pendant une quinzaine de jours. A partir de ces canards gras, sont ensuite préparés de délicieux produits ?

FOIE GRAS DU TERNOIS

13, rue de l'Eglise
LE PARCQ
✆ 03 21 41 86 72

Eh oui ! Dans le pays du Montreuillois, l'on produit aussi du foie gras, et pas qu'un peu ! Au Parcq, le foie gras de canard est mis à l'honneur au travers de nombreuses préparations : en bocaux, sous forme de semi-conserve ou de conserve (de 2 à 8 parts), préparé au torchon et vendu frais sur commande (de 6 à 12 parts), en terrine et en pâté (20 % de foie gras), en cou farci, en magret fumé farci (20 % de foie gras) et sous forme de gourmandises originales, les spécialités maison : le saucisson au foie gras et à la pistache, et surtout, les bonbons au foie gras !

FERME DU GROS MOULIN

564, avenue des Anciens Combattants
FOUQUIÈRES-LÈS-BÉTHUNE
✆ 03 21 68 12 51

Ici, on vous accueille sur la ferme pour vous faire découvrir tous les secrets des chevaux et des arbres. Découverte et soins des animaux de la ferme, découverte du métier d'agriculteur lié à la passion des chevaux, devenir leur ami en abordant soins, alimentation, découverte de la culture des céréales liée à l'alimentation, la distribution aux animaux, histoire de la ferme, situation dans l'espace, découverte des arbres centenaires au fil des saisons par un parcours d'orientation sur le thème de la biodiversité (plus de 30 espèces à reconnaître).

LA FERME AUX VOLAILLES

4, rue Saint-Honoré
MAMETZ
✆ 03 21 95 89 40
Ouvert le jeudi et le samedi de 9h à 19h ; le vendredi de 14h à 19h ; le dimanche de 9h à 12h.

Un petit creux ou alors une folle envie de volailles ? Si ce n'est peut-être un besoin irrépressible de coq au vin ou un sevrage au confit ? Pas de souci, cette ferme spécialisée s'occupe de tout et vend ses poulets, pintades, poulardes, prêts à cuire. Se renseigner également pour obtenir des lapins ou du pigeon, au cas où, mais sachez que la garantie fermière en satisfait plus d'un. Profitez-en pour demander quelques bonnes recettes locales ! Et si vous passez avant les fêtes de fin d'année, n'hésitez pas à commander par téléphone au préalable.

FERME PEDAGOGIQUE FACON

36, rue d'Arras - **GOUY-SERVINS**
✆ 06 79 61 98 33
Visite libre de 10h à 16h30. Traite à 10h30, 13h30 ou 15h30. Sur réservation. Activités : 5 €.

Brigitte et David vous ouvrent les portes de leur ferme depuis plus de dix ans. Ils proposent de vous essayer à la traite avec les mains ainsi qu'avec la machine, de participer au nourrissage avec le matériel adapté aux enfants, d'approcher les poules et câliner les lapins. Ainsi que plein d'autres activités, comme promenade en char avec le père Noël, chasse aux œufs, découverte des prairies, fabrication du beurre, activités culinaires avec les produits de la ferme, les cinq sens, piscine à paille, selon la saison. Ils accueillent les groupes et les scolaires.

FERME DES AIGRETTES

181, allée de la Découverte
MARCK
✆ 03 21 00 72 00
Ouvert tous les jours. Gratuit. Accès libre. Visites guidées sur réservation : 4 €.

Le centre social et culturel Cousteau intègre les locaux de cette ferme typique du XIXe siècle et son parc boisé de 5 hectares. Activités nature pour petits et grands autour des animaux, des végétaux, du patrimoine et de l'environnement. Vous pourrez préparer le goûter des animaux et assisterez aux soins avec un animateur. En dehors de sa présence, il est interdit de les nourrir. Vous pouvez juste leur cueillir des herbes et des pissenlits. Ateliers de fabrication de produits de toutes sortes. Egalement découverte de l'apiculture et du jardinage.

LA FERME DES DÉLICES

Ledquent
MARQUISE
✆ 03 21 99 92 74
www.lafermedesdelices-marquise.com
Ouvert du mercredi au vendredi de 10h à 12h30 et de 15h à 19h ; le samedi de 10h à 12h30 et de 15h à 18h.

Benoît et Sandra se sont installés à la ferme des Délices en 2008 : ils élèvent ainsi des canards à foie gras et se chargent depuis peu de commercialiser leurs produits dans leur magasin, à la ferme. Parmi leurs produits, vous trouverez du foie gras frais à la tranche, le foie gras cru déveiné ou non, des médaillons de foie (contenant 50 % de foie gras), le bocal de foie gras des 2 caps mi-cuit ou stérilisé, mais aussi du magret séché fourré au foie, une terrine de canard au foie, des rillettes au foie et même le cou farci !

AU GÎTE DU TREUIL

24, rue du Treuil
MONCHY-AU-BOIS
✆ 03 21 07 19 95
www.augitedutreuil.fr

Vous logerez dans l'ancien grenier à paille d'une ferme toujours en activité qui peut recevoir jusqu'à 5 personnes (deux lits doubles et un lit d'appoint). Réaménagé et décoré sobrement, il vous permet de vous immerger dans la vie de la ferme si le cœur vous en dit, mais possède également sa propre entrée privative. Francine et Jean-Claude Lefranc y pratiquent l'élevage de vaches et la transformation de produits laitiers : à vous les délicieux fromages frais nature ou aux fruits, les mousses au chocolat et les fameuses tartes au libouli.

TRÉSORS DU PUITS DU SART

Ferme de Bédouâtre
SAINT-MARTIN-BOULOGNE
✆ 03 21 31 13 08
Ouvert du lundi au samedi de 10h à 18h.

Christèle et Bertrand Pâques vous accueillent en leur ferme de Saint-Martin-Boulogne. Ils élèvent au blé, gavent au maïs et transforment les canards sur place, suivant des techniques à l'ancienne, dans un souci renouvelé de qualité. Ils vendent ensuite sur place les nombreux produits obtenus à partir de ces canards : que ce soit du foie gras entier mi-cuit, du foie gras en terrine, du foie cru, des terrines de canard, du cou farci au foie gras, du boudin blanc, diverses conserves, de la choucroute de canard ou encore du saucisson au foie gras...

LA FERME DE SOUASTRE - LE GOURMET CHAMPÊTRE €€

14, rue de Bienvillers
SOUASTRE
✆ 03 21 22 69 87
www.fermedesouastre.com
Ouvert le dimanche midi. Réservation recommandée.

C'est une adresse qui régale les environs depuis plus de vingt ans. Chaque dimanche, un menu unique est proposé. On peut le consulter sur le site Internet. Il est prudent de réserver ! Voilà aussi une adresse rêvée pour les enfants, car le restaurant est également une ferme pédagogique. Entre deux plats, pour les faire patienter, c'est un plaisir que de les emmener à la rencontre des chevaux et des ânes, des poules, dindons et oies, des cochons et des lapins...

LA FERME DU BOIS D'ESGRANGES

Créquy
VERCHIN
✆ 03 21 81 13 14
Accueil de groupes toute l'année sur rendez-vous. Vente directe.

A Vercin, Sylviane et Christophe Henguelle travaillent au cœur des sept vallées, une belle région verdoyante et vallonnée. C'est dans ce cadre si verdoyant, un peu à l'écart du village, que vous trouverez leur ferme du Bois d'Esgranges. Le berger et la bergère vous accueillent et vous ouvrent leurs portes pour vous faire découvrir leur production. Du lait de leurs brebis ils fabriquent avec soin des fromages et des yaourts de mars à septembre-octobre.

LA COLLINE AUX ANIMAUX

Route de Belle - **WIERRE-EFFROY**
✆ 06 28 02 59 85
Haute saison tous les jours de 10h à 18h. Basse saison du mardi au dimanche de 10h à 12h et de 14h à 17h. Entrée : 4 €.

En pleine nature, dans un site magnifique, venez profiter d'un parcours de découverte entre pâtures en pente, mare et étable, au milieu des animaux familiers que vous pourrez approcher au plus près. Anes, chèvres, cochons, lapins et volailles et d'autres plus atypiques, lamas, highlands, irishs-cobs. Visite guidée avec nourrissage de certains animaux et possibilité de faire une balade à poney. Petit goûter sur place. Possibilité de temps en temps d'acheter des animaux élevés sur place et nourris aux grains ainsi que des animaux d'ornement. Accueil des scolaires.

FERME SUCRINE ET FÉCULINE ★★★

18, rue Edouard-Ruelle
BLANGY-TRONVILLE
✆ 03 22 38 18 97

Fermé de mi-novembre à avril. Ouvert tous les jours sur réservation.

A côté d'Amiens, la ferme de Sucrine la betterave et Féculine la pomme de terre est un arrêt ludique et didactique pour les familles. Ici, on découvre une agriculture raisonnée ainsi que la petite faune que l'on protège pour une harmonie respectée. Dominique et Ariane vous présenteront Abricot le poney, Albâtre le dindon ou encore Pollux le mulet. Pour les plus grands, l'endroit est idéal pour comprendre l'impact de l'urbanisation ainsi que les bienfaits des énergies renouvelables. Ils proposent en permanence des ateliers sur les thèmes de l'alimentation de la graine à l'assiette, autour du poney ou du cheval, à la découverte de Féculine, les animaux présents à la ferme, le compost et ses petites bêtes, l'écomusée des vieux outils, l'agriculture raisonnée, l'agriculture périurbaine et la lecture de paysage. Des ateliers au fil des saisons, sur le thème du blé au pain, l'histoire du sucre, de la betterave au caramel, assistez à la transformation de Sucrine en délicieuses pastilles de caramel. Les fruits se transforment en confitures en commençant par la cueillette des fruits, grappillage autorisé ! Préparez le jus et le boulé à l'aide d'une machine, mélangez les deux et comme par magie la confiture se réalise. N'oublions pas de goûter à chaque étape, et dans le jardin aromatique entre senteurs et surtout anecdotes, écoutez bien Dominique ! Laissez-vous conter l'histoire de ses plantes fabuleuses et tentez de fabriquer de la potion magique comme au temps des Romains.

LA CHÈVRERIE

172, rue de Fieffes - **CANAPLES**
✆ 03 22 52 93 06
www.chevrerie-canaples.com

Mercredi et samedi 15h-18h. Visites guidées pour les groupes toute l'année, samedi pour les ind. (sauf de nov. à mars).

Une adresse qui fleure bon la campagne. Dans cette ferme typiquement picarde, Disney, l'âne mascotte, vous attend avec ses acolytes : 100 chèvres alpines, lapins et poules. Après la visite de la ferme, un petit passage en boutique vous permettra d'acquérir un des nombreux fromages de chèvre produits ici. Et il y a du choix : du fromage frais, du chèvre affiné entre 3 et 6 mois, des bicottins à la ciboulette, au cidre ou encore au miel. A côté de ces fromages, vous trouvez aussi du lait de chèvre, du yaourt de chèvre et de la faisselle de chèvre.

BRASSERIE ARTISANALE PICARDENNES

29, rue Jules Lardière
CORBIE
✆ 03 22 52 28 49

Ouvert le mercredi et le vendredi de 14h à 19h.

La tradition de la brasserie artisanale remonte au Moyen Age à Corbie, avec les moines brasseurs. Ce sont maintenant Christophe Podigue et Laurent Lepère qui ont pris le relais en proposant deux marques de bière : la Mascotte et la Caroline, labellisées toutes les deux « Terroir de Picardie ». L'été, l'office de tourisme organise des visites guidées pour découvrir les secrets de fabrication d'une bière artisanale. N'hésitez pas à les contacter pour plus d'info.

BRASSERIE DE LA SOMME

7, route de Berneuil - **DOMART-EN-PONTHIEU**
✆ 03 22 54 07 23
www.brasseriedelasomme.fr

Boutique ouverte le vendredi de 10h à 19h. Visite de la brasserie tous les premiers samedis du mois à 17h.

François Marié relance la production, plus de 130 ans après les dernières traces écrites de la brasserie familiale. L'entreprise a subi ensuite les vicissitudes de l'Histoire pour finir par disparaître en 1880. L'activité agricole s'est poursuivie, malgré tout. Aujourd'hui, la brasserie a repris tous ses droits, avec une implication remarquable de François et sa femme. Ils vont même jusqu'à produire l'orge et le houblon pour certaines bières dites «bières fermières» ! Il est également possible de participer à des stages de brassage amateur de bières artisanales.

ESCARGOTIERE DE LA BAIE DE SOMME

27, rue du Thuret
DRUCAT
✆ 06 74 01 82 37

Ouvert du lundi au samedi de 8h30 à 18h. Sur réservation.

Dominique partage sa passion avec une visite des plus insolites pour faire découvrir l'univers des gastéropodes aux enfants. Son anatomie, ses prédateurs, sa vie dans les parcs et, pour les tout-petits, l'histoire de Phil l'Escargot animé en marionnette. Pour les parents, une halte à la boutique s'impose pour découvrir des recettes originales comme le saucisson d'escargots, la Cagouillotine, leur spécialité, ou encore les croquilles d'escargots. Ils sont aussi présents sur les marchés.

LE FOIE GRAS DU BON TERROIR

2, Grande-Rue
FRANSURES
✆ 06 15 91 86 06
www.foie-gras-du-bon-terroir.com
Ouverture le matin et sur rendez-vous.

Franck Lamy et sa mère, Monique, vous accueillent à la ferme. Ils élèvent les canards gras, en plein air, dans les pâtures environnantes avant de les gaver au maïs. Les produits sont ensuite préparés sur place : foie gras cru ou mi-cuit, magret fumé ou séché, cou farci, confit, etc ! Vous pouvez venir visiter la ferme, déguster les mets délicats et même manger sur place : la table de la ferme est ouverte tous les jours sur réservation et à partir de quinze personnes !

LES ALPAGAS DES EVOISSONS

Au Haut de la Montagne
GUIZANCOURT
✆ 06 86 49 24 19
www.lesalpagasdesevoissons.com
Ouvert tous les jours. Adulte : 8 €. Enfant : 5 €. Visite guidée sur réservation.

Venez vous promener librement dans la ferme ou accompagné par la propriétaire qui vous expliquera tout sur les animaux et vous permettra de les nourrir, les caresser, les amener en pâture, entretenir les boxes, brosser poneys et lamas. Interdiction de pénétrer dans leurs enclos et de les nourrir sans la propriétaire. Baptême à poney. Balade d'une bonne heure avec les lamas en plein cœur du Larris au bord du village de Guizancourt et à travers la colline des Evoissons. Gîte sur place.

BRASSERIE DE CLERCK

42, rue Georges Clémenceau - **PÉRONNE**
✆ 03 22 84 30 94
www.brasseriedeclerck.com
Du mer. au ven. (9h-12h et 14h-17h). Entrée au 2, rue du Pot d'étain. Visite guidée pour les groupes sur réservation.

Une tradition qui se perpétue dans la famille De Clerck depuis plus de deux cents ans. Vous découvrirez ici les grandes étapes de la fabrication de bières régionales qui ont su se faire reconnaître auprès des connaisseurs pour leurs qualités et leurs arômes. Si vous souhaitez les goûter (avec modération bien sûr !), vous aurez le choix parmi la Colvert en blonde, ambrée ou version Noël et Printemps, la Fanette, la Mémorial, la Blanche de Péronne, la Belle Siska ou encore la Poppy créée lors des 90 ans de la bataille de la Somme.

LE PARADIS KONYKA ★

Hameau de Milly - **DOULLENS**
✆ 06 30 63 05 75
www.paradis-konyka.fr
Restaurant ouvert de 12 h à 14h (sur réservation). Visites et activités de 14 h à 18h. Ouvert à tout public. Salle d'accueil. Jeux. Bar.

© PARADIS KONYKA

Annick et Antoine proposent une découverte ludique de leurs écuries, pour vous rendre incollable sur la vie des animaux de la ferme. Ils possèdent 25 espèces d'équidés, soit une soixantaine d'animaux coulant des jours heureux en pleine nature. Vous verrez aussi la quarantaine de chèvres et les sept espèces de moutons, des vaches, des poules et des lapins. La visite se déroule librement au fil de panneaux synthétiques permettant d'apprendre les informations essentielles. Ils organisent des ateliers pédagogiques pour les groupes ainsi que des balades à poney.

ASINERIE DU MARQUENTERRE

La Bonne-Dame
QUEND
✆ 06 21 26 02 94
Ouvert toute l'année sur rendez-vous.

Venez découvrir l'une des plus belles collections d'ânes. Partez à la rencontre de tous les animaux familiers de la ferme, chèvres naines, moutons, cochons, tous cohabitent en parfaite harmonie. Visitez la salle d'éclosion réservée aux poussins, poules et coqs permettant de découvrir leur évolution. Des bassines avec quelques rations de céréales sont à distribuer à vos animaux préférés. Vous pourrez partir en randonnée avec un âne. Fabrication de savons au lait d'ânesse. Côté boutique, peluches, cosmétiques, et bien d'autres jolies choses pour se faire plaisir.

PASSPORT

ILE-DE-FRANCE

L'ECLIMONT ET SES LAMAS

Hameau de Fontenette - **ABBÉVILLE-LA-RIVIÈRE**
✆ 01 64 95 67 18
www.pechemouche-eclimont.fr
Ouvert du lundi au samedi. Entrée : 10 €. Enfant de moins de 3 ans : 3 €. Visite sur réservation.

C'est dans le cadre verdoyant et paisible d'Eclimont, bien connu pour son parcours de pêche à la mouche sur le réservoir du moulin, que les jeunes et moins jeunes pourront se promener avec des lamas dans les sous-bois le long de la rivière tout en remontant jusqu'aux différentes sources. Ces animaux se laisseront câliner comme les lapins et les cochons d'Inde. Isabelle est intervenante en médiation animale. Aire de pique-nique et barbecue. Egalement à disposition des tables intérieures, micro-ondes, four traditionnel et pour ceux souhaitant apporter leur déjeuner.

ENTRE SAVEUR ET JARDIN

23, rue de la Ferté-Alais
BOUTIGNY-SUR-ESSONNE
✆ 01 60 78 48 57
www.entresaveuretjardin.fr
Ouvert le vendredi de 18h à 19h ; le samedi de 9h à 12h. Prendre rendez-vous en semaine.

Martine Verrechia développe un concept depuis plusieurs mois autour de la production de terrines et de soupes. Le matin, elle part à la rencontre des producteurs locaux et réalise ses productions dans la foulée. Martine Verrechia propose ensuite une grande diversité de soupes et de veloutés, ainsi que des terrines chaudes ou froides. En fonction des saisons, sa production varie. Une fabrication artisanale de très grande qualité et très souvent d'une grande originalité, ne manquez pas de venir découvrir toutes ses merveilles !

MIEL ET PRODUIT DE LA RUCHE

7-9, chemin de la Jonnerie - **BOUTIGNY-SUR-ESSONNE** ✆ 01 64 98 74 85
www.miellerieduгatinais.info
Ouvert le mercredi, le samedi et le dimanche de 14h à 17h30. Fermeture à 18h30 du 1er avril au 15 octobre.

Camille et Thierry Sergent sont des apiculteurs passionnés. De la gelée royale à la propolis en passant par le pollen, le miel de châtaignier ou de bruyère, de nombreuses productions vous seront proposées. Ne quittez pas la boutique sans goûter les pains d'épices, bonbons, sucettes et autres nougats à base de miel. Cette miellerie se visite en groupe. Vous pourrez aussi vous former au contact de Camille et Thierry qui développent des projets dans divers pays comme le Yémen.

MIELLERIE DU GÂTINAIS

7-9, chemin de la Jonnerie
BOUTIGNY-SUR-ESSONNE ✆ 06 03 21 17 86
www.miellerieduгatinais.info
Basse saison : mercredi, samedi, dimanche et jours fériés de 14h à 17h. Haute saison : même jour, jusqu'à 18h30.

Histoire : la Miellerie du Gâtinais a ouvert en 2008, au sein du parc naturel du Gâtinais grâce à Camille et Thierry Sergent. Leur production est variée : miel de forêt, de châtaignier, d'acacia, de bruyère ou de tilleul, gelée royale, miel acacia-vanille (un succès fou !), confiseries, pains d'épices, du pollen, de la propolis, des cosmétiques, des bougies… Vous avez même la possibilité d'acheter votre miel en vrac. C'est moins cher et plus écolo.

Camille et Thierry Sergent sont des passionnés et des militants, comme toujours chez les apiculteurs, ils gèrent un cheptel de plusieurs centaines de ruches pour produire du miel de qualité ainsi que des colonies d'abeilles. Ils ont aussi à cœur d'initier les groupes, à partir de 3 ans et jusqu'aux professionnels, au monde des plantes, des insectes et de l'apiculture, à l'aide d'un programme pédagogique structuré. Par ailleurs, ils développent une action humanitaire sur l'île de Socotra, au Yémen, en Cisjordanie, en œuvrant pour la protection de l'environnement à travers l'apprentissage de l'apiculture rationnelle et en participant à des actions de reboisement dans des zones désertifiées.

Visite : la visite, libre et gratuite, d'une salle d'élevage d'insectes ne manquera pas de vous passionner. En vedette : des coccinelles, des hannetons, des sauterelles ou des criquets, et bien sûr des abeilles dont vous pourrez admirer le travail à travers une ruche transparente. Vous découvrirez aussi, les coulisses du miel et de son circuit. Vous pouvez même suivre une formation d'apiculteur.

FERME DE LA MARE

12, rue le Trochet
CHALO-SAINT-MARS
✆ 01 60 80 34 66
www.foiegras-essonne.com

Installée dans le petit hameau du Tronchet, Christophe Morin transforme des canards gras depuis 1988. La totalité de la production s'effectue à la ferme de la Mare. Une adresse rare en Essonne. Des visites de l'exploitation sont aussi organisées de mars à septembre. Au programme : historique du foie gras, visite de la salle de gavage avec démonstration, visite du laboratoire, de l'abattoir, de la salle de découpe et de la conserverie. Une dégustation des produits autour d'un bon verre de vin est organisée à la fin du parcours.

LA VIE PREND UN SENS
RADIO NOTRE DAME
FM100.7 - RADIONOTREDAME.COM
FM 100.7 - RADIONOTREDAME.COM
www.egga.fr - crédit photo : gettyimages

ÉLEVAGE LA DOUDOU

8, chemin du Cimetière - **CHEPTAINVILLE**
✆ 01 64 56 96 96
www.la-doudou.com
Ouvert du mardi au jeudi de 10h à 12h30 et de 14h à 19h, vendredi et vendredi et samedi de 10h à 19h, et dimanche.

Dans cet élevage traditionnel de 60 chèvres de race Alpine et Saanen, de vaches laitières et de vaches allaitantes, vous pourrez voir des chevaux, des ânes, des lapins et la basse-cour. C'est à la fois une ferme pédagogique comprenant un musée sur le patrimoine agricole local et un labyrinthe végétal de maïs, dans un champ de 4 hectares. Muni d'un questionnaire, vous devrez retrouver les panneaux et répondre aux questions pour trouver le bon chemin. Il est saisonnier et dépend de la culture de maïs. Assistez à la cuisson du pain et de la brioche au four à bois.

PARC ANIMALIER DE JANVRY

Rue du Bois-de-Montmarre
JANVRY
✆ 01 64 90 51 63
Ouvert tous les jours de 8h à 20h. Gratuit.

Après avoir acquis ce bel espace, la mairie a eu la bonne idée d'y créer un agréable parc animalier. D'une surface de 6 hectares, il comprend deux étangs et plus d'une centaine d'animaux de toutes sortes. Les lamas, moutons, le chameau, chèvres nubiennes, wallabies gris et albinos, biches et canards sont les heureux habitants de cet espace boisé. Le pain humide fait gonfler leur panse et les incommode. Il est donc interdit de les nourrir. Vous pouvez même dormir dans une maison en bois appelée isba. Un chouette lieu, que les enfants adorent. Aire de pique-nique.

FERME PÉDAGOGIQUE DE LA GRANGE AUX MOINES

3, route de Melun
LA FERTÉ-ALAIS
✆ 01 64 57 71 75
Haute saison ouvert du lundi au vendredi de 10h à 19h, week-end et jours fériés de 12h à 19h. Gratuit. Boutique.

Située au cœur du Parc naturel régional du Gâtinais français, cette ferme permet d'approcher vaches, chevaux, chèvres, brebis, volailles et lapins. Observez-les dès la naissance et leurs premiers jours. Jeux de piste et d'orientation. Des ateliers pédagogiques permettent de découvrir l'organisation des cultures, faire du beurre, de la farine et du pain. Une boutique permet de s'approvisionner en produits du terroir et une salle de pique-niquer à l'abri. Nouvelle aire de jeux.

LE P'TIT BRIN D'PAILLE

7 bis, rue Jules-Ferry - **LONGJUMEAU**
✆ 06 72 01 66 31
www.ptitbrindpaille.ouvaton.org
Haute saison ouvert jeudi, vendredi et dimanche de 9h30 à 18h. Ateliers pédagogiques à 11h et 16h. Entrée : 3,50 €.

Prenez le bus et venez profiter d'une journée au grand air, pique-niquer en famille et partager des moments privilégiés avec les animaux. Écouter bavarder les oies, regarder les petits cochons retourner la terre avec leurs groins, grattouiller le dos de la truie, traire les chèvres puis donner le biberon aux agneaux et chevreaux. Assister à la naissance des poussins. Sont proposés aussi des ateliers de pâte à sel pour apprendre à reconnaître les empreintes des animaux, de fabrication de beurre, fromages et pains, ainsi que le travail de la laine avec le cardage.

FERME PÉDAGOGIQUE DU BEL AIR

19, route de Gif
VILLIERS-LE-BÂCLE
www.fermepedagogiquedubelair.fr
Haute saison ouvert dimanche de 14h à 18h. Basse saison dimanche de 14h à 17h. Gratuit.

Aux portes de la vallée de Chevreuse, 2 hectares sont répartis en jardins thématiques, prairies et bâtiments agricoles où se côtoient moutons, chèvres, ânes, oies, jars, canards, poules, coqs, brebis et puis bien sûr, le lapin, la star incontestable des enfants. Si vous adhérez à l'association, vous pourrez participer à des ateliers de transformation, la découverte de la vie des animaux, étude de la mare et son écosystème, l'observation de plantes sauvages comestibles ou du compost.

MIELLERIE DE LA MÉRANTAISE

50, route de Gif
VILLIERS-LE-BÂCLE
✆ 01 60 19 21 27
www.mielleriedelamerantaise.fr
Téléphonez à Roland Rondelet pour vous assurer de sa présence sur la miellerie.

La Miellerie de la Mérantaise est située en plein cœur du Parc naturel régional de la Haute Vallée de Chevreuse. Les ruches de Roland Rondelet sont installées dans trois régions de France, le sud de Paris, le Parc naturel régional du Morvan et les Landes médocaines, ce qui lui permet d'obtenir différentes variétés de miel issues de la culture de toutes fleurs de printemps et d'été pour produire du miel d'acacia, de ronce, de pissenlit, de bruyère, de bourdaine...

© HOBO_018 - ISTOCKPHOTO.COM

FERME PEDAGOGIQUE DES BERGERIES D'ISSY

Parc Henri-Barbusse - **ISSY-LES-MOULINEAUX**
✆ 01 46 48 06 05
www.bergeriesdissy.fr
Haute saison ouvert tous les jours de 10h à 13h et de 14h à 18h30. Adulte : 5,50 €. Enfant de moins de 5 ans : 4 €.

Dans le parc Henri-Barbusse, la ferme invite grands et petits à rejoindre ses moutons, chèvres, poules, cochons, lapins, et à prendre part à ses ateliers créatifs et pédagogiques sur les thèmes de la nature, du jardin et de la ferme. Ils pourront apprendre à nourrir et soigner tous les animaux au gré d'un parcours d'observation. Fabriquer du pain et du beurre. Traire une fausse vache. Découvrir les étapes de transformation de la laine. Différencier plantes aromatiques et médicinales.

LES RUCHERS DE LEVALLOIS

22, allée Claude-Monet
LEVALLOIS-PERRET
✆ 01 47 15 75 15
Ouvert tous les jours de 7h à 20h. Sur réservation.

L'abeille est l'emblème de Levallois. Des panneaux retracent les grandes étapes de la vie des abeilles, dévoilant l'extrême richesse de la société des abeilles et perçant le mystère de leur communication. D'avril à septembre et sur réservation, Nicolas Douillet, l'apiculteur municipal organise des visites guidées avec découverte de la vie des abeilles, observation d'une ruchette vitrée, explication des relations entre les plantes et les abeilles, ouverture d'une ruche si la météo le permet. Le miel doré est mille fleurs à la saveur de lavande et d'acacia.

VIGNES COMMUNALES DE SURESNES

2, rue Carnot
SURESNES
✆ 01 42 04 96 75
www.ville-suresnes.fr
Animations, événements : se renseigner.

Au recensement de 1691, Suresnes comptait 74 vignerons pour 20 ha de vignes et 30 bourgeois avec 40 ha. L'urbanisation moderne eut raison de ce vignoble. Pour sauver ce patrimoine, le maire Henri Sellier, créa une parcelle municipale, entre les deux guerres mondiales. Sur 1 ha, le plus grand domaine viticole d'Île-de-France, planté en chardonnay à 85 %, en sauvignon à 15 %, produit 5 000 bouteilles de blanc sec. Une belle fête des Vendanges se déroule au quartier de la Cité-Jardin !

FERME DES CHANTERAINES

89, boulevard Charles-de-Gaulle
VILLENEUVE-LA-GARENNE
✆ 01 41 21 88 12
Haute saison ouvert du lundi au vendredi de 13h à 18h, week-end de 10h à 18h. Gratuit.

Dans ce cadre de verdure est posée une ferme aux allures de celles du Vexin du XIXe siècle. Elle comprend grange, poulailler, bouverie, chèvrerie, pigeonnier, clapier, des boxes, des ruches, un potager et un logis. La balade vous conduit au plus près des 150 animaux issus pour la plupart de races françaises et de conversation. Vous verrez une vache Jersiaise, un cheval de trait d'Auvergne, des moutons et des chèvres, des cochons nains, des lapins et cochons d'Inde. Toute la basse-cour oies, poules, les canards et une variété de pigeons. Ne les nourrissez pas.

www.petitfute.com
1er site d'information touristique
GUIDES DE VOYAGE
ADRESSES ET AVIS
EXPÉRIENCES
IDÉES DE SÉJOURS
JEUX CONCOURS
BONS PLANS
PLUS D'INSPIRATION SUR
© FREDERICK DOERSCHEM - SHUTTERSTOCK.COM / © SERATO - SHUTTERSTOCK.COM
petit futé

FERME DE FILBOIS

17, rue Grande
AUFFERVILLE
✆ 01 64 28 76 77
www.ferme-de-filbois.fr
Sur rendez-vous pour les individuels pour 10 personnes au moins. Visite guidée 5 € par personne.

Chez les Morisseau, on est agriculteur de père en fils, mais on a aussi envie de partager son savoir-faire. C'est ainsi que Marie-Claude propose, sur le vaste domaine familial, des visites avec ateliers pour les scolaires ou encore suivies de dégustation pour les particuliers, toujours sur réservation. Dans la boutique tenue par Vincent, on trouve de nombreux produits de la ferme : poulets, lapins, viande d'agneau, merguez et une grande variété de pâtés et plats cuisinés, ainsi que la fameuse bière La Gâtine et des produits d'autres fermes.

GAEC LEFEVRE

Ferme de Moneuse
DAGNY
✆ 01 64 04 61 26
Fermeture à 18 h fermé le dimanche et non et le dimanche de 9h à 12h30.

Depuis sept générations, la famille Lefèvre travaille sur l'exploitation – culture de céréales, élevages de vaches et de cochons. Dans leur laboratoire agréé, ils transforment ces derniers en une excellente charcuterie traditionnelle. Avec le lait des vaches, ils élaborent toute une gamme de produits laitiers – lait, yaourt nature, fromage blanc, faisselle, crème fraîche, petits cœurs à la crème, tomme de vache. En plus de la satisfaction de se procurer des produits frais de qualité, l'acheteur est accueilli avec de charmants sourires.

CENTRE APICOLE LE MESNIL AUX ABEILLES

3, route d'Amillis
BEAUTHEIL
✆ 01 64 04 68 45
Uniquement sur rdv.

Cette exploitation apicole comporte environ 200 ruches. Elle est à la fois musée et centre d'études et de documentation. Dans le patio central vitré, on apprend tout de l'abeille : sa vie, l'exploitation apicole, la ruche, les produits dérivés. Des ruches vitrées permettent également de voir évoluer l'insecte vivant. Au premier étage, le musée rétro raconte les abeilles et les équipements d'autrefois. Et vous y découvrirez des ruches vieilles de plus de 3000 ans ! Une rareté.

LES DEUX FERMES

1, rue de la Cochette
FUBLAINES
✆ 01 64 34 54 05
Sur rendez-vous. Téléphoner au préalable aux heures des repas.

Pour faire ses emplettes ici, il est souhaitable de téléphoner et prendre rendez-vous. C'est sur 14 hectares, dont 13 hectares de pommiers à cidre et 1 hectare de pommiers pour la « bouche », que s'étendent les vergers des Deux Fermes. Ici, poussent une vingtaine de variétés de pommes anciennes briardes, parmi lesquelles on retrouve la faro, Marie-Madeleine, Belle-Joséphine, Nouvelle-France, vérité, michelotte… De quoi découvrir de nouveaux goûts ! Certains habitués y viennent acheter leurs pommes pour faire eux-mêmes leur cidre. Avis aux amateurs !

LA FERME DES QUATRE TEMPS

Mainbervilliers
BOISSY-AUX-CAILLES
✆ 01 64 24 58 22
www.ferme-des-quatre-temps.com
Ouvert le samedi de 9h à 18h.

Sur une exploitation de 165 hectares consacrés à la culture de céréales, notamment l'orge brassicole, Sylvain et Isabelle Bouillon possèdent un élevage de canards gras mulards. Ils assurent la transformation dans leur laboratoire : rillettes, confits, foie gras mi-cuit et commercialisent, en frais, rôtis, cuisses et magrets. Ils élèvent, également d'autres volailles : poulets, canettes, pintades et, pour Noël, chapons et dindes. Également des plats cuisinés.

FERME D'HERICY DITE GAEC LA NORMANDIE

Rue aux Vaches
HÉRICY
✆ 01 64 23 62 25
Ouvert le dimanche de 10h à 13h et de 17h à 19h.

Chez Laurent et Noël Couillard, les produits frais ont la part belle. Au milieu des fruits et légumes de saison, s'étalent le fromage blanc battu ou en faisselle – le produit maison –, la crème fraîche, le lait cru, le beurre de baratte, les bries fermiers de Meaux et de Melun, les volailles fermières, le miel, la confiture, le pain d'épice, les nougats, les gâteaux… Sympathique et souriant, l'accueil ajoute au plaisir de fréquenter ce magasin aux saveurs multiples.

EARL DE LUGIN

12, rue des Fermes
JOUY-LE-CHÂTEL
✆ 01 64 01 59 15
www.gaec-de-lugin.com

Cet imposant élevage de canards gras mulards attise les papilles des amateurs de cuisine. Les propriétaires fabriquent des produits en conserves, semi-conserves ou sous vide : foie gras, confits en tous genres – cuisses, demi canard –, rillettes, terrines, cous farcis, magrets frais et fumés… L'accueil est chaleureux et les paniers gourmands et paniers pique-nique – sur commande – se remplissent, accompagnés de recettes pour réaliser de bons petits plats… Un endroit incontournable pour préparer les repas de fêtes et les manifestations familiales ponctuant l'année.

LÀ OÙ C'EST, MIEL FERIAUD

245, chemin du Stade
LA HOUSSAYE-EN-BRIE
✆ 07 86 61 34 64

Faites le bon choix d'un miel produit localement avec amour et passion. Vous trouvez les excellents miels bio de ce couple d'apiculteurs sur les foires et les marchés de la région et directement sur leur exploitation apicole, située à La Houssaye-en-Brie, d'où leur nom en forme de clin d'œil. En rayon, une gamme de miels proposée dans de jolis petits pots (pensez à les rapporter, ils les recyclent), mais aussi des produits dérivés, dont la gelée royale ou la propolis.

PARC ANIMALIER HI HAN

Avenue Joseph-Bodin-de-Boismortier - **ROISSY-EN-BRIE** ✆ 01 60 28 49 00
association.hihan.free.fr

Basse saison du mardi au dimanche de 14h à 17h. Haute saison ouvert du mardi au dimanche de 14h à 18h. Adulte : 4 €.

Venez rencontrer ânes, poneys, moutons, chèvres, cochons, canards, dindes, dindons, oies, poules, coqs... Il est possible d'en approcher certains et de les nourrir. Vous pourrez aussi fêter vos anniversaires avec les copains en devenant apprenti fermier le temps d'une heure. Trois grandes journées festives sont aussi organisées par les bénévoles chaque année afin de financer différents travaux nécessitant l'intervention d'entreprises. Toute l'équipe organise des stands créatifs, des animations, des jeux et confections de succulentes crêpes au stand gourmand.

FERME PEDAGOGIQUE DE SAINT-HILLIERS

2, rue de la Petite-Cour - **SAINT-HILLIERS**
✆ 01 64 00 24 61

Haute saison ouvert du lundi au dimanche de 15h à 17h. Basse saison du lundi au samedi de 15h à 17h. Entrée : 9 €.

En groupe ou en famille, venez découvrir la trentaine de chèvres, vaches, cochons, la quarantaine de moutons, les ânes et chevaux, les poussins, la centaine d'oiseaux de la basse-cour, oies, pintades, dindes, poules, coqs, pigeons, canards, les cinquante poules pondeuses et surtout câliner les lapins, et les prendre dans les bras. Brosser les ânes. Ramasser les œufs. Les enfants sont regroupés par classe, et accompagnés par un animateur. Ateliers pédagogiques. Jardinage. Mini-camps.

FERME DE SAINT-THIBAULT

Rue Pasteur-Prolongée - **SAINT-THIBAULT-DES-VIGNES** ✆ 01 64 30 65 20
www.decouvertedelaferme-idf.fr

Ouvert toute l'année. Du dimanche au mardi de 17h à 19h ; du mercredi au samedi de 16h à 19h ; le samedi de 10h à 12h30.

Tenue par Brigitte Bisson, on y trouve du bon lait frais de la ferme ainsi que tous les produits dérivés dont fromage blanc lissé et en faisselle, crème, yaourts nature et aux fruits. Mais Brigitte permet également aux visiteurs de découvrir le monde de la ferme : visite de l'étable, découverte du troupeau et distribution de nourriture, transformation du lait de la vache aux produits finis, parcours de visite avec panneaux didactiques d'explications, etc. De quoi découvrir tous les aspects du métier d'éleveur. Et à 17h, c'est la traite des vaches qu'on découvre.

LE PRÉ DE L'ÉPINOCHE

VERDELOT
✆ 01 64 65 90 14

Ouvert du lundi au samedi de 13h30 à 20h. Il est toutefois préférable de téléphoner avant de se déplacer.

Jean Pacheco est un passionné. Rien ne le prédestinait à devenir agriculteur. S'il a commencé jeune pour gagner un peu d'argent, aujourd'hui, il ne se lasse pas et exploite 6,5 ha afin d'offrir à ses clients des aliments frais, de qualité et variés, issus du terroir. Il n'hésite pas non plus à donner divers conseils et astuces ! Comment cuisiner les asperges, comment ruser pour atténuer le goût amer du légume, autant de « petits trucs » que Jean Pacheco se fera un plaisir de vous transmettre. Vous ne mangerez plus jamais des asperges de la même manière.

SANDRA GAMBERT

Marché de Montfermeil

MONTFERMEIL

Sandra Gambert, formée très jeune par son père, également artisan tripier, est déjà bien connue. Présente sur le marché de Montfermeil les mercredi, vendredi, dimanche matin, elle est fière de perpétuer une tradition familiale. Son stand exclusivement consacré aux produits tripiers ne désemplit pas. Si elle vend beaucoup de morceaux à cuisiner, elle propose aussi des plats préparés. Elle est également présente sur le marché de Meaux tous les samedis matin, où elle délivre avec le même enthousiasme ses conseils de préparation, ses idées recettes et ses astuces.

FERME OUVERTE DE SAINT-DENIS

114, rue de Stalingrad - **SAINT-DENIS**

✆ 01 84 03 98 95

www.lesfermesdegally.com

Ouvert le mercredi de 10h à 13h et de 14h à 18h. Adulte : 4,60 € (réduit : 3 €). Enfant (de 3 à 12 ans) : 4,20 €.

C'est la dernière ferme maraîchère du département dont la production potagère est disponible en vente directe ! La visite est libre et sécurisée chaque après-midi, aussi bien pour les scolaires que pour les familles. Les enfants pourront nourrir les animaux, en prendre soin et les câliner. Des ateliers pédagogiques permettent de comprendre le rôle de l'agriculture dans leur alimentation, de fabriquer du pain et d'en apprendre plus sur la production laitière et celle des œufs.

FERME PEDAGOGIQUE ROSNY

24-26, rue Jules-Guesdes

ROSNY-SOUS-BOIS

✆ 01 48 55 53 67

Ouvert le mercredi de 9h à 12h et de 14h à 17h. Premiers samedi et dimanche de chaque mois de 14h à 17h. Gratuit.

Située sur le plateau d'Avron, la ferme pédagogique de Rosny-sous-Bois est gérée par le service des Espaces verts. Elle a pour objectif principal l'éducation à l'environnement. Sur un hectare, la ferme accueille tout au long de l'année, scolaires, centres de loisirs, crèches, structures pour personnes handicapées et maisons de retraite, mais aussi le grand public pour les sensibiliser à l'environnement, en s'amusant et en s'émerveillant. Plus de 14 000 visiteurs franchissent les portes de la ferme pédagogique chaque année. Les familles pourront y déambuler, s'asseoir sur un rocher pour écouter le bruit du vent dans les feuilles des chênes centenaires. Puis, continuer la flânerie, loin sur les chemins de forêt, en passant par la tour géodésique. De retour vers la ferme, passez devant le poulailler où TropTôt, le coq multicolore et Camomille le cochon vous attendent avec toute la basse-cour des pigeons, poules, canards, oies, dindes, pintades et autres volailles, pour vous rappeler que leurs amis les lapins et les cobayes se trouvent juste un peu plus loin et attendent vos caresses. De nombreuses animations sont aussi proposées sur les thématiques du grain au pain, la pomme de la fleur au fruit, la laine, l'œuf, l'abeille et le miel. Promenade à travers les champs pour découvrir le métier de maraîcher. Dans le respect de la méthode AB, biodynamique et permaculture. Ils vous expliquent le non-travail du sol, le sol vivant, les semis, les plantations et la récolte. Le travail sous les tunnels ou en plein champ.

PARC DEPARTEMENTAL GEORGES-VALBON

1, rue de la République

SAINT-DENIS

✆ 01 43 11 13 00

Haute saison ouvert tous les jours de 7h à 21h. Basse saison tours les jours de 7h30 à 17h30.

Avec ses 410 hectares, il est le troisième parc d'Ile-de-France. Il comprend plusieurs entrées et parcours de balades, en passant par des circuits sportifs, les espaces fitness et la maison du parc. Particulièrement attrayant pour sa flore, bois, prairies, roseraie et sa faune. Mouton, renard, fouine, belette, musaraigne, campagnol, mulot..., poissons et amphibiens. De nombreux oiseaux migrateurs viennent y passer l'hiver ou tout simplement faire escale. Aires de jeux. Animations.

FERME DE CHAUVRY

2, Grande-Rue - **CHAUVRY**
✆ 01 34 69 26 07
www.fermedechauvry.fr
Ouvert du mercredi au vendredi de 15h à 19h, samedi de 10h30 à 12h30 et 15h à 19h, dimanche de 16h à 19h.

Cette exploitation céréalière est aussi un élevage de chèvres alpines. Dans ce cadre authentique, les scolaires sont invités à venir visiter les installations, à assister à la traite et à la fabrication de leurs fromages, plusieurs fois primés au concours national agricole. Ils répondront à toutes les questions. Tandis que les familles pourront librement faire le tour de l'exploitation, et voir les 180 chèvres. Il est fortement possible que vous repartiez avec quelques fromages de chèvre frais. Ils vendent également miel, jus de pomme, cidre, huile, farine, œufs.

FERME D'ÉCANCOURT

Cour Mûrier
JOUY-LE-MOUTIER
✆ 01 34 21 17 91
www.ferme.ecancourt.fr
Haute saison ouvert du lundi au vendredi de 9h à 18h, week-end de 10h à 12h et de 16h à 17h.

Située à proximité de la forêt de l'Hautil et aux portes du Parc naturel régional du Vexin français. Véritable cocon d'art et d'histoire, à cheval sur le Val-d'Oise et les Yvelines. La particularité de cette ferme pédagogique est de vous accueillir en séjour de deux à cinq jours, avec un hébergement en pension complète, couplé avec des animations. Ce séjour permet de vivre la vie de fermier en participant aux soins des animaux et à la traite des chèvres. A votre convenance, séjour multi-activités ou thématique. Le gîte comporte 46 couchages et un jardin privatif.

FERME PEDAGOGIQUE ERMONT

47, route de Franconville - **ERMONT**
✆ 01 34 15 21 35
Haute saison ouvert du lundi au vendredi de 9h 12h et de 14h à 18h. Un samedi sur deux de 10h à 12h et de 14h à 18h.

Cette ferme comprend un espace pâturage et une basse-cour d'une quarantaine d'animaux, où vivent les oies de Guinée et canards, le paon, le poney shetland, cochons et moutons. Dans le bâtiment principal, les cochons d'Inde et différentes espèces de lapins. La nuit y dorment poules, chèvres et la vache. C'est aussi un espace en accès libre, dédié aux cultures potagères et fruitières bio. Les scolaires pourront observer, manipuler, découvrir l'origine des aliments. Ateliers pédagogiques de l'œuf à la poule, l'écosystème, les légumes du jardin. Aires de pique-nique.

FERME PEDAGOGIQUE DE LA BUTTE PINSON

16, rue Suzanne-Valadon
MONTMAGNY
✆ 09 86 87 52 96
Ouvert tous les jours de 8h30 à 21h. Gratuit.

Située dans le cadre magnifique des 114 hectares du domaine du Parc naturel régional de la Butte Pinson. Cet îlot de verdure au passé horticole réaménagé par l'Agence des Espaces Verts est accessible librement, gratuitement à toute heure, grâce à son parcours pédagogique extérieur permettant d'aller à la rencontre des animaux et de la biodiversité. Les enfants apprécieront les cabrioles des biquettes et pourront caresser vaches, ânes et surtout les lapins qui adorent se faire dorloter.

FERME DES SABLONS

Sente de la Procession
GÉNICOURT
✆ 06 84 23 93 18
www.lafermedessablons.com
Accès lundi et vendredi de 17h à 19h, mercredi et samedi de 9h à 12h pour les familles.

Entrée libre et gratuite pour les familles pendant les heures d'ouverture de la boutique, pour découvrir la plupart des animaux de la ferme dans leur habitat d'élevage. Pour les groupes, visite guidée de la ferme adaptée à l'âge des enfants, à leur classe et à leur parcours pédagogique, accompagnée ou non d'un atelier. Ils pourront approcher vaches, poules, canards, dindes, cailles, oies, pintades, chèvres, poneys, chevaux lapins, cochons... Tout connaître sur leur habitat, leur nutrition, les céréales, et leur reproduction. Aire de pique-nique. Salle chauffée.

FERME PÉDAGOGIQUE DE PONTOISE

2, rue des Pâtis - **PONTOISE** ✆ 01 30 32 03 72
www.fermepedagogiquedepontoise.fr
Basse saison week-end et jours fériés de 13h30 à 17h30. Haute saison week-end et jours fériés de 14h à 18h.

Installée dans le parc du château de Marcouville. La balade gratuite les week-ends est ponctuée des panneaux pédagogiques présentant les races domestiques françaises protégées par la ferme. Poules, dindons, oies, pintades, canards, lapins, cochons, moutons, chèvres, âne, cheval, poney et vache. Cinq bâtiments en bois sont destinés aux animaux, et deux salles chauffées sont réservées aux activités pédagogiques. Il suffit d'adhérer à l'Association les Z'Herbes Folles pour en profiter.

FERME PÉDAGOGIQUE DE BRY

5, rue des Hauts-Guibouts
BRY-SUR-MARNE
✆ 01 45 16 04 89
Ouvert du lundi au samedi de 9h à 19h, dimanche de 9h à 17h. Gratuit. Animations.

La ferme est située au cœur du centre équestre municipal géré par l'UCPA. C'est donc en famille et librement qu'au fil de la balade vous pourrez approcher et nourrir moutons, chèvres, et cochons dans leurs enclos. Vous verrez aussi toute la basse-cour, sans oublier de câliner les adorables lapins. Pour les enfants, à partir de 3 ans, les animateurs organisent des activités manuelles et un atelier de découverte du monde animal, ainsi que des ateliers de deux demi-journées, pendant les vacances scolaires. Ils peuvent aussi organiser leurs anniversaires sur place.

ASINERIE FRANCILIANES

86, rue des Bordes
CHENNEVIÈRES-SUR-MARNE
✆ +33 6 61 59 12 12
www.francilianes.fr
Ouvert de janvier à août de 17h à 19h, sur réservation. Adulte : 6 €. Enfant : 3,50 €.

Bienvenue dans cet élevage d'ânesses laitières certifié en mode de production biologique. L'élevage s'étend sur une quinzaine d'hectares. Le type d'animal recherché est mixte, à la fois une ânesse laitière avec un lait de qualité et à la fois une ânesse calme et à l'écoute pour la ferme pédagogique. L'accent est également porté sur la docilité et la douceur des ânes, renforcé par la désensibilisation des jeunes. L'éducation peut ensuite être continuée du côté des acquéreurs en fonction des envies : équi-pâturage, asinothérapie, balade en main, balade montée pour les grands ânes, attelage, cirque. Chaque ânesse, âne et ânon présents sur la ferme ont un prénom et une histoire qui l'accompagnent, comme Végane l'égérie des bouteilles de lait, Fantômette la jumelle ou Imagine en référence à la chanson utopiste et mondialement connue de John Lennon. Le lait produit sur l'exploitation est utilisé pour la fabrication de savons et cosmétiques biologiques en vente directe sur le site internet ou à la boutique à l'entrée du parc des Bordes. Des visites sont adaptées au niveau scolaire et comprennent un temps en salle avec diaporama, présentation et découverte de l'élevage, présentation générale de l'âne et présentation de la partie laitière. Un temps au pré comprenant : caresses et brossage des ânes, anecdotes et démonstrations diverses en fonction de l'intérêt des enfants. En fin de visite : remise d'un livret par élève au responsable du groupe. Aires de jeux et de pique-nique. Profitez aussi du parcours de santé.

PARC DES GONDOLES

Rue Méhy - **CHOISY-LE-ROI**
✆ 01 48 90 77 11
www.ville-choisyleroi.fr
Haute saison tous les jours de 9h à 12h et de 14h à 18h30. Basse saison tous les jours de 9h à 12h et de 14h à 17h.

Dans ce parc de près de 4 hectares autour de son plan d'eau est installée une ferme permettant aux enfants de découvrir quelques animaux. Depuis les canards et les vaches, en passant par les chèvres, les lapins, les coqs et les poules... Par contre, il est interdit de les nourrir. Vous pourrez aussi pêcher carpe, black-bass, perche, brochet, sandre, gardon, tanche, truite. L'Association gestionnaire du site s'attache à la préservation de l'environnement et de la biodiversité à entretenir et gérer les zones naturelles aquatiques. Aires de jeux et de pique-nique.

FERME PÉDAGOGIQUE DE MAISONS-ALFORT

34, rue Victor-Hugo - **MAISONS-ALFORT**
✆ 01 43 96 77 25
Haute saison mercredi de 14h à 18h, week-end de 11h à 18h. Adulte : 10 €. Enfant de 3 à 17 ans : 5 €.

La ferme est située dans le parc du château de Maisons-Alfort. Les familles sont invitées à participer à des ateliers de tonte des moutons, les enfants aux journées apprentis fermiers, chasse aux œufs... Le parcours est ponctué de panneaux pédagogiques, permettant d'en savoir plus sur les lapins béliers géants, paons bleus, poules marans, faisans dorés, canards Mignon blanc, oies du Capitole, vache de race Abondance, baudets du Poitou, moutons mérinos et cochons Culs Noirs du Limousin.

FERME TRADITIONNELLE ÉDUCATIVE

155, rue de Verdun
MANDRES-LES-ROSES
✆ 01 43 82 15 13
www.ferme-traditionnelle-educative.fr
Ouvert mercredi après-midi.

Installée dans l'ancienne gare de Mandres, la ferme de 30 hectares et regroupe aussi bien les activités d'élevage que la culture des céréales. Les enfants seront ravis d'apprendre le jardinage, reconnaître la flore et la faune et voir les animaux, dont les canards de Barbarie. Profitez aussi des portes ouvertes régulièrement organisées pour découvrir une agriculture durable et respectueuse de l'environnement, grâce à des techniques agricoles ne nécessitant pas de produits chimiques.

FERME D'HEURTELOUP

D65 - **ARNOUVILLE-LÈS-MANTES**
✆ 06 84 97 14 01
www.heurteloup.net

Boutique de la ferme ouverte le samedi de 10h à 13h. Gîte pour 12 personnes à 450€ le weekend. Gîte.

Au milieu des champs, en surplomb de la vallée de Vaucouleurs, la ferme d'Heurteloup est un lieu vivant qui donne un supplément d'âme à ce coin du Mantois. Côté maraîchage, sont cultivés des légumes, des fruits et du blé sur 2,3 ha de terre, selon une tradition qui a permis l'obtention d'une certification biologique. Le paysan est aussi boulanger, et le fournil est actif. En sortent des pains variés semi-complets et complets, cuits au feu de bois et certifiés biologiques. Il est possible de séjourner à la ferme en louant le grand gîte (capacité 12 personnes).

BRASSERIE O'CLOCK BREWING

3, rue Georges Méliès
BOIS-D'ARCY
✆ 09 51 53 11 22

Ouvert le vendredi et le samedi de 11h à 19h. Information et réservation au 09 51 53 11 22.

Potes de collège et de lycée, passionnés par la production houblonnière qu'ils ont expérimentée dans des petits labos de fortune, les voici tous les trois, à 30 ans patrons d'une micro-brasserie. Une production de 600 hl pour leur première année et une dizaine d'appellations dont les saveurs sont imaginées par Kevin : la Jet Lag et la Time Out, bières blondes plutôt corsées typées américaines et la Stout toujours, une brune typée anglaise et forte en amertume.

FERME DE BISSY

Rue de Bissy
BULLION
✆ 01 30 41 32 25

Ouvert toute l'année. Tous les jours de 16h30 à 18h. Uniquement pour les groupes et sur rendez-vous. Gratuit.

La ferme de Bissy est l'une des plus importantes exploitations laitières d'Ile-de-France. Ici, les 300 vaches de race Prim'Holstein bénéficient de conditions d'élevage de pointe : surveillance électronique pour le suivi sanitaire, l'alimentation et la production. A partir d'un espace spécialement aménagé, il est possible d'observer le fonctionnement de la « salle de traite flottante », la première et la plus importante de ce type à avoir été montée en France : efficace, elle permet de tirer le lait de 32 ruminants en 10 minutes, soit 200 vaches à l'heure !

FERME DE VILTAIN ★

Chemin de Viltain - **JOUY-EN-JOSAS**
✆ 01 39 56 38 14
www.viltain.fr

Visites guidées de l'étable le mercredi à 15h. Boutique

En famille, seul ou entre amis, ne manquez pas d'aller faire un tour à la ferme de Viltain ! Outre le fait qu'on en apprend plus sur les merveilles de Dame Nature, on remplit aussi son panier d'excellents produits. Située sur une plaine agricole, entre la vallée de Chevreuse et la vallée de la Bièvre, la ferme de Viltain comprend un grand potager de 50 hectares, en cueillette libre en fonction des saisons, qui propose une grande variété de fruits - des fraises aux pommes en passant par la rhubarbe, de légumes, mais aussi de fleurs permettant de constituer de grands bouquets à peu de frais. Les particuliers peuvent aussi se rendre au marché de la cueillette, plus cher, qui reproduit dans l'enceinte de la ferme un marché de village, avec ses produits artisanaux, ses légumes, ses viandes, ses laitages maison, et son jus de pommes pressées fait avec les pommes du verger. La ferme possède également un troupeau de 600 animaux de race Prim'Holstein, dont 300 vaches laitières qui produisent environ 7 000 litres de lait chaque jour. Les visiteurs peuvent observer la traite de ces vaches dans le «carrousel de traite», qu'ils aperçoivent du haut d'une mezzanine entièrement vitrée. Le lait des vaches est transformé sur place et permet de réaliser dans la laiterie des yaourts (yaourts aux fruits du verger de la ferme), fromages blancs, faisselle et différents types de laits (cru, fermenté, pasteurisé). La ferme organise également de nombreuses animations, des visites de l'étable, des ateliers de cuisine et de jardin pour les plus jeunes.

FERME DE LA TREMBLAYE

Chemin de la Tremblaye
LA BOISSIÈRE-ECOLE
✆ 01 34 85 03 63
www.ferme-de-la-tremblaye.com

La ferme se compose d'un élevage bovin de 150 vaches laitières accompagnées de génisses, d'un élevage caprin de 600 chèvres. L'exploitation, sur 125 hectares, permet de produire les fourrages nécessaires aux troupeaux. Chevrier, vacher, fromager, affineur... Au total, une quarantaine de personnes travaillent sur cette exploitation qui produit une large gamme de fromages fermiers : brie, camembert, saint-jacques nature ou à la sauge (une spécialité de la maison), auxquels s'ajoutent les fromages au lait de chèvre, notamment le tendre chèvre.

BERGERIE NATIONALE DE RAMBOUILLET ★★★

Parc du Château - **RAMBOUILLET** ✆ 01 61 08 68 70
www.bergerie-nationale.educagri.fr
Ouvert mercredi, samedi et dimanche, jours fériés de 14h à 17h30. Adulte : 7 €. Enfant de 3 à 12 ans : 5 €.

En 1785, Louis XVI décida la création d'une ferme au sein du domaine de Rambouillet. Dès la fin du XVIIIe siècle, Napoléon Bonaparte se décide à lancer une opération d'importation de mérinos d'Espagne. Au XXe siècle, le troupeau national est un joyau que tous les maîtres bergers s'attachent à maintenir dans le meilleur état possible. Leurs pratiques d'élevage, de conduite de troupeau avec leurs chiens bergers, de race beauceronne, sont des meilleures. Ils sont reconnus dans la France entière et l'école est un symbole national. Vaches suisses, moutons d'Afrique, chèvres angoras et mouflons furent même rejoints par des buffles d'Italie et des chevaux belges, normands et arabes.

C'est un établissement public national sous la tutelle de la Direction générale de l'Enseignement et de la Recherche du ministère de l'Agriculture et de l'Alimentation. Elle s'organise autour de six missions. Premièrement, en proposant des formations diplômantes, du CAPa à la licence professionnelle, dans les métiers de l'agriculture et de l'élevage, du cheval, de l'insémination et de la santé animales. Elle est un acteur du Dispositif national d'Appui à l'enseignement agricole, en accompagnant les établissements d'enseignement et leurs exploitations dans leurs projets techniques et pédagogiques. Elle est également engagée dans des projets, aussi bien avec des partenaires du territoire francilien qu'avec des partenaires internationaux comme Erasmus+. Ces mobilités se poursuivent jusqu'en 2027 puisque le consortium a obtenu l'accréditation pour la période 2021-2027.

▶ Aujourd'hui, la bergerie nationale reçoit chaque année des milliers de visiteurs parmi ses cultures et ses nombreuses bêtes : 600 brebis et 50 béliers de quatre races différentes dont 190 mérinos de Rambouillet, 60 vaches laitières et 30 vaches allaitantes avec leurs veaux de race limousine, des chevaux de trait, des ânes, des chèvres, des cochons, des canards, des oies, des lapins, des chiens de berger, des animaux de basse-cour... La visite est aussi didactique, et les ateliers se succèdent l'après-midi : traite manuelle des chèvres, traite des vaches, tour en calèche, soins aux animaux, démonstration de chiens de berger ou tonte de mouton. Une visite passionnante pour tous les publics. Notez enfin que l'endroit est truffé de chouettes rendez-vous, destinés souvent aux plus jeunes, comme lorsque la bergerie fête Noël, mais aussi à destination des plus grands, comme le marché fermier d'automne.

FERME DE GALLY ★

Rue de Chatou - **SARTROUVILLE**
✆ 01 30 14 60 86
www.lesfermesdegally.com
Haute saison tous les jours de 10h à 12h30 et de 14h à 18h. Adulte : 4,60 €. Enfant : 4,20 €. Atelier pédagogique 4 €.

La ferme historique des fermes de Gally est à Saint-Cyr-l'Ecole. Celle de Sartrouville s'ajoute comme un espace pédagogique pour appréhender en direct le monde et les pratiques de la ferme. On approche les chèvres, vaches et moutons pour les nourrir, on participe aux nombreux ateliers proposés par les animateurs comme la cueillette, la fabrication de pain artisanal, de jus de fruits, de papier ou encore de décorations de Noël. Une visite ludique et éducative qui fait le bonheur de toute la famille. Egalement possibilité de cueillette à la ferme.

BRASSERIE ARTISANALE DISTRIKT

Route de la ferme - **THIVERVAL-GRIGNON**
✆ 06 12 51 19 15
www.distriktbeer.com
Ouvert du mercredi au dimanche de 10h à 13h et de 14h à 19h.

L'aventure a débuté à Maule, elle se poursuit aujourd'hui dans la belle ferme de Grignon. Cinq types de bières sont brassées ici : de la blonde forte en bouche (9°) à la fine houblonnée et ses saveurs d'agrumes (5,1°), vous trouverez sûrement votre compte. Dernière création en date, la Mademoiselle Versailles, blonde légère et fruitée. Une entreprise jeune et branchée qui s'est lancée dans un créneau de la bière artisanale en plein essor, et qui gagne sérieusement à être connue.

LA FERME DES LIMOUSINES

81, rue d'Auteuil - **VICQ**
✆ 06 07 90 88 65
www.lafermedeslimousines.com
Ouvert le vendredi de 17h à 19h ; le week-end de 10h à 12h.

Quoi de mieux que d'aller directement chez le producteur pour se fournir en viande ? Et pas n'importe laquelle, puisque la ferme des limousines propose de la viande bovine - limousine, donc - d'une immense qualité. Ouverte selon trois courts espaces temps par semaine (vendredi, samedi et dimanche) la ferme vous propose des colis de bœuf ou de veau, ainsi que quelques préparations de la maison : tripes, bourguignon, bolognaise, rillettes. Les bêtes ont été élevées en plein air, dans les prairies de Galluis, Méré, Mareil sur Mauldre et Grosrouvre : que de saveurs !

PASSPORT

NORMANDIE

LA MOUETTE

60, ter rue de Bayeux
CAEN
✆ 07 81 24 43 01
www.brasserielamouette.fr

Ouvert le mardi et le jeudi de 15h à 19h ; le vendredi de 16h à 19h.

Elle braille, elle danse, elle penche, elle se régale, elle dérouille... mais qui donc ? La Mouette bien sûr ! Super découverte que cette micro-brasserie qui distille pas moins de 11 bières aux appellations rigolotes. Découvrez LA bière du centre-ville caennais ! Hugo et Corentin se démènent pour vous concocter de bonnes recettes très peu sucrées. Et puis la mouette c'est la Normandie par excellence (regardez donc l'étymologie !). Et pour ceux qui voudraient faire d'une pierre trois coups, la boutique propose les bons produits de Pain Vivant et Café Dauré...

LE VERGER DE SAINT-JEAN

124, rue Saint-Jean - **CAEN**
✆ 02 31 86 00 19
www.levergersaintjean.ollca.com

Ouvert du mardi au samedi de 8h30 à 12h30 et de 15h à 19h.

Un vent de fraîcheur a soufflé ici ! Depuis février 2020, Céline et Lilian ont repris l'établissement et lui ont donné un sacré coup de jeune ! On aimait le côté suranné de la boutique, mais nous ne sommes pas contre le changement : place donc au bleu-gris et au bois pour des étals toujours aussi appétissants ! Circuits courts à l'honneur, à vous les fruits et légumes de saison ! Grande nouveauté, le rayon de fruits déshydratés et les plateaux apéro plus « green » que la charcut' et le fromage. Cerise sur la corne d'abondance, vous pouvez même commander en ligne !

LA CUEILLETTE DE CAGNY

Le Mesnil-Frementel
CAGNY
✆ 02 31 23 76 62
www.cueillettedecagny.fr

Les horaires d'ouvertures varient en fonction des saisons, détails sur le site internet.

Cela fait près de 20 ans que cette cueillette vous permet de récolter des fruits et légumes variés en accord avec les saisons. Et le respect ne s'arrête pas là : crème d'algues, bâches biodégradables, et insectes utiles offrent une protection naturelle aux produits maraîchers. La famille Philippe vous prête des brouettes, des paniers, et hop c'est parti pour un petit tour dans les champs. Pas de gaspillage, du choix, de la fraîcheur à un prix on ne peut plus juste ! La cueillette commence vers la fin février et se termine à la mi- décembre.

LA FERME SAINT-GABRIEL

Ferme Saint-Gabriel
CARDONVILLE
✆ 02 31 21 69 48

Sur rendez-vous.

En plein cœur de Cardonville, la ferme Saint-Gabriel ressemble à n'importe quelle autre ferme normande : des chevaux, des vaches, une belle prairie... mais surtout des canards ! Car ici, c'est le produit phare. On élève et on gave les canards afin de vendre la précieuse denrée qu'est le foie gras de canard, frais ou bien préparé ! Bien sûr, vous pourrez aussi vous procurer ici d'autres délices, du magret de canard confit au confit ou au pâté. Quant aux curieux, ils peuvent passer à la ferme, après avoir téléphoné au préalable !

UIBIE APICULTURE

10, chemin de la Chesnaie
CLINCHAMPS-SUR-ORNE ✆ 06 32 05 77 28
uibie.com

Ouvert le samedi de 10h à 12h. Visite des ruches sur demande. Formation possible, tarifs sur internet.

Chez les Garitan, on est apiculteur depuis déjà trois générations ! Nous avons rencontré Jason qui s'occupe de ses ruches à plein temps. L'abeille noire, douce, résistante et française, est la reine incontestée des lieux. 70 ruches pour Clinchamps et bien d'autres encore disséminées un peu partout en Normandie pour donner de fabuleux miels, du plus crémeux et plus pur au plus doux légèrement aromatisé vanille pour les non initiés. Et où trouve-t-on ces merveilles ? Tentez votre chance à la Maison du Vrac ou encore chez le Producteur local, et régalez-vous !

FERME DE LINOUDEL

Lieu-dit Linoudel
DANVOU-LA-FERRIÈRE
✆ 02 31 25 07 42
fermedelinoudel.com

Ouvert du mercredi au vendredi de 17h à 19h ; le samedi de 10h à 12h et de 14h à 19h.

L'exploitation était dans la famille depuis plusieurs générations, mais quand Myriam et Eric se décident à la reprendre, ils se tournent vers l'élevage du... canard ! Les canetons arrivent donc à la ferme à l'âge de un jour et sont élevés principalement à partir des céréales produites sur les terres de la ferme. Si l'on peut également se procurer du porc et de la volaille, c'est donc le canard et notamment son précieux foie gras qui reste le produit phare. Il est vendu directement à la ferme, qu'il est d'ailleurs possible de visiter, sous plusieurs formes.

CALVADOS CHRISTIAN DROUIN ★

1895, Route de Trouville
COUDRAY-RABUT
✆ 02 31 64 30 05
www.calvados-drouin.com
Ouvert toute l'année, avec visite guidée gratuite du lundi au samedi de 9h à 12h et de 14h à 18h.

En plein pays d'Auge, le domaine Cœur de Lion est situé dans une ancienne ferme normande à l'architecture augeronne typique du XVIIe siècle. Bénéficiant de l'appellation Pays d'Auge, les calvados Christian Drouin ne sont composés que des fruits de ce terroir. Il faut encore préciser que seuls les purs jus sont extraits : la pulpe est pressée une seule fois et le rendement ne dépasse pas 65 %. Ils pratiquent la distillation à double chauffe dans un alambic à repasse et leurs calvados reçoivent une certification de l'I.N.A.O après expertise. Enfin, grâce à un choix varié de fûts de vieillissement (dont d'anciens fûts de porto ou de xérès...), leurs assemblages de liqueurs de moins de 20 ans sont uniques et de caractères très originaux. La visite concerne successivement le pressoir, la distillerie, les chais de vieillissement et se termine par une dégustation à la boutique. Pour les groupes, il existe des visites thématiques. Pour les individuels et familles, visites guidées avec dégustation de pommeau et de calvados et offre d'une mignonnette de pommeau à chaque visiteur adulte. Pour les scolaires, dégustation de cidre et remise d'un dépliant pédagogique. Et désormais, vous pouvez effectuer une promenade sous les pommiers permettant de découvrir les vingt-deux variétés de pommes à cidre du domaine, ainsi que l'ancien lavoir et le four à pain, tous deux rénovés. A noter que le four à pain est utilisé en été pour produire des pains au cidre.

FERME DE L'ORAILLE

Chemin de Deraine
DOUVILLE-EN-AUGE
✆ 02 31 79 93 43
Vente à la ferme le mercredi et le vendredi de 16h à 19h.

Comme on aime dénicher, au détour d'une route de campagne, une belle ferme traditionnelle comme celle-là. Vous serez fiers de rapporter un des derniers-nés des pont-l'évêque fermiers AOP. Merci Sabine et Gilbert ! Le duo, éleveur de vaches laitières depuis 2004, transforme le lait de leurs protégées en produits frais : crème crue, beurre, fromage blanc fermier, faisselle, yaourts au lait entier. Fort de sa renommée, de nombreuses fois médaillé au concours général agricole, le couple a au fil du temps élargi sa gamme. Tout le pays d'Auge servi sur un plateau.

DOMAINE DE LA FLAGUERIE - LES VERGES DE DUCY

Rue du lieu Moussard
DUCY-SAINTE-MARGUERITE
✆ 02 31 80 28 65
www.lesvergersdeducy.fr

Le Domaine de La Flaguerie est certainement celui où l'on vous contera les plus belles histoires. Des histoires de pommes, car elles sont cultivées, ici, avec amour sur depuis des décennies. La visite, créée en 1835, est passionnante et ludique, illustrée d'un film régulièrement actualisé. En fin de visite, riche de connaissances nouvelles et empreinte d'un grand respect pour le métier, on se presse dans la boutique pour une dégustation, d'abord, et des emplettes ensuite.

LE CANARD DU HAMEAU

Villy-lez-Falaise
FALAISE
✆ 02 31 90 76 54
www.lecanardduhameau.com
Ouvert le mardi, le vendredi et le samedi de 14h à 17h. Les autres jours sur rendez-vous.

A Villy-lez-Falaise, l'élevage du Canard du Hameau est niché au pied des monts d'Eraines. Ici, l'on élève des canards et l'on produit du foie gras depuis la fin des années 1980. Les canards déambulent tranquillement dans ces prés normands et sont nourris aux céréales et à l'herbe, avant d'être gavés selon les méthodes traditionnelles. Ils sont ensuite cuisinés à la ferme et les récompenses régulièrement reçues depuis 2007 au concours général agricole soulignent le savoir-faire des fermiers et la qualité de leurs produits (médaille de bronze 2012).

LA GRANDE FERME

Route Rocquancourt
FONTENAY-LE-MARMION
✆ 02 31 79 02 23
www.lagrandeferme-primeurs.fr
Ouvert du lundi au samedi de 9h à 12h et de 13h30 à 19h.

On sait les circuits courts très tendance. Mais eux, n'ont pas attendu d'être dans l'air du temps. De la fourche à la fourchette, les légumes sont frais, du champ à l'assiette. Grand choix de fruits et légumes (pommes de terre, oignons, céleri, salades...) pour grossistes et particuliers. Une adresse à partager. Vous pouvez faire le plein pour vos amis et voisins de produits tout juste cueillis ou de plants. Nous on aime le bel éventail de pommes de toutes les couleurs et de toutes les textures. Allez faire un tour et, surtout, prenez un grand panier.

NATUROSPACE ★★

Boulevard Charles-V - **HONFLEUR**
✆ 02 31 81 77 00
www.naturospace.com
Haute saison ouvert tous les jours et jours fériés de 9h30 à 19h30. Adulte : 9,50 €. Enfant de 3 à 11 ans : 7,50 €.

En 1992, Benoît Damico a l'opportunité de concilier sa passion de la nature et des animaux avec son métier et développe une activité d'importation et de commercialisation de chrysalides pour les serres de présentation de papillons à travers l'Europe. Puis pendant quatre ans, il prend la gestion d'une serre à papillons à Vannes. C'est à cette occasion qu'il se frotte au nouveau métier de la gestion d'un site touristique. Il crée la Sarl Emeraude en Guyane française pour développer une activité d'élevage de chrysalides. C'est encore en Guyane qu'il participe à des expéditions scientifiques de plusieurs semaines en immersion totale dans la forêt inexplorée du Sud. Au cours de ses nombreux séjours en Guyane, il développe ses connaissances du milieu tropical amazonien. Il construit en 1998 à Honfleur le Naturospace qu'il exploite avec le concours d'une équipe particulièrement engagée. L'activité et les résultats ne cessent de progresser depuis son ouverture. Imaginez-vous au bord du fleuve Maroni, au cœur de la forêt amazonienne. Sous le carbet - refuge forestier en Guyane -, ne manquent que les hamacs pour s'endormir bercé par le ballet des papillons en liberté et le bavardage des oiseaux multicolores. Vous pourrez admirer des espèces étonnantes comme les grands Morphos bleus, les Heliconius, les papillons chouette dont certains viendront peut-être se poser sur votre épaule. Les chrysalides sont maintenues dans un éclosoir et, chaque matin, on peut assister à la naissance des nouveaux papillons, au déploiement de leurs ailes et à leur envol dans la serre. Au hasard de la promenade, on découvre les œufs et les chenilles sur leurs plantes mères. Féerique. Le Naturospace propose également des expositions et des animations autour du thème de la faune et de la flore. La serre à papillons dispose d'une salle de projection et d'une boutique de souvenirs orientée commerce équitable. Une mention spéciale aux diamants de Gould, de petits oiseaux granivores originaires du nord de l'Australie, de la taille d'un moineau et dont les couleurs transforment le petit volatile en véritable joyau ! Pendant ce temps-là, les carpes Koï miroitent dans leur bassin et atteignent pour certains une taille impressionnante. Les enfants rient de bon cœur : ils ont le droit de leur donner à manger (les granulés sont disponibles à la boutique). Ils organisent également des expositions et des animations autour du thème de la faune et de la flore. A disposition aussi : la salle de projection et la boutique de souvenirs orientée commerce équitable.

LE MOULIN DE THIBO ET CARO

4, route de Fontaine
MALTOT
✆ 02 31 26 53 37
Du mercredi au samedi 7h-13h et 15h30-19h, dimanche 7h30-13h.

Farine de blé écrasé sur meule de pierre, baguettes fermières, pains, brioches, viennoiseries, crêpes, biscuits... Le Moulin de Thibo et Caro, c'est tout cela à la fois. Une adresse qui sent bon le pain frais, croustillant, tout chaud sorti du four. Pas à pas, nos deux jeunes paysans-boulangers ont fait grandir leur activité, gravissant les marches de leur échelle (de meunier, bien sûr !) à force de volonté, de travail et de talent. En plus, aux beaux jours, on peut y pique-niquer.

FERME DES PÂTIS ★★

MÉRY-CORBON
✆ 02 31 23 66 21
fermedespatis-normandie.fr
Du lundi au samedi de 10h à 12h et de 17h à 19h. Visite de la ferme pour les familles, le jeudi en juillet/août à 16h15.

Dans un cadre verdoyant, ils vous proposent leurs spécialités et vous font découvrir avec passion leur ferme pédagogique. Au cœur de leur exploitation, l'affaire va bon train : les vaches laitières – une quarantaine – sont en pleine forme. Le lait dont une bonne partie est transformée sur place permet de goûter une large palette du savoir-faire paysan : crème, fromage frais, faisselle, confiture de lait, teurgoule, caramels à la confiture de lait, gelée de pommes, confitures, pommé (ou raisinné de pommes, une très vieille recette du Pays d'Auge).

LE COCHON DE FALAISE

Les Monceaux
PERTHEVILLE-NERS
✆ 06 48 86 94 27
www.lecochondefalaise.fr
Visite gratuite de la ferme. Vente sur place. Commandes en ligne.

Le cochon de Falaise n'a pas la même réputation que le cochon de Bayeux, mais ça va peut-être venir, car c'est avec passion et authenticité que Delphine et Vincent élèvent leurs petits protégés. C'est simple : on retrouve leur savoir-faire à travers leurs produits (boudin noir, pâté de tête, saucisse fumée, terrine à l'andouille de Vire, jambon, tchoutchouka au chorizo...). Leurs charcuteries sont vendues, soit directement à la ferme, soit sur leur site internet et dans quelques magasins spécialisés. Mais le plus intéressant est encore de visiter la ferme !

FERME PÉDAGOGIQUE DE OUÉZY

22, rue Auguste-Lemonnier - **MEZIDON VALLÉE D'AUGE** ✆ 02 31 40 68 19
ferme-pedagogique.fr
De mars à novembre, du samedi au mercredi, horaires variables. 6 €, gratuit moins de 3 ans. Animations. Boutique.

Comme un safari en Normandie ! L'histoire commence en 1996, lorsque Hervé de Mézerac reprit la ferme familiale au château de Canon. Il y planta des pommiers et créa une ferme pédagogique. En 2020, afin de s'agrandir, le couple Hervé et Héloïse acheta le domaine Ouézy voisin pour développer leur nouvelle ferme.

En marge du château, c'est un parc pour pique-niquer, jouer, caresser et nourrir les animaux qui vous attend. Le domaine s'étend sur 15 ha avec un parcours de 2 km au cœur des vergers et un parcours aventure dans les arbres pour les aventuriers. Vous voici parmi les poules, pintades, paons, cygnes. S'ajoutent faisans, moutons, cochons, ânes, chevaux, lamas, chèvres, vaches, alpagas. Petits et grands pourront ainsi se ressourcer au beau milieu d'un endroit idyllique. Et même s'essayer, sur l'île de Ouézy, à l'épreuve des poteaux avec Clément, « le Denis de Ouézy » Pour ne pas repartir les mains vides, un petit passage par la boutique s'impose. Calvados AOC, jus de pomme bio, cidres, Apéri'pom ou Apéri'poire, ou encore une confiture fermière artisanale... Faites votre choix ! Tout en sachant que ces petits trésors, moult fois récompensés, sont fabriqués sur place uniquement avec les fruits biologiques de la ferme. Envie d'en savoir plus ? De mars à novembre, des visites de la distillerie de Calvados sont proposées, suivies d'une dégustation.

Envie de prolonger cette parenthèse dépaysante ? Des cabanes vous attendent dans les arbres pour une insolite et inoubliable nuitée !

CHÈVRES DE LA SAFFRIE

La Saffrie
VALDALLIÈRE
✆ 02 31 68 41 16
www.chevres-saffrie.fr
Fermé de novembre à janvier. Visite mercredi, vendredi, samedi à 16h30. Entrée : 6 €. Boutique.

Depuis la passerelle au-dessus des parcs, Tony commente la vie et les mœurs de son cheptel de 40 chèvres alpines, saanen et anglo-nubienne de la Saffrie. Il sera possible de les nourrir, les câliner et s'essayer à la traite. Projection d'un documentaire en français ou en anglais présentant les diverses étapes de la fabrication du saffrin fermier. Profitez de l'agréable sentier pédestre pour faire des photos. Faites un tour à la boutique avant de partir pour faire le plein de petits crottins, bouchons, pyramides, saffrins, buchettes. Aire de pique-nique couverte.

PARC ANIMALIER DE LA DAME BLANCHE

La Quentinière
VALORBIQUET
✆ 02 31 63 91 70
Haute saison ouvert tous les jours de 10h à 19h. Adulte : 9 €. Enfant de 3 à 12 ans : 6 €.

Cette association a double vocation, elle gère à la fois un parc animalier et un centre de sauvegarde de la faune sauvage européenne. Sur plus de 3 hectares, à l'ombre des pommiers, partez à la découverte des blaireaux, renards, chevreuils, biches, sangliers, ainsi que des alpagas, lamas, pigeons, lapins, chèvres, ânes, poneys, poules, cochons, canards, dindons, des moutons du monde entier. Assistez à l'éclosion d'un poussin. Grimpez à l'observatoire des cerfs. Ateliers pédagogiques.

LA FERME DU HOME

60, avenue Général Leclerc
VARAVILLE
✆ 02 31 24 74 78
www.normandiealaferme.com
Ouvert le vendredi de 16h à 19h.

D'une famille de maraîchers de père en fils depuis déjà trois générations, Samuel Samson vous ouvre les portes de sa ferme du Home, installé dans un ancien prieuré du XVIIIe siècle. C'est ici, en plein cœur des marais de l'Orne et de la Rives, que ce passionné cultive ses légumes de plein champ qui poussent naturellement sur d'anciens herbages. Et s'il l'on peut retrouver sa production aux Halles de Falaise chaque samedi matin, il est également possible de visiter la ferme et d'acheter votre panier sur place, le vendredi après-midi.

VERGERS DE FUMICHON

Le Grand Fumichon - **VAUX-SUR-AURE**
✆ 02 31 22 25 64
www.les-vergers-de-fumichon.fr
Ouvert du lundi au vendredi de 9h à 18h30 du 15 avril au 30 septembre. Hors saison, le vendredi et le samedi matin.

De la récolte à la vente, tout se passe au cœur de cette ferme du XVIIe siècle. Dans les chais réaménagés, Philippe Marie et Thomas Pelletier vous proposent de découvrir la production et la transformation de pommiers à cidre. Plusieurs générations se sont succédé pour développer l'exploitation familiale où naît une large palette de doux breuvages. La vedette est ici le cidre fermier demi-sec « Vach'Ment Bon ». Une création maison aux arômes généreux qui est laissé à vieillir deux ans afin que le cidre puisse exprimer toute sa structure tannique.

LE VERGER DE GIVERNY

1, rue Ste Geneviève
BOIS-JÉRÔME-SAINT-OUEN
© 02 32 51 29 36
Du 01/04 au 31/09 du mardi au dimanche. De 10h à 12h et de 14h à 18h. En basse saison, téléphoner de préférence.

Dommage, puisque vous êtes en Normandie, de ne pas profiter à fond de la pomme, la fierté locale. Cette exploitation familiale se situe à 3 petits kilomètres au nord de la fondation Monet, sur les collines au-dessus du village. Monsieur Couturier, vous fera voir son beau verger et vous expliquera la fabrication du cidre et les techniques de la distillation de tous les produits dérivés de ce beau fruit, avec ou sans alcool. Le Verger est également une boutique où vous pourrez acheter confitures, pain d'épice, miel, terrines, cidre, apéritif, goutte, jus de pomme.

LE PRESSOIR D'OR

57 bis, route des Andelys - **BOISEMONT**
© 02 32 69 41 25
www.pressoirdor.com
Lui, mar, jeu, ven : de 9h à 12h et de 14h à 18h ; mercredi et samedi de 14h à 18h. Visite guidée : 5 € par personne.

Installé dans une ancienne ferme à colombages (XVIIe-XVIIIe siècles) entourée d'une roseraie et d'un potager, le Pressoir d'Or se compose d'une exploitation, du verger de 27 hectares et d'une cave. Dans cette dernière, vous aurez l'occasion de découvrir les instruments utilisés autrefois pour la transformation de la pomme. À pied, en tracteur ou en autocar, immergez-vous dans le monde passionné de ce producteur et découvrez les différentes manières de déguster la pomme : en cidre, en jus de pomme, mais aussi sous forme de gelées, de confitures ou de confits...

CUEILLETTE ET MARCHÉ DE PITHIENVILLE

Route de Neuville - **EVREUX** © 02 32 34 37 59
www.cueillettedepithienville.fr
Basse-Saison : mar-sam de 9h à 12h30 et de 13h à 17h30. Haute-Saison : du lundi au vendredi de 9h à 12h et de 14h à 19h ; WE de 9h à 19h.

Près d'Évreux, cette exploitation agricole, membre du réseau Chapeau de paille, vous invite à venir cueillir vous-même vos fruits, légumes et fleurs ! Voilà une activité qui a tout pour plaire, autant aux parents qu'aux enfants ! Vous trouverez le calendrier des récoltes sur le site Internet : légumes et fruits en toute saison, fleurs à couper... Avec la cinquantaine de variétés différentes produites sur ces 20 hectares, vous trouverez forcément de quoi remplir votre panier.

FERME PEDAGOGIQUE DE NAVARRE

24, rue des Marronniers
EVREUX
© 02 32 33 06 18
Haute saison du lundi au vendredi de 9h à 22h, week-end de 9h à 20h.

La ferme s'étend sur 6 hectares entre prairie et bois. Elle comprend des bâtiments agricoles, un parc animalier, une volière, une mare, et pour s'amuser un labyrinthe. Venez découvrir et approcher les races normandes : les lapins Grands Russes, blancs de Hotot et normands, poules de Pavilly, Gournay et de Caumont, pigeons cauchois... Le matin assistez aux nourrissages. L'après-midi profitez des moments nature. Ils organisent les anniversaires des enfants. Les scolaires sont bienvenus.

LA FERME DES PEUPLIERS

4, rue des Peupliers - **FLIPOU**
© 02 32 49 72 32
www.fermedespeupliers.fr/
Mardi-jeudi : de 14h à 18h ; vendredi de 9h à 13h et de 14h à 18h ; samedi de 9h à 13h. Visites guidées sur réservation.

Cette ferme familiale qui transforme le lait depuis plus d'un demi-siècle est aux mains de François Chedru, vétérinaire rural, et de ses fils qui travaillent à l'élaboration de yaourts de grande qualité (lauréats de plusieurs médailles). Ils font tout dans une maîtrise totale du cycle, de la production de fourrages à l'alimentation des vaches, jusqu'au produit fini disponible sur place. Du yaourt nature onctueux à celui sur lit de fruit, des gélifiés aux gâteaux de riz, les gammes sont variées et savoureuses. Un circuit de visite permet de découvrir le métier.

LA MINI-FERME NORMANDE

9, route des Gastines - **JUIGNETTES**
© 06 79 06 73 49
www.laminifermenormande.com
Fermé de novembre à mars. Ouvert du mardi au jeudi et week-end de 11h à 17h. Adulte : 7 €. Enfant de 3 à 11 ans : 5 €.

Pour visiter librement cette ferme d'élevage d'animaux miniatures, suivez bien les explications données lors de votre arrivée, par sécurité, mais également pour ne pas manquer en fonction des heures, les présentations et les informations concernant les animaux. Vous aurez la possibilité de les nourrir avec une alimentation adaptée à chacun. Mise en contact direct avec les lapins adultes ainsi que des jeunes et les bébés que vous pourrez toucher et acheter. Aire de pique-nique, sanitaires et point d'eau. A disposition, un endroit abrité en cas de mauvais temps.

LE CLOS DE LA MARE

2, place Sainte-Opportune
LA COUTURE-BOUSSEY
✆ 02 32 36 75 26
www.fermeduclosdelamare.com/
Ouvert toute l'année. Sur rendez-vous. Point de vente ouvert le mercredi de 8h30 à 19h.

Ici, on fabrique des huiles (de tournesol et de colza), et des farines (de blé, de blé noir, de seigle et de maïs) à l'ancienne : pression à froid, décantation artisanale pour les huiles, meule de pierre et ensachage manuel, rien n'est laissé au hasard pour fabriquer des produits de grande qualité ! Chaque visite, pour les individuels, ou les groupes, notamment scolaires – car il y a un vrai engagement pédagogique dans cette famille – s'accompagne d'un produit qui vous est offert et peut aussi se conclure par un solide goûter ou petit déjeuner fermier.

FERME DU BEC-HELLOUIN ★

1, sente du Moulin-au-Cat
LE BEC-HELLOUIN
✆ 02 32 44 50 57
www.fermedubec.com
Boutique fermée. Visite lors des journées de formation.

La ferme biologique du Bec-Hellouin est sans conteste une ferme modèle, où s'invente l'agriculture de demain, et un choix de vie cohérent. Charles, après 22 ans d'expéditions autour de la planète, a posé ses valises en 2004, acheté cette ferme du Bec et créé avec sa femme Perrine, juriste internationale de formation, une exploitation agricole biologique, où croissent et fructifient près de 800 espèces. Depuis 2021, la ferme ne propose plus de visites en dehors de ses journées portes ouvertes, cela afin de se concentrer sur ses travaux de recherches.

CIDRERIE DE LA FERME DU MANOIR DU VAL

960, route du Val - **MESNIL-EN-OUCHE**
✆ 02 32 43 45 19
www.manoirduval.fr/
Septembre à juin : le samedi de 15h à 18h30.
Juillet et août : tous les jours de 15h à 18h30.

Au cœur du pays de la Risle, à 5 minutes de Beaumesnil, l'exploitation du Manoir du Val a vécu autrefois de l'élevage et de la culture de la pomme. Le cidre, aussi, y a toujours tenu une place de choix. Vous pourrez y acheter cidres doux, bruts, demi-sec, du cidre de glace, du poiré, du vinaigre, du pommeau ou du calvados. Pédagogique, le domaine abrite également un musée exposant les outils retrouvés sur la ferme, témoins des techniques employées autrefois.

LE POTAGER DE BEAUMESNIL

7, rue des Forges
MESNIL-EN-OUCHE
✆ 02 32 46 02 54
www.1001legumes.com
CB non acceptée.

On aime ce jardin pas comme les autres, où sont cultivées près de 500 variétés de légumes, anciennes et/ou pittoresques, un conservatoire de variétés insolites, animé par une équipe de bénévoles qui milite pour la préservation de la biodiversité et de la qualité dans nos assiettes. Savez-vous que vous y trouverez 90 espèces de courges, courgettes et potirons, autant de sortes de tomates, mais aussi bien d'autres légumes oubliés ? Plus futé : vous pouvez vous inscrire aux paniers hebdomadaires pour découvrir et déguster différentes variétés.

FERME RIAULT

10, Grande rue
NOYERS
✆ 02 32 27 23 06
www.glacedelafermeriault.fr
Ouvert le vendredi de 16h30 à 19h ; le samedi de 10h à 12h.

Une glace aux amandes avec des noix caramélisées, ça vous tente ? Ou vous préférez plutôt un sorbet au champagne ? Sur le plateau du Vexin, Laurent Riault a développé une spécialité originale : les glaces et sorbets, avec un choix de parfums traditionnels ou franchement originaux, et surtout une superbe qualité. Fabrication artisanale avec le lait des vaches de la ferme, sans colorants, ni conservateurs, une onctuosité parfaite et des saveurs surprenantes, autant d'atouts pour réjouir les papilles des gourmands petits et grands !

LA FERME SAINT-CYR

20, rue de la Ferme-St-Cyr - **SAINT-CYR-DE-SALERNE** ✆ 02 32 45 55 76
www.lafermesaintcyr.com
Ouvert du lundi au samedi de 14h à 18h. Sur réservation.

Ce sont 4 hectares de prairies et de paddocks équipés d'abris où ils accueillent et soignent les chevaux. En plus des visites guidées, vous pourrez vous balader en toute autonomie dans les allées d'un parcours ponctué de panneaux explicatifs. Venez voir les adorables lapereaux, canetons, poussins, paonneaux... Ils proposent des activités de jardinage, bricolage, cabane, fresque, soin poney. Des balades à cheval ou en attelage sont aussi organisées. Cours d'équitation et de voltige. Réservez pour les grandes animations comme le bivouac à poney et Halloween.

DOMAINE DES HAUTS VENTS

Impasse des Hauts-Vents
SAINT-OUEN-DU-TILLEUL
✆ 02 35 81 53 77
www.leshautsvents.com
Horaires variables selon les saisons.

La contrée est peut-être mal connue mais ses paysages sont superbes. Le Roumois, c'est le « Pagus Rotomagensis » ou le « Pays de Rouen ». Mais c'est aussi celui de la cidrerie d'Alain Caboulet. Passionné, il reprend, en 1989, les rênes de l'exploitation achetée par son grand-père, Raynald, dans les années 1940. Sur les 25 hectares de verger, Bedan, Bisquet, Douce Moën, Rouget de Dol grandissent sous les cieux haut-normands au cœur de l'IGP Normandie. À l'arrivée une gamme, aussi, estampillée du label « Produit en Gourmandie ». Maintes fois primé au concours général agricole de Paris (médaille d'or en 2013 pour le cidre doux), le cidre du Domaine des Hauts Vents a fait son entrée aux Vinalies internationales (là où les produits cidricoles sont soumis aux œnologues et professionnels des vins et des spiritueux). C'est dire si nous avons affaire à du très bon. Plus une minute à perdre pour ajouter ces superbes nectars aux rayons de votre cave qui, c'est certain, ne seront pas assez grands puisqu'on trouve d'autres trésors : pommeau de Normandie (médaille d'argent à Paris en 2008), calvados AOC (distillé à l'alambic de type charentais), liqueur de poire au calvados, confit de cidre, vinaigre de cidre, jus de pommes et de poire et -tout nouveau-, un cidre rosé. Visite possible au printemps lors des journées portes ouvertes ou en septembre pour les Journées du patrimoine. Rassurez-vous un point de vente est ouvert sur l'exploitation, le week-end ou en semaine sur rdv. Un coup de cidre peut être simple comme un coup de fil !

FERME DES RUELLES

TILLY ✆ 02 32 52 74 61
www.fermedesruelles.com
Ouvert tous les jours de 9h à 17h. Visite possible avec dégustation (formule à la carte). Groupes sur réservation.

Lorsqu'en 1992, Michel Galmel a repris cette ferme du XVIIe siècle à quelques kilomètres de Giverny, il a décidé de transformer les champs de céréales en vergers pour faire de l'activité cidricole le produit phare de la maison. C'est avec un grand plaisir qu'il ouvre, aujourd'hui ses portes au public pour une visite du verger et de la cave. Un tour du propriétaire et vous apprendrez mille et une choses sur la conduite du verger, la fabrication du cidre, bien sûr, mais en même temps, vous profiterez d'une magnifique leçon de science. La protection de l'environnement pour Michel est ancrée dans son quotidien à ce point que les techniques de production fort respectueuses du milieu naturel participent les premières à cette philosophie. En même temps que vous goûterez son cidre (d'ailleurs, médaille de bronze au concours général agricole de Paris 2014), prenez le temps d'écouter son histoire : la plantation des pommiers indissociable des trois kilomètres de haies normandes en même temps aménagés… Le cidre des Ruelles est élaboré grâce à neuf variétés de pommes dont l'assemblage délivre des parfums de fruits acidulés. Mais on ne vous en dit pas plus pour vous laisser le temps de découvrir les fruits de cette passion : cidre doux, jus de pommes, gelées de pomme, confitures, eau de vie de cidre, vinaigre de cidre…

Sur place ne manquez pas les deux chambres d'hôtes pour prolonger le séjour et le plaisir, ainsi que la forêt-jardin avec ses champs cultivés sur une soixantaine d'hectares. De quoi satisfaire petits et grands.

FERME DU MONT CROCQ

25, chemin du Mont-Crocq
TOUTAINVILLE
✆ 02 32 42 42 22
Ouvert le vendredi et le samedi de 15h30 à 18h30. Label : Bienvenue à la ferme.

La ferme du Mont Crocq, à 10 minutes de Pont-Audemer, ouvre chaque vendredi et samedi ses portes aux visiteurs. Installé depuis 2010, Antoine Maupoint vous fera découvrir son métier de producteur de canards et poulets, ainsi que ses délicieux produits. Au choix, des œufs, des foies gras, des magrets, des confits de cuisses, des rillettes, des pâtés, des saucisses, des andouillettes et bien d'autres encore. Vous pouvez également les contacter au préalable, si vous avez envie de visiter la ferme pour connaitre leurs disponibilités.

ANYMANIA

Chaussée de Léry
VAL-DE-REUIL
✆ 06 03 15 98 50
www.anymania.fr
Haute saison ouvert tous les jours de 10h à 19h. Adulte : 8,50 €. Enfant de 2 à 12 ans : 5,50 €.

Sur 10 hectares, dont un dixième de forêt, cette ferme pédagogique propose de nombreuses activités innovantes et ludiques autour des animaux : chevaux, poneys, ânes, bovins, cochons, moutons, lamas et alpagas, chiens et chèvres. Et des plus petits, chats, lapins, dindons, paons, cochons d'Inde et poules. Elle propose des ateliers de fabrication de produits de la ferme, pain et beurre. Traite des chèvres. Nourrissage. Découverte de l'automne en associant le lien entre l'arbre, le fruit, l'exploration et le respect de l'environnement. Découverte de l'équitation.

CIDRERIE LE PÈRE MAHIEU

Hameau Les Mesles - **BRICQUEBOSQ**
✆ 02 33 93 03 79
www.leperemahieu.com
Ouvert du lundi au samedi de juin à septembre & vacances. Autres périodes : ouvert mardi, jeudi, vendredi et samedi.

Cidre demi-sec et brut bien sûr mais aussi calvados, pommeau, jus de pomme, vinaigre de cidre, gelée de pommes, le tout dans le respect de la tradition haut de gamme et bio. L'équipe de la cidrerie vous accueille tout l'année pour vous faire la visite des installations et vous expliquer comment on fait un cidre de grande qualité. Vous êtes au cœur du savoir-faire biologique et de ses traditions. Et vous ne serez pas les seuls, puisque le cidre Mahieu a été, parmi d'autres, admis dans le très fermé cercle de l'Appellation d'Origine Protégée du cidre du Cotentin.

CHEVRERIE DU MESNIL

22, rue du Mesnil
CARENTAN LES MARAIS
✆ 02 33 42 32 00
Boutique ouverte du lundi au samedi. Visite de la chèvrerie le vendredi de 15h à 18h.

Un chouette endroit, multicartes et où il fait bon se rendre. La chèvrerie du Mesnil, située en sortie de ville, compte une cinquantaine de ces gentils animaux, et qui sont à l'origine de produits délicieux. Ici, vous trouverez bien évidemment des fromages, qui sont proposés sous de multiples formes, et des fromages frais, notamment. Une chouette boutique permet de trouver également plusieurs produits locaux, et l'endroit propose aussi des chambres d'hôtes. Enfin, des visites des lieux sont organisées : les enfants adorent !

LES DELICES D'ANTAIN

8, rue des Croix - **CARENTAN LES MARAIS** ✆ 06 37 36 26 55
Haute saison : du mercredi au samedi de 15h à 19h et le dimanche de 15h30 à 18h30. Hiver : le vendredi de 15h à 18h30.

© DR

C'est une affaire familiale qui fonctionne bien, et qui vous accueille avec le sourire ! Les parents, Catherine et Michel, et les enfants, Lucie et Antoine, sont aux manettes de cette chouette ferme, et ont eu la bonne idée d'installer, sur le bord de la route, une maison de bois pour vous permettre de vous procurer bien des délices – notez que vous pouvez également vous rendre directement à la ferme. Lesquels ? Des œufs et des crèmes, bien évidemment, mais de manière plus originale, des crèmes à base de lait de la ferme et de fruits issus de productions locales.

GODAILLE.COM

200, rue des ajoncs - **CHERBOURG-EN-COTENTIN**
✆ 02 33 43 43 84
www.godaille.com
Expédition des commandes garanties pour le lendemain, sauf pour les départements du sud-est français.

Quatre chalutiers cherbourgeois, Maribelise, Maranatha II, Marie-Catherine II et Boree- Al (appelés Armement Cherbourgeois) sillonnent la mer de la Manche : ils sont la pierre angulaire de Godaille.com. Derrière ce nom, une idée simple : commander en circuit court auprès des bateaux. Avantages : une fraîcheur optimale et des prix attractifs. Le principe ? Vous effectuez votre commande sur le site, elle est reçue via satellite par les chalutiers, et est livrée à domicile le lendemain. Le site internet, très bien fait, est simplissime à utiliser.

LES TRAVAILLEURS DE L'AMER

56, quai de Caligny
CHERBOURG-EN-COTENTIN
✆ 07 66 36 42 12
www.travailleursdelamer.com
Ouvert du mardi au samedi de 8h à 20h.

C'est l'un des plus beaux emplacements de la capitale du Cotentin, face au port : c'est là que les Travailleurs de l'Amer, la brasserie qui monte dans le coin, ont choisi d'installer un second point de vente, après celui existant aux Pieux, à quelques kilomètres. Si les bières biologiques de Guillaume et Simon, brassées ici, sont bien évidemment disponibles, l'offre est plus vaste : cafés ou thés à emporter, l'essentiel pour pique-niquer et même quelques *goodies* : bien vu !

SAUMON DE FRANCE

ZA Produimer - **CHERBOURG-EN-COTENTIN**
✆ 02 33 20 46 43
www.saumondefrance.fr
Ouvert du mardi au vendredi de 10h à 12h30 et de 14h à 18h30 ; le samedi de 10h à 12h30 et de 14h à 17h30.

L'exploitation cherbourgeoise de saumon d'élevage – créée en 1991 – est parvenue à obtenir un produit d'excellence dès sa création. Le secret de la réussite du seul élevage de saumon en mer en France ? Des saumons qui ont assez d'espace et de courants pour pouvoir nager et se muscler, et une nourriture de qualité, distribuée avec soin. Tout cela est protégé par la digue de la grande rade de Cherbourg, et le résultat de tous ces soins, et d'un cahier des charges scrupuleusement respecté, est un saumon très haut de gamme, peu gras et très goûteux. Sa qualité est bien au-delà des normes imposées par le fameux Label Rouge, avec une concentration de poisson de 12 kilos par mètre cube d'eau, alors que le label impose une limite à 20 kilos ! Par l'apparence de sa chair, comme par son goût, il se rapproche beaucoup de son cousin sauvage d'Irlande. S'il est invité des meilleures tables de la région, on le trouve aussi dans le commerce sous l'appellation Saumon de France. La jeune société Saumon de France, qui a absorbé en 2017 le Saumonier de Cherbourg propose en direct, sur le site de production, le saumon en filet et pavé frais ainsi qu'en fumé. Le succès aidant – certains restaurateurs parisiens en sont fous –, il est parfois difficile d'en trouver, en raison de la saisonnalité des pêche. Notez enfin que vous pouvez, sur place, visiter la ferme aquaponique, qui élève évidemment des saumons mais cultive aussi des végétaux, des fruits, des herbes aromatiques et même des fleurs comestibles délicieuses !

FERME DE LA POMMERAIE

4, La Pommeraie
COURCY
✆ 06 67 27 74 27
Ouvert tous les jours de 14h à 19h, et mercredi et jeudi à 15h pendant les vacances sur réservation.

Lieu multi-cartes, l'endroit est d'abord et avant tout une ferme, bien évidemment. Mais c'est aussi un lieu de visite en été - les plus jeunes adoreront arpenter les lieux - et la possibilité de venir sur place pour faire leurs courses et se procurer les délices fabriqués. Enfin, l'endroit est le cadre de divers événements possibilités, comme divers ateliers pour les plus jeunes. A quelques kilomètres de Coutances seulement, franchement on ne s'en lasse pas ! Notez enfin que les produits sont proposés sur les marchés environnants.

LE P'TIT GRIS DES MOULINS

19, Chemin des Arguillères
FERMANVILLE
✆ 02 33 43 20 75
www.ptit-gris-moulins.fr
Vente à la ferme en juillet et août : du lundi au vendredi de 15h à 18h.

Le « P'tit Gris des Moulins » est un élevage hélicicole créé par Florence et Jean-Jacques Lucas. Deux races d'escargots sont élevées dans leur ferme, au sein d'un parc extérieur, en pleine nature, au milieu des bois, sur les hauteurs de la Vallée des Moulins, à Fermanville. Le public avide de tout savoir sur l'escargot est également accueilli puisque la ferme dispose des labels « Ferme de Découverte » et « Ferme pédagogique ». Notez bien que vous pouvez être hébergés ici.

FERME DE LA COMMANDERIE

La Commanderie
GROSVILLE
✆ 02 33 04 32 30
www.ferme-de-la-commanderie.com
Visites de la ferme d'avril à septembre. Mieux vaut appeler avant.

À Grosville, dans le cadre authentique de la Commanderie, Jean-François Vaultier vous invite à découvrir ses produits cidricoles. Il fabrique aussi du calvados, du pommeau (apéritif à base de cidre et de calvados), du jus de pomme, du vinaigre de cidre, du confit de cidre mais aussi de la confiture pomme, sureau, rhubarbe et de la gelée de mûre. Lors de la visite du pressoir datant de 1942, toujours en service dans cette vieille ferme, on vous explique la fabrication du cidre... C'est intéressant et vous pourrez repartir avec vos bouteilles !

JARDIN DU CLOS FLEURI-LE TONNEAU DES AMOUREUX

186, route du Mesnil-Grimeult - **JULLOUVILLE**
✆ 02 33 61 89 85
www.jardin-du-clos-fleuri.com
Ouvert le mardi, le jeudi et le vendredi de 14h à 18h. Sur rendez-vous les autres jours.

Arbustes, rosiers anciens, plantes vivaces et aromatiques composent le jardin de Virginie Chapdelaine. En véritable passionnée, cette productrice vous accueille pour des visites pédagogiques, des dégustations, des goûters champêtres... Pendant que les plus jeunes caressent les petits animaux (lapins, chèvres, brebis, agneaux, ânesses, volailles...), les plus gourmands se laisseront tenter par un atelier culinaire ou encore une dégustation des produits de la ferme.

LA FERME DU JARDIN

14, route des Fontaines - **LA HAGUE**
✆ 02 33 10 00 00
www.jardin-vauville.fr
D'avril à septembre : tous les jours 10h/18h, en juillet et août jusque 19h. Octobre : samedi/dimanche, 14h/17h30.

Le jardin de Vauville, remarquable et largement plébiscité pour ses merveilles, est aussi le cadre, juste à côté, d'une ferme qui, elle aussi, ne vous laissera pas indifférents. Ici, vous découvrirez des races normandes : le canard Duclair, le roussin de la Hague ou le canard de Rouen. Notez également la présence d'animaux de l'Ouest européen, et d'abord de magnifiques vaches – on n'est pas en Normandie pour rien. Un salon de thé et une boutique, côté jardin, sont proposés. Les enfants adorent et ils sont loin d'être les seuls.

LA FERME DE LUCIE

46, Le Rault Bidel - **LE MESNIL-ROGUES**
✆ 06 66 84 84 00
www.fermedelucie.fr
Haute saison du lundi au samedi de 9h30 à 12h et de 14h à 18h. Visite libre : 6 €. Enfant : 4 €.

Venez découvrir cet élevage de poules naines d'ornements et pondeuses, ainsi que différentes races de moutons, shetlands, mini-chèvres, ânesses, paons, dindons, alpagas et autres surprises pleines de plumes ou de poils à câliner. La visite guidée permet d'en apprendre davantage sur l'élevage des poules de compagnie, et l'histoire du poussin à la poule prête à pondre. Assistez au repas des animaux et au biberonnage des petits. Ramassage des œufs. Cueillette des légumes et des fruits de saison. Ils vendent aussi cidre, miel, terrines, biscuits et peluches souvenir.

FERME DE LA GORTIERE €€

28, route de Saint-Hilaire - **LE TEILLEUL**
✆ 02 33 59 43 29
www.chambres-hotes-gortiere.com
Chambre simple à partir de 35 €, double de 42 € à 55 €, triple de 60 € à 65 €. Roulotte (par nuit) : 75 € pour 2.

C'est aux confins du sud du département que se situe cette ferme de la Gortière, qui compte bien des atouts dans des propositions. Proposant quatre chambres d'hôtes (deux dans d'anciennes étables, les autres dans le cellier de cette belle maison du XVIe siècle) permettant pour certaines d'accueillir trois personnes, elles sont décorées et meublées avec goût. Autre possibilité, l'hébergement en roulotte, que les enfants ne manqueront pas d'adorer. Le lieu, équipé d'un bain bouillonnant, est également table d'hôte. Enfin, la ferme se visite !

PARC ANIMALIER MONTAIGU-LA-BRISETTE ★

Route de Montaigu - **MONTAIGU-LA-BRISETTE**
✆ 02 33 40 40 98
www.zoomontaigu.fr
Haute saison ouvert tous les jours de 11h à 18h30. Adulte : 10,50 €. Enfant de 3 à 12 ans : 8 €.

La visite du parc animalier Saint-Martin de Montaigu-la-Brisette est une sortie idéale en famille. À l'ombre des grands arbres, les enfants profitent à loisir des 15 hectares : dans la mini-ferme se trouvent de petits cochons noirs, moutons et chèvres en liberté. Il y a aussi les faons, biches et chevreuils, les émeus et la pouponnière des loups, qui en fait craquer plus d'un. Plus exotiques, chameaux, dromadaires, lamas, zèbres ou singes font aussi partie du paysage du zoo.

LA FERME DE L'ISLE

5261, route de l'Isle - **MOYON VILLAGES**
✆ 02 33 50 30 91
www.confituredelait.eu
Du mardi au vendredi de 15h à 18h30. Sur le marché de Saint-Lô le vendredi et le samedi.

A l'origine, en 1981, les parents qui s'installent à Moyon (à l'époque, la commune ne s'appelait pas encore Moyon-Villages) et, en 2012, les deux filles Anne-Sophie et Émilie décident de rejoindre l'entreprise. Avec ces nouvelles énergies, de nouvelles installations, une nouveau laboratoire, un logo et l'ouverture d'une boutique, la Ferme de l'Isle produit près d'un million de litres de lait par an, et développe une quinzaine de produit laitiers, du fromage, de la crème fraîche, de la confiture de lait. Régulièrement primés, les produits sont exceptionnels.

NORMANDIE

FERME DE LA CHOUQUERIE

Hôtel Ferru
SAINT-SAUVEUR-VILLAGES
✆ 02 33 07 62 48
www.ferme-chouquerie.jimdofree.com
Vente sur les marché en été.

Voila la bonne adresse pour découvrir la Teurgoule de notre région. La fabrication dans les ateliers de la ferme est traditionnelle. Confiture, crème aux œufs... Mais aussi des sacs pour vos pique-niques (sur commande), des paniers garnis pour vos cadeaux. Une belle et bonne façon de découvrir les produits de cette ferme ! La vente s'effectue sur place tout au long de l'année et sur les marchés du coin en saison. Florian et Laurence sauront vous accueillir et vous conseiller au mieux, dans une ambiance vraiment très conviviale.

LA FERME DE GRÉMI

10, rue Auguste Chardin
SAINTE-CÉCILE ✆ 07 69 90 22 78
www.lafermedegremi.fr
Vente directe à la ferme le 2e samedi du mois 10h/18h. Livraison. Visite : 4 € par personne, gratuit moins de 2 ans.

© DR

Cette chouette ferme, située à quelques kilomètres de Villedieu, est le résultat de l'enthousiasme de Grégory et Emilie, qui ont opéré ici une belle reconversion professionnelle. Ici, les animaux sont élevés en pleine liberté, et sont nourris de bons produits. Résultats : des viandes excellentes, des terrines qui le sont tout autant et bien d'autres produits de qualité. La ferme se visite régulièrement, et vous pourrez même nourrir les animaux. L'achat des produits peut se faire via le site internet, très bien fait, ou sur place, le deuxième samedi de chaque mois.

FERME MUSÉE DU COTENTIN ★

Chemin de Beauvais - **SAINTE-MÈRE-EGLISE**
✆ 02 33 95 40 20
Haute saison du dimanche au vendredi de 11h à 19h. Adulte : 5 €. Enfant de 7 à 18 ans : 2,50 €.

Au cœur du Plain, pays de la vache et du cheval. C'est un écomusée vivant dans une ancienne ferme-manoir des XVIIe et XVIIIe siècles. Espace à la fois ludique et muséographique, avec la visite virtuelle d'une ferme sous l'occupation allemande avec tablette tactile. Des expositions racontent l'histoire agricole de la région et la présentation des machines hippomobiles ayant révolutionné l'agriculture. A voir aussi la basse-cour normande avec ses poules cotentines, lapins blancs de Hotot, oies et ânes du Cotentin. Le potager et le rucher complètent bien la visite.

CIDRERIE THÉO CAPELLE

1, le Haut de la Lande - **SOTTEVILLE**
✆ 02 33 04 41 17
www.theo-capelle.com
Ouvert du lundi au samedi de 9h à 12h30 et de 14h à 19h. Fermé le dimanche. Visite guidée : 2,50 € / adulte.

Théo Capelle raconte le cidre, le calvados, les pommes, ses nectars fabuleux, tirés d'une production toute familiale. La cidrerie-distillerie Théo Capelle, ce sont 10 hectares de vergers, 6 500 pommiers, quinze variétés, un pressoir, un magasin. L'ensemble, verger, distillerie, magasin, se visite toute l'année. On se promène dans les allées de pommiers, on écoute avec délice le vocabulaire sucré du travail de la pomme, on découvre l'alambic où se distillent le calvados AOC et le pommeau de Normandie AOC. On goûte bien-sûr à quelques savantes potions !

LE PRESSOIR DU MONT

36, rue de la Saint Côme - **TANIS**
✆ 02 33 58 48 63
www.cidre-normandie.pro
Ouvert toute l'année. Basse saison : tous les jours de 9h à 18h. Haute saison : tous les jours de 9h à 19h.

C'est dans la petite commune de Tanis, sur l'axe reliant Avranches à Pontorson, que le Pressoir du Mont vous propose de vous initier aux merveilles normandes. Cidre, pommeau, liqueurs ou calvados, rien ne manquera dans le choix qui vous sera ici proposé. L'exploitation, reprise de père en fils depuis maintenant quarante ans, fabrique et vous permet d'acquérir sur place ses spécialités. Notez enfin qu'une petite boutique est ouverte sur place : du cidre évidemment, mais aussi d'autres douceurs venues de producteurs locaux à déguster.

LA FERME DE TREILLEBOIS

ATHIS-VAL DE ROUVRE
© 02 33 66 42 04
www.orne-terroirs.fr
Ouvert tous les jours. Vente directe de produits fermiers.

A un kilomètre du village, cette ferme traditionnelle et réputée produit des merveilles de produits laitiers. Des crèmes fraîches divines, des yaourts de toutes sortes – nature, aux fruits –, des fromages blancs lissés ou campagnards, des faisselles, et surtout le merveilleux petit « Suisse normand ». S'y ajoutent d'autres fleurons. La ferme de Treillebois fabrique aussi du camembert et deux spécialités bien à elle : le Pont de Treillebois et le Rougeot. Pensez à vous y arrêter, quitte à faire un léger détour, vous ne le regretterez pas !

FROMAGERIE DURAND

La Heronnière
CAMEMBERT
© 02 33 39 08 08
https://www.camembertdurand.fr
Ouvert du mardi au vendredi de 9h à 17h. Les visites sont libres et gratuites.

La Fromagerie Durand est non seulement le dernier producteur de camembert de la commune éponyme, mais c'est aussi l'un des derniers producteurs fermiers de camembert AOP. Un camembert au lait cru, moulé à la louche et fabriqué à partir du lait de ses vaches. Au cours de votre visite, vous découvrirez la fabrication de cet héritier gourmand de Marie Harel qui porte haut l'étendard de la Normandie. Car qu'on se le dise, n'est pas « camembert de Normandie AOP » (le seul, le vrai) qui veut ! La boutique propose aussi d'autres produits laitiers de la ferme.

FERME DU CHEVAL DE TRAIT ★

La Michaudière - **JUVIGNY VAL D'ANDAINE**
© 02 33 38 27 78
www.chevaldetrait.com
Haute saison ouvert mercredi, jeudi, samedi et dimanche à partir de 15h. Adulte : 14,50 €. Enfant de 5 à 12 ans : 6 €.

Installée dans de superbes bâtiments séculaires, caractéristiques du bocage normand, la ferme de la Michaudière réhabilite le cheval de trait avec le plus grand spectacle équestre de la région. Cobs normands et bretons, shires géants et percherons font partie de cette belle famille cohabitant avec ânes et shetlands. Séances de dressage, course d'attelage, salut au public. A découvrir : les illuminations de Noël de nombreuses fois récompensées. A voir aussi les expositions du jardin des Migrations. Les épouvantails en habit du dimanche et la ferme miniature.

LA MAISON FERRÉ

Les Mares - **COMBLOT**
© 06 64 50 96 88
www.lamaisonferre.fr
Été : après-midi du lundi au samedi. De mars à juin et sept : mercredi, vendredi, samedi après-midi. Également sur RDV.

Voilà un enfant de la pomme, comme il le dit lui-même. À la tête d'un verger de 24 hectares où poussent de nombreuses variétés de pommes, essentiellement normandes et particulièrement percheronnes, la maître des lieux et maître de chais se fera un plaisir de vous initier à l'art cidricole. En plus vous pourrez faire le tour de cette ferme de 60 hectares tout ce qu'il y a de style percheron. Voilà une entreprise hautement courageuse pour ce jeune Ornais qui a créé sa cidrerie, de toutes pièces en 2009 (et déjà médaillé d'or et de bronze à la Saint-Jean des cidres 2011). Planter des pommiers, installer la cave, se faire connaître, se faire une place dans le milieu (il vend également ses pommes à la coopérative Agrial) et en même temps travailler à l'arrivée de l'AOC « Cidre du Perche » c'est déjà le pari et le chemin de foi de Grégoire. Sans oublier Juliette qui l'aide dans sa tâche. C'est motivant cette jeunesse non ? Alors, une halte rafraîchissante est forcément bienvenue en ces lieux où le cidre demi-sec et brut (typé percheron, naturellement fermenté) sauront étancher une soif passagère et animer quelques festivités familiales. Poiré, jus de pommes, calvados et pommeau, gelée de cidre ou de pomme sont d'autres fleurons de la maison. Une maison qui aime aussi à partager son savoir-faire à l'occasion de portes ouvertes. Au printemps pour l'opération « Bienvenue à la Ferme » ou au moment de la récolte au mois de novembre. Alors si vous passez par là, à l'automne... Venez ramasser la pomme !

FERME DES TERTRES

Odile et Jean-Claude Besniard
LA CHAPELLE-PRÈS-SÉES © 02 33 27 74 67
www.fedestertres.com
Chambres d'hôtes : 47 € 1 pers., 56 € à 58 € pour 2 pers. Table d'hôte : 18 €. Assiette gourmande : 14 €.

L'équitation en pleine nature : la spécialité de la maison ! Vous êtes ici dans le lieu idéal pour partir à la découverte de la forêt avec chevaux et poneys. Vous pouvez soit venir avec votre propre monture (pension au pré ou en box), soit partir en balade accompagnée ou pas ! De longues randonnées sur 4 ou 5 jours, organisées de A à Z, sont également proposées. Le site propose également de confortables chambres d'hôtes. Spécialisée dans l'élevage de vaches laitières, vous pouvez déguster et acheter en direct de la ferme des produits laitiers.

CIDRE FOURNIER

La Lentillère
LALACELLE
✆ 02 33 27 40 00
www.cidre-fournier.com
Lundi au jeudi 8h30-12h/13h30-18h, vendredi 8h30-12h/13h30-17h.

Les Cidre Fournier, c'est une histoire familiale créée en 1943, à petite échelle. Les frères Fournier ont repris l'affaire en 1996 et n'ont eu de cesse de la faire fructifier dans le respect de la tradition. Les pommiers et des poiriers haute tige s'épanouissent sur les coteaux au soleil. La maison est régulièrement récompensée. A la boutique, après une petite dégustation, vous pouvez acheter en direct du cidre, du jus de pomme et de poire, du pétillant de pomme, du poiré, du calvados... La maison propose aussi une belle gamme bio.

ASINERIE MÉLISÂNE

Lieu-dit La Place - **LE BOUILLON** ✆ 02 33 82 02 35
www.melisane.fr
D'avril à fin septembre. Visite de la ferme : 3 €/adulte. Deux chambres à partir de 57 € (minimum 2 nuits).

En pleine campagne ! Alors pour vous aider à trouver cette ferme de découverte, voici comment y aller : de Sées prendre la direction de Carrouges, au lieu-dit « Les Choux », prendre à gauche vers Le Bouillon (ou l'inverse si vous venez de Carrouges), suivre les indications de La Croix Médavy, continuer environ 900 mètres après l'église. Dans cette ferme ravissante et accueillante, les Brand élèvent des ânesses pour leur lait qu'ils transforment en cosmétiques (label bio). Vous pouvez voir le troupeau, très familier, et goûter sur la table de bois sous les noyers.

CHÂTEAU DE LA BIÈRE

Le Fay
LONLAY-L'ABBAYE
✆ 02 33 38 07 86
www.chateau-de-la-biere.com
Fermé le dimanche. Visite sur rendez-vous 10 € par personne. Bières bio en 33cl et 75cl.

Partant du principe que la bière est un produit noble au même titre qu'un vin, les maîtres des lieux lui ont construit un château... un petit château de bois pour leur micro-brasserie bio afin de brasser et d'accueillir la clientèle dans de bonnes conditions ! La bière est produite à partir de céréales bio et plusieurs variétés de houblon provenant d'Angleterre, d'Alsace ou de Tchéquie. Elle se décline en Tortue ou en Dragon, blonde, ambrée ou blanche. Vous avez envie de vous mettre à brasser vos propres bières ? Des formations sont proposées !

PARC ANIMALIER D'ÉCOUVES ★

La Houssaye - **LE BOUILLON** ✆ 02 33 82 04 63
www.parc-animalier-ecouves.fr
Haute saison ouvert tous les jours et jours fériés de 10h à 19h. Adulte : 11 €. Enfant de 3 à 12 ans : 7 €.

A dix minutes d'Alençon, ce parc animalier de 18 hectares est le seul du département de l'Orne. Créé par Vincent Chauvin, un jeune passionné par les animaux, il présente près de 400 animaux de 30 espèces différentes, avec comme souci le bien-être de ses hôtes. Un sentier de 3 km fait le tour du parc et vous emmène à la rencontre des chameaux, ânes nains, zébus, lamas, alpagas, watusis, ratons laveurs, daims, poneys, chèvres, moutons, yacks du Tibet, buffles d'Asie et autres cochons exotiques. Vous ne manquerez pas les grands perroquets d'Amérique du Sud, dans leur volière, juste après l'enclos des lamas, ni les carpes Koï dans leur étang garni de roseaux et entouré de bambous. On peut assister au repas des animaux, selon un planning à consulter sur place. N'hésitez pas à y revenir plusieurs fois, le parc est en constant enrichissement, et propose des animations pour les enfants tout au long de l'année. Ce qui séduit dans ce parc ce sont les animaux, l'espace dont ils disposent et l'environnement naturel, mais aussi l'ambiance qui y règne. Tous les employés semblent passionnés et heureux d'être là. Vous pourrez aussi participer à la préparation des rations, au nourrissage, aux soins des petites plaies, à la tournée des volières et à celle des réserves. Cette activité est ouverte à toute personne âgée de plus de 12 ans, toute l'année sur réservation. Vous pouvez séjourner sur place dans un lodge baptisé En Terre Sauvage pour être au plus près des animaux. Animations à Pâques et Halloween.

LE MANOIR DE DURCET

MAGNY-LE-DÉSERT
✆ 02 33 37 16 47
www.breton-manoirdedurcet.fr
Ouvert du lundi au samedi de 9h30 à 13h30 et de 14h à 19h. Tarif de la visite : 4 €/personne. Moins de 12 ans : gratuit.

Bienvenue à la ferme. Pascal et Jocelyne Breton vous accueillent, au cœur du bocage ornais, sur l'exploitation dans la famille depuis 1930. Traditionnellement cette ferme associe l'activité de production de lait et la transformation cidricole. La gamme des produits de la ferme du Manoir est proposée en vente directe : pommeau, calvados, cidre, poiré, jus de pomme et vinaigre de cidre. L'ensemble du domaine se visite également, histoire de bien connaître les techniques de préparation et d'élaboration de toutes les merveilles que vous trouvez ici.

NORMANDIE

FERME DES CABRIOLES

La Blanchardière de Landres - **MAUVES-SUR-HUISNE** ✆ 09 54 02 14 69

www.ferme-des-cabrioles.com

Fermé de novembre à mars. Ouvert vendredi et week-end de 17h à 19h. Traite des chèvres à 18h.

Sur un site préservé au cœur du Parc naturel régional du Perche, deux éleveurs d'une soixantaine de chèvres poitevines et alpines vous proposent de découvrir la fabrication de fromages fermiers bio. Au gré d'une balade sur le sentier pédagogique, vous apprendrez le fonctionnement de la ferme et le lien entre nature, paysage et agriculture. Parmi les spécialités : des fromages de chèvre fermiers en frais, demi-sec et affiné. Moulés à la louche, les traditionnels crottins, pyramides ou bûches côtoient 2 spécialités : le cœur frais miel lavande et le carré au cidre.

FERME PEDAGOGIQUE DE SAINT-YVIERE

Saint-Yvière

MONTMERREI

✆ 02 33 35 31 75

Ouvert tous les jours, toute l'année, sur réservation.

Cette exploitation agricole et céréalière d'une soixantaine de vaches laitières normandes et autant de génisses vous permet de partager la vie à la ferme. Venez découvrir poneys shetlands, poules, canards, lapins, cochons et prendre soin d'eux. Ils organisent des ateliers ludiques autour de la fabrication de crème, beurre, fromage, après la traite. Ramassage des pommes pour faire du jus de pomme. Le pétrissage et la cuisson du pain. Pansage des poneys avant de partir en balade.

BRASSERIE-FERME DE L'ÊTRE SOYER

SAINT-BRICE-SOUS-RÂNES

✆ 06 85 37 79 51

www.torontopat.unblog.fr

Vente à la ferme. Bouteilles, fûts. Prêt de tireuse. Livraisons.

La ferme familiale de culture et surtout d'élevage équin, établie depuis le milieu du XIXe siècle, ajoute donc à son savoir-faire une activité de brasseur. « La Trotteuse » est non seulement élaborée de façon artisanale, mais l'orge étant cultivé sur place, la bière est tout ce qu'il y a de plus naturelle. Vous trouverez le doux breuvage chez les cavistes, sur les champs de course, sur les marchés... Version blonde, version ambrée, vous prendrez bien une p'tite mousse ?

ELEVAGE D'EGEE

La Petite Croix

SAINT-FULGENT-DES-ORMES

✆ 02 43 34 42 23

Visite d'élevage sur réservation. Entrée : 5 €.

Ces jeunes éleveurs sont heureux de vous recevoir pour vous faire découvrir leurs chevaux de la race percheronne. Leur élevage est basé sur la conservation de la race et la tradition. La richesse des souches maternelles et la qualité des étalons permettent de produire de beaux poulains. Aujourd'hui leur cheptel se compose d'une vingtaine de juments poulinières, des pouliches et deux étalons. Suivez toute leur actualité en ligne, vous aurez la primeur de voir les poulains le jour de leur naissance, de les voir téter ainsi que leur première sortie dans les prés.

LA FERME DU CHAILLOUÉ

Le Chailloué

SAINT-MARD-DE-RÉNO

✆ 02 33 25 11 89

www.lafermeduchailloue.fr

Commandes via le site internet

Engagée dans la défense du terroir, la ferme du Chailloué promeut des produits de qualité. Les viandes de bœuf et de veau sont issues d'animaux élevés dans le Perche nourris d'herbe, de foin et de céréales produites sur l'exploitation. En partenariat avec des producteurs locaux, la ferme propose : produits laitiers, volailles, légumes secs et pâtes. Les commandes se font *via* le site Internet. Vous pouvez venir les chercher sur place ou vous les faire livrer si vous êtes situé à proximité. Futé : livraison possible une fois tous les 3 mois en région parisienne.

FERME CIDRICOLE HUGUES DESFRIÈCHES

L'Aunay

SAINTE-MARGUERITE-DE-CARROUGES

✆ 02 33 26 39 86

www.calvados-huguesdesfrieches.org

Ouvert du lundi au samedi et le dimanche matin. Visite : 3 € par personne, 2,50 € pour les enfants.

Cette ferme cidricole, c'est une affaire de familles ! Il y a eu Jules, le fondateur qui vendait son cidre dans le Pays d'Auge dès 1919. Léon, son fils, qui créa la marque Le Père Jules. Il a transmis sa passion à ses fils Thierry et Hugues. Ce dernier a pris possession des terres ornaises avec son épouse Corinne. Le corps de ferme du XVIIe siècle, rénové, est entouré de 10 hectares de pommiers. Notez enfin que vous pouvez dormir ici, le gîte proposé est splendide !

NORMANDIE

LA FERME AU FIL DES SAISONS

1352, route de Yemanville - **AMFREVILLE-LES-CHAMPS** ✆ 02 35 56 41 46
fermedessaisons.fr
Ouvert mercredi de 14h à 18h, vendredi de 14h à 18h30 et samedi de 9h30 à 12h.

Dans cette ferme du XVIIIe siècle, l'activité agricole et l'accueil des visiteurs se concilient harmonieusement, tant la passion des propriétaires est communicative. Le programme est riche et varié. Activités pédagogiques. Découverte des animaux domestiques, de la mare, les abeilles. Visite de l'écomusée du lin. Promenades sur le sentier nature et à travers la ferme. Initiation à la pêche. Balades en ânes attelés. Tartinerie, goûter et découverte des produits fermiers et régionaux.

LE NICHOIR COWORKING

292, Le Bocage - **GODERVILLE**
✆ 06 73 44 65 82
www.coworking-lenichoir.fr
Ouvert du lundi au vendredi de 8h30 à 18h30.

Le Nichoir se destine à tous les porteurs de projets en quête d'inspiration, de calme et de conseils. Marjorie, ingénieure en agriculture et formatrice, a décidé de créer dans sa ferme un espace de coworking en location à la journée ou à la demi-journée, où elle propose son soutien aux entrepreneurs. Et c'est vrai qu'en dehors des grandes villes, les espaces calmes, connectés à internet, où l'on peut boire du bon café, se font franchement rares. Alors, si vous avez un projet en tête et que vous cherchez un cadre propice, direction le Nichoir !

CUEILLETTE DES AUTHIEUX

Départementale n°6
AUTHIEUX-RATIÉVILLE
✆ 02 35 33 40 38
www.fermedesauthieux.com
Ouvert tous les jours de 9h à 12h et de 14h à 19h.

Quoi de mieux qu'une cueillette pour s'occuper un dimanche, en respirant l'air de la campagne ? Benoît Leforestier vous propose de venir dans sa ferme du XVIIe siècle pour récolter vos fruits et légumes sur près de 25 hectares. Vous profiterez ainsi de son savoir-faire pour cueillir des fraises parfumées à souhait, des pommes anciennes, ou encore des tomates bien charnues, et remplir vos paniers de produits sains et naturels. La boutique vend aussi des produits fermiers, du jus de pommes, des œufs frais, des fromages mais aussi de la charcuterie et des volailles.

RÊVE DE BISONS

24, route de Dieppe - **MUCHEDENT**
✆ 02 35 04 15 04
www.revedebisons.com
Haute saison tous les jours, jours fériés à 10h30, 14h15, à 15h45 et à 17h15. Adulte : 13 €. Enfant de 3 à 10 ans : 9 €.

Au cœur d'un grand domaine de 120 hectares, plus de 200 bisons canadiens et une trentaine de loups vivent tranquillement en semi-liberté dans un environnement exceptionnel, qui font de ce parc animalier le plus grand élevage d'Europe. Tout aussi charmants, des biches, cerfs et daims coulent aussi des jours heureux dans le parc. Les visites vous permettront de vous retrouver en immersion au milieu des troupeaux. Des tipis peuvent également être loués pour passer une nuit dans un décor insolite. Des soirées country sont organisées régulièrement.

PARC DE CLÈRES ★

32, avenue du Parc - **CLÈRES** ✆ 02 35 33 23 08
www.parcdecleres.net
Rouvre le 2/04/2022. Lun-mar/jeu-ven : 9h30-12h30/13h30-18h30. Mer, WE, vac. scol., jours fériés : 10h–18h30. 19h avril et juin à août.

Aménagé par l'ornithologue Jean Delacour, le parc de Clères compte 200 mammifères, dont certains en voie de disparition, qui vivent en toute quiétude et en semi-liberté dans ce cadre enchanteur de 13 hectares. 1 500 oiseaux tiennent compagnie aux cerfs, aux singes et aux kangourous. La collection botanique est composée d'un verger conservatoire et d'un jardin de plantes médicinales. Le château, bel exemple du gothique flamboyant édifié au XVIe siècle propose des expositions toute l'année. Beaucoup d'animations extérieures. Idéal pour une balade avec les enfants.

PARC ANIMALIER DE ROUMARE

222, route forestière de la Réunion
VAL-DE-LA-HAYE
✆ 02 35 52 68 10
Ouvert toute l'année. Tous les jours. Gratuit.

Sur 26 hectares vivent daims, chevreuils, cerfs, biches et sangliers. 400 000 visiteurs viennent chaque année profiter de cet espace naturel et participer à ce tourisme vert. Au cœur d'une vaste zone aménagée, chemins de randonnées, points d'observation et panneaux pédagogiques permettent de découvrir les animaux dans leur milieu naturel. On peut y venir avec son vélo et son pique-nique pour déjeuner sur des tables aménagées sur la grande pelouse à proximité de la mare d'Epinay.

INTERVIEW

LE NICHOIR

UN ESPACE DE COWORKING À LA FERME

Se ressourcer tout en stimulant son esprit d'entreprise, tel est l'objectif du nouvel espace de coworking fraîchement installé à Goderville, tout près de Fécamp, d'Etretat et du Havre. Nous avons eu la chance de nous entretenir avec Marjorie, fondatrice du Nichoir...

Difficile de mettre Le Nichoir dans une case. Pouvez-vous nous expliquer le concept dans les grandes lignes ?

L'objectif du Nichoir est de créer du lien entre la ville et la campagne. Nous proposons des espaces partagés (bureaux, open spaces, salles de réunion, etc.) ainsi que quelques chambres d'hôtes. Le Nichoir est au carrefour du tourisme et du travail. On vient ici pour goûter à des produits locaux, donner vie à un projet, échanger sur les nombreuses thématiques liées à l'agriculture... C'est l'endroit idéal pour prendre du recul et découvrir de nouvelles façons de faire avant de réaliser ses projets. Le Nichoir fonctionne à la demande. Vous venez avec votre projet, vous restez à l'année ou à la journée, vous passez sur le site avant vos vacances à Etretat pour quelques jours de transition... Tout est possible !

Qu'est-ce qui vous a amené à ouvrir cet espace ?

J'ai repris la ferme de mes beaux-parents, qui faisaient autrefois chambres et tables d'hôtes. Recevoir et accueillir du public, c'est vraiment dans l'ADN de la ferme. En parallèle, je suis consultante pour les projets agricoles et agro-alimentaires. Cela me manquait de me déplacer pour rencontrer d'autres agriculteurs alternatifs. J'avais envie d'un lieu qui ressemble à la maison.

Organisez-vous des événements sur le site ?

Oui, les visiteurs auront régulièrement l'occasion de participer à des ateliers. Interventions de professionnels de l'extérieur, découverte de la moisson, tour de batteuse en parlant d'agriculture... C'est une thématique très vaste et qui pose de nombreuses questions, alors autant en parler !

LE NICHOIR COWORKING

292, Le Bocage - GODERVILLE
06 73 44 65 82
www.coworking-lenichoir.fr

© LE NICHOIR

© LE NICHOIR

© LE NICHOIR

PASSPORT

NOUVELLE-AQUITAINE

SCEA DU MAS NEUF

Le Mas Neuf
BOISNÉ-LA TUDE
✆ 05 45 24 00 08
www.bruno-bachelier.com
Sur rendez-vous. Et aux halles d'Angoulême et de Cognac.

Marie-Laure et Bruno Bachelier se sont installés en 1984 à Chavenat. A la production céréalière de l'exploitation ils ont rapidement ajouté l'élevage de canards gras. Les canards, de provenance périgourdine, sont ici gavés au maïs en grains produit sur l'exploitation, ce qui garantit des produits de qualité sans OGM ni conservateurs. Ils se chargent de transformer en leur laboratoire les canards, en ajoutant une touche personnelle qui donne leur originalité aux mets concoctés ici. En ligne ou dans leurs boutiques, vous pourrez faire le plein de provisions.

LA FERME D'YVONNE

Domaine d'Echoisy
CELLETTES
✆ 06 62 06 55 49
http://lafermedyvonne.fr
Ouvert tous les jours de 10h à 17h. Entrée 2 €.

Installée sur 3 hectares du Domaine d'Échoisy, ils accueillent les groupes, scolaires, personnes dépendantes et les familles. Leur activité principale consiste à faire venir les animaux de la ferme, poules, poussins et autres volailles, lapins, cochons d'Inde, moutons, chèvres, poney, cochon dans votre structure. Ils proposent tout un panel d'ateliers pédagogiques, gratiféria, granothèque, chantier participatif. Visite guidée de la ferme sédentaire et du jardin maraîcher cultivé en permaculture. Il est possible de fêter son anniversaire avec visite privée et jeux.

A. DE FUSSIGNY

11 - 17, rue des Gabariers - **COGNAC**
✆ 05 45 36 61 36
www.adefussigny.com
Appeler pour les visites. Dégustation seule (sans visite et sur RV) - VS, VSOP, et XO : 7 €.

Les cognacs A. de Fussigny sont élaborés dans une distillerie fondée en 1814 située dans le centre historique de Cognac. Quatre gammes de cognac sont dénommées Création, Collection, Millésimes et L'Héritage. La visite de la maison inclut la visite des chais à Cognac et la découverte de la mise en bouteille manuelle et automatique. Elle permet également de comprendre comment les cognacs sont traités et assemblés et de découvrir quelles sont les gammes innovantes correspondant à l'évolution des goûts des consommateurs. Tout se termine bien sûr par une dégustation.

CHAI MEUKOW

26, rue Pascal-Combeau - **COGNAC**
✆ 05 45 82 32 10
www.meukowcognac.com
Horaires sur le site Internet. Gratuit jusqu'à 12 ans. Adulte : 10 €. Enfant (de 12 à 18 ans) : 5 €.

Les deux frères Meukow, Auguste-Christophe et Gustav, arrivèrent à Cognac en 1850 à la demande du tsar Alexandre II de Russie. Le cognac venait à manquer à la cour et il fallait remédier à cette situation. Les deux frères installeront finalement un bureau commercial dans la ville charentaise en 1862, créant ainsi la maison Meukow. Supportée par les élites régionales et appréciée des grands à l'international, la marque se développe rapidement et est couronnée du succès qu'on lui connaît. La maison mère vous ouvre ses portes et offre à voir ses plus beaux trésors.

COGNAC CAMUS

29, rue Marguerite-de-Navarre - **COGNAC**
✆ 05 45 32 28 28
www.camus.fr
Ouvert le lundi de 14h à 18h ; du mardi au samedi de 10h30 à 12h30 et de 14h à 18h.

Dans les années 1860, Jean-Baptiste Camus crée un groupement d'exploitants auquel il donnera son nom. Le cognac Camus fait rapidement son entrée au Café de Paris, au Savoy de Londres… et même à la cour du tsar de Russie ! Le prestige de la marque est en partie lié à la passion de son fondateur, qui surveillait lui-même la distillation et le vieillissement de son cognac. Son arrière-petit-fils, Jean-Paul, perpétue cette tradition entre l'homme et le produit. Pas d'esbroufe chez Camus : la maison défend une belle authenticité qui traverse les générations depuis 130 ans. La maison est située depuis toujours sur la propriété même de la famille Camus, au château de Plessis, au cœur des vignes, avec à peu près 100 hectares de vignobles en Grande Champagne et dans les Borderies. Une maison devenue la cinquième sur le marché du cognac grâce à des viticulteurs passionnés qui ont su établir et conserver un savoir-faire exceptionnel. N'hésitez pas à vous y rendre pour découvrir un endroit hors du temps et partager un repas raffiné avec bien sûr une dégustation des plus grands cognacs, parmi lesquels par exemple, le XO Elégance, le VSOP Elégance ou encore les gammes Rarissimes… Vous pourrez également, au cours de la visite Master blender, composer un cognac sur mesure et à votre image, et repartir avec votre bouteille de 50 cl. Différentes visites sur mesure sont proposées pour découvrir les spiritueux de la Maison Camus, avec une nouveauté cette année, la visite Camus Rarissimes avec dégustation de 3 cognacs millésimés au choix.

PARC ANIMALIER DE LA COLLINE ENCHANTÉE

RD316 - **HIESSE** ✆ 05 45 89 65 45

www.colline-enchantee.com

Basse saison dimanche de 14h à 18h. Haute saison tous les jours 10h à 19h. Adulte : 9 €. Enfant de 3 à 11 ans : 6,50 €.

Niché dans un cadre verdoyant le parc abrite plus de 40 espèces d'animaux réparties sur 12 hectares. Entre cervidés, oiseaux de l'étang, émeus, wallabies, dromadaires, lamas, yacks, mouflons de Corse, porcs du Vietnam, watusis. Ce sont aussi les animaux de la ferme, chèvres naines, mini-chevaux, ânes, lapins, dindons, chèvres angora. Ferme-auberge ouverte en juillet et août, cuisine à base de produits du terroir. Vente de produits fermiers. Animations. Aires de jeux et de pique-nique.

LA FORET DU BRAME

MAINZAC

✆ 05 45 23 02 56

Visite le mardi matin et le jeudi après-midi.

Brigitte et Jean-Claude Verlhac élèvent des cerfs dans cette superbe ferme. Ils organisent des chasses d'octobre à avril, transforment et vendent (en direct) aussi la viande de cerf sous la forme de pâtés, de rillettes ou de civets. Ils produisent aussi des noix. Un gîte de quatorze places permet de profiter du lieu. La fille de Brigitte et Jean-Claude conduit des visites de l'élevage tous les jeudis de l'été. Les visites sont suivies du visionnage d'une vidéo ainsi que d'un goûter. Voici de quoi passer un bon séjour ou un bon après-midi à la campagne.

FERME LERISSON

REIGNAC

✆ 05 45 78 50 01

www.lerisson-gourmand.com

Horaires d'ouverture : du lundi au samedi de 9h à 18h.

Entre Angoulême et Barbezieux, Didier et Marie-Hélène Lérisson exploitent notamment des noyers. Ils vous concoctent toutes sortes de produits dérivés comme des huiles, des fondants, des noix caramélisées ou des gâteaux aux noix que vous pouvez leur commander et venir chercher à la propriété. En leur téléphonant à l'avance, ils pourront s'arranger pour vous faire visiter la salle de tri, la distillerie ou vous expliquer les techniques de gestion d'un verger. Marie-Hélène précise aussi qu'ils ont de très vieux pineaux (13 et 16 ans) vieillis en fûts de chêne.

LA FERME DES FILLAOS

Bordeville - **ROUILLAC**

✆ 06 71 76 66 49

www.ferme-charente.com

Toute l'année sur réservation. Visite : 15 € pour 4 personnes.

Sandra et Thierry vous accueillent dans leur ferme que ce soit pour une simple visite ou pour séjourner en tipi. Donnez à manger aux ânes, poneys, lapins, cochons... et le biberon aux petits chevreaux. Découvrez au jour le jour les naissances des lapins, poussins, canetons. Observez les cochons d'Inde et le paon... Cueillez des fruits et fabriquez la confiture. Vous pourrez aussi faire la traite des chèvres, fabriquer le fromage, ramasser les œufs. Dresser le petit ânon. Fabriquer un épouvantail. Participer à la tonte des moutons. Mini-camp. Anniversaire. Goûters.

ROLAND VILNEAU

Le Breuil

VERDILLE

✆ 05 45 21 34 43

Roland Vilneau est un viticulteur hyperactif qui sait se rendre disponible. Appelez quand même pour le prévenir que vous passez, il n'en sera que plus disponible. Producteur de vin de pays, Roland Vilneau est aussi président de Bienvenue à la Ferme Charente. Il est très soucieux de l'accueil des touristes dans son exploitation et est très fier des aménagements qu'il est en train de faire pour les satisfaire. Sa spécialité, il est le seul à en produire, est un vin doux le Délice des Pierrières, idéal pour les melons, les apéritifs, le foie gras ou les desserts

CENTRE EQUESTRE DES EAUX CLAIRES

Mont Riant

VOEUIL-ET-GIGET

✆ 05 79 87 21 08

Ouvert toute l'année. Uniquement sur réservation. Visite guidée.

Ce centre équestre assure aussi l'élevage d'une soixantaine de cerfs en semi-liberté sur les 15 hectares d'un parc boisé, où ils sont nourris avec du foin des prairies, du maïs et de l'orge ainsi que des céréales produites par leurs soins. Venez les observer lors de visites guidées tout au long de l'année. L'objectif étant aussi de valoriser les landes de chênes verts et de genévriers de cette vallée classée. Ils assurent la vente de viande fraîche, rôtis, grillades, pavés, tournedos.

LE CLOS DE NANCREVANT

Chemin de Nancrevant - **CHANIERS**
✆ 05 46 91 09 34
www.closdenancrevant.com
Haute saison : ouvert du lundi au samedi de 10h à 12h et de 14h à 19h. Ouvert de septembre à juin, sur rendez-vous.

Installée sur les hauts de Chaniers, l'exploitation de 35 ha est dirigée par Caroline et Mathieu qui vous feront découvrir un patrimoine gastronomique. Ces bouilleurs de cru perpétuent un savoir-faire ancestral et sont désireux de mettre en avant les vins de Pays Charentais, le Pineau des Charentes et le fameux Cognac dans un véritable esprit d'engagement. Passionné par la vigne, le couple a fait grandir l'exploitation familiale en cultivant de nombreux cépages mais aussi en promouvant les vins de Pays Charentais. Une très belle visite vous attend !

ASINERIE DU BAUDET DU POITOU ★

Route de la Tillauderie - **DAMPIERRE-SUR-BOUTONNE** ✆ 05 46 24 68 94
www.asineriedubaudet.fr
Haute saison ouvert tous les jours de 10h à 12h et de 14h à 18h30. Adulte : 6 €. Enfant : 3 €.

Créée en 1980, l'Asinerie du Baudet du Poitou est un site des Echappées Nature du Département de la Charente-Maritime. Cette maison de site œuvre pour la sauvegarde et la mise en valeur de la plus ancienne race d'âne du monde : le Baudet du Poitou. L'Asinerie s'applique à présenter avec pédagogie son cheptel exceptionnel, évoluant dans un espace naturel et préservé de 55 ha. Plusieurs activités (sur réservation) peuvent être proposées en complément de la visite libre ou guidée.

HUÎTRES FONTENEAU

Route des Huître
DOLUS-D'OLÉRON
✆ 05 46 47 63 78
Ouvert du lundi au vendredi de 8h à 12h30.

Depuis 1970, au cœur du bassin de Marennes d'Oléron, les huîtres Fonteneau se sont forgé une remarquable réputation. L'entreprise propose une gamme de cinq huîtres dont elle maîtrise entièrement l'élevage : huître Fine de claire Marennes Oléron, huître Fine de claire Verte Marennes Oléron (Label Rouge), huître Spéciale de claire Marennes Oléron, Pousse en claire Marennes Oléron (Label Rouge) et huître Spéciale Fonteneau - La Réserve. Gage de leur exceptionnelle qualité, les huîtres Fonteneau ont été 11 fois médaillées d'or aux Concours généraux Agricole de Paris.

PARC MYOCASTORS

Pré de la Morinière
DOLUS-D'OLÉRON
✆ 06 59 05 29 71
parc-myocastors.com
Haute saison ouvert tous les jours de 14h à 18h30. Adulte : 7 €. Enfant de 3 à 10 ans : 5 €.

Tout au long du parcours ponctué de panneaux pédagogiques, les visites sont commentées par des animateurs passionnés. Il est permis de nourrir les myocastors en leur donnant des carottes, moments amusants à photographier, les voir nager et les observer dans les gestes de la vie quotidienne. Assis sur ses pattes arrière palmées, il se lave d'abord les dents, puis les moustaches, les oreilles, et à l'aide de ses griffes, peigne soigneusement sa fourrure plus de cent fois par jour. Vous pourrez aussi observer les facéties des bébés myocastors. La seconde partie du parc est dédiée aux wallabies de Bennet. C'est un animal très rustique pouvant résister à de très basses températures. Il est aussi l'un des rares à aimer la confrontation à mains nues, plus exactement la boxe. Parmi le groupe, vous aurez la surprise de voir deux wallabies albinos. Observez-les mâchouiller la luzerne, ce qu'ils font jusqu'à une dizaine d'heures par jour. Vous aurez peut-être aussi la chance d'apercevoir le ou les derniers nés encore en poche, avec leurs adorables petites frimousses. Ils sortiront de leur poche pour se dégourdir les pattes, mais s'y réfugieront vite à la moindre alerte. Les jeunes boxent entre eux pour se défouler, mais aussi entre mâles rivaux ou entre couples, pour se dire qu'ils s'aiment. Faites une pause en famille, le temps de regarder le spectacle animalier de Gunter Sackman proposé plusieurs fois par jour. C'est un spectacle rigolo et plein de surprises, avec les acrobaties de Ratatouille et sa famille.

ASINERIE DES VARENNES

1, Fief des Varennes
DOMPIERRE-SUR-MER
✆ 06 15 15 12 29
www.asinerie-varennes.fr
Haute saison ouvert du lundi au vendredi de 10h à 12h et de 15h à 18h. Adulte : 3 €.

Quel plaisir d'arriver chez Antoine et Clarisse qui vous emmèneront à la rencontre de leurs ânes, baudets du Poitou, ânes de Provence et grands noirs du Berry. Ici les caresses sont à volonté. Il est même possible de brosser les ânes et de faire une balade. Les parents ne sont pas en reste, ils découvriront des produits au lait d'ânesse naturels, car Antoine a toujours eu pour but de respecter la nature et la tradition. Ce n'est pas un hasard s'il affiche fièrement le label Agriculture Biologique. Cosmétiques, alimentation, offres spéciales et coffrets cadeaux.

HUÎTRES JEAN-MICHEL SEGUIN

Route de la Pointe Blanche
LE CHÂTEAU-D'OLÉRON
✆ 05 46 47 77 98
www.huitres-seguin.com
Vente en ligne.

L'huître est bien l'un des produits phares du bassin de Marennes-Oléron. Pour les découvrir, on peut se rendre chez Jean-Michel Seguin qui a créé son entreprise en 1975. Depuis plus de 40 ans, il met son savoir-faire et sa passion au profit de son métier. A découvrir, les Fines de Claires, une des huîtres préférées des consommateurs. Vous pourrez également acheter les Spéciales de Claires et les Pousses en Claires, l'huître la plus typée de la gamme Marennes-Oléron.

LES HUÎTRES DE TROUSSE-CHEMISE

Route de la Levée-Verte - **LES PORTES-EN-RÉ**
✆ 06 30 31 91 38
www.huitres-trousse-chemise.fr
En saison, ouvert du mardi au dimanche tous les midis (11h30 à 14h30) et soirs (18h30 à 21h).

Voilà un lieu unique, propice à la détente et la dégustation de produits de la mer. L'établissement de Franck est dédié à tous ceux qui veulent profiter d'un cadre ravissant. A peine installés, on se plaît à admirer la vue sur le Fier d'Ars tout en dégustant des produits d'une rare fraîcheur. On passe commande, on emporte un verre de vin blanc attendant que les coquillages soient prêts. Au programme, des huîtres de Franck Moreau, mais aussi des palourdes, crevettes, bulots...

PRIVAT

MARENNES
✆ 05 46 85 22 54

Avis aux gourmands, gourmets et aux amoureux de la gastronomie locale : il faut tester les merveilleuses huîtres de Marennes. En provenance directe du bassin de Marennes-Oléron, les huîtres de Serge Privat sont toujours irréprochables. Ce serait difficile de faire autrement puisque, de leur milieu naturel jusqu'au marché, il y a à peine une heure de route. Du coup, ici, on apporte chaque jour un démenti à cet étrange dicton qui veut que l'on ne consomme les huîtres que les mois en « r ». De toute façon, à bourriche, il y a toujours deux « r »…

L'AUTRUCHE DE LAURETTE

2, rue de la Cave - **MARSILLY**
✆ 05 46 01 87 56
https://autruche-de-laurette.com
Fermé en décembre. Haute saison ouvert tous les jours de 10h à 19h. Adulte : 6 €. Enfant de 3 à 11 ans : 5 €.

L'exploitation de Laurette s'étend sur 5 hectares perchés sur une falaise face à l'océan. Elle vous propose visite guidée ou libre avec panneaux pédagogiques et audioguides. A voir cochons, chèvres, canards, ânes, poules de basse-cour et d'ornement. Mais aussi autruches, émeus et nandous. Participez aux activités de la ferme, de l'élevage à la partie céréalière. Des activités à la journée ou demi-journée sont prévues pour scolaires et groupes. Elle confectionne des assiettes dégustation. Vente directe de viande, peaux, graisse et plumes. Aires de pique-nique.

LA FERME DE PRÉLIDE

6, rue des Brandes
PÉRÉ
✆ 05 46 68 80 54
www.lafermedeprelide.fr
Visite de la ferme et achat des produits sur rendez-vous.

La ferme de Prélide est tenue par la même famille depuis déjà six générations ! Et cela fait maintenant 15 ans que l'on élève ici des canards gras en plein air ! Depuis peu, les volailles ont rejoint les canards, et sont également nourris grâce aux céréales cultivées sur la propriété. Vous trouverez ici les classiques conserves de foie gras, préparées dans le laboratoire de la ferme, mais aussi volailles et chapons pour les fêtes. Sachez qu'à la ferme de Prélide on prépare des mets pour vos réceptions jusqu'à 500 personnes !

MUSÉE DE L'ÎLE D'OLÉRON ★

9, place Gambetta - **SAINT-PIERRE-D'OLÉRON**
✆ 05 46 75 05 16
www.musee-ile-oleron.fr
Ouvert tous les jours de 10h à 12h et de 14h à 18h. Haute saison : tous les jours de 10h à 19h. Adulte : 4,50 €.

Le musée est situé en plein centre-ville. Inauguré en 1963, il est installé depuis 2006 dans une jolie bâtisse du XVIIIe siècle. L'accueil est agréable, donnant envie de parcourir les différents lieux d'exposition pour connaître l'histoire de l'île d'Oléron. Vous comprendrez comment a évolué l'homme sur ce territoire insulaire du Néolithique à aujourd'hui en observant les activités traditionnelles (viticulture, saliculture, gemmage, ostréiculture) mises en valeur par une sélection d'objets représentatifs du mode de vie d'Oléron.

FERME DE LA FAURIE

Le Pont-de-la-Chapelle
ARGENTAT-SUR-DORDOGNE
✆ 05 55 91 90 24
Téléphoner avant de se déplacer.

Vous trouverez chez Carole et Régis Cazier toutes sortes de fruits rouges, myrtilles, groseilles, cassis, mûres mais aussi de la rhubarbe. Les producteurs en font de la confiture, du coulis, de la purée... Ils travaillent avec des méthodes traditionnelles et engrais biologiques une terre de 2 ha, l'un en maraîchage et l'autre en fruitiers, depuis 1989. Vous trouverez également présents sur le marché d'Argentat le jeudi, sur le marché de producteurs de pays de Monceaux le jeudi soir en été, et sur celui de Tulle-gare le samedi, les productions de légumes de saison.

LUDOFERME

11, route de La Feuillade - **DONZENAC**
✆ 06 84 48 82 41
https://ludoferme.com
Haute saison ouvert du dimanche au mercredi de 10h à 12h et de 14h à 16h. Adulte : 10 €. Enfant : gratuit.

Venez partager des moments privilégiés et personnalisés avec les animaux de la ferme, cochons, dindons, chèvres, oies, lapins, poules, et la ponette. Le samedi matin est réservé à ceux voulant devenir fermiers, en les soignant et les nourrissant, avec un tour de tracteur. Pierre, gestionnaire forestier professionnel propose aux groupes de 5 à 99 ans, la découverte de l'écosystème forestier. L'été, un atelier rafraîchissant, les pieds dans l'eau, une épuisette à la main, permet de découvrir tout ce qui se cache dans la rivière. Aires de jeux et de pique-nique.

DES VACHES PAS COMME LES AUTRES

La ferme Saint-Géraud - **LA CHAPELLE-SAINT-GÉRAUD** ✆ 05 55 28 30 22
Ouvert en été tous les jours de 10h à 19h et sur rendez-vous. Environ 1h30 de visite. Adulte : 6,50 €. Enfant : 3,50 €.

Sur une exploitation d'élevage bovin, un parc à thème original dans la mouvance du « Land Art ». Vous croisez dans le pré une soixantaine de vaches grandeur nature moulées et peintes par des artistes, les Clown, Aquarium, Baracowbama, Marylin-Warhol, Rolling'cow. Les promeneurs peuvent également profiter de l'étang à proximité, idéal pour une partie de pêche ou un pique-nique. Chaque année, de nouvelles sculptures viennent compléter la collection. Cherchez la vache invisible...

LA FERME DE BROSSARD

Brossard - **LANTEUIL**
✆ 06 81 96 13 38
www.vacances-en-correze.fr
Haute saison du lundi au samedi de 10h à 12h et de 16h30 à 20h, dimanche de 16h à 20h. Sur réservation. Entrée : 4,50 €.

Cette exploitation agricole ouvre ses portes toute la journée aux familles et aux groupes pour se détendre et côtoyer des animaux, poneys, chèvres naines, vaches, dindes, poules, oies et le lapin. C'est aussi l'occasion de découvrir leur écomusée sur la vie d'antan et l'histoire de la châtaigne. Vous pourrez assister à la démonstration de fabrication de paniers en paille. Ateliers potager et pain à la journée. Ils offrent également un verre de l'amitié et le goûter avec les produits de la ferme. Ils accueillent aussi les camping-caristes. Aire de pique-nique.

LA FERME DU BANCHAREL

Bancharel
LISSAC-SUR-COUZE
✆ 05 55 85 33 38
Ouvert du jeudi au samedi de 14h30 à 19h. De mars à novembre (prévenir à l'avance).

A proximité du lac du Causse, la ferme d'Hélène Fage est implantée dans un ancien village abandonné, joliment rénové. Hélène Fage élève des chèvres avec passion depuis quelques années déjà. Dans sa ferme, ses chèvres laitières lui permettent de fabriquer des cabécous, des pyramides cendrées, des crottins et du fromage frais. C'est avec grand plaisir qu'elle vous accueillera dans la fromagerie située sous la maison d'habitation pour vous montrer la fabrication des fromages et la traite des chèvres. Mais aussi vous donner de très bons conseils !

LE MONS'EMERVEILLE

Le Mons
MARCILLAC-LA-CROISILLE
✆ 06 23 53 92 46
http://lemonsemerveille.com
Ouvert tous les jours de 14h à 18h. Adulte : 7 €. Enfant : gratuit. Sur réservation.

Dans sa ferme de 17 hectares, Laura accueille aussi bien les groupes que les familles. Pendant deux heures, découvrez la vie à la ferme, cochons laineux, brebis, chèvres et leurs petits, ainsi que le bouc, les béliers, les poules et la cane. Vous pourrez les nourrir, en prendre soin et câliner les lapins. Courir dans le pré où cohabitent le poney et l'âne. Elle organise des activités à thème, bougie en cire d'abeille, bombes de graines, plantations, à emporter, et une dégustation de légumes, petits fruits, miel, œufs. Séjournez dans une confortable tente inuit.

LA FERME DU PILOU

MÉNOIRE

✆ 05 55 85 57 46

Ouvert du lundi au vendredi de 14h à 19h. Visite sur rendez-vous.

Jacques et Annie Fontaine élèvent les canards en leur ferme du Pilou depuis 30 ans ! Ils se chargent ensuite de les gaver au maïs en grain entier sur place, puis les abattent et les transforment sur place. Les spécialités produites ici sont nombreuses ; mais on retrouve notamment les foies gras de canard mi-cuit, mais aussi les magrets frais, les conserves de foie gras entier, les cous farcis, les pâtés, divers confits et rillettes... Mais le plus simple, c'est de vous rendre sur place pour visiter la ferme et acheter les produits du cru !

LA FERME DU PUY DE L'AIGUILLE

Escaravage

PUY-D'ARNAC

✆ 05 55 28 42 47

www.lafermedupuydelaiguille.fr

Du lundi au jeudi de 8h à 12h et de 14h30 à 17h30. Du vendredi au dimanche de 9h à 12h.

Face aux châteaux de Curemonte, les vaches et les chèvres laitières sont nourries essentiellement avec du fourrage produit sur l'exploitation. Les fromages sont fabriqués au lait cru, de façon traditionnelle. Citons quelques exemples de produits au lait de vache : caillade, faisselle, crème fraîche, yaourt nature, yaourt aux fruits (abricot/fruits rouges) fromage affiné (sec, demi-sec, crémeux), et de produits au lait de chèvre : chèvre frais, feuille du Limousin, cœur cendré...

LA CHEVRERIE DE VENTADOUR

La Bissière

MOUSTIER-VENTADOUR

✆ 05 55 93 15 68

Ouvert tous les jours de 9h à 12h et de 15h à 18h. CB non acceptée.

Le Ventadour est un fromage qui a la forme d'une grosse truffe cendrée et pèse 350 g à l'emballage. Lgèrement salé, à croûte fine présentant de légères moisissures superficielles blanches ou bleutées, il se conserve très bien et gagne en qualité au fil de son affinage. Située à 4 km d'Egletons en direction de Neuvic, à proximité du château de Ventadour, cette chèvrerie produit, outre ce fromage, un original saucisson de chèvre. Vente directe à la ferme ou sur le marché d'Egletons.

DOMAINE DE LA GARDELLE

La Gardelle

SAINT-JULIEN-MAUMONT

✆ 05 55 25 61 68

Tarifs en envois sur demande.

Jean Molène est le 6e d'une longue lignée de vignerons qui travaillaient la terre au domaine de la Gardelle depuis le XIXe siècle. Dans le respect de la terre et de l'environnement et le maintien des traditions avec la réintroduction de chevaux de trait pour des travaux du sol légers, il produit en agriculture bio plusieurs vins de grande qualité. Des vins paillés présents en Corrèze des 1850 à partir de merlot et cabernet-sauvignon pour le rouge et de chardonnay et sauvignon pour le blanc dignes des plus grands vins liquoreux français.

LA FERME DU MANUS

Lycée agricole Henri-Queuille

NEUVIC

✆ 05 55 95 80 02

Ouvert toute l'année.

Cette ferme fait partie du lycée agricole de Neuvic. Elle est à la fois lieu d'activité de production et d'élevage de vaches de race limousine et ferme pédagogique d'accueil. Elle sert de support pédagogique pour plusieurs types de productions ; miel, coqs de pêche, équidés, haies et polyculture. Vers la mi-novembre, tous les ans, la collecte de pommes donne lieu à l'élaboration d'un jus de pommes délicieux offert à ceux qui ont participé au pressage et curieux de cette tradition. Un parcours pédago-écologique axé sur le développement durable complète la visite.

LA FERME DU GRAND BUGERON

VIGEOIS

Réservation impérative.

Nelly, Cyril, Emilie et Philippe produisent des canards gras et vous accueillent au sein de leur propriété pour partager un moment convivial et gastronomique dans un cadre exceptionnel. A la ferme, vous y trouverez également une petite boutique de produits issus de l'agriculture locale et des canards maison, en frais ou transformés. Et si l'ambiance vous plat vous avez la possibilité de résider sur place dans une des trois chambres d'hôtes de la ferme.

PARC ANIMALIER DE COUX

Coux
AUZANCES
✆ 05 55 67 00 17
Ouvert toute l'année. Tous les jours. Gratuit. Accueil enfants.

C'est un parc municipal d'environ 50 hectares, où l'on peut se promener en admirant daims, paons, coqs dorés, cygnes, émeus... Des jeux pour les enfants y sont installés. Un parcours de santé, d'environ 3 km, traverse le domaine et un étang est mis à la disposition des amateurs de pêche. Les vestiges d'une villa gallo-romaine ont été découverts sur ce site et un panneau explicatif vous permettra de comprendre ce que pouvait être, il y a 2000 ans, une villa de maître et son établissement de bains. Juste à côté, un centre équestre avec des poneys Connemara.

FERME DE BELAIR

Belair
BÉTÊTE
✆ 05 55 80 76 58
www.ferme-belair.wifeo.com
Sur commande.

La ferme de Belair est en agriculture biologique. Elle vend des colis de viande bovine et de veau de lait, sur commande, à la ferme. Elle commercialise également des conserves : rillettes et terrines de viande bovine, saucisson de boeuf, pour changer de la charcuterie au cochon. Ces conserves peuvent être parfumées aux cèpes ou aux airelles. Des tripes cuisinées sont également disponibles. Mais le lait est également transformé en délicieuse confiture de lait et en savons artisanaux, des produits locaux, doux pour la peau. Vente à la ferme et en ligne.

FERME DES CLAUTRES

Les Clautres - **BORD-SAINT-GEORGES**
✆ 06 21 20 77 28
Haute saison ouvert du lundi au samedi de 10h à 19h. Adulte : 8 €. Enfant de 3 à 16 ans : 6 €. Visite guidée.

La ferme des Clautres n'est pas comme les autres. Des races anciennes et exotiques de poules, oies, canards – mais aussi la magnifique collection de faisans, de cygnes et de grues rares – émerveillent autant par leur beauté que par l'histoire de leur vie. Dans les prés verdoyants, une foule chamarrée d'une vingtaine de races de vaches françaises et étrangères vient à votre rencontre. Mais la ferme ne propose pas que de regarder ces beaux animaux, les visiteurs de tout âge ont l'occasion d'assister à l'éclosion, de donner à manger, de caresser.. On adore !

ÉLEVAGE DU PALAIS - BISONS D'AMÉRIQUE

Le Palais - **BOURGANEUF** ✆ 05 55 64 15 63
www.bison-nature.com
Haute saison ouvert tous les jours de 14h à 18h. Basse saison sur réservation. Adulte : 6 €. Enfant de 3 à 12 ans : 4 €.

Venez voir la quarantaine de bisons d'Amérique des Plaines vivant en semi-liberté sur 50 hectares divisés en plusieurs parcs. La visite s'effectue en véhicule tout-terrain et permet d'approcher les animaux pour faire de belles photos. Les propriétaires répondent avec plaisir aux questions. Une salle d'exposition permet de découvrir les objets fabriqués par les Amérindiens. A la boutique, vous trouverez les produits issus de l'exploitation. Possibilité de se balader à poney.

MYRTILLES DU TRIMOULET-GEOFFREY ESTIENNE

Le Trimoulet - **BOUSSAC** ✆ 06 08 47 98 77
www.myrtille.fr/
Ouvert tous les jours de 17h à 19h. Visites guidées gratuites le vendredi à 10h30 à la ferme en juillet et août.

Cette exploitation a su développer en près de 20 ans une large variété de produits succulents à partir de ces baies bleues ramassées à la main. A noter une conversion bio entamée en 2020. Au total, une vingtaine de spécialités est créée à partir des fruits, sans colorant ni conservateur et additif. A vendre : des confitures, des conserves, des moutardes, mais aussi des eaux-de-vie fabriquées dans la distillerie. Visites de l'exploitation le vendredi matin à 10h30 en juillet et août.

DOMAINE DE LA COUTURE €€

La Couture - **EVAUX-LES-BAINS**
✆ 05 55 82 29 18
www.domainedelacouture.com
Ouvert tous les jours. Réservation impérative. Menus de 21 € à 36 €. Jardin. Chambres d'hôtes.

Située non loin d'Evaux-les-Bains, cette ferme-auberge propose une expérience assez inédite dans un cadre authentique. Les volailles qui y sont élevées sont préparées sur place, et le foie gras est l'une des spécialités de la maison. L'auberge propose bien sûr cette spécialité, mais aussi d'autres plats. Selon les jours, on peut y déguster de la viande Limousine, de la pintade, du chapon, de l'oie, du saucisson maison, des champignons, du gâteau creusois. Des chambres d'hôtes de caractère, une cabane dans les arbres et un camping sont disponibles.

SAFRANIERE DE LA FONT SAINT-BLAISE

Le Bourg
FONTANIÈRES
✆ 05 55 82 35 40
www.safrandefrance.fr/
Visites guidées sur réservation.

Véronique Lazérat, qui possède la plus grande safranière de France, vous fait découvrir la culture de la fleur de safran. De ses qualités thérapeutiques à ses bienfaits gastronomiques en passant par la manière de la cultiver, ses légendes, son histoire, sa préparation, les façons de la déguster, tout est évoqué. A l'issue de la rencontre, des dégustations sont offertes et des produits safranés sont disponibles à la vente. Visites sur réservation en période de floraison.

FERME DE COURTILLE

12, village de Fayolle
GUÉRET
✆ 05 55 52 37 77
Sur rendez-vous uniquement et chaque 1er samedi matin du mois.

La ferme propose la vente directe tous les premiers samedis du mois. Vous trouverez à la ferme de la viande bovine fraîche en caissettes et des conserves (notamment de viandes cuisinées), des saucisses de viande pur bœuf, mais aussi des saucisses épicées. Le GAEC de Courtille participe à l'opération Bienvenue à la Ferme. La vente des produits de la ferme se fait également au magasin Centre Frais 23, 14 avenue Pasteur à Guéret. Cette enseigne propose des produits régionaux avec des fruits, des légumes, des poissons, des vins.

LA FERME DES 3 PETITS COCHONS

6, Lavaud - **GUÉRET**
✆ 05 55 52 39 16
Ouvert du mardi au vendredi de 9h à 17h.

La ferme des 3 petis cochons pratique la vente directe de ses produits : viande de porc, confits de porc, saucisses confites, pâtés de campagne, saucissons, jambon sec, conserves... La vente à la ferme se déroule du mardi au vendredi. Il est possible de visiter l'élevage. Vous retrouverez également les produits de Jérôme Przystupa sur les marchés locaux : à Bourganeuf le mercredi, Dun-le-Palestel le jeudi, Felletin le vendredi et à Aubusson le samedi.

DOMAINE DE LA TRUYÈRE

4, rue des Ecoles
LA CELLE-SOUS-GOUZON
✆ 05 55 62 20 62
www.champeval.fr
Ouvert du lundi au vendredi de 9h à 12h et de 14h à 18h.

Léo Champeval a créé l'établissement en 1934. C'est son fils Gérard qui l'installe en Creuse après un passage dans les Landes. C'est aujourd'hui le petit-fils du fondateur, Philippe, qui dirige l'entreprise et perpétue le savoir-faire familial. Parmi les spécialités vendues ici : le foie gras de canard mi-cuit, en conserve ou en terrine (gourmande au naturel ou truffée) ; le foie gras d'oie mi-cuit ou en conserve, mais aussi cou de canard farci au foie, flûteaux de jambon farcis au foie de canard, et du gibier fourré au foie gras.

ÉTABLISSEMENTS CHAMPEVAL

LA CELLE-SOUS-GOUZON ✆ 05 55 62 20 62
www.champeval.fr
Ouvert du lundi au vendredi de 9h à 12h et de 14h à 18h. En décembre, ouvert le samedi et le dimanche.

Ils sont les seuls producteurs de foie gras dans le département ! Françoise et Philippe Champeval travaillent comme on le fait dans le Sud-Ouest, poursuivant une aventure familiale entamée en 1934. Dans le domaine de la Truyère, ils conçoivent des terrines et conserves de foies gras mi-cuits entiers, de canard et d'oie, truffés ou non. Mais leur activité ne s'arrête pas là puisque les établissements Champeval cuisinent également le gibier. Ils proposent des rillettes, des pâtés et d'autres plats cuisinés. Une gamme savoureuse à découvrir sur place et sur la toile.

FERME DU MONTAURAT

11, Montaurat
MÉRINCHAL
✆ 05 55 67 25 99
Ouvert tous les jours. Crêperie sur réservation l'été.

Odile et Didier Labas produisent des petits fruits bios : des framboises, des myrtilles, des cassis, des groseilles, des mûres. L'été, ils les vendent frais en cueillette libre. Le reste de l'année sous forme transformée : vous trouverez à la ferme un large choix de confitures, de gelées, de sirops, de vinaigres et de pâtes de fruits. Une crêperie à la ferme est organisée sur réservation l'été. Les produits sont vendus aussi sur les marchés et à l'office de tourisme de Guéret. La ferme produit également de la viande bovine.

FERME DU BALLOTIER

La Chezotte
RETERRE
✆ 05 55 82 34 39
Haute saison : ouvert le mercredi à partir de 15h30. Toute l'année sur rendez-vous.

Isabelle et Jean-François Bonnat vous invitent à découvrir leur métier, en partant durant deux heures à la découverte des animaux de la ferme (moutons, volailles, lapins, etc.). On visite aussi leur verger de petits fruits rouges. Une dégustation de confitures et sirops aux saveurs d'antan est offerte en fin de visite. Un goûter gourmand a lieu uniquement sur réservation et pour les groupes, il se compose de tartes, crumbles, clafoutis, salades de fruits... On retrouve les produits de la ferme du Ballotier sur les marchés voisins.

BEAUPRE AUTRUCHES

Philippe Ilson - **SAGNAT**
✆ 05 55 89 07 45
Visite guidée sur RDV 4 €. Visite guidée + dégustation sur RV 5 €. Visite libre 3 €. Du mardi au samedi de 14h à 18h.

Cette ferme d'élevage d'autruches nourrit 120 à 150 bêtes sur une surface de 3 hectares. On y apprend tout sur ce grand oiseau. La ferme appartient au réseau Bienvenue à la Ferme. Les visites guidées, organisées par le propriétaire, Philippe Ilson, ont lieu uniquement sur rendez-vous. A ne pas manquer avec des enfants ! La ferme propose à la vente de la viande d'autruche et des produits cuisinés (pâté, rillettes, saucissons). On peut acheter aussi de la maroquinerie, des œufs décorés, des savons ou des plumes, pour rapporter un souvenir de vacances original.

LA FERME DU CABRI'O'LAIT

Le Puy-Sauzet
RETERRE
✆ 05 55 65 32 81
www.lafermeducabriolait.fr
Ouvert tous les jours de 17h à 20h.

Les amateurs de fromage de chèvre trouveront chez Carole et Damien Gibert de quoi satisfaire leurs papilles. Grâce à un petit élevage de chèvres, alpines et poitevines, le couple fabrique de la tomme de chèvre et un petit cabriou, selon des procédés artisanaux. Les chèvres ne sont d'ailleurs nourries qu'avec des céréales et du foin régionaux. Si Carole et Damien accueillent leurs clients à la ferme, ils partent aussi à leur rencontre sur les marchés de la Creuse : à Jarnages dimanche, Evaux-les-Bains lundi et samedi matin, Boussac jeudi et Auzances mardi.

LE VERGER DE LASCOUX

18, Lascoux
SAINT-AGNANT-DE-VERSILLAT
✆ 05 55 63 81 46
Cueillette libre en saison tous les jours de 10h à 12h et de 15h à 18h30.

Ce verger qui produit des fruits rouges et noirs, myrtilles, fraises et cassis, ainsi que des confitures, jus, sirops et purée. Les produits sont disponibles chez Bio Creuse à Guéret (23) et à la Biocoop Feytiat (87) et sur le marché de La Souterraine (23) tous les samedis de juin à octobre. Mais le plus intéressant est que vous pouvez aller vous-même réaliser votre cueillette de fruits sur place ! Une super astuce qui n'est réalisable qu'à la bonne saison cependant, mais qui permet, pour ceux qui aiment, de faire leurs conserves, confitures et autres produits.

FERME DE VASSIVIERE

Chemin du Clou
ROYÈRE-DE-VASSIVIÈRE
✆ 06 63 41 15 08

Cette ferme élève des volailles et des chèvres dont elle transforme le lait cru en fromages et yaourts. Vous trouverez de la bûche, de la pyramide et des fromages frais aromatisés. Vous pouvez aussi acheter directement du lait de chèvre et même loger sur place dans des cabanes de bois à la manière des trappeurs. Les enfants adoreront la cabane implantée dans les arbres ! De quoi passer un week-end tranquille et reposant. Un vrai coup de cœur pour ce relais d'accueil paysan chaleureux et original qui peut recevoir jusqu'à 8 personnes.

MIELLERIE DU THEIL

Le Theil
SAINT-HILAIRE-LE-CHÂTEAU
✆ 05 55 54 02 90
mieldulimousin.com
Sur rdv.

Envie d'en savoir plus sur les abeilles et le délicieux nectar qu'elles fabriquent ? Rendez-vous à la miellerie du Theil. Michel Blassel fait visiter son exploitation apicole aux groupes, quatre après-midis par semaine, en été. Il accueille également des stagiaires. Il fait partie du réseau Bienvenue à la Ferme. A la Miellerie du Theil, il récolte le miel et le pollen, mais il fabrique également du nougat. après les explcations, une dégustation est prévue lors des visites guidées. La vente de produits se fait sur place et à l'office du toursime d'Ahun.

LE RUCHER CREUSOIS

Le Theil
SAINT-HILAIRE-LE-CHÂTEAU
✆ 06 42 59 79 70
www.mieldulimousin.com
Ouverture de la boutique sur rendez-vous, appeler au 06 42 59 79 70.

Catherine et Michel Blassel, apiculteurs depuis 15 ans produisent un miel de montagne bio qui a été élu saveur d'Or Nouvelle-Aquitaine 2017. Cette entreprise apicultrice réalise une production de miel et de produits dérivés à base de pollens d'espèces de plantes classiques ou moins classiques telles que le tilleul ou encore le pissenlit et la ronce. De ces ruches, dont les produits sont récoltés à la main pour assurer le bien-être des abeilles, ils tirent un florilège de bonnes choses : nougat, pain d'épice, hydromel, savons, pollen, gelée royale et propolis.

FERME ARC-EN-CIEL

14, Le Pradeau
SAINT-LÉGER-LE-GUÉRÉTOIS
✆ 06 84 51 26 99
www.la-ferme-arc-en-ciel.com
Ouvert mercredi et week-end. Sur réservation. Adulte : 7,50 €. Enfant de 2 à 10 ans : 6 €.

Cécile et Didier vous accueillent sur leur exploitation, en groupe ou en famille, pour vous faire découvrir chèvres, vaches limousines, ainsi que la vache laitière Rusée, les cochons nains entre autres. Les enfants participeront aux grandes chasses au trésor de Rusée, verront les tracteurs et matériel utilisés sur l'exploitation et tenteront de traire Mimosa la fausse vache. Pour finir avec la dégustation de gâteaux creusois, de pain et de confiture ou de miel et de jus de pomme. Les scolaires sont les bienvenus quel que soit votre projet, le programme de votre visite tient compte des contraintes liées aux saisons et vos attentes. La journée ou la demi-journée se concentre sur la découverte du monde de la ferme, de ses tracteurs et du matériel utilisé et des céréales produites sur l'exploitation. Les enfants, selon la saison, peuvent prendre des échantillons de céréales. Par petits groupes et un adulte présent. Visite dans l'enclos des chèvres et des cochons nains, pour les nourrir et les approcher par petits groupes, on visite leur habitat pour voir ce qu'ils mangent, et leurs petits. Visite du poulailler et de ses habitants, pour leur donner à manger et on peut aussi les approcher par petits groupes, voir leur habitat, ce qu'ils mangent et leurs petits. Découverte d'une couveuse et éventuellement selon la période de petits poussins. Pour le pique-nique, ils mettent à disposition une terrasse chauffée et couverte avec tables et bancs adaptés. Vente de produits régionaux et de petits souvenirs.

VERGER DE CESSINAS

Le Bourg - **SAINT-MARC-À-LOUBAUD**
✆ 05 55 66 09 18
www.levergerdecessinas.fr
Sur demande. Cueillette en libre-service. Vente sur les marchés. Hors saison : vente de produits transformés seulement.

Au sein de leur exploitation de fruits rouges, Michelle et Martial Mas de Feix accueillent les gourmands et les cultivateurs amateurs. En été, s'ils le souhaitent, ils peuvent réaliser des cueillettes en libre-service pour récupérer des myrtilles et des framboises. Sinon, ils ont la possibilité d'acheter des produits transformés (confitures, gelées...) et les fruits frais directement à la ferme de Saint-Marc (sur rdv) et sur les marchés. Lorsque la saison des fruits rouges est terminée, Michelle et Martial proposent uniquement des produits travaillés.

FERME-AUBERGE DE LAVERGNE €€

Domaine de Lavergne - **SAINT-MARTIN-CHÂTEAU**
www.axelim.com
Réservation impérative. Menus de 22 € à 26 €. Menu enfant : 11 €. Accueil des groupes. Boutique. Animations.

L'auberge a été aménagée dans un des bâtiments de la ferme d'élevage de 40 ha de porcs cul noir, d'aurochs, de chevaux, de volailles et de caprins. Pour tout type d'événements, des menus sont concoctés à partir des produits de l'élevage : charcuterie de porc cul noir, tourte au fromage de chèvre, porcelet au four, clafoutis aux myrtilles, légumes du jardin, etc. L'été, des soirées musicales sont également organisées en fin de semaine. Également stages de taille de pierre et céramique.

FERME DE CHATREIX

SAINT-MARTIN-SAINTE-CATHERINE
✆ 05 55 64 81 75
Visite tous les après-midis.

Située sur un coteau de la vallée du Taurion, la ferme de Chatreix vous propose tous les produits et plats cuisinés issus d'élevages de canards sélectionnés et gavés au maïs en grain : que ce soit du foie gras frais, du foie gras entier de canard aromatisé à l'armagnac, du pâté de canard au foie gras (30 % de foie), des rillettes au foie gras, ou encore cou farci et bien d'autres mets. Rendez-vous à la ferme pour découvrir l'ensemble de ces produits. Vous pouvez commander dès le mois d'octobre pour vos fêtes de fin d'année.

FERME ALBERT

38, rue du Logis-de-la-Fosse
ARDIN
✆ 05 49 04 37 68
Ouvert tous les jours de 10h à 12h. Les mercredis et vendredis de 16h à 19h.

Voici un élevage familial de 80 chèvres alpines avec pâturage en saison. Les terres de la famille Albert et l'élevage sont certifiés biologiques. Les producteurs transforment leur lait de chèvre en fromages – on trouve notamment du chabis, des faisselles, des p'tits ronds, mothais, bûches, pyramides, tommes... Et si vous vous y perdez, ils seront de bons conseils pour vous orienter entre toutes les saveurs ! A noter que cet élevage est situé sur la route du Chabichou et qu'il accueille également des porcs qui gambadent en plein air ainsi qu'une basse-cour.

SOCIETE COOPERATIVE AGRICOLE SEVRE & BELLE

CELLES-SUR-BELLE
✆ 05 49 32 89 09
coop-sevrebelle.fr

La laiterie Sèvre-et-Belle élabore depuis 1983 des beurres pasteurisés et au lait cru de chèvre, ainsi que des fromages. Ces produits sont régulièrement primés lors des concours et sont distibués dans le monde entier. Répondant à quelques principes fondamentaux, l'entreprise propose une gamme de produits intéressants tant en fromages qu'en beurres (Baratte d'or, Baratte du crémier...). N'hésitez pas à faire un tour dans la boutique de la coopérative !

AU PETIT BRASSEUR

10, place Emile Zola - **BRESSUIRE**
✆ 05 49 65 00 75
www.aupetitbrasseur.fr
Du lundi au vendredi le midi (petite restauration) et le vendredi soir jusqu'à 22h (tartes flambées). Couchage insolite.

Un concept convivial et réjouissant : brasser sa propre bière (avant de la consommer, puisqu'il faut bien le dire, avec modération). L'outillage peut ici être loué : malt, orges, houblons... sont également trouvables. Possibilité de louer des remorques frigorifiques (trois tailles disponibles). Plus de 250 références de bières. Et sachez que l'adage, « celui qui conduit est celui qui ne boit pas », est tout à fait valable ici et fera une excellente excuse pour dormir dans les couchettes du wagon-lit de la SNCF des années 1970. Une sorte de voyage dans le temps !

TETE DE MULE

2, rue du port de Brouillac - **COULON**
✆ 05 49 24 35 94
www.brasseriedumarais.fr
Boutique : horaires variables. Visite : juillet-août lundi mercredi, vendredi, samedi 17h15. Reste de l'année sur résa.

C'est dans l'ancienne laiterie de Coulon qu'est brassée la Tête de mule, une délicieuse bière artisanale élaborée à partir d'orge et de houblon issus de l'agriculture biologique locale. La mule aux jolies étiquettes se décline avec humour : les têtes à claques et les fortes têtes ! Ces bières-là ont du caractère ! Blonde, blanche, ambrée, IPA, triple, porter, pale ale, à chacun sa monture. L'été, n'hésitez pas à découvrir le vendredi soir, les marchés gourmands de la laiterie qui assurent une ambiance musicale et gourmande !

LA MAISON DES FROMAGES DE CHÈVRE

1, avenue de Niort - **CELLES-SUR-BELLE**
✆ 05 49 16 67 16
Toute l'année. Du mardi au vendredi 9h-12h30 et 14h-18h. Samedi 9h-12h30. entrée libre et gratuite, sauf ateliers.

Au programme de cet espace vivant et ludique, une exposition interactive consacrée à l'histoire et au développement de la production caprine en Poitou (élevage, fabrication, diversité des fromages), 1re région française en la matière. Vous voyagez groupés ? Réservez un atelier pédagogique, dégustation ou des saveurs pour décrypter goûts et textures. D'innombrables merveilles à dénicher à la boutique : fromages, terrines, cosmétiques, mohair, couteaux... Animaux acceptés.

COOPÉRATIVE AGRICOLE D'ÉCHIRÉ

76, place de l'Eglise
ECHIRÉ
www.echire.com

En limitant à un cercle de 50 km et 140 producteurs la collecte du lait nécessaire à la fabrication de l'or mou, la laiterie d'Echiré souhaite rester au plus proche de son terroir. Une appartenance à l'AOC Charentes Poitou « Beurre des Deux-Sèvres » amplement méritée, donc. Parmi les produits disponibles, on notera, outre les gammes doux et demi-sel, un beurre plus «sec», spécial cuisine et pâtisserie présentant la particularité de ne dévoiler que 14 % d'humidité.

SÈVRE AUTRUCHE

Route de Bressuire
COURLAY
✆ 06 62 81 23 63
https://sevre-autruche.fr
Haute saison ouvert tous les jours de 11h à 19h. Adulte : 10 €. Enfant de 5 à 12 ans : 8 €.

Installé depuis 2001 à Courlay, Sèvre Autruche déménage en 2014 pour La Laimière entre Bressuire et la forêt-sur-Sèvre. Vous y trouverez une cinquantaine d'autruches et leurs petits, ainsi que leurs cousins les nandous et émeus, ces grands oiseaux curieux et apprenez tout d'eux. Avec sa démarche cadencée et fière, l'autruche et tous ses cousins émeus et nandous règnent dans cette belle ferme. L'élevage se compose de 15 reproducteurs, 60 autruches à l'engraissement, deux émeus et six nandous. Alexis vous accueille et vous dira tout sur ce gros oiseau et ses petits. Concernant les visites guidées, il va chercher, devant vous, un œuf dans le nid, ensuite il attrape une autruche et vous présente par la poussinière, moment de tendresse assuré ! Venez aussi vous perdre dans un labyrinthe de haies en charme, qui réjouira aussi bien les enfants que les parents en voyageant dans l'univers des châteaux de France, tout en menant une enquête. Répondez aux énigmes et trouvez la sortie. Vente de conserves 100 % autruche, viandes sous vide, steaks marinés, terrines, rôti filet, tournedos filet, pavé filet, bourguignon, fondue, œufs, ainsi que des produits de producteurs locaux, saucissons, conserves, cosmétiques, épicerie, condiments, les bières Au P'tit Brasseur d'Argentonnay. Vous pourrez aussi visiter le parc lors des portes ouvertes, occasion aussi de découvrir les produits de la région, de déguster les gammes de vins proposées par chaque viticulteur, ou encore de commander vos huîtres pour Noël.

FERME DE L'IVRONNIERE

L'Ivronniere
LA FORÊT-SUR-SÈVRE
✆ 05 49 72 78 78
www.fermedelivronniere.fr
Ouvert du mardi au samedi de 10h à 12h30 et de 16h à 19h.

L'établissement labellisé « Bienvenue à la ferme » est spécialisé dans l'élevage bovin. De belles vaches et de non moins charmants bœufs vous accueilleront dans les près du bocage bressuirais. Le producteur propose ainsi, aux marchés du coin ou à la ferme (et même en livraison) de la viande bovine issue de son exploitation. Trois types de colis de viande allant de 6 kg jusqu'à 18 kg avec différentes pièces selon les goûts de chacun, des plats cuisinés et même de la charcuterie. De quoi rassasier tous les estomacs criant famine.

LA FERME DU VIEUX CHÊNE

11, rue du Vieux-Chêne
LES FOSSES
✆ 06 95 38 55 97
www.lafermeduvieuxchene.fr
Visite sur rdv.

Faisselle, crottin, brique, mothais, pyramide, bûche... Tous les fromages de chèvre fabriqués au sein de cette ferme sont bio ! Emmanuelle et Mathias travaillent dur, tout en prenant soin de leurs animaux, pour concevoir des fromages de qualité dont les goûts comme les formes varient. Passionnés par leur activité, ils mettent un point d'honneur à respecter l'environnement, la nature, et proposent des «Séjours Savoir Ferme», sur demande, pour faire partager leur métier d'éleveur. Ils ont reçu plusieurs médailles lors de concours en 2009 et 2010. Bonne dégustation !

EARL CANARDS GRAS DU CEBRON

Champeau
LOUIN
✆ 05 49 64 61 29
Ouvert le vendredi de 13h30 à 18h. Sur rendez-vous en dehors de ces horaires.

Emmanuel Brilloux cultive ici des céréales destinées à nourrir les palmipèdes qu'il élève sur son exploitation. Le gavage au maïs en grain et l'abattage sont également réalisés sur place, ce qui garantit la qualité des mets produits ici. Vous retrouverez de nombreux produits concoctés à base de canard, en frais ou en conserves : rillettes, pâtés, confits, saucisses sèches, ainsi que magrets et foie gras ! Vous pouvez déguster et acheter à la ferme le vendredi ou sur rendez-vous !

ROUTE DES FROMAGES DE CHEVRE DE NOUVELLE-AQUITAINE

12 bis, rue saint Pierre - **MELLE**
✆ 05 49 27 90 34
www.routeduchabichou.fr

La Route du Chabichou, née des éleveurs de chèvres et des producteurs de fromages est devenue en 2018 la Route des Fromages de Chèvre de Nouvelle-Aquitaine. Les éleveurs et les fromagers vous invitent à découvrir leur métier, leurs savoir-faire et bien sûr leurs produits laitiers. Gourmands et amateurs, n'hésitez pas à pousser la porte de ses Haltes qui vous feront découvrir la diversité des fromages de chèvre : frais ou affiné, sec ou crémeux..., il y en a pour tous les goûts !

FOIE GRAS GAILLARD

La Bouronnière - **MÉNIGOUTE**
✆ 05 49 69 06 25
www.foiegras-gaillard.com
Ouvert du lundi au vendredi de 9h à 17h. Ouverture les samedi et dimanche matin (9h-12h) en novembre et décembre.

Les Gaillard ont installé leur ferme à Ménigoute en 1979. C'est désormais leur fille Bérangère qui a repris l'exploitation et perpétue la tradition familiale en gavant les canards et en vendant les produits concoctés sur la base de recettes traditionnelles : foie gras, rillettes, pâtés, plats cuisinés, boudins, confits, cou farci, frittons, mousseline au foie gras, pâté de foie... ainsi que des produits frais tels que magret, foie frais... N'hésitez pas à venir visiter la ferme pour découvrir cette production, le lieu est labellisé « Bienvenue à la ferme » !

LA ROSETTE DES PRÉS

Rue Brisson Place des Halles
NIORT
✆ 05 49 04 29 91
hpwww.loichouc.fr
Ouvert du jeudi au samedi de 7h à 13h.

À la Rosette des Prés, c'est la qualité qui prime. Les produits proposés par Monsieur Chouc sont issus de l'élevage de porc de Fenioux : les animaux sont élevés en plein air, dans le respect total du cahier des charges Label Bleu Blanc Cœur, avec des porcs nourris aux céréales, protéines végétales et graines de lin qui favorisent l'apport d'oméga 3. Les charcuteries sont réalisées de façon traditionnelle, dans le respect de la cuisine au cochon d'antan (cuisson à l'étouffée). Sept points de vente sont à votre disposition sous l'enseigne L'heure du marché.

LA FERME DE MAGNANTRU

PÉRIGNÉ
✆ 05 49 07 20 50
Visites sur rdv.

Cathy et Jean-Pierre Charles accueillent les touristes en leurs chambres d'hôtes, et élèvent sur place des bovins et des palmipèdes ! Les canards gras sont gavés et transformés dans le petit atelier de gavage par lot de soixante-quinze, avec du maïs bio produit sur l'exploitation, cuit dans la graisse, ce qui permet ensuite la cuisine de mets délicats selon les recettes traditionnelles des grands-mères de Périgné ! Vous trouverez ici foie gras entier mi-cuit ou stérilisé, terrines et rillettes, pâté au foie gras (50 % de foie), cou farci... De quoi vous régaler !

DU COQ À L'ÂNE

12, rue du Moulin
SAINT-GEORGES-DE-REX
✆ 05 49 35 06 28
www.ducoqalane.fr
Haute saison ouvert tous les jours de 10h à 19h. Adulte : 7 €. Enfant de 3 à 12 ans : 5 €.

Au cœur du Marais poitevin, venez partager un moment privilégié avec les animaux de races poitevines. Partez à la découverte d'un parc écoresponsable de 7 hectares, à la fois ludique et accessible à tous. Une aventure inoubliable de deux heures, agrémentée de jeux, d'animations et d'activités nature, entre rando'âne, matinée VIP. Suivez le parcours semé d'énigmes à résoudre, à l'aide du Carnet de l'Aventurier, spécialement conçu pour les enfants. Observez les baudets du Poitou au pelage laineux. Entrez dans la mini-ferme des chèvres hautes sur pattes à la robe chocolat, des oies, canards, cochons et poules noires de Marans. Arpentez le Territoire des Alpagas. Traversez la Plaine des Nez Noirs du Valais, des peluches toutes blanches avec quelques particularités toutes noires comme leur visage ou leurs chaussettes. Parcourez l'Asinerie, avec les sept espèces d'ânes, dont l'âne andalou ou le gris de Provence. Longez la Terre des Mangalitza... Certaines sont présentes sur place, d'autres simplement en photos, avec des descriptifs. Dans un second temps, venez découvrir la fabrication du savon au lait cru d'ânesse en visionnant le film « De la naissance de l'ânon à la fabrication du savon ». Dormez en chambres d'hôtes, sous la yourte, dans une tente de chercheurs d'or canadiens ou en lodges. Succombez au plaisir de la table au MaraisSnack, plats et desserts de qualité, et ingrédients issus principalement de circuits courts. Profitez d'une terrasse ombragée à l'ambiance feutrée et accessible à tous.

LAITERIE EURIAL POITOURAINE

24, impasse de Soignon - **SAINT-MAIXENT-L'ECOLE**
✆ 05 49 76 13 92
www.eurial.eu
Ouvert du mardi au vendredi de 9h à 13h30 ; le samedi de 9h à 12h.

Soignon est la marque leader des fromages de chèvres en libre-service en grande surface. C'est notamment à Saint-Maixent-l'École que se trouve un de leurs sites de productions et donc un de leurs magasins d'usine. Vous pourrez y découvrir tous leurs produits : fromages de chèvres, de vaches, du beurre, de la crème, des produits bio, des yaourts et des desserts, vous n'en finirez plus d'aimer les chèvres et les vaches en voyant toutes les bonnes choses qu'on produit avec leur lait !

ESCARGOTS DE GATINE

La Sinvelinière
SAINT-PARDOUX
✆ 05 49 63 69 69
Visite de l'exploitation de mars à fin août, en groupe et sur réservation.

Thierry et Maryline Fréret sont héliciculteurs. Ils élèvent des lumas. Les timides bêtes à coquille sont séchées, conditionnées avant hibernation, engraissées, cuisinées et transformées en mets succulents : sauce aux lumas, confits, coquillés farcis, croquilles aux raisins ou à l'armagnac, etc. La grande spécialité de Thierry et Maryline est l'escargotine. Les escargotines sont des gros-gris court-bouillonnés et préparés avec du beurre de la Viette, de l'ail, des échalotes, du persil et des épices. Il existe la version nature ou encore celles au paprika, au curry.

LA FERME DE LA MANTELLERIE

36, rue de la Mantellerie
SAINT-POMPAIN
✆ 05 49 25 04 81
http://lamantellerie.com
Sur réservation.

Découvrez le métier d'agriculteur et l'origine des produits que vous consommez dans vos assiettes tout en vous sensibilisant à la protection de l'environnement. Visitez le potager ou encore le verger, et découvrez les légumes et les fruits frais. Rencontrez également les habitants (humains et animaux) qui peuplent le monde passionnant de la ferme. Les enfants pourront éventuellement participer au travail des fermiers en nourrissant les bêtes. Une visite accessible à tous.

VERGER CONSERVATOIRE DES CROQUEURS DE POMMES

La Guichettière - **SECONDIGNY**
✆ 05 49 05 93 43
www.croqueurs79.fr
Du 1er mai au 1er janvier. Visites seulement sur rendez vous. Gratuit.

La reinette de Parthenay est la spécialité du Pays de Gâtine, cette petite région des Deux-Sèvres où est implanté ce verger conservatoire. Depuis la seconde moitié des années 1990, des bénévoles travaillent dans cet espace à la préservation et à la promotion d'anciennes variétés d'essences fruitières. En vous promenant dans ses allées, vous découvrirez ainsi 45 variétés de pommes locales ou régionales, auxquelles s'ajoute une collection nationale de 75 variétés de pommes reinettes.

LES RUCHERS DE LA MAISON NEUVE

SOUDAN
✆ 05 49 06 55 57
www.chez.com/fareapi

Régis et Laëtitia Amail produisent 6 différents miels de base. Du plus léger au plus prononcé, tous ces miels sont d'excellente qualité et le choix dépend uniquement de votre goût. Produit phare : le miel de tournesol récolté dans la Région Poitou-Charentes est, tout comme les champs de tournesol, d'un jaune vif et discret en arôme. Autres produits : les confits qui sont des miels mis au point avec du citron, des noisettes, de la framboise… Un délice.

PARC MOUTON VILLAGE ★

21, rue du Bourg-Neuf - **VASLES** ✆ 05 49 69 12 12
www.moutonvillage.fr
Fermé de novembre à mars. Haute saison ouvert tous les jours de 10h à 19h. Adulte : 10 €. Enfant de 4 à 12 ans : 6 €.

On les a comptées pour vous. Il y en a 22 ! 22 espèces de moutons originaires des 5 continents peuplent les allées de cet arboretum de 4 000 arbres, chacun évoluant dans son espace naturel. Dans cet écrin de verdure de 6 hectares, on se familiarise avec les animaux à poils laineux. Mouton de Somalie, de Rambouillet, à tête de lapin, à 4 cornes, mais aussi chèvre angora, alpaga, et étonnant cochon laineux. Découvrez la vie de mouton sous tous ses aspects de manière ludique. La tétée des agneaux et le nourrissage des animaux de la mini-ferme raviront les enfants.

AUBERGE VIGNERONNE DES MOULINS DE BOISSE €€

Route de Faurilles - **BOISSE** ✆ 05 53 24 12 01
www.moulinsdeboisse.com/

Sur réservation à partir de 6 personnes, repas au domaine ou visite des vignes, dégustation suivie d'un repas.

Une affaire de famille ou Stéphanie et Bernard ont fait perdurer les traditions viticoles au domaine des Moulins de Boisse. Ils produisent des vins de Bergerac Rouge, Blanc et Rosé, mais aussi des côtes de Bergerac Rouge ou Moelleux. Pour présenter leur vignoble, ils proposent chaque année des visites des vignes suivies d'une dégustation. Depuis 2013 vous pouvez réserver pour manger à l'auberge vigneronne, tous les jours sauf le dimanche soir à partir de 6 personnes.

UN GOUT DE NATURE €€

FOURNET
BRANTÔME-EN-PÉRIGORD
✆ 06 86 08 78 40

Fermé de janvier à avril et d´octobre à novembre. Menu unique à 25 €.

Nathalie vous accueille bien à sa table. La Ferme Auberge de Fournet est ouverte dès les beaux jours, ou sur réservation ensuite. Les produits de la ferme sont à l'honneur, canard, légumes, asperges, melons... c'est cultivé sur place et c'est pour cela que c'est meilleur. Bientôt, au menu, vous trouverez aussi les agneaux de la ferme, préparés avec goût. N'hésitez pas à réserver, car c'est très apprécié par les gens du pays qu'ils y habitent ou qu'ils y viennent en famille ou entre amis. La salle est grande, elle peut accueillir plus de 50 personnes.

FERME-AUBERGE DE FAYE €€

Faye - **BRANTÔME-EN-PÉRIGORD**
✆ 05 53 05 85 84
www.ferme-auberge-de-faye.fr

Haute saison du merc au ven le soir ; le WE le midi. Hors saison prendre contact. Menus 28-35 €. Enfant 10 €.

Marie et Claude Dubuisson ont repris l'exploitation agricole de leurs parents. En 1988, ils se lancent dans le gavage des canards et la fabrication de conserves fermières. Ils cultivent eux-mêmes le maïs utilisé pour gaver les canards, et le blé et plantes pour les nourrir. En 2000 ouvre la ferme-auberge dans une ancienne grange restaurée. Parmi les spécialités : foie gras, magret de canard à la confiture d'oignon, cuisse de canard farcie, ainsi que des plats inventés par Marie comme la quiche périgourdine à base d'aiguillettes de canard, de cèpes et de foie gras.

LE PARC DU TOURON

Le Touron
CAMPSEGRET
✆ 05 53 73 84 70
www.ferme-du-touron.com

Ouvert d'avril à octobre tous les jours de 10h à 19h, de novembre à mars de 10 à 17h.

L'exploitation est familiale depuis plus de quatre générations. Jean-Loup est installé depuis 1983, Greta depuis 1993 et Coralie en 2005. Près de 400 animaux de différentes espèces vivent sur la ferme. A côté des poules, oies, canards, lapins et autres animaux de la basse-cour, on découvre des vaches de race Highland, des lamas, des zébus, des chevaux shetland, des ânes, des chèvres, des daims, des sangliers, des cochons vietnamiens, etc... Vous découvrez aussi la faune et la flore de la Bouriane, de quoi ravir les yeux des plus petits.

FLEUR DE MIEL

Maison Neuve
BRANTÔME-EN-PÉRIGORD
✆ 05 53 35 28 82

Vente à la ferme et sur les marchés de Piégut (mercredi) et Brantôme (vendredi)

Ici, les abeilles sont au paradis et engrangent de beaux parfums que Peter Esnault transforme, sous label bio. Miels, pollen frais et sec, pains d'épices, hydromel, vinaigre de miel, propolis, bougies en cire naturelle d'abeilles, nougat... autant de trésors issus de la ruche. Il vend à la ferme, sur les marchés de Piégut (mercredi) et Brantôme (vendredi toute l'année et mardi en saison), et sur les marchés de producteurs. Il fournit aussi des commandes en AMAP. Il accueille sur rendez-vous des visiteurs pour un tour de sa ferme et ses jachères mellifères.

VIDAL FOIE GRAS

Z.A.E. Pech-Mercier
CÉNAC-ET-SAINT-JULIEN
✆ 05 53 28 65 25
www.vidalfoiegras.fr

Ouvert du lundi au vendredi de 8h30 à 18h. Visite et vente sur place. Livraison et achats en ligne.

Cette entreprise artisanale travaille uniquement à partir de productions locales et bénéficie de l'origine certifiée IGP Périgord (canard nourri au maïs, élevé, gavé et cuisiné en Périgord). Sur place, vente de conserves, produits cuisinés (enchauds, cassoulet aux confits de canard, mijoté d'oie, coq au vin...) et de produits frais avec la possibilité de visiter le laboratoire de fabrication. L'entreprise de Pascal Vidal est aussi présente au marché couvert de Sarlat, tous les matins de 8h30 à 13h30 (en saison). Boutique au 1 rue de la Liberté à Sarlat.

TORRIBIA KAAG

La Croix de Marafret - **CHALAIS** ✆ 05 53 62 07 69
www.bourricot.com/torribiakaag
En saison tous les jours. En été, visite goûter mercredi sur rdv 6,50 €. Randonnée libre 2h : 19 €. Journée : 43 €.

Ici on élève des ânes pour le plus grand bonheur des familles qui partent randonner. Ils portent les bagages et les enfants. La balade mène tour à tour dans les forêts, les landes, et le long de nombreux étangs. Vous découvrirez le barrage de Miallet avec son parcours ornithologique, le musée de l'or, des producteurs fermiers (pomme, canard, viande bovine, chèvre). Les étapes sont organisées en camping, chambre d'hôte ou bivouac. A la ferme les enfants apprennent à approcher l'animal, à le brosser. Cette ferme propose le dressage d'ânes, en pension ou chez eux.

FERME DE LA GARENNE

La Garenne
CHERVEIX-CUBAS
✆ 05 53 50 44 34
Visite guidée sur réservation.

Venez visiter cet élevage d'oies et de canards, et découvrir des animaux traditionnels de la ferme, moutons des Pyrénées, vaches limousines, et d'autres plus exotiques vivant en semi-liberté. Cerfs, biches, daims, cochon vietnamien, et autres mouflons. Vous serez étonné par la diversité des habitants de la basse-cour. Poules chinoises, canards colverts, coureurs indiens, coqs gaulois, cygnes et paons. Assistez à une démonstration de gavage traditionnel et achetez les produits de l'exploitation. Foies gras, confits, plats cuisinés, pâtés, confitures maison.

LES DÉLICES DE MADY

Rue de l'Innovation
COULOUNIEIX-CHAMIERS
✆ 05 53 53 75 15
https://lesdelicesdemady.fr/
Ouvert du lundi au vendredi de 8h30 à 13h30.

Né d'un collectif de producteurs attachés à un mode de culture durable, Les Délices de Mady est spécialisé dans une gamme de fraises, petits fruits rouges frais et fruits transformés pour les particuliers et les professionnels. On y trouve des produits frais, les fraises de nombreuses variétés étant abondantes de mi-mars à novembre, avec un choix élargi aux framboises, groseilles, cassis... La boutique présente des produits artisanaux qui sont autant de bonnes idées cadeaux : compote, coulis, sirops veloutés et confitures maison... présentés en solo ou coffret.

LA BORIE BLANCHE €

DOMME
✆ 05 53 28 11 24
Réservation impérative.

A 10 minutes de Domme, Christine vous accueille chaleureusement dans sa ferme auberge, en pleine campagne. Elle perpétue la tradition de la gastronomie périgourdine grâce à sa cuisine authentique. Sa spécialité : le bœuf de la ferme, mais aussi toutes les autres traditions culinaires périgourdines comme la mique levée (en hiver et sur réservation), l'omelette aux champignons, les foies gras et pâtés maison, la salade dommoise dès le printemps, les pommes de terre dommoises, les gâteaux maison... Et plein d'autres choses encore à la carte pour se régaler.

DELICES DE TURNAC

Turnac - **DOMME**
✆ 06 73 03 57 11
www.delicesdeturnac.com
Ouvert tous les jours de 9h30 à 19h. Du 15 juin au 15 septembre, en soirée, sur réservation, table d'hôtes, menu 18 €.

Joëlle et Daniel vous accueillent à Turnac depuis 35 ans, avec depuis toujours une production dans le respect de la tradition, ancrée dans ce terroir. Du 15 juin au 15 septembre, Joëlle et Daniel organisent des soirées conviviales Plancha périgourdine, sous forme de table d'hôtes, et sur réservation. Un menu unique aux saveurs locales des produits de la maison. Vente directe dans leur magasin de toutes leurs spécialités, au label IGP de canard et d'oie, des cerneaux et de l'huile vierge de noix. Enfin, ils accueillent gratuitement les camping-cars toute l'année.

PISCICULTURE DU MOULIN DE BOISSONNIE

Petit Boissonnie - **DOUZILLAC** ✆ 05 53 81 53 41
www.pechealatruite24.com
Haute saison ouvert tous les jours de 8h à 18h. Basse saison du mercredi au dimanche de 8h à 18h.

Dans une petite vallée nichée au milieu des bois, cet élevage de truites élève et transforme le poisson de l'œuf à la truite adulte jusqu'à 4 kg. On peut pêcher soi-même soit à la demi-journée ou pour la journée avec la possibilité de pique-niquer. Les débutants pourront pratiquer la pêche au poids dans un bassin d'élevage, les prises sont assurées ! On vous propose un livret pédagogique à vendre. La boutique propose leurs produits, comme la truite fumée, les œufs de truites.

LE MIEL NOIR

Les Penauds
EGLISE-NEUVE-D'ISSAC
✆ 06 25 11 65 99
Visite sur rendez-vous.

Paul Thirion originaire de la région parisienne s'est piqué du miel en fabricant des ruches quand il était Compagnon du devoir. Il part au Chili puis en Italie pour découvrir à grande échelle le métier d'apiculteur. Il débarque ensuite en Périgord et il installe ses premières ruches. Il en a aujourd'hui 400 et il compte aller jusqu'à 500. Pourquoi le miel noir ? Tout simplement parce que l'abeille du pays c'est l'abeille noire. La production de miel est variée : fleurs de printemps, bruyère Erica, bourdaine, arbousier, callune, verveine, etc.

FERME AUBERGE LE COLOMBIER €€

Colombier - **LA ROQUE-GAGEAC**
✆ 05 53 28 33 97
www.gite-auberge-dordogne.fr
ermé du 15 octobre au 30 mars. Ouvert du mardi au samedi et les jours fériés le midi et le soir ; le dimanche midi.

Cette auberge est tenue par la même famille depuis 25 ans... Alexandre poursuit l'aventure en conservant les mêmes ingrédients : une cuisine du terroir traditionnelle élaborée à partir des produits de la ferme (canard gras et noix) et de l'agriculture locale. Tous les producteurs sont répertoriés sur la carte : la viande vient en partie du Limousin, le miel de la Roque-Gageac, les fraises de Nabirat... Tout est authentique et soigneusement préparé.

FOIE GRAS LACABANNE

Ferme de Charnaillas
LA BACHELLERIE
✆ 05 53 51 01 18
www.foie-gras-lacabanne.com
Ouvert tous les jours de 8h à 19h.

Une exploitation conduite en agriculture biologique ou Pierre-Antoine Lacabanne invite à visiter ses noyeraies et son élevage d'oies et de canards avec gavage traditionnel au maïs. Les produits sont préparés et cuisinés sur place. A la boutique on trouve foies gras, confits, magrets, galantines, pâtés, cous farcis, huile de noix, noix, asperges, truffes et cèpes. Toute l'année la ferme vend des produits frais : d'oie et de canard, mais aussi volailles fermières, poulets, pintades, canettes, chapons, dindes... Ils sont présents sur les marchés gourmands.

LE PARC SAUVAGE

Le Claud - **LA TOUR-BLANCHE-CERCLES**
✆ 07 66 79 42 84
www.leparcsauvage.com
Haute saison ouvert tous les jours de 10h à 18h. Adulte : 8 €. Enfant de 3 à 11 ans : 5 €. Animations.

Il comprend une ferme pédagogique avec un parcours ponctué de panneaux informatifs pour tout savoir sur des animaux étonnants. Vache Dexter, mouton d'Ouessant, mouton Suffolk, chèvre angora, âne du Poitou, cochon cul noir, lapin Bourgogne, poule Brahma... Les approcher, les câliner et voir les petits. C'est aussi la visite guidée du parc de vision avec cerfs, daims et wallabies vivant en liberté. Vous pourrez participer à des ateliers pédagogiques et assister à la présentation des rapaces, puis au goûter des animaux pour finir avec le spectacle des rapaces.

FERME GENDRON

Grésignac - **LA CHAPELLE-GRÉSIGNAC**
✆ 05 53 91 00 91
www.fermegendron.com
Basse saison : uniquement le week-end. Haute saison : du mercredi au dimanche. Menu à 28 €, menu enfant à 10 €.

La famille Gendron exploite la ferme depuis de très nombreuses années. Karen et Laurent élèvent, entre autres, des canards et les transforment pour les commercialiser ou les mettre au menu de leur ferme-auberge authentique où on trouve entre autres magret sec en apéritif, potage, foie gras, canard ou bœuf, salade de chèvre chaud, et dessert maison. On peut acheter des conserves de foie gras entier, de confit et de rillettes ainsi que du magret séché farci au foie gras, des aiguillettes de canard, du civet et des cuisses basquaises.

FOIE GRAS GROLIÈRE

20, place de l'Hôtel de ville - **LE BUGUE**
✆ 05 53 07 14 28
www.foiegras-groliere.com
Ouvert à l'année. En été 7j/7 9h-12h30/14h15-19h. Groupes sur réservation. Visite gratuite. Livraisons possibles.

Depuis 1960, ces artisans conserveurs sont des valeurs sûres, aussi bien en oie qu'en canard : tous les ans l'entreprise est médaillée du Salon de l'agriculture à Paris. Les produits évoluent régulièrement : parmi les nouveautés, une verrine aux figues fourrée au foie gras et pineau des Charentes et un mi-cuit à la crème de marrons. 2 magasins ont ouvert à Sarlat et aux Eyzies. L'atelier de fabrication est aussi au Bugue (Malmussou Bas - 82 route du Mont Saint-Jean) et se visite en juillet/août 7 jours/7 avec dégustation offerte. Vente en boutique et en ligne.

FERME DE LA GRÉZELIE

MARQUAY

✆ 05 53 29 67 31

www.fermedelagrezelie.com

Ouvert tous les jours. Livraison possible (possibilité d'acheter les produits en ligne à partir du site internet).

Le couple Ginette et Kléber Lasserre élève des oies et des canards qu'il transforme et met en conserves dans un laboratoire homologué. On peut acheter les produits à la ferme ou en ligne : foie gras, blocs, rillettes, cou farci, manchons, gésiers, graisse, etc. et des plats cuisinés comme du canard au sang, à l'orange, au civet ou au poivre vert, des cuisses de canard farcies, du ragoût d'oie, du confit d'oie et cou farci aux haricots ou de magret salé et séché. Tout est cuisiné de façon artisanale selon des recettes traditionnelles du Périgord.

LE MARMITON €

Lieu-dit Broumet

MARSALÈS

✆ 05 53 22 64 76

Ouvert du mardi au dimanche le midi et le soir. En juillet et août : ouvert tous les jours.

Une vraie table paysanne où Marie-Christine Huard vous reçoit sans chichi. C'est tout à la bonne franquette même la toile cirée à fleurs qui rappelle notre jeunesse. On s'attable dans la salle à manger familiale, l'ambiance est chaleureuse et on fait vite connaissance avec les voisins. Ici on élève des volailles et on cultive des légumes, autant dire que dans l'assiette tout est frais. La cuisine est simple, basée sur des recettes ancestrales comme le fameux tourain, le foie gras, la mique ou la poule farcie servies sur réservation.

LA FERME DE SIRGUET €€

MONSAC ✆ 06 13 63 42 19

www.ferme-sirguet.com

Roulotte dès 89 €/nuit, cabanes dès 140 €/nuit, petit déjeuner 9,50 €. Panier gourmand dès 45 €/2. Spa 55 €/2.

Au cœur d'une ferme familiale productrice de foie gras on peut vivre en roulotte aménagée pour 4/5 personnes en formule gîte, ou dans une des cabanes perchées aménagées en chambres d'hôtes pour 2 (en gîte pour 4/5). Tous les hébergements sont très bien équipés pour votre confort. A votre disposition un espace détente avec TV, wifi, livres, jeux enfants, des paniers petit déjeuner et paniers gourmands contenant des produits locaux et surtout un espace spa/bain à remous en supplément. Sont aussi proposées des visites à la ferme avec découverte du gavage des canards.

FOIE GRAS CATINEL

Bois Bareirou - MONTIGNAC

✆ 05 53 51 25 06

www.foiegras-catinel.com

La ferme du Bois Bareirou est ouverte toute l'année. Il y a deux autres boutiques, à Montignac et aux Eyzies.

Patrick Catinel est agriculteur, producteur de volailles grasses (oies et canards). Il élève en plein air, gave de manière traditionnelle au maïs grain entier sans OGM produit à la ferme, et commercialise sa production directement auprès d'une clientèle particulière ou dans des épiceries fines. Il réalise ses conserves dans le respect des traditions. Visite de la ferme toute l'année, dégustation et vente. Il a deux boutiques, une à Montignac dans le bourg, l'autre aux Eyzies près du musée. On peut aussi commander sur le site internet. Accueil de camping-cars.

FOIES GRAS TEYSSIER

15, Avenue de Lascaux

MONTIGNAC

✆ 05 53 51 83 00

www.foies-gras-teyssier.com

Ouvert du lundi au samedi de 9h30 à 12h et de 14h30 à 18h30. Boutique et vente en ligne.

Situés à deux pas de la célèbre grotte de Lascaux, c'est ici que depuis 1946 les foies gras Teyssier fabriquent dans le plus grand respect des traditions périgourdines des produits régulièrement récompensés et dont les recettes sont transmises de père en fils depuis 4 générations. On adore les rillettes de canard et le foie gras mi-cuit de canard ou d'oie.La maison fabrique aussi des terrines de gibier, et des plats cuisinés à base de canard comme le cassoulet au magret. Pour l'apéro, des spécialités à tartiner au foie gras et aux figues.

MAISON PÈLEGRIS

Les Communaux - Les Farges

MONTIGNAC

✆ 05 53 51 79 00

www.pelegris-foie-gras-perigord.com

Ouvert du mardi au samedi de 10h à 13h et de 15h à 19h.

David Pèlegris et sa sœur dirigent cette maison créée en 1890 à Montignac. Cette pérennité est une garantie de qualité. Ils se fournissent exclusivement auprès de producteurs locaux et travaillent 800 canards par semaine. La production de canards mulards permet des foies plus gros, avec davantage d'onctuosité et de goût sur le palais à la cuisson. La maison vend des produits frais issus de canards gras, des volailles, mais également des produits élaborés, la gamme est immense. Plusieurs restaurants du Périgord ont à leur carte les foies gras Pélegris.

LE JARDIN MARAÎCHER

Chez Ragot
PARCOUL-CHENAUD
✆ 06 16 89 53 55
Plus de vente directe à la ferme pour l'heure.

Georgia Durand et Bastien Lecron se sont installés en agriculture biologique pour produire de bons légumes de saison, ainsi que des plants au printemps, et même des herbes aromatiques. Ils vendent le tout à la ferme et composent des paniers pour Les Paniers de la Double livrés le mardi soir à Saint-Aulaye. Ils organisent aussi des animations sur l'exploitation maraîchère en soirée aux beaux jours, avec marché de producteurs bio (légumes, fromage, pain, épicerie, vin, bière) et visite commentée du jardin avec restauration sur place.

DOMAINE DE LA FERME DES 4 VENTS

Millac
PEYRILLAC-ET-MILLAC
✆ 06 31 11 99 56
www.mohair-aux-4-vents.fr
Ouvert à l'année sauf les dim. Du 1er juillet au 31 août visites à 10h30 et 15h30, sinon sur RDV. 3 €/p, -3ans gratuit.

© DOMAINE DE LA FERME DES 4 VENTS

Dans la Ferme des 4 Vents qu'il a été créée en 2012, Mathieu Lauvie élève des chèvres angoras et confectionne des produits textiles : pelotes, étoles, écharpes, bonnets, chapeaux, mitaines, gants, pulls, ponchos, plaids, etc. Différentes qualités sont présentées : mohair et soie, mohair, pur mohair de chevreau. Les pièces sont dessinés par une styliste et ils peuvent être réalisés sur mesure. On peut aussi acheter en ligne sur le site internet. Visite guidée environ 1h30.

CHATEAU LADESVIGNES

Ladesvignes
POMPORT
✆ 05 53 58 30 67
www.ladesvignes.com
Dégustation du Lundi au vendredide 9h à 12h et de 14h à 18hEt le Week-end sur rendez-vous

Idéalement situé, il est entre les coteaux du Monbazillac et ceux de Bergerac. Le Château Ladesvignes est un domaine viticole en pleine restructuration afin d'améliorer encore plus la vinification qui se fait pour certains vins en barrique pendant 18 mois. Le château fait partie des vignerons indépendants et on y pratique l'agriculture raisonnée depuis de nombreuses années. Le domaine produit des bergerac rouges, blancs secs, blancs moelleux, rosés, Monbazillac et un vin pétillant. Le domaine dispose également d'une boutique en ligne.

DOMAINE DE GRANGE NEUVE

Grange Neuve
POMPORT
✆ 05 53 58 42 23
www.grangeneuve.fr
Ouvert tous les jours et les jours fériés de 8h à 12h et de 13h30 à 18h.

C'est une ferme viticole traditionnelle, d'une superficie totale de 55 hectares dont 21 hectares en rouge et 34 hectares en blanc. Aujourd'hui l'exploitation est toujours familiale – trois générations travaillent ensemble – et cherche sans cesse à élaborer des produits sains et de qualité avec pour doctrine un bon rapport qualité/prix. La famille Castaing aime faire découvrir ses vins et le visiteur ne repart jamais sans avoir dégusté un verre. Sur place une maison à louer de 13 pièces de 450 m² avec piscine, un lac avec pêche privée et un billard.

LA FERME DU REBEYROTTE €€

La Beausserie - **PRESSIGNAC-VICQ**
✆ 05 53 61 13 87
www.domainederebeyrotte.fr
Du mardi au vendredi le midi. De fin décembre à début mars : auberge ouverte uniquement pour les groupes sur résa.

En occitan, *Rebeyrotte* signifie « la maison entre deux cours d'eau ». Le hameau où est située *la ferme* de *Rebeyrotte* est en effet pris entre les ruisseaux de Barbeyrol et de la Sérouze... La famille Roussel possède une exploitation agricole où elle pratique le gavage de canards avec transformation ainsi que la vente sur place. On s'attable pour manger rôti de magret, foie gras, salade de gésiers, rillettes au foie de canard, cassoulet au confit de canard, magrets, confits, pommes de terre à la sarladaise, foie de canard mi-cuit...

MAISON VILATTE PLASSARD POMPOUGNAC

La Pradélie - **ROUFFIGNAC-SAINT-CERNIN-REILHAC**
✆ 05 53 05 98 81
www.foiegras-plassard-pompougnac.eu
Ouvert du lundi au samedi de 10h à 12h et de 14h à 18h. Vente en boutique ou en ligne.

Les Plassard ont ouvert ce magasin de produits du terroir à deux pas de la grotte aux Cent-Mammouths. Eleveurs et conserveurs depuis des années, ils profitent de l'attraction du site préhistorique pour vendre leurs excellents produits. Le foie gras est bien sûr le produit phare, mais Pierre ne manque pas d'imagination pour mettre en boîte canard à l'abricot, oie au pécharmant ou crépinettes au riesling et même du bison à la mode Cro-magnon ! Vente en boutique ou sur internet.

FERME DES ROUMEVIES

SAINT-CRÉPIN-ET-CARLUCET
✆ 05 53 28 85 78
www.roumevies.com
Boutique du lun au sam 8h-19h, dim 9h-12h. Visite gratuite du lun au sam à 18h des vacances de printemps à fin sept.

Depuis 17 générations, on élève les palmipèdes à la ferme des Roumevies. Depuis 1986, la production s'est largement développée avec la création d'un laboratoire de transformation. Tous les produits vendus ici, concoctés à partir de canards de Barbarie sont issus de la ferme : élevage, gavage et conserverie sur place. Foies gras, confits, magrets, plats cuisinés, et les fameuses figues fourrées au foie gras pochées au monbazillac sont vendus sur place. Dans la propriété, 5 gîtes peuvent accueillir de 4 à 8 personnes voir tarifs sur le site internet.

FERME-AUBERGE DE MONTALIEU-HAUT €

Montalieu-Haut
SAINT-CYBRANET
✆ 05 53 28 31 74
www.montalieuhaut.com
Basse saison : du mardi au samedi le midi et le soir. Haute saison : tous les jours le midi et le soir.

Située entre Castelnaud et Daglan sur un domaine familial centenaire, cette ferme offre une vue sur la vallée du Céou et la bastide de Domme. Solange prépare une cuisine du terroir à partir de produits fermiers (sur réservation), servie dans la salle de vieilles pierres ou en terrasse, tandis que Jean-Luc, le fils, sait raconter l'histoire locale avant le dîner (le mardi en saison). On peut séjourner dans l'une des quatre chambres d'hôtes ou dans l'un des 5 gîtes.

DOMAINE DE LA VOIE BLANCHE

Les Caves - **SAINT-CYPRIEN** ✆ 05 53 29 20 36
www.domaine-voie-blanche.com
Haute saison ouvert 7j/7 13h-19h. Hors saison sur rdv visite guidée de la vigne, du chai et dégustation 4-7 €/pers.

Les coteaux de la vallée de la Dordogne redécouvrent un terroir qui fut viticole. La famille Dalbavie se lance dans l'aventure, entre Saint-Cyprien et les Eyzies, sur un sol calcaire. La propriété travaille de manière traditionnelle : on respecte les sols et les vendanges sont manuelles. La vinification s'appuie sur la technique de macération pré-fermentaire à froid. Visite libre du 1er juillet au 26 août ou en visite commentée en été et le reste de l'année sur rendez-vous.

LE CANARD JOLI

Gué de Jaye - **SAINT-PANTALY-D'EXCIDEUIL**
✆ 06 76 84 80 05
http://lecanardjoli.fr/
Ouvert du lundi au vendredi de 14h30 à 19h. On peut télécharger le catalogue des produits depuis le site web.

Le Canard Joli, c'est une longue histoire de tradition familiale transmise depuis des générations. Quentin est le dépositaire des recettes de ses grands-parents et de la dextérité de l'autre papy. Ici, il est au contact des canards et des oies depuis sa ferme, jusqu'à la vente sur les marchés. C'est pour cela que le matin, la boutique est bien souvent fermée, il est souvent à Périgueux, Trélissac ou Saint Yrieix. Il valorise nos envies gustatives à partir du foie gras, et ses figues fourrées au foie gras de canard s'arrachent comme des petits bonbons.

LE JARDIN DE LA NANOTTE

La Nanotte
SAINT-PARDOUX-LA-RIVIÈRE
✆ 06 95 23 41 71
Sur les marchés locaux.

Besoin de faire le plein de vitamines avec fruits et légumes ? Cécile Drouin commercialise ses légumes, fruits de saison et œufs sur les marchés du village de Saint-Pardoux, chaque dimanche matin de l'année et le jeudi matin en été. On la retrouve sur les marchés des producteurs le vendredi soir en juillet/août tout près de chez elle, à Saint-Saud-Lacoussière, Saint-Front-la-Rivière et Mialet. Les résidents du camping les Parenthèses Imaginaires, à Milhac, ont la chance de pouvoir être livrés en paniers les mercredis et samedis d'été.

FERME DU ROC €€

Le Roc - **SAINT-POMPONT**
✆ 05 53 28 45 25
www.fermeaubergeduroc.com
Haute saison : tous les jours le midi et le soir. Basse saison, se renseigner en téléphonant.

Philippe Lapeyre ouvre sa table à la ferme, loin du bruit, en salle ou en terrasse. La cuisine est bien sûr traditionnelle et paysanne, préparée à partir des produits de la ferme. Les spécialités sont irrésistibles : foie gras poêlé, tourtière (confit de canard, salsifis, tomates), civet de biche, omelette aux truffes, et bien d'autres surprises gourmandes. La petite boutique vend les produits de la ferme pour ceux qui veulent prolonger les vacances à la maison. Hébergement en chambre d'hôtes ou dans une maison pour 8 à 10 personnes.

AUBERGE DES MARTHRES €€

Les Marthres - **SALIGNAC-EYVIGUES**
✆ 05 53 28 90 89
www.aubergedesmarthres.com
Ouvert avril-fin septembre, midi et soir. Menus 19/34 €. Enfant 9 €. Chambre dès 40 €. 3 gîtes 4/5 pers 420-700 €/sem.

Dans le cadre superbe de cette gentilhommière du XVIe, la famille Manein est experte en cuisine du terroir copieuse et riche avec des produits de qualité de leur ferme en prime. La pierre apparente met aussitôt dans l'ambiance rustique et familiale. Vous dégusterez un tourin périgourdin, une salade périgourdine, du poulet fermier et pommes sarladaises, du gâteau aux noix. On peut séjourner en chambre d'hôtes (minimum 3 nuits). La Ferme des Marthres propose également des gîtes, au confort moderne, de 90 m² chacun, avec piscine. Le prix est variable selon la saison.

LA PROMENADE DE L'ABEILLE

La Besse
SAINT-SAUD-LACOUSSIÈRE
✆ 05 53 56 64 60
Ouvert toute l'année. Sur réservation.

Martine Seegers propose des goûters préparés avec les produits de la ferme : miel et confitures de châtaignes, pomme-rhubarbe, pêche de vigne, etc. La formule boisson plus assiette avec au choix (pain d'épices/glace, crêpe, tarte à la confiture de châtaignes, ou encore tarte à la rhubarbe) est à partir de 3 € par personne. Visite de la ferme avec explications (visite libre de la ferme laitière, visite guidée du poulailler, des ruches et des châtaigniers).

ASINERIE DU PÉRIGORD

Lafayette - **SARLANDE**
✆ 05 53 52 86 81
Ouvert toute l'année. Accessible aux personnes à mobilité réduite, aménagements pour handicapés mentaux.

Dans le Périgord vert, Nelly Vauvy élève ses ânes, un troupeau d'une vingtaine de bêtes, sur 12 hectares de prairie. L'asinerie est homologuée ferme pédagogique de la Dordogne pour accueillir les scolaires, les centres de loisirs, les personnes handicapées mentales et physiques. On peut réserver une visite d'une demi-journée ou d'une journée pendant laquelle on peut vraiment faire connaissance avec les ânes, les brosser, voir la traite d'une ânesse toutes les trois heures, découvrir les vertus de son lait qui se rapproche le plus de celui de la femme et le goûter.

LA FERME DE LA BRUNIE

La Brunie - **SAINTE-NATHALÈNE** ✆ 06 87 04 18 97
www.fermedelabrunie.com
Ouvert du lundi au samedi, 18h à 19h (été 18h30 à 19h30). Visite guidée et gratuite de la ferme. Boutique des produits.

Connue pour la qualité de ses produits laitiers liés au mode de production (notamment avec Bleu Blanc Cœur) autant que pour les vaches Montbéliarde, la Ferme de la Brunie se situe près de Sarlat. Bertrand est l'héritier de plusieurs générations de paysans, ces personnes qui ont maintenu le paysage et les traditions dans nos campagnes. Il est une tradition ici qui est de « *faire du bon* ». La ferme se visite tous les soirs de la semaine et la boutique est ouverte du lundi au jeudi. Les marchés, les boutiques de producteurs et les magasins proposent leurs produits.

CELLIER DU PÉRIGORD

Place de la Liberté
SARLAT-LA-CANÉDA
✆ 05 53 30 81 30
www.foie-gras-sarlat.com
Ouvert tous les jours de 9h à 19h. Du 14 juillet au 20 août : 9h/23h 7j/7j.

Le Cellier du Périgord est une société familiale fondée en 1973. Berthou Segondat fut le premier à ouvrir à Sarlat un magasin de produits fermiers. A Sarlat et Vézac, le Cellier vend des produits du terroir : confits de canard, anchauds, foie gras d'oie et cèpes à l'huile. La société a développé une gamme de paniers gourmands pour les entreprises et les professionnels. Un site internet est aussi disponible pour acheter en ligne avec un rayon épicerie fine qui donne l'eau à la bouche. Des produits de bonne qualité, à des prix qui incitent à se laisser tenter.

FERME DU GILET

Le Gilet

SENCENAC-PUY-DE-FOURCHES

✆ 05 53 46 33 19

Ouvert tous les jours de 10h à 12h et de 14h30 à 16h30. Sur réservation. Adulte : 3,50 €.

Marie-France et Thierry Jean sont la 4e génération d'exploitants. Ils ont l'agrément d'une ferme pédagogique, ils peuvent donc accueillir les enfants pour leur faire découvrir leur exploitation. Ils y élèvent 200 chèvres laitières, 40 vaches limousines et 80 chevrettes. La visite qui dure environ 2 heures est ludique, on découvre comment on fabrique l'alimentation des animaux, leur reproduction et la croissance des chevreaux. Les plus sages ont même le droit d'assister à la tétée des petits et de traire les chèvres et, s'ils le veulent, de goûter leur lait !

LA VOULPERIE

SERGEAC

✆ 05 53 50 75 10

Ouvert tous les jours à partir de 11h et à partir de 18h. Ouvert de mars à décembre.

Nicole et Christian Requier vendent sur place d'excellents produits de leur ferme, issus de l'élevage et du gavage traditionnel, réalisés en leur ferme de la Voulperie : foie gras, pâté de foie, bloc de foie, confit, rillettes, cou d'oie, cassoulet au confit d'oie, cou farci... La visite, la démonstration de gavage (tous les jours à 11h et 18h) et la dégustation sont gratuites. La Voulperie c'est également une maison typique du Périgord, classée 3 étoiles, indépendante avec environnement calme, restaurée avec vieilles pierres et toitures en lauzes.

LA FERME DES ANDREVIAS

Les Andrevias - **SORGES ET LIGUEUX EN PÉRIGORD**

✆ 05 53 05 02 42

www.fermeandrevias.com

Haute saison : ouvert du mardi au jeudi à partir de 18h. Le reste de l'année : le samedi sur rdv. Résa obligatoire

La famille Meynard élève les oies en Périgord depuis trois générations. On y cultive le maïs sans OGM pour nourrir les oies qui se promènent sur sept hectares enherbés et plantés de noyers. Du porc et des truffes sont achetés dans les environs pour concocter les délicieux mets préparés ici. En juillet et août, la visite guidée est suivie d'un diaporama et d'une dégustation, sinon la visite est libre toute l'année. Vente directe sur place de spécialités ou par Internet : foies d'oie entiers truffés, rillettes d'oie, confits, cous d'oie farcis...

LA FERME DU MOULIN HAUT

Guilbonde

TERRASSON-LAVILLEDIEU

✆ 06 88 59 99 37

www.ferme-du-moulin-haut.com

Visite à l'année groupes sur réservation. Plateau dégustation 13 €. Livraison, vente en ligne.

A 3 km de Terrasson, sur le site d'un ancien moulin, l'exploitation créée il y a plus de 30 ans, a été reprise en 2015 par Christelle Sauvanet. Elle poursuit l'élevage des oies et des canards. En juillet et août des visites et/ou des dégustations sont organisées sur réservation. Pour les groupes, possibilité de déguster un plateau de produits de la ferme accompagné d'un gâteau à la noix, d'un verre de vin et d'un café avec la visite et l'explication de la cuisine périgourdine. Vente directe à la ferme des produits élaborés dans la pure tradition.

ÉLEVAGE DES GRANGES

Les Granges

TURSAC

✆ 05 53 06 94 51

www.elevagedesgranges.com

Boutique ouverte toute l'année de 9h à 18h, sauf le dimanche.

La famille Carbonnière élève des oisons nourris sans farine ni graisse animale. Agriculteurs depuis plusieurs générations et installés à Tursac depuis 1983, ils sont producteurs, éleveurs et gaveurs d'oies. Les animaux sont gavés avec du maïs non transgénique, semé, récolté et séché à la ferme. Les conserves sont confectionnées dans la pure tradition : foie gras, confits, cous farcis, etc. Pendant la période de gavage, de septembre à juin, vous pouvez assister au gavage de 8h à 10h et de 16h à 18h30, n'hésitez pas à téléphoner avant.

DOMAINE DE RAPATEL

Domaine de Rapatel - **VILLEFRANCHE-DU-PÉRIGORD** ✆ 05 53 30 44 05

www.chataigneduperigord.fr

Visite sur rendez-vous, durée 1h30. Accessible PMR. Départ des châtaigniers jusqu'à l'atelier puis la boutique.

Le Domaine se situe à environ 5 km de la bastide. Avec 7,5 hectares de vergers de châtaigniers. Il est composé d'une châtaigneraie dite traditionnelle âgée de plus d'une cinquantaine d'années et d'un verger uniquement de châtaigniers de variété « Marigoule » Au moulin des Vigouroux, les châtaignes sont moulues par deux lourdes meules de granit. Elles vont donner une farine odorante qui a la particularité d'être sans gluten et qui permet de réaliser des gnocchis, des pâtes, du pain, de la soupe, des gâteaux, etc. On peut acheter les produits sur place et en ligne.

PALMAGRI

8, rue Partarrieu - **AUROS**
✆ 05 56 65 40 81
www.palmagri-foiegras.fr
Ouvert le lundi de 9h à 12h30 ; du mardi au samedi de 9h à 12h30 et de 15h à 18h. Vente en ligne sur Internet.

Coopérative agricole spécialisée dans le canard gras, Palmagri regroupe 10 producteurs passionnés, tous éleveurs et gaveurs. Les canards sont élevés en plein air sur les terres girondines, entre les vignobles sud-girondins et les Landes de la Gironde. Privilégiant un savoir-faire artisanal, les recettes, sans conservateurs ni colorants, sont concoctées à Auros, dans l'atelier de fabrication. Le canard est dans tous ses états : confit, tournedos, magret, fricassée de guit, garbure, foie gras de canard entier, pâté, rillettes, cou farcis, saucisse fine, boudin...

FERME DE VERTESSEC

25, route de Bordeaux
AVENSAN
✆ 05 56 58 15 53
www.fermedevertessec.com
Ouvert le vendredi et le samedi de 9h à 12h et de 14h à 18h.

La ferme de Vertessec est située à une trentaine de kilomètres de Bordeaux. Michel et Martien Petit élèvent ici volailles et palmipèdes en liberté. Vous pourrez acheter dans cette jolie ferme typique du Médoc des volailles (des poulets, des pintades, des pigeons ou encore des canettes) et de délicieuses conserves de canard gras ! L'accueil est très sympathique et les conseils pour mitonner de bons petits plats toujours excellents ! N'hésitez pas à appeler quelques jours avant - notamment avec les fêtes - pour réserver vos victuailles.

FERME PEDAGOGIQUE DE GIPON

Route d'Auros
BAZAS
✆ 05 56 25 15 11
Ouvert tous les jours. Sur rendez-vous, visite de l'exploitation.

Mohair, fromage, savons végétaux et produits fermiers, voilà ce que l'on trouve chez Christine David-Goedert.La visite de l'exploitation présente vidéo à l'appui l'élevage des chèvres angoras, ainsi que les filières « fromage » avec une onctueuse dégustation. Mohair avec démonstration de cardage, filage, tissage, teintures végétales, ainsi qu'une vidéo sur la filière laine. Instructif ! La Ferme accueille groupes scolaires, centres de loisirs et d'instituts d'éducation spécialisés.

RESTÔ&CIE €€

17-19, rue Robert Schuman
BÈGLES
✆ 06 26 39 55 28
Ouvert du lundi au vendredi de 12h à 17h30.

© RESTO & CIE

Vous connaissez ChapitÔ ? Ce lieu de partage où l'on peut flâner, participer à des ateliers, découvrir des spectacles... et manger ! Chez RestÔ&Cie, Magali et Nicolas proposent un buffet chaque midi. Au choix, un poisson, une viande, un plat végétarien... La particularité ? On paie au poids, à raison de 2,40 € les 100 grammes. L'établissement se veut également engagé, partageant une manière de vivre éco-responsable et locale. Une épicerie et un marché de fruits et légumes de saison sont également sur place, avec des cagettes de producteurs à emporter.

SERRE Ô DÉLICES

71, chemin des Pardies - **BIGANOS**
✆ 06 09 28 11 79
https://serreodelices.com
Du lundi au samedi. De 14h à la tombée de la nuit. Prendre Rdv au préalable pour être sûr de sa présence.

Le Jardin des Senteurs et des Saveurs est une étape obligatoire de votre séjour, vous en prendrez plein les yeux et plein le nez. Cette pépinière propose de nombreuses espèces de plantes gustatives et odorantes. Le jardin vous surprendra par son incroyable créativité. Le maître des lieux, Cyril Perpina est un véritable passionné et toujours à la recherche de nouveautés, notamment pour la cuisine. Il parcourt le monde pour sélectionner des végétaux afin de créer de nouvelles saveurs culinaires. En harmonie avec la nature, il utilise uniquement les eaux de pluie.

JARDINS DE MIRABEL

57, Château Saint Ahon - **BLANQUEFORT**
✆ 05 56 35 06 45
www.saintahon.com
Fermé le dimanche toutes saisons. Adulte : 5 €. Enfant de 3 à 16 ans : 3 €. Famille de 4 personnes : 14,50 €.

Les Jardins de Mirabel est une promenade familiale et œnoludique au cœur du vignoble du Château Saint Ahon. On se balade librement le long des vignes et dans les bois pour découvrir la nature, la vigne, la faune et la flore grâce au personnage de Mirabel qui vous guidera au fil des panneaux explicatifs. En famille, amusez-vous à chercher les réponses aux jeux quiz sur les panneaux le long du parcours. On profite d'un moment de calme sur l'aire de pique-nique avec ses jeux pour enfants. Le parcours est accessible aux poussettes. Les chiens sont admis en laisse.

DISTILLERIE MOON HARBOUR

492, boulevard Alfred Daney - **BORDEAUX**
✆ 05 56 29 86 60
www.moonharbour.fr
Ouvert mardi à samedi 10h-13h et 14h-18h. Horaires des visites : 11h / 14h30 / 16h30 sauf mercredi. 15 € par personne.

Produire un whisky 100 % bordelais dans la capitale du vin, il fallait oser ! C'est dans un ancien bunker que la distillerie prend forme en 2017. Yves et Jean-Philippe créent la marque Moon Harbour, clin d'œil au port de la Lune. Cette belle entreprise a d'abord donné naissance au Pier 1, Premium Blended à 45,8°distillé à partir d'un assemblage des meilleurs whiskies finis en France, puis au Pier 2, Blended Malt tourbé fini en fûts de Grands vins de Bordeaux. Aujourd'hui, la distillerie produit même du gin et du rhum, ainsi qu'un whisky 100 % made in Bordeaux !

LAITERIE BURDIGALA

4, rue des Douves
BORDEAUX
✆ 06 59 85 83 38
Basse saison mardi au dimanche de 9h30 à 19h sauf entre 14h30 et 16h30. Haute saison jeudi, vendredi midi et week-end.

Implanter une laiterie avec atelier sur place en plein centre-ville, il fallait y penser… et Chloé et Claire l'ont fait. Elles ont inventé un lieu convivial et n'ont pas eu à aller chercher très loin le mobilier chiné pour accueillir une vingtaine de personnes. L'adresse se dote aussi d'une grande terrasse. Les deux milk-entrepreneuses produisent surtout des fromages à pâtes filées mais aussi des fromages frais, des yaourts et du lait en bouteille qu'il faut commander. Les jeudis soir « Do It Yourself » pour confectionner sa propre mozzarella.

MAISON LAFITTE FOIE GRAS

26 bis, rue Mably
BORDEAUX
✆ 05 56 48 01 05
www.lafitte.fr
Ouvert du mardi au samedi de 10h à 13h et de 14h à 19h.

Depuis plus de 100 ans, la Maison Lafitte entretient l'excellence et le savoir-faire de la gastronomie landaise. Partenaire exclusif du Club des Chefs cuisiniers des Chefs d'Etat à travers le monde, Lafitte est reconnue pour la qualité supérieure de ses produits. Les canards gras traditionnels sont élevés 102 jours minimum et engraissés au maïs grain entier, selon les cahiers des charges Label Rouge et IGP Landes. Venez découvrir l'univers gastronomique du foie gras, confit, magret des Landes, et toute une gamme de produits autour du canard…

MATTHIEU ROUFFINEAU - HUÎTRES SPÉCIALES PAPIN

Marché des Capucins - **BORDEAUX**
✆ 06 77 06 53 44
www.huitres-matthieu-rouffineau.fr
Ouvert toute l'année du mercredi au dimanche de 8h à 13h.

Les huîtres Spéciale Papin sont des produits d'exception, de grande qualité à la saveur unique et racée, grâce à un long et patient travail d'affineur. Ces huîtres-là, maintes fois médaillées et récompensées, sont appréciées pour leur finesse, leur petit goût de noisette unique. Produites à La Tremblade, elles sont reconnaissables à leur belle couleur verte. Matthieu Rouffineau, amoureux et fier de son produit, est issu d'une famille d'ostréiculteur depuis quatre générations.

FERME DE LA NOUNE

Route de Carcans
BRACH
✆ 05 56 58 21 94
Ouvert du lundi au samedi de 13h à 19h. Durant la saison des asperges, en avril et mai, ouvert de 9h à 20h.

La ferme d'Hervé Gaillard est typique du Médoc, implantée au milieu des pins. Hervé vous accueille à la ferme mais vous ne verrez ni vache, ni chèvre, ni cochon car Hervé est héliciculteur, un éleveur d'escargots, gros et petits gris qu'il transforme en plats cuisinés et en conserves. C'est avec passion qu'il vous parlera de son élevage, de ses méthodes et de la bête… Et quand vient le printemps, Hervé produit des fraises et des asperges, on peut donc acheter des fraises et des confitures, des asperges blanches fraîches et en conserves directement à la ferme.

MILLESIMA BORDEAUX

87, quai de Paludate
BORDEAUX
✆ 05 57 80 88 47
Ouvert du lundi au vendredi de 8h à 16h. Soirées, jours fériés, samedi et dimanche. Visite guidée.

L'œnophile pénétrant les chais de Millésima est saisi d'une sorte de vertige esthétique et astronomique face à la grandeur des lieux. Ici près de trois millions de cols sont entreposés, des hauteurs de caisse en bois contenant tous les plus grands crus du vignoble bordelais et français. Les étampes des caisses annoncent des breuvages plus sublimes les uns que les autres. Après une génuflexion devant tant de beauté et de promesses de saveurs, on croit la visite terminée. Que nenni ! La bibliothèque impériale offre une collection unique au monde de grands formats : double magnum, jéroboam, impérial et nabuchodonosor ! 10 000 bouteilles au format démesuré ! Cette somme est due à Patrick Bernard, P.-D.G. de Millésima et négociant plus que reconnu sur la place de Bordeaux. Il a su faire de sa maison la tenante du premier catalogue des 100 plus grands crus classés de Bordeaux. Vieux de 200 ans, les chais ont été réaménagés pour l'accueil de visites et dégustations sur mesure, de réceptions, dont les fameuses "Master Class", ces soirées animées par des propriétaires, avec une dégustation spécifique (verticale, horizontale d'un château, d'une appellation, etc.). La tentation est ensuite légitime de choisir un ou deux flacons dans la très belle cave boutique (des prix allant d'une dizaine d'euros à plus de 800 euros). On l'aura compris, Millésima est un site d'exception, à découvrir sans attendre. Le Concours Best Of Wine Tourism a décerné un Best Of dans la catégorie "Organisation d'Evènements".

LA FERME EXOTIQUE ★

1932, chemin du Port-de-l'Esquillot - **CADAUJAC**
✆ 05 40 24 61 07
www.fermeexotique.com
Haute saison ouvert tous les jours de 10h à 18h. Adulte : 12 €. Enfant de 3 à 12 ans : 10 €.

Zébus, émeus, dindons, autruches, lamas, yacks, cochons, antilopes, tortues, moutons, porcs-épics, watussis, lièvres de Patagonie… Sans oublier les dromadaires ! La ferme exotique de Cadaujac est le plus grand élevage de France. Vous verrez ici plus d'un millier d'animaux venant des cinq continents (dont une majorité d'oiseaux). Une fois l'entrée acquittée, certaines activités sont gratuites (petit train, chariot, spectacle de cirque, aire de jeux, pataugeoire…) et d'autres nécessitent le paiement d'un supplément. Des animations ponctuelles sont organisées.

LES PRODUITS DE LA RUCHE - HÉLÈNE BARRAUD

957, route de la Crastille
CARCANS
✆ 05 56 03 35 02
Ouverture sur rendez-vous.

Les ruches d'Hélène sont situées à la lisière de la forêt des Landes. Si vous souhaitez vous rendre sur place, vous pourrez admirer chez cette apicultrice passionnée d'anciens modèles de ruches, des équipements d'apiculture d'autrefois, ce qui est très intéressant. Les points de vente : Lège-Cap-Ferret, Lacanau Océan, Lacanau Ville, Maubuisson, Carcans, Hourtin, Vendays. Le miel de bourdaine a obtenu la médaille d'argent au Concours des miels d'Aquitaine en 2007.

LES DÉJEUNERS CRÉATEURS D'ACCORDS

CASTILLON-LA-BATAILLE ✆ 05 57 40 00 88
www.castillon-cotesdebordeaux.com
Toute l'année, le 3ème dimanche de chaque mois sur réservation. A partir de 33 €/pers. De 4 à 20 personnes dès 12 ans.

Tous les mois (hors période Covid), dans un château de l'appellation Castillon Côtes de Bordeaux, découvrez d'excellents accords mets et vins raffinés et originaux. De l'entrée au dessert, vous serez guidé par le chef Jean-Christophe Loste qui propose un thème différent lors de chaque repas. Tentez l'expérience et explorez l'appellation autrement avec une visite personnalisée et un repas en compagnie du vigneron. Renseignements auprès de la Maison du Vin de Castillon.

LA COCCINELLE

La Hume - **GUJAN-MESTRAS** ✆ 05 56 66 30 41
www.la-coccinelle.fr
Haute saison ouvert tous les jours et jours fériés de 10h à 19h. Adulte : 14,50 €. Enfant de 2 à 11 ans : 13 €.

Consacré à l'animal domestique et aux jeux, ce parc propose de nombreuses activités. On commence par la mini-ferme où lapins, poules, poussins, chèvres naines, cochons d'Inde, canards et compagnie attendent caresses et graines. Les parents et les enfants saluent les espèces connues et découvrent d'autres plus atypiques comme mouflons, lamas, paon. On peut même assister au biberonnage. Côté loisirs une dizaine d'attractions, jeux gonflables, manèges adaptés aux plus petits, train de la mine, jeux d'eau, circuits, trottinettes, vélos et spectacles de magie.

HUÎTRES FRÉDÉRIC PAILLÈRE

Port de la Barbotière
GUJAN-MESTRAS
✆ 05 56 83 50 75

Banc d'huîtres tous les dimanches de 9h à 13h devant le bar la Gaîté à Lacanau ville. CB non acceptée.

Ostréiculteur passionné installé sur le petit port de la Barbotière à Gujan-Mestras et travaillant de façon traditionnelle, Frédéric Paillère, un ancien ingénieur agricole et conseiller en production, capte le naissain, élève ses huîtres, les vend au détail, en gros et expédie dans toute la France. Ses huîtres sont douces et charnues, un véritable plaisir pour les papilles des amateurs. Vous retrouvez Frédéric Paillère et ses bonnes huîtres tous les dimanches à Lacanau ville.

PARENTHESE NATURE FERME PEDAGOGIQUE

52, route de la Jenny
LE PORGE
✆ 06 40 94 73 76

Ouvert du samedi au jeudi de 10h à 13h30 et de 15h30 à 18h30. Adulte : 7,90 €. Enfant : 6,90 €.

Que vous soyez en famille ou en groupes, venez voir les animaux de la ferme installés dans leurs grands enclos. Curieux de nature, ils s'approcheront pour collecter caresses et maïs que vous trouverez à l'accueil. L'animatrice donnera toutes les explications, n'hésitez pas à la questionner. Les plus jeunes pourront câliner les cochons d'Inde et les lapins. Faire des balades à poney autour des enclos. A disposition aussi glaces et boissons fraîches. Aires de jeux et de pique-nique.

LE MOULIN DE LA MOLLE

Avenue du Château
LA BRÈDE
✆ 05 56 20 20 79
www.moulin-de-la-molle.fr

Boutique en ligne.

Fondateur de la conserverie du Moulin de la Molle, Robert Chaffanjon est un orfèvre du foie gras. Depuis plus de 30 ans, il propose aux fins gourmets des foies gras des Landes en oie et en canard. Les oies et les canards sont soigneusement gavés et choisis de telle sorte que leurs foies ne perdent pas de graisse lors de la cuisson. Robert Chaffanjon vend sur place ou expédie ses foies gras à travers le monde. Son conseil de dégustation : un bon pain de mie, grillé et chaud ou tout simplement un excellent pain de campagne avec un vieux Sauternes. On salive déjà !

LA BARAQUE À HUÎTRES

98, avenue de l'Herbe - **LÈGE-CAP-FERRET**
✆ 06 13 12 09 86
www.labaraqueahuitres.com

Haute saison : ouvert tous les jours de 11h à 22h. De 10 à 13 € les 6 huîtres, de 13 à 17 € les 12.

Peut-on trouver des huîtres plus fraîches que dans cette Baraque ? Non, c'est impossible, me direz-vous et vous avez raison, alors dégustez et admirez les couleurs changeantes du paysage, l'île aux Oiseaux et la Pointe aux Chevaux… Laurent et Ingrid vous conseillent et vous guident pour la dégustation des huîtres charnues ou les plus fines ou encore sur les quatre saisons. Des bulots, crevettes, pâté du Ferret enrichiront votre assiette et le must, un petit verre d'un vin blanc ou rosé gris complétera cette sensation d'être dans le plus bel endroit du monde.

CHATEAU DE LAMARQUE

LAMARQUE
✆ 05 56 58 90 03
www.chateaudelamarque.com

Ouvert du lundi au vendredi de 9h à 11h30 et de 14h à 16h30. Prendre rendez-vous de préférence pour la visite.

Bâti au XIe siècle pour résister à l'invasion normande, repris aux XVIe et XVIIe siècles puis remanié au XIXe siècle, le château fort de Lamarque en impose au visiteur, avec ses épaisses et hautes murailles, son beau châtelet d'entrée et son donjon à salle basse voûtée d'ogives. Ancien édifice militaire, il a été transformé dès le XVe siècle en une propriété viticole. Dans la même famille depuis 1841, la propriété produit le Château de Lamarque, cru bourgeois de l'appellation haut-médoc, un second vin et un rosé de saignée baptisé Noblesse Oblige.

LA CABANE 171

190B, route du Cap Ferret
LÈGE-CAP-FERRET
✆ 07 82 56 03 02

Ouvert toute l'année, ferme à 20 heures. Prix moyen à la carte : 21 €.

Au cœur du bassin d'Arcachon, dans le village ostréicole du Canon, la Cabane 171 vous accueille dans un cadre exceptionnel avec vue sur la dune du Pilat, s'il vous plaît, pour une dégustation d'huîtres charnues, de crevettes ou encore de bulots, le tout arrosé d'un verre de vin blanc. L'expérience est presque unique. Les non-initiés pourront demander conseil auprès de l'équipe de la Cabane 171 (l'une des premières à avoir adopté le concept de «dégustation à la cabane»), qui répondra à vos interrogations avec gentillesse. Une escale incontournable !

NOUVELLE-AQUITAINE

FERME DE LA BARBANNE

1-7, Allée des Castors - **LIBOURNE**
✆ 07 77 28 42 86

Haute saison ouvert tous les jours de 9h à 19h. Basse saison tous les jours de 9h à 17h. Gratuit. Visite guidée.

Il s'agit là d'une ferme pédagogique qui accueille 58 animaux. N'hésitez plus, partez à la découverte d'espèces parfois méconnues, dans un parcours agréable et au calme, idéal pour vos enfants. Toutes les races font l'objet d'une protection, car elles sont menacées, vous en apprendrez plus grâce aux panneaux qui jalonnent le parcours. Venez à la rencontre de la vache bordelaise, du lapin chèvre, du mouton landais ou encore l'ânesse de Pyrénées, le porc gascon, le poney landais... Vous pouvez apporter du pain pour nourrir les animaux... Nombreuses activités sur rdv.

CHÂTEAU CAP LEON-VEYRIN €

54, route de Donissan - **LISTRAC-MÉDOC**
✆ 05 56 58 07 28
www.vignobles-meyre.com

Gîtes de France (3 épis). Ouvert toute l'année.

C'est dans la belle maison bourgeoise entièrement rénovée et classée Gîte de France 3 épis et Bacchus, que Maryse vous accueille au cœur de son vignoble – dans l'un des plus anciens domaines de la région. Les chambres d'hôtes richement décorées vous attendent. Choisirez-vous la « Cabernet-Sauvignon » ou la « Petit Verdot » ? La « Merlot » n'est pas mal non plus… Lit double, salle de bains et wc dans chaque chambre, salon de jardin à disposition. La visite des caves et du vignoble est bien sûr proposée, tout comme la dégustation des vins de la propriété.

LA FERME URBAINE DES IRIS

8, rue Sourbes - **LORMONT**
✆ 05 57 77 63 40

Basse saison ouvert tous les jours de 8h30 à 19h. Haute saison tous les jours de 8h30 à 20h. Gratuit.

Sur les hauteurs de Lormont petits et grands peuvent se balader librement dans un parc de 5 hectares pour voir ânes gascons, poneys, brebis blanches du Massif central, lapins, chèvres et boucs pyrénéens, mais aussi plusieurs gallinacés, des cochons d'Inde et une truie vietnamienne. Le parc offre un bel espace vert à l'heure du goûter, ainsi que quelques jeux pour les enfants. Certains animaux sont récupérés auprès de particuliers ou confiés par le Conservatoire des races d'Aquitaine.

LA FERME DU MOULINAT

1, le Roquet - **LOUBENS** ✆ 05 56 71 30 84
www.lafermedumoulinat.com

Ouvert du lundi au vendredi de 10h à 12h30 et de 14h à 18h30 ; samedi jusqu'à 17h30. Visite et dégustations. Animations.

Du foie gras, des confits, des cous farcis, des grattons, des rillettes, des pâtés… Rendez-vous à la Ferme du Moulinat ! Cela fait maintenant plusieurs générations que Philippe Fazembat et ses trois enfants élèvent des canards pour vous en offrir le meilleur. Ils vous proposent encore quelques spécialités comme le magret fourré ou les cuisses de canard sauce au vin de l'Entre-Deux-Mers flambée à l'armagnac (disponible en conserves, verrines et paniers gourmands). Salle de réception, traiteur, animations, aire d'accueil... La ferme du Moulinat a de nombreux atouts.

DOMAINE DE TOUT L'Y FAUT

5, lieu-dit Lardière - **MARCILLAC**
✆ 05 57 32 48 30
www.blaye-asperges-vins.com

Asperges, vignes et confitures. Visite de la ferme. Label Tourisme & Handicap. Label Bienvenue à la Ferme.

Voilà un bon plan pour confectionner un beau et bon panier garni de la région du Blayais. Comment ? Avec les produits de la ferme du Domaine de Tout l'y faut. L'asperge, produit phare, est présentée fraîche lorsque c'est la saison ou en conserve ! Vous avez des envies sucrées ? Véronique et Jean-Marie Camus ravivent les gourmands avec leurs confitures maison. Le Domaine produit également un blanc 100 % sauvignon et un rouge de tradition AOC côte-de-blaye. En famille, initiez-vous à la culture de l'asperge et de la vigne et réservez votre sac pique-nique !

CHÂTEAU D'ARSAC

1, allée du Comte - **MARGAUX**
✆ 05 56 58 83 90
www.chateau-arsac.com

du lundi au samedi, créneaux de visite à 10h et à 14h30, sur résa. Le dimanche et jours feriés, visites sur rdv.

Ce domaine est l'un des plus anciens du Médoc, le château d'Arsac peut s'enorgueillir d'une histoire mouvementée de plus de 900 ans. Aujourd'hui, il compte 112 hectares de vigne sur les 250 hectares de la propriété. Le site est également remarquable pour la qualité de sa réhabilitation architecturale et pour le choix très sûr des sculptures par le propriétaire Philippe Raoux. Aussi, la visite compte-t-elle une partie historique, architectonique (voir le chai bleu), artistique et œnologique. Une dégustation est ensuite servie dans le chai à barriques.

CHÂTEAU TOUR-BLANCHE

15, route du Breuil
SAINT-CHRISTOLY-MÉDOC
✆ 05 56 41 53 13

Situé sur les croupes graveleuses de la colline de Castillon, qui domine Saint-Christoly-de-Médoc, le vignoble du château Tour-Blanche produit un cru bourgeois, appellation médoc contrôlée. Merlot (majoritairement représenté), cabernet sauvignon et cabernet franc se partagent les 30 hectares de cette propriété. Après avoir profité de la belle vue sur l'estuaire de la Gironde depuis ce terroir de premier choix, ne pas manquer de déguster le château-tour-blanche – entre 7 et 8 euros, selon les millésimes. Bonne dégustation (toujours avec modération).

DU LAIT DANS MES DÉLICES

39, rue de la république
SAINT-SEURIN-SUR-L'ISLE
Ouvert du mardi au samedi.

Sandrine Lézin tient à l'origine contrôlée et à la traçabilité, elle travaille avec des producteurs locaux et régionaux. Le riz pour son fameux riz au lait vient ainsi de Camargue. Les crèmes dessert et yaourts qu'elle confectionne, nature et aromatisés caramel, vanille ou fruits rouges, sont vendus par 2 ou 4. Elle met au point une recette de fromage blanc et des pâtisseries au yaourt. On peut aussi trouver dans la boutique bien d'autres bonnes choses : tapenade et huile d'olive de Provence, sels de l'Île de Ré... Sélection exigeante et accueil sympathique.

CHÂTEAU MERCIER

SAINT-TROJAN
✆ 05 57 42 66 99
www.chateau-mercier.fr
Ouvert du lundi au vendredi de 8h30 à 12h et de 13h30 à 17h30. Visites des chais et dégustation sur rendez-vous.

Le château Mercier est un domaine viticole traditionnel et familial situé sur la rive droite de la Gironde, au nord-ouest de l'appellation côtes-de-bourg. Aujourd'hui tenu par la fratrie Philippe, Martine et Christophe Chéty, il est entre les mains de la famille depuis 1698, soit treize générations. Les 23 hectares de vignes y sont travaillés dans la tradition. Rouge, blanc et Clairet sont issus des vignes poussant sur un sol argilo-graveleux. Le Château Mercier propose également des chambres d'hôte et un gîte pour des séjours « œnotourisme ».

FERME AQUACOLE EAU-MEDOC ★

Port de Saint-Vivien - **SAINT-VIVIEN-DE-MÉDOC**
✆ 05 56 09 58 32
Du 1/07 au 30/09 de 9h30-12h30 et 15h30-19h, 7j/7. De nov à fin juin vendredi 15h-18h et samedi 9h30-12h et 15h-18h.

C'est à environ deux cent mètres après l'écluse du chenal de Saint-Vivien et à l'emplacement d'anciens marais salants que s'est installée, dans les années 1980, cette ferme aquatique originale sur 17 hectares de marais et de viviers. Ici ce sont des gambas que l'on élève pour le plaisir de tous les gourmands. Mais il y a aussi des crevettes locales, des palourdes, des bigorneaux et des bulots. Le bon plan pédagogique et gourmand : la visite guidée suivie d'une dégustation. *Vente de produits sur place et sur les marchés locaux.*

CHÂTEAU LOUDENNE

SAINT-YZANS-DE-MÉDOC ✆ 05 56 73 17 88
www.chateau-loudenne.com
De début avril à fin septembre du mardi au samedi de 10h à 13h et de 14h à 18h. Visite sur rdv le reste de l'année.

Château Loudenne est le fameux « Château rose » du Médoc, réputé dans les années 20 pour ses fêtes mondaines et les nombreuses personnalités venues y séjourner. Construit en 1670, Château Loudenne est une chartreuse typiquement médocaine avec une vue à couper le souffle sur l'Estuaire de la Gironde. Comme les plus grands crus de la presqu'île du Médoc, le vignoble du Château Loudenne bénéficie d'un terroir exceptionnel. Le Château Loudenne produit également un vin blanc depuis 1880 ce qui en fait le plus ancien producteur de vin blanc de la région du Médoc.

L'ABEILLE MÉDOCAINE

3, route de Valeyrac
VALEYRAC
✆ 05 56 41 10 74
Sur rendez-vous.

Depuis une dizaine d'années, Isabelle et Dominique s'occupent avec passion de leurs 50 ruches dispatchées un peu partout dans le Médoc. Ce couple produit du miel d'acacia et du miel de différentes fleurs du Médoc comme la bruyère. C'est une petite exploitation familiale qui produit 700 kg de miel par an. Les plus curieux seront ravis de découvrir une ruche vitrée qui vous expliquera comment les abeilles produisent le miel. Vous trouverez leurs produits en vente directe, sur les marchés locaux et dans certaines épiceries fines.

LIMOUSINE PARK

Pôle de Lanaud - **BOISSEUIL**
✆ 05 55 06 46 10
www.limousinepark.com
Haute saison ouvert tous les jours de 10h à 18h30. Adulte : 7 €. Enfant de 6 à 12 ans : 5 €.

Le Pôle de Lanaud et ses 33 hectares est le QG de la race bovine Limousine. Sur 7 hectares le parc est une vitrine formidable pour la découverte et la promotion de la découverte de cette race bovine. Idéal pour une découverte en famille, avec des terrasses pédagogiques sur la filière bovine et la race Limousine, une île aux labyrinthes qui reconstitue les milieux humides de la région et sa chasse au trésor pour séduire les enfants, une salle de cinéma, une fausse vache à traire, une ferme historique avec des animaux d'élevage rustiques et un verger. Aire de jeux.

LA FERME BORÉALE

25, les Courtioux
DARNAC
www.pourdebon.com
Présent sur les marchés. Commande en ligne et livraison possibles.

Quelle belle histoire que celle de ce couple qui n'a pas hésité à quitter la région parisienne pour s'installer en Haute-Vienne et se lancer dans une activité maraîchère, orientée permaculture et agro-écologie. La culture des fruits et légumes se fait sans engrais ni traitements chimiques, les produits sont sains, tout ce qu'il y a de plus naturel. Présent sur les foires et marchés, il est aussi possible de commander colis et paniers en ligne, avec livraison directement à la maison. Confitures, miels, pâtes à tartiner, tartes maison sont également proposés.

LES PERLES DE MONTINTIN

La Chapelle
CHÂTEAU-CHERVIX
✆ 05 55 48 99 82
Vente à la ferme sur rendez-vous. Se renseigner pour l'autocueillette. Journées découverte Bienvenue à la ferme.

Ce sont des jolies petites perles rouges et parfumées, qui ne servent pas à faire des colliers, mais de succulentes confitures, cuites de façon artisanale dans un chaudron en cuivre. Dans sa ferme biodynamique et biologique, Céline Leyssenne-Lespagnol produit fraises, framboises, groseilles, cassis, mûres, qu'elle transforme ensuite sur place en nectars, coulis et surtout en nombreuses variétés de confitures extra. Il est aussi possible de déguster ces fruits tout juste cueillis, et de participer à la cueillette. Adhérente au réseau Bienvenue à la ferme.

LA FERME DE MASNAUD €€

Masnaud
DOURNAZAC
✆ 05 55 78 49 63
www.lafermedemasnaud.com
Ouvert toute l'année. Réservation impérative.

Dans sa ferme, Benjamin produit 300 canards gras par an qu'il transforme sur place pour la vente directe en conserve (foie gras, cou farci, terrines, rillettes, pâtés, grattons, confits) ou en frais (magret, cuisse, manchon, rôti, foie gras). On peut déguster ses bons produits ainsi que les fromages de chèvre de ses parents à la table d'accueil paysan, sur réservation. Le menu comprend entrée, plat, fromage, dessert et café. Six personnes pourront même rester pour la nuit car la ferme comprend deux chambres d'hôte juste à côté.

FERME-AUBERGE DE VAUBOURDOLLE €€

Vaubourdolle - **CHÂTEAUPONSAC**
✆ 05 55 76 04 98
Ouvert toute l'année les vendredis midi et soir, samedi soir et dimanche midi. Réservation impérative.

Annabelle Raynaud, au sourire à la fois chaleureux et discret, saura vous régaler de plats qu'elle concocte à partir de la production de sa ferme autour de la chèvre. Au fil des saisons dans les assiettes : salade de chèvre chaud, tartes aux poireaux, chevreau à l'oseille, fromages de chèvre, clafoutis, moelleux aux fruits, etc. Vous l'aurez compris, ici, ce sont des chèvres que l'on élève ! D'ailleurs vous pouvez ici faire provision de fromages de chèvre frais ou affinés.

LA CERVA D'OC

Le Mas Buisson
GORRE
✆ 05 55 39 17 96
www.cervadoc.com
La brasserie est ouverte pour des dégustations toute l'année.

Depuis 2015, après une mise en vente, c'est une enfant de pays, Maud Pressigout, qui reprend l'affaire en réalisant une véritable pirouette professionnelle. Ancienne puériculture à l'hôpital mère-enfant de Limoges, elle a été accompagnée par le maître de la bière. La démarche artisanale est toujours au coeur de la fabrication, les étiquettes toujours en français et en occitan, les bouteilles en vente à la ferme et sur les marchés. Mais Maud a aussi ses rêves : développer la production et proposer des recettes à base de bière.

FERME-AUBERGE DE LA BESSE €€

La Besse
LES BILLANGES
www.bienvenuealaferme.fr
Uniquement sur réservation.

Tout ce qu'on a dans son assiette vient de l'exploitation de 130 ha que ce soit la viande bovine, le porc cul noir, l'agneau, la volaille, les légumes ou les fruits. Et cela passe directement du producteur au consommateur ! Aussi, quel plaisir de déguster, une des savoureuses recettes de Yann et de Sylvie, dans une ambiance chaleureuse et conviviale, un velouté à la châtaigne, un magret de canard aux cèpes, un foie gras de canard et son pain d'épices, un gigot de sept heures...

PARC DE L'AURENCE

25, chemin du Mas-Gigou
LIMOGES
Ouvert toute l'année. Basse saison tous les jours de 10h à 16h30. Haute saison ouvert tous les jours de 10h à 20h.

Ce vaste parc forestier est aménagé autour du cours de la rivière Aurence, au nord de la ville. Une partie est réservée aux enclos des animaux. Vous approcherez la chèvre naine du Sénégal, la pintade originaire d'Afrique, la chèvre angora originaire du Tibet, le coq limousin, moutons Thônes et Marthod originaires de Savoie et du Piémont, ainsi que poules, lapins, canards... Les allées se poursuivent une fois la rivière franchie, la balade continue dans le parc du Moulin Pinard, permettant de rejoindre le lac d'Uzurat et le bois de la Bastide. Aire de pique-nique.

ELLIOTT ★★

588, Impasse de Chaud - **NEDDE**
✆ 05 55 04 02 55
www.lacitedesinsectes.com
Fermé de novembre à mars. Ouvert tous les jours de 10h30 à 19h. Adulte : 9,50 €. Enfant de 4 à 15 ans : 6 €.

Pourquoi les mouches se nettoient-elles les pattes ? Que mangent les fourmis ? Vous saurez tout sur le monde fascinant des insectes en visitant cette cité implantée sur le plateau de Millevaches. 8 ha de jardins et 400 m² d'expositions interactives sont dédiés aux diptères, coléoptères, lépidoptères, etc. ? Mais ici pas de papillons épinglés ! On observe des insectes dans leur milieu naturel, insectes aquatiques dans la mare, fourmis au travail dans deux fourmilières vitrées, etc. Dans le jardin, on s'intéresse aux rapports insectes/plantes.

MAISON FEDON

Ancienne RN20
RAZÈS
✆ 05 55 71 22 71
www.maison-fedon.fr
Ouverture tous les jours sur rendez-vous.

Thierry Fedon est un passionné. Il fait lui-même ses essaims et élève ses reines. Miels de châtaignier, d'acacia, de bourdaine, de pissenlit ou encore de bruyères, les pots de cet apiculteur sont reconnaissables entre mille puisque les étiquettes sont l'œuvre de l'émailleuse Michèle Gilbert, une création par saison. L'alliance de deux arts pour offrir saveur et beauté à ce nectar précieux. Une approche poétique et artistique qui constitue aussi un beau cadeau. On retrouve ces produits à la ferme ou sur différents marchés festifs.

FERME AUBERGE DE BELLEVUE €€

Bellevue (Lastours)
RILHAC-LASTOURS
Uniquement sur réservation au moins la veille (visite et restauration).

Ici on vous reçoit en famille, les propriétaires, Fabienne et Emmanuel, et leurs filles. Non loin du site médiéval de Lastours, on apprécie le cadre rustique de la belle grange rénovée et la terrasse qui offre une vue magnifique sur le bourg, son château et son église bâtie sur une motte castrale. Un cadre enchanteur pour savourer du canard (en tournedos, magrets, cuisses ou foie gras...) et des préparations salées ou sucrées avec les produits limousins (pommes et noix).

LA FERME DES GRANDS ESSARTS

Soumagnas
SAINT-AUVENT
✆ 05 55 02 63 44

Dans cette belle exploitation, David et Marie-Noëlle vous offriront l'Accueil Paysan. Une ferme d'élevage de daims et de porcs qui évoluent en plein air et sont nourris respectivement d'une alimentation à base d'herbes et de céréales. Il est possible de visiter le parc à daims. La vente de viandes fraîches et de terrines se fait sur place, le jeudi à partir de 14h. Sinon sur les marchés : à Limoges le vendredi et samedi matin et à Saint-Junien aussi le samedi matin.

LE VERGER DE FOUGERAS

Fougeras
SAINT-AUVENT
✆ 05 55 00 03 39
www.vergerdefougeras.fr
Ouvert du lundi au vendredi de 10h à 12h et de 14h à 18h30 ; le week-end de 14h30 à 18h30.

Un verger de plus de cinquante ans, repris il y a une dizaine d'années par Serge Malamas. Ici on cultive des pommes : Belchar, Jonagold, Rubinette et depuis 2014 Juliet (en agriculture biologique) dont il est le seul producteur de la région, mais aussi des poires et des cerises. Le tout selon une conduite écoresponsable, c'est-à-dire dans le souci de l'environnement, avec une connaissance approfondie du terroir et dans une attention de tous les instants. La vente se fait à la boutique ou au plaisir de la cueillette (réservation pour les cerises).

LES SABOTS DE LAINE

Ferme du Pouyol
SAINT-HILAIRE-BONNEVAL
✆ 06 83 07 79 66
https://lessabotsdelaine.fr

Les Sabots de Laine c'est une ferme pédagogique qui propose visites et séjours pour les enfants. Cécile et son mari ont acheté le lieu en 2003 avec le projet d'en faire un espace qui concilie production et transmission. 15 ha de bois et 30 de prairies où évoluent agneaux, brebis, ânes, poneys, poules, chiens et chats. Après 4 ans de travaux, la ferme du Pouyol a ouvert en 2011 pour accueillir ses premiers estivants. Au programme, des séjours thématiques : «petits cuisiniers bio», «la ferme fait son cirque», «les aventuriers nature»...

ELEVAGE DE BISONS JEAN LUTIER

Chez Peyrut - **SAINT-MARTIAL-SUR-ISOP**
✆ 05 55 68 30 13
www.bison.fr
Fermé de novembre à avril. Ouvert tous les jours. Adulte : 3 €. Enfant de 3 à 9 ans : 2 €. Visite guidée.

Passionné par l'histoire des bisons et des Indiens, Jean a créé une exposition amérindienne et vous propose, en été, sur rendez-vous, de partir au cœur de son troupeau en 4x4 pour un safari photo. Il commercialise la viande de bison sur place. Il la prépare hachée, en saucisses, saucissons, viandes séchées, terrines, rillettes, mousses de foie, civets, salaisons et conserves. Il vend aussi crânes, cornes, peaux et cuir transformés en porte-clés, barrettes, bracelets, ceintures...

LA FERME DES CHABO'T

SAINT-MATHIEU
✆ 05 87 41 64 31
Ouvert du mardi au samedi de 16h à 20h.

Émilie Chabot élève des volailles fermières en plein air (poules, poulets, coqs, pintades, canettes) et vous les prépare, prêtes à cuire entière ou à la découpe. Possibilité également d'acheter des œufs. Elle pratique aussi le maraîchage de plein champs et sous tunnel. Des légumes de saison sont disponibles : tomates, courgettes, aubergines, poivrons, salades, épinards, etc. La vente se fait sur place à la ferme mais aussi sur les marchés locaux. Possibilité de découverte de la ferme avec les animaux de la basse-cour, les brebis, le chien, etc.

LE FERME DE BEAUREGARD

Beauregard
SAINT-PRIEST-SOUS-AIXE
✆ 05 55 70 01 90
www.foie-gras-fermedebeauregard.com
Accueil boutique à la ferme du lundi au samedi.

Martine et Bernard Picat ont créé cette ferme d'élevage de canards en 1977. Elle est aujourd'hui reprise par leurs deux fils, Jean-François et Pierre Alexandre, qui perpétuent l'esprit et les valeurs de la maison. Les canards gras sont gavés au maïs entier avant d'être transformés sur place de façon artisanale en toutes sortes de produits frais et de conserves. Le canard dans tous ses états, en excellents foies gras, confits, magrets, pâtés, rillettes, gésiers, cœurs et cous farcis, cassoulets et autres délices de Beauregard.

LE VERGER DE VERGNAS

Vergnas
VICQ-SUR-BREUILH
✆ 06 14 93 26 80
Ouvert tous les jours à la ferme.

Au pays de l'arbre et de l'eau, on croque facilement la pomme, autre produit-phare du Limousin que l'on retrouve dans de nombreux desserts. Dans son verger, Jacques Siardeix cultive des golden, gala, sonia et chantecler. On y trouve aussi d'autres produits tels que des pêches et des poires. On peut venir à la ferme tous les jours acheter sa ration ou retrouver son étal sur les marchés, notamment au marché de Noël et au marché d'été à Vicq. La ferme élève aussi des bovins (vente de viande de bœuf et de veau sous la mère) et vend de la viande d'agneau.

DOMAINE D'OGNOAS

1043, route d'Ognoas - **ARTHEZ-D'ARMAGNAC**
✆ 05 58 45 22 11
www.domaine-ognoas.com
Boutique ouverte de 10h à 12h et 14h à 17h30 pour la vente de leurs produits. Visite guidée et dégustation : 2 €.

Vitrine du terroir landais, le Domaine d'Ognoas et ses 565 hectares en Bas-Armagnac produit l'armagnac AOC depuis 1905 et le floc depuis 1990. Visites guidées et boutique vous feront découvrir le précieux breuvage disponible dans des millésimes plus ou moins vieux. Découvrez par exemple une eau-de-vie Moon Night dans sa bouteille « Little Pasha » ou un coffret-jeu « Dégustation mystère ». Des produits surprenants comme les chocolats permettent de faire connaissance avec l'armagnac. Le domaine possède le plus vieil alambic de Gascogne..

FERME AUBERGE LACERE €€

240, chemin de Fléton
BAHUS-SOUBIRAN
✆ 05 58 44 40 64
www.ferme-lacere.fr
Réservation impérative.

La notoriété de la ferme de Jean-Claude et Patrick Lacere n'est plus à faire avec cette typique auberge dont la salle à manger a été aménagée dans une grange. Elle a conservé ses belles poutres, ses galets apparents et sa cheminée dans laquelle le maître des lieux fait ses grillades. Après avoir visité l'élevage ou même assisté au gavage des canards, vous goûterez l'incontournable et délicieux foie gras de canard, les confits, rillettes, pâtés et magrets, tourtière maison en dessert et repartirez avec un ou plusieurs de ces produits.

LES FRAMBOISES DU TURSAN

BAHUS-SOUBIRAN
✆ 06 10 94 06 53
www.framboises-landes.fr
Bienvenue à la ferme.

Le père de Philippe Sebi a planté les premiers pieds de framboisiers en 1965, à côté des vignes de Tursan. Ses framboises sont produites sous des serres non chauffées, en système hors-sol et le substrat est d'origine naturelle. En 2010, des panneaux photovoltaïques ont été posés. L'exploitation devient autonome en électricité. Philippe Sebi fournit marchés et grands chefs du Sud-Ouest, notamment Michel Guérard (Les Prés d'Eugénie). En 2016, Les Framboises du Tursan ont été reconnues comme « Producteur artisan de qualité » par le Collège culinaire de France.

FERME LEBASQUE

BAIGTS
✆ 05 58 98 53 68
www.fermelebasque.com

Monique et Xavier Etcheverry perpétuent les traditions et savoir-faire de leurs ancêtres. Ils élèvent ainsi leurs canards sur de vastes parcours verdoyants et ombragés, les gavent avec le maïs cultivé sur les terres de la propriété et ils mitonnent de délicieuses conserves à l'ancienne, en suivant les recettes familiales transmises de génération en génération. Vous trouverez ici des foies gras de canard entiers en conserve et semi-conserve, des spécialités telles que cou farci et magret farci au foie gras, mais aussi pâtés et rillettes au foie gras !

KANAHA BEER

143, rue de la Ferronnerie - **BISCARROSSE**
✆ 05 58 04 64 78
www.kanahabeer.com
Ouvert toute l'année (jours et horaires variables). Boutique en ligne. Visite de la brasserie : 4 €. Atelier brassage.

Pour Alexandra et Laurent, qui ont séjourné aux États-Unis à la découverte de brasseries artisanales, la passion pour ce breuvage s'est imposée au point de créer leur propre brasserie ! Ici, ils vous expliqueront le travail très particulier pour obtenir, à partir de produits sélectionnés avec beaucoup de rigueur, des bières aux saveurs étonnantes allant de la blonde à la brune dans quatorze styles et toujours une série limitée. Oubliez les bières industrielles et découvrez des bières très différentes. Les malts, les céréales et les épices sont bio.

LA DÉESSE DES GOURMETS

65, route de Bordes - **CASSEN**
✆ 05 58 98 92 87
www.deessedesgourmets.com
Bienvenue à la Ferme. Boutique. Gîte rural pour 5 pers. (3 épis) et chambre d'hôtes. Ferme-auberge (sur réservation).

En plus de la culture du blé et du maïs, Didier et Sophie Gaugeacq élèvent le canard Mulard ; le fameux canard réputé pour donner le meilleur foie gras. Réceptionné dès ses premiers jours, le caneton est d'abord protégé en intérieur puis élevé en liberté selon une charte bien précise. Il sera ensuite gavé au maïs entier pendant 14 jours, avant d'être transformé en différents produits que vous pourrez déguster à la ferme-auberge La Déesse des Gourmets ou retrouver dans la boutique en conserves. Les produits peuvent être commandés directement sur internet.

FERME AUBERGE LE VIEUX CHÊNE €€

960, route de Dax - **CASTELNAU-CHALOSSE**
05 58 89 34 57
www.ferme-auberge-levieux-chene.fr
Ouvert de mars à novembre. Ouvert du mardi au dimanche le midi. Réservation recommandée. Menus de 16 à 30 €. Boutique.

Depuis 1999, Le Vieux-Chêne est un producteur de foie gras qui propose de nombreuses spécialités autour du canard et du bœuf Chalosse. L'auberge est ouverte de mars à novembre (en février pour les groupes), du mardi au dimanche le midi, mais aussi le mercredi, jeudi et vendredi soir en août. Vous aurez le choix entre une carte, des menus joliment baptisés et l'assiette du Vieux Chêne servie avec un verre de vin de Chalosse. Ne repartez pas sans avoir fait un tour dans la boutique.

TURS'ÂNE

325, rue du Village
CASTELNAU-TURSAN
05 58 44 56 78
www.tursane.fr
Bienvenue à la Ferme. Fermé de novembre à mars. Ouvert le jeudi à partir de 17h. Sur réservation.

Angèle et Jean-Pierre vous diront tout sur les ânesses. Psychologie, particularités, déroulement de la vie d'une mère et de son ânon. Vous pourrez assister à la traite, à la tétée, et déguster du lait juste prélevé. Les enfants pourront brosser et câliner des ânes. Se balader le temps d'une heure ou deux avec un âne dans le village. Découvrir le travail de Jean-Pierre, maréchal-ferrant, de la préparation d'un fer à la pose. Angèle fabrique des savons et autres cosmétiques au lait d'ânesse, que vous trouverez à la boutique. Possibilité de goûter sur place.

FERME LESCA €€

428, chemin des Tucs
CASTETS
05 58 89 41 45
Résa conseillée.

En 1984, Philippe et Bernadette Lesca ont repris la ferme familiale où l'on élevait traditionnellement les palmipèdes pour concocter du foie gras ! Ils ont aussi repris la ferme-auberge, Françoise Lesca ayant créé ici en 1969 la première ferme-auberge des Landes ! Il suffit de venir jusqu'à Castets pour découvrir leurs délicieux produits, à emporter ou à déguster sur place... A la carte de l'auberge, plusieurs sortes de foies gras, des côtes de canard, le magret ou le confit de canard, le cassoulet maison ou choisir plutôt une belle assiette complète de pays !

FERME DE BROUGNON

210, chemin de Brougnon
CAUPENNE
05 58 98 66 31
www.fermedebrougnon.com

En plein cœur de la Chalosse, dans le petit village de Caupenne, Cathy et Francis Larrieu élèvent des canards pour produire du foie gras ! Ils ont fait le choix de produire de manière traditionnelle, en respectant leur terroir et les savoir-faire de leurs ancêtres. Le maïs est également cultivé sur place, garanti sans OGM pour nourrir les canards. Ainsi tout est produit sur l'exploitation. Laissez-vous tenter par les foies gras, magrets fourrés au foie gras, confits, pâtés et autres produits sont ainsi cuisinés par leurs soins, au naturel.

LE CANARD CHEZ DEGERT

23, rue Saint-Pierre - **DAX**
05 58 74 65 73
www.canardchezdegert.com
Ouvert du mardi au samedi de 9h à 13h et de 14h à 19h. Boutique et visite à la ferme (Clermont). Livraison possible.

L'exploitation familiale est située en plein cœur de la Chalosse, dans le petit village de Clermont. Depuis 1945, les canards sont élevés dans les règles de l'art et transformés en produits multi-récompensés au Concours Général Agricole à Paris. Foie gras de canard mi-cuit, foie gras entier, magret entier, fourré au foie de canard, aiguillettes, paupiettes de canard... Et aussi, des légumes en bocaux. On vous expliquera comment déguster les spécialités de la Maison avec les vins sélectionnés. Miels et confitures sont des environs. Pensez aux coffrets cadeaux !

FERME DUCAZAUX

Laplace - **DONZACQ**
05 58 89 88 17
www.ducazaux.com
La visite est libre, sans rendez-vous. Tous les jours du 1er juillet au 31 août : 14h30-19h. 5 € adulte, 4 € enfant.

Nadine et Jean-Marie vous invitent à découvrir la ferme avec son environnement de manière ludique. On traverse bosquets et champs, on découvre des races locales d'animaux et leur habitat. Les enfants de 3 à 95 ans jouent au silo à maïs, au petit train et au jeu des questions et des réponses. L'art s'y mêle aussi au travers des sculptures et d'une exposition. Le parcours mesure 1 km environ, durée : 2h. L'été, la visite de la ferme découverte est organisée en jeu de piste à la fois ludique, pédagogique et artistique : les Curieux « voyagent dans un autre monde ».

DOMAINE DE LASSAUBATJU

4, rue du Métier - **HONTANX** ✆ 05 58 03 23 01
www.armagnac-lassaubatju.com
Ouvert tous les jours de 14h à 18h et sur RDV. Boutique en ligne. Livraison possible. Gîte et chambres d'hôtes dès 84 €.

En plein cœur du Bas-Armagnac, ce chai au sol en terre battue est le chai du Domaine depuis son origine au XIXe. Lors de la visite, on vous expliquera le travail de la vigne et de la distillation. La grande pièce où trônent les différentes bouteilles renfermant l'armagnac et les apéritifs à base d'armagnac jouxte la cave où sont entreposés les tonneaux contenant des millésimes anciens. Les Bas-Armagnac du Domaine de Lassaubatju, à la fois puissants et légers, parfumés et fruités. A consommer bien sûr avec modération. Une quatrième chambre d'hôtes devrait ouvrir.

DOMAINE DU MARTIN

2391, route de Bidaous
HONTANX
✆ 05 58 03 37 75
Ouvert toute l'année. Il est conseillé de téléphoner avant. Gite sur place.

Jean-Luc et Guy Deyres sont à la tête de ce domaine familial fondé dans les années 1950 et produisent de l'armagnac millésimé depuis 1973 et de l'eau-de-vie blanche du cépage folle blanche. Il y a pour les armagnacs 4 cépages différents sur 5 ha de vignes : ugni blanc, folle blanche, colombard et baco. Le domaine distille avec un alambic de marque Sier datant de 1901, en continu à simple chauffe. Les armagnacs millésimes sont mis en bouteille au fur et à mesure des ventes. Visites possibles de l'exploitation, du chai de vinification et du chai de vieillissement.

CHATEAU DE LACQUY

404, route de l'Armagnac
LACQUY
✆ 05 58 03 88 22
www.chateaudelacquy.com
Visite du chai sur rendez-vous.

Magnifique demeure, de génération en génération, l'armagnac a toujours été au cœur de cette superbe bâtisse. Gilles de Boisséson, l'actuel propriétaire du château, est le représentant de la dixième génération. Le domaine s'étend sur 400 hectares, avec 22 hectares de vignes et 200 hectares de bois. Ce château est à ce jour la plus ancienne propriété familiale de l'appellation armagnac. L'eau-de-vie produite est immédiatement mise en fûts de bois de chêne, placés pour son vieillissement dans un chai en pierre et terre battue datant de 1876.

L'AUBERGE LANDAISE €€

Le Bourg
LUE
✆ 05 58 07 06 13
www.aubergelandaise.com
Menus de 12 € à 38,50 €.

Jean Berthet a créé ce restaurant en 1967, les gérants actuels s'occupent de l'entreprise avec passion. La maison landaise, typique de la fin du XIXe siècle est comme on les aime ! La cuisine traditionnelle et copieuse reste une découverte gourmande à ne pas rater dans le département. Vous découvrirez la véritable gastronomie gasconne : salmis de palombes, fricassée de cèpes, civet de sanglier ou de chevreuil, magret et foie gras, foie gras des Landes... Malgré tout, n'oubliez pas de faire une petite place au dessert, car les desserts sont faits maison.

CONSERVATOIRE AVICOLE DU PUYOBRAU

2695, route de Dax
MAGESCQ
✆ 05 58 47 71 83
Tous les jours et les jours fériés de 10h à 12h et de 14h à 19h. Fermé le mardi du 1/10 au 28/02.

Ce conservatoire avicole est dirigé par un couple de passionnés qui en toute décontraction vous apporte tout un tas d'informations sur les gallinacées. Si au départ vous êtes attiré par les 120 races de poules anciennes plus jolies et surprenantes les unes que les autres, canards, dindons, pintades, coqs attireront aussi votre attention. L'élevage a pour but la reproduction et la sélection. Unique, vaches marines landaises en préservation et sélection.

FERME DE LA GAUBE

883, chemin de l'Espérance
MAURRIN
✆ 05 58 44 04 51
www.fermelagaube.com
Sur rendez-vous.

Chantal et Eric Tachon élèvent des canards et des volailles (des poulets, des pintades, des chapons, des dindes) en plein air et cultivent le maïs à une quinzaine de kilomètres de Mont-de-Marsan. L'élevage débute avec des canetons d'un jour, qui sont nourris jusqu'à l'âge adulte, avant le gavage. Ils produisent ainsi de nombreuses spécialités à base de canard : foie gras bien sûr en bocal en conserve ou mi-cuit, en morceaux ou préparé pour les toasts, rillettes et pâté au foie gras, confit, rillettes, magret fourré... Un régal !

CHATEAU DE BRIAT - PICHON LONGUEVILLE

560, avenue de Briat
MAUVEZIN-D'ARMAGNAC
✆ 05 58 44 81 37
armagnacs-pichon-longueville.com
Ouvert du lundi au vendredi de 9h à 12h et de 14h à 18h.

Avant de devenir propriété du baron Raoul de Pichon-Longueville en 1864, le domaine passa par les mains de diverses familles. Stéphane de Luze est l'un des descendants de celui qui sut si merveilleusement enrichir le savoir-faire traditionnel de l'armagnac. La sélection se porte sur le bas-armagnac la Blanche de Briat, 100 % folle blanche, exprimant pleinement la finesse aromatique du cépage ainsi que son parfait équilibre olfactif gustatif. Très belle étiquette.

CLAIRE DE MONTESQUIOU

320, chemin d'Espérance - **MAUVEZIN-D'ARMAGNAC** ✆ 05 58 44 85 93
www.armagnac-esperance.com
Ouvert lundi et du mercredi au vendredi de 8h à 12h. Haute saison : du lundi au vendredi de 8h à 12h et de 14h à 18h.

Le bas Armagnac landais est hautement reconnu pour la qualité de sa production viticole. Le Domaine d'Espérance ne déroge pas à la règle et l'excellence est de mise dans cette exploitation. Avec une grande gentillesse, Jean-Louis et Claire de Montesquiou vous feront visiter le chai à vin et le chai d'armagnac avant de vous inviter à une dégustation d'un de leurs vins de pays : blanc « cuvée d'Or », rouge « Cuvée Rouge », rosé « Cuvée Rosée », ou de leur apéritif, floc de Gascogne blanc et rosé... Au milieu des vignes, les propriétaires ont aménagé un gîte Bacchus.

L'ARROSEUSE

101, chemin de Pey de l'Ancre
MESSANGES
✆ 06 50 35 58 57
Ouvert du dimanche au jeudi de 10h à 20h ; le vendredi et le samedi de 10h à 1h. Concerts, animations et ateliers.

La brasserie artisanale *L'Arroseuse* a des airs de saloon. Ici, on brasse et on déguste la bière du même nom (autour d'une planche apéritive à partager). Une activité de maraîchage permet de fournir la brasserie en houblon et le restaurant à Vieux-Boucau en légumes. L'Arroseuse, c'est aussi un lieu de concerts, de spectacles et de création d'événements à la demande. Le mardi et le jeudi, c'est soirée DJ, mais aussi soirées reggae, hip-hop, deep house... Le vendredi, place aux scènes ouvertes ! Renseignez-vous pour participer à un atelier de fabrication.

FERME-AUBERGE BASTEBIEILLE €€

60, chemin des Bastes - **MIMBASTE**
✆ 05 58 55 30 05
www.fermebastebieille.com
Du 1er août au 20 septembre 2020, midi et soir du mercredi au dimanche midi.

La ferme Bastebieille décroche régulièrement de nombreuses médailles au Concours général agricole. Producteurs conservateurs depuis cinq générations, la famille Lesgourgues élève le canard à foie gras (gavage traditionnel au maïs grain). Ouverte par Thibault, le fils, l'auberge est installée dans de beaux bâtiments rénovés où se mêlent charme de l'ancien et modernité. Vous serez accueilli avec une extrême gentillesse. Vous hésitez ? L'assiette Bastebieille est un très bon choix.

LE GOÛT DES SAISONS

889, avenue du Maréchal Foch
MONT-DE-MARSAN
✆ 05 58 79 35 71
www.le-gout-des-saisons.placestars.com
Ouvert du mardi au jeudi de 9h30 à 12h30 et de 14h à 18h ; le vendredi et le samedi de 9h à 18h.

N'espérez pas trouver des tomates en février au Goût des Saisons ! Comme son nom l'indique, ce magasin d'agriculteurs ne commercialise que des fruits et légumes de saison. Il a été créé par 3 associés qui exerçaient déjà la vente directe sous le « tunnel du rond-point de Villeneuve » à la sortie de Mont-de-Marsan, où les habitués venaient acheter les légumes de saison et les produits laitiers. Désormais, ce sont quelque 130 exploitations des Landes et du Lot-et-Garonne qui approvisionnent ce magasin, à des prix très attractifs.

FERME TAUZIA

Route de Lannebère
MONTAUT
✆ 05 58 76 14 24
www.fermedetauzia.com

Depuis plus de quarante ans, la ferme Tauzia, référencée Ferme Découverte, se dresse sur les coteaux de la Chalosse, dont elle est une fière représentante. Elle s'est spécialisée dans l'élevage de canards. C'est un véritable petit musée paysan qui est installé là : on découvre l'élevage en plein air d'oisons et oies à foie gras, on assiste au gavage des canards avant de s'arrêter à la boutique pour acheter entre autres foies gras, confits, magrets fourrés au foie gras et autres rillettes... tous, produits artisanalement à la ferme.

MAISON LAFITTE FOIE GRAS

455, route du Béarn - **MONTAUT**
✆ 05 58 76 40 48
www.lafitte.fr
Ouvert du lundi au vendredi de 8h à 12h30 et de 13h30 à 17h. Boutique en ligne.

Depuis plus de 100 ans, la Maison Lafitte entretient l'excellence et le savoir-faire de la gastronomie landaise. Partenaire exclusif du Club des Chefs cuisiniers des Chefs d'Etat à travers le monde, Lafitte est reconnue pour la qualité supérieure de ses produits. Venez découvrir l'univers gastronomique du foie gras, confit et magret des Landes... toute une gamme de produits autour du canard. Boutique du site de la conserverie, la Maison Lafitte est également présente aux Halles de Dax, Mont-de-Marsan, Bayonne, Bordeaux et Paris dans les 4e et 7e arrondissements.

LAIT GOURMAND

241, route des Lavoirs - **ORTHEVIELLE**
✆ 05 58 73 12 75
www.laitgourmand.fr
Ouvert le vendredi de 17h à 20h. Marché de Peyrehorade le mercredi et le samedi matin. Service click & collect.

La Ferme de Saraillot a toujours connu la culture du maïs, du tournesol et l'élevage des vaches. Sans oublier les vergers de kiwis ! Lorsque Rémi a rejoint l'aventure, il a lancé un défi à toute sa famille : produire et commercialiser des produits laitiers. Après quatre mois dans les Alpes où il a appris la transformation du lait en glace, mozzarella, yaourt, fromage blanc et crème, il a lancé Lait Gourmand. Retrouvez-le à Peyrehorade le mercredi et le samedi matin, et à la ferme le vendredi à partir de 17h. Du producteur au consommateur, tout simplement !

DOMAINE DE LABALLE

Château de Laballe - **PARLEBOSCQ**
✆ 06 82 90 29 43
boutique.laballe.fr
Vente et dégustation à L'Annexe de Laballe, ZA des Deux Pins à Capbreton : 05 58 73 81 57. Vente en ligne.

Cette adresse fait partie de nos coups de cœur. Attachante et attachée aux traditions armagnacaises depuis 8 générations, la famille Laudet-Bastié distille et élève chaque année la précieuse eau-de-vie de bas-armagnac du Château Laballe. A découvrir : un blanc sec, issu d'un assemblage de colombard (60 %) sauvignon (25 %) et de gros manseng (15 %), un vin minéral aux arômes de fruits exotiques qui se conjuguera parfaitement avec de la viande blanche ou du poisson. Retrouvez cette production dans le magasin situé à Capbreton au 4, rue des Résiniers.

LE CHATEAU DE RAVIGNAN ★

Domaine de Ravignan
PERQUIE
✆ 05 58 45 33 07
www.armagnac-ravignan.com
Fermé de novembre à mars. Du 14 juillet au 25 août inclus, ouvert tous les jours de 14h à 20h.

A la fin du XIIIe siècle, Perquie était le centre d'une baylie. La seigneurie au début du XVIe siècle appartenait à une branche de la famille Mesmes. Le nouveau château fut reconstruit en 1663, après les Guerres de Religion par Alcibiade de Mesmes à côté d'un vieux bâtiment. La famille Lacroix, de Bayonne, entreprit l'achèvement du château. Elle démolit le vieux château et construisit un second corps de logis. En 1902, le parc fut dessiné par le paysagiste Buller. La partie centrale et la partie est datent donc du XVIIe siècle et la partie ouest du XIXe siècle. Le pavillon central à travée unique est encadré de part et d'autre par les deux travées des corps de logis et les deux travées des pavillons des extrémités. On retrouve presque la même articulation architecturale à Poyanne. La porte centrale sculptée est datée de 1663. Dans un superbe parc à la française, ce château présente une ordonnance classique de style Louis XIII est habitée par la famille Ravignan qui perpétue les méthodes d'élaboration de l'Armagnac dans le plus grand respect des traditions du terroir. Les visites guidées présentent cette histoire familiale au travers de mobiliers, tableaux et objets de qualité, comme l'intéressante collection de 500 gravures évoquant Henri IV, ou une garde-robe complète de costumes masculins du XVIIIe siècle. Vous visiterez également des chais d'armagnac, dont la production est attestée depuis bientôt trois siècles. La famille est particulièrement réputée pour ses délicieuses framboises à l'armagnac.

MAISON BARTHOUIL

378, route de Hastingues
PEYREHORADE
✆ 05 58 73 75 72
www.barthouil.fr
Jours et horaires d'ouverture variables selon la saison. Livraison possible. Boutique en ligne.

Issue d'une famille de boucher-charcutier, la Maison Barthouil s'est d'abord créée autour de la culture du canard gras. Et c'est à la fin des années 30 que Gaston Barthouil eut l'idée de fumer les premiers saumons de l'Adour dans le respect de la tradition danoise. Cycle de vie du saumon sauvage, les différentes pêches, le fumage à l'ancienne... La Maison du Saumon se visite gratuitement de mi-février à fin octobre. Caviar, saumon, foie gras... D'ici là, n'hésitez pas à faire le plein de produits d'exception de la Maison Barthouil, à la boutique ou en livraison.

FERME DE DECOUVERTE DU GRAND CASTAGNET

1898, chemin du Lucq
POMAREZ
✆ 05 58 89 88 00
www.darrigade.com
Visite guidée sur RDV de mai à septembre. Gratuit.

Famille d'agriculteurs depuis plusieurs générations, c'est par vocation et avec passion que Patrick et Isabelle Darrigade perpétuent la tradition régionale de l'élevage de canard à foie gras et la culture du maïs. Aménagée dans la grange centenaire, la conserverie familiale, outil moderne, agréé aux normes européennes, leur permet de travailler efficacement et traditionnellement. Qualité Label Rouge, gavage traditionnel. Uniquement sur réservation.

GROUPE AQUALANDE

505, rue de la Grande Lande
ROQUEFORT
✆ 05 58 05 61 00
www.groupeaqualande.com

Aqualande est le premier éleveur-transformateur de truites d'eau douce en Europe. Le groupe est aussi leader européen en matière de sélection de poissons d'aquaculture et leader mondial sur la sélection de truites. Sa gamme Ovive est certifiée Origine France Garantie. C'est en mai 1981 que la SCA (Société coopérative agricole) des Aquaculteurs landais est créée. La même année, la première unité de conditionnement de truites fraîches est installée. Aujourd'hui, on déguste truite fumée, pavé de truite, œufs de truite, œufs de saumon, filet de bar...

LES RUCHERS DU BORN

810, avenue de Mimizan - **PONTENX-LES-FORGES**
✆ 05 58 07 40 74
https://www.ruchersduborn.fr/
Qualité Tourisme. Ouvert du lundi au vendredi (9h30 à 12h30). Boutique en ligne. Visite libre de la ferme. Dégustation.

Thomas Mollet et Lénaïc Lecrénais ont décidé de continuer à écrire l'histoire des Ruchers du Born ; une ferme qui produit du miel depuis 1960 ! Accompagnés par Odile et Clémence, ils élèvent 900 à 1000 colonies d'abeilles en favorisant le développement naturel. Pour cela, ils pratiquent une apiculture transhumante en déplaçant les ruches plusieurs fois par an, au rythme des abeilles et des fleurs. Les miels des Landes des *Ruchers du Born* sont vendus sur place ou en ligne. Dégustation, visite libre de la ferme apicole, chasse aux trésors pour les enfants...

FERME DU HAZA €€

130, Route du haza
SAINT-AUBIN
✆ 05 58 97 72 35
www.ferme-du-haza.fr
Ouvert tous les jours midi et soir du 15 juillet au 15 septembre. Sur réservation le reste de l'année.

A la ferme du Haza, on élève les canards et les oies en liberté. Mais Danièle vous fait également profiter de ses talents de cuisinières, conviant à sa table les hôtes de passage avec une belle vue sur la ferme. Vous pourrez déguster ici les produits de la ferme concoctés avec goût : assiette gourmande de chalosse (rillettes, foie gras, chorizo, rôti de canard, jambon de canard, etc.), rillettes, garbure, confit de canard ou d'oie, côtes de canard, sans oublier les spécialités de Danièle au foie gras : foie gras entier d'oie ou de canard, foie frais poêlé !

LA PETITE FERME DE POUILLON

665, chemin de Camparadé - **POUILLON**
✆ 06 45 61 14 35
www.lapetitefermedepouillon.com
Haute saison tous les jours de 10h30 à 19h. Adulte : 6 €. Enfant de 2 à 14 ans : 5 €.

Venez vous détendre en famille, le temps d'une journée dans un environnement naturel où vivent en parfaite harmonie des poneys shetlands, ânes, lamas, brebis, chevaux, écureuils, perruches, faisans et paons. Les enfants pourront entrer dans le poulailler et dans l'enclos de chèvres naines. Ils pourront aussi donner les biberons aux petites chèvres, moutons et cochons. Promenades à poney. Profitez de produits bio et cueillez vous-même des légumes. Aires de jeux et de pique-nique.

DOMAINE API-MELLI

270, chemin de Menautat - **SAINT-LON-LES-MINES**
✆ 06 70 06 09 17
www.mielapimelli.com
Bienvenue à la Ferme. Vente à la ferme le vendredi de 16h à 19h (+ le mercredi de septembre à février). Visite sur rdv.

Api-Melli est une exploitation apicole. Apiculteur depuis 2008, Thierry Francke vous expliquera l'entretien d'une ruche (il en a 300 en production et 200 pour la fécondation), le nourrissement des abeilles l'hiver, les problématiques dues au climat, l'extraction, etc. Vous pourrez déguster différents miels, du liquide au plus crémeux. Bruyère, châtaignier, tournesol, acacias... A chacun sa particularité gustative. Miels, pollen, gelée royale, pain d'épices, nougat et autres bonbons sont à retrouver dans la boutique et chez des revendeurs à Dax et Hastingues.

FERME-AUBERGE DE THOUMIOU

380, chemin de Thoumiou
SAINT-PANDELON
✆ 05 58 98 73 41
http://site.voila.fr/thoumiou
Réservation impérative.

Chantal et Johany Gervreau possèdent une magnifique ferme qu'ils ont entièrement restaurée. Ils élèvent ici des vaches et des canards et proposent à la vente de délicieux produits. Vous pouvez venir les découvrir sur place et même les déguster à la ferme-auberge. L'ambiance est très agréable, les produits de grande qualité, les prix modiques et l'accueil très chaleureux... Que demander de plus ! Voilà une adresse que nous recommandons chaudement à tous les gourmets !

FERME DE THOUMIOU

380, chemin de Thoumiou
SAINT-PANDELON
✆ 05 58 98 73 41

Chantal et Johany Gervreau possèdent une magnifique ferme qu'ils ont entièrement restaurée à deux pas de Dax. Ils élèvent ici des vaches et des canards et proposent à la vente de délicieux produits. Vous pouvez venir les découvrir sur place et même les déguster à la ferme-auberge qui est un véritable coup de cœur ! L'ambiance est très agréable, les produits de grande qualité, les prix modiques et l'accueil très chaleureux... Que demander de plus ! Voilà une adresse que nous recommandons chaudement à tous les gourmets et bien sûr, aux amateurs de foie gras !

L'ATOUT FERMIER

Zone d'Activités Escalès
SAINT-SEVER
✆ 05 58 06 35 37
www.latoutfermier.fr
Ouvert du mardi au samedi de 9h30 à 12h30 et de 16h à 19h. Service click & collect.

Ce magasin d'agriculteurs et d'éleveurs est là pour répondre à l'engouement pour les productions locales. Trois producteurs locaux se sont réunis pour vendre en magasin leur production paysanne et locale de fruits, légumes, fruits, viandes... Sans oublier les produits d'épicerie, la crèmerie, jusqu'aux petits pots de légumes pour bébés ! Depuis, nos trois pionniers ont été rejoints par plus de 60 producteurs. Pour gagner du temps, vous pouvez aussi passer vos commandes par le site cagette.net et venir récupérer votre panier à l'Atout Fermier.

LES FERMIERS LANDAIS

26 bis, rue de Papin
SAINT-SEVER
✆ 05 58 76 42 22
www.fermierslandais.fr

Reconnaissable à son cou dépourvu de plumes, le poulet jaune a su conquérir les marchés nationaux et internationaux de l'alimentaire. Depuis plus de 40 ans, Les fermiers landais prônent l'élevage en liberté, sous la pinède grâce aux fameuses petites cabanes transportables. En 1965, ils ont obtenu le premier Label Rouge de l'histoire et en 2005, le poulet fermier a été élu produit de l'année. Poulets, chapons, canards à foie gras, oies grasses... Tout est travaillé avec les impératifs d'hygiène et de traçabilité propres pour garantir une sécurité totale.

GANADERIA DE MAYNUS

Augreilh - **SAINT-SEVER** ✆ 06 07 94 64 18
www.ganaderia-maynus.fr
Ouvert d'avril à octobre. Spectacles taurins. Gîtes jusqu'à 6 personnes. Restauration. Location de salles.

Cécile et Chrystel poursuivent l'œuvre de leur père, Christian Brettes, en élevant un troupeau d'une centaine de bêtes de souche espagnole (*Perez Tabernero, Torrestrella, Domecq, Sepulveda*) ou camarguaise (*Fernay, François André*). La Ganaderia de Maynus propose des spectacles taurins à la carte comme les traditionnelles courses landaises – sur place ou dans les villages –, mais aussi des *capeas* à l'espagnole. Vous pourrez également visiter l'élevage. Restaurant, salle de location pour réception ou séminaire... Il y a aussi un gîte pour 6 personnes (deux chambres).

LA FERME DARRIGADE

36, chemin de Roucheou - **SOUSTONS**
✆ 09 77 73 60 56
www.ferme-darrigade.fr
Ouvert du lundi au vendredi de 10h à 12h et de 15h à 18h30 ; le samedi de 10h à 12h. Vente directe. Boutique en ligne.

En direct, vous allez pouvoir acheter les produits transformés de la Ferme Darrigade : pâtés de porc au foie gras, graisserons de canard, gésiers de canard confit, cailles farcies au foie gras... Les connaisseurs viennent aussi pour les asperges, les conserves à base de canard et pour « le Cassouhète » ; le cassoulet aux cacahuètes. La ferme Darrigade produit en effet des arachides. La production d'huile et de pâte à tartiner est réservée aux épiceries fines. L'été, sur inscription auprès de l'Office de Tourisme, des visites gratuites de la ferme sont organisées.

LA FERME DU BON COIN-COIN

Lieu dit Iffour
AGNAC
✆ 05 53 93 83 53
Ouvert du lundi au vendredi. Visite sur RDV pour les groupes. Gite.

La ferme du Bon Coin-Coin s'ouvre sur 2 ha. Les conserves sont ensuite réalisées sur place : confits, magrets, pâtés, terrines, ballottines, grattons, garbure et cassoulets. Il est possible de visiter la ferme du lundi au vendredi, et même de résider sur place à la semaine dans le gîte qui accueille les touristes intéressés. A la belle saison, les propriétaires organisent un dîner, le jeudi soir, et même sur demande, des petits stages de préparation culinaire à base de canard...

LA FERME DE RAMON

AIGUILLON
✆ 05 53 88 11 88
www.ferme-de-ramon.fr
Basse saison : ouvert du lundi au samedi. Haute saison : du lundi au samedi de 9h à 19h.

Isabelle et Hubert Garez élèvent des canards et les transforment, en foie gras, magrets et autres confits. Pour visiter la ferme il vaut mieux prendre rendez-vous. La visite est gratuite et s'accompagne bien souvent d'une excellente dégustation. Côté boutique, on y trouve les produits classiques mais aussi des spécialités comme le foie gras aux truffes ou le soufflé au foie gras. La cuisine du canard n'aura plus de secret pour vous en participant aux différentes journées cuisine de la ferme. De nombreuses animations y ont lieu.

LA FERME DE L'ARGENTÉ

ALLONS ✆ 06 44 90 32 77
www.fermedelargente.fr
Ferme ouverte aux visites en été, de 9h à 12h et de 15h à 19h. Boutique : du lundi au samedi de 9h à 12h et de 15h à 19h.

La ferme de l'Argenté a été reprise par Bruno Marcy. Il y élève des canards mais pas seulement, il élève aussi des animaux sauvages comme les cerfs, biches faons et chevreuils. Tous ces animaux évoluent en plein air à l'ombre des pins de la forêt landaise. Vous pourrez même entendre à l'automne le brame du cerf ! Le mode d'élevage est artisanal, la tradition prime. Les canards sont gavés de façon traditionnelle et l'abattage est réalisé sur place, pour être ensuite cuisinés dans un laboratoire prévu à cet effet au sein de la ferme. Boutique à la ferme.

CHÂTEAU LA GRAVE BÉCHADE

BALEYSSAGUES
✆ 05 53 83 70 06
www.lagravebechade.fr

Depuis 2015, c'est la famille Burrus, négociant chocolat et détentrice de la chocolaterie alsacienne Schaal, mais aussi propriétaire des marques Marquise de Sévigné et Yves Thuries qui possède le domaine. Le vignoble s'étend sur 23 ha en AOC Côtes-de-duras, merlot, cabernet-sauvignon et sauvignon s'y côtoient pour permettre l'élaboration des cuvées en blanc et en rouge. Le château propose de l'œnotourisme permettant aux amateurs de vin et de chocolats d'apprécier ces saveurs nouvelles. La localisation permet après dégustation de profiter des atouts du Duraquois.

LA P'TITE CONFIOTE

Fontmorin
BALEYSSAGUES
✆ 05 53 83 77 51
http://confitures-gelees.com
Ouvert du lundi au samedi de 10h à 19h.

Ce sont des confitures artisanales exceptionnelles, créées par Vincent Beylard, Maître Confiturier de France, que vous pouvez vous procurer dans cette boutique ou certains hôtels de luxe. Les confitures ont des saveurs bien à elles : mangue au rhum, poire et vanille, abricot-Grand Marnier. Le *nec plus ultra* : le confit de sauvignon, de muscat ou de thé aux paillettes d'or 23 carats ou d'argent. Toutes ces petites merveilles sont cuites au chaudron en cuivre de façon artisanale. A noter : la palme « Saveur d'Or Nouvelle Aquitaine » pour la confiture à l'abricot.

FERME DE LA BOSSE

Route de Cassou - **BON-ENCONTRE**
✆ 05 53 68 37 95
www.lafermedelabosse.fr
Lundi, mercredi, vendredi et samedi de 14h à 19h. Visite libre et gratuite aux heures d'ouverture de la boutique.

Sur le plateau de Bon-Encontre à Cassou, Corinne Taret élève ses vaches et élabore ses fromages frais et affinés dans le respect des traditions. Corinne n'hésitera pas à vous faire goûter ses fromages tout en décrivant avec passion leur élaboration. Vous pourrez assister à la traite. Corinne est présente sur le marché de Bon-Encontre du dimanche matin. Il est également possible d'acheter de la viande de ses bœufs sur commande. Pour grands et petits : découvrez tout simplement la douceur de la confiture de lait, le riz au lait vanillé et d'autres bons produits.

L'OISONNIERE

Moulin de Saint-Laurent
BOURGOUGNAGUE
✆ 05 53 94 17 58
Ouvert tous les jours de 9h à13h sauf en février et les dimanches de juillet et août.

Olivier Demaret a vécu 20 ans en Afrique avant de venir s'installer dans une petite exploitation du Lot-et-Garonne. Un changement radical de vie ! Aujourd'hui membre du réseau Bienvenue à la Ferme, il élève et gave des canards de façon traditionnelle, il les transforme ensuite et les commercialise lui-même. On vous conseille fortement de venir découvrir son exploitation à taille humaine et son produit phare, l'original foie gras de canard à la vanille des Comores. Vous trouverez également des foies mi-cuits pasteurisés et d'autres produits comme des terrines...

LE CHAUDRON MAGIQUE ★

Les Perrets - **BRUGNAC** ✆ 05 53 88 80 77
www.chaudronmagique.fr
Ouverture durant les vacances scolaires. Adulte : 8,50 € (pour visite la plus simple). Enfant : 6,50 €.

Dans cette ferme pédagogique sont produites des céréales et sont élevées des chèvres laitières et des chèvres angoras pour leur laine. Lors de votre visite, vous serez bien plus qu'un simple spectateur. Vous participerez à différentes activités comme la traite, donner le biberon aux petits, fabriquer des fromages et du pain que vous emporterez... Installé dans un ancien fenil où était jadis stocké le foin, le point de vente a un cachet rural authentique. Il se révèle copieusement achalandé en produits du terroir et vêtements en mohair.

GILLES PONS - DOMAINE LOU GAILLOT

CASSENEUIL
✆ 05 53 41 04 66
www.lougaillot.com
Visite du chai sur rendez-vous et soirées œnologiques l'été le mercredi soir sur réservation.

Appartenant au réseau *Bienvenue à la ferme*, Annick et Gilles Pons accueillent les visiteurs sur leur propriété. La propriété de 13 hectares produit un vin de Haut-Agenais, rouge ou rosé, issu de cépages nobles comme le merlot et le cabernet. Et pour que la visite puisse se faire en famille, Annick et Gilles ont aussi pensé aux enfants : le circuit « Ludivigne » est un circuit de découverte ludique à travers le vignoble, où les parents pourront accompagner leurs enfants.

ASINERIE DE PINSEGUERRE

Lieu-dit Pinseguerre - **CASTILLONNÈS**
✆ 05 53 36 92 35
www.pinseguerre.com
Ouvert toute l'année sur rdv sauf juillet et août tous les jours de 10h à 18h. Tarifs selon prestation. Animations.

Voilà un endroit qui ravira petits et grands ! Anes des Pyrénées, Blancs d'Egypte, Gris de Sardaigne, ils sont plus de 50 à l'asinerie de Pinceguere, élevés avec amour par les dynamiques Luc et Caroline Garnier. Toute l'année, vous pouvez venir visiter l'asinerie, louer un âne sellé, un âne bâté, une carriole à 2 roues ou une voiture à 4 roues (avec accompagnateur)... Des liens se créent entre les randonneurs et leur compagnon de voyage et beaucoup réservent le même d'année en année. N'hésitez pas à les contacter pour connaître leurs nombreuses formules.

PARC DU GRIFFON

Griffon
CAUBON-SAINT-SAUVEUR
✆ 05 53 20 23 81
www.parcdugriffon.fr/fr.html
Haute saison ouvert tous les jours de 10h à 19h. Nocturne mardi jusqu'à 21h. Entrée : 10 €.

C'est à la fois un parc animalier, un parc de jeux et un parc d'animations. Petits et grands seront comblés par la multitude d'animaux. Pigeon paon, mouton d'Ouessant, alpaga, chèvre anglo-nubienne. Des plus atypiques, dromadaire, girgantana, lama, vache highland. Les enfants seront ravis de pouvoir câliner lapin nain, chèvre naine, coureur indien, cochon, et d'assister à la traite des chèvres alpines ou la tonte des moutons... Côté loisirs, jeux de pistes, énigmes mystères, tyrolienne, jeux gonflables. Un snack propose des produits locaux. Aire de pique-nique.

LES FOLIES DE SOPHIE €€

Lamérique
COULX
✆ 06 08 91 50 05
www.lesfoliesdesophie.com
Chambre double de 90 à 120 € ; studio-appartement de 110 à 145 €.

Sophie est-elle folle ? Certainement pas ! Son audace permet aux petits et aux grands enfants de réaliser un rêve : dormir dans une cabane en haut d'un arbre ! Elle vous propose trois jolies cabanes en bois perchées dans une forêt de chênes et de châtaigniers, à proximité de la ferme familiale. Pas d'électricité, des sanitaires dans le corps de ferme, mais un charme fou et des prestations diverses et variées pour ravir chacun d'entre vous. Pour un séjour romantique ou en famille, voici le moyen de profiter d'un salvateur retour aux sources.

DOMAINE AMBLARD

Saint-Sernin-de-Duras - **DURAS** ✆ 05 53 94 77 92
https://domaineamblard.com
Toute l'année. Lun. au vend. 8h-12h/14h-18h. Sam. 01/06 au 30/09 14h-18h. Visite des chais merc. 17h en juillet et août.

Ce magnifique vignoble de 100 ha est conduit depuis 1974 par Guy Pauvert. Ici, la spécificité de chaque vin est respectée dans les règles de l'art, preuve en est les nombreuses récompenses obtenues, en associant les derniers progrès technologiques. Le domaine a investi dans une nouvelle ligne d'encapsulage à vis pour le rosé, le sauvignon et le moelleux depuis 2006. Rare en Lot-et-Garonne, il garantit une protection maximale contre l'oxydation et un taux zéro du tristement célèbre goût de bouchon. Les rouges bénéficient encore du bouchon traditionnel en liège.

DOMAINE DE LAULAN

Petit-Sainte-Foy - **DURAS**
✆ 05 53 83 73 69
www.domainelaulan.com
Ouvert du lundi au vendredi de 8h à 12h et de 14h à 18h30. Le samedi sur rendez-vous. Livraison possible.

En 1974, la famille Geoffroy fait l'acquisition du domaine. Depuis, le vignoble a été totalement rénové et restructuré. L'incontestable vedette du domaine est le Côtes-de-Duras sauvignon 2014 loué pour sa précision diabolique, sa spectaculaire livrée aromatique et sa capacité de garde. Depuis de nombreuses années, le sauvignon du domaine de Laulan obtient la reconnaissance de ses pairs en obtenant les meilleurs prix au concours général agricole et au concours national des Vignerons indépendants entre autres. Il a même été qualifié d'artiste du Sauvignon.

LA FERME DES TUILERIES €€

Tuilerie - **FONGRAVE**
✆ 05 33 00 50 18
www.ferme-tuileries.com
Vente de fruits et légumes. Ouvert de début avril à début octobre, du lundi au samedi de 9h à 12h et de 14h à 18h.

La famille Chauvel vous accueille dans l'exploitation familiale et vous fait découvrir son activité. Dans la petite boutique, vous pourrez acheter légumes et fruits mûrs à point dont de succulentes fraises, juteuses et parfumées. Gariguette, Mara des Bois, Cléry, il y en a pour toute la saison. Vous trouvrez également un grand choix de confitures et des pruneaux d'Agen. Un gîte (2 clés chez Clévacances) peut accueillir 6 personnes. Ambiance familiale et détendue ! La Ferme des Tuileries est également relais camping-car affilié au réseau France Passion.

MUSÉE DU FOIE GRAS YVES ET GENEVIÈVE BOISSIÈRE ★

Ferme de Souleilles - **FRESPECH** ✆ 05 53 41 23 24
www.souleilles-foiegras.com
Du lundi au samedi de 10h à 19h, le dimanche et les jours fériés de 15h à 19h (18h en hiver). Adulte 5 €. Visite guidée.

Quand vous apercevrez Yves, vous penserez forcément à un certain José Bové : même moustache, même sourire jovial et même rage contre les OGM et la « mal bouffe ». Avec sa femme Geneviève, ils ont repris la ferme familiale et se sont lancés dans l'aventure du foie gras, une passion qu'ils partagent à travers leur musée et leur ferme. Profitez des journées gourmandes à Pâques et à la Toussaint pour visiter gratuitement le musée. Sans oublier la boutique gourmande.

LA MAISON DE LA NOISETTE

Ferme La Campelière - **LACÉPÈDE**
✆ 05 53 95 98 29
www.lamaisondelanoisette.com
Toute l'année sauf 15-31/01. Boutique et visites : horaires détaillés sur le site web ou 05 53 95 98 29. Visite 4 €.

En descendant de Lacépède, vous trouverez La Maison de la Noisette et ses noisetiers à flanc de colline. Une ferme où le sourire est roi ! Amalia, Augustin et leur famille cultivent et transforment le fruit à coque et vous font découvrir cet univers au travers d'une visite commentée dans une nouvelle scénographie, dynamique, originale, interactive et ludique. Cabane à malice, enquête avec l'inspecteur Rouxy… les secrets de la noisette en s'amusant ! En boutique : large gamme de spécialités transformées à la ferme : chocolats, huile de noisette, crème à tartiner…

LA MAISON DU PRUNEAU ET SON MUSEE

Braunes - **LAFITTE-SUR-LOT**
✆ 05 53 84 04 17
www.maisondupruneau.com
Ouvert toute l'année. Le magasin est ouvert tous les jours. Entrée gratuite. En été, salon de thé. Gîte.

Depuis 4 générations, la famille Messines produit et transforme la prune d'Ente. Sa Maison du Pruneau en propose une large déclinaison : pruneaux naturels, truffés ou enrobés de chocolat, liqueur à l'eau-de-vie de prune, « prun choco' ». Un petit musée attenant à la boutique présente de façon ludique et pédagogique l'évolution des pratiques culturales et des techniques de ramassage au fil des époques. En été, petit salon de thé, tables de pique-nique, aire de jeu.

CHATEAU DE LA GRANGERIE

LANNES
✆ 05 53 65 70 97
www.lagrangerie.net

Ouvert du lundi au samedi de 9h à 18h ; le dimanche de 15h à 18h Accueil des groupes sur rés. Dégustation gratuite.

Le lieu est magnifique, entouré de vignes. En fait ce « château » est à l'image de son département : rustre, humble, simple, mais imposant tout de même. Les chais de vieillissement se situent dans l'ancienne chapelle. Le domaine viticole est important. Antoine et Robert de Langalerie vous feront découvrir flocs de Gascogne, armagnacs, pruneaux d'Agen à l'armagnac… Le Château de la Grangerie fait partie du réseau Bienvenue à la ferme qui soutient les agriculteurs pour qu'ils puissent répondre aux attentes en termes de dégustation de produits.

FERME DU CABIER - FAMILLES LABADIE-LABROUSSE

Cabier - **LAPLUME** ✆ 05 53 67 11 41
www.fermeducabier.com

Du lundi au vendredi de 8h à 12h et de 14h à 18h. Spécialités à base de poulet, conserves, volailles entières et rôtis.

Dans les années cinquante, la famille Labadie achète le Cabier et cultive des céréales, puis commence à élever des poulets. Aujourd'hui plus de 70 000 bêtes (poulets, canettes, chapons, pintades) sont élevées à la ferme, nourries au maïs et au tournesol. Vous trouverez des volailles entières et des conserves : pâté de poulet, civet de chapon, poulet en gelée, filets et confits de chapon... Mais aussi des rôtis qui méritent le détour, désossés et farcis aux pruneaux ou au foie gras.

DÉGUSTATION DANS LE NOIR

LAYRAC
✆ 05 53 87 01 65
www.vigneronsdubrulhois.com/

Sur rendez-vous.

Depuis 2017, les Vignerons du Brulhois ont mis en place une salle de dégustation des vins dans le noir pouvant accueillir 20 personnes maximum pour une expérience unique en France. Une expérience des sens à ne pas manquer, inspirée d'un repas dans le noir organisé à Düsseldorf, en Allemagne. La salle permanente de dégustation dans le noir se trouve au Cellier du Brulhois, à Layrac. Blanc ? rouge ? rosé ? L'odorat et le goût sont mis à contribution pour trouver et surtout apprendre en prenant du plaisir. Les sessions ont lieu sur rendez-vous et sont payantes.

FOIE GRAS REGAUD

Lieu-dit Jean-Malau - **MAUVEZIN-SUR-GUPIE**
✆ 05 53 94 20 48
www.foie-gras-regaud.fr

Lundi 14h-18h. Du mardi au jeudi 8h-12h/14h à 18h. Vendredi 8h-12h/14h-17h. Livraison possible. Boutique en ligne.

40 ans que la maison Regaud travaille le canard de façon artisanale. On y trouve le traditionnel foie gras de canard mais aussi l'excellent foie gras d'oie. La conserverie propose des salaisons, des recettes sucrées et salées comme les terrines de foie gras aux figues ou aux poires, des plats cuisinés comme le cassoulet au confit d'oie, l'exotique rougail à la saucisse de canard. Petit Futé apprécie le fait que l'on puisse trouver, ici, du foie gras d'oie. Amusez-vous ainsi à faire une dégustation à l'aveugle, vous serez surpris par leurs différences.

FERME DE GAGNET

Gagnet - **MÉZIN**
✆ 05 53 65 73 76
www.gagnet.jimdo.com

Point de vente du lundi au samedi 9h-13h et 15h-19h, le dimanche sur RDV. Téléphoner avant de passer est conseillé.

L'exploitation familiale de Marielle Tadieu comporte une dizaine d'hectares de vignes et un élevage de canards. Aménagée dans une pièce chaleureuse où trône une immense cheminée, la boutique propose des produits haut de gamme comme de l'armagnac Ténarèze, de la blanche de Gagnet ou du floc de Gascogne qui a reçu 3 ans de suite la médaille d'or au Concours Général Agricole. Le même niveau qualitatif se retrouve dans les foies gras entiers ou mi-cuits, confit de canard, rillettes, pâtés. Possibilité de séjourner sur place dans un gîte confortable.

Z'ANIMOLAND

Sarlat - **MONBALEN** ✆ 05 53 41 24 07
www.z-animoland.com

Haute saison ouvert tous les jours et jours fériés de 10h à 21h. Adulte : 11 €. Enfant de 2 à 13 ans : 9 €.

Imaginez un domaine de 12 hectares où petits et grands voisinent avec des animaux domestiques et sauvages qu'ils soient à plumes ou à poils : cochons, chèvres, lapins, mais aussi kangourous, autruches, marmottes, toute une faune diversifiée vous est proposée à la découverte… Isabelle et Jérôme ont créé, voilà déjà dix ans, un lieu original et à part. Également démonstration de fauconnerie. Sur place, des jeux en bois, des jeux d'eau, des structures gonflables, un mini-golf 8 trous, des trampolines et une piste de karting à pédales pour adultes et enfants.

FERME DE LAFITTE

Lafitte - **MONGAILLARD**
✆ 05 53 97 20 04
www.fermedelafitte.com
Lundi-vendredi 9h-12h et 14h-18h, samedi 9h-12h. Livraison possible. Petit déj. à la ferme 10 €. Menus 19 à 35 €.

Jean-Pierre Caillau est un passionné comme il en reste peu dans la région ! Le credo de la maison est simple : « Du partage, du bonheur et de l'humour ! ». Sa ferme de Lafitte est réputée auprès des Lot-et-Garonnais pour son excellent canard, élevé sur place et transformé ici même. Ici, c'est le partage et la convivialité, l'authenticité du terroir, les bons produits (charcuterie, alcools, foie gras...) et la découverte de la cuisine simple et traditionnelle par le biais des séjours gastronomiques où toute la générosité de l'homme se transmet.

FERME ROQUES

Le Vacqué - **MONTESQUIEU**
✆ 05 53 68 60 39
www.fermeroques.com
Du lundi au samedi de 9h à 12h et de 14h à 19h. Fermée les jours fériés. Drive. Boutique.

Pruniculteur, arboriculteur, toute la production est directement proposée à la vente sur la ferme Roques de quoi initier un vrai rapport de confiance : cerise, abricot, kiwi, pomme... l'offre est riche. Le pruneau en tant que spécialité est notamment distillé sur place deux fois par an pour des liqueurs et eaux-de-vie authentiques. Jean-Pascal et Sandrine Roques ont tout mis en place pour que la ferme soit plus qu'une ferme (visite, accueil camping-car..). Nouveauté : le drive fermier pour répondre aux demandes et inscrire le site dans son époque.

FERME BIO DE CROZEFOND

Lieu-dit Crozefond
SAINT-AUBIN
✆ 05 53 36 42 41
Ouvert les mardis et mercredis après-midi et sur rendez-vous.

Cela fait déjà 54 ans que la famille Pozzer travaille en agrobiologie ! Leur production est très variée : céréales, fruits, légumes.. mais aussi charcuterie artisanale, produits laitiers (fromages, yaourts, fromages blancs, beurre...) Leur grande spécialité, c'est la tome de vache au lait cru, nature ou aromatisée. Porcs et vaches sont élevés sur place et entièrement nourris avec les produits de la ferme. La famille Pozzer fabrique aussi des pâtes, des pâtisseries (tartes salées, sucrées...) ou encore du pain au levain naturel, et de l'huile d'onagre.

DOMAINE DE DAME BERTRANDE

Les Guignards
SAINT-ASTIER
✆ 05 53 94 74 03
www.dame-bertrande.com
Ouvert du lundi au vendredi de 9h à 17h. Le week-end, sur rendez-vous.

« Si faire du vin est un art, le boire ne doit être que plaisir ! » Cette sympathique devise est celle de Brice Tingaud, à la tête avec son épouse du domaine de Dame Bertrande. Cet ancien Parisien, séduit par le Sud-Ouest et les métiers de la vigne, a démarré comme ouvrier et s'est formé avec la volonté et la motivation des gens passionnés et un objectif : faire le vin le plus sain et le plus naturel possible. Le plus : le domaine s'est converti en agriculture bio depuis déjà 10 ans !

FERME DE MONREDON

Lieu-dit Monredon - **SAINT-AUBIN**
✆ 05 53 41 66 08
www.pruneaucampingmonredon.fr
Bienvenue à la Ferme. Lundi au samedi 9h-12h/14h-18h. Dim. 9h-12h/15h-17h. Boutique. Animations. Hébergement plein air.

Cette ferme, vouée à l'élevage des pruniers, se transmet par les femmes depuis 1771. Valorisant ainsi leur terroir, la ferme propose 6 emplacements pour campeurs et camping-caristes et une chambre insolite en bois perchée. Elle met à leur disposition un potager. Ils récoltent ce que les campeurs précédents ont semé et plantent pour les prochains ! Chaque été a lieu le Ripalhous : dégustation des saveurs locales puis apéritif et animation par Gilberte à l'accordéon. Présente sur les marchés de producteurs. Sa spécialité : l'Agenade, une sauce à base de pruneau.

NOUVELLE-AQUITAINE

FERME DU PLESSIS

Plessis - **SAINT-AUBIN**
✆ 06 71 66 35 23
https://www.bienvenue-a-la-ferme.com
Du lundi au samedi 10h-12h/15h-18h. Juillet et août visite de la ferme à 11h et 15h30. Hors saison sur rdv.

A la Ferme du Plessis, on est producteurs de pruneaux d'Agen depuis 3 générations. Ici, les arbres fruitiers sont taillés à la main, un savoir-faire qui garantit des fruits gorgés de soleil. Pascal et Alexandra Poueymidanette vous initient à la vie paysanne où production rime avec passion et tradition. Vous pourrez déguster et acheter leur production maison : pruneau nature, aigre doux, chutney de pruneau ou vinaigre de pruneau… Ils privilégient le contact direct avec le consommateur. Vente à la Ferme. N'oubliez pas la boutique au lieu-dit Paloque à Saint-Aubin.

FOIE GRAS DE LA GREZE

Lagrèze - **SAINT-GEORGES**
✆ 05 53 40 80 18
www.fermedelagreze.fr
7 jours sur 7, de 9h à 12h et de 14h à 19h. En été, visite de la ferme certains soirs, hors saison, sur demande.

Stéphane a repris les rênes de la conserverie fondée par ses parents, Raymonde et Jacky Novotny, voilà plus de 30 ans. Autant vous dire que La Grèze, c'est une histoire de famille ! Ici, les canards sont élevés et gavés de façon traditionnelle avant d'être cuisinés. C'est le moment de faire vos provisions pour l'hiver et de ramener le meilleur du Sud-Ouest ! Foies gras entiers au naturel, confits, magrets frais, séchés ou fumés, pâtés cous farcis... mais aussi plats cuisinés comme le cassoulet, la garbure ou le canard aux lentilles. De bons repas en perspective !

GACHEDOIT FOIE GRAS

La Vitarelle
SAINT-PIERRE-DE-CLAIRAC
✆ 05 53 95 34 97
Téléphoner de préférence, avant de venir à la ferme.

En plein village de Saint-Pierre-de-Clairac, dans sa ferme, Jean-Luc Gachedoit est un spécialiste du canard de Barbarie ! Il élève et gave lui-même, à l'aide du maïs cultivé sur sa propre exploitation, les canards qu'il destine à la conserve. Il concocte ainsi pour le plus grand plaisir des gourmets, qui viennent se ravitailler à la ferme ou au marché des producteurs de Puymirol l'été, de délicieuses conserves de confits, pâtés, fritons, rillettes et foie gras. A ne pas manquer non plus, le boudin de canard, une des spécialités maison !

DOMAINE DE LIONS

Yannick Montel - **THÉZAC**
✆ 05 53 40 70 58
Ouvert du lundi au samedi de 9h à 12h et de 14h à 18h. Visite du chai et dégustation des vins gratuites.

Depuis trois générations, la famille Montel cultive la vigne sur les coteaux de Thézac, sur un sol argilo-calcaire caillouteux. C'est désormais Yannick, LE producteur de vin IGP Thézac-Péricard ; il réalise des vins accessibles et sympathiques. On retrouve parmi ses cuvées le Tradition, un rouge fruité à boire jeune, puis le Dionysos, un rouge plus puissant et enfin un rosé, l'Instant Fraîcheur. Cet agriculteur passionné a conservé un élevage de Blondes d'Aquitaine et propose leur viande. On le retrouve également sur les marchés de Bon, Puymirol et Lamontjoie.

LE RUCHER DE SOULIÈS

Sainte-Radegonde
VILLENEUVE-SUR-LOT
✆ 05 53 41 94 41
Passer un petit coup de fil avant se rendre sur place.

Jean Jacques Pilet est un enfant gascon. Il produit son propre miel : le doux acacia, le classique mille fleurs, le crémeux châtaignier, et les plus originaux : tournesol, bourdaine et bruyère. Son rucher est situé sur la route de Monflanquin. Il a plus de 200 ruches et compte bien se développer encore. Vous pouvez le retrouver sur les marchés du coin. Jean-Jacques Pilet vous y propose sa propre production, étoffée de celle de confrères : lavande, eucalyptus, colza…, ainsi que des produits de la ruche : cire, bonbons, gelée royale, pollen, propolis, savons…

FOIES GRAS SERGE POLETTO

1664, route de Miramont
VIRAZEIL
✆ 05 53 84 90 57
Ouvert du mardi au samedi de 9h30 à 12h et de 14h30 à 18h30.

Fondée en 1995, la conserverie Serge Poletto est dirigée par Nathalie Poletto qui l'a reprise il y a quelques années. Elle cuisine le canard à sa façon, son foie gras mi-cuit au torchon vaut le détour, tout comme la terrine de canard aux échalotes et que dire du suprême de magret fourré au foie gras et cuit à basse température... Sans oublier magrets et autres saucisses de canard qui sublimeront vos grillades en famille ou entre amis. En 2020, l'atelier a déménagé sur l'axe principal de Virazeil avec 380 m² de surface, dont 80 m² alloués à une magnifique boutique.

FERME SEGIDA

RD 20 - Route de Dancharia - **AINHOA / AINHOA**
✆ 05 59 08 32 09
www.gaec-segida.fr
Bienvenue à la Ferme. Boutique. Visite/dégustation des produits sur réservation. Formule «Assiette fermière» 13,50 €.

Segida : producteur de piment d'Espelette depuis 1998, éleveur de porcs charcutiers et maraîcher en conversion bio. De la plantation à la transformation en poudre, à la corde, en piment entier ou encore en purée, gelée et de manière artisanale. Primé de nombreuses fois au Salon de l'Agriculture, le piment de la ferme Segida est proposé dans tous ses états à la boutique. À la boutique, on peut également profiter d'un espace « petite restauration » avec une formule déjeuner, et des goûters sucré/salé (avec gâteau basque maison). Dégustations sur place ou à emporter.

FERME URONAKOBORDA

1000, Mentaberriko bidea
AINHOA / AINHOA
✆ 06 21 11 66 92
http://uronakoborda.com/
Visite sur RDV toute l'année de 9h à 18h. Piment. Conserverie. Salaisons.

C'est sur les terres familiales que se sont installés Sylvie et Didier en devenant producteurs de piment d'Espelette (AOP). Pour pérenniser la production, ils se sont intéressés à l'élevage de porc basque Kintoa. Le piment est ici ramassé, trié, séché, cuit et broyé dans la pure tradition, labellisation oblige… On le décline en purée de piment, en poudre, en coulis, en gelée et autre moutarde. Côté porc, c'est aussi la déclinaison jambon, terrine, saucisses… que l'on retrouve à la boutique, sur le site et dans les meilleures épiceries fines du Pays Basque.

FERME AUBERGE AUZKIA €

Maison Auzkia - **ALDUDES / ALDUDE**
✆ 05 59 37 55 65
www.ferme-auzkia.com
Réservation recommandée. Menus de 13 à 19 €. Visite sur RDV avec dégustation. Terrasse. Vente à emporter. Boutique.

C'est dans cette magnifique vallée des Aldudes, au cœur du Pays Basque, à une portée de piment de Saint-Etienne-de-Baïgorry que Nelia et Peio vous accueillent dans leur ferme et vous font découvrir une cuisine traditionnelle issue des produits de la ferme. Eleveurs depuis 4 générations, c'est une authentique exploitation avec un bétail élevé en liberté. La particularité de cette cuisine est le savoureux mariage, dû aux origines mexicaines de Nelia et des recettes basques. Depuis la terrasse ombragée ou à l'intérieur, c'est une convivialité de chaque moment.

FERME AUBERGE MENTA €€

Quartier Esnazu - **ALDUDES / ALDUDE**
✆ 05 59 37 57 58
www.ferme-auberge-menta.com
Bienvenue à la Ferme. Logis. Menu 20 €. Carte 20 à 30 €. 5 chambres de 50 à 60 €. Jardin. Terrasse. Garage vélos/motos.

Une vue merveilleuse sur la nature environnante par une grande baie vitrée, un petit bar de bois convivial, une cheminée surmontée de cuivres rutilants, une vieille pendule… vous êtes au cœur de cette belle vallée des Aldudes pour goûter, vous l'avez compris à une cuisine simple, de terroir, bien faite. Une cuisine familiale où le boudin, la truite, l'agneau se disputent la carte avec quelques spécialités : le jambon maison, l'omelette aux cèpes, le foie gras et même le fromage d'ici ! Sans oublier 5 chambres avec tout le confort et les commodités d'usage.

LA TRUITE DE BANKA

Route des Aldudes - **ALDUDES / ALDUDE**
✆ 05 59 37 45 97
www.truitedebanka.com
Ouvert du lundi au samedi 8h30-12h30/14h-18h. Du 15/07 au 15/08, ouvert jusqu'à 18h30. Visites guidées. Vente en ligne.

Michel Goicoechea s'est inscrit dans le cadre d'une route gourmande qui passe bien sûr par cette exceptionnelle vallée des Aldudes. Une halte à la pisciculture dans ce site sauvage est incontournable. Nourrie d'aliments à base de farines de poissons, la truite a une croissance harmonieuse. De la truitelle à la portion ou la grande truite, les belles sont dites arc-en-ciel. Visite et vente dans la superbe boutique agrandie et réaménagée avec quelques spécialités à succès. Une balade éloquente, en salle avec les explications avant une promenade le long du ruisseau.

LES CONFITURES DE HAUTE SOULE

ALOS-SIBAS-ABENSE / ALOZE-ZIBOZE-ONIZEGAINE
✆ 05 59 28 59 83
www.confiture-basque.com
Magasin d'usine ouvert du lundi au vendredi 9h/15h30. Boutique en ligne avec commande, paiement, livraison.

L'histoire des « Confitures de Haute Soule » commence à Biarritz à la pâtisserie des Docks. Gilles et Sophie ont l'idée de transformer les fruits destinés à la pâtisserie en confiture. Succès immédiat. En s'installant en Haute Soule, ils développent leur savoir-faire dans la fabrication artisanale avec une cuisson à l'ancienne. 30 parfums de fruits différents sont déclinés en confitures. Fruits du verger et de la forêt et les incontournables : fraise, cerises noires, abricots…

BOUTIQUE TTIPIA

130, Merkatu Plaza
ESPELETTE / EZPELETA ✆ 05 59 93 97 82
www.ttipia.fr

Ouvert de début mars à fin décembre. Visite gratuite du champ de piments et dégustation offerte. Vente en ligne.

Entrez dans cette belle boutique pour visiter et revisiter le terroir basque. Une large sélection de produits locaux (aux tarifs producteurs) est proposée, comme Bipia et sa gamme de conserves à partir du piment d'Espelette, Arnabar et le canard, la cave d'Irouléguy et ses plus belles bouteilles, des miels, confitures. En frais, des jambons, saucissons… Également du linge basque de très belle qualité ; large gamme de nappes, tabliers, torchons, linge de toilette, des cosmétiques, savons artisanaux... Avec toujours un accueil chaleureux et l'envie d'y revenir !

LA SUPERBE

14, rue de l'Industrie, Zone des Pontots - **ANGLET / ANGELU** ✆ 06 08 72 58 20
www.lasuperbe.fr

Ouvert toute l'année du lundi au vendredi de 10h à 17h. Visite guidée de la brasserie sur Rdv. Parking. Vente en ligne.

C'est l'histoire de deux amis qui décident un jour de devenir brasseurs pour de vrai. De là, est née La Superbe, une bière artisanale fabriquée sans aucun additif, colorant, conservateur ou extrait. Les malts et les houblons sont sélectionnés avec soin et les bières sont brassées selon la tradition brassicole. Nous, on valide la « Summer Ale », Médaille d'or Paris 2017 ou encore « l'Original IPA »... A vous de voir si vous prenez rendez-vous pour une visite de la brasserie d'Anglet. Des bières que l'on retrouve aussi dans les meilleures épiceries et caves.

FERME AKELARREA

Matxinbordako Bidea
ESPELETTE / EZPELETA

Ouvert mercredi et samedi 16h30-18h30. Boutique. Visite de la bergerie. Ateliers enfants avec nourrissage des animaux.

© PANTXIKA LOPEZ

12 hectares de prairie où pâturent une cinquantaine de chèvres, lamas, lapins, pottoks et volailles sous la bienveillance de Panxika, notre jeune fermière. 2 races de chèvres se distinguent dans cette exploitation : la Pyrénéenne, et la Rove, pour leur qualité de lait. Soignées par les plantes, les chèvres donnent un lait qui, grâce à ses vertus, permet de produire avec le procédé de saponification à froid, une gamme de savons et cosmétiques pour tout type de peau et que l'on peut tester et acheter directement à la boutique de la ferme. Ateliers découvertes.

ÉLEVAGE D'ESCARGOTS BASQUES

ARRAUTE-CHARRITTE / ARRUETA-SARRIKOTA
✆ 05 59 65 41 99

Ouvert toute l'année. Vente sur place et à emporter. Présent sur de nombreux marchés du Pays basque. Visite sur rdv.

Vous trouverez cet éleveur sur la route entre Bidache et Saint-Palais (bien fléché). Accueil chaleureux avec dégustation : on vous expliquera la vie des escargots et les techniques d'élevage. Il monte le jeudi sur le marché d'Anglet... Vous en prendrez bien un filet ? Véritable délice gustatif que l'on peut cuisiner de mille façons. Au beurre et persil, à l'espagnole, charentaise ou encore à la bordelaise, frais, surgelés, en bocaux ou encore sous-vide. Véritable pépite culinaire !

FERME HAMEKA

Ferme Aphat
ARRAUTE-CHARRITTE / ARRUETA-SARRIKOTA
✆ 05 59 65 40 28

Ouvert à l'année, du lundi au samedi. Vente directe de volaille à emporter. RDV en téléphonant à la ferme. Livraison.

Confits, foies gras d'oie et canard... Du producteur... Ici, les canards sont élevés en plein air, puis gavés à l'aide de maïs produit directement sur l'exploitation, et sans OGM. Tous les produits sont ensuite confectionnés comme autrefois et ce, pour faire plaisir... au consommateur, qui découvrira les goûts des meilleurs produits ! Claude et Iñaki Minaberrigaray peuvent être fiers de leur production. Une nouvelle fois, à l'honneur ces gardiens du savoir-faire et des traditions avec des produits garantis de la ferme et de leur élevage. Goûtez la différence.

FERME UHARTIA

Chemin Uhart - **BARCUS / BARKOXE**
✆ 05 59 28 92 09
www.ferme-uhartia.com

Bienvenue à la ferme. Lundi 15h-17h, du mardi au vendredi 9h30-12h30/15h-18h (19h du 15/07 au 15/09). Visite sur rdv.

La ferme Uhartia accueille les amateurs de foie gras et de produits à base de canard qui font la réputation du Sud-Ouest. Patricia et Cathy vous ouvrent les portes de leur exploitation traditionnelle : foies gras entiers en conserve ou mi-cuit, magret fumé, confit, rillettes... Et ils vous feront partager leur savoir-faire et expérience dans ce travail de spécialistes. Les canards, élevés en plein air, nourris aux céréales de la ferme, sont transformés suivant le savoir-faire familial et les recettes sont élaborées sans colorants ni additifs ni conservateurs.

LE JARDIN DE TONI ★

Allée du Lacaou
BILLÈRE
✆ 05 59 72 57 56
www.maisonenfance64.fr
Basse saison mercredi, samedi de 10h à 18h. Haute saison tous les jours de 10h à 18h.

Des lapins, des poules et des coqs, des chèvres et un bouc, l'âne Doudou, des brebis, la truie Poa, Marius le bélier… aiment recevoir attentions et caresses. On peut aussi les nourrir. On apprend à jardiner, cultiver, bricoler, tout en développant l'autonomie et l'initiative personnelle. Cet espace a été conçu pour être accessible aux personnes à mobilité réduite. Tous peuvent vivre comme de véritables petits fermiers. Pour installer des nichoirs à oiseaux, apprendre à pêcher dans le ruisseau Lacaoü. Bien d'autres activités nature sont proposées.

PARC ANIMALIER ET REFUGE PARC'OURS ★

RD739 - **BORCE**
✆ 06 01 73 46 09
www.parc-ours.fr
Haute saison ouvert tous les jours de 10h à 19h. Adulte : 11 €. Enfant de 4 à 12 ans : 8 €.

L'histoire du parc commence en 1971 avec la découverte de Jojo l'ourson, par les enfants une colonie de vacances séjournant à la PEP de Borce, centre à caractère social. C'est suite à cela que l'Espace Animalier fut créé dans les années 2000 puis repris par les anciens salariés pour devenir l'association Parc'Ours. Belle histoire ! Sur le parc vous découvrirez une vingtaine d'espèces sauvages et domestiques dont les fameux ours bruns ! Mais aussi des bouquetins, des marmottes et même des isards. Le parc est aussi un refuge animalier, vous pourrez y observer des animaux de nos maisons suite à leur abandon et accueil par le parc, comme les ânes, les chèvres ou encore les lapins. Il se déploie sur 7 ha de nature au cœur du Parc national des Pyrénées et l'association travaille à renouer et maintenir le lien homme-animal qu'il soit sauvage ou domestique. Des actions pédagogiques sont mises en place sur le parc avec différentes zones pour apprendre sur la faune et la flore pyrénéennes (des projets sont en cours pour de nouvelles zones comme une zone biodiversité et un rucher pédagogique). Diverses animations sont organisées au sein du parc : nourrissage des ours en été, sessions pour apprendre à reconnaître les rapaces ou les empreintes d'animaux et divers autres ateliers sont proposés tout au long de l'année, au travers de journées à thème avec la collaboration d'intervenants sur des sujets variés et d'actualité tels que l'apiculture, le pastoralisme, la tonte, la botanique…

BRASSERIE ARTISANALE ARROBIO

180, plazako Bidea - **ESPELETTE / EZPELETA**
✆ 06 16 90 07 22
www.arrobio.com
Ouvert 8h-18h du lundi au vendredi. Juillet/août, + samedi et dimanche 10h-19h. Dégustation sur place ou à emporter.

Concours International de Lyon – médailles or/argent 2021 –, Concours général agricole de Paris – argent 2019 – ; aperçu des récompenses obtenues pour la qualité de la production des bières bio de la brasserie. Une dizaine de variétés : ambrée, blonde, brune, blanche, triple, IPA… produites devant nous, issues de l'agriculture biologique et élaborées avec des orges bio locales et européennes. Non filtrées, non pasteurisées, à fermentation haute ; idéales pour vos apéritifs et repas.

FERME ERREKA

Route d'Itxassou, RD 249
ESPELETTE / EZPELETA
✆ 05 59 93 80 29
Boutique ouverte mardi au dimanche 9h-12h/14h-18h, 7/7 en été. Repas à la Ferme, menus : 14 €, 22 €. Terrasse. Parking.

© RAMUNTXO JAUREGUI

A quelques min. du centre du village découvrez la Ferme Erreka et partez à la rencontre de la famille Jauregui qui élève des brebis et des porcs en liberté depuis plus de 30 ans. Elle vend sa production directement à la ferme : charcuterie, salaisons, conserves, fromage de brebis. Et une belle évolution et diversification avec un restaurant, où des repas sont proposés dans la grande salle jouxtant la boutique ou en terrasse, dans une ambiance conviviale. L'endroit est très prisé des locaux, pensez à réserver. Un accueil privilégié et sympathique comme on les aime.

BRASSERIE BIPIL AGUERRIA

640, Kaminoko Patarra - **ESPELETTE / EZPELETA**
✆ 07 52 02 06 55
www.bipil-aguerria.com

Ouvert toute l'année avec journées continues de juillet à décembre. Ouvert le dimanche. Visite de la brasserie sur RDV.

Nicolas, enfant du pays est de cette jeune génération de brasseurs artisanaux qui se distingue par un savoir-faire mature avec une production directement sur les terres de la ferme familiale d'Aguerria. Les bières créées avec une eau de source, sont non filtrées ni pasteurisées, de fermentation haute (ALE) brassées avec passion. Elgar, bière triple ambrée, Galaï, bière blonde, Ohore, bière brune, Bakar, bière blonde sont déjà les fleurons de notre jeune brasseur. Dès juillet, un circuit de visite autour de la brasserie est de la production du piment est organisé.

FERME AUBERGE KOMEITEKO BORDA €€

Quartier Urcuray
HASPARREN / HAZPARNE
✆ 05 59 20 00 01

Bienvenue à la Ferme. Juillet/août, ouvert midi et soir (sauf dimanche soir, lundi). Réservation impérative. Menu 26 €.

© FERME AUBERGE KOMEITEKO BORDA

Avec sa superbe vue sur la Rhune, la Ferme auberge Komeiteko Borda vous plonge dans une atmosphère d'altitude. Entourée à 180° de montagnes, elle offre des produits du terroir – agneau de lait, desserts au lait de brebis… et des spécialités issues de sa production. « De la fourche à la fourchette » ! La ferme élève des brebis laitières de race manech, des canards gras et des porcs en plein air. Envie d'authenticité ? Ne manquez pas ce passage dans ce restaurant à l'accueil chaleureux.

FERME ELHARRA

2300 Irazabaleko Bidea - **ESPELETTE / EZPELETA**
✆ 05 59 93 93 14
www.ferme-elharra.com

Visite toute l'année sur RDV. Médaillé d'or 2017 au concours général agricole. Vente en ligne.

Au pied du Mondarrain, la ferme Elharra produit en agriculture raisonnée du piment d'Espelette AOC-AOP et élève des vaches laitières. Cette bâtisse datant du XVIIIe siècle abrite une exploitation familiale de piment qui s'est transmise de génération en génération, et récompensée plusieurs fois au Concours Général Agricole de Paris. La culture du piment, l'or rouge du Pays Basque, est solidement ancrée dans ce patrimoine rural. Sa place est incontournable dans la cuisine avec des recettes et accompagnements sur viandes, poissons, foie gras et même le chocolat.

LA BERGERIE DE CÉLINE

Chemin de Nava
ESTIALESCQ
✆ 05 59 39 10 91

Tous les jours de 10h30 à 12h30 et de 14h30 à 18h. Ouvert de février à septembre. Sur rendez-vous pour les groupes.

Céline, passionnée par son métier, vous fera découvrir son univers et sa belle bergerie, installée à Estialescq. Le visage de cette sympathique jeune femme vous dira peut-être quelque chose, puisqu'elle avait participé à l'émission télévisée de M6, « L'amour est dans le pré ». Vous pourrez, si vous le souhaitez, acheter sur place son fromage au lait de brebis bio. Une belle balade en famille, qui ravira les petits, et, à découvrir, la tondeuse écologique… sous la responsabilité des lapins. Comptez 45 minutes pour profiter de la visite.

FERME ÉQUESTRE URKODEA

Quartier Celhay - **HASPARREN / HAZPARNE**
✆ 05 59 29 15 76
www.urkodea.com

École Française d'Équitation. Poney Club. Balades 1h/22 €, 2h/36 €, journée/75 € sur réservation. Location de gîte.

C'est au cœur du Pays Basque, au pied des montagnes du pays d'Hasparren, qu'est situé Urkodea, cette majestueuse ferme équestre et basque labourdine datant du XVIIe siècle. D'une capacité d'accueil de 15 personnes, ce gîte confortable (avec accès indépendant, cuisine aménagée, etc.) dédié au « royaume cheval » est aussi pour les amoureux de nature, une parenthèse bucolique. Ouvert toute l'année, il offre balades à cheval pour les débutants et des randonnées pour les confirmés avec pension et prépare aux différents concours car il est avant tout un centre équestre.

LA PÊCHERIE D'AURIT ET PARC ANIMALIER

150, chemin de Labataille
HAGETAUBIN
✆ 05 59 67 51 62
Ouvert de mars à novembre, selon conditions climatiques.

La Pêcherie d'Aurit, c'est un petit paradis sur Terre où les enfants comme les grands se régalent à être en pleine nature et au contact des animaux. C'est un vrai bonheur, surtout pour les plus petits, qui peuvent ici découvrir de nombreuses nouvelles espèces. On prend son temps et on vient aisément passer la journée entière ici. Sur ce site plein de surprises, les journées sont hors du temps. Olivier vous y attend et il n'est pas le seul : plus de 45 espèces sont à ses côtés ! Depuis déjà plus de deux ans, les lamas et les zébus assurent leurs rôles de superstars, mais vous pourrez également rencontrer des cygnes noirs, des oies cendrées, des cochons nains, des cochons d'Inde, des moutons d'Ouessant, des chèvres naines, des lapins, des paons bleus et même des blancs... Les variétés de dindons et de poules sont impressionnantes. Cette année le troupeau des chèvres angora s'agrandit et si le cœur vous en dit, visitez la plombière. Des balades en carrioles avec des ânes ou à dos de poneys sont également proposées et dans ce parc de 10 ha, un circuit pédestre ponctué par des panneaux informatifs sur les 32 espèces d'arbres représentées vous attend. Ce site est aussi et surtout celui où l'on pêche au bord d'un étang, des truites et des poissons blancs avec, si nécessaire, appâts et matériel fournis. Le plus : l'option pique-nique sur place avec barbecue pour faire griller votre pêche ! Quand on vous dit que c'est vraiment le comble du bonheur !

FERME LARRAMENDY

Fromagerie Irigoinia - Quartier Bas Labiry - **HASPARREN / HAZPARNE**
✆ 05 59 29 49 30
www.ferme-larramendy.com
Bienvenue à la Ferme. Ouvert toute l'année. Vente directe à la ferme et sur le marché d'Hasparren. Boutique en ligne.

© FRÉDÉRIQUE MOREAU

Véritable fleuron du Pays Basque, le fromage de brebis label AOC Ossau-Iraty a ici ses lettres de noblesse. À la Ferme Larramendy à Hasparren, au cœur du Pays Basque et au calme, Julie et Michel mettent en avant la qualité, l'authenticité et le respect afin de goûter (sur place) à l'excellence. Le cahier des charges impose 240 jours de pâtures, sans OGM ni croûtes et avec un minimum de 3 mois d'affinage avant d'être vendu. La boutique propose un bel éventail de leur savoir-faire et pour joindre à l'utile, la Ferme dispose de 2 beaux gîtes ruraux tout équipés.

L'APICULTEUR D'ITXASSOU

219, Piarreseneko Bidea - **ITXASSOU / ITSASU**
✆ 05 59 93 32 91
www.apiculteur-itxassou.com
Du 15/07 au 31/08, ouvert du lundi au samedi 10h-13h/14h-18h, hors saison, du lundi au vendredi 9h30-12h30/14h-17h30.

Apiculteurs professionnels, Jean-Claude et Corine Salles perpétuent un art de tradition en transhumant leurs ruches des montagnes basques aux coteaux du Béarn, récoltant ainsi de véritables « crus de la nature » représentant toute la diversité florale de notre région. A leur miellerie, ils extraient, sélectionnent et affinent des miels de bouquets différents allant des plus doux – l'acacia – au plus typé – le châtaignier. Ils confectionnent aussi des pains d'épices au miel de bruyère et des confitures artisanales inspirées des recettes d'Amatxi, riches en fruits.

ASINERIE DE PIERRETOUN

Hameau de Pessarou - **LA BASTIDE-CLAIRENCE / BASTIDA** ✆ 06 37 85 02 50
www.pierretoun.fr
Juil/août : lundi au samedi 9h-19h. Sept à juin mercredi 15h-18h et we sur rdv. Boutique. Balades à dos d'âne : 15 €/h.

Frédéric vous ouvre les portes de sa Ferme pour une visite pédagogique et ludique. Découvrez le quotidien d'un éleveur d'ânes des Pyrénées. Race rare caractérisée par sa robe noire et ses contours des yeux blancs, l'espèce locale en voie de disparition est ici bichonnée. Visite accompagnée d'une démonstration de traite, dégustation du vertueux lait d'ânesse, randonnées avec un âne, de 2h à la journée. Terminez par le magasin avec ses produits au lait d'ânesse ou par le coin restauration avec des produits locaux ou une bonne bière artisanale brassée non loin de là.

PARC FLORAL ET ANIMALIER OIHANARTEA

Maison Oyenartia - **LACARRE / LAKARRA**
✆ 05 59 37 71 57
Haute saison ouvert tous les jours de 10h à 18h. Basse saison sur réservation. Adulte : 6 €. Enfant de 4 à 12 ans : 3 €.

Niché au cœur du Pays basque, le parc floral Oihanartea vous invite au voyage, au calme et à la détente. Apprécier pleinement cette visite, c'est d'abord aller à la rencontre de Marc Burgeot ; artisan paysagiste de métier, sa passion pour les végétaux, les fleurs et les oiseaux de tous les continents l'a amené à imaginer, concevoir et ouvrir au public ce magnifique site en toutes saisons de couleurs diverses. Tout au long de votre parcours, vous passerez d'un continent à un autre !

FERME AUBERGE IBARNIA €€

Route d'Iraty - **LECUMBERRY / LEKUNBERRI**
✆ 05 59 37 10 22
Juin à sept, 7/7 midi et soir, sinon, mercredi à dimanche. Sur réservation. Carte 25/30 €. 7 chambres 62/75 €. Boutique.

© FERME AUBERGE IBARNIA

C'est sur le parcours sinueux qui mène au col d'Iraty que vous découvrirez cette ferme auberge, reconnue de tous pour la qualité de ses produits grâce au respect des méthodes d'élevage et au maintien d'une tradition, famille d'éleveurs oblige ! Une carte goûteuse et fermière avec la viande de leur ferme (bœuf, veau, agneau, poulet, porc) et des recettes comme le poulet basquaise, le « kouskous » maison, le navarin de veau… et le plat « signature » : le burger Ibarnia. Avec 7 chambres pour votre séjour et un adorable coin boutique avec les produits de la ferme.

MAISON DE LA CHATAÎGNE BASQUE

Dép. 119 - Chemin d'Agerria - **MACAYE / MAKEA**
✆ 06 52 15 46 25
Ouvert toute l'année, du mardi au samedi, de 9h à 12h et 15h à 18h. Vente directe et en ligne avec livraison.

Beñat, meunier de profession, maîtrise le sujet et sa passion est communicante. Vous saurez tout sur l'histoire et la culture de la châtaigne dans le Pays Basque, tradition séculaire et terre propice à l'exploitation de cet arbre qui peut devenir multicentenaire. C'est aussi une conserverie familiale où l'on sélectionne les plus beaux produits, en quantités limitées et traités à la main. Reconnu désormais par le Collège culinaire de France, c'est déjà la consécration du savoir-faire !

ONETIK

Route départementale 252 - **MACAYE / MAKEA**
✆ 05 59 70 27 27
www.onetik.com
Ouvert du lundi au vendredi 9h30-12h30/14h-18h, toute l'année. Boutique de vente à la fromagerie, dégustation gratuite.

Depuis 40 ans, la fromagerie Onetik élabore dans le plus grand respect de la tradition, des fromages basques, authentiques et savoureux. Située à Macaye au Pays basque, elle collecte le lait de plus de 200 fermes pour le transformer dans ses ateliers, en une gamme complète de fromages au lait de brebis, vache et chèvre. En 2021, Onetik a fêté les 20 ans de sa création originale, le Bleu des Basques ! Ce Bleu de Brebis a été créé en 2001 pour compléter la gamme dominée par le traditionnel Ossau-Iraty. À peine lancé, le Bleu des Basques est élu Saveur de l'Année !

FROMAGERIE AGOUR D'IRATI

route d'Iraty - **MENDIVE / MENDIBE**
✆ 05 59 37 63 86
www.agour.com
Visite gratuite. Ouvert tous les jours. Juillet/août, 10h-18h. Groupes sur rdv. Vente de fromages et produits régionaux.

Reconnus par tous et grâce à une trentaine de bergers des environs, les fromages de Agour Irati ont régulièrement été récompensés. Le dernier titre a été attribué au fromage de brebis Agour AOP Ossau-Iraty, meilleur fromage du monde aux World Cheese Awards de Londres en 2011. C'est l'affinage qui va donner au fromage de brebis le meilleur de son potentiel gustatif. Ce savoir-faire fait aujourd'hui d'Agour l'ambassadeur des fromages de brebis de qualité. La fromagerie écologique vous accueille pour une visite gourmande au cœur de la fabrication du fromage.

LES CONFITS D'ARGUIBELLE

Quartier Arguibelle
MONTORY / MONTORI
✆ 05 59 34 67 76

Vente à la ferme tous les jours sauf le week-end. Vente sur les marchés d'Oloron, Mauléon, Aramits et Tardets.

L'entreprise familiale affiche une belle production de canards à la ferme et élevés en toute liberté dans les prairies de l'exploitation : 4 000 en moyenne à l'année, selon un cahier des charges très strict. Vous y trouverez des foies gras entiers en bocaux, pâtés de foie gras, rillettes pur canard avec 25 % de foie gras (la spécialité), des confits... De la découpe de canard frais (côtelettes, magret, aiguillettes...) est aussi disponible. Vente à la ferme et dans les restaurants de la région. Pour le plaisir du palais, voici un vrai concentré de Pays Basque.

FROMAGERIE ARTISANALE AZKORRIA

route de St jean pied de port
MUSCULDY / MUSKILDI ✆ 05 59 28 17 16
www.azkorria.com

Ouvert tous les matins 10h-12h30 sauf dimanche. Visite guidée (sur RDV) de l'atelier de fabrication. AOP Ossau Iraty.

Entre Saint-Jean-Pied-de-Port et Mauléon, cette fromagerie artisanale transforme et affine le lait de brebis issu de la production de 17 bergers. Le respect du cahier des charges garantit un lait de qualité exceptionnelle (brebis nourries au foin et céréales non-OGM) et un fromage artisanal de qualité supérieure à croûte naturelle. Une pâte de couleur blanc crémeux, parsemée de petites ouvertures et le goût du fromage s'épanouit pour révéler la complexité et la plénitude de ses arômes.

LA FERME ARROKAIN

Quartier Ehusania - **MUSCULDY / MUSKILDI** ✆ 06 89 24 90 70
https://ferme-arrokain.eus/

Bienvenue à la Ferme. Visite de la ferme et vente sur Rdv. Marché de Mauléon le samedi matin). Présent en boutiques.

© CAROLEPHOTOGRAPHE.COM

Le bien-être animal, les excellentes conditions d'élevage et la passion de toute une famille ne peuvent donner qu'une très bonne viande ! Bienvenue à la ferme Arrokain, terre d'excellence au cœur des montagnes souletines, à Musculdy, près de Mauléon, pour son porc Kintoa AOP et sans OGM, pour ses brebis Manech à tête rousse qui donnent un si bon lait et un... si bon fromage Ossau-Iraty et aussi pour la vache Blonde d'Aquitaine. Le goût de l'authenticité est ici préservé grâce au savoir-faire ancestral. La ferme confectionne également des produits cosmétiques.

FERME ELGARREKIN

Maison Beherainia - **ORÈGUE / ORAGARRE**
✆ 06 33 21 06 60

Ouvert toute l'année. Vente à emporter directement sur RDV. Présent sur les marchés de Saint-Palais et Bayonne.

Au cœur du Pays Basque, la ferme Elgarrekin vous invite à découvrir son élevage de chèvres. Moi, Grenadine, Gribouille et mes 89 copines sommes arrivées le 1er mai 2010 à l'âge de 3 mois dans une chèvrerie aménagée pour notre bien-être. L'alimentation est en partie produite sur la ferme. Vous avez le choix entre des fromages : frais, crémeux, ou affinés sous forme de crottin, de pyramide, ou de bûche. Il y en aura forcément un qui vous plaira. Surtout n'hésitez pas à goûter la tomme de chèvre. Fromages que l'on retrouve sur les marchés de Saint-Palais et Bayonne.

FERME ETCHEARRIA

Quartier Gahardou
OSSÈS / ORTZAIZE
✆ 06 70 64 45 43

Ouvert toute l'année. 7j/7, de 8h à 19h, sauf le dimanche. Livraison possible (durée de la visite : 40 min).

115 fermes, cabanes d'estives, fromageries, caves d'affinage ou magasins de vente directe vous ouvrent leurs portes tout au long de l'année pour une dégustation, une visite de la bergerie et de l'atelier. La ferme Etchearria à Ossès fait partie du sérail avec le savoir-faire dans l'élaboration des fromages de brebis. Entre l'élevage de ses 200 brebis mères, la transformation selon les règles ancestrales de fabrication et d'affinage avec un cahier des charges scrupuleusement appliqué, label AOP oblige, la vente directe à la ferme et la présence sur les marchés.

FERME BACQUET

Quartier les Barthes - **ORÈGUE / ORAGARRE** ✆ 06 10 04 38 43

https://www.lafermebacquet-64.fr/

Boutique à la Ferme ouverte toute l'année de 16h à 19h. Visite guidée de la ferme sur rdv. Accueil campings car.

© LA FERME BACQUET

Sur la route de l'Ossau-Iraty, vous marquerez une pause gourmande à la ferme d'Isabelle et Jean-Louis. Située à Orègue en Basse-Navarre, l'exploitation repose sur 35 ha, dont 25 réservés au pâturage des animaux et volailles et cela toute l'année. Brebis Manex à tête rousse pour le fromage, le lait, le caillé, les yaourts... porcs élevés en plein air pour les salaisons et jambons car ici, tout est transformé à la ferme qui se visite aussi. Et en plus, une aire entièrement équipée pour nos amis camping-caristes qui sauront aussi profiter des produits « maison ».

KAIKU BORDA

D 918 - **OSSÈS / ORTZAIZE** ✆ 05 59 49 10 64

www.kaikuborda.eus

Ouvert de mi-janvier à fin décembre du mardi au samedi 10h/12h30 et du lundi au samedi 14h/19h. Vente en ligne.

Découvrez les produits Idoki avec des producteurs fermiers qui adhèrent à la charte Idoki. C'est 14 familles d'éleveurs qui affichent leur savoir-faire en transformant le lait de brebis et de vaches sur leurs exploitations et en valorisant l'essentiel de leur production en vente directe consommateur. Dans cette maison de style navarrais, remarquablement aménagée, s'exposent les produits à vendre, tous du cru. Kaiku Borda a reconstitué une salle d'affinage, une exposition sur la vie à la ferme et un musée des outils traditionnels. Produits fermiers 100 % basques.

BOUTIQUE PIERRE OTEIZA

10, rue de la République - **SAINT-JEAN-DE-LUZ / DONIBANELOHIZUNE** ✆ 05 59 51 94 55

www.pierreoteiza.com

Ouvert de février à décembre, 7j/7 de 10h à 13h et de 14h à 19h. Boutique en ligne. Livraison France.

La boutique recèle de trésors ! Jambons de la vallée des Aldudes, Kintoa AOP, saucisson des Aldudes, saucisse sèche en cornet « On Egin », chorizo, boudins et andouilles sans oublier le secret de Pierre, l'oreille farcie, les foies gras bien sûr et des plats cuisinés : potée de truites de la vallée, navarin d'agneau de lait des Pyrénées, tripes basquaises, porc basque en pot-au-feu, garbure basque, piperade, chipirons, l'Ilar Gorria. Du 100 % basque alliant savoir-faire et savoir-vivre. Et dernier-né de la maison, le jambon blanc cuit entier sans nitrite ajouté.

FERME ARNABAR

15, rue Labrouche (A côté des Halles)
SAINT-JEAN-DE-LUZ / DONIBANELOHIZUNE
✆ 05 59 85 98 96

www.arnabar-foir-gras.com

Ouvert du lundi au samedi 9h30-12h30/15h-19h et dimanche matin. Bienvenue à la Ferme. Label Rouge. Vente en ligne.

Eleveur de canards depuis 3 générations, le domaine Arnabar cultive avec passion un savoir-faire qui conjugue élevage traditionnel et recettes originales. Les canards sont issus de l'élevage de Michel à la ferme d'Irissarry et les produits sont transformés dans son atelier à Ossès. Vous retrouvez ces produits dans la boutique de Saint-Jean-de-Luz, ainsi qu'à Ossès, aux halles d'Anglet et sur les principaux marchés de la région. Foies gras, magrets, tournedos de canard, aiguillettes... et bien sûr conserves de foie gras et produits consacrés au canard en conserve.

FERME AGERRIA

Quartier Kolorotz - **SAINT-MARTIN-D'ARBÉROUE / DONAMARTIRI** ✆ 05 59 29 45 39

www.agerria.fr

Ouvert toute l'année. Visite et dégustation gratuites du lundi au samedi. Boutique. Aire de pique-nique et camping-cars.

Vivez la ferme de plus près. Bernadette et Jean-Claude vous proposent la visite de la ferme avec l'élevage de porcs basques Kintoa AOP en plein air, l'élevage de brebis manech tête rousse, la transformation du lait et l'affinage du fromage en AOP Ossau-Iraty. Terminez votre visite par une dégustation de fromage, de salaisons, et de jambon Kintoa. Visite et dégustation gratuites toute l'année du lundi au samedi, même par temps pluvieux. Boutique de ferme. Accueil de camping-cars avec possibilité de vidanger, de faire l'appoint d'eau et les branchements électriques.

FERME IRUNGARAIA

Place du Fronton - **SAINT-MARTIN-D'ARROSSA / ARROSA** ✆ 06 72 89 38 68
www.ferme-irungaraia.com
Ouvert de 9h à 12h et de 15h à 20h. Présent sur le marché de Guéthary le dimanche matin. Mention : AOP Ossau-Iraty.

Au fronton de Saint-Martin-d'Arrossa, Arño, Maïté et Beñat vous invitent dans leur majestueuse ferme du XVe siècle avec sa bergerie de 300 brebis mères, son espace d'affinage et surtout pour les amateurs avertis, la dégustation du délicieux fromage fermier de brebis au lait cru Ossau-Iraty (AOP), véritable garantie de fabrication du lait par 3 races de brebis : la Basco-Béarnaise, la Manech Tête rousse et la Manech Tête noire. Implantées en Béarn et en Pays basque depuis toujours, elles sont nourries avec de la pâture, des fourrages et des céréales sans OGM.

LA FERME AUX PIMENTS

Chemin de Laputzagaraya - RD 4, direction Dancharia - **SAINT-PÉE-SUR-NIVELLE / SENPERE**
✆ 06 16 46 28 88
https://www.bienvenue-a-la-ferme.com
Ouvert de Pâques à fin octobre ; juillet/août, du lundi au vendredi 10h-12h/14h30-18h. Visite/dégustation. Boutique.

Histoire : venez découvrir le terroir, la culture, les goûts et les saveurs du piment d'Espelette AOP, épice et patrimoine du Pays Basque. C'est avec plaisir que Pierre et sa famille vous accueillent. Vous pouvez visiter la ferme aux Piments, dans un site exceptionnel en plein cœur du Pays Basque, à 5 km d'Ainhoa, classé parmi les plus beaux villages de France. Espelette est à 9 km, Sare à 6 km et la frontière avec l'Espagne à 2,5 km. L'occasion de vous pencher sur ce piment précieux pour la cuisine basque (et même hexagonale) que l'on enfile traditionnellement sur des cordes pour les suspendre en guirlandes sous les avant-toits des fermes basques afin qu'il sèche bien avant d'être réduit en poudre.

Produits : le piment d'Espelette assaisonne la piperade et est utilisé lors de l'affinage du jambon de Bayonne. Il relève aussi une omelette, la ratatouille, le veau, le lapin, l'agneau en pot-au-feu, un poisson grillé, une salade de tomates et d'oignons à l'espagnole. Gustativement, le piment d'Espelette qui est utilisé chez les grands chefs du monde entier, est 2 fois moins fort que le piment de Cayenne et remplace le poivre. Faites-en provision pour l'année et ne ratez pas la fête du piment au village d'Espelette le dernier week-end d'octobre.

Restauration : pour des événements et réceptions, La Ferme aux Piments propose différents espaces de 140 à 300 personnes. Pour des cocktails et séminaires, c'est un cadre exceptionnel avec une terrasse vue sur la Rhune et son espace jardin. Espace pour les traiteurs.

LA FERME MACHALENEA

SAINT-PÉE-SUR-NIVELLE / SENPERE
✆ 05 59 54 16 37
Ouvert toute l'année, 7j/7, de 9h à 21h. Ouvert le dimanche (vente directe à la ferme). Livraison possible.

Marie-Hélène et Christian produisent artisanalement depuis 4 générations, de délicieux fromages fermiers, brebis et vaches au lait cru et entier, de la traite des 22 vaches et 300 brebis à l'affinage, en vente directement à la ferme, et également sur les marchés de Saint-Jean-de-Luz, Biarritz, Saint-Pée-sur-Nivelle. N'hésitez-pas à quitter la route départementale en direction du lac pour tourner à droite (panneau indicateur) et découvrir dans un écrin de verdure cette belle ferme. On vous accueille à la maison pour goûter et acheter les fromages blancs de vache.

FERME SALABERRY

rue Oihan Bidea - **SAINT-PÉE-SUR-NIVELLE / SENPERE** ✆ 06 86 41 27 18
www.ferme-salaberry.com
Bienvenue à la Ferme. Visite guidée pour groupes, avril à fin octobre (matin). Boutique ouverte lundi à samedi 9h30-12h.

Bienvenue dans une ferme familiale et pédagogique où l'on respecte avant tout la qualité d'hygiène et de vie de l'animal. Respect des traditions dans la production et la transformation du piment d'Espelette AOP sous toutes ses formes. Respect aussi dans l'élevage de bovins « Blonde d'Aquitaine » labellisé « Herriko haragia » et de chèvres laitières, ainsi que la production de veau. Outre les produits que l'on retrouve directement à la boutique de la ferme avec les coffrets cadeaux, vous découvrez le métier d'agriculteur-éleveur de manière pédagogique et ludique.

LA NOISETTE BASQUE

Impasse Yalaria - Z.A. Lizardia - **SAINT-PÉE-SUR-NIVELLE / SENPERE** ✆ 09 81 12 95 68
www.noisettebasque.fr
Ouvert toute l'année, du lundi au samedi, de 15h à 19h, et en saison de 9h à 19h. Visites guidées avec dégustation.

Vincent cultive, produit et transforme la noisette haut de gamme en produits gastronomiques d'exception, nature, sucrée, salée, huile... Depuis quatre ans, sur 3 ha, c'est 1 200 noisetiers bio environ qui ont été plantés au bord de la Nivelle. Une installation unique dans un cadre dédié au traitement de la récolte et de leur transformation dans un verger expérimental. Vincent propose des thématiques avec dégustation et une halte à la boutique, où l'on retrouve une gamme en vente directe avec des recettes, et une terrasse panoramique qui surplombe la plantation.

AUBERGE ELICHALT ET MAISON BURGUBURU

Place de l'Eglise - **SAINTE-ENGRACE / URDATX-SANTA-GRAZI** ✆ 05 59 28 61 63

www.gites-burguburu.com

Chambre et petit déjeuner : 1 personne 45 €, 2 personnes 55 €. Repas 20 €/pers. 1/2 pension 65 €. Possibilité de camper.

On a bel et bien ici, deux structures tenues à Sainte-Engrâce par les mêmes propriétaires. L'Auberge Elichalt, en face de l'église de Sainte-Engrâce qui dispose d'une petite salle montagnarde avec terrasse et propose une restauration pour les randonneurs, à partir des produits de la ferme. La Maison Burguburu offre aussi des possibilités pour coucher in situ. 5 chambres d'hôtes coquettes ont été réactualisées avec du parquet, des têtes de lit en châtaignier et des vieux meubles.

FERME TXILAR

Argaineneko Borda - **SARE / SARAKOHERRIA**

✆ 06 72 75 30 35

www.txilar.fr

Ouvert toute l'année 10h-12h/15h-19h. Visite de la bergerie et vente à la boutique de la ferme et au marché de Sare.

Au pied de la Rhune, à proximité du typique village de Sare, Xabi et Morgane vous accueillent pour vous faire découvrir leur fromage Txilar (AOP Ossau-Iraty) autres produits fermiers. Avec eux, vous plongez dans l'univers des bergers et des fromagers du Pays Basque et du Béarn et découvrez leur métier et savoir-faire ancestral. Il y 7 étapes pour préparer le fromage de brebis qui sont détaillées durant la visite de la ferme. Et un gîte rural (Gîte de France) classé « 3 épis » est proposé dans ce cadre pastoral et dans une authentique ferme basque du XVIIe siècle.

ILETEGIA - PRODUITS EN LAINE DE BREBIS

Augustinen Borda - **SARE / SARAKOHERRIA**

✆ 06 79 08 26 42

www.iletegia.com

Ouvert du lundi au vendredi, de 9h à 12h30 et de 14h à 17h. Visite de l'atelier sur RDV. Présent sur le marché de Sare.

L'aventure commence en 2014 quand Aña et Aitor ont le souhait de valoriser la laine du Pays Basque qui est une terre de bergers, où la laine est une richesse qui fait partie intégrante de l'économie locale. De là, et après des recherches sur les propriétés de la laine et de son utilisation, nos deux amis se forment à l'école de la laine, à des formations de matelassiers, à la transformation en feutre, fil, nappe, laine teintée... Une visite de l'atelier atypique s'impose.

PARC ANIMALIER ETXOLA ★

Route des Grottes-de-Sare

SARE / SARAKOHERRIA ✆ 06 15 06 89 51

www.etxola-parc-animalier.com

Haute saison ouvert tous les jours de 10h à 19h. Gratuit jusqu'à 3 ans. Tarif adulte/enfant 5 €. Balades à poney.

Ce parc animalier est dédié aux animaux domestiques de la ferme et aux animaux d'élevage du pastoralisme. L'originalité tient à ce que les animaux typiques du Pays Basque côtoient des animaux exotiques, les brebis basques côtoient la poule chinoise et le buffle, vous croiserez aussi lama, alpaga, mouton à 4 cornes, mouton du Cameroun, chèvre angora, cheval miniature, dromadaire... En fonction du temps, possibilité de petits parcours avec location possible de pottok pour les enfants, balades à l'extérieur du parc avec circuits et restauration sur place.

LES VIVIERS DE SARRANCE

Pisciculture Labedan

SARRANCE

✆ 05 59 34 55 11

www.oeufsdetruite.fr

Ouvert toute l'année. Sur rendez-vous.

Centre de reproduction de truites arc-en-ciel, cette entreprise dispose de nombreux atouts. En premier lieu, son site exceptionnel dont bénéficient les 50 000 pensionnaires du vivier avec une eau d'excellente qualité. C'est un centre de sélection et de reproduction de pointe. Elle est ainsi un site qui s'adresse aux professionnels pour proposer par exemple des œufs pour commencer un élevage. C'est une adresse de référence pour fournir les éleveurs du pays et même au-delà avec des relations à l'export vers l'Allemagne, et jusqu'en Amérique du Sud et en Orient.

PITTIKA ET BORDABERRIA

605, chemin d'Aldapaina

SOURAIDE / ZURAIDE

✆ 06 16 47 01 28

Ouvert toute l'année avec visite sur RDV, tous les jours sauf dimanche et jours de marché (Cambo, Espelette, St Pée...).

Depuis plus de 15 ans, Émilie et Pierre élèvent, traitent et produisent, avec leurs 120 chèvres et 400 brebis, plus de 6 tonnes de fromages fermiers au lait cru. La fabrication est entièrement artisanale avec des produits naturels et sans additifs ni conservateurs. Les fromages sont fabriqués puis affinés sur place dans des locaux agréés. Sur l'exploitation, à la boutique et sur les marchés locaux, vous apprécierez de goûter aux tommes, aux fromages frais, natures ou aromatisés au piment d'Espelette, échalote, aux crottins, bûches ou de la faisselle. 100 % local !

LA BOÎTE À CANARD

359, Chemin du Repos - **URT / AHURTI**
✆ 06 99 07 61 00
www.laboiteacanard.com
Ouvert toute l'année. Visite de l'exploitation et présent sur les marchés de Bayonne et de Biarritz le samedi matin.

Amateurs de foie gras, magrets, confits, rillettes, manchons, gésiers et autres belles signatures autour du canard, cette adresse est un passage obligé… Il faut goûter, emporter, voire se faire livrer ces invitations au partage autour d'une table ou encore d'un apéritif ou autre moment de convivialité. La ferme d'élevage de canards avec sa boutique à la ferme ou en ligne, vous propose une large gamme de son savoir-faire avec à la demande, la confection de paniers cadeaux. Sans intermédiaire car ici, tout est produit sur place avec un atelier de transformation.

FERME LES ACACIAS

210, route de Labastide - **URT / AHURTI**
✆ 06 19 28 44 50
www.fermelesacacias.fr
Bienvenue à la ferme. Ouvert mercredi 14h-17h, vendredi 17h-19h, samedi 9h-12h. Viande fraîche, salaisons, conserves.

Une belle vitrine de nos savoir-faire locaux. La Ferme élève des porcs depuis plusieurs générations, la production est issue d'animaux élevés sur place et nourris à base de céréales cultivées sur l'exploitation. La transformation est réalisée selon les méthodes artisanales, recettes familiales sans colorants ni conservateurs : jambon, saucisson, lomo, conserves, terrines (pâté de campagne médaillé d'argent, Concours agricole 2020, saucisson sec primé en 2019). Mention spéciale pour la viande fraîche : andouille de porc, barquette de porc mariné, boudin basque etc.

AITA ALABA - PIMENT D'ESPELETTE

1061, Route d'Arrauntz - **USTARITZ / UZTARITZE**
✆ 06 16 23 70 26
www.pimentdespeletteaita-alaba.com
Producteur de piment d'Espelette AOP. Visite exploitation sur RDV : mardi/vendredi 18h, mercredi 10h30-18h. Boutique.

C'est entre Bayonne et Espelette que l'exploitation de Pierre, Marie et de leur très dynamique Stéphanie produit le piment d'Espelette AOP, dans le strict respect du cahier des charges. Environ 80 000 pieds sur 3 ha sont élevés, du semis à la transformation en poudre, de l'embouteillage à l'expédition aux particuliers, restaurants, épiceries fines… Décliné en purée, gelée, moutarde pour agrémenter poissons, viandes, omelettes… « Or rouge » garanti authentique et sans intermédiaire.

FERME DIRIART

Ferme Diriart - **SUHESCUN**
✆ 05 59 37 69 61
www.producteurviandepaysbasque.com
Bienvenue à la Ferme. Ouvert lundi au vendredi 8h-12h/14h-18h. Visite sur RDV. 10 kg bœuf/veau fermier dès 13,50 €/kg.

© FERME DIRIART

La ferme Diriart Etxemendybeheria, (la « maison en bas de la colline ») est un exemple d'authenticité, avec le respect des traditions dans l'élevage des animaux. Respect des normes d'hygiène, de la qualité, de l'environnement et du client. C'est dans cette exploitation ancestrale que l'on transmet le goût du savoir-faire, avec des animaux qui naissent, vivent et passent l'été dans les estives et qui sont au chaud en hiver. Maïder et Dominique revendiquent le titre de paysans ! Il faut venir goûter et emporter les daubes de bœuf, blanquettes, et autres délices.

LA FERME SOULETINE

4, chemin Vicinal - **VIODOS-ABENSE-DE-BAS / BILDOZE-ONIZEPEA** ✆ 05 59 28 09 46
www.ferme-souletine.com
Réseau Bienvenue à la Ferme. Ouvert du mardi au vendredi : 9h-12h/14h-18h30, samedi 9h-12h. Vente en ligne.

La famille Sagaspe élève des canards depuis 36 ans. Peu à peu, ils ont diversifié l'activité avec le poulet fermier, les vaches mères et le veau. A la boutique de l'exploitation, pas moins de 45 produits « maison » : le canard dans tous ses états (foie gras, confit, magret, pâté au foie gras, rillettes foie gras, plats cuisinés). Tout est garanti sans conservateurs, ni colorants ni additifs. Vous les retrouvez aussi dans leur boutique de Saint-Palais et sur les marchés de Mauléon, Tardets, Navarrenx. On recommande ici le savoir-faire et le bon goût des produits.

FROMAGERIE DE BLANZAY

Villaret
BLANZAY
✆ 06 77 54 86 01
www.fromagerie-blanzay.fr
Samedi : 10h-12h ou sur rdv. Marché Notre-Dame à Poitiers le samedi : 8h-13h (côté restaurants).

C'est dans la ferme familiale, à Blanzay, que Grégoire Masse a débuté sa production de fromage... de vache et il faut dire que dans le département, elles sont rares. Avec le lait de ses vingt vaches normandes, il imagine d'étonnants produits bio. Son secret ? Une alimentation naturelle pour un lait de qualité, additionné à une dose de folie. A la bière, au vin, au poivre, aux herbes, à la carotte, au marc de café, à pâte molle, en tome, bleu, plus ou moins affinés, les fromages du sympathique Grégoire nous ravissent. A tester absolument !

LAIT GOURMAND DE LA MOULIERE

Logerie - **BONNEUIL-MATOURS**
✆ 06 81 72 08 07
A domicile à Jardres, Poitiers, Buxerolles, Montamisé, Jaunay Clan + emplacements marchés (voir Facebook).

A l'ancienne ! C'est avec son camion que Mélanie va de marché en marché et de maison en maison livrer son bon lait de vache cru et bio ! Les cinquante vaches sont nourries dans la ferme familiale avec le fourrage de l'exploitation. Dans nos contenants ou dans les bouteilles ou seaux consignés de la ferme, on récupère le lait issu de la traite du jour, à boire au naturel ou à incorporer dans nos préparations culinaires. On redécouvre son goût, on renoue avec ses saveurs.

MAISON MITTEAULT

Rouilly - **CHALANDRAY**
✆ 05 49 60 14 09
www.maisonmitteault.com
Ouvert du lundi au vendredi de 10h à 12h30 et de 15h à 18h30. Samedi : 10h/12h30. Vente à emporter à la ferme.

Une affaire de famille qui, depuis plusieurs générations, cultive et transmet le savoir-faire et les recettes ancestrales dans la production de foie gras français avec une maîtrise totale de la chaîne de fabrication. Reconnu de qualité largement supérieure, alliant saveur et authenticité que vous retrouvez également avec les magrets, confits, pâtés et autres plats cuisinés préparés selon des recettes artisanales. A la ferme ou sur le site, on peut tout commander ! Les coffrets cadeaux comme le gargantua, le gourmandise, l'élégant, les coffrets douceurs, etc.

LA FERME DU MARAS

Le Maras
CHAUVIGNY
✆ 05 49 46 41 79
Du lundi au samedi : 9h-13h et 17h-18h30. Pour assister à la traite rdv à 17h30. Marché Notre-Dame Poitiers, Chauvigny.

Cette exploitation de 85 hectares est gérée par Emmanuelle et son cousin Arnaud qui y élèvent 160 chèvres laitières. Ces animaux, affectueux, curieux et fragiles, vivent à la chèvrerie toute l'année, dans un espace lumineux, aéré et spacieux. Il est possible d'assister à leur traite chaque soir à 17h30. Nourries exclusivement avec le fourrage cultivé à la ferme (foin, luzerne, trèfle), les chèvres donnent un bon lait qui fait de bons fromages, vendus à tous les stades de maturation : fromages frais à la faisselle, bûches, chabichous, crottins, tomme...

DOMAINE DES JUSTICES, VIGNOBLE

COUSSAY
Domaine privé.

La culture de la vigne existait déjà à l'époque gallo-romaine, le vignoble poitevin sera par la suite témoin des guerres qui opposaient les Francs aux Wisigoths, l'invasion omeyyade achevée par la victoire de Charles Martel en 732. Malgré toute cette agitation, un savoir-faire et une passion étaient nés, qui perdurent encore de nos jours. Le vignoble atteint son apogée au XIXe siècle avec 44 000 ha de vignes. Grâce aux progrès d'exploitation, il obtient le label VDQS et AOC.

LES TREILLES DE LA REINE BLANCHE

3, route de Ranton
CURÇAY-SUR-DIVE
✆ 05 49 98 56 04
www.pays-loudunais.fr/
Accès libre et gratuit toute l'année.

Au cœur du village de Curçay-sur-Dive, au pied même du donjon, s'étend le conservatoire unique de cépages anciens. Idéalement située, la parcelle d'appellation AOP Saumur Nord Vienne, bénéficie d'un ensoleillement propice à la vigne. Ce ne sont pas moins de 500 plants de vigne de 50 variétés de cuves différentes, qui ont été identifiés. Que vous soyez amateur ou simple curieux, vous pourrez découvrir l'histoire à travers un cheminement pédagogique et des panneaux explicatifs.

FERME PÉDAGOGIQUE

LATHUS-SAINT-RÉMY

✆ 05 49 91 71 54

Ouvert toute l'année. N'hésitez pas à appeler pour organiser votre séjour. Ouvert 6j/7 (sauf le dimanche).

Une ferme de polyculture et d'élevage de 110 ha en agriculture biologique avec jardin et verger dédié à la production de pain, de fromages, de beurre et de confitures. Elle fait partie de l'ensemble CPA de Lathus qui regroupe la ferme ainsi que d'autres activités, notamment un service d'accompagnement « formation-emploi » dans le domaine de l'équitation et de l'environnement. Des activités sportives et socio-culturelles sont également organisées en pleine nature en partenariat avec les institutions. C'est aussi un centre d'hébergement et de camps sous toile.

LES ÉCURIES CARRAH

Les Vignaux

LEIGNÉ-LES-BOIS

✆ 05 49 20 40 60

Poney club pour enfant dès 3 ans. Pension pour chevaux avec coaching.

Voilà une activité qui va ravir vos enfants, voire vous-même. Pour les petits, côtoyer, monter et s'occuper d'eux confère à l'enfant une plus grande confiance en lui et le responsabilise tout en le passionnant. Décidément, c'est à tenter ! Tout ravira votre enfant lors des stages proposés pour se familiariser avec le vocabulaire équestre et s'occuper de A à Z de son cheval préféré ! Ici, les cours sont présentés comme des jeux. Tout est fait pour que votre enfant devienne un bon cavalier, mais aussi pour qu'il prenne du plaisir avant tout !

LA FERME AUX ABEILLES

1, rue Taupinet

LAVOUX

✆ 06 87 79 06 08

Du mardi au jeudi de 9h à 12h et de 14h à 18h. Visite sur rendez-vous. Visite guidée (2 heures). Boutique.

Ce rucher de 300 ruches produit du miel et tous les dérivés qui lui sont associés et particulièrement une originale confitures au miel, des pains d'épices ainsi que de nombreuses friandises, sans oublier les cinq miels de la région. Vous entrez dans les coulisses de l'activité apicole : découverte de la ruche grâce à une ruche vivante placée sous verre, démonstration d'extraction de miel... Vous apprendrez leurs origines, leurs tailles, comment elles fabriquent le miel ! Vous apprendrez aussi à reconnaître la reine et les ouvrières. Dégustation.

LA VALLÉE DES CERFS

Chez Mairine - **LUCHAPT** ✆ 06 85 55 31 06

www.cerfcheval.com

Haute saison visite mercredi et samedi. Basse saison visite samedi. Adulte : 7,50 €. Enfants de 6 à 12 ans 5 €.

C'est au cœur des paysages vallonnés du sud Vienne que Anne et Patrick van Aubel ont lancé, en 1994, leur élevage de cerfs bio. Partez à leur découverte lors d'une journée ou d'un séjour en chambre d'hôtes ou en camping. On découvre les vaches Aubrac, brebis charmoise, lamas, volailles, et bien entendu le troupeau d'une quarantaine de cerfs, biches et faons. Faites escale dans le petit musée du cheval de trait. Des promenades à cheval ou en carriole sont possibles. Dégustation des produits de la ferme. De la mi-septembre à la fin octobre, c'est la saison du brame.

LE RUCHER CHAUVINOIS

Rue taupinet

LAVOUX

✆ 05 49 45 77 80

Ouvert le mardi, le jeudi et le vendredi de 9h à 12h et de 14h à 18h. Et sur rendez-vous.

Dans la petite commune de Lavoux, Martine et Philippe Roy vous invitent à voir la miellerie et à déguster tous leurs produits dont, bien sûr, le miel avec sa palette de parfums, le dernier : le miel royal à l'acacia et au chèvrefeuille, un délice, sans oublier le pain d'épice au chocolat, confitures et autres. Venez déguster leurs miels gratuitement et partagez avec Martine et Philippe leur passion pour le monde des abeilles. Vous retrouverez également tous leurs miels sur tous les marchés dignes de ce nom de Poitiers et de ses environs.

SYNDICAT DES PRODUCTEURS DE MELONS DU HAUT-POITOU

5, rue de l'Industrie

MIREBEAU

✆ 05 49 18 97 20

Ouvert tous les jours de 9h à 18h.

Dans les sols argilo-calcaires du Haut-Poitou, la Rolls des melons a 150 ans, et le Poitou-Charentes produit à lui seul le quart de la production nationale. Le melon du Haut-Poitou est le premier melon certifié en France en 1996. Une parcelle se cultive tous les 5 ans, uniquement en plein air, dans une zone délimitée au Sud par la vallée de l'Auxances, au Nord par la Loire et à l'Ouest par les vallées du Clain et de la Vienne. 13 exploitants exigeants se partagent la culture du délice.

BIÈRES DE MONTMORILLON

23 bis, rue des Métiers
MONTMORILLON
✆ 09 82 33 47 37
www.bieresdemontmorillon.fr
Boutique sur place. Vente en ligne.

Saviez-vous que la brasserie de Montmorillon date de 1843 ? Elle était implantée à Saulgé et sa bière était la plus vendue de la France libre pendant l'occupation allemande avant de fermer dans les années 60. En 2015, c'est l'entrepreneur François Guillon qui décide de redonner aux Montmorillonnais leur bière en brassant sur place. Il n'a pas réussi à remettre la main sur la recette d'origine, mais il espère lui rendre ses lettres de noblesse. Désormais, la brasserie produit de la bière artisanale, bio, ainsi que de la limonade.

LES VERGERS DE CHEZEAU

Lieu-dit Chézeau - **ROCHES-PREMARIE-ANDILLE**
✆ 05 49 88 33 14
www.vergers-chezeau.fr
Du lundi au vendredi : 9h30-12h30 et 15h-19h. Samedi : 9h-13h et 15h-18h. Cueillette : voir site internet.

Vincent et Simon Baille-Barrelle sont frères. Ensemble, ils continuent de développer le verger familial labellisés « vergers écoresponsables » avec pour ligne de conduite : qualité, traçabilité et authenticité. A Poitiers, on retrouve leurs produits dans leur magasin L'eau à la Bouche mais vous pouvez tout aussi bien vous rendre directement à la ferme. Dans leur boutique, vous trouverez pommes, fraises, abricots, nectarines, mais aussi des légumes et tout un tas de produits sélectionnés par leur soin (viandes, soupes, pâtes à tartiner, vins...).

ANIPARC

Rue du Bois-Thévenault - **NAINTRÉ**
✆ 05 49 90 19 98
www.aniparc.fr
La partie toilettage est effectuée du lundi au samedi de 9h à 12h et de 14h à 18h sur rendez-vous.

Richard Gatto, ancien Maître Chien au GPSR, a ouvert son entreprise en 2002. Malgré un patronyme qui signifie à une lettre près « chat » en espagnol, le domaine de prédilection de Richard ce sont bien les chiens. Pension, élevage canin, dressage et toilettage sont l'apanage de Richard. Vous pourrez également suivre des séances au cours desquelles vous apprendrez à votre chien à marcher au pied, à se coucher, à se mettre en position debout. Des parcours d'*agility*, des dressages d'obéissance, de pistage et recherche, ainsi que de chasse vous seront proposés.

LE PRÉ JOLY

La Robichonnière - **SAINT-GERVAIS-LES-TROIS-CLOCHERS** ✆ 06 04 49 58 47
www.leprejoly.fr
100% Bio. Ouvert le mercredi et le vendredi de 16h à 19h. A retrouver aussi dans de nombreux magasins de producteurs.

Les 85 vaches de monsieur et madame Joly sont chouchoutées au quotidien dans cette ferme familiale. Ce sont 446 000 litres de lait qui sont transformés en délicieux produits bio. Il y a bien entendu le lait, la crème fraîche, le beurre, mais ce qui fait surtout la renommée de la ferme ce sont ses bons fromages au lait cru et par-dessus tout, ses riz au lait et ses yaourts au chocolat. Les produits sont à découvrir dans les magasins de producteurs, à la boutique de la ferme et lors de leur grande journée portes ouvertes, le premier dimanche du mois de juin.

SARL GUICHARD

12, place Charles de Gaulle
POITIERS
✆ 05 49 41 30 59
Ouvert du mardi au samedi. Commandes et paiement en ligne 7j/7 24h/24 sur www.panier-fruits-legumes.com

Tout bon Poitevin qui fréquente le marché Notre-Dame connaît la Maison Guichard. Installée depuis la fin des années 1940, elle s'étend dans la partie sud des halles, dévoilant moult fruits et légumes. Le banc est complet et coloré avec ses fruits exotiques, ses légumes variés. Le plan futé ? Se faire livrer à domicile ou sur son lieu de travail sa commande de vrac, de paniers de fruits (bio) et de légumes via le site Internet « Les paniers fraîcheur ». Avec cette formule, il sera facile de respecter la recommandation des 5 fruits et légumes par jour !

LA BONDE

5, rue de Bel-Air - **SÉRIGNY**
✆ 05 46 01 46 29
Salle d'exposition ouverte toute l'année. Visite de l'élevage (cerfs, veaux, bœufs) de mai à septembre sur rendez-vous.

Thierry et Marie-Line Ronteau se sont spécialisés dans l'élevage de cerfs, de veaux de lait et de bœuf limousin. Ouverte à la visite, leur exploitation permet d'observer le mode de vie d'une centaine de cerfs, de vaches et de veaux. Les Ronteau commercialisent les produits de leur ferme (viande de veau, terrine ou civet de cerf) chaque fin de mois, ainsi que de la viande de daguet (jeune cerf de 18 mois) en fin d'année. Vous ne résisterez pas devant un civet de cerf ou de biche Grand-Veneur ou encore une incontournable blanquette de veau, un veau Marengo...

NOUVELLE-AQUITAINE

LA FERME DES PAULIS

Les Paulis
ALZEN
✆ 05 61 64 55 14
Ouvert tous les jours de 9h à 19h. Balade à la ferme en été. Goûter à la ferme tous les jours de mai à octobre.

La ferme est située au pied du sentier menant à la chapelle d'Alzan. Ici Christiant Gabet « fait venir » les canards qui gambadent dans les prés et sont nourris au grain. Le gavage, tant décrié par nos amis américains, se fait de manière traditionnelle, au maïs blanc. Les conserves sont faites également sur place. Iil y aussi des abeilles et vous pourrez acheter un délicieux miel de montagne. Tout se visite, on peut goûter, déguster, se détendre avec des gens chaleureux et qui défendent un certain savoir-faire et une tradition que nous nous devons de préserver.

LE RUCHER DU MONTCALM

GOULIER
✆ 05 61 64 83 86
www.rucherdumontcalm.com
Visite de l'écomusée et de l'exploitation sur rendez-vous.

A 7 km d'Auzat, dans le charmant petit village de Marc, à 1 070 m, le dernier de la vallée au pied du barrage de Soulcem, l'apicultrice Sylvie est la reine des abeilles, elle surveille ses 100 ruches et récolte le précieux miel doré. Tous les produits de la ruche sont des antibiotiques naturels a chacun sa vertu. De la plus douce à la saveur la plus forte, il existe de nombreuses variétés de miel : acacia, rhododendrons, tilleul, châtaignier, bruyère et bien sûr « toutes fleurs en pierres sèches ». Les enfants apprécieront de découvrir le petit écomusée.

CABANES DE CAMON

3, Place Philippe de Lévis
CAMON
✆ 05 61 68 83 76
Ouvert toute l'année. Visites guidées en juillet-août. Tous les jours et les jours fériés. Gratuit.

Héritage de la tradition viticole, les cabanes servaient autrefois d'abri et remise aux paysans vignerons. On retrouve réparties sur de nombreuses terrasses environ 120 cabanes, témoins de cette activité disparue. Un sentier thématique permet de découvrir ce petit patrimoine rural tout en appréciant un magnifique panorama. En été, il est possible de se faire accompagner par un guide de l'office de tourisme de Camon qui commentera votre découverte. Le dénivelé ne dépassant pas 150 m, la promenade est accessible à tous, y compris les enfants !

LA FERME AUX BISONS

Coufetery
LAPENNE
✆ 05 61 67 60 74
www.lafermeauxbisons.com
Haute saison ouvert tous les jours de 10h à 18h. Adulte : 14 €. Enfant de moins de 12 ans : 10 €.

Sur ce domaine de 70 ha vivent des bisons, des daims, des yacks, des cerfs et autres espèces animales. Au cours d'une visite d'environ 1h15, sur 5 km de piste à bord d'une remorque tirée par un tracteur, vous observez cette faune au naturel. Sur place : salle d'exposition, salle pédagogique, aire de pique-nique, buvette, boutique et ferme-auberge. Également vente des pâtés, rillettes, daubes, civets, saucissons de la ferme. Accueil adorable de Aida Aleix et de son père Marc au volant du tracteur/remorque bâché par temps de pluie et de soleil. Une visite insolite !

TERR'APIS

Ferme Charron
CARLA-BAYLE
✆ 05 67 44 41 11
www.terrapis.fr
Visite guidée sur rendez-vous. Dégustation des produits. Vente également via le site internet.

Caroline Davelu a le souci du beau, du bien et du respect. Au-delà d'un métier et d'un savoir faire, c'est une passion qui habite cette productrice sachant transmettre toutes les valeurs fondamentales de la vie à travers ces trésors inestimables que sont les produits de la ruche. Miels bio et produits de la ruche, gelée royale, propolis, pollen (un vrai régal), vinaigre d'hydromel vieilli en fût de chêne, bougies en cire d'abeille, pain d'épice... Tous les produits sont issus des ruches et labellisés bio (miel sans pesticides ni résidus chimiques).

FERME DE GREOULOU

Hameau de Gréoulou
LAVELANET
✆ 05 61 01 80 98
www.fermedegreoulou.com
Ouvert tous les jours.

Ce couple d'agriculteurs-éleveurs transforme sa production sur place et exploite 16 ha dans un domaine de 70 ha de forêts et de landes. A la clé d'excellents produits de la ferme à base de canards, poulets, pintades, lapins, porcs et agneaux. Le foie gras reste le produit phare. S'ajoutent magret fumé, cassoulet, saucisson 100 % canard, rillettes de canard aux raisins et à l'armagnac, pintade sauce chasseur, coq au vin, confit de lapin. Pour garder leur saveur d'origine, les conserves sont mises en bocaux de verre, sans colorant ni conservateur.

MOHAIR PYRENEES

Camarade
LE MAS-D'AZIL
✆ 05 61 69 91 59
https://mohair-pyrenees.com
Haute saison visite tous les jours de 15h à 18h. Adulte : 4 €. Enfant de 1 à 18 ans : 2 €.

Pauline et Loïc vous accueillent dans leur ferme-école d'Ariège où ils proposent de découvrir les animaux et les travaux de la ferme. Les enfants pourront entrer dans les enclos pour les câliner. Rechercher dans les bois des feuillages, tout en apprenant à les reconnaître pour les donner aux chèvres. A voir aussi le petit film pour découvrir la tonte d'une chèvre angora. Balades dans les pâtures des chèvres. Ateliers et jeux sur le thème du tissage et de la fibre textile. La boutique propose une belle variété de produits réalisés à partir des chèvres mohair.

MAISON DES LOUPS ★

Les Forges d'Orlu
ORLU ✆ 05 61 64 02 66
www.maisondesloups.com
Haute saison ouvert tous les jours et jours fériés de 10h15 à 19h. Adulte : 10,50 €. Enfant de 3 à 12 ans : 8,50 €.

A quelques kilomètres d'Ax-les-Thermes, ce village de Haute-Ariège abrite, depuis 1997, une Maison des Loups, un parc animalier de 6 hectares où évoluent en semi-captivité 25 loups venus de plusieurs régions du monde. Le domaine s'est agrandi avec Le Parc des Loups du Canada et celui des loups arctiques. Le nourrissage des loups, commenté sous forme de conférence, est un des moments forts de la visite. Le visiteur peut observer les meutes depuis des tours d'affût en bois, situées sur le sentier de découverte. Des panneaux explicatifs vous en apprendront beaucoup sur ces animaux mythiques. Plusieurs sentiers nous invitent à découvrir la montagne : le botanique, l'ornithologique ainsi que celui de traces d'animaux. Vous pourrez participer à l'activité moulage d'empreintes afin de fabriquer une trace en argile de ses mains, à partir d'une boule d'argile avec explications pour réaliser une trace fidèle. Dans le parc, un animateur vous aidera à réaliser une belle empreinte d'argile qui deviendra dure après le séchage. De nombreuses empreintes sont disponibles : loup, bien sûr, mais aussi ours, sanglier, cerf, et les animaux de la ferme comme poule, lapin, canard. Sans oublier les moments de tendresse avec la chèvre de Monsieur Seguin et les Trois Petits Cochons. Le tunnel de vision permet d'approcher la meute de loups du Canada au plus près lors d'une distribution de friandises. Le sentier pieds nus permet de ressentir le pouls de la terre. Un circuit court et adapté est prévu pour les personnes à mobilité réduite.

LES JARDINS DE NANIE

Hameau de Rabaute
PÉREILLE
✆ 06 85 74 06 27
lesjardinsdenanie.com
Ouvert le jeudi de 14h à 19h. Et sur les marchés de la région.

Roses rouges, roses jaunes, abricot-menthe, échalotes et oignons, cynorhodons ou mirabelles, fraises, rhubarbe et framboises... Naomie Morez-Pons met de la magie dans ses pots de confitures élaborés au pied de Montségur. De subtiles associations composent ses chutneys et confits. Passionnée de fruits, plus particulièrement en pâtes, mais aussi en confits, gelés ou compote, Naomie cultive, cueille, assemble et concocte de façon artisanale de fabuleux mélanges : pesto d'orties, gelée de Chardonnay ou de vin rouge aux épices...

AU PAYS DES TRACES

8, route de Miguet
SAINT-LIZIER
✆ 05 61 66 47 98
www.paysdestraces.fr
Haute saison ouvert tous les jours de 13h30 à 19h. Adulte : 12 €. Enfant de 3 à 12 ans : 10 €.

Catherine et Jean-Louis, naturalistes chevronnés, accompagnés d'une équipe de passionnés font découvrir cette science. Indices de présence d'animaux, empreintes et adaptations morphologiques, étude des oiseaux, insectes et reptiles. Visite de la grotte du loup, la sépulture préhistorique du troglodyte, le parc animalier végétal avec indices de la faune pyrénéenne. Atelier de moulage de traces, simulation d'avalanche. Sans oublier le village à mouler et un parcours d'observation d'ossements préhistoriques. Exposition Les traces sous toutes leurs formes.

LA FERME DU MINIER

Le Minier - **SEM**
✆ 05 61 03 84 15
http://fermeduminier.free.fr
Appelez de préférence, avant de vous déplacer. Ferme-auberge sur réservation également. Menus de 20 à 30€.

Au cœur de l'Ariège, dans le petit village de Sem, en leur ferme du Minier, Stéphane et sa femme Irène élèvent eux-mêmes des canards mulards qu'ils se chargent ensuite de gaver. Les foies tout juste prélevés sont confectionnés rapidement en de délicieuses terrines. Vous pouvez les découvrir sur place, ainsi que leurs autres produits et plats cuisinés, en visitant la ferme sur simple réservation préalable. Sachez que Stéphane et Irène accueillent des hôtes à leur table, le temps d'un repas, à base de canard gras, évidemment !

LE MAS D'ANTONIN

22, rue Alfred-Delpy
ARGELIERS
✆ 06 14 28 11 42
www.le-mas-d-antonin.com
Ouvert tous les jours de 10h à 19h. Il est préférable d'appeler avant de se déplacer.

Passionnée par le terroir et son histoire, Elena Anton partage ses journées entre sa truffière de 1 350 chênes, son oliveraie et ses gites authentiques. Sur son exploitation, elle propose ses productions à la vente et offre aux curieux des animations pédagogiques. Vous souhaitez en savoir plus sur la truffe ? Bonne nouvelle : Elena propose des journées et des week-ends thématiques pour partir à la découverte de ce produit d'exception. Au Mas d'Antonin, vous trouverez également une petite boutique de produits de terroir comme le sel à la truffe de Gruissan.

TOP FRUITS

Domaine La Souterranne - **ARGELIERS**
✆ 04 68 40 60 00
top-fruits.com
Mai, octobre et novembre : ouvert uniquement le week-end. De juin à août : tous les jours de 9h à 12h et de 15h à 19h.

Sur une dizaine d'hectares, la famille Pearce vous invite à récolter directement plus de 20 variétés de fruits et légumes pendant les beaux jours. Il n'y a pas plus frais ! En plus d'être intéressant côté qualité, ce système vous offre une sortie conviviale au milieu d'un décor naturel exceptionnel. Et les prix sont imbattables ! Jetez un œil au calendrier de la ferme pour ne rater aucune des cueillettes. Si vous n'avez pas le temps de participer au ramassage, vous pouvez toujours acheter les fruits et légumes au stand qui se trouve à côté de la route.

LE RUCHER DE L'OURS

59, route de Font-Romeu
AXAT
✆ 04 68 20 53 34
www.miel-lerucherdelours.fr
Ouvert du lundi au vendredi de 8h à 12h. Ouvert l'après-midi sur rendez-vous. Boutique en ligne.

Le Rucher de l'Ours existe depuis 1975. Aujourd'hui, Philippe Weibel exploite 300 ruches dans les Pyrénées avec une production annuelle d'environ 10 tonnes de miels les plus divers. Dans un rayon de 100 km autour de la miellerie, les abeilles trouvent les ressources les plus diverses, dans un environnement épargné de toute pollution. Parmi les produits proposés ici : une vingtaine de miels comme le miel de pissenlit au goût prononcé légèrement atténué par le goût du merisier sauvage, le miel d'arbousier très amer, le miel d'inule...

CHÈVRERIE DE COMBEBELLE

Combebelle
BIZE-MINERVOIS
✆ 04 67 38 05 38
Fermé de novembre à février. Ouvert le lundi de 10h à 12h ; du mardi au dimanche de 10h à 12h et de 16h à 19h.

Située en pleine garrigue, la chèvrerie accueille environ 90 chèvres Alpines chamoisées. De février à novembre, elles produisent du bon lait qui sera consommé comme tel ou transformé en fromages et yaourts. Si vous le souhaitez, vous pourrez procéder à une visite des lieux pour mieux comprendre les différentes étapes de fabrication (traite à 17h, filtrage, caillage...). Venez avec une bouteille, vous pourrez repartir avec du lait frais. Au sein de la boutique de la ferme, vous trouverez les fromages artisanaux qui raflent tous les prix régionaux et nationaux.

L'ODYSSÉE DE L'OLIVIER

4, hameau de Cabezac
BIZE-MINERVOIS
✆ 04 68 41 88 88
www.loulibo.com
Ouvert toute l'année 7j/7. Adulte : 6€. Enfant (- de 16 ans) : 4 €. Visite guidée. Boutique. Animations

Depuis les années 1940, la coopérative oléicole l'Oulibo élabore avec passion des huiles d'olive et olives de table, et particulièrement la variété Lucques, toujours avec la volonté de l'excellence. L'Oulibo vous invite à vivre l'aventure de l'olive et de l'huile d'olive sur son site de visite guidée : L'Odyssée de l'Olivier - 5 escales pour un voyage dans le monde de l'olivier. Vous suivrez pas à pas votre guide dans une oliveraie de 400 arbres pour découvrir les secrets de l'arbre béni des dieux : la cueillette, les variétés, les soins, et toutes les étapes pour suivre l'olive jusqu'au moulin... Vous remonterez le temps de la Grèce antique jusqu'à notre époque et suivrez l'aventure de l'olive sur écran Géant. Le spectacle son et lumière vous permet de vivre l'effervescence du moulin comme en période de récolte.. La dernière étape est sans doute la meilleure puisqu'il s'agit d'une initiation à la dégustation des huiles d'olives et des olives ! Vous pourrez relever le défi et partir en famille à la poursuite du diamant vert, la chasse aux trésors pour les 6-12 ans mais également, les visites thématiques les mercredis et jeudis matin avec le nouvel atelier – jeu tapenade. Toute l'année l'Oulibo propose des évènements mais également des ateliers de cuisine ou de taille de l'olivier. Une expérience unique à vivre aussi bien à deux qu'en famille qui mettra en éveil tous vos sens. Il est possible de réserver et d'acheter les visites sur la e-billetterie. Rendez-vous à l'Oulibo pour une visite.

L'OULIBO

Hameau de Cabezac - **BIZE-MINERVOIS**
✆ 04 68 41 88 88
www.loulibo.com

Entreprise du Patrimoine Vivant. Boutique. Visite guidée « L'odyssée de l'olivier » : 6 €/adulte et 4 €/enfant.

Depuis 1942, le moulin de l'Oulibo élabore des huiles et olives de qualité. L'Oulibo et ses 850 producteurs cultivent des variétés locales et particulièrement l'olive AOP Lucques du Languedoc dont le vert lumineux et la chair croquante en font le diamant vert de la région ! C'est de cette belle audoise que l'Oulibo tire son huile de tradition, ses tapenades et autres délices du terroir. Chaque année, l'Oulibo obtient de nombreuses médailles au salon de l'Agriculture et fait partie du club prestigieux des 100 entreprises d'excellence du savoir-faire français.

BIOPLANÈTE

Route de Limoux - **BRAM**
✆ 04 68 76 70 60
www.bioplanete.com

Ouvert du lundi au vendredi de 9h à 12h30 et de 13h30 à 17h.

Régulièrement primées, les productions de Bioplanète, font la fierté de cette entreprise Audoise fondée il y a plus de 30 ans. C'est la plus ancienne huilerie bio d'Europe, dont les produits, sont issus de productions locales et du commerce équitable. Des champs jusqu'à la mise en bouteille, l'ensemble des étapes de fabrication sont élaborées artisanalement. La gamme compte plus de 78 huiles haut de gamme, toujours pressées à froid mais aussi germe de blé, chia, cumin noir, lin, chanvre ou cameline, et des produits innovants tels le beurre clarifié bio ou le Ghee.

DOMAINE DE MOUCHA

lieu dit Saint-Ferriol
CAMPAGNE-SUR-AUDE
✆ 04 68 20 04 74
www.domainedemoucha.com

Vente à la propriété à Campagne sur Aude. Il est préférable de téléphoner avant votre venue.

Depuis 1999, la famille Marin exploite 1 800 oliviers sur un terrain de 4 ha. La récolte, qui peut atteindre 10 tonnes de fruits les meilleures années, est apportée au moulin de Millas tout proche. Mais ce qui fait réellement la différence avec les autres producteurs de la région, c'est le choix d'une variété unique... et originaire d'Espagne : l'arbéquine. Son olivier donne un fruit petit et rond, particulièrement adapté à la production d'huile. Et, forcément, celle du domaine de Moucha, ne ressemble à aucune autre de ses plus proches concurrents.

MAISON ESCOURROU

9, rue Jean-Baptiste-Perrin - **CASTELNAUDARY**
✆ 04 68 23 16 88
www.escourrou.com

Ouvert du lundi au vendredi 8h-12h et 14h-19h ; le samedi de 9h à 12h. Coffrets gourmands et boutique en ligne.

La Maison Escourrou, conserverie familiale chaurienne depuis 1963, régalent les gourmands de leurs spécialités avec la saveur et l'originalité des produits de notre terroir. Toutes ses spécialités sont de fabrication artisanale et française, maintes fois primées à Aude Gourmande. Vous ne résisterez pas aux terrines, foie gras, confits, jambonneaux, conserves et plats cuisinés, mais l'incontournable reste le cassoulet en terrine, fabriqué avec la même recette depuis plus d'un demi-siècle. La Maison Escourrou est membre de la Confrérie du cassoulet de Castelnaudary.

ASINERIE DU RIVAGE

Domaine le Rivage Bas - **COURSAN**
✆ 06 82 07 79 67
www.asineriedurivage.com

Été : du lundi au samedi de 14h à 18h. Visites commentées et gratuites à 14h, 15h30 et 17h. Vente sur place et en ligne.

Depuis près de douze ans, cette merveilleuse exploitation familiale élève une race asine menacée de disparition : l'âne des Pyrénées. En plus de veiller à leur bien-être et à la reproduction de l'espèce, les éleveurs valorisent les ânes au cours de trois visites commentées et gratuites (14h, 15h30 et 17h). Pédagogiques et conviviales, elles se termineront sur un moment dégustation. Ce sera aussi l'occasion de découvrir la gamme complète de savons et cosmétiques naturels faits à partir du lait d'ânesses. Vous serez rapidement conquis par leurs vertus nourrissantes.

ASINERIE DU RIVAGE

Domaine le Rivage Bas - **COURSAN**
✆ 06 82 07 79 67
www.asineriedurivage.com

Été : du lundi au samedi de 14h à 18h. Visites commentées et gratuites à 14h, 15h30 et 17h. Vente sur place et en ligne.

Depuis près de 12 ans, cette merveilleuse exploitation familiale élève une race asine menacée de disparition : l'âne des Pyrénées. En plus de veiller à leur bien-être et à la reproduction de l'espèce, les éleveurs valorisent les ânes au cours de trois visites commentées et gratuites (14h, 15h30 et 17h). Pédagogiques et conviviales, elles se termineront sur un moment de dégustation. Ce sera aussi l'occasion de découvrir la gamme complète de savons et cosmétiques naturels faits à partir du lait d'ânesse. Vous serez rapidement conquis par leurs vertus nourrissantes.

LE MOULIN DE FABI

2, La Prade
FLOURE
✆ 04 68 79 15 55
www.lemoulindefabi.com
Le lundi, le mardi, le jeudi et le vendredi de 9h à 12h et de 14h à 17h ; le mercredi de 8h à 12h.

Bien que l'exploitation de Fabienne soit située à Trèbes, c'est quelques kilomètres plus loin, à Floure, qu'il faut se rendre pour goûter sa production oléicole repartir avec quelques flacons. Le moulin peut extraire jusqu'à 5 000 l chaque année. Ses huiles se déclinent en 5 productions monovariétales vierge extra, douces et fruitées, ainsi que deux huiles aromatisées au basilic et au citron. La cuvée Thomas (du nom de son fils) est un assemblage d'olivière, verdale, clermontaise, aglandau et picholine. Fabienne réalise aussi des olives de table avec ses lucques.

LE MOULIN À HUILE DE GRUISSAN

Chemin de l'Horte de Nadalet
GRUISSAN
✆ 09 70 35 68 85
moulindegruissan.com/

Situé aux abords du massif de la Clape, le Moulin à huile de Gruissan doit son existence à la véritable passion de son propriétaire, Frédéric Granier, exploitant agricole oléiculteur. Spécialisé dans la plantation de l'olivier jusqu'à la vente de produits finis, et ce à travers un contrôle assidu et méticuleux. En outre, grâce à leur diversité de caractère, les oliveraies plantées à proximité du moulin permettent l'élaboration de subtils assemblages ainsi que de cuvées variétales.

L'OLIVIERE

2, rue des Tineries
LAGRASSE
✆ 04 68 76 03 86
Haute saison : ouvert tous les jours. Et sur rdv.

Des six enfants, Luc Pasquiet a été le seul à vouloir reprendre le domaine de ses parents. Il faut dire qu'il a découvert le métier d'oléiculteur en même temps qu'eux : il était au lycée quand ses parents se sont lancés dans l'oléiculture dans les années 1980. En les aidant lors des récoltes, l'idée a progressivement germé. L'heure de la retraite ayant sonné pour ses parents, il a alors repris l'oliveraie dispersée en plusieurs parcelles autour du village, et notamment derrière l'abbaye qui fait le charme et la renommée de Lagrasse. Soit environ 7 hectares d'arbres dont les plus anciens sont centenaires. Si ses parents privilégiaient l'agriculture raisonnée, Luc a lui fait le choix du bio et a entrepris la conversion du domaine au label AB dès son arrivée en 2013. Une année où la mouche a particulièrement sévi et où toute sa récolte a été perdue. Pourtant, Luc Pasquiet est toujours fidèle au poste : sur le marché de Lagrasse, le samedi matin, mais aussi dans sa petite boutique au pied du vieux pont. Là, il propose quatre huiles monovariétales en fruité vert : de l'olivière, variété rustique typique du Languedoc, de la lucques, avec laquelle il fait aussi de l'olive de table, de la bouteillan et de la picholine. La « cuvée du terroir » est un fruité vert issu d'un assemblage de ce que produisent les autres arbres entretenus (aglandau, cailletier, arbequine). Quant à ses pâtes d'olive (sans câpres ni anchois), il les fabrique dans son atelier et y intègre, au gré de ses recettes, les légumes qu'il cultive dans son potager.

DOMAINE CIRY CATTANEO

9, avenue de la Montagne-Noire
LAURE-MINERVOIS ✆ 06 70 36 36 37
www.domainecirycattaneo.com
Visite & dégustation au domaine sur RDV. Bar à vins l'été le week-end 18h-minuit avec cuisine estivale de 19h à 22h.

Un amour inconditionnel de la terre, la volonté d'exhumer l'âme du terroir et une philosophie de travail basée sur la vinification intra-parcellaire, voilà les lignes directrices du domaine Ciry Cattaneo, créé par David Ciry, œnologue de métier et Marion Cattaneo, chocolatière. Vous vous régalerez des cuvées Sang Neuf, Malabestia, Les Petites Choses ou encore Les Hirondelles, toutes produites en quantité limitée.

Des dégustations vins-chocolats pour des groupes de particuliers à la chocolaterie Marions Les Chocolats, à Pennautier, sont possibles sur demande.

BERGERIE-FROMAGERIE

Catherine Gageot et Patrice Carré
LE CLAT
✆ 04 68 20 56 66

Voilà plus de trente ans que ce couple s'est reconverti dans l'élevage de chèvres. Une belle réussite à la clé, puisqu'ils se retrouvent aujourd'hui à la tête de 60 chèvres, 20 brebis, et d'une belle production de fromages. En cas de petit creux, Catherine se fera un plaisir de vous installer une table et quelques chaises sur son grand terrain jouxtant la bergerie. Vous pourrez admirer un magnifique panorama tout en dégustant une tarte au chèvre maison et un bon verre de vin. Pensez à prévenir à l'avance : soit la veille, soit avant de démarrer la balade.

DOMAINE DE L'HERBE SAINTE

Route de Ginestas
LE SOMAIL
✆ 04 68 46 30 37
www.herbe-sainte.com
Mieux vaut appeler avant, boutique sur place et en ligne.

Depuis son installation dans les années 1980, la famille Greuzard rêvait de faire du vin. Cette ambition a été concrétisée en 1987 avec l'achat des premières parcelles de carignan à Sallèles-d'Aude. Le développement de l'exploitation s'est poursuivi en 2001 avec l'acquisition du domaine de l'Herbe Sainte, à deux pas du canal du Midi. Sur leur terrain, les viticulteurs produisent de manière raisonnée et respectueuse de l'environnement. Coup de cœur pour leur vin pétillant rosé !

CHEZ CUL D'OURSIN

Centre ostréicole - **LEUCATE**
✆ 04 68 40 92 06
Tous les jours de 8h à 21h en basse saison (fermeture plus tardive en été). A consommer sur place ou à emporter.

Chez Cul d'Oursin est une des grandes références du port ostréicole ! Ici, on travaille en famille et l'ambiance est bonne, voire même très bonne. On a rapidement l'impression de faire partie de la famille. Cette animation, on la doit aux Guinot. Chez eux, les huîtres c'est une histoire de famille qui remonte à plusieurs générations. Christophe est petit-fils d'ostréiculteur du bassin d'Arcachon, il n'a de cesse d'imaginer des procédés pour améliorer la qualité de ses huîtres. Belles, charnues et surtout savoureuses, elles sont à déguster sur place ou chez vous.

L'HIPPOCAMPE

Rive gauche - **LEUCATE** ✆ 06 70 94 74 95
www.lhippocampe-cabane-a-huitres.com
Ouvert toute l'année. 6 huitres moyennes : 7 €. 6 huîtres moyennes + 6 moules + 6 palourdes : 12,50 €.

L'Hippocampe, est un mas ostréicole entièrement rénové qui a fière allure avec sa façade en bois, la salle intérieure et une jolie terrasse donnant sur le chenal. On vous servira ici des huîtres accompagnées, si vous le souhaitez, de moules, de palourdes et d'un verre de Leucate blanc (ou rosé). Les amateurs se délecteront de la Petula Spectacular, une huître (n°0) aux dimensions hors norme ayant passé pas moins de 4 ans en mer. Une adresse très agréable tenue par une équipe qui l'est tout autant où l'on profite volontiers de la terrasse ensoleillée et abritée.

HUÎTRES ALLARY

Grau de Leucate
LEUCATE
✆ 04 68 40 92 41
www.huitre-allary.com
Basse saison : tous les jours de 8h à 19h. Haute saison : tous les jours de 8h à 21h. Formule : 11€.

Voilà un site de production unique en son genre ! Créé dans les années 70, il garde encore toute sa typicité avec ses baraquements en enfilade. La maison Allary Fils est une histoire de famille : le grand-père a transmis l'amour du métier à ses petits-enfants ! Arrêtez-vous pour déguster la célèbre « cap Leucate », huître creuse à la chair fine au goût de noisette, ou la « caramoun », fine, longue en bouche et beaucoup plus craquante, médaillée d'or au Salon de l'Agriculture 2018 ». Futé : possibilité de personnaliser votre plateau sur le site Internet.

L'AQUARIUM

32, Grau de Leucate - Centre ostréicole
LEUCATE
✆ 04 68 40 92 36
Basse saison : ouvert tous les jours de 8h à 20h. Haute saison : tous les jours de 8h à 21h.

Chez les Castillon, on est dans les coquillages et les poissons depuis 3 générations ! Dans ce mas ostréicole de Leucate vous trouverez bien entendu les huitres de la maison mais aussi des coquillages achetés directement aux pêcheurs de coquillage à pied (tellines, palourdes, escargots de mer...). Pour les poissons, ils sont du jour et pêchés par Franck, pêcheur pro. Tous ces trésors, vous pourrez les déguster sur place accompagnés d'un petit verre de vin blanc local en terrasse ou à emporter à la maison. Fraîcheur, tarifs et bon accueil sont au rendez-vous !

VIGNOBLES CAP LEUCATE

2, avenue Francis Vals
LEUCATE
✆ 04 68 40 17 74
www.cap-leucate.com
Horaires variables selon les saisons.

La coopérative « Les vignerons du Cap Leucate » a été créée en 1920. Elle compte aujourd'hui 200 adhérents pour une surface de vignes de plus de 1 400 hectares. Elle produit des AOC en fitou, corbières, muscat et rivesaltes et des vins de pays. Bénéficiant d'une typicité originale, liée à la fois à son vignoble situé en bord de mer et sur des coteaux ensoleillés, le terroir leucatois donne des vins de caractère. La cuvée de référence est « Fitou le Maritime », ne la loupez pas ! Des séances de dégustation sont organisées régulièrement.

ZONE OSTREICOLE DE SALSES-LEUCATE

Grau de Leucate
LEUCATE

Livraison possible. Vente et dégustation de produits de la mer : huîtres, moules, palourdes...

Au cœur de l'étang, la zone conchylicole existe depuis le début des années 1960. La vente est directe à 80 % sur l'espace conchylicole au Grau de l'étang et dans les villages environnants. L'huître de Leucate, la très célèbre « Cap Leucate », est une huître aux vertus reconnues : elle est bien creuse et sa chair est très ferme avec un goût prononcé de noisette. Mais l'huître n'est pas la seule vedette de l'étang, également riche en palourdes, moules et autres coquillages !

MOULIN DU CASTILLOU

Domaine Du Castillou
LUC-SUR-AUDE
✆ 04 68 74 31 72

C'est un domaine axé sur la culture biologique et où l'on produit des légumes comme la pomme de terre, le poireau, l'oigon blanc ou encore le potimarron. On y cultive également les plantes aromatiques. On retrouve ainsi, la rose, le thym, la sauge, la lavande ou le romarin dans des huiles essentielles ou dans des eaux de fleurs. Depuis 2003, 10 hectares d'oliviers ont été plantés sur les versants sud de du domaine. Ses saveurs d'olive noire, de topinambour et de sous-bois sont à découvrir. C'est une très belle découverte, pleine de choix de qualité !

AU COMPTOIR DES PRODUCTEURS

2, rue Gustave-Eiffel
LÉZIGNAN-CORBIÈRES
✆ 04 68 33 04 06

Ouvert du lundi au samedi de 9h à 12h30 et de 15h à 19h.

Promouvoir les circuits courts ! Voilà pourquoi 7 producteurs locaux ont décidé d'ouvrir Le Comptoir des producteurs. Vous trouverez leurs produits mais aussi ceux de nombreux vignerons et agriculteurs locaux. Dans les rayons de ce petit supermarché locavore, fruits et légumes de saison, glaces fermières, fromages, yaourts, charcuteries, viandes, miel, pain d'épices, huile d'olive, pain, vin, œufs, pâtes, confitures, biscuits vous attendent pour des courses 100 % locales.

LA FERME DU BOSC

Lieu-dit Le Bosc
MAYREVILLE
✆ 04 68 60 67 07
www.audeline.com

Ouverte toute l'année sur rdv.

Ah ! Que vous auriez tort de ne point goûter les crèmes glacées Audeline au lait de brebis ! Hormis les parfums classiques, Carine et Félix, proposent des glaces de saison comme la figue, la noix ou la châtaigne, mais vous réservent aussi des surprises avec les glaces parfumées à la violette, au miel des Pyrénées, au pain d'épices, au lait d'amandes ou encore la marbrée figues et noix au miel ! Ne repartez pas sans du petit caillé, des fromages frais ou des yaourts aux arômes naturels, ce sont de vrais délices ! Profitez-en aussi pour visiter la ferme.

LA MASSOTTE HAUTE

Ferme la massotte haute - **LIMOUX**
✆ 07 83 85 29 46
www.lamassottehaute.com

Ouvert tous les jours de 14h à 20h. Vente directe à la ferme. Livraison possible (30 km autour de Limoux).

La Massotte est une ferme, au sens noble du terme, et aux airs d'arche de Noé. Respectueux du bien-être animal, Joris met toute son ardeur à développer des produits en circuit court, avec son élevage atypique de porcs noirs, sa succulente charcuterie, ses agneaux, son troupeau de brebis «Rouge du Roussillon» ou encore sa production d'huile d'olive issue des 4 hectares de son oliveraie, traitée aux engrais naturels ! Ici on passe du pré à l'assiette, dans une recherche parfaite de la qualité, de l'équilibre, un retour aux sources à quelques encablures de Limoux.

CHÂTEAU OLLIEUX ROMANIS

Route Départementale 613 - **MONTSÉRET**
✆ 04 68 43 35 20
https://ollieuxromanis.com/

Ouvert du lundi au vendredi de 9h à 19h ; le samedi de 10h à 18h. Gamme de 6 € à 26 €.

Le château Ollieux Romanis est une référence en Corbières, en vin mais aussi en restauration avec le restaurant des Ollieux (bistronomique) ouvert fin 2021 et La Touketa l'été. Côté vin, on retrouve du mourvèdre, de la syrah, du grenache et la star locale, le carignan, sur 130 hectares. Un travail soigné de la taille au traitement, en passant par la limitation du rendement à la vendange manuelle... Ainsi soit-il ! « Atal Sia », la cuvée fétiche du domaine, vin audacieux mettant le carignan à l'honneur. Autre fleuron du château, la Cuvée Or élevée en fût de chêne.

MIELLERIE DES CLAUSES

8, pech de la Garrigue
MONTSÉRET
✆ 04 68 43 30 17
www.miellerie-des-clauses.com
Ouvert tous les jours de 9h à 12h et de 14h à 18h.

La Miellerie des Clauses, ce n'est pas qu'une boutique de producteur, c'est une belle invitation à découvrir la vie des abeilles par des apiculteurs passionnés et passionnants. On vous propose une visite interactive avec Webcam au cœur des ruches, expliquée par les apiculteurs eux-mêmes ! À travers un observatoire, Laurent vous commente la vie des abeilles dans un atelier spécialement dédié à cet effet, d'ailleurs l'apiculteur n'hésitera pas à ouvrir une ruche peuplée d'abeilles, que vous observerez en toute sécurité derrière une baie. Vous découvrirez également le miel de son extraction de la ruche à son conditionnement. Avec plus de 800 ruches exploitées et en conversion bio. Ce miel est continuellement récompensé : médailles de bronze, d'argent et d'or, de plus, la miellerie bénéficie de la marque Valeurs Parc Naturel Régional. En période estivale, un petit parcours en poney est proposé aux enfants en pleine garrigue. Les adultes les plus courageux peuvent (sur réservation) enfiler une tenue d'apiculteur chaque mercredi matin de l'été pour aller à la rencontre des abeilles et des ruches avec la BzzzExpérience. Pour les moins téméraires, il reste la dégustation de miel, pain d'épices, hydromel... Il est possible de réserver les billets d'entrée en ligne gain de temps garanti aux mois de juillet et août. Confidences de gourmandes : on a complètement craqué sur les pains d'épice... excellentissimes et le Tonimiel à la noisette ! Produits que vous pouvez retrouver à la Ferme Côté Producteurs à Narbonne.

LE MOULIN DE GEYSSIERE

Chemin de Geyssière - **NARBONNE**
✆ 04 68 42 36 95
www.huiles-olives-geyssiere.fr
Ouvert du lundi au samedi de 8h à 18h. Sans rendez-vous et le dimanche : de 08h à 18h sur rendez-vous. CB non acceptée

C'est sur les coteaux de Narbonne que Henri et Louis Durand, père et fils, vous font découvrir à travers une visite, la trituration des olives et la dégustation des huiles. Le moulin à huile du Mas de Geyssière élabore une huile d'olive aux arômes fruités, reflet du terroir et des variétés : lucques, olivière, picholine... La promenade parmi les 1 200 arbres du verger (soit 6 ha) est un moment unique. Il est possible d'acheter les produits fabriqués sur place tels que : huile d'olives, pâtes d'olives aux aromates, olives de table... D'excellentes idées cadeaux.

LA MARG'AUDE

Route de Saint Amans
PAYRA-SUR-L'HERS
✆ 04 68 60 54 31
lamargaude.fr
À la ferme : mardi et mercredi de 8h à 12h, vendredi et dimanche de 17h30 à 18h30.

Ici, au cœur de La Piège, à la ferme La Marg'Aude, Christèle et Stéphane L'Homel élèvent environ 70 vaches laitières dont le lait est ensuite vendu ou transformé en desserts lactés. Yaourts, charlottes, crèmes brûlées, ou encore cheesecakes sont un exemple des produits naturels d'une grande qualité que vous propose la famille L'Homel. La gamme des desserts est élaborée à la ferme, et depuis que le fils de Christèle et Stéphane, Thimotée, s'est joint à l'aventure, sa formation de pâtissier a permis d'enrichir la palette des desserts gourmands proposés.

MOULIN DU SOU

Route De Carcassonne
PIEUSSE
✆ 04 68 31 00 63
coop-cavale.fr
Boutique en ligne.

La coopérative a plusieurs casquettes : en plus de produire de l'alcool de marc et de lie de vin depuis 1921, de collecter des céréales pour la fabrication de pâtes, elle s'est dotée d'un moulin à huile. Le moulin du Sou triture ainsi de novembre à décembre entre 50 et 70 tonnes d'olives de ses adhérents. Les fruits issus des variétés olivière, aglandau, picholine et bouteillan servent à produire trois huiles d'assemblages : l'Olisoli goût intense, goût subtil et goût à l'ancienne ; ainsi que des préparations culinaires au thym, romarin, basilic et sarriette.

LA FERME DES LUTINS

Hameau de Fauruc - **QUILLAN**
✆ 04 68 31 82 84
www.fermedeslutins.com
Sur réservation uniquement. Ateliers à partir de 3 €.

Venez partager de bons moments avec les éleveurs et rencontrer leurs animaux de la ferme, moutons du Cameroun, chèvres pyrénéennes, lapins fauve et bleu, et les deux ânes, la basse-cour avec les poules, cailles, faisans, pigeons, canards et dindons royaux. Vous verrez également le potager et le verger, où vous seront expliquées toutes les étapes de la transformation. Des semaines thématiques sont organisées avec soins aux animaux, visite de châteaux forts, randonnée en montagne, accrobranche, devlakart, paint-ball, piscine, feu de camp et bien d'autres surprises.

LES RUCHERS D'ARMAND

Lieu-dit « Le Village »
ROQUEFÈRE
✆ 04 68 26 32 16
www.fermiers-audois.fr
Il est préférable de téléphoner avant de venir.

Ils tutoient les abeilles depuis vingt ans. Le sympathique couple Oulès possède aujourd'hui 220 ruches, soit plus de dix millions d'ouvrières ailées et très zélées qui œuvrent à transformer le nectar et le miellat des plantes en miel de garrigue, de fleurs de tournesol, de montagne, de romarin, de châtaigner, de maquis, de bruyère et bien d'autres parfums. Tous sont des miels de caractère. Carole et Armand vendent aussi des pains d'épices, bonbons au miel, confits de noisettes, confits d'amandes au miel, ainsi que de la crème de marrons.

MOULIN DE ROC DE BARRY

Avenue De Narbonne Roc De Barry
SAINT-JEAN-DE-BARROU
✆ 04 68 44 07 66
Visites guidées sur demande. Vente à la propriété sur RdV hors saison.

Jacques Chiappa a troqué son bureau d'étude contre un petit moulin moderne lorsqu'il a pris sa retraite il y a 10 ans. De quoi presser les fruits de ses 250 oliviers (aglandau, picholine, olivière, bouteillan, frantoïo...) mais aussi ceux des producteurs locaux, puisque le moulin de Roc de Barry est le seul équipement à 40 km à la ronde. S'il réalise des monovariétales avec ses arbres, Jacques a également une spécialité. Il part dans la garrigue environnante cueillir les herbes aromatiques (thym, romarin, fenouil) pour parfumer certaines de ses huiles.

LA CONFITURERIE DE L'ÉCLUSE

14, avenue Pierre Curie Prolongée
TRÈBES
✆ 04 68 78 65 00
Ouvert toute l'année. Horaires variables selon saison.

Bienvenue à la ferme, bienvenue à la maison de l'écluse ! Sur les berges du canal du Midi, la Confiturerie de l'Écluse réalise des délices avec les fruits et légumes produits et transformés sur place selon des recettes originales. Par exemple, confiture de melon à la cannelle ou pastèque/citron, confits d'oignons, fleurs de sureau, thym et romarin. Autant de saveurs ensoleillées de l'Aude déclinées en 25 confitures et une dizaine de confits. Vente aussi de cassoulets, miels, vins.

DOMAINE DES PÈRES

16, avenue Pierre-Curie - **TRÈBES**
✆ 06 75 99 01 68
http://www.domaine-des-peres.com
Ouvert du lundi au samedi et les jours fériés de 10h30 à 12h30 et de 15h30 à 19h30. Boutique fermée en janvier.

Dominique et Jean Bardou ont ouvert leur boutique sur les bords du canal du Midi, mais c'est à 25 km, que sont situés leurs 4 200 oliviers,16 ha d'arbres plantés en 1957, aux variétés de lucques, moncita, picholine, cornicabra, aglandau et olivière. Jean prend plaisir à faire déguster ses préparations culinaires ainsi qu'à rechercher des contenants originaux pour ses huiles. Profitez d'une initiation sur RDV et terminez par une dégustation des vins du domaine. Ils proposent aussi des cosmétiques fabriqués à partir de leur huile d'olive, allez vite les découvrir !

LES JARDINS DE VAISSIÈRES

Domaine de Vaissières, RD 623
VILLASAVARY
✆ 04 68 24 44 98
Horaires variables selon les saisons, du lundi au samedi et dimanche matin.

Découvrez chez Thibaud et Marie-Hélène, les légumes de la ferme, de ces producteurs récoltants. Ici on trouve légumes, produits locaux, mais aussi art de la table. Légumes garantis du producteur au consommateur ! On ne peut imaginer de circuit plus court. Pour ces passionnés, au départ producteurs d'asperges et de fraises, la nouveauté réside dans leur production diversifiée de champignons : pleurote, champignons de paris, Shiitake... un délice, mais aussi légumes anciens et de saison.

PISCICULTURE DU LAC DE VILLEFORT

VILLEFORT
✆ 04 66 46 91 77
Vente à l'atelier (avenue de la Gare) toute l'année, en été de préférence le matin, hors saison les après-midi.

Vous pourrez acheter des truites et des filets de truite fumés de manière artisanale, dans cet élevage conçu *via* une plate-forme flottante qui supporte des bassins de 12m de profondeur. Nourries uniquement avec des farines de poissons, les truites sont élevées en " semi-liberté " ce qui garantit un produit final qui se rapproche des poissons sauvages. Régis Fabre a installé un atelier artisanal de fumage avec préparation à la main, salage sans aucun conservateur, fumaison à froid.

LA GRANGE DE SEVEYRAC €€

Séveyrac - **BOZOULS**
✆ 07 86 68 94 94
www.la-grange-de-seveyrac.fr
Menus de 23 € à 40 €.

Au cœur de l'Aveyron, cette ancienne propriété de l'abbaye de Bonneval bénéficie d'un environnement naturel et préservé. Les murs en pierre de la grange, admirablement conservés, abritent aujourd'hui le restaurant de Anne et Jean-Yves, éleveurs de bovins. On s'assoit à la table de leur ferme comme à celle d'un banquet familial, pour savourer une cuisine de terroir et de saison. Certains produits viennent directement de l'exploitation conduite en bio ; d'autres sont achetés en circuits courts. Dans l'assiette, le résultat est à la hauteur de ce cadre exceptionnel.

DOMAINE LAURENS

7, avenue de la Tour - **CLAIRVAUX-D'AVEYRON**
✆ 05 65 72 69 37
www.domaine-laurens.com
Visite sur réservation toute l'année, sauf dimanche et jours fériés.

La Maison Laurens est un domaine familial implanté depuis plusieurs générations dans le village médiéval de Clairvaux-d'Aveyron. Elle exploite une bonne vingtaine d'hectares de vignes en coteaux sur les pentes vertigineuses qui entourent ce village tout en pierres de gré rouge. Au cœur du village, la famille Laurens vous accueille dans son chai et vous fait découvrir ses différentes cuvées rosés et rouges en AOP marcillac, mais également ses ratafias, ainsi que ses alcools blancs produits les mois d'hiver où les arômes de l'alambic viennent embaumer le village.

LE VIEUX PORCHE - DOMAINE MATHA

Le Bourg - **CLAIRVAUX-D'AVEYRON**
✆ 05 65 72 63 29
www.domainematha.fr
Haute saison : du lundi au samedi de 10h à 12h et 14h à 19h.Fermé le dimanche et jours fériés.

Depuis plus de trois décennies, Jean-Luc Matha travaille 16 hectares de vignes, au cœur du vignoble de Marcillac. Homme amoureux de son terroir, il y cultive un vin reconnaissable entre mille, dans le respect des traditions et d'un cépage unique sur ce terroir, le fer servadou. Jean-Luc Matha propose du rouge, du blanc, du rosé, et un vin de soif, comme il aime à l'appeler. Il innove avec des apéritifs issus de vin rouge et de noix verte, ou encore de vin et de fleurs de pissenlit.

MAISON DE LA TRUFFE ★

COMPRÉGNAC
✆ 06 71 88
Haute saison : ouvert tous les jours de 15h à 19h. Entrée gratuite.

Salariés et bénévoles du syndicat des trufficulteurs de l'Aveyron se relaient tous les jours de l'été pour vous accueillir en leur demeure de Comprégnac. A travers des bornes interactives, des panneaux explicatifs et une vidéo, ils racontent leur métier -sinon leur passion ! - et leur trésor : la truffe noire du Périgord, la fameuse tuber melanosporum, qui s'épanouit aussi dans notre beau département. La visite est gratuite et se clôture par un moment rafraichissant : la dégustation d'une boule glace à la truffe aveyronnaise.

LA MÉJANASSÈRE €€

ENTRAYGUES-SUR-TRUYÈRE ✆ 05 65 44 54 76
www.domaine-de-mejanassere.fr
Chambres doubles de 88 à 98 €, petit-déjeuner compris. Gîte de 320 à 880 €/semaine selon saison. Ferme-auberge : 36 €.

La Méjanassère est une ancienne ferme rénovée, devenue la ferme-auberge de Véronique et Frédéric Forveille. Leur belle table s'ouvre aux visiteurs qui découvrent un menu établi selon le marché et la production de la ferme. La cuisinière sert ses terrines, des chapons, des canettes rôties au miel, un porcelet... La saucisse fumée faite maison se marie à merveille avec le pain bio fabriqué par Frédéric Forveille. Le repas s'accompagne bien sûr d'un chenin d'Entraygues. Les gîtes et les quatre chambres sont dans la même veine : aussi charmantes qu'accueillantes.

MANOIR ALEXANDRE

Avenue d'Estaing - **ESPALION**
✆ 05 65 48 05 01
www.manoir-alexandre.fr
Ouvert du lundi au vendredi de 8h30 à 12h30 et de 13h30 à 19h ; le samedi de 9h à 12h et de 14h à 19h.

Fondée en 1983 à Espalion, l'entreprise familiale s'est spécialisée dans le canard gras et la cuisine traditionnelle aveyronnaise. Confits, gésiers, terrines, foies gras côtoient ainsi une gamme de plats cuisinés typiques du Rouergue : aligot, truffade, choux farcis, pounti... Le Manoir Alexandre reçoit visiteurs et gourmands autour d'une vidéo, retraçant les étapes de fabrication, et propose dans sa boutique une multitude de coffrets originaux dans lesquels on glisse les fameuses conserves parfois accompagnées d'une bonne bouteille.

L'ESCARGOT DES SARADELLES

Ferrieu - **FLAVIN**
✆ 06 47 95 78 97
www.escargotdessarradelles.fr
De mi-juin à mi-septembre, le lundi et le vendredi à 19h, le samedi à 18h et le dimanche à 16h. Sur réservation.

Thierry élève 300 000 escargots ! Des petits et gros gris qui « paissent » dans les 2 000 m² de l'exploitation. Lâchés dans les parcs aux Saints de glace, ils profitent tout l'été, tantôt collés aux planches de leur abri, tantôt les antennes au vent sous la fine pluie de l'arrosage automatique. Et ce n'est que fin septembre qu'ils sont cueillis, puis transformés. On retrouve Thierry et ses produits sur les marchés de producteurs de pays, mais aussi tout l'été sur son exploitation.

LE BATTEDOU €€

Le Battedou - **GOLINHAC** ✆ 05 65 48 61 62
http://lebattedou.free.fr
Chambres d'hôtes (4 personnes) : à partir de 58 €. Camping paysan : à partir de 9 € (emplacement). Repas : 20 €.

Accès par le chemin de pays Lo Carmin d'Olt, à 2 km environ de Golinhac. Une ferme-auberge perchée au-dessus du Lot qui vous accueille dans un village qui prend soin des pèlerins. De magnifiques bâtisses de pierre où l'on trouve un hébergement adapté à ses envies et à ses moyens, de la chambre d'hôte au camping à la ferme. Accueil charmant et une salle à manger rustique où l'on ne manque pas les repas maison préparés avec les bons produits de la ferme. Le plus de cette halte, la piscine et le sauna, un luxe que l'on peut rarement s'offrir sur le chemin !

DOMAINE DU CROS

GOUTRENS
✆ 05 65 72 71 77
www.domaine-du-cros.com
Visite sur rendez-vous.

La famille Teulier veille depuis quarante ans sur ces terres du vallon de Marcillac. Un seul hectare en 1982 ; une trentaine aujourd'hui, déclinée en terrasses et sur laquelle s'épanouissent de solides pieds de vigne. Philippe, et son fils Julien, en tirent des vins remarquables, grâce à une passion et une détermination héritées de leurs aïeux. Toute la production du domaine est issue du Fer Servadou, l'emblématique cépage de l'AOC Marcillac. Les vins sont l'expression de leur terroir et le reflet du travail d'authentiques vignerons fiers de leur raisin.

LES BERGERS DU LARZAC

D 999
LA CAVALERIE
✆ 05 65 62 71 45
www.bergersdularzac.fr
Ouvert du lundi au vendredi de 9h à 18h ; le samedi de 9h à 17h. Livraison possible.

Créée en 1996, cette coopérative réunit aujourd'hui 34 producteurs du Larzac et du Lévézou. Avec 49 salariés, ils transforment chaque année 4,5 millions de litres de lait de brebis. Leurs fromages, à la typicité territoriale, se déclinent en plusieurs gammes. Tommes, pérails et bûchettes fondantes sont vendus directement à la boutique de la fromagerie. On y trouve aussi de la brousse et de l'encalat : une sorte de camembert au lait de brebis tirant son nom du caillé. On vous conseille le dernier-né : le fromage blanc battu au lait entier de brebis.

LA FERME DE DILHAC

LACROIX-BARREZ
✆ 05 65 66 19 78
www.lafermededilhac.fr
Visite gratuite de la ferme et dégustation pendant toutes les vacances scolaires.

Dans le hameau de Dilhac, Isabelle et Serge Rayrolles s'occupent d'un troupeau de vaches laitières, de race brune, nourries à l'ancienne avec l'herbe des pâturages, un peu de foin et quelques céréales cultivées sur l'exploitation. Le goût subtil des produits laitiers vendus ici – beurre, crème fraîche, lait cru et fromages frais, en faisselle ou affinés, et même glaces – en témoigne. Le couple, qui s'est converti au bio dès 2009, élève aussi quelques cochons, dont ils tirent de fameux jambons, saucisses, pâtés et plats cuisinés (langues de porc...).

FERME PÉDAGOGIQUE DES BORNOTTES

Fraysse - **LACROIX-BARREZ** ✆ 06 49 02 28 06
www.fermedesbornottes.fr
Ouvert du lundi au samedi sur réservation de 10h à 12h. Après-midi de 14h à 18h. Visite guidée : 7 €. Visite libre : 5 €

Dans cette ferme familiale d'élevage de vaches Highland Cattle se côtoie une diversité d'espèces et de races. Venez découvrir librement ou accompagné afin de partager leurs connaissances sur les chèvres, moutons, lamas, vaches, poneys, cochons, volaille d'ornement et bien d'autres. Ils organisent des ateliers à thème petits fermiers, traite des chèvres et fromage, chasse au trésor, enquête à la ferme, laine, land'art. Dès 4 ans, parcours de motricité avec les lamas, soins, nourrissage.

COOPÉRATIVE FROMAGÈRE JEUNE MONTAGNE

LAGUIOLE ✆ 05 65 44 35 54

www.jeune-montagne-aubrac.fr

Haute saison : visites du lundi au samedi de 8h à 19h ; le dimanche et les jours fériés de 9h à 13h et de 14h à 18h.

Fondée dans les années 60, Jeune Montagne est la gardienne des traditions et du terroir aubraciens. Composée de 76 producteurs et 90 salariés, elle collecte chaque année 15 millions de litres de lait, directement transformés dans ses ateliers. Héritière du savoir-faire des moines et buronniers d'antan, la coopérative fabrique des fromages au lait cru : le laguiole AOP, affiné entre 4 mois et 2 ans, et la tome fraîche de l'Aubrac qui sert à préparer les célèbres aligot et truffade.

LA DROSERA GOURMANDE

Route d'Aubrac - **LAGUIOLE**

✆ 05 65 54 11 18

www.la-drosera-gourmande.fr

Du 15 juillet au 31 août : lundi au dimanche 9h30 - 19h. Hors-saison : voir site Internet.

Installé à Laguiole, Claude Rus mise sur ses racines et sur des traditions ancestrales pour élaborer ses produits au bon goût d'Aveyron. Maître artisan, affineur en foie gras, il se montre intraitable sur la qualité. Les matières premières sont rigoureusement sélectionnées et les lobes de foie gras de canard ainsi choisis, simplement déveinés, salés et poivrés manuellement. Ni conservateur, ni alcool, ni arôme ! Claude Rus propose aussi des cous farcis, des cailles, des tripous, des pâtés, des fritons et autres terrines, tous fabriqués de façon artisanale.

FERME-AUBERGE JASSENOVE-DU-LARZAC €€

Jassenove-du-Larzac - **MILLAU** ✆ 05 65 60 71 80

www.domaine-de-jassenove.fr

Fermeture janvier et février. Ouvert à midi sur réservation, sauf le mercredi. Menus 26 €. Chambre à partir de 80 €.

La ferme de Jassenove est une bâtisse en pierres calcaires, isolée dans un bois de pins, sur le causse du Larzac. Ici, on consomme des produits locaux, dont certains sont issus de la ferme : agneaux bio, potager... Une bonne table gourmande dont les spécialités sont la terrine d'agneau, le soufflé au roquefort, les pièces de bœuf et d'agneau. La salle campagnarde, avec sa grande cheminée, se prête ensuite à la dégustation des tartes aux fruits ou d'un gâteau au chocolat.

FERME PÉDAGOGIQUE ET D'ANIMATION DE PRIGNOLLES

MILLAU

✆ 05 65 60 17 24

Visites individuelles pendant les vacances scolaires et l'été mardi et jeudi à 10h30. Entrée : 4 €.

Cette exploitation agricole est située sur les hauteurs de la ville de Millau, dans le Parc naturel régional des Grands Causses. En été, Raymond vous propose la visite guidée à travers les bâtiments de la ferme et la basse-cour, mais aussi voir et toucher brebis, porcs, vaches, chèvres, chevaux, poneys, ânes. Il accueille les scolaires et leurs proposent des activités à partir du blé : fabrication de pain. Des activités à partir de la laine de brebis. Brossage et petit tour de poney.

FERME-AUBERGE JACQUES CARLES €€

209, route du Gabas - **MONTEILS** ✆ 05 65 29 62 39

www.fermecarles.fr

Ouvert d'avril à la Toussaint, visites gratuites sur rendez-vous. Repas possible. Réservation impérative.

Cette ferme se déguste d'un bout à l'autre : lors d'une visite, on découvre l'élevage de canards et les étapes de la fabrication des produits. Puis, on passe à l'étape « pratique » au cours de laquelle on goûte à divers confits, rillettes, foie gras, saucisse de canard... On reste volontiers le temps d'un repas pour déguster les spécialités de Jacques Carles. Cet amoureux de la gastronomie fait sa cuisine à l'ancienne dans des chaudrons de cuivre soumis à la flamme du feu de bois.

LE JARDIN DES BÊTES

340, route des Barthes - **MONTROZIER**

✆ 05 65 42 66 40

www.jardindesbetes.fr

D'avril à novembre tous les jours. Adulte : 14,50 €. Enfant (de 4 à 12 ans) : 12 € (enfant (de 2 à 3 ans) : 11 €).

Tout à la fois parc animalier et parc d'attractions, ce vaste jardin enchanteur offre une balade pleine de surprises : les cobayes, les lapins, les chèvres et les cochons se laissent caresser, les fennecs, les lamas et les perroquets se font admirer. 250 animaux vivent ici. Les familles apprécient le coin pique-nique proche des bacs à sable et l'aire de jeux. Un parc de loisirs unique en Aveyron complète le parc animalier avec structures gonflables, train chenille, bateau pirate, kart à pédales et la Tornade, qui met la tête à l'envers !

PARC ANIMALIER SAINT HUBERT

Route d'Agen - **MONTROZIER** ✆ 05 65 42 67 73
www.parc-animalier-auberge.fr
Ouvert tous les jours en été. Départ des visites à 15h et à 16h. Adulte : 9,50 €. Enfant de 5 à 12 ans : 6 €.

Plus de 150 animaux de la faune sauvage, cerfs, faons, daims, mouflons, sangliers évoluent en totale liberté dans un parc de 20 hectares de forêt et de prairie pour une visite originale en roulotte. Jean-Paul vous accompagne pour vous expliquer le comportement de chacun des animaux. Participez à la distribution de la nourriture si vous le souhaitez. Et selon la saison, venez découvrir faons, marcassins, agneaux... Soirée brame du cerf sur réservation. Ferme-auberge et hébergements.

AROMATIQUES DU LARZAC

Les Homs du Larzac
NANT
✆ 05 65 62 22 56
www.aromatiquesdularzac.com
Haute saison : du lundi au samedi de 10h à 12h30 et de 15h à 19h.

Marion et Romain cultivent lavande, romarin, sauge, sarriette, origan, menthe, mélisse, estragon, qu'ils transforment ensuite eux-mêmes en eaux-de-vie, sels et vinaigres aromatisés, plantes aromatiques séchées, apéritifs... Leur Pastis des Homs, mis au goût des Causses, est d'une finesse et d'une douceur qui n'a rien à voir avec le parfum de ses homologues industriels. On vous conseille également les Larzamiques, ces vinaigres façon balsamique parfumés à la fleur de sureau, à la rose, à l'églantine ou au genièvre, pour des sauces hautes en saveurs.

PARC ANIMALIER DE PRADINAS ★

La Riale - **PRADINAS** ✆ 09 52 62 01 52
www.parcanimalierdepradinas.com
Haute saison ouvert tous les jours de 10h à 19h. Basse week-end de 10h à 18h. Adulte : 14 €. Enfant de 3 à 11 ans : 7 €

Créé en 1989, ce parc s'étend sur 20 ha. Le parc compte aujourd'hui une trentaine de d'espèces de mammifères, plusieurs espèces de rapaces, des oiseaux exotiques, dont de nombreux perroquets. Une boucle de 3 km permet de découvrir toute cette faune sauvage. Le parc est conçu pour proposer une promenade familiale, et les enfants apprécieront l'escale à la ferme miniature qui regroupe des animaux nains. Une salle d'exposition est consacrée aux cervidés et aux autres locataires.

FÉLIX GOURMAND

Félix
PRÉVINQUIÈRES
✆ 05 65 81 97 02
Visite le mercredi à 17 heures en été. Gratuit.

Cette ferme familiale est située dans un hameau dominant le village de Prévinquières et la vallée de l'Aveyron. L'activité principale de l'exploitation est l'élevage de vaches laitières et de canards gras. Les curieux pourront visiter l'élevage en question, avant de rejoindre une salle typique pour une dégustation gratuite – petits fritons, foie gras, pâté... Tous les produits sont en vente sur place, pour emporter avec soi un peu du bon goût de cette ferme décidément très accueillante. La découverte a aussi l'avantage de plaire aux adultes comme aux enfants.

LA FERME DE QUEZAGUET

Quézaguet
RIVIÈRE-SUR-TARN
✆ 05 65 59 71 38
Juillet et Août. Sur rendez-vous. Gratuit.

Cette ferme ancienne avec des bâtiments en pierre du causse et une salle d'accueil voûtée du XIIIe siècle, est située au bord de la route des Gorges du Tarn, sur la commune de Rivière-sur-Tarn. La visite comprend une présentation de la ferme, et de son histoire, de la conserverie et des élevages. Voir de jeunes animaux nés dans la ferme (poussins, canetons, lapereaux) est toujours un grand moment pour les petits (et les grands !), étonnés et attentif. Une dégustation des produits de la ferme est prévue à la fin de la visite.

ROQUEFORT CARLES

6, avenue de Lauras
ROQUEFORT-SUR-SOULZON
✆ 05 65 59 90 28
www.roquefort-carles.fr
Vente directe du lundi au vendredi de 8h15 à 17h30.

Fondée en 1927, la maison Carles est une affaire de famille, dont Delphine, représentante de la dernière génération, et seule maître artisan du village, est la gardienne. Le roquefort Carles est ainsi entièrement fabriqué à la main, selon un savoir-faire bien rodé. Le caillé découpé en cubes est brassé pour préparer la texture de la pâte. Les grains ainsi formés sont alors mis en moules, puis saupoudrés à la poudre d'un pénicillium Roqueforti cultivé comme autrefois sur un pain de seigle et de blé. Reste l'égouttage et enfin l'affinage en caves naturelles.

ROQUEFORT GABRIEL COULET

5, avenue de Lauras - **ROQUEFORT-SUR-SOULZON**
✆ 05 65 59 24 27
www.gabriel-coulet.fr
Visite gratuite de 9 h à 19h30 en haute saison. Basse saison, se renseigner auprès de l'accueil pour les horaires.

On fait du roquefort dans la famille Gabriel depuis 1872. Aujourd'hui, Jean-Pierre et Emmanuel Laur, président à la destinée de cette entreprise familiale et indépendante. Gabriel Coulet produit plusieurs fromages parmi lesquels La petite Cave, moelleux à souhait, typé en goût sans être corsé ; Le Castelviel, puissant et généreux, à la robe ivoire et au bleu intense ; ou encore la Tomme des Cazelles, fondante en bouche. La maison propose une visite gratuite de ses caves avec projection d'un film sur la fabrication du roquefort suivie d'une dégustation.

ROQUEFORT VERNIÈRES

Quartier Saint-Jean
ROQUEFORT-SUR-SOULZON
✆ 05 65 59 90 23
www.roquefort-vernieres.fr

Créée en 1890 par Paulin Vernières, cette entreprise familiale compte une trentaine de salariés et deux caves à roquefort où se déroule l'affinage. Sa production annuelle, même si elle ne représente qu'une part minime des ventes de roquefort, ne l'a pas empêchée de partir à l'assaut des marchés internationaux. Il faut dire que, doté d'une typicité particulière, le roquefort Vernières séduit par l'onctuosité de sa pâte et la couleur de ses veinures. Il se décline aujourd'hui sous forme de divers conditionnements : en dés, en barquettes, en pots ou à la tranche.

FERME DE LA BORIE HAUTE

D34
SAINT-AMANS-DES-COTS
✆ 05 65 44 39 77
www.fermedelaboriehaute.fr
Vente de fromage le lundi et vendredi matin.

La ferme est au cœur du Parc naturel régional de l'Aubrac, et abrite un troupeau d'une cinquantaine de vaches Simmental et quelques autres de race Aubrac. Une partie du lait est livrée à la coopérative Jeune Montagne et l'autre est transformée sur place. Venez visiter la cave naturelle creusée dans le granit, et déguster leur Laguiole AOP fermier et leur fourmette de la Viadène, deux fromages fermiers, au lait cru. Isabelle a également mis au point sa propre recette de confiture de lait. Un régal, à tartiner d'urgence sur vos gaufres ou crêpes maison.

MICROPOLIS CITÉ DES INSECTES ★★

Le bourg
SAINT-LÉONS
✆ 05 65 58 50 50
www.micropolis-aveyron.com
Haute saison ouvert tous les jours de 10h à 19h. Adulte : 14,90 €. Enfant jusqu'à 12 ans : 10 €.

Micropolis est un espace unique en Europe consacré au monde de l'infiniment petit et à ses habitants, les insectes. Débutez la visite par la salle consacrée à ceux que l'on ne peut pas qualifier d'insectes comme l'araignée ou le scorpion. La salle suivante abrite du plus petit au plus grand, du plus léger au plus lourd, du plus lent au plus rapide. Boîtes des records, découverte de la mygale, scorpion fluorescent vous attendent dans une salle transformée en termitière. Poursuivez par le Microrex les regroupant par ordres, diversité de tailles, de formes et de couleurs. Une salle est dédiée aux insectes vivant en société. Grâce à un mur tactile interactif, explorez, manipulez et partagez le monde fascinant des fourmis et autres petites bêtes. Puis, pénétrez tour à tour dans l'intimité des fourmis, des abeilles et des bourdons. S'ensuit la salle des métamorphoses, avec les insectes à la peau dure appelée aussi exosquelette qui ne peut pas grandir. Puis, plongez dans l'univers des insectes aquatiques et de leur environnement. Une mare naturelle permet de les approcher au plus près. Des animations 3D et des maquettes animées expliquent leur respiration, leur locomotion et leurs transformations. Venez vivre en direct la sensation d'être capturé par une dionée géante. Ces plantes carnivores attirent et piègent et assimilent leurs proies, leur permettant de combler le déficit d'éléments nutritifs du milieu dans lequel elles vivent. Découvrez des scènes animées de capture par différents pièges et suivez l'enquête menée par les punaises gendarmes, sous forme de maquettes. Traversez la serre tropicale à la découverte des papillons venus d'ailleurs. Puis entrez dans le monde fantastique de l'entomologiste Jean-Henri Fabre, afin de relever cinq défis, pour finir avec le cinéma 3D, où vous verrez les deux films produits par Micropolis. La visite se poursuit également à l'extérieur avec le Carnaval des Insectes. Vous serez surpris de voir les insectes devenus des géants de métal. La balade divisée en 11 stations vous entraîne dans un univers musical et de chants, avec une vue imprenable sur le Lévézou et la nature. Enfin, admirez l'exposition photographique en plein air, L'Intrus, devant son nom à une petite bête s'étant glissée parmi les insectes de l'exposition et qui n'en est pas un. Saurez-vous le retrouver ? Passez par le Chemin de la Biodiversité où vous attendent quatre aménagements, dont un bel hôtel à insectes !

FERME DU FRAYSSINET

Gaec des Issards
SAINTE-EULALIE-DE-CERNON
✆ 05 65 62 76 19
Ouvert de mi-juin à mi-septembre, du mardi au vendredi à partir de 16h. Sur réservation.

Producteurs de lait de brebis pour le fromage de Roquefort, Martine et Alain vous accueillent sur leur exploitation pour une visite de leur bergerie, avant une dégustation de produits du terroir. Sur place, vous avez le choix entre une formule « découverte » à base de toasts de roquefort/confiture accompagnés d'un verre de vin ou la formule «goûter», plus généreux, avec roquefort, confiture, flan et gâteau à base de lait de brebis, pain de campagne et vin de pays. Une découverte pédagogique et gastronomique qu'on recommande !

LA FERME DU VIALARET

Le Vialaret
SÉGUR
✆ 05 65 70 70 82
Du lundi au vendredi de 9h à 12h et de 14h à 18h.

La Ferme du Vialaret propose des produits de qualité conçus dans des conditions respectueuses de l'environnement et du bien-être animal. La principale activité de l'exploitation concerne l'élevage de volailles (poulets, pintades, dindes, chapons et poulardes) vendues prêtes à cuire, à la ferme ou sur les marchés locaux. Une partie est transformée en terrines, confits, plats cuisinés. La Ferme du Vialaret vous propose aussi des articles en angora (pelotes de laine, mitaines, bonnets, snoods, écharpes....) fabriqués à partir du poil récolté sur les lapins angora.

LA FERME AUX AUTRUCHES

La Besse
SÉNERGUES
✆ 05 65 69 83 95
www.autruches-conques.com
Ouvert tous les jours de 10h à 12h et de 15h à 19h. Adulte : 4 €. Enfant moins de 12 ans : 2 €.

Geneviève, Christian Vigouroux, Cédric et Rémi vous reçoivent dans cette ferme atypique à deux pas de Conques, sur ce plateau où la vue est magnifique. Vous l'aurez vite compris, dans cette exploitation, c'est l'autruche qui est reine. On y visite l'élevage, on y voit les autruchons, leurs parades amoureuses, leurs étonnantes danses, suivi d'une projection vidéo et une petite visite à la boutique, où l'autruche se décline en plumes, œufs et œufs décorés. Une maroquinerie de belle qualité et quelques produits gourmands sont à la vente. Aire de pique-nique.

GAEC DES GRANDS CAUSSES

Blayac
SÉVÉRAC D'AVEYRON
✆ 05 65 47 62 91
www.ferme-seguin.com
Ouvert du mercredi au vendredi à partir de 17h.

Dans cette grande ferme caussenarde, à 5 km à l'est de Séverac, le conte cruel ne s'est pas reproduit et M. et Mme Seguin veillent avec le plus grand soin sur leurs troupeaux d'agneaux et de brebis. Ces dernières se plaisent sur les Causses et donnent en abondance un lait que les fermiers utilisent, cru et entier, à la fabrication de divers fromages. Dans la laiterie et la cave, que l'on visite après l'élevage, on apprend les secrets des différents fromages qui sont conçus ici. Le plus : les quelques gîtes disponibles en location.

LES VIGNERONS DU VALLON/CAVE DE VALADY

D 840
VALADY
✆ 05 65 72 70 21
www.vigneronsduvallon.com
Haute saison : du lundi au samedi de 9h à 12h30 et de 14h à 19h.

Assise sur un cépage identitaire, le Fer Servadou, localement appelé Mansois, et des vignes plantées en terrasse sur un terroir de type rougier, cette cave coopérative propose une gamme de vins rouges et rosés, un vin de noix ainsi qu'un apéritif : le ratafia qui peut aussi bien se déguster avec un melon qu'avec un bon fondant au chocolat. Quant aux vins, grâce à des cuvées très différentes, tantôt légères, tantôt plus soutenues, ils s'accordent avec tout ou presque.

LA FERME AUX CHÊNES ROUGES

Alexandra Bousquet
VILLEFRANCHE-DE-PANAT
✆ 06 74 84 91 40
Visite de la ferme en juillet et août sur réservation.

A 4 km au nord-est de Villefranche-de-Panat, on pourra visiter sur cette exploitation agricole, des élevages et poussinières, échanger sur les pratiques de l'agriculture biologique. Une matinée à la ferme qui offre un bon bol d'air et plaira autant aux enfants qu'à leurs parents. Possibilité d'acheter sur place sur les produits de la ferme : de bonnes volailles élevées en plein air sur 2,5 hectares de terre, par Alexandra, selon les préceptes bio.

MANADE JULLIAN

« Le Môle » - **AIGUES-MORTES**
✆ 06 22 64 72 64
www.manadejullian.com

Visite de la manade et des installations en calèche : 20 €. Découverte de l'exploitation à cheval : 25 €.

La Manade Jullian, c'est 150 taureaux répartis sur 35 hectares s'étirant entre le Grau-du-Roi et Aigues-Mortes, près de l'étang de la Marette. Vous serez accueilli par les gardians à cheval et vous découvrirez l'élevage de chevaux et de taureaux camarguais. Vous assisterez à la présentation et au travail des gardians, au tri et à la sélection des bêtes qui iront dans les arènes. Pénétrez dans ce monde fascinant des gardians de Camargue, une culture très ancrée dans cette partie du Gard, au travers de balades à cheval ou en calèche.

TRESOR DE CAMARGUE

8 bis, rue du Couvent
AIMARGUES
✆ 07 82 07 88 80
www.tresordecamargue.fr

Réservez votre visite par téléphone. Devis sur demande.

Pur produit camarguais, son véritable trésor, le roseau est utilisé depuis l'Antiquité pour le façonnage des toitures. En hiver, le roseau est récolté dans le marais puis transformé par André Calba, «sagneur» de son état, dans son atelier d'Aimargues. André travaille dans les marais du mois de décembre au mois de mars, puis travaille la matière pour en faire des «paillassons». N'hésitez pas à téléphoner pour visiter son atelier pour découvrir ce métier et les produits confectionnés ici tels les toits de chaume, pergolas et brise-vent.

SPIRULINE ARC-EN-CIEL

317, chemin de Saint-Brancas
ALÈS
✆ 06 95 49 60 75
www.spirulinearcenciel.fr

Une ferme urbaine mais une ferme écologique. C'est ainsi qu'Emilie et Franck définissent leur exploitation qui conjugue toutes les conditions nécessaires à la culture de la spiruline. Les deux jeunes gens se sont lancés dans cette aventure peu banale en 2013, convaincus des vertus de cette micro-algue. Récoltée à la main d'avril à octobre, la spiruline, cultivée sous serre, est filtrée pendant deux heures, avant de passer sous le pressoir. Elle est ensuite façonnée en forme de fins spaghettis et sèche cinq heures à basse température.

DOMAINE TARDIEU FERRAND

1000, Route d'Uzès
ARGILLIERS
✆ 06 16 51 63 55
www.domainetardieuferrand.fr

Ouvert du lundi au samedi de 10h à 12h30 et de 14h30 à 18h.

Le Domaine Tardieu Ferrand est né du mariage, amoureux et viticole, de deux vignerons et de deux domaines (un situé dans l'Uzège et l'autre dans la vallée du Rhône). Ici, vous pourrez déguster et découvrir des vins de l'appellation IGP Coteaux du Pont du Gard. Si le domaine est à cheval sur différentes appellations, ce parti pris permet au couple de vignerons de jouir d'une liberté totale au niveau de la vinification. Très actifs, les vignerons participent à de nombreuses animations et manifestations pour faire découvrir leur domaine et leurs vins...

MAS MONTEL - MAS GRANIER

2, chemin du Mas-Montel - **ASPÈRES**
✆ 04 66 80 01 21
www.masmontel.fr

Ouvert du lundi au vendredi de 9h30 à 12h30 et de 14h à 18h30 ; le samedi de 10h à 12h30 et de 14h30 à 18h30.

Le domaine propose deux noms en fonction de la gamme : Mas Montel pour les vins pays d'Oc, Mas Granier pour AOC Coteaux du Languedoc. La gamme révèle les caractéristiques des trois types de sol de la propriété : argileux, terre rouge ou cailloutis sur calcaire, qui donnent aux cépages des arômes d'agrumes, de fleurs blanches, de fruits rouges ou de réglisse. Côté cépages, viognier, grenache blanc et roussanne composent les blancs ; syrah, mourvèdre et grenache font les rouges. Une adresse authentique, loin des sentiers battus. Dégustations sur réservation.

VINOPANORAMA

32, route de la Cave - **CALVISSON**
✆ 04 66 01 77 93
www.oenopole-calvisson.com

Basse saison lundi à samedi 10h-12h30 et 14h30-19h. Haute saison lundi à samedi 9h-12h30 et 15h30-19h et dimanche matin.

L'oenopole de Calvisson propose un voyage ludique et pédagogique au pays du vin. Il permet ainsi à tous, à travers différentes activités, de découvrir l'histoire du vin, et de s'initier, sous la conduite d'un sommelier, à sa dégustation. Il s'agit ainsi d'un magnifique espace d'interprétation du vin, créé à partir de découvertes archéologiques (d'amphores notamment) réalisées dans les environs. Enfin, vous pourrez vous balader dans le jardin ampélographiques afin de découvrir des cépages emblématiques de la région. Bonne visite !

DOMAINE DES ARNASSEAUX

421, chemin des Arnasseaux - **CARDET**
✆ 04 66 61 77 84
www.domaine-arnasseaux.com
Du lundi au jeudi 11h-12h et 17h-19h ; vendredi 11h-12h et 16h-19h ; samedi 10h-12h et 16h-19h ; dimanche 9h30-12h.

Cela fait plus d'un siècle que la famille Peladan a posé ses bagages à Cardet, aux pieds des Cévennes. La famille a aussi installé son savoir-faire viticole pour prendre possession de 25 hectares de vignes sur lesquels sont produits pas moins de 12 cépages. L'héritier de la famille, Guilhem, conçoit aujourd'hui des vins du pays des Cévennes qui allient douceur et finesse. Avec audace et réussite, il vinifie également des cépages alsaciens. C'est dans un cadre paisible et pittoresque que la famille saura vous recevoir et vous faire découvrir le domaine et la cave.

RANDALS BISONS

Les Randals
LANUÉJOLS
✆ 04 67 82 73 74
www.randals-bison.com
Horaires variables selon les saisons, tarifs selon les activités.

Insolite et dépaysant ! Oui, il y a des bisons en Cévennes ! Une fois sur place, on comprend vite que nos grands espaces valent ceux du *wild west* américain ! Une visite en chariot s'impose, qui vous transportera directement dans un western classique et vous permettra d'approcher les animaux. Il est possible d'évoluer dans le ranch à pied ou à cheval, moments rares de balades hors du commun. Une ferme-auberge, avec des chambres d'hôtes, de quoi vous restaurer et même un hébergement en tipi donnent envie de prolonger son séjour.

CHÂTEAU BEAUBOIS

Route de Franquevaux RD 6572 - **FRANQUEVAUX**
✆ 04 66 73 30 59
www.chateau-beaubois.com
Ouvert toute l'année sauf dimanche et jours fériés. Du lundi au samedi, 9h-12h30/13h30-18h. Groupes sur rendez-vous.

Atypique au sein des Costières de Nîmes, Château Beaubois l'est notamment grâce au microclimat dont il bénéficie en surplombant l'étang du Scamandre. Un costières à la lisière des vins de sable, mais qui n'en a pas la superficialité tout en conservant un petit goût iodé propre aux vins situés face à la Méditerranée. Le terroir Beaubois est exceptionnel et Fanny et François Boyer savent en tirer le meilleur fruit en apportant la touche de modernité que leur jeunesse suggère. Agriculture biologique depuis 2009, le domaine et ses vins sont à découvrir au plus vite.

DOMAINE MAS ISABELLE

40, Rue du Pont de Nizon
LIRAC
✆ 06 74 02 33 80
www.mas-isabelle.com

Onze générations de vignerons ont précédé Isabelle Boulaire, l'actuelle propriétaire des lieux. En plein cœur de la garrigue gardoise, elle cultive avec passion, amour et dans le respect de l'environnement une quinzaine d'hectares de grenache, de carignan, de syrah et de cinsault. Le résultat ? Un excellent Côtes du Rhône et, notamment, une cuvée Grand Roc qui ne laisse pas insensible ! Le caveau est ouvert à la visite en été. Au printemps 2021, la gamme s'est étoffée avec la cuvée «L'instant Garrigue» et «Cœur d'Arômes» - un mélange de clairette et viognier !

LES VIGNERONS DE GAUJAC

Les Picareles
GAUJAC
✆ 04 66 82 00 84
www.cave-vignerons-gaujac.com
Ouvert du lundi au samedi de 8h à 12h et de 14h à 18h.

La cave coopérative de Gaujac est une petite cave fondée en 1928. Le caveau de dégustation et de vente est à l'entrée du village. Ses vignerons coopérateurs cultivent aujourd'hui 180 hectares de vigne autour du village dans une zone qui est en limite de l'appellation Côtes-du-rhône, au pied de l'oppidum romain et baigné par le soleil du Gard donnent de grands vins aux bouquets subtils et fruités. Des vins authentiques, d'une grande diversité de vins rouges, rosés ou blancs, parfaits pour les petites comme pour les grandes occasions.

LA FERME BEAUREGARD

Route de Redessan - D3
MARGUERITTES
✆ 06 25 04 56 48
www.lafermebeauregard.fr
mercredi et vendredi, 8h-13h/15h-19h, samedi matin, 8h-13h.

Dans la plaine des Costières de Marguerittes, l'entreprise, familiale, s'étend sur 6 hectares. On élève ici volailles et porcs, tous en plein air et la production est traitée à la ferme. Saucissons, pâtés, chipolatas, boudins, jambons sont tous affinés dans le séchoir de la ferme. Quant aux plats cuisinés, ils sont disponibles en bocaux ou en barquette. Les produits sont excellents, et sont régulièrement récompensés au concours « Gard gourmand, Militant du Goût ». N'hésitez pas à faire vos courses directement à la boutique de la ferme ou via la boutique en ligne.

MOULIN À HUILE PARADIS

Route de Saint-Cézaire-de-Gauzignan
MARTIGNARGUES
✆ 04 66 83 24 52
huile-olive-paradis.com
Ouvert du lundi au samedi de 9h à 12h et de 14h à 18h.

Christophe, fils de Roger Paradis, a repris l'aventure commencée par son père. Situé dans un mas du XVIe siècle entouré par la garrigue, le moulin Paradis produit une huile d'olive de Nîmes AOC atypique, très parfumée. Les variétés d'olives qu'il triture proviennent exclusivement du terroir. Outre l'huile d'olive AOC, il vous propose aussi monovariétales de picholine, négrette, bouteillan, aglandau et une huile au goût à l'ancienne. Une visite guidée est proposée sur rendez-vous d'avril à octobre pour découvrir les secrets du moulin.

LE GRENIER AUX ABEILLES

3, route d'Uzès
MÉJANNES-LÈS-ALÈS
✆ 04 66 30 69 78
Ouvert mardi-vendredi 10h-12h/14h-18h. Samedi 10h30-12h/14h-18h. Juillet/août ouvert dimanche 15h-18h.

Cet écomusée miellerie propose des visites avec une ruche vitrée, produit et vend du miel des Cévennes labellisé Indication Géographique Protégée et Qualité Sud de France. Apiculteurs depuis trois générations, le miel est produit naturellement et vendu exclusivement à la boutique depuis 2001. La maison propose des variétés de miel, gelée royale française, pollen, propolis, pain d'épices, et cire... L'écomusée permet de découvrir le travail de l'apiculteur toute l'année (transhumance, récolte, extraction du miel) et la production du miel de A à Z.

JARDIN ANIMALIER DE MIALET

4106, route de Saint-Jean-du-Gard - **MIALET**
✆ 06 61 10 62 54
Haute saison ouvert tous les jours de 10h à 12h et de 14h à 18h. Adulte : 10 €. Enfant de 2 à 10 ans : 8 €.

En plein cœur des Cévennes, c'est à la fois un élevage d'animaux d'ornement et une ferme de découverte. Venez découvrir en famille le temps d'une visite agréable et ludique, les chevaux, ânes, chèvres et moutons miniatures, alpagas, zébus, lamas, volailles, poules, canards, oies, dindons, perroquets, perruches et oiseaux exotiques, paons, faisans... Vous verrez également les jardins japonais, créés par M. Bongrand. Véritables joyaux de verdure évoluant au fil des saisons.

FERME DU NOUVEAU MAS

Route de Navas
MONTDARDIER
✆ 06 15 40 84 32
lafermedunouveaumas.jimdofree.com
Accueil paysan. Ouvert toute l'année.

Que pourrez-vous faire à la Ferme du Nouveau Mas tenue par Yann et Magalie depuis plus de 30 ans ? Réponse : beaucoup, beaucoup de choses. Tout d'abord, vous pourrez y découvrir et y acheter divers produits de la ferme : des savons, des sirops, des œufs, des légumes du jardin, du safran, de l'aïl... Encore ? Des logements naturels et insolites y sont disponibles : deux yourtes, deux tipis, six emplacements de camping, deux chambres dans le mas. Plusieurs activités sont aussi possibles (visite de la ferme, balade à dos de poney, atelier de land-art...).

CHÂTEAU DE LA TUILERIE

237, chemin de la Tuilerie
NÎMES
✆ 04 66 70 07 52
www.chateautuilerie.com
Boutique ouverte du mardi au vendredi de 9h30 à 12h30 et de 14h à 18h ; le samedi de 9h à 17h.

Propriété familiale depuis 1955, le Château de la Tuilerie est situé sur la partie géologique la plus ancienne de l'appellation Costières de Nîmes. Le vignoble s'étend sur 59 hectares cernés par les contreforts mauves des Cévennes à l'ouest et la mer Méditerranée au sud. Le Château de la Tuilerie est considéré comme l'une des références de l'appellation Costières de Nîmes, offrant des vins tout en finesse et élégance. Ce chai mêle raffinement au confort d'une cave moderne. Des vins à découvrir in situ, ou à la carte des meilleures tables gardoises.

LA FERME AUX ENFANTS

Rue Gilles-Roberval
NÎMES
✆ 04 66 64 08 15
Ouvert du lundi au vendredi de 8h30 à 17h30. Réservé aux scolaires, centres aérés et institutions nîmoises. Gratuit.

Ici les animatrices prennent soin des animaux à plumes et à poils, et s'imposent de ne pas collecter les œufs fraîchement pondus, pour que les enfants aient le plaisir de les découvrir. 10 000 mètres carrés dans lesquels évoluent oies, poules, canards, moutons, chèvres, paons et même un couple d'ânes, en tout, 80 animaux. Un programme d'activités pédagogiques est mis en place, avec la découverte de la faune et de la flore pour les enfants ou une initiation à la fabrication du pain. Les animations se déroulent sur la demi-journée ou à la journée.

VIGNES TOQUÉES

NÎMES
✆ 04 66 36 96 20
www.costieres-nimes.org
Dans l'aire de l'appellation des Costières de Nîmes, en mai.

Le rendez-vous est attendu ! Un week-end en mai c'est Les Vignes Toquées, une promenade dans les vignes organisée par les vignerons de l'AOC Costières de Nîmes. Le vendredi soir, randonnée dans les vignes à la nuit tombée et dégustation des plats imaginés par les chefs de l'association Gard aux chefs. Le samedi et le dimanche, randonnée viticole et gastronomique, de jour, en compagnie de 40 vignerons de l'appellation. L'occasion de profiter des paysages de vignes et garrigues de l'AOC Costières de Nîmes. A chacun ses couverts et son verre de dégustation.

MAS DE LA GALLINIÈRE

3242, Chemin de Tras-le-Puy - **ROQUEMAURE**
✆ 04 66 82 63 44
www.ferme-la-galliniere.com
Haute saison ouvert tous les jours de 10h à 19h. Entrée : 6 €.

Vous trouverez tout ce qu'une ferme pédagogique peut compter d'animaux plus ou moins domestiques. Ce sont près de 400 animaux de 80 espèces différentes. Entre veaux, vaches, cochons, couvées, sans oublier de saluer les moutons, chèvres et les drôles de paons. Tout est bien sûr prévu pour la découverte en famille du monde rural, jusqu'au tour de poney ou la balade en calèche, organisés pour les enfants, laissant aux parents le temps de se ravitailler en produits de la ferme. A noter qu'ils offrent le pain et le grain pour nourrir les animaux. Aire de pique-nique.

DOMAINE LES CADINIÈRES

1, Chemin de Blaquiere
POUZILHAC
✆ 06 03 74 37 12
www.domaine-cadinieres.com
Caveau ouvert toute l'année sur rdv. Visite du vignoble sur rdv.

Le Domaine Les Cadinières est un petit domaine familial de 10 hectares tenu par une vigneronne : Claire Reynes. Elle vous accueillera avec plaisir dans son caveau de dégustation, afin de vous faire découvrir ses vins en AOP Côtes du Rhône et parlera avec passion de son métier, du travail de la vigne, de l'élaboration de son vin. De plus, vous pourrez passer une (ou plusieurs) nuit(s) sur le domaine. Non seulement, il dispose d'une aire de camping car, mais en outre, vous pourrez dormir dans le charmant gîte Les Garrigues, au cœur des vignes !

DOMAINE CHANOINE RAMBERT

La Bégude
SAINT-ANDRÉ-D'OLÉRARGUES
✆ 06 76 27 27 11
chanoine.rambert.free.fr
Vignobles et Découvertes.

Bienvenue au Domaine Chanoine Rambert, en plein cœur de la vallée de la Cèze ! Voici un petit domaine familial qui allie découverte d'un vignoble, dégustation de son vin, randonnée en pleine nature et hébergement chez l'habitant grâce à une chambre d'hôtes dans un joli mas de caractère. Que demander de plus ? Côté vignes, le domaine cultive 17 hectares de Côtes du Rhône et Vin de Pays du Gard. Déjà trois générations qu'ils se transmettent le caveau familial et le savoir-faire vinicole. N'hésitez pas et réservez une chambre au domaine !

LA COSTE DU PUY

Quartier Tras le Puy
ROQUEMAURE
✆ 04 66 82 56 29
Ouvert du lundi au vendredi. Dimanche et jours fériés sur rendez-vous.

Créé en 2001, le vignoble de Nicole et Alain Prunet est cultivé en totalité en agriculture biologique, dans des sols argilo-calcaires à flanc de coteaux. Leur fils Lionel travaille sur des produits structurés, des vins haut de gamme, à partir d'une « symphonie de cépages », de la vinification traditionnelle et des petits rendements. Les appellations Lirac, Côtes du Rhône et vins de Pays du Gard sont obtenues à partir de cépages grenache, syrah, mourvèdre, cinsault, carignan, merlot, chardonnay, clairette, sauvignon, ou encore bourboulenc.

OLIVERAIE JEANJEAN

2373, chemin des Loubes - **SAINT-GILLES**
✆ 04 66 87 42 43
http://www.oliveraie-jeanjean.com
Ouvert du lundi au samedi de 9h à 12h et de 14h à 18h. Vente directe producteur et par correspondance. Visites libres gratuites.

Depuis 1998, Carole et Fabien Jeanjean s'attachent à produire une huile de qualité biologique ainsi que des tapenades. Leur produit phare est bien sûr l'huile AOP de Nîmes, mais on trouve également des huiles issues d'aglandau ou de bouteillan ainsi que des huiles aromatiques pour le moins originales : testez absolument celle au thym et à l'ail ainsi que celle aux cèpes et au basilic ! Un savoir-faire récompensé par trois médailles au Concours Général Agricole de Paris de 2018 pour les cuvées Marcel, Hugo et les Capitelles.

OCCITANIE

LES FROMENTIÈRES €€

Les Fromentières - **SAINT-JEAN-DU-GARD**
✆ 04 66 85 10 25
www.les-fromentieres.com
Chambre d'hôte - 1 personne : 70 €, 2 personnes 74 €, 3 personnes 94 €, 4 personnes 114 €.

Dans une vieille ferme cévenole de la fin du XVIe siècle, située au milieu des bois dans un environnement de calme et de verdure, Gladys et Laurent vous accueillent dans leur petit paradis appelé Les Fromentières situé à Saint-Jean-du-Gard dans le sud de la France. La propriété fait 9 hectares, sur lesquels les propriétaires cultivent châtaignes, figues et groseilles. Vous découvrirez d'ailleurs leurs confitures au petit déjeuner ! Les prix varient en fonction du nombre de personnes avec qui vous viendrez. Bonne visite et bonne dégustation !

FERME ÉQUESTRE DE LA FAUGUIÈRE

La Fauguière
SAINT-NAZAIRE-DES-GARDIES
✆ 06 80 05 89 41
www.fermeequestre-lafauguiere-gard.com
Bienvenue à la Ferme. Location de voitures hippomobiles.

C'est un saut dans le temps que la Ferme équestre de la Fauguière vous propose. Dans cette grande exploitation de Saint-Nazaire-des-Gardies, Patrick Viala a décidé de perpétuer la tradition de la culture par cheval de trait. En effet, dans ce domaine de 100 hectares, il utilise des chevaux de trait (Comtois et Bretons) nés ou élevés sur la ferme pour ses activités agritouristiques de transports hippomobiles et de traction animale. Bonne visite ! !

LE CLOS MEJEAN

286, chemin du Grand-Clos-Méjean
SAUVETERRE
✆ 04 66 82 60 73
Vente au détail et en plateau toute l'année. Horaires selon les saisons.

Depuis quatre générations, la famille Saïn est spécialisée dans la production d'asperges vertes, de kiwis, pêches, nectarines, raisins de table (muscat, Alphonse Lavallée et une nouvelle variété : Prima). Aujourd'hui, Hervé et Florence, frère et sœur, jouent la carte de la diversité en offrant parallèlement une large gamme de produits locaux et de saison, dont certains proviennent d'amis producteurs. Vous trouverez ici regroupé, tout ce que vous attendez de votre légumier. Et pour ne rien gâcher, vous serez conseillé et servi avec le sourire.

LA FERME DE LA BASTIDE

TRÈVES
✆ 07 70 62 72 98
www.ferme-bastide.com
Sur rendez-vous.

Dans un petit hameau situé à 800 m d'altitude et à flanc de colline, Francette et Antoine Albinet élèvent moutons et canards de façon traditionnelle, pour devenir ensuite des plats cuisinés et des conserves gourmandes, parmi lesquelles le foie gras en bocal ou mi-cuit façon torchon tiennent la vedette. Deux gîtes coquets et confortables pour 4 à 12 personnes sont également proposés, à proximité des nombreuses activités touristiques, pour allier vacances et gastronomie ! Envie de couper du brouhaha de la ville et de la vie quotidienne, c'est là qu'il faut venir !

DOMAINE DU VISTRE

Mas du Vistre - **VAUVERT**
✆ 04 66 88 80 58
www.domaineduvistre.com
Vignobles et Découvertes. Qualité Sud de France. Ouvert du lundi au samedi de 9h à 12h et de 14h à 18h30.

Le Domaine du Vistre est la propriété (viticole bien sûr) des Dupret, viticulteurs depuis six générations. Peu à peu, la famille a orienté son vignoble vers des cépages qualitatifs afin de créer des vins de grande qualité en plein cœur de l'appellation Costières de Nîmes. En outre, le domaine est très engagé pour l'environnement et même certifié ISO 14001 depuis plusieurs années. Outre un respect de l'environnement, les vignerons mettent un point d'honneur à être transparent et à faire connaître leurs méthodes et leur travail.

MAISON DE LA FIGUE

Les Terrasses du Château
VÉZÉNOBRES
✆ 04 66 83 62 02
www.maisondelafigue.com
Ouvert toute l'année, horaires variables en fonction des saisons. Accès libre et gratuit.

Au cœur de la cité médiévale de Vézénobres, entrez dans le monde succulent de la figue au travers de ce verger-conservatoire regorgeant de plus de 100 variétés de cet arbre millénaire. Située dans les soubassements du château de Girard datant du XIVe siècle, la Maison de la Figue offre une immersion ludique et sensorielle à la découverte de cet arbre emblématique de Méditerranée. Vous accèderez librement à l'ensemble du site, mais vous pourrez aussi choisir d'être accompagné d'une guide qui vous contera l'histoire du fruit. Passage obligé par la boutique !

LA FERME AUX BUFFLES

Lectoure - **AIGNAN** ✆ 06 29 28 31 53
www.lafermeauxbuffles.fr
Ouvert du mercredi au dimanche de 11h à 12h et de 15h à 18h. Sur réservation. Départs à 11h, 15h, 15h45, 16h30, 17h15.

Dans les 20 hectares de parc, les buffles s'ébattent avec bonheur. Vous montez à bord d'un camion militaire version 4x4, ambiance safari avec Martial qui vous guide dans l'univers de ces bovins dont certaines races sont en voie de disparition. Fascinante et instructive, cette sortie est unique en son genre. Les plus petits peuvent continuer l'aventure avec les cochons, oies, âne et lapins qui les attendent à la mini-ferme. Sur place, une ferme-auberge vous ouvre sa table de terroir. Vous testerez la charcuterie de buffle et la tome de bufflonne exceptionnelle !

FERME EN COTON

Route d'Agen - **AUCH**
✆ 05 62 65 53 20
www.lafermeencoton.fr
Ouvert toute l'année. Téléphoner avant de s'y rendre.

Volailles, porcs noirs, moutons, ânes, lapins ou chèvres. Tous ces animaux et bien d'autres encore gambadent dans les verts pâturages de la Ferme en Coton et ses deux grandes parcelles principales de 20 ha. Cette ferme pédagogique vous offrira un véritable bol d'air frais et vos enfants seront émerveillés. La Ferme en Coton est une exploitation agricole qui vit de son élevage et des céréales récoltées pour nourrir ses animaux. C'est une ferme de production céréali□ère et d'élevage en agriculture biologique. Vous passerez un moment champêtre, des plus agréables.

ABBAYE DE BOULAUR

BOULAUR
✆ 05 62 65 40 07

Pour faire vivre leur communauté et entretenir les édifices, les religieuses se sont lancées dans la production et la vente de produits monastiques. À l'abbaye de Boulaur, il y a un temps pour la prière et un autre pour le travail. Tous les matins à 5h, c'est la prière qui ouvre la journée dans l'église abbatiale bordée par les champs de blé et de tournesol. Aussitôt après, les sœurs partent s'affairer dans leur exploitation agricole. Les 25 moniales de la communauté produisent du fromage, du pâté, de la confiture et de la farine. Un travail à la ferme sur près de 27 ha qui rythme les heures à l'abbaye autant que la liturgie. « Nous sommes de vraies fermières et comme les agriculteurs nous avons le statut d'exploitant agricole », confie sœur Anne. Deux des sœurs sont ingénieures agricoles, une autre s'occupe de la comptabilité et sœur Anne supervise les opérations. Pendant ce temps dans les champs, cinq autres sœurs fauchent les foins. Elles ont troqué l'épaisse tenue monacale contre une chemise, un jean, des bottes et un chapeau de paille. Tous les jours, semaine comme dimanche, été comme hiver, les moniales vaquent aux travaux de leur ferme. Après les offices liturgiques du matin, c'est la traite à la machine des huit vaches de la communauté. « Nous sommes passées à la monotraite, nous produisons moins de lait mais il est plus riche », annonce sœur Anne, chargée de la communication au monastère. Les sœurs récoltent une moyenne de 60 l de lait par jour qui est aussitôt transformé en fromage par sœur Agnès.

CHÂTEAU DE MILLET

3356, avenue de Parleboscq
EAUZE
✆ 05 62 09 87 91
www.chateaudemillet.com
Ouvert du lundi au samedi de 9h à 12h et de 14h à 18h, le dimanche et jour férié sur rendez-vous.

Le château de Millet propose dégustation et vente de ses armagnacs, floc et vins dans un environnement enchanteur. Cuvées et millésimés sont régulièrement primés lors de concours renommés ou cités dans des revues et des guides spécialisés. Le château dispose également d'un gîte de 6 personnes en location. Il est installé dans l'ancien pigeonnier du domaine. N'hésitez pas à vous balader jusqu'à l'étang, qui n'est autre qu'un site classé Natura 2000 et abrite une faune et une flore exceptionnelles (tortues cistudes, cormorans, hérons...).

DOMAINE DE LAGAJAN-GEORGACARACOS

EAUZE
✆ 05 62 09 81 69
http://www.lagajan.com
Ouvert tous les jours de 9h à 19h. Visite gratuite du chai et de l'alambic.

Bienvenue dans ce domaine familial transmis par les femmes de génération en génération depuis le XVIIe siècle. L'esprit de conservation du patrimoine a poussé les propriétaires à ouvrir un musée où s'accumulent de vieux outils agricoles. La visite se poursuit dans la salle de l'alambic et au chai aux immenses pièces de chêne. Viticulture et vinification, animation du musée, accueil, commercialisation, ici, chaque tâche est assignée à un membre de la famille.

FERME DE MOUNET

Route de Parleboscq
EAUZE
✆ 05 62 09 82 85
www.ferme-de-mounet.com
Ouvert du lundi au samedi de 9h à 17h.

La ferme de Monique et Bernard Molas est une magnifique gentilhommière du XVIIIe siècle qu'ils ont patiemment rénovée. Ils y élèvent canards et oies qu'ils transforment merveilleusement : foie gras de canard entier, foie gras d'oie entier, bloc de foie de canard et d'oie, cou de canard farci... Vous ne serez pas déçu en goûtant leurs produits primés dans les foires agricoles. Gites et chambres d'hôte leur permettent d'organiser des séjours à thème, des week-ends dégustation et des ateliers entièrement dédiés à la cuisine du foie gras.

DOMAINE DES CASSAGNOLES

GONDRIN
✆ 05 62 28 40 57
www.domainedescassagnoles.com
Accueil du lundi au vendredi de 9h à 12h30 et de 14h à 18h, le samedi de 9h30 à 12h30 et de 14h à 17h30.

Les terres et les vignes du Domaine de Cassagnoles sont travaillées depuis plusieurs siècles de père en fils ou fille. Laure tient désormais les rênes de la propriété de 60 hectares exploités en viticulture raisonnée et certifié Haute Valeur Environnementale depuis 2016. Essentiellement tourné vers l'armagnac jusqu'au début des années 70, le domaine a su s'agrandir et s'intéresser à d'autres cépages pour produire des flocs mais aussi du vin. Les propriétaires proposent aussi des gourmandises comme les fruits à l'armagnac ou macérés dans du vin.

ASINERIE D'EMBAZAC ★

Route de Goudourvielle - **L'ISLE-JOURDAIN**
✆ 05 62 07 02 10
www.embazac.com
Basse saison mercredi de 15h à 16h. Haute saison mercredi, jeudi, week-end de 15h à 18h. Visite libre de 17h à 18h.

Bénédicte et Jean-François se consacrent aux ânesses laitières. Respectueux de l'environnement, les produits sont certifiés bio et les animaux sont nourris avec du fourrage et un mélange de céréales. Venez visiter la ferme et assister à la traite. Vous pourrez déguster quelques gouttes de ce lait si vertueux et regarder le façonnage des savons au lait d'ânesse frais. Au Mag'Âsin, vous trouverez cosmétiques, gélules de lait d'ânesse lyophilisé, pâte à tartiner, foie gras au lait d'ânesse. Ils disposent également de chambres d'hôtes et d'un gîte d'étape.

LE VALLON DES REVES

Le Lion
LABÉJAN
✆ 05 62 06 01 79
www.levallondesreves.fr
Haute saison du mardi au dimanche de 10h à19h. Adulte : 6,50 €. Enfant de 2 à 17 ans : 5,50 €

Venez vous détendre le temps d'une journée en visitant cette exploitation agricole céréalière et fourragère où vous attendent lapins, cochons d'Inde, poules, canards, cochons, chèvres, ânes et vaches. La balade permet de les découvrir à votre rythme. Vous pourrez entrer dans certains enclos pour nourrir les animaux et les câliner. Profitez aussi des ateliers pédagogiques ainsi que des nombreux loisirs entre les châteaux gonflables, la balade en barque, le labyrinthe, et le parcours pieds nus. C'est le lieu parfait pour fêter un anniversaire. Aires de pique-nique.

DOMAINE CHIROULET

Heux - **LARROQUE-SUR-L'OSSE**
✆ 05 62 28 02 21
www.chiroulet.com
Ouvert du lundi au samedi de 9h à 12h30 et de 14h30 à 18h30. Livraison possible.

Cinq générations. 150 ans d'exploitation. 45 ha de vignes. Ce Domaine vous accompagne dès l'apéritif Floc de Gascogne, en passant par les accords de rouges rocailleux et puissants, les petits rosés ou les blancs servis frais, et en clôturant par un armagnac hors d'âge qui fleure bon le terroir.Philiipe Fezas a su imposer ses crus de grande qualité : récompensés par 5 médailles d'or en 2015, à l'occasion de compétitions nationales telles que le Concours Général Agricole de Paris, le Concours des vins du Sud-Ouest, et internationales à Hong Kong ou au Canada.

LA FERME AUX CERFS ET AUX SANGLIERS ★

Route de Mont-de-Marsan - **LE HOUGA**
✆ 05 62 08 96 97
www.lafermeauxcerfs.com
Ouvert toute l'année. Du mardi au dimanche de 10h à 18h30. Adulte : 7,50 €. Enfant de 4 à 12 ans : 4,50 €.

C'est un parc animalier doté d'un circuit pédestre permettant d'observer ces animaux que l'on ne voit que rarement. La visite de la ferme est commentée, animée, avec la possibilité de nourrir certains animaux, d'apercevoir des faons au printemps ou d'écouter les brames des cerfs en octobre. Un déjeuner chasseur sur place, et vous n'aurez qu'à repartir après une journée bien remplie avec, en poche, des produits de cette propriété classée Excellence Gers et Bienvenue à la Ferme.

CHÂTEAU GARREAU - ÉCOMUSÉE DE L'ARMAGNAC

MAULÉON-D'ARMAGNAC ✆ 05 58 44 84 35
www.chateau-garreau.fr
Ouvert du lundi au vendredi en hiver, toute la semaine d'avril à octobre. Horaires variables. Entrée : 5 €.

Bienvenue à la Ferme version Vignobles et Découvertes. L'écomusée œuvre pour la promotion de la liqueur emblématique et du terroir d'Armagnac. A découvrir : le musée du vigneron qui décline la vie d'un paysan-vigneron à travers ses outils, le musée des Alambics qui met en valeur une collection de 11 alambics différents et s'est doté d'un nouveau diaporama. Et un chai souterrain centenaire remarquable où est vieilli l'Armagnac que vous pouvez visiter (visite du Prince).

FERME LA MOUNICHE

La mouniche
NOILHAN
✆ 05 62 62 09 65

Petite exploitation agricole, la ferme de la Mouniche se situe au cœur de la Gascogne, dans le Savès gersois. Son cheptel est composé d'une cinquantaine de brebis de race lacaune. Les bêtes pâturent les prairies d'avril à octobre et rentrent en bergerie pour la période hivernale. Olivier Garric, l'agriculteur fromager, vous propose une large variété de fromages frais mais aussi de la viande d'agneau, des merguez de brebis, et de la viande de porc noir gascon. On fait le plein de toutes ces merveilles ! La fabrication de fromage se déroule de novembre à juin.

DOMAINE DE VALENTÉES

Quartier Valentées - **MIRANDE**
✆ 05 62 66 78 47
www.parfumdetradition.com
Ouvert du mardi au jeudi de 8h à 12h30 et de 13h30 à 17h30, le vendredi matin. Présent le lundi matin au marché.

Cette exploitation est rattachée au lycée agricole de Mirande. Les travaux pratiques sont réalisés grâce aux élevages de canards et de poulets, de porcs noirs et de vaches mirandaises. Apprendre le métier d'agriculteur se fait sur le terrain, pour le plus grand bonheur des amateurs de bons produits à se procurer à la conserverie. Avec six ateliers de culture, d'élevage et de transformation, les apprentissages aident les jeunes à se lancer dans le métier. Foie gras, gésiers, pâtés, magrets fourrés au foie gras, daube ou cassoulet sont vendus sur place.

MÉTHAGRI 32

PELLEFIGUE
✆ 05 62 63 46 43
Des visites de l'usine sont organisées de novembre à février, sur rendez-vous.

Environ 18 000 tonnes de déchets agricoles sont valorisées chaque année, pour produire 900 kWh électriques, soit l'équivalent de la consommation d'électricité pour 6 000 personnes. A la clé une économie de 2 500 tonnes de CO_2 par an. L'usine traite notamment du fumier et des matières végétales agricoles, avec une valorisation de la chaleur pour le séchage du digestat liquide, de semences et de céréales. Les déchets agricoles transformés en digestat, sorte de compost à effet rapide, sont utilisés par les agriculteurs, dans un rayon de 15 km, pour leurs cultures.

DOMAINE DE HUSTET

MOUCHAN
✆ 06 87 46 65 45
www.hustet.fr

Le domaine de Hustet est une ferme familiale 100 % bio. Grâce à son distributeur automatique ouvert 24H/24 et 7J/7, le domaine vous offre la possibilité de venir chercher à toute heure des œufs, fruits de saison, huile de tournesol, farine de blé, jus de fruits, confitures, courges 100 % bio issus de ses productions ainsi qu'une sélection de miels. Le domaine vend également du miel d'apiculteurs et du jus de raisin de fabrication artisanale. À la fin du printemps, sont proposés des fruits des vergers du domaine et à l'automne, des confitures, sirops et jus.

LES VERGERS DE TAILHAC

La Bourdette
PESSOULENS
✆ 07 60 51 48 81
www.vergersdetailhac.fr
Boutique en ligne. Possibilité de venir à la ferme sur rendez-vous.

C'est au cœur des doux paysages du Gers que les Vergers de Tailhac cultivent la noix. L'enseigne propose des noix en coque, des cerneaux et des huiles (huile de noix, huile de lin, etc.). Il est possible de passer à la ferme en ayant pris soin de téléphoner à l'avance, et la boutique en ligne permet d'être livré partout en France. Plusieurs produits de producteurs voisins sont également proposés : foie gras, safran, maïs rouge d'Astarac... N'hésitez pas à consulter les recettes sur le site, vous verrez que la noix sublime de nombreux mets.

LES 3 DOMAINES

Lassalle - **RÉJAUMONT**
✆ 05 62 65 28 83
www.3domaines.com
Ouvert du lundi au vendredi de 9h à 12h, et de 14h à 18h en été.

Armagnacs, flocs, rosés, blancs et rouges… Toutes les couleurs du Gers répondent présent dans ce domaine qui en compte trois. Le vigneron sélectionne les plus belles grappes pour élever des côtes-de-gascogne et flocs bien typés. Notre palais penche pour la gamme de vins rouges, aux accents prononcés. Ainsi, la cuvée Martissens présente un assemblage de tannat (90 %) et cabernet sauvignon (10 %) qui accompagne fort bien le canard. La cuvée Le Secret de Léna, le haut de gamme du domaine, est elle issue d'une vendange à la main et d'un élevage en barrique.

DOMAINE DE MAOURIES

Lieu-dit Maouries
RISCLE
✆ 05 62 69 63 84
www.domainedemaouries.com
Visite du lundi au vendredi de 9h à 12h et de 14h à 18h, le samedi sur rendez-vous.

Isabelle, Pascal et Philippe font vivre ce domaine dont les 28 ha sont répartis sur trois terroirs. Il en résulte un large choix d'appellations : madiran, pacherenc de Vic-Bilh, Saint-Mont et côtes-de-Gascogne. Rouges, rosés, blancs secs ou moelleux, tous les palais trouveront de quoi s'enthousiasmer. Les vins du Domaine de Maouriès sont régulièrement primés dans les concours et reconnus par les guides spécialisés. Vous pouvez venir les goûter sur place et visiter les chais. Vous apprendrez alors les spécificités d'un domaine certifié HVE.

FERME LA GOUARDÈRE

La Gouardère
ROQUELAURE
✆ 05 62 65 56 51
www.boutiquegasconne.com
Ouvert tous les jours de 10h à 19h.

Jean-Luc, son propriétaire, offre une vraie modernité au tourisme dit rural. Si son premier métier est artisan conserveur, il propose avec Olivier une vente directe de sa production, ainsi que de petits trésors locaux triés sur le volet, issus des productions fermières. Mais, particularité du site et élément qui fait notre coup de cœur, il ouvre sa table en été pour les savourer ! La boutique, installée au cœur de la ferme, propose évidemment toute une déclinaison de canardises élaborées sur place. On n'hésite surtout pas à leur rendre visite !

LES CABAS DE SANDIE

Lagreoula
SABAILLAN
✆ 06 83 58 50 21
Vente à la ferme et visite de l'exploitation sur rendez-vous. Vente sur les marchés et paniers bio.

Des salades et des poireaux, des carottes et des navets frais cueillis ! Sandie Magnoac cultive des fruits et des légumes en vente directe sur son exploitation, sur les marchés et sur abonnement en paniers bio hebdomadaire. Ses cabas sont riches en saveurs et pleins de fraicheur. Sandie transforme également sa production en tartinades, bocaux cuisinés, confitures, jus bio. S'ajoutent des produits d'épicerie en vrac : farine, huile, lentille, pois chiche, riz, boulgour, quinoa, etc. Tout pour bien manger et soutenir une agricultrice paysanne de qualité.

LA CHÈVRE QUI RIT

La Baradée
SAINT-CHRISTAUD
✆ 05 62 05 33 08
Ouvert tous les jours de 10h à 20h. Vente de produits tous les après-midi. Visite de la ferme sur rendez-vous.

Marie élève une quarantaine de chèvres qu'elle bichonne affectueusement. Elle confectionne yaourts et fromages avec le lait bio de la traite qui sont vendus à la boutique tous les après-midi. En prévenant un peu à l'avance, vous pourrez visiter la ferme. Selon la période de l'année, vous aurez la chance d'assister à une naissance ou à une mise en pâture. L'éleveuse vous expliquera le concept de la communication intuitive, qui est peut-être le secret du bon goût de ses produits laitiers. Et en tendant bien l'oreille, peut-être percevrez-vous le rire de la chèvre...

LA MAISON DE L'AIL

Barban
SAINT-CLAR
✆ 07 69 84 76 68
www.maison-de-lail.com
Ouvert du lundi au samedi de 14h30 à 17h30. Fermé du 15 octobre au 15 juin.

Producteurs d'ail blanc de Lomagne, Francis et Marie Gamot ont transformé un vieux chais de ferme en musée-boutique. Celui-ci permet de découvrir les spécificités de cet ail bénéficiant d'une IGP et ses bienfaits. Une salle vidéo permet de visualiser le cycle complet de sa culture, du semis à la commercialisation. Dans la grande salle, des tresses, mais aussi des recettes de terroir, des conserves et même des sculptures en peau d'ail vous attendent. L'escapade est d'autant plus agréable que la Maison de l'Ail se trouve en plein cœur de la campagne lomagnole.

LA FERME DE LA PATTE D'OIE

La Bourgade
SAINT-MICHEL
✆ 05 62 67 01 10
www.fermedelapattedoie.com
Ouvert du lundi au samedi de 9h à 12h et de 14h à 19h.

Avant d'atteindre la boutique, vous traversez les pâtures où les canards gambadent. Vous arrivez devant cette vieille maison gasconne, entourée de chênes et de verdure... Vous entrez et vous découvrez toutes les bonnes recettes : bocaux de foie gras, garbure paysanne, confits, et tant d'autres ainsi que toute une gamme de produits frais d'une excellente qualité. Les canards sont nourris avec les céréales produites sur l'exploitation et gavés traditionnellement au maïs grain entier !

LES CANARDS D'ARIANE

Route de Pouydraguin
TERMES-D'ARMAGNAC
✆ 05 62 69 25 13
www.canardsariane.com
Ouvert tous les jours. Vente à la ferme (il est toujours préférable de téléphoner).

Chez les Champomier et les Pourret, on fait dans l'originalité ! C'est sans doute un *unicum* dans la région, avec l'association du canard… et de la bière ! L'aviculture et la brasserie artisanale voisinent encore avec des chambres d'hôte et un gîte rural : si vous rêviez d'un village vacances 100% authentique, votre destination est toute trouvé ! On y sera en outre ravi de vous faire partager les passions des exploitants… Vous deviendrez incollable sur le foie gras et sur l'empâtage de l'un des alcools les plus populaires de la planète !

BOUTIQUE DE LA FERME DE LACASSAGNE

11bis, rue du maquis Raynaud
SAMATAN
✆ 05 62 62 63 49
Ouvert du lundi au samedi de 9h à 12h30 et de 15h à 19h ; le dimanche de 9h à 12h30.

A la ferme de Montadet, on élève des porcs et réalise de la charcuterie artisanale. A Samatan, la boutique de vente directe propose saucisses, rôtis, saucissons secs, conserves (cassoulet, confit, rougail, lentilles cuisinées, etc.). Parmi les succès de la maison, le jambon beige, sans nitrate. En rayon aussi d'autres producteurs dont les produits 100% canard de la famille Bassetto (Monblanc) et ceux d'Olivier Saintignan (Espaon), les lentilles de la ferme Las Parets (Laymont), etc.

L'AZINET

L'Ange - **SARRANT**
✆ 05 62 65 00 30
www.azinet.org
Ouvert tous les jours. Réservation indispensable. Accueil enfants. Animations.

Cette ferme pédagogique axée sur la culture bio, permet de découvrir de nombreux animaux. Lapins, volailles, chèvres, cochons, moutons et âne. Vous pouvez également partir en promenade sur l'un des quinze ânes de la ferme. Après une rapide formation à la marche et à l'approche des animaux, brossage, installation du bât, vous pourrez partir sur les chemins boisés autour de la ferme. Selon le temps dont on dispose, quatre sentiers sont proposés avec des variantes. Les balades en attelage sont aussi possible avec ânes ou chevaux de trait accompagnés par un meneur.

LA FERME EN SCÈNE

Cossou
VALENCE-SUR-BAÏSE
✆ 06 09 99 71 18
Ouvert sur rendez-vous. Visite découverte de 2 heures. Accueil enfants. Animations.

Ce centre équestre a l'habitude d'accueillir des groupes et autres scolaires. Mais également les familles voulant découvrir des animaux de la ferme, en prendre soin pendant une heure, et profiter des animations spéciales Pâques et Noël. Il est aussi possible de fêter son anniversaire avec jeux à poneys, gâteau... Des cours et stages d'équitation pour se perfectionner, des balades nature contées et En scène les poneys, un séjour familial, alliant l'équitation et le théâtre. Pas besoin d'être cavalier ou comédien, ce séjour est ouvert à tous de 7 à 13 ans.

LE REFUGE DES TORTUES

2920, route de Paulhac
BESSIÈRES
✆ 05 32 53 67 35
https://lerefugedestortues.fr
Ouvert tous les jours de 9h30 à 18h30, d'avril à octobre. Visite guidée. Animations.

À l'origine de ce refuge, une association de bénévoles déterminés à bâtir un sanctuaire pour les tortues terrestres et aquatiques. Aujourd'hui, les bassins et enclos, aménagés de façon à respecter l'environnement naturel des pensionnaires, accueillent plus de mille tortues ! Devenu centre de recherche, le refuge est désormais ouvert au public, avec un objectif de sensibilisation et de pédagogie. Découvrez tout du mode de vie des réfugiées rassemblées ici, depuis la rougeoyante Nelsoni à la stupéfiante tortue alligator. Une belle sortie en famille.

FERME BARTHES

Route d'Izaut
CABANAC-CAZAUX
✆ 05 61 95 44 66
Ouvert tous les jours de 9h30 à 12h et de 15h à 19h. Sur contact préalable de préférence.

Régina et François Barthes ont une petite exploitation nichée au pied des Pyrénées, dans le haut Comminges, non loin de Saint-Gaudens et d'Aspet. Ils élèvent ainsi les canards qu'ils se chargent de gaver, avant de les transformer en leur conserverie sur place. Vous retrouverez ici des classiques tels que foie gras mi-cuit, cou farci, pâtés, rillettes, mais aussi garbure, canard aux pommes, saucisses, brochettes... Sachez que les Barthes ont une activité de traiteur pour les mariages, buffets, salons et autres événements, sur devis uniquement !

LA FERME DES CABANES

185, chemin de Cabanes
CLERMONT-LE-FORT
✆ 06 82 19 62 72
Ouvert tous les jours de 10h à 12h et de 15h à 18h. Visite : 5 €. Visite avec goûter : 8 €. Enfant : 7 €.

Située sur les coteaux du Lauragais, dans un environnement exceptionnel, venez découvrir les chèvres naines, le cochon chinois, la vache écossaise, les dindons, les petites chèvres bouclées, les oies, les canards, les poules et câliner les lapins. La visite est suivie d'un goûter. Les amateurs de randonnée pourront explorer les bois environnants et visiter les fabriques de cabanes. Il est également possible de laisser ses chevaux en pension et de louer une salle pour une fête de famille ou tout autre événement familial ou professionnel.

CHÂTEAU JOLIET

345, chemin de Caillol - **FRONTON**
✆ 05 61 82 46 02
www.chateaujoliet.com
Du mercredi au samedi 9h à 12h et 15h à 17h30. Les autres jours sur rendez-vous. Appelez de préférence avant de passer.

Marie-Ange et Jérôme Soriano vous accueillent sur ce domaine de vingt-cinq hectares de vignes, qu'ils s'appliquent à exploiter dans le respect de son environnement naturel. Ils conservent l'esprit du château qu'ils ont repris voilà quelques années et perpétuant la tradition de la négrette, avec quatre vins rouges, tous reconnus AOP Fronton. Marie-Ange et Jérôme s'aventurent aussi vers sur des chemins plus audacieux, avec par exemple un rosé Dolce Vita aux parfums floraux à déguster frais à l'apéritif, ou encore un blanc sec aux arômes de poire et de pamplemousse.

DOMAINE LE ROC

1605, route de Toulouse - **FRONTON**
✆ 05 61 82 93 90
www.leroc-fronton.com
Du lundi au vendredi de 9h à 12h et de 14h à 18h, le samedi de 10h à 12h et de 14h à 18h. De préférence sur rendez-vous.

Les vins du domaine Le Roc font de plus en plus parler d'eux. Ici, on donne aux vins issus de négrette de l'intensité dans la couleur, tout en soutenant la largesse au niveau du fruité. Parmi les cuvées proposées, le Don Quichotte vous réserve sa robe grenat brillante et soutenue. Nez riche, floral et bouche fruitée... Quel bonheur ! Le domaine participe au festival *Fronton fête le printemps*, qui permet de retrouver ses crus en divers lieux de dégustation à Toulouse et alentour. Il propose en outre différentes animations au gré des saisons. Une belle adresse.

FERME BIO CASSAGNE

Lieu-dit Cassagne - **LACAUGNE**
✆ 05 61 87 86 73
www.ferme-cassagne.fr
Boutique : mercredi et vendredi 9h-12h/15h-18h30, jeudi 15h-18h30. Marché de Carbonne : jeudi et samedi.

Adhérente du réseau Bienvenue à la Ferme, l'exploitation bio de Cassagne vous propose de vous approvisionner en produits fermiers en vente directe. Ici, on produit essentiellement de la volaille : poulet prêt à cuire, canard Pékin, chapon, œufs de la ferme, rillettes et pâtés... Mais on peut aussi vous approvisionner en légumes frais, à prix futé. Pas envie de cuisiner ? La Ferme Cassagne offre un service de traiteur pour des repas confectionnés avec les produits de la maison. Une aire d'accueil peut par ailleurs vous recevoir si vous voyagez en camping-car.

ANIMAPARC

Pouchot
LE BURGAUD
✆ 05 62 79 37 01
www.animaparc.com
Haute saison ouvert tous les jours de 10h30 à 19h. Adulte : 19,50 €. Enfant de 2 à 13 ans : 16 €.

Dans la forêt du Burgaud, Animapark est un havre de nature de 14 ha abritant 2 parcs : un parc animalier et un parc d'attractions. Le parc animalier présente 200 animaux domestiques d'ici et d'ailleurs à nourrir et câliner : zébus, lamas, aurochs, moutons à quatre cornes, alpagas, lapins géants... Quant au parc d'attractions au cœur de la forêt, il propose grande chenille, trampolines, jeux d'eau, tyroliennes... On peut aussi naviger en pirogue, embarquer dans le petit train Safari.. Des granulés et carottes sont offerts aux enfants pour nourrir les animaux.

FERME DE CAGUELOUP

Route de Saint-Léon - MONTGISCARD
✆ 06 88 04 52 03
www.fermedecagueloup.fr
Ouvert du mardi au vendredi de 10h à 13h et de 15h à 19h ; le samedi de 10h à 13h et de 14h à 18h.

Ici, on élève volailles et palmipèdes selon la tradition. Bien sûr, c'est l'endroit idéal pour commander poulets, canettes, pintades afin de concocter vos repas de fête. Mais c'est aussi le bon endroit pour vous ravitailler en produits mitonnés à partir du palmipède roi qu'est le canard. A partir de ces produits, sont préparés des produits frais, prêts à cuire et des conserves : le foie gras (mi-cuit, aux figues, en conserve...), le magret frais, le cou farci, et des plats préparés (lentilles aux cuisses de canard, garbure, haricots, cassoulet...).

CHATEAU DE BERGUES

515, route de Revel - ODARS
✆ 06 83 48 56 18
www.chateaudebergues.com
Fermé de décembre à février, et en août. Ouvert du mardi au samedi de 10h à 12h et de 15h à 17h30. Entrée : 10 €.

Ils accueillent aussi bien les groupes que les familles que ce soit pour visiter la mini-ferme, avec chèvres, moutons, poules et canards, et approcher les chevaux, ânes, poneys, ou tout autre événement comme la chasse aux œufs de Pâques. Ils organisent de nombreux ateliers ayant pour thème le monde du vivant végétal : petit jardinier et les arbres. Le monde du vivant animal : les petites bêtes du sol, un rallye de la biodiversité, une chasse au trésor. Activités artistiques autour du monde végétal et land art. Aires de jeux et de pique-nique. Mini-camp.

FERME DE CINQUANTE

Chemin de Cinquante - RAMONVILLE-SAINT-AGNE
✆ 05 61 73 88 31
www.ferme50.org
Ouvert du mardi au dimanche de 10h à 12h30 et de 13h30 à 17h30. Adulte : 5 €. Enfant de 1 à 12 ans : 2,50 €. Animations.

À deux pas du canal du Midi, la Ferme de Cinquante vous offre un îlot de calme et de verdure. Gérée par une association, elle s'ouvre aux élèves des écoles à l'occasion d'ateliers pédagogiques autour des animaux de la ferme, du peuple de l'herbe, des jardins, de la biodiversité ou de la laine dont on fait les pulls. Elle accueille aussi les familles. Pensez à amener pain dur et épluchures dont les animaux sont friands ! Vous pouvez aussi fêter l'anniversaire de vos enfants à la ferme. Une belle initiative qui met la campagne à la portée des enfants citadins.

LA FERME DE CABRIOLE

Roubignol
SAINT-FÉLIX-LAURAGAIS
✆ 05 61 83 10 97
www.ferme-de-cabriole.com
Ouvert tous les jours de 9h à 12h et de 15h à 18h.

Envie de vous procurer du lait et des produits de crèmerie au plus près du producteur ? Super idée de sortie en famille que la visite de cette ferme lauragaise ! On peut même, en fin d'après-midi, apporter ses bouteilles pour, après avoir assisté à la traite, repartir avec son lait cru. Venez à la rencontre d'adorables chèvres laitières et de dociles vaches brunes qui pâturent en liberté. Découvrez le savoir-faire traditionnel d'une équipe passionnée qui assure sur place la transformation du lait en plaisirs de la table. Le circuit ne saurait être plus court !

ASINERIE D'EN MANAOU

Route de Pelleport - THIL
✆ 06 79 94 96 51
https://asineriemanaou.jimdofree.com
Sur réservation. Visite du lundi au samedi à 10h : 3 €. Balade à dos d'âne : 12 €. Hébergement à partir de 40 €/nuit.

Pour une sortie ou un week-end insolite qui ravira les enfants, direction l'Asinerie d'En Manaou. Située à l'orée d'un bois, cette ferme originale vous propose de découvrir l'univers des ânes à travers différentes activités : visite et nourrissage des animaux de la ferme, balade à dos d'âne pour une heure ou pour la journée, promenades en attelage, stages... Vous pouvez également séjourner sur les lieux, dans des hébergements originaux : roulotte ou yourte ! C'est aussi un lieu parfait pour fêter de façon originale l'anniversaire de vos enfants : tout est prévu.

GOÛTER À LA FERME D'EN BARRUS

En Barrus - **THIL** ✆ 05 61 85 51 29
http://enbarrus.free.fr
Bienvenue à la Ferme. Du lundi au samedi, sur réservation. Visite et goûter à la ferme : 7 € (enfants : 6 €).

De passage en Pays toulousain, ne manquez pas de contacter la ferme d'En Barrus pour réserver votre visite. Vous y ferez la pause gourmande de votre journée ! On y produit du fromage de chèvre. Les propriétaires des lieux vous reçoivent pour vous faire découvrir l'exploitation et sa fromagerie, puis ils vous invitent à partager un goûter composé de produits de la ferme : fromage, faisselle au miel, fromage blanc et gâteau à la crème de lait ! Une visite bucolique et savoureuse.

DOMAINE DE CANDIE

17, chemin de la Saudrune
TOULOUSE
✆ 05 61 07 51 65
Vente à la ferme du lundi au vendredi de 8h30 à 12h et de 13h30 à 17h. Domaine ouvert au public en juin et en septembre.

Saviez-vous que la ville de Toulouse possédait un vignoble sur son territoire ? Bienvenue au domaine de Candie, situé au sud-ouest de la ville. Un château-fort de l'époque médiévale en briques, entouré d'un grand parc et d'un plan d'eau. Le domaine agricole cultive 25 ha de vignes dont le raisin est vinifié sous l'appellation de Vin du comté Tolosan en plus des 273 hectares dévolus aux grandes cultures. Vous pourrez donc acheter jus de raisin et vins bio élaborés à partir de cépages de cabernet, de merlot, de syrah, de chardonnay et de mauzac.

AU PORC NOIR

Place des Carmes
TOULOUSE
✆ 05 61 25 13 70
www.domainesdelapiege.com
Ouvert du mardi au dimanche de 8h30 à 13h30. Au marché des Carmes de Toulouse, loge n° 35.

Jean-Jacques Granel propose du bon et rien que du bon ! Eleveur-producteur de porcs noirs gascons, il tient plus que tout à élever ses porcs dans les meilleures conditions. Sur son étal, vous ne pourrez donc trouver que la qualité et le bon goût ! L'élevage se situe donc entre Castelnaudary et Fanjeaux, sis au domaine de la Piège, dans l'Aude ! Les cochons sont élevés en plein air, sous les chênes. Parmi les délicieux produits vendus ici : des jambons, fouets, saucisses sèches, pâtés, cassoulets aux fèves et jambonneaux... Également boutique en ligne.

RIGUECOOP

TOULOUSE
✆ 05 62 65 88 60
Sur commande.

Les canards sont élevés et gavés par les coopérateurs. Ils sont élevés en plein air durant au moins treize semaines, ce qui confère à leur viande un goût et une texture inégalables. Découvrez une gamme savoureuse, aux goûts authentiques, des produits traditionnels issus de la découpe du canard gras : conserves de foie gras de canard entier, spécialités de foie gras de canard aux fruits, rillettes et autres terrines, canard gras sans foie... Avis aux amateurs ! La livraison se fait au restaurant Le Garde-Manger, en centre-ville, toutes les semaines.

FERME DE CANTEGRIL

1953, route de Vacquier
VILLEMATIER
✆ 06 14 94 16 04
Horaires variables selon les saisons.

Adhérente au réseau Bienvenue à la ferme, la ferme de Cantegril – de 75 ha – est une exploitation familiale typique du nord du département de la Haute-Garonne. Elle se consacre à la polyculture : elle tient un élevage de vaches laitières, elle produit céréales et légumes, et elle bénéficie de vergers qui donnent des pêches et des nectarines. Elle accueille des visites pédagogiques, vous permet de vous approvisionner en vente directe, et donc au juste prix, en produits du terroir : avec notamment du lait cru, des légumes de saison, des confitures...

CHÂTEAU CLOS MIGNON

109, route de Clos-Mignon
VILLENEUVE-LÈS-BOULOC
✆ 05 61 82 10 89
www.closmignon.com
Ouvert du mardi au vendredi de 15h à 19h. Le matin sur rendez-vous uniquement.

Le château Clos-Mignon est une propriété viticole située au cœur de l'appellation d'origine contrôlée AOC Fronton - et plus exactement sur le terroir historique du Villaudric. Vous découvrirez la passion de la famille Muzart, vignerons-récoltants depuis trois générations, pour le travail de la vigne et du vin. Le Château Clos Mignon fait partie du réseau *Bienvenue à la ferme*, vous pourrez donc découvrir les cuvées de la gamme *Pure négrette* en dégustation. Les Délices de Mathias, vins rouges et rosés AOC Fronton, figurent dans les meilleurs guides des vins.

LE RUCHER ARRENSOIS

1, impasse de l'Eglise
ARRENS-MARSOUS
✆ 05 62 97 41 44
Du dimanche au vendredi 10h-12h et 15h-19h. Du 15 juin au 15 septembre. Visite gratuite mardi et jeudi à 18h.

Depuis plus de 20 ans, Joseph contribue à la sauvegarde des infatigables ouvrières, si fragiles et si précieuses. C'est donc avec une véritable passion qu'il travaille la race locale des abeilles et qu'il produit également ses propres reines ! Autant dire que discuter avec lui est fascinant. Avec autant d'amour et d'attention, les miels fabriqués au Rucher Arrensois ne pouvaient qu'être à l'image de cette relation : miel de bruyère, de pissenlit, de rhododendron, de tilleul sont aussi hauts en délices et nous vous conseillons le «toutes fleurs»...

RUCHER DU HAUT LOURON

La Miellerie
AVAJAN
✆ 05 62 99 65 15
Visite de la miellerie sur rendez-vous.

Dans cette famille d'apiculteurs, si personne n'a le bourdon, c'est sûrement grâce aux délices issus des 400 ruches disposées entre les vallées de la Neste et du Louron. Visiter cette entreprise artisanale est à la fois éducatif et instructif mais aussi un vrai plaisir qui se finit en douceur avec la dégustation des fameux bonbons au miel, pastilles fondantes aux mille vertus. On les retrouve également sur les marchés des environs. Un conseil gourmand : la confiture au miel est une des spécialités de la maison : n'écoutez que votre cœur !

SAFRAN DE L'ARBIZON

Lieu Dit Ys
BAREILLES
✆ 06 42 76 20 57
www.safrandelarbizon.fr
Visite de la ferme sur rendez-vous. Livraison possible (vente par correspondance sur le site).

Cultivé naturellement sans engrais ni pesticides, le safran puise dans les 900 m d'altitude ses précieux arômes. Si les champs de fleurs de la safranière sont incroyables, les agriculteurs vous raconteront l'histoire de cette épice atypique et surtout les mille et une façons de la savourer. Quelle que soit votre recette, pensez à l'infuser dans de l'eau, du vin ou de la crème... un jour avant la cuisson vous expliqueront ces puristes et amoureux de la terre. Une visite aussi ludique qu'instructive. Et on termine la visite par la boutique et ses nombreux produits.

VIE D'ESTIVES

Quartier côte d'Esquiou - **BEAUDÉAN**
✆ 06 42 99 85 44
www.viedestive.com
Ouvert toute l'année. Balade en fonction de saisons. Adulte : 14,50 €. Enfant de moins de 10 ans : 9,50 €.

Toute l'année Cédric et Yann vivent au rythme de leurs brebis qui, de la ferme aux estives, coulent des jours heureux dans un cadre grandiose. Ils ont décidé de partager leur quotidien et d'en faire découvrir tous les aspects. Une formule pour les familles, de bergerie en bergerie, rencontre des agneaux et leurs mamans. Pour les plus grands et les bons marcheurs, une sortie plus longue, avec un départ à l'aube, pour grimper aux estives, rassembler et compter les brebis. Enfin, une nuit dans une cabane typique avec grillades à la belle étoile entouré de moutons.

LE RUCHER DE MALOU

10, rue Notre Dame
BORDÈRES-LOURON
✆ 06 19 63 15 71
Ouvert tous les jours en été de 16h à 19h.

Malou, une apicultrice passionnée s'occupe avec amour de ses abeilles qui butinent les fleurs sauvages des estives de Bordères-Louron. Elle en tire non seulement un miel au goût incomparable, mais aussi de l'hydromel, du pain d'épice fait maison, du nougat noir et même du savon. Malou vous fera enfiler les habits indispensables de protection, afin de rendre une visite à ses abeilles et d'extraire le miel des cadres. N'hésitez pas à faire un petit détour, cette visite le vaut vraiment, tant par la qualité des produits gourmands que ce que l'on y apprend.

MARRONS DES PYRÉNÉES

6, rue de Cabars
CABANAC
✆ 05 62 35 16 78
Sur rendez-vous. Bienvenue à la ferme.

Isabelle Marret-Desconet cultive une châtaigneraie d'environ quatre hectares à proximité de sa ferme et concocte dans son laboratoire de succulentes crèmes de marron à la vanille, de la farine de châtaigne, des marrons au naturel, etc. Elle produit aussi du miel dont un délicieux miel de châtaigner et un original miel aromatisé à la fleur d'oranger qui ravit les enfants. Également en rayon, des savons au lait d'ânesse et châtaigne. Une excellente maison et d'excellents produits que l'on retrouve sur les foires et les marchés locaux.

LA FERME TRENCALLI

Trencalli - **CASTELNAU-RIVIÈRE-BASSE**
✆ 06 52 65 89 37
www.trencalli.fr

Ouvert toute l'année. Ouvert du mercredi au dimanche de 14h à 18h. Adulte : 9 €. Enfant de 2 à 8 ans : 6 €.

Imaginez un lieu en pleine nature, bordé par la bien nommée forêt aux Cerfs venant vous saluer accompagnés de daims, de wallabies bondissant sous le regard doux des vaches, broutant paisiblement et des chevaux gambadant. C'est dans ce cadre authentique, que Morgane et Stéphane ont concocté un programme idéal pour une sortie familiale. Des poussins à peine sortis de l'œuf aux paons en passant par les cochons et chèvres, cette arche est un tendre régal. Atelier de traite des vaches. Côté adrénaline, tyroliennes et filets suspendus. Vente de produits fermiers.

LE PAVILLON DES ABEILLES

23 bis, avenue du Mamelon-Vert
CAUTERETS
✆ 05 62 92 50 66

Ouvert du lundi au samedi de 10h30 à 12h30 et de 14h30 à 19h ; tous les jours en été.

Découvrez le Pavillon des Abeilles, cœur historique de Ballot-Flurin et son concept unique d'Apiculture Douce® fondé sur le respect commun du bien-être des abeilles, de la nature et de l'Homme. Vous trouverez sur place l'ensemble de leurs préparations 100 % bio et faites maison : gelée royale française, propolis brute, pollen polyfloral, miels rares… Ballot-Flurin, c'est aussi des soins cosmétiques toujours élaborés à partir du travail des abeilles : shampoings, savons, crèmes. La boutique propose également des ateliers où vous apprendrez à fabriquer des bougies.

LA SPIRULINE DES HAUTES-PYRÉNÉES

4, rue des Pyrénées - **GAYAN** ✆ 06 35 95 16 85
www.spirulinedeshautespyrenees.fr

Ouvert toute l'année, tous les jours, uniquement sur rendez-vous. Visite de la ferme et dégustation gratuites.

Fabienne vous expliquera tout sur cette algue tropicale, de sa culture au séchage, et vous ouvrira même les portes de son laboratoire. Façonnée en spaghettis, elle est plus connue sous sa forme sèche mais la déguster fraîche est une surprise ! Son petit goût salé s'adapte aux recettes les plus originales et faites confiance à la pro, elle partagera avec vous les meilleures ! Une chouette sortie, originale et instructive, pour vous familiariser avec un des aliments phares de demain.

LA GOUARDE

Route de la Gouarde
IZAUX
✆ 06 74 75 02 25
lagouarde.com

Ouvert tous les jours. Vente de conserves sur rendez-vous uniquement.

Michel a sa ferme dans la vallée de la Neste. Il élève ici des canards de race mulard qu'il se charge ensuite de gaver de manière traditionnelle à l'aide de maïs en grain entier, entre les mois d'octobre et de mars. Sa production est petite, avec seulement 50 canards gavés à la fois. C'est le gage d'une qualité préservée ! Le canard est ensuite transformé et cuisiné en conserverie, sans conservateurs. Vous pourrez découvrir sur place ou par correspondance de délicieux produits : canard entier avec foie, foie gras frais (34 € le kg), foie gras entier en conserve...

MIELLERIE DU PAYS TOY

14, rue d'Ossun-Prolongée
LUZ-SAINT-SAUVEUR
✆ 06 73 71 60 94

Visite de la miellerie sur rendez-vous. Boutique ouverte pendant les congés scolaires, du mardi au jeudi après-midi.

Jean a choisi le pays Toy pour élever ses abeilles et trois sites bien spécifiques abritent ses ruches : un dans les Landes, un à Lourdes pour la production de miel de châtaigniers et les autres dans la vallée de Luz pour quatre miels typiques. En pots, vous trouverez ses miels de bruyère, rhododendron, de fleurs sauvages de montagne, de tilleul et d'acacia. L'apiculteur fait visiter sa miellerie et de la ruche à la mise en pot, vous apprendrez tout du circuit du miel. C'est aussi instructif que ludique grâce à l'exposition d'une ruche visible à travers une vitre.

BALLOT-FLURIN APICULTEURS

75, place Lagardère
MAUBOURGUET ✆ 05 62 96 49 57
www.ballot-flurin.com

Ouvert du lundi au vendredi de 10h à 18h et le samedi de 10h à 13h.

Depuis 1976, Ballot-Flurin développe des produits de soin, de beauté et d'hygiène issus de la ruche, 100% naturels et certifiés bio. Pionnière de l'apiculture biologique et créatrice de l'Apiculture DOUCE®, l'entreprise est née d'une conviction profonde : une belle nature favorise une belle humanité. L'intégralité des préparations sont en vente à la boutique : extrait et spray à la propolis, baume de Soin des Pyrénées, crèmes de l'Apicultrice®, gelée royale, miels bruts, savons...

CONFITURES LACANTÈRE

Ferme Lacantère
NISTOS
✆ 05 62 99 00 64
www.lacantere-nistos.fr
Visite de l'atelier sur rendez-vous.

Fabien et Florence veillent sur un troupeau de vaches qui paissent en plein air. En bordure de pâtures, ils ont planté des arbres fruitiers. Leurs fruits, ils les transforment en délicieuses confitures et gelées. Pomme, poire, mûre, framboise, groseille, coing, sureau, gratte-cul, rhubarbe, châtaigne, citrouille, prune, fraise forment une farandole qui marine dans du sucre et cuit dans un gros chaudron en cuivre. Les fruitiers ne sont pas traités et c'est la chaleur de l'été et la douceur de l'automne qui se retrouvent sur vos tartines du petit déjeuner.

FERME-AUBERGE DU LAC €€

41, route de Castelnau - **PUYDARRIEUX**
✆ 05 62 35 54 92
www.ferme-du-lac.com
Ouvert toute l'année. Réservation impérative. Accueil des groupes. Jardin. 80 places en terrasse.

Dans un cadre magnifique et à deux pas du lac, cette ferme-auberge de magnifique architecture méritent une visite. A table, c'est du producteur au consommateur. La cuisine est pleine de saveurs fraîcheur et qualité garanties. Parmi les spécialités du chef la poule noire d'Astarac, servie en galantine, rôtie ou farcie aux pommes de Barrousse et à l'armagnac. Le porc noir de Bigorre se décline en tournedos au foie frais et niveau spécialité, on se régale du chapon cuit en croûte en fin d'année. On vient se faire plaisir avant tout.

PÉPINIÈRES DE TOURNAY

Chemin de Castera
OZON
✆ 06 22 36 27 29
http://www.pepinieresdetournay.fr

Depuis plus de quatre ans cette pépinières du sud de la France produit plus de 500 variétés d'arbustes, plantes et légumes, sur son site de la vallée du Castéra. L'entreprise a notamment une démarche écoresponsable et garantit une production de plants 100 % écologiques. Au final, les maraîchers qui souhaitent faire appel à cette entreprise pour acheter leurs plants seront ravis de créer un partenariat avec La Pépinières de Tournay qui, en plus de proposer de formidables produits, met en valeur et protège l'écosystème de la région.

LA FERME DES CASCADES

SAZOS
✆ 06 18 90 29 59
www.fermedescascades.fr
Horaires variables selon les saisons.

Situé à 1 000 m d'altitude, la Ferme des Cascades transforme le lait de ses bêtes, produit de la viande de veau, de chevreau, d'agneau et même des peaux tannées. Le lait des vaches donne crème et beurre, les 70 brebis, en bonnes pyrénéennes, fournissent du lait pour les tommes, et le lait de chèvre est décliné en fromages frais, moelleux, feuilletés, yaourts et «fondue pyrénéenne». Pour des vacances actives, de quelques jours à 2 semaines, vous pouvez venir avec votre sac de couchage et vos chaussons. Là, vous apprendrez tout sur la vie fascinante des bergers.

L'ABEILLERAIE

46, rue du Pic-du-Midi
POUMAROUS

Olivier Galache vous reçoit dans sa micro-exploitation apicole et répond aux questions que l'on peut se poser sur les produits de la ruche et sur l'apiculture. C'est son grand-père qui lui a transmis la passion, et malgré les années, elle est toujours intacte. Ses miels sont délicieux, à la hauteur de cette passion. Au choix une belle collection : miel de pissenlit, miel d'acacia, miel de tilleul, miel de rhododendron, miel de bruyère callune, miel de bruyère callune en rayon, miel mille fleurs, miel des bois. Il vous fournit aussi en pollen des Hautes Pyrénées.

FERME DU MOULIÉ

SÈRE-RUSTAING
✆ 05 62 35 48 25
www.ferme-du-moulie.net
Visite de la ferme sur rendez-vous. Ouvert le mercredi à partir de 15h.

Au cœur des Pyrénées, le site dédié à l'élevage propose du porc fermier, de la volaille, du canard gras en hiver et du veau une fois par mois. Ventrèche, saucisson et jambon vont vous faire fondre et n'hésitez pas à goûter les spécialités ancestrales telles que le boudin à la viande, la hure ou encore les miches. Un savoir-faire que l'agricultrice pourra vous expliquer lors de la visite. Tous les animaux sont élevés sur le site et c'est une jolie occasion de découvrir le travail de Nathalie qui œuvre dans une vraie ambiance familiale avec sa maman Gisèle.

DOMAINE SAINT-GEORGES-D'IBRY

Route d'Espondheillan
ABEILHAN
✆ 04 67 39 19 18
www.saintgeorgesdibry.com
Basse saison : ouvert de 9h à 12h et de 14h à 18h. Haute saison : de 9h à 12h et de 15h à 19h.

Marianne et Michel Cros ont fait de leur domaine un modèle de culture raisonnée. Le vignoble produit des vins particulièrement expressifs, sélectionnés chaque année par les guides spécialisés et lors des concours. Au cours de la visite, ces vignerons vous feront partager leur passion pour leur terroir et découvrir leurs vins. Certaines cuvées sont élevées en fûts de chêne, près des anciens chais où sont encore conservées des allées entières d'anciens foudres.

LA CUEILLETTE DE CAILLAN

Domaine de Caillan - **BESSAN** ✆ 04 67 09 31 69
www.cueillettedecaillan.com
Ouvert du mardi au dimanche de 8h30 à 12h30. Octobre : de 9h30 à 12h30 du jeudi au dimanche. Fermé de novembre à avril.

Chaque année, des dizaines de cueilleurs viennent s'approvisionner en produits de saison. Équipés de leur panier, ils font usage du sécateur pour récolter les légumes et fruits qui les intéressent. Dans le champ, des petits panneaux informatifs permettent d'en savoir plus sur la variété et sur son prix au poids. Des tables de tri sont ensuite à disposition afin d'effectuer le dernier nettoyage. Les produits passent de la terre à l'assiette sans changer de main. Cette démarche écologique et durable est à la fois sympathique et responsable, les enfants adorent !

MOULIN DU MONT RAMUS

Route de Saint-Thibéry - **BESSAN**
✆ 04 67 32 04 73
www.moulindumontramus.fr
Ouvert du lundi au samedi de 10h à 12h30 et de 14h30 à 18h. Visite guidée gratuite.

La route qui relie Bessan à Pézenas possède un trésor insoupçonné. Cette plantation d'environ 60 hectares d'oliviers commercialise ses propres olives - des lucques, de la picholine et de l'ascolana - et possède un moulin qui lui permet de produire de belles huiles. Elles se déclinent en version nature ou aromatique, de quoi varier les plaisirs. Mais pas seulement ! En boutique et en ligne, vous trouverez divers objets en vente ainsi que des pâtes d'olive, des cosmétiques, des huiles de soins et des savons à base d'olivier. Des visites du domaine sont possibles.

LES MIELS DE MON MOULIN

BÉZIERS
✆ 04 67 32 45 96
www.lesmielsdemonmoulin.com
Ouvert le mercredi, le samedi et le dimanche de 9h à 13h. Bienvenue à la ferme.

Carole et Laurent Gomez travaillent actuellement 350 ruches, disséminées sur les bords de la Méditerranée. Leur vente se pratique essentiellement à la ferme et sur les marchés locaux. Vous aurez tout le loisir d'en apprendre davantage sur le travail de l'apiculteur au travers de panneaux, diaporama photos… Leurs produits – miels, pains d'épices, caramandes (subtil mélange d'amandes et caramel), gelée royale, pollen, coffrets – sont écoulés directement du producteur au consommateur, soit sur les marchés de juin à septembre, soit au magasin à la ferme toute l'année.

FERME ZOO

450, chemin des Aiguilles - **BOUZIGUES**
✆ 06 13 61 68 74
www.fermezoobouzigues34.fr
Ouvert mer, week-end et jours fériés 10-12h 14-18h. Saison haute : tous les jours 10-19h. Tarif : de 4 à 6 €. Pas de CB.

Claire, la fermière, vous accueille dans la ferme-zoo héritée de ses parents. Depuis 2000, ce qui était une petite ferme avec quelques chevaux est devenue un véritable petit zoo. En effet, outre les habitants de la ferme (canards, poules, et lapins), les petits curieux pourront approcher lamas et émeus venus de contrées lointaines. La possibilité de nourrir toutes ces petites bêtes grâce aux grains fournis fera le bonheur de petits et grands. On apprécie l'aire de jeux et de pique-nique pour un moment prolongé des plus agréable.

DOMAINE SAINT-JEAN DE L'ARBOUSIER

Domaine Saint Jean de l'Arbousier - **CASTRIES**
✆ 04 67 87 04 13
www.domaine-arbousier.fr
Ouvert tous les jours de 9h à 12h et de 15h à 19h. Gamme de prix : de 5 à 12€. Chambres d'hôte.

Jean-Luc Viguier, vigneron, et sa femme Catherine, œnologue, ont associé leur passion du vin et du terroir pour lancer le domaine. Implanté sur une ancienne propriété des Templiers, il appartient à la famille depuis quatre générations. Sa terre rouge donne naissance à des vins à la fois authentiques et fruités. Inspirée, la famille s'est lancée dans l'œnotourisme depuis quelques années (balades vigneronnes, ferme à ciel ouvert...) et propose des séjours dans des cabanes perchées.

CHARTREUSE DE MOUGÈRES

Domaine de la Chartreuse de Mougères
CAUX
✆ 04 67 98 40 01
www.chartreusedemougeres.com

Autrefois occupé par les romains, c'est le 4 mai 1825, que Les Pères Chartreux prennent possession des lieux qu'ils quitteront en 1901 pour y revenir en 1935 et réimplanter la vigne à l'aide de cépages de grande qualité. Depuis 2014, ce sont les propriétaires Gersende et Nicolas de Saint-Exupéry qui exploitent le domaine viticole dans le plus grand respect de la vie des petites Soeurs de Bethléem qui habitent le monastère. Souvent distingués, ces Vins de Pays et ces Coteaux du Languedoc (AOC) composent une production de vins rouges, blancs, rosés et mousseux.

AUX DÉLICES DE MAYA

Domaine de Villeneuve Hameau les Embruscalles
CLARET
✆ 04 67 59 08 66
www.shop-domaine-de-villeneuve.com

Apiculteurs, Bernard et Anne-Lise vendent une large gamme de produits : une quinzaine de miels différents, du pain d'épices, de l'hydromel, de la cire, du vinaigre de miel… Le choix est difficile, surtout parmi la quinzaine de miels qu'ils proposent. De mai à août, ils organisent des journées portes ouvertes gratuites (le 4e dimanche de chaque mois) qui permettent de découvrir l'univers de l'abeille et de la miellerie. Mais le domaine est aussi réputé pour ses vins. Alors voilà une visite qui permet de faire plaisir à plus d'un.

DOMAINE DE L'OULIVIE

Mas de Fourques
COMBAILLAUX
✆ 04 67 67 07 80
www.oulivie.com
Horaires variables selon la saison.

La trentaine d'hectares du site est cultivée en agriculture biologique, 42 km de goutte-à-goutte ont été posés et poneys et chevaux assurent le désherbage naturel. Juste à côté, le magasin du domaine vaut le détour : il présente une vingtaine d'huiles d'olive stockées dans des cuves en inox et mises en bouteille à la demande. Parmi elles, on trouve des huiles « mono-variétales » (picholine, lucques, violette de Montpellier…) ainsi que des « aromatisées » (menthe, safran, basilic, citron vert, truffe…). Également olives, pâtes d'olives, vinaigres…

LA METAIRIE BASSE €

Hameau de Prouilhe - **COURNIOU** ✆ 04 67 97 21 59
www.metairie-basse.com
Chambre simple 55 € ; chambre double 65 € ; chambre triple 84 €. Petit déjeuner inclus. Parking. Animaux acceptés.

Eliane et Jean-Louis, passionnés de la nature et des produits authentiques, proposent de nombreux produits biologiques à base de châtaignes, de marrons et de noix. Ils exploitaient 6 ha de châtaigniers et noyers en agriculture biologique. Depuis l'automne 2019, leur activité s'est réduite à 1 ha en agriculture biologique et uniquement pour la transformation. Dans leur boutique à la ferme, vous trouverez leur produit phare : la crème de marrons, ainsi que de la farine de châtaigne, des cerneaux de noix, des confitures… Également deux chambres d'hôtes et un gîte.

OENORANDO « LES VIGNES ET VOLCANS DE FONTÈS »

FONTÈS

Le territoire de Fontès est marqué par la présence de la mer, il y a 20 millions d'années. Beaucoup plus récemment, le volcanisme a structuré le paysage. Par ses plaies brûlantes, il a déversé des milliards de m^3 de matériaux venus des profondeurs qui se sont répandus sous forme de projections, de coulées et de cendres. C'est sur ces sols calcaires et le long de ces coulées volcaniques que l'on retrouve le vignoble de Fontès, en coteaux et en terrasses, drainé par la rivière Boyne, où sont produits les vins d'AOP Languedoc et Languedoc Pézenas. Suite à de nombreuses récompenses, notamment avec la cuvée Prieuré Saint-Hippolyte rosé, Fontès a été désignée par les journalistes « Capitale du Rosé ».

De la cave la Fontesol à Fontès, cheminez vers l'église inscrite aux monuments historiques, en passant sous les portes du village. Par un vieux chemin, grimpez sur le volcan du Céressou. Cet édifice strombolien domine les plaines environnantes. Le lac de lave du Péchet, que l'on aperçoit au sud depuis le sommet du Céressou, est un édifice particulièrement intéressant. Actuellement, dans le monde, il n'en existe que cinq ! Puis, après avoir franchi la Boyne, vous vous dirigerez vers le volcan des Baumes. Ensuite, vous passerez à quelques mètres des ruines du château de Mazers, avant de regagner le village par la colline de la Clapisse.

À déguster

Rosé Prieuré Saint-Hippolyte, AOC Pézenas, Clairette du Languedoc

Amandes (vergers) et huile d'olive (produits locaux proposés au caveau)

CHATEAU SAINT-JEAN-D'AUMIERES

Château Saint Jean d'Aumières - **GIGNAC**

✆ 04 67 40 00 64

saintjeandaumieres.com

Ouvert du lundi au vendredi de 9h à 12h30 et de 14h à 18h ; le samedi de 9h à 12h30.

Le château St-Jean-d'Aumières se niche dans un écrin de verdure, sur les hauts coteaux dominant les gorges de l'Hérault. Vianney et Émilie en ont fait l'acquisition en 2012 et lui rendent depuis toute sa splendeur. Avec leur équipe, ils développent de belles références issues du terroir des Terrasses du Larzac. Sur cette AOP reconnue depuis 2014, ils travaillent des cépages variés : syrah, grenache noir, cinsault, mourvèdre et l'emblématique carignan, cépage typiquement languedocien.

LE BERGER DES ABEILLES

Combes Bel Air

LA SALVETAT-SUR-AGOUT

✆ 04 67 97 68 94

Ouvert du lundi au samedi de 9h à 12h30 et de 14h à 19h. Hors saison estivale : il est préférable d'appeler avant.

Alain Merit évolue dans son univers fait d'abeilles et de miel. C'est avec savoir-faire et passion qu'il fabrique de nombreux produits délicieux dérivés de cet or : comme du nougat, de l'hydromel, un succulent pain d'épices, et bien entendu une grande variété de miels. Sur rendez-vous, il est possible de visiter la miellerie et les ruches en toute sécurité. Il vous parlera de son exploitation, de l'importance d'un tel écosystème et des méthodes de fabrication. C'est un plaisir pour les curieux et les gourmands et nul doute que ça plaira aux petits !

LES PETITS FERMIERS

Chemin de Saint-Brès - **LANSARGUES**

✆ 06 01 10 23 85

www.lespetitsfermiers.fr

Haute saison ouvert tous les jours de 10h à 19h. Nocturne le jeudi. Entrée : 6 €. Entrée haute saison : 9,80 €.

A 20 minutes de Montpellier, cette ferme pédagogique bienvenue propose des visites autour du potager. On peut y découvrir six variétés de tomates et d'aubergines, mais aussi des arachides, des plantes médicinales et des arbres fruitiers... L'espace comprend également un parc animalier avec basse-cour et cheptel plus ou moins exotique. Les enfants apprécient aussi l'espace de jeux avec tyrolienne, trampoline, toboggan, liane de tarzan, parcours accrobranche et même un bassin pour jouer à l'orpailleur ! Pour une journée en famille.

ABBAYE SYLVA PLANA

13, ancienne Route-Nationale - **LAURENS**

✆ 04 67 93 43 55

www.vignoblesbouchard.com

Été : lun.-mer. (9h-12h/14h-17h30), jeu. au sam. (10h-19h30). Hiver : lun. au jeu. (9h-12h/14h-17h30), ven. jusqu'à 16h.

La famille Bouchard a constitué un vignoble en Vins de Pays Côtes de Thongues, AOC Coteaux-du-languedoc et AOC Faugères. Connue pour le Domaine Deshenrys, la famille l'est moins pour l'abbaye Sylva Plana. Cédric Guy, Nicolas et son père Henry-Ferdinand Bouchard ont décidé d'élargir leur gamme en produisant des AOC Faugères. Les vignes disposées en terrasses plein sud sont plantées sur un terroir de schistes, d'argilo-calcaires et de marbres gris. La récolte s'effectue manuellement avec tri sur place. Lors de votre visite, faites un saut au caveau de dégustation.

CHÂTEAU DE L'ENGARRAN

Route de Lavérune - **LAVÉRUNE**

✆ 04 67 47 00 02

www.chateau-engarran.com

Qualité Sud de France. Ouvert tous les jours de 10h à 13h et de 15h à 19h. Vente uniquement au caveau. Visites.

Véritable fleuron du département et de la région, le château de l'Engarran fait partie de ces figures fondatrices. Propriété viticole depuis 1632, elle fut acquise par la famille Bertrand/Grill en 1923. Tenue par des femmes depuis trois générations, elle est aujourd'hui dirigée par Diane Losfelt. Inscrit dans une démarche durable et raisonnée, le domaine célèbre sa terre et tente de préserver son environnement. L'achat au caveau vous permettra de découvrir la beauté de ce vignoble et de sa « Folie » du XVIIIe siècle, classée Monument historique.

LA FERME DU DOLMEN

Route de Plaissan - **LE POUGET** ✆ 07 69 75 95 13

www.lafermedudolmen.fr

Haute saison ouvert du mardi au dimanche de 10h à 19h30. Adulte : 7,50 €. Enfant de 3 à 18 ans : 6,50 €

Sur un domaine de 3,5 hectares vous attend une belle variété d'animaux de la ferme. Anes, chèvres, lamas, dindons, oies, chevaux camarguais et leurs cousins landais, pyrénéens et américains, moutons d'Ouessant, cochons du Cap, poneys shetland, paons, faisans, dindons noirs, canards et poules... Tous évoluent en liberté, au milieu de la garrigue et des plantes méditerranéennes. Les enfants peuvent à loisir approcher les animaux et se balader à dos de poneys. Ateliers pédagogiques. Aire de pique-nique agrémentée d'un barbecue mis à disposition. Aire de jeux.

COQUI THAU

30, chemin de l'Etang
MARSEILLAN
✆ 04 67 77 68 58
http://coquithau.com

Vente à emporter uniquement jusqu'à la fin des restrictions sanitaires.

Les producteurs ostréicoles du Bassin de Thau ont mis au point une méthode singulière : l'élevage en suspension sur cordes. Toute l'année, Coqui Thau vous propose de découvrir ses huîtres et moules dans un cadre enchanteur au bord de l'étang. Sans fioriture, les coquillages sont au cœur des plats proposés, notamment l'huître braisée, fierté et spécialité maison. Pour une dégustation authentique. Brasucade et sardines grillées sont régulièrement de la partie. L'établissement propose également la vente directe de ses produits.

LA NOISETTE D'OC - KARINE - YVAN CAUSSEL

Le Mourre Blanc
MÈZE
✆ 04 67 43 70 66
www.lanoisettedoc.com

Ne vous fiez pas à son nom, ici pas de noisette mais des huîtres et des moules ! Karine et Yvan Caussel, installés au complexe conchylicole du Mourre Blanc, proposent différentes formules : un package comprenant la visite de leur exploitation conchylicole suivie du repas, la vente à la ferme et en ligne, des conférences, des séminaires ainsi qu'un espace camping-cars. De quoi se régaler, avec une superbe vue sur l'étang de Thau ! Boutique en ligne.

CAVES DE BELLE DAME

D116 - Route de Mireval
MIREVAL
www.belledame.fr

Ouvert le samedi de 10h30 à 12h30 et de 14h à 17h30. Haute saison : tous les jours de 10h30 à 13h30 et de 15h30 à 19h.

Cette cave de vente de vins propose une gamme de muscats, rosés cartagène, etc., de la région ainsi que des produits du terroir (huiles d'olive, vins de la région, biscuits artisanaux, berlingots, savons au lait d'ânesse, confitures bio). Cette cave a la particularité de multiplier les dispositifs d'accueil des personnes handicapées : stationnement, rampe d'accès, sanitaire avec barre d'appui ; lieu calme et sécurisé pour les handicapés auditifs et mentaux ; escaliers contrastés et cheminement par changement de texture pour les handicapés visuels.

PISCICULTURE DU MOULIN DE NAPOLEON

RD 908
MONS
✆ 04 67 97 71 61

Boutique ouverte du jeudi au dimanche de 10h à 12h.

Des truites arc-en-ciel y sont élevées dans une dizaine de bassins juxtaposés, alimentés par la rivière. On peut venir ici en famille pratiquer «la pêche à la ligne» ou acheter diverses préparations. Casse-croûte à la ferme d'avril à septembre sur réservation. En 2018, la crue du Jaur a durement touché l'établissement. Mais Liliane et Fernand ont pu rouvrir leurs portes grâce à l'organisation d'un loto solidaire, preuve que la solidarité n'est pas un vain mot dans les petits villages !

ÉLEVAGE DU MAS NEUF

Mas Neuf
MONTOULIEU
✆ 04 67 73 30 75
elevage-masneuf.com

Vente et visite à la ferme du lundi au samedi de 14h30 à 18h00. Visite guidée. Boutique.

Au Mas Neuf de Montoulieu, la famille Chafiol a fondé un impressionnant élevage de canard gras et de volailles. Ils pratiquent leur métier de manière traditionnelle, avec passion et expérience. Élevés en plein air, les animaux profitent de l'espace enherbé, ils sont nourris aux céréales et au maïs entier pour le gavage des canards, sans OGM durant 120 jours au minimum. Pour encore plus de qualité, ils sont abattus et transformés sur place, la famille confectionnant de délicieux foies gras et confits dans le laboratoire de la ferme.

CHÂTEAU COUJAN

Domaine de Coujan - **MURVIEL-LÈS-BÉZIERS**
✆ 04 67 37 80 00
www.chateau-coujan.com

Commande en ligne. Vente dans les boutiques partenaires (liste disponible sur demande). Deux gîtes.

Les vignes du Château Coujan sont plantées en coteaux à 140 m d'altitude, sur un terroir de cailloutis gréseux, au nord de Béziers. Florence Guy vinifie et élève Saint-Chinian, Coteaux du Languedoc et des vins de pays. Pour l'été nous recommandons la cuvée tradition A.O.C. Saint-Chinian, 99 % mourvèdre et 1 % cinsault, rosé de saignée fruité aux notes de fruits rouges. Une huile d'olive du château première pression à froid élargit la palette de production originale de Château Coujan. Notez également la présence de deux gîtes avec piscine sur le domaine.

OENORANDO « PARCOURS D'ART ET DE NATURE »

15, avenue d'Aumes
MONTAGNAC
✆ 04 67 24 03 74

Le parcours commence avec la première pierre monumentale, érigée au pied du bureau d'information touristique de la ville de Montagnac. Puis vous remonterez l'esplanade des platanes pour vous diriger vers l'ancienne rue droite, aujourd'hui baptisée Grand Rue Jean Moulin, que vous descendrez jusqu'au plan Saint Thomas.

De la cave, vous cheminerez sur un parcours de faible dénivelé, de longueur et durée importante. Vous allez emprunter les chemins vignerons en surplomb de l'étang de Thau et de la vallée de l'Hérault. Vous rencontrerez 14 statues monumentales implantées par les coopérateurs. La beauté sauvage du terroir s'étendant sur les communes de Montagnac, Aumes et Castelnau-de-Guers méritait un projet novateur respectant à la fois le paysage et valorisant le travail des Hommes. L'idée d'installer une série de grandes pierres sculptées par des artistes héraultais s'est imposée aux yeux de tous. Six sculpteurs ont ainsi façonné quatorze statues, érigées au détour de chemins de vignes. Chacune est implantée selon une perspective paysagère différente invitant le randonneur à entrer dans l'intimité du vignoble du Picpoul de Pinet Les Terres Rouges. De retour à la cave, la dégustation offerte aux randonneurs est un prétexte à une nouvelle rencontre humaine et œnologique permettant d'appréhender en quoi le Picpoul de Pinet Les Terres Rouges est un vin unique régulièrement primé aux concours les plus prestigieux.

Il est également possible de réserver une balade accompagnée à la cave des Vignobles Montagnac. Une des meilleures façons de découvrir l'itinéraire Terroir d'Art et de Nature ! Votre accompagnatrice sera intarissable sur son métier de vigneronne, la découverte des sculpteurs et des œuvres. Vous traverserez une faune et une flore expliquées au fil des saisons. Vous serez invités à la rencontre de vignerons passionnés par le terroir des vins AOP Picpoul de Pinet Les Terres Rouges. (Sur réservation préalable, tarif sur le site internet www.TerroirdArt.com, ou par téléphone, au caveau : 04 67 24 03 74)

À déguster :
AOP Picpoul de Pinet Les Terres Rouges, AOP Languedoc Grès Marins, vins de cépages et Coteaux de Bessilles pays d'Hérault. Grande variété de produits locaux proposés au caveau : huile de pépin de raisin, Carthagène, fine d'OC, etc.

Restaurant La table des Vignerons à la cave coopérative, 31, avenue de la Gare, Tourbes. Grillades au feu de souches, terrasse ombragée, vins à « prix d'amis », 04 67 93 70 75.

OENORANDO « CASTELBARRY, ENTRE VIGNES ET OLIVIERS »

MONTPEYROUX

Prenez le temps de contempler ce patrimoine d'exception, ce vignoble en grande partie certifié « Terra Vitis », ainsi qu'en « Agriculture Biologique ». Reflet de l'engagement et du respect profond des hommes de CastelBarry pour la préservation de l'environnement, ce paysage viticole se parcourt, se découvre et s'observe. Depuis 1950, la cave coopérative artisanale unifie la production viticole du village pour élaborer ensemble des vins à la reconnaissance nationale et internationale. Ce sont 130 hommes et femmes qui conjointement depuis plus d'un demi-siècle participent à la préservation d'un paysage et au développement d'une activité économique. En chemin, vous verrez les olivettes des terrasses bordant les vignes de Montpeyroux. Elles façonnent le paysage et apportent un complément de ressources aux vignerons. La sieste sous leur feuillage y est divine ! Le terroir de Montpeyroux est quant à lui considéré comme un grand terroir en Languedoc, l'un des plus beaux et des plus réputés. Riche d'une diversité de sols, d'une présence en eau, d'un climat méditerranéen clément pour la culture de la vigne, d'une nature sauvage préservée, Montpeyroux a fait naître au fil des années des grands vins de référence.

À voir : le vignoble de CastelBarry, des oliveraies et des oliviers remarquables, le hameau du Barry, le castellas, ensemble fortifié du XIIIe siècle, site classé depuis 1943, partiellement restauré en 2010. Beau point de vue au sommet du mont Redon.

CHATEAU SAINT-MARTIN DES CHAMPS

Domaine Saint-Martin des Champs
MURVIEL-LÈS-BÉZIERS ✆ 04 67 32 92 58
www.saintmartindeschamps.com

Basse saison : ouvert du lundi au samedi de 9h à 18h. Haute saison : de 9h à 19h30. Visites. Gîtes de France 3 épis.

Pierre et Michel Birot sont des vignerons d'expérience, en cultivant ces terres centenaires transmises de père en fils depuis 1675. Ils prennent en charge un vignoble de 90 ha sur sols argilo-calcaires, exposé au sud. L'élevage de leurs vins se fait en fûts. Ils produisent entre autres des rouges équilibrés qui laissent s'exprimer le terroir schisteux. Mention spéciale aux AOP St Chinian en sélection (rosé et rouge) et à la Gamme Méli Mélo (blanc, rosé et rouge).

LA MIELLERIE ROUQUETTE

43, rue des Lavandes - **PAULHAN**
✆ 04 67 25 04 40
www.miel-rouquette.fr
Ouvert du mardi au samedi de 9h à 12h et de 14h30 à 18h. Vente direct et boutique en ligne. Visites guidées.

Cette exploitation apicole, créée en 1960 par Charles Rouquette, est devenue l'une des plus importantes de la région dans les années 1980. Tout au long de l'année, vous pouvez y déguster tous les produits de la ruche : miels à toutes les sauces (au thym, à la lavande, de chardon, de châtaignier, de romarin), gelée royale, pain d'épices, brut de miel, vinaigre de miel, nougats... Charles Rouquette organise également des visites d'une durée de 1h30 afin de découvrir l'activité d'apiculteur, elle se termine par une dégustation.

LA FERME D'AURÉ

Route de Neffies - **ROUJAN**
✆ 06 11 13 40 44
www.mohair-et-lama.com
Haute saison du dimanche au vendredi de 17h à 19h30. Adulte : 5,50 €. Enfant : 3,50 €.

Dans sa petite ferme, Aurélie produit une fabuleuse laine mohair. Au cours d'une visite guidée, au rythme des saisons, en groupe, en famille ou entre amis, elle vous conte l'histoire des chèvres angora et des lamas. Les naissances ont lieu d'avril à juin. Les tontes se déroulent pendant les vacances de février et d'été. Immersion totale dans les troupeaux, avec caresses, tendresse, et des moments de surprises assurées. Boutique mohair sur place. Repartez avec pull, poncho, étole, écharpe, chaussettes, snood, autres vêtements tout doux et des accessoires de mode.

LES RUCHERS DU PATUS

1568, rue du Patus
SAINT-GÉLY-DU-FESC
✆ 06 80 13 47 13
Le mardi et le mercredi de 9h à 12h, le vendredi de 14h à 18h. Visite. Dégustation.

De la faune et la flore des garrigues à la dégustation des miels en passant par le travail des abeilles, vous pourrez découvrir à Saint-Gély, une exploitation apicole qui fonctionne exclusivement à l'énergie solaire. Côté ferme, on découvre 12 à 14 variétés de miel différents (miel de Montagne Agréé, miel de forêt, miel des Cévennes, miel de Causses, miel de garrigue, miel de thym, miel de romarin, miel de lavande, miel de châtaignier, miel de bruyère blanche, miel d'acacia), de la gelée royale, du pain d'épices et des bonbons au miel.

AUX PETITS SABOTS

5, rue des quatre coins
SAINT-JEAN-DE-LA-BLAQUIÈRE
www.auxpetitssabots.com

Aux confins des Cévennes, Virginie et Nicolas ont repris avec bienveillance l'asinerie Aux Petits Sabots. A la tête d'un micro-cheptel au sein duquel naissent chaque année un à deux ânons, le couple valorise le lait des mamans dans la production de savons et cosmétiques. Les ânesses, qui restent une bonne année auprès de leur petit, sont traites à la main. Ce lait frais est mélangé à d'autres matières premières naturelles pour aboutir à un produit fini : savon, crème pour le visage, lait corporel, shampoing-douche aux propriétés hydratantes et apaisantes.

ERMITAGE DU PIC SAINT-LOUP

Rue Cami-Lou-Castelias
SAINT-MATHIEU-DE-TRÉVIERS
✆ 04 67 54 24 68
www.ermitagepic.fr
Visites jusqu'à 15 pers du lundi au samedi de 9h à 12h et de 14h à 18h. Fermé dimanche et jours fériés.

Pierre, de formation agricole, s'occupe de la vigne, et Xavier, le cadet diplômé d'une école de commerce, gère la commercialisation. Une entreprise familiale soudée et engagée, pratiquant des méthodes naturelles à la vigne comme à la cave, pour améliorer la qualité des vins de l'exploitation. Jean-Marc est fier de compter aujourd'hui dans le pays 50 % de vignerons en lutte raisonnée et 20 % en agriculture biologique. La conversion du domaine est aujourd'hui bel et bien engagée !

CROQUEZ DU FRAIS

D109 De Grates
TEYRAN
✆ 06 81 74 32 53
croquez-du-frais.fr

Marjory et Sébastien ont repris ce magasin de fruits et légumes en 2018. Lui est producteur primeur de père en fils depuis 4 générations. Expropriés de Lattes car son exploitation se trouvait sur le passage de la nouvelle ligne TGV, ils ont monté leur entreprise Croquez du frais au concept très simple : il suffit de réserver par téléphone un panier composé de légumes et fruits de saison, avant de se le faire livrer ! Le plus : la machine réfrigérée capable de répondre, tous les jours, de 7h à 22h, aux envies de fruits et de légumes frais des habitants du coin.

OENORANDO « ENTRE CANAL DU MIDI ET VIGNOBLES »

VILLENEUVE-LÈS-BÉZIERS

Itinéraire disponible en version papier à l'Office de tourisme ou téléchargeable sur www.beziers-mediterranee.com

Aux portes de Béziers, sur le territoire de Villeneuve-lès-Béziers, le vignoble s'étend sur les rives du canal du Midi. L'Oenorando vous mènera à la découverte des paysages et de la mosaïque de cépages, en IGP Pays d'Oc et IGP Coteaux de Béziers, qui profitent des influences maritimes sur des terroirs de galets roulés, caressés par le vent local. La balade dure environ 3 h et permet de marcher 10 km. Puisque vous êtes là, imaginez un instant... Il y a ne serait-ce que 60 ans, au lieu des semelles de vos godillots de rando, on aurait vu s'imprimer sur cette terre battue les fers des chevaux qui halaient les péniches. Ces bateaux ventrus, pansus, dont les flancs regorgeaient de tonneaux de vin d'ici descendaient le canal vers Sète, avant de partir vers de lointains ailleurs... Ou remontaient vers Toulouse, pour abreuver ceux qui travaillaient dur, sous le soleil comme dans les usines. Tout ce « sang de la vigne », produit dans les parcelles alentour, était mis en tonneau, chargé et acheminé par l'artère essentielle qu'était le canal du Midi. L'œuvre de Riquet a en effet largement contribué à l'essor économique du Languedoc, depuis sa création au XVIIe siècle : grâce au transport fluvial bien sûr, mais aussi à l'eau du canal, qui a irrigué des milliers d'hectares de terres agricoles, entre Toulouse et Sète. On transportait essentiellement le vin, mais aussi des céréales, des textiles, du charbon. Et puis des passagers, qui voyageaient bien plus vite ainsi, et surtout plus sereinement que dans des carrosses inconfortables, sur des routes défoncées, à la merci de « bandits de grand chemin ». À Villeneuve-lès-Béziers, ils franchissaient deux écluses, relativement proches : celle d'Arièges, à 9 m d'altitude au-dessus du niveau de la mer ; et celle de Villeneuve, qui « culmine » à 6 m d'altitude.

À voir : Les arches de l'aqueduc de détournement de l'Orb, vestiges à voir dans l'avenue André-Palmade. Il fut construit de 1745 à 1747 et provoqua une pénurie d'alimentation d'eau à Villeneuve...

À savoir : En 1631, Villeneuve devint « lès Béziers ». Avant, il s'appelait « la Crémade », car le village fut ravagé par un incendie, au moment du Sac de Béziers, en 1209, pendant la Croisade contre les Cathares.

À déguster : Les vins d'Alma Cersius, au caveau de vente de la coopérative, labellisée Vignobles & Découvertes, 3, avenue André-Palmade à Villeneuve-lès-Béziers, 04 67 37 77 43. De délicieux crus qui raviront tous les palais.

CHEZ ELIANE

VILLEVEYRAC

Véronique et Michel Garcia vous accueillent Chez Eliane, une exploitation familiale maraîchère et arboricole où ils vendent fruits et légumes de saison. On pourra ainsi acheter directement sur place : pêches, abricots, cerises, figues, melons, prunes, raisin de table, pommes, mais aussi des asperges, tomates, courgettes, poivrons, pommes de terre. La dégustation est gratuite et on retrouve Véronique et Michel sur les marchés locaux : le jeudi et le dimanche à Mèze, le mercredi, le jeudi et le vendredi à Sète et le dimanche matin au marché d'Antigone à Montpellier.

LA FERME DES SAVEURS

Route de Loupian

VILLEVEYRAC

✆ 06 75 40 03 52

Ouvert tous les jours de 16h à 19h. Visite guidée. Boutique.

Terre de richesses, la lagune de Thau se pose comme un pays de saveurs et de découverte. Dans cette exploitation gérée par des passionnés, le public a l'occasion, lors de visites pédagogiques, de s'informer sur l'élevage de chèvres et la fabrication de délicieux fromages. Sur place, la production se fait de manière responsable et maîtrisée. Les visiteurs auront d'ailleurs l'occasion de goûter les productions locales telles que le yaourt au lait de chèvre et les bûchettes. Attention : les visites organisées et les dégustations se font uniquement sur réservation.

LE MOULIN DE LA DENTELLE

34, rue du Sautaroch

VILLEVEYRAC

✆ 04 67 74 21 71

www.moulindeladentelle.com

Mieux vaut appeler avant.

Le Moulin de la Dentelle, c'est une entreprise familiale créée en 2009 mais c'est surtout le premier moulin privé de Villeveyrac depuis la fin des années 50. Muriel, la moulinière, s'emploie à fabriquer dans les meilleures conditions l'huile de sa production mais aussi celles des petits apportants des villages environnants. Le Moulin de la Dentelle utilise des huiles issues de variétés ancestrales du Languedoc, telles que la lucque, la picholine, l'olivière ou la bouteillan, toujours avec le souci d'une agriculture raisonnée.

CHÂTEAU EUGÉNIE

Rivière-Haute
ALBAS
✆ 05 65 30 73 51
chateaueugenie.com
Ouvert du lundi au samedi 9h30-12h30/14h-19h et le dimanche en été.

Vigneron indépendant, la famille Couture vous présente ses grands vins de Cahors, ainsi que sa gamme d'IGP Côtes du Lot, son apéritif traditionnel le ratafia et son jus de raisin. L'histoire de la passion de la vigne débute en 1470 dans la famille Couture, où l'on retrouve la trace d'un ancêtre, vigneron du seigneur d'Albas. Plus récemment, l'empreinte d'une arrière-arrière-grand-mère a donné son prénom à la propriété, et tous ces ancêtres ont légué des siècles de savoir-faire et d'amour pour le précieux liquide en robe grenat.

LES RUCHERS DE L'HORT

BELLEFONT-LA-RAUZE
✆ 05 65 24 51 58

Les abeilles sont ici dans un environnement idéal, avec la variété des senteurs qu'offre les fleurs de colza, l'acacia, le châtaignier, la bruyère ou encore les fleurs de tournesol. Des 350 ruches, Jean-Michel et Valérie tirent du miel, du pollen, du propolis, du pain d'épice (toujours aussi bon !) et de la gelée royale pour ce concentré de bienfaits que procure le miel. Du miel le plus doux au miel le plus corsé – notamment celui de châtaignier (plus il est foncé, plus il est corsé), vous en trouverez un forcément à votre goût.

FERME DE LARCHER €€

Larcher - **COEUR-DE-CAUSSE**
✆ 05 65 31 10 39
www.fermedelarcher.com
Ouvert de Pâques à Toussaint tous les week-ends de mai, juin et septembre et 7/7 en juillet à août.

Patrick et Cécile avec leur fille Emmanuelle continuent le travail du canard sur la ferme commencé il y a 4 générations. Ils proposent leur savoir-faire à travers la vente des produits fermiers (foie gras, fritons de canard, pâté quercynois...) et la table en saison. Une adresse où le canard est roi (et l'agneau excellent), couronnée d'une qualité constante comme maître-mot. En saison, la Ferme ouvre sa table et sert ses produits. Pensez à réserver à l'avance, l'adresse est très prisée, pour sa qualité d'accueil tant que pour la qualité des produits !

LES SENTEURS DU QUERCY

Mas de Fraysse
ESCAMPS
✆ 05 65 21 01 67
www.senteursduquercy.com
Du mardi au vendredi de 10 h à 12 h et de 14 h à 18 h ou sur RDV (par téléphone ou email).

La pépinière d'Escamps est un véritable festival de senteurs. D'avril à juin, les couleurs varient et les formes offertes par dame Nature se révèlent magiques. À noter la fleuraison des iris en mai, où vous pourrez observer l'une des collections les plus vastes de France. L'équipe sur place est passionnée et passionnante. N'hésitez pas à poser des questions que vous soyez novices ou passionnés curieux. Outre la pépinière qui propose la vente d'espèces en tout genre, les amateurs trouveront sur le catalogue en ligne des espèces plus rares !

PISCICULTURE LE GOUFFRE DU BLAGOUR

Blagour - **LACHAPELLE-AUZAC**
✆ 05 65 37 83 93
www.gouffredublagour.com
Ouvert 7/7 en période de pêche 7h30-12h/14h-18h. Restaurant midi env. 20 €. Boutique. Animations. Pêche à la truite.

Sur les berges du Blagour, les propriétaires de ce coin des délices vous font déguster les produits de leur jardin mais sont surtout très fiers de cuisiner la reine des lieux : la truite. Déclinée sous toutes ses formes, c'est leur spécialité, leur savoir-faire. Tous leurs poissons sont issus de leur élevage et transformés sur place ! Pour les amateurs de pêche, il est possible d'apprécier les poissons que vous avez pêchés vous-même ! Un concept unique, ludique et original.

TRUFFES PASSION

151, chemin du Joncas - **LIMOGNE-EN-QUERCY**
✆ 06 21 52 77 70
www.truffespassion.fr
Les vendredis à 10h30 sur réservation découverte du marché aux truffes en hiver et dégustation. Adulte 6,50 €.

Marie-France Ourcival est Madame *tuber melanosporum*, la truffe noire du Périgord ! Passionnée du diamant noir, elle entraîne les visiteurs dans l'univers de la truffe et leur en fait découvrir les moindres secrets. Elle guide les papilles lors de journées dédiées. La journée débute de bonne heure sur le marché aux truffes de Limogne. En saison (décembre à mars), la visite se poursuit dans un verger truffier où elle fait une démonstration très pointilleuse de «cavage», avec un chien dressé à cet usage. Sur réservation, Marie-France propose une petite dégustation.

LA FERME DE BORIE

MIERS
✆ 05 65 33 43 03
www.lafermedeborie.com
Sur réservation.

Non loin du célèbre gouffre de Padirac, Daniel, Isabelle et Guillaume Lavergne élèvent des canards gras. C'est une histoire de famille puisque les Lavergne pratiquent le gavage depuis trois générations. Ils élèvent également des volailles fermières. Sur l'exploitation, ils organisent des stages de cuisine pour vous initier à la cuisine du canard gras. Le stage de trois jours comprend également l'hébergement en chambre d'hôtes à 800 m de la ferme, la restauration à partir des produits de la ferme essentiellement et les conserves concoctées pendant le stage.

DOMAINE DU SOULEILLAN

Flottes
PRADINES
✆ 05 65 35 61 72
domainedusouleillan.com/
Ouvert du lundi au samedi 10h-12h30/14h30-19h et 7/7 en été. Livraison possible.

Souleillan signifie « Soleil levant » en occitan. Il se lève et réchauffe les coteaux argilo-calcaires idéalement exposés à l'est. Les vignobles sont répartis sur les 22 hectares du domaine et travaillés avec passion depuis 1800 et les arrière-grands-parents Honoré et Marie. Les différents cépages sont le malbec, le merlot, le jurançon noir, le chardonnay et le sauvigon. Tous élaborés dans la tradition et le savoir-faire acquis depuis 4 générations. Ce domaine familial été primé par plusieurs médailles. Vous y découvrirez une dizaine de vins de pays et AOC Cahors.

LA BORIE D'IMBERT ★★

D247 - **ROCAMADOUR**
✆ 05 65 33 20 37
www.laboriedimbert.com
Ouvert toute l'année. Vente à la ferme. Visite gratuite. Atelier découverte en été. Panier pique-nique.

La Borie d'Imbert vous immerge dans le patrimoine rural du Lot. Rien ne manque dans ce lieu restauré avec soin pour comprendre le monde agricole : animations, démonstration d'élevage de cochons et de chèvres, participation à la traite des chèvres (de 17h à 19h), vente de fromages issus de l'exploitation et de produits de terroir. Durant la saison, vous pouvez vous constituer votre panier pique-nique avec les produits vendus à la boutique. La visite de la ferme est gratuite et vous permet d'avoir accès à toutes les étapes de production.

LA FERME DES CAMPAGNES

Lieu-dit Les Campagnes - **ROCAMADOUR**
✆ 05 65 33 62 54
www.ferme-des-campagnes.com
Boutique ouverte à l'année. Visite gratuite d'avril à fin septembre. Vente assiettes complètes 8 et 12 € en été.

La ferme des campagnes offre son savoir-faire depuis 1972. Démonstration de gavage, explication de l'élevage du canard, parcours des locaux de la conserverie, présentation de préparation des produits (foie gras, confits...) et possibilité d'achat de toutes les fabrications sur place après les avoir dégustées. Une production familiale et artisanale, pour cette ferme qui vend toute sa production en frais ou conserves sans intermédiaire. Vous y trouverez également le vin Amadour que la famille Salgues élabore avec d'autres vignerons.

LA MAISON DES ABEILLES

Route de Gramat
ROCAMADOUR
✆ 05 65 33 66 98
le-pain-d-epice-du-quercy.com
Fermé d'octobre à mars. Ouvert tous les jours de 10h à 12h30 et de 14h à 19h. Boutique. Gratuit.

Entrez dans un rucher vivant ! 300 m² climatisés en accès libre vous permettent d'observer au travers d'une baie vitrée la vie intense des abeilles domestiques, vaquant à leurs occupations. Un véritable document vivant sur cet univers fascinant de l'apiculture qui permet d'appréhender la vie des abeilles et la fabrication du miel. Après la visite du musée, profitez d'une dégustation gratuite des fameux produits de la ruche et de la noix. A côté du musée, une boutique propose du pain d'épices du Quercy et des produits dérivés issus de l'apiculture.

FOIE GRAS MARTEGOUTE

Route de Cazals - **SALVIAC** ✆ 05 65 32 00 79
www.foiegras-martegoute.fr
Ouvert du lundi au vendredi de 9h à 12h et de 14h à 18h30 ; le samedi de 9h à 12h. Livraison possible.

Bien connus des gourmets du Sud-Ouest, les foies gras de Philippe et Isabelle Martegoute sont une référence de qualité. Les canards sont gavés sur place et transformés aussitôt, assurant fraîcheur et qualité des produits. La boutique dispose d'un rayon frais pour ce qui est des magrets, foie gras frais, aiguillettes... Comme toute bonne épicerie qui se respecte, d'autres produits du terroir trouvent leur place sur les étals avec du vin de Cahors, le gâteau aux noix de Rocamadour, la confiture de châtaignes... Conseils, qualité et excellent accueil au rendez-vous.

GAEC DE PIN

L'Altaret
ALLENC
✆ 04 66 47 65 03
Accueil à la ferme et ventre directe tous les jours. CB non acceptée.

Installée sur les terres préservées de Margeride, Martine Peytavin conduit un troupeau de bovins en agriculture biologique. Ses vaches, nourries d'herbe et de foin donnent du bon lait et un fromage au lait cru entier : Lou Jarlou, à la pâte molle fruitée, douce et crémeuse. Ces produits, fruits d'un patient travail artisanal et d'un savoir-faire paysan, sont en vente directe à la ferme, mais aussi au Super U de Mende. Martine et ses belles valeurs ont aussi conquis l'AMAPP du Gévaudan, et le marché de Bagnols, où l'éleveuse propose fromage et lait chaque jeudi.

LES AUROCHS DU GIRALDES

ARZENC-DE-RANDON
✆ 04 66 47 92 70
www.vacances-en-lozere.com
Visite mardi et jeudi de 14h à 18h. Sur réservation. Adulte : 5 €.

La ferme de découverte de la famille Amarger nous permet de découvrir l'aurochs, l'ancêtre préhistorique de notre bœuf commun. En fait, ce bovidé avait disparu. Il a été « reconstitué » à partir de races rustiques croisées et se trouve parfaitement à son aise sur les rudes terres de la Margeride. Après une promenade pour observer les aurochs, on revient dans la grange. Le musée retrace en première partie l'historique de l'aurochs primitif, mais aussi présente de nombreux outils et une belle évocation de la Margeride. Gîte sur place.

LE ROC DE L'AIGLE €€

Hameau de Malaval - **BRÉNOUX**
✆ 04 66 31 46 75
www.v.malzac.free.fr
Ouvert à midi sur réservation. Réservation impérative. Repas adulte 25 €, enfant 14 €.

A 8 km de Mende, dans un ancien corps de ferme typique du Causse, Vincent Chaptal élève poulets, agneaux, veaux et bovins pour fournir sa table d'hôtes. Le repas du jour est toujours copieux : entrée froide, entrée chaude, viande + légumes, plateau de fromages et ronde des desserts. Selon les jours, vous y dégustez charcuterie maison, salade de magret, tourte forestière, feuilleté à la truite, navarin d'agneau aux pruneaux et amandes, sauté de veau forestier, gâteau à la châtaigne ou tarte poires-chocolat. Une cuisine de terroir, généreuse à l'image du patron.

LES BRASSEURS DE LA JONTE

Lieu-dit Le Castel - **GATUZIÈRES**
✆ 07 87 20 88 68
www.lesbrasseursdelajonte.fr
Haute saison : ouvert du lundi au vendredi. Ouvert ts les jours d'avril à septembre.

Dans un ancien moulin, Jean et Thomas brassent des bières artisanales A base de l'eau pure de l'Aigoual, des houblons, et de quelques sortilèges locaux si possible. Chaque bière porte un nom lié au terroir ou aux traditions brassicoles. La Fario évoque la truite sauvage des rivières cévenoles. La Ratapenada – chauve-souris en occitan – renvoie aux pipistrelles qui occupent la salle de dégustation en hiver. La Fauve suggère les vautours qui rôdent au-dessus de la brasserie.

CHEVAUX DE PRZEWALSKI ★★

Le Villaret - **HURES-LA-PARADE** ✆ 04 66 45 64 43
www.takh.org
Accès mardi au dimanche de 9h à 20h. Accueil mardi au dimanche de 14h à 19h. Visites guidées mardi et vendredi à 10h.

Unique espèce de cheval sauvage au monde, le cheval de Przewalski, du nom de son découvreur, est originaire de Mongolie. Il y a 20 000 ans on faisait son portrait dans les grottes rupestres. Depuis 1990 l'Association Takh a reconstitué un troupeau à partir de chevaux issus de différents zoos d'Europe. Depuis 2019 ils sont habilités à organiser chaque année des visites à l'intérieur de l'enclos de 400 hectares par petits groupes de moins de 15 personnes. Ils sont parfois visibles depuis la clôture mais il se peut qu'ils soient derrière un relief, donc invisibles.

COOPERATIVE LAITIERE DE LA HAUTE-TRUYERE

Route de Saint-Alban
LE MALZIEU-VILLE
✆ 04 66 31 75 76
Ouvert du lundi au samedi de 9h à 12h30 et de 16h à 19h. Vente directe.

Cette coopérative qui s'étend sur le nord de la Lozère et le Cantal procure aux amateurs de produits laitiers, un beurre fermier de qualité et plusieurs types de fromages : une tomme au lait cru, un petit berger [Le Berger de Lozère] et de petites fourmes de bleu au lait de vache [la Fourmette Douce Bleue] ou de brebis. Autant de spécialités qui méritent que l'on y goûte, d'autant qu'ils sont très souvent récompensés dans les concours agricoles.

LA MAISON DES PAYSANS

Place René-Estoup
MENDE
✆ 04 66 41 08 34
Ouvert du mardi au samedi de 10h à 13h et de 15h à 19h.

Du producteur au consommateur, sont proposés miels, confitures, légumes, volaille, porc, viandes d'agneau ou bovines mais aussi pâtés et conserves, fromages de chèvre, brebis et vache, pain et fouace (un régal), tisanes et aromates, et même foie gras ! Un tour de Lozère gourmand sur quelques mètres carrés, avec un dénominateur commun : la qualité, des produits sains. Les producteurs se relaient pour tenir le magasin et partager leur vision du métier, de l'alimentation. De l'artisanat local vient compléter la boutique, dans cette idée de promouvoir le terroir.

FERME-AUBERGE LE CANTOU DU PONCET €€

Poncet - **PONT DE MONTVERT - SUD MONT LOZÈRE**
✆ 04 66 45 85 17
www.latchourette.com
Ouvert toute l'année. Menu unique à 27 €. Menu enfant : 12 €.

Derrière sa façade de blocs de granit, cette ferme du XVIIe siècle est représentative de l'habitat traditionnel. Florence Pantel utilise ici sa production pour élaborer le repas du jour constitué de façon immuable par la salade de saison, la tourte, le gratin, le plat de viande accompagné de pommes de terre, le fromage et le dessert maison. On y vient pour goûter à une vraie cuisine du terroir au travers du menu unique de cette étape gourmande, en plein parc national des Cévennes.

LE MERLET €€

Le Merlet - **PONT DE MONTVERT - SUD MONT LOZÈRE** ✆ 04 66 45 82 92
www.lemerlet.com
Menu unique à 27 €. Enfant : 14 €. Casse-croûte : 9,50 €. Gîtes pour 2 à 4 personnes de 360 à 750 €/semaine selon la saison.

Le Merlet est une charmante maison familiale, adossée à une ferme, et qui se décline en différentes activités. Outre les gîtes et les chambres d'hôtes, le site met chaque soir le couvert pour ses invités. Philippe et sa fille Perrine, qui veillent sur les lieux et sur le troupeau de moutons, proposent une cuisine de terroir : la viande est celle de l'exploitation ou des voisins, et le vin est fourni par les copains du Gard. Les recettes sont plutôt classiques mais leur goût réveille immanquablement de merveilleux souvenirs. On recommande !

LA FERME DE FIOUGAGE

SAINT-AMANS
✆ 04 66 47 34 65
Fermé en décembre. Haute saison : ouvert tous les jours de 14h à 19h. Hors saison le week-end. Payant.

Au-dessus d'un vallon, cette exploitation s'est lancée dans l'élevage de cervidés. Aussi, aux côtés du troupeau de moutons, peut-on voir des cerfs en semi-liberté, auxquels tient parfois compagnie un âne. En même temps que sont expliqués les modes de vie de ces animaux, les visiteurs sont conduits vers un bâtiment rénové où sont présentées de vieilles machines qui racontent le travail de l'éleveur et les traditions d'un pays. Une petite exposition est consacrée au travail de la laine et la visite se termine sur l'impressionnante collection de bois de cerfs.

LA FERME BIO DU GÉVAUDAN

SAINT-FLOUR-DE-MERCOIRE ✆ 06 85 91 82 57
www.lafermebiodugevaudan.com
Visite possible de l'exploitation.

Installé sur la commune de Saint-Flour-de-Mercoire, Sébastien élève des vaches de race Aubrac et charolaise. Ses quinze mères et le taureau s'ébrouent en plein air toute l'année : aux beaux jours dans les pâtures, et dès les premiers assauts de l'hiver lozérien, dans les bois ou dans un bâtiment en bois ouvert sur l'extérieur. Sébastien nourrit ses bêtes avec les productions végétales de son exploitation : foin et céréales variées -blé, orge, seigle… Et propose en vente directe, à la ferme, leur viande : steaks et steaks hachés, pot-au-feu, rôti, abats, bourguignon…

LA FERME DE LA TOISON D'OR

Meyrilles - **SAINT-JEAN-LA-FOUILLOUSE**
✆ 04 66 69 53 17
Fermé d'octobre à mai. Haute saison ouvert tous les jours de 10h à 18h. Adulte : 7 €. Enfant de 2 à 17 ans : 5 €.

Installée dans un parc de 6 hectares, sur les hauts plateaux de Margeride, cette ferme invite à la balade et à la découverte des animaux. Lamas, chèvres angora, moutons, ânes, cochons, chinchillas, lapins, poules et cochons d'Inde. Un seau de grains en main, les enfants pourront les nourrir. La visite se poursuit dans les anciens bâtiments de la ferme avec les outils d'autrefois, un diaporama, une exposition sur le travail de laine et la vie du berger. Aires de jeux et de pique-nique.

LES FAÏSSES DE LA BLICHÈRE €€

SAINT-JULIEN-DES-POINTS

✆ 04 66 45 53 12

www.ferme-auberge-blichere.fr

Ouvert de Pâques à la Toussaint. Menus de 19 € à 27 €. CB non acceptée.

La ferme auberge de Monique et Robert Aigoin vous accueille dans leur ferme auberge très chaleureusement. Au programme, des plats traditionnels cévenols comme le bajana, et des spécialités cuisinées à partir des productions maison : lapins, miel… Tout autour, des possibilités de balades que vous suggéreront vos hôtes. A noter la présence d'un cimetière protestant sur les terres de la ferme, datant des guerres de religion, un des plus grands répertoriés sur les Cévennes.

LES LOUPS DU GÉVAUDAN ★

Sainte-Lucie

SAINT-LÉGER-DE-PEYRE

✆ 04 66 32 09 22

www.loupsdugevaudan.com

Haute saison ouvert tous les jours de 9h à 19h. Adulte : 15 €. Enfant de 3 à 11 ans : 12 €.

Cet espace est entièrement consacré au loup depuis 1985, à l'initiative du journaliste animalier Gérard Ménatory, passionné par cette espèce animale. Aujourd'hui, sur 25 ha, il est devenu l'un des lieux les plus touristiques de la Lozère et abrite plus d'une centaine de loups, représentant les cinq sous-espèces. Celle de Pologne : loups d'assez haute taille, aux soles plantaires larges, d'un gris fauve. Celle de Sibérie : haute taille, couleur beige clair, soles plantaires larges. Celle de Mongolie : pelage fauve parfois presque roux, taille moyenne avec environ 70 cm au garrot. Celle du Canada : noir, blanc ou gris selon leur lieu de vie, taïga, toundra ou forêt classique, de grande taille, avec de larges soles plantaires pour courir sur la neige, oreilles courtes. Et celle de l'Arctique tout blanc. En 1991, le parc a accueilli 80 loups sauvés par la Fondation Brigitte Bardot. La population actuelle se régule naturellement. Les loups vivent en meute autour d'un couple dominant. Durant les visites guidées, vous découvrez l'éthologie du loup en détail. Pour la beauté de leur fourrure splendide sur la neige, venez en hiver. Le moment du nourrissage, en fin d'après-midi, trois fois par semaine, est impressionnant. La visite passe par un espace muséographie autour des mythes et légendes liés au loup, dont celle de la Bête du Gévaudan, et des particularités de l'espèce et de l'actualité. Le parc propose un espace réservé aux enfants avec atelier dessin. Possibilité de visite nocturne et même de passer la nuit sur place.

RÉSERVE DES BISONS D'EUROPE ★

Sainte-Eulalie-en-Margeride - **SAINTE-EULALIE**

✆ 04 66 31 40 40

www.bisoneurope.com

Haute saison tous les jours de 10h à 18h. Visite guidée en calèche + musée : 16 €. Enfant de 3 à 11 ans : 9 €.

En calèche ou en traîneau en hiver, escorté par des guides aussi savants que sympathiques, la balade d'une heure à travers le parc est en elle-même un grand moment, avec ses points de vue sur la Margeride ! En traversant la forêt, on pourra découvrir quelques spécimens du plus grand mammifère d'Europe. Réintroduit dans les années 1990 alors qu'il avait disparu depuis les années 50 des paysages de Lozère et était en voie d'extinction en Europe, ce bison-là a des racines polonaises, ce qui lui a permis de s'adapter parfaitement aux rudes conditions de vie de la Margeride. Selon la saison on rencontrera plus facilement les mâles, plus rarement, quelques femelles accompagnées de leurs « petits ». Bien qu'en captivité et nourris par le personnel de la réserve, ils restent sauvages et ne se laissent pas facilement approcher. C'est pour cela, entre autres, que le parc abrite quelques cousins américains légèrement plus domestiqués, aux différences morphologiques très marquées. En complément de la visite, un espace muséographique permet de mieux connaître cet animal qui a traversé les siècles depuis la préhistoire. Sur place également, un restaurant sert essentiellement des produits issus du terroir lozérien, qui se renouvellent selon les saisons. En été, pâté de campagne, jambon sec du pays, fromages s'accompagnent de salades généreuses, tandis qu'en hiver, les soupes viennent réchauffer ceux qui ont choisi de découvrir le parc sous son beau manteau blanc.

LES ABEILLES DU CANTOU

Village - **TERMES**

✆ 04 66 31 19 62

Du 1er avril au 30 septembre : tous les jours de 14h30 à 18h30 (sauf le dimanche). En période scolaire : 14h30 à 18h30.

Gisèle et Jean-Claude Ponsonnaille veillent sur un peu plus de 300 ruches. A la belle saison, ces apiculteurs passionnés font une démonstration de toutes les étapes de l'extraction du miel. Le miel est aussi matière première pour de nombreuses spécialité comme les cookies, le nougat, le traditionnel pain d'épices ou l'insolite caramiel, délicieuse pâte à tartiner. En saison, la visite commentée de la miellerie est complétée par une vidéo avant dégustation dans la belle salle voûtée, où l'on trouve en plus des productions maison de nombreux autres produits locaux.

LE PAYSAN CATALAN

Route de Saint-Cyprien
ALÉNYA
✆ 04 68 22 78 81
www.paysancatalan.fr
Ouvert toute l'année du lundi au vendredi de 9h à 18h30. Le samedi et dimanche de 9h à 12h30.

Chez ce producteur de fruits et légumes qui travaille en agriculture raisonnée, vous aurez de quoi faire le plein de vitamines ! Selon la saison, salades, haricots, oignons rouges, fraises, dont les fameuses gariguettes, melons de pays, melons jaunes, pastèques, pêches, abricots, et tout l'été les tomates les plus variées, de la cocktail à la cerise, des cœurs de bœuf, des noires de Crimée… Et puis vous pouvez assister à la fabrication des glaces artisanales et sorbets made in Paysan Catalan avec une vue sur le «Labo», un régal pour les yeux et les papilles.

LA BÊLE CHÈVRE

ARBOUSSOLS
www.la-bele-chevre.com
Accueil, visite et dégustation su RDV. Sur le marché de Eyne en été.

La vie est belle dans ces coins perdus du Haut-Fenouillèdes, la route tourne pour rejoindre la ferme mais la balade vaut vraiment le détour pour contempler de somptueux paysages. Vue imprenable sur le Canigó. Pour revenir à nos moutons (ou à nos chèvres), vous pourrez déguster à la Bêle Chèvre crottins, briques, tommes, bûches et fromages frais, mais aussi de la viande de chevreau (sur réservation selon les saisons). La page Facebook est régulièrement alimentée de vidéos pour suivre le quotidien des chèvres - et vous verrez, elles sont vraiment heureuses !

BRASSERIE CAP D'ONA

29, avenue des Flamants-Roses
ARGELÈS-SUR-MER ✆ 04 68 95 79 09
www.cap-dona.com
Ouvert du lundi au samedi. En haute saison, planches apéritives gourmandes midi et soir. Happy hour de 17h à 19h.

La brasserie Cap d'Ona produit en Pays Catalan depuis 1998 une large gamme de bières traditionnelles blondes et ambrées purs malts ou blanches, mais également des bières aux saveurs du terroir catalan, atypiques au caractère méridional affirmé. Désormais titrée meilleure brasserie de France et la plus médaillée, elle a été élue meilleure bière belge du monde en 2021. Et puis dernièrement « Cap Si Gran » élu meilleur spiritueux du monde. La visite de la brasserie permet de comprendre les différentes phases de la production, du moulin à malt à la mise en bouteille.

DOMAINE SAINT-THOMAS

Chemin de la salanque, Lieu dit las Honors
ARGELÈS-SUR-MER ✆ 06 12 64 57 87
www.domaine-st-thomas.com
Accueil, visite et dégustation. Wine Tour en 4x4, visites privées. Produits du terroir, fruits et légumes. 3 gîtes.

Le Domaine Saint Thomas s'étend sur 25 ha de vignes, 3 ha de cerisiers, 3 ha d'abricotiers, 3 ha d'oliviers. En saison, venez au domaine récolter vos cerises et acheter leurs fruits au caveau. Laurence et Pierre Jean se consacrent à l'œnotourisme : 3 gîtes ruraux 4 épis, location d'une salle vigneronne de 90 places, visite guidée du domaine tout l'été, Wine Tour en 4X4 dans les vignes de Collioure avec pique-nique et dégustation… Mais la force du Domaine Saint Thomas, c'est 3 terroirs viticoles pour offrir une gamme complète pour tous les goûts et les budgets.

TERRES DES TEMPLIERS ★

Route du Mas-Reig - **BANYULS-SUR-MER**
✆ 04 68 98 36 92
www.terresdestempliers.fr
Fermé en janvier. Visite gratuite. Groupes sur réservation. Visites en langue étrangère payantes.

La visite guidée de cette grande cave, qui est un hommage au travail des hommes, vaut vraiment le détour pour la découverte de sa superbe et grandiose salle des foudres que l'on traverse en contemplant de part et d'autre les immenses cuves bicentenaires. A voir absolument ! La visite se poursuit par la dégustation des vins secs et doux. Sur rendez-vous, le caviste Terres des Templiers peut vous proposer des circuits accompagnés à travers le vignoble et la dégustation de grands millésimes. Quant à l'accueil, il est irréprochable et toute l'équipe est fort aimable.

LE MOULIN DES AUXELLES

10, rue Arago
BOULETERNÈRE
✆ 06 15 86 06 40
100% Bio. Hors saison ouvert du lundi au jeudi de 15h à 19h. De juin à septembre du lundi au vendredi de 14h30 à 19h30.

Suite à la découverte d'un ancien moulin à huile sur leur propriété, Jacqueline et Jean, producteurs de cerises et de pêches, ont décidé de le restaurer et de l'ouvrir à la visite. Ils vous en révéleront l'histoire avec passion… car ils adorent tous deux les pierres, les olives et l'histoire. 5 huiles sont produites : la lucques, l'olivière, la verdale et la cayon en monovariétales, et un assemblage de cornicabra et cipressino. Et pour compléter la gamme des plaisirs, Jacqueline et Jean vous feront goûter leurs grenades, amandes et cerises.

LE ROUXBIO

7, rue du Soleil-Levant - **CÉRET**
✆ 07 62 72 52 29
www.rouxbio.fr
100% Bio. Visite de l'élevage sur RDV. Vente à la ferme et sur les marchés. Commande en ligne sur le site internet.

Encore un qui fait parler de lui, quelle vie de cochon ! Ronan élève des porcs rustiques de race Duroc en BIO en Vallespir. La croissance des animaux est lente, nourris principalement de glands qu'ils trouvent sous une forêt de 23 ha. Et ça change tout ! Les porcs sont élevés dans le respect et le bien-être animal. Vous pouvez trouver ses produits (viande fraîche, salaisons : ventrèche affinée, copa, jambon blanc sans sels nitrités) dans divers marchés proches de Céret. Les meilleures tables ont misé sur lui. Les cochonneries de Ronan sont un délice !

TROPIQUE DU PAPILLON ★

Avenue Narcisse-Planas - **ELNE**
✆ 04 68 37 83 77
www.tropique-du-papillon.com
Haute saison ouvert tous les jours et jours fériés de 10h à 19h. Adulte : 10 €. Enfant de 3 à 12 ans : 8 €.

A la sortie d'Elne, sur la route d'Argelès-sur-Mer, le Tropique du Papillon est une grande volière tropicale où évoluent en totale liberté plusieurs centaines de papillons aux couleurs chatoyantes en provenance d'Asie et d'Amérique du Sud. La serre de 800 m² reconstitue le parfait biotope original, avec sa végétation luxuriante et touffue ; la température affiche 30 °C avec un taux d'humidité de 90 %. C'est tout simplement magique, grands et petits vont adorer. Une sympathique sortie, onirique et dépaysante, à faire en famille. A ne manquer sous aucun prétexte !

MOULIN DE MINERVE

64, route Nationale
CORNEILLA-LA-RIVIÈRE
✆ 04 68 57 22 23
http://moulindeminerve.com
Haute saison : ouvert tous les jours de 9h à 12h et de 14h à 18h. Et hors saison sur rendez-vous.

Le moulin de Minerve a été le premier moulin privé des Pyrénées-Orientales. Les propriétaires des lieux, les frères Charles et Pierre De Benedittis, prenant la suite de leur père l'ont ouvert dans les années 2005 afin de presser les olives de leurs 8 ha. Cultivées en agriculture biologique, les olives sont issues principalement de sept variétés. Les huiles qui en découlent sont toutes bio et monovariétales, en fruités vert, au goût médium et léger (sauf la picholine plus ardente) ainsi que quelques variétés italiennes, frantoio....

MAS TERREGALLS

Cami de Védrinyans - **ERR**
✆ 04 68 30 57 62
www.mas-terregalls.com
Ouvert le lundi, le mercredi, le vendredi et le samedi de 8h à 12h et de 17h à 19h ; le mardi et le jeudi de 17h à 19h.

Séverine et Franck élèvent canards gras, pintades et poulets dans leur exploitation de montagne au cœur du parc naturel régional. Ces volailles élevées en «plein Err» sont nourries dans les règles de l'art avec une alimentation 100 % végétale. Toute la chaîne de l'élevage à la vente est maîtrisée - pas d'intermédiaire et surtout un point d'honneur est mis au bien-être animal. Grâce à des formations complémentaires (Séverine a fait des études agricoles et Franck l'école hôtelière), ce couple propose des produits sains et de haute qualité. Le Petit Futé a craqué.

GAEC LA CAZETTE

Route de Batère
CORSAVY
✆ 04 68 39 29 63
www.fromagerielacazette.com
Vente de fromage à la ferme de 8h à 19h30 et traite des brebis de mi-avril à fin novembre.

Quelques km après Corsavy sur la route Batère, la bergerie de la Cazette est facile à trouver, c'est la première et unique ferme à main droite. Quel panorama sur la frontière avec l'Espagne et les sommets de la Alta Garrotxa ! Il faut dire qu'on est à plus de mille mètres d'altitude ici. Dans la bergerie installée sous la maison, vous aurez le choix entre la tomme, les fromages à pâte molle et les fromages frais : mato, yaourt et brousse. La cerise sur le fromage, c'est la visite de la petite cave d'affinage où les tommes sont alignées sur des planches d'épicéa.

CAN MATHILDE

Cami de les Maroxtes
EUS
✆ 06 19 86 13 47
Elevage de cochons en plein air. Accueil et visite sur RDV. Présent sur le marché de Prades et Vinça.

Alexandre et son épouse Aurore élèvent à Eus des porcs en plein air. Travail en famille et amour des animaux pour leur offrir les meilleures conditions de vie. 6 ha en pleine nature au pied du Canigó et face au village d'Eus. Can Mathilde avance à grands pas et gagne peu à peu ses lettres de noblesse dans le cercle plutôt fermé des produits de terroir de haute qualité. De grands restaurateurs leur font déjà confiance et mettent en avant sur leur carte le « TireTaps » (tire-bouchon en catalan), la marque déposée de ce couple d'éleveurs.

LA MIELLERIE DU CAMBRE

5, avenue de Cerdagne
EYNE
✆ 06 71 99 33 98
Horaires variables, se renseigner. Marché de Eyne de mi-juillet à fin août.

Au cœur du vieux village d'Eyne, Amandine et Aurélien vous accueillent dans leur petite boutique au sein de la miellerie. Vous retrouverez bien sûr leurs miels (notre préférence va au miel de montagne - rhododendron) et les produits de la ruche : propolis, savon, miel en rayons... Très engagés écologiquement, ils vous raconteront pourquoi il faut sauver les abeilles et stopper les pesticides à tout prix. Moins résistant que militant, ce couple amoureux de la région (la vallée d'Eyne est une des plus belles des Pyrénées), sillonne les marchés de la région.

LE CALMADOU

6, cami del Couillet - **FORMIGUÈRES**
✆ 09 70 35 63 56
www.lecalmadou.fr
Ouvert tous les jours sauf le mercredi hors vacances scolaires. Fromage de brebis et viande d'agneau. Gîte 3 épis.

Bienvenue à la ferme ! Tout en haut de Formiguères, Françoise et Jean-Pierre vous feront découvrir leur élevage de brebis pour le plus grand bonheur des petits et des grands. L'amour qu'ils ont pour leurs animaux se ressent dans la production et ils seront heureux de vous faire goûter les yaourts et fromages au lait de brebis. Tommes, briques, Pérail, lactiques et brousses, ici tout sent bon la nature et la tradition. Un superbe gîte en bois et pierre labellisé 3 épis est en location à la semaine ou au week-end, une invitation à découvrir les merveilles du Capcir.

FERME PERARNAUD

Cami de Fontrabiosa
FORMIGUÈRES
✆ 06 16 12 53 08
Vacances scolaires : ouvert tous les jours de la semaine de 18 à 20h. Autres périodes : tous les soirs de 18h30 à 19h30.

Dans la famille Pérarnaud, on est fier d'être paysan de père en fils avec le même souci de faire perdurer une tradition qui s'inscrit dans la modernité. A la ferme, on vous propose une succulente viande de bœuf et de veau (on ne vous ment pas, on l'a goûtée !) au détail ou en colis, du lait cru et des fromages frais. Le tourisme devenant un moteur économique de l'agriculture, les Pérarnaud vous ouvrent leurs portes tous les jours à l'heure de la traite des vaches pour vous faire découvrir ce monde paysan de l'intérieur. Un beau voyage au pays de l'authentique.

LE CHANT DE L'EAU - SPIRULINE

Chemin du Mas-Bellonte - **FUILLA**
✆ 06 18 42 21 39
www.lechantdeleau.fr
100% bio. Visites à la ferme possibles sur RDV. Vente en ligne sur le site internet.

Cette microalgue purifiante, stimulante et fortifiante existe depuis plus de trois milliards d'années. Un des premiers êtres vivants à réaliser la photosynthèse, la spiruline a contribué en l'enrichissement en oxygène et était déjà consommée par les Aztèques et les Mayas. Ses bienfaits sur notre organisme sont reconnus et loués. En paillettes ou comprimés, elle est un complément alimentaire réputé pour apporter de nombreux bienfaits sur a santé. Et chez Cédric, elle est 100% bio

PARC ANIMALIER LES ANGLES ★

Pla del Mir
LES ANGLES
✆ 04 68 04 17 20
www.faune-pyreneenne.fr
Haute saison ouvert tous les jours de 9h à 18h. Adulte : 15 €. Enfant de 4 à 14 ans : 13 €.

Il est situé à 1 800 mètres d'altitude, sur l'un des versants du massif du Carlit. Les marcheurs emprunteront le grand circuit pour faire le tour du parc, et observer les cervidés, les marmottes, les loups, les bisons et les ours. La balade est ponctuée d'aires de pique-nique et d'affûts photographiques. Les familles préféreront probablement le circuit court pour voir quelques cervidés et les ours, ou bien suivre le sentier des traces, le sentier préhistorique ou le sentier botanique.

LA MASÍA DEL TAULAT*** €

42, Route d'Eyne
LLO
✆ 07 72 50 46 87
Ouvert toute l'année. 5 chambres, doubles ou triple de 100 € à 170 €. Petit déjeuner inclus. Restauration 26 € à 30 €.

Luxe, raffinement, tout est dans les détails. Un accueil exceptionnel et une cuisine de «vrai» chef avec des produits locaux, de saison cuisinés maison par Michel. Tony, quant à lui s'occupe du service, et quel service. Aux petits soins pour la clientèle, il fera tout pour rendre votre séjour agréable. Le Petit Futé est véritablement tombé amoureux de la Masía del Taulat. Bâtisse de montagne rénovée avec goût, après avoir été fermée pendant 30 ans, elle vous offre une vue sur le Pic du Carlit et le village de Llo avec ses bains d'eaux chaudes à 10 minutes à pied.

MAS LLOSSANES

RN 116, Avenue de Roquefort
MARQUIXANES
✆ 07 83 01 95 15
www.masllossanes.fr
100% Bio. Label Nature & Progrès. Accueil, visite et dégustation sur RDV.

© MAS LLOSSANES

Solenn et Dominique, c'est une autre idée de la viticulture. Lui est œnologue et agronome, elle est sommelière, leur philosophie attire l'attention des grands experts et critiques et les récompenses commencent à pleuvoir. Leurs vins sont caractérisés par des arômes classiques, offrant plus de finesse grâce à la fraîcheur du terroir et des tanins poudrés. Les amateurs de vins vifs et croquants trouveront là leur bonheur ! Professionnalisme et travail d'artisan (voire d'orfèvre) sont les épithètes les mieux adaptés à ce couple passionnant, passionné et attachant.

LA RUCHE DU HAUT VALLESPIR

Mas Can Cazat
MONTFERRER
✆ 06 20 22 16 58
Accueil sur rendez-vous pour une visite complète.

Nathalie vous invite à une belle découverte des saveurs de notre terroir : miel, pain d'épices, confitures et produits de la ruche. Cette passionnée, à travers une vraie dégustation, saura vous initier à l'univers de la ruche, vous parler des vertus du miel et vous présenter ses produits dérivés. Ce n'est pas à côté, mais la route est tellement belle, et une fois là-haut dans la fraîcheur on se croirait au paradis, que ça vaut vraiment le coup de monter.

LE CANARD BIEN ÉLEVÉ DU MAS CANÉ

Gaec le Chevrefeuille - **OMS**
✆ 04 68 39 49 76
www.lecanardbienelevedumascane.com
Ouvert du lundi au vendredi de 10h à 16h. « casse-croûte à la ferme » le mercredi et le dimanche sur réservation.

La famille Vassail-Planes vous accueille dans leur ferme d'une façon conviviale, autour d'un casse-croûte très copieux, et servis avec des vins des locaux. Foies gras, entiers, mi-cuits, à la figue, aux deux poivres, à la truffe, rillettes de canard, confit, magret, terrines et petits plats cuisinés du pays. Vous aurez tout le temps durant la visite de l'élevage et de la conserverie au milieu des chênes lièges et des chênes verts, d'apprécier le travail quotidien de cette famille.

SAFRAN DES ASPRES

Pav. N° 1, 11 rue de l'Orme
OMS
✆ 04 34 29 21 45
www.safran-des-aspres.fr
Ouvert toute l'année. Visites gratuites sur RDV.

Nous vous offrons cette pépite, à la limite des Aspres et du Vallespir où Laurent y cultive le safran au pied du Canigó. Attaché à sa terre, fier de son travail, Laurent vous contera le safran depuis la cueillette, en passant par l'émondage et le séchage. Mais aussi son utilisation médicinale depuis 8 000 ans, anti-dépresseur, antiseptique, cicatrisant, aphrodisiaque, anti-cancérigène… Un vrai « alicament ». Il vous délivrera quelques recettes comme le tiramisu au safran, la crème brûlée au safran et vous fera déguster ses miels et ses agrumes.

ROUTE DES VINS ET DES TERROIRS DU ROUSSILLON

19, avenue de Grande-Bretagne - **PERPIGNAN**
✆ 04 68 34 90 07
www.tourismedeterroir.fr
Fédération Tourisme de Terroir. La bible des épicuriens sur leur site internet !

Tourisme de Terroir en Pyrénées-Orientales est une Fédération très dynamique regroupant un réseau de professionnels qui vous accueillent dans la convivialité et la simplicité. Ces agriculteurs, viticulteurs, apiculteurs ou éleveurs vous ouvriront les portes de leurs exploitations. Ils sont la vitrine vivante du département ! Epicuriens, nostalgiques des goûts de votre enfance, venez à la rencontre de ces femmes et ces hommes amoureux de la nature, attachants et chaleureux !

LES AMIS DES PONEYS

Route de Baho
PÉZILLA-LA-RIVIÈRE

Ouvert le mercredi et le week-end. Tous les jours en vacances scolaires. Visite guidée, animations.

A la ferme des Colombiers, chacun a sa maison : la vache a l'étable, le poney l'écurie, les moutons la bergerie, les poules le poulailler et biens d'autres animaux y sont hébergés : pigeons frisés, paons albinos, lamas, oies, dindons, lapins, canards… Ne dit-on pas que les animaux de la ferme constituent un thème omniprésent de la vie des enfants ? Pour faire comme dans les livres, découvrez celle-ci ; elle traite les animaux avec amour, c'est une ferme pédagogique pour les enfants des villes et en plus elle propose des balades en poney ou en âne.

FERME LA MASOU

PRATS-DE-MOLLO-LA-PRESTE
✆ 04 68 39 71 32

Ouvert tous les jours de 15h à 18h.

Sophie et Rinie élèvent un troupeau de 250 brebis sur les estives au fond de la vallée du Tech. Leur travail est totalement naturel et selon des règles strictes : les animaux mangent de l'herbe, de l'herbe et encore de l'herbe. La traite a lieu de mars à septembre. Lors de la dégustation, vous aurez le choix entre tomme, pâtes molles, mato, brousse, fromage blanc et yaourt. Si les routes sinueuses du Vallespir vous donnent le vertige, vous pourrez rencontrer Sophie aux marchés de Plats-de-Mollo (vendredi) et de Céret (samedi).

LAITERIE FROMAGERIE DU MAS GUITER

SAHORRE
✆ 06 16 71 43 48

100% Bio. Réseau Bienvenue à la Ferme. Accueil et visite sur RDV. Marchés de Prades et Vernet les Bains.

Installée en agriculture BIO depuis quelques années, cette famille élève des vaches de race Montbéliarde. Chez eux et comme dans de nombreuses exploitations en milieu rural, traite des animaux, transformation et vente sont réalisés sur place. Tous les produits sont délicieux (tomme, moelleux, faisselle, fromage frais), vous vous en doutez. L'accueil du public se fait sur rendez vous mais sachez que vous êtes conviés à la traite des vaches tous les jours à 19h en été et 18h en hiver.

RÉSERVE NATURELLE DE PRATS-DE-MOLLO-LA-PRESTE

28, rue du Faubourg
PRATS-DE-MOLLO-LA-PRESTE
✆ 04 68 39 74 49

Fermé de novembre à mars. Ouvert tous les jours. Gratuit. Visite guidée.

Au-dessus de la Preste, au pied du Costabonne, dans la partie la plus occidentale de la commune, la Réserve naturelle offre sur plus de 2 300 hectares, une montagne sauvage et préservée sur un territoire s'étirant des sources du Tech jusqu'au Pla Guillem. Ce site fragile, et par conséquent protégé, occupe un cirque de montagnes grandioses occupant le versant sud du massif du Canigó. Originale par sa diversité végétale, tous les étages montagnards s'y succèdent de 1 000 mètres à 2 500 mètres, elle l'est par la présence d'une faune exceptionnelle, composée d'isards, de sangliers, de quelques chats sauvages, de desmans des Pyrénées, de vautours fauves, de grands tétras, de lagopèdes, de gypaètes barbus, mais aussi d'espèces de papillons aussi belles que rares. En tout, 125 espèces de vertébrés dont 5 espèces d'amphibiens, 10 de reptiles, 80 d'oiseaux et 30 de mammifères ont été observées. En outre, vous aurez peut-être la chance et le plaisir d'assister, au-dessus des Esquerdes de Rotja, au vol majestueux d'un Panorama à aigle royal. Le site est aussi connu pour sa diversité géologique et sa richesse en minéraux. Pour gagner son point culminant, le pic de Costabonne, comptez 3h de montée depuis le chalet des Conques ou 4h depuis la Preste. Panorama à 360° depuis le sommet ! Comme dans toutes les réserves naturelles, les chiens, même en laisse ne sont pas admis, et un comportement civique est demandé, afin de ne pas perturber la faune ou de détériorer la végétation.

LA LÉGENDE DE PYRÈNE

2, Pla de Dalt - **SAILLAGOUSE**
✆ 04 68 04 63 69
www.lalegendedepyrene.fr

Condiments naturels. Ouvert du lundi au samedi de 14h à 18h.

Tous deux fous de cuisine et anciens restaurateurs, Corinne et Laurent vous entraînent dans le monde merveilleux des condiments naturels. Car depuis l'Antiquité, les condiments ont toujours accompagné nos plats préférés ! Ils proposent une belle gamme ensoleillée, riche et originale : moutardes, confitures, olivades, vinaigres, sels et... le fameux ketchup catalan. Le petit plus : Corinne et Laurent vous donnent de précieux conseils sur l'utilisation des condiments et surtout de bonnes recettes. Tous les ingrédients viennent de producteurs ou de maraîchers locaux.

LA FERME DECOUVERTE

route de taxo d'amont
SAINT-ANDRÉ
✆ 04 68 89 16 39
www.ferme-de-decouverte.fr
Ouvert toute l'année.

300 espèces d'animaux, dont certaines en voie de disparition, réparties sur 3 hectares arborés, feront le bonheur de vos enfants et petits-enfants. Pour preuve, les petits pourront donner le biberon aux jeunes agneaux, aux chevrettes et aux porcelets nains avec les explications d'une jeune équipe de soigneurs très pédagogues à 11h30 et 16h30. L'espace des ovins et caprins est très apprécié des petits, car les «biquettes» sont curieuses et aiment faire des «léchouilles» aux gamins. Tout au long de l'année, la ferme propose des ateliers créatifs. Nous avons adoré !

AUX SAVEURS PAYSANNES

Route de Perpignan
SAINT-ESTÈVE
✆ 04 68 51 35 13
www.auxsaveurspaysannes.com
Ouvert du mardi au samedi de 9h30 à 12h30 et de 16h à 19h30. Label vente à la ferme.

Patrice Ey est le chouchou des restaurateurs, ses tomates enchantent leur cuisine. Rose de Berne, cœur de bœuf, petite poire sont quelques-unes des jolies appellations que vous trouvez sur les étals. La réputation de ce paysan n'est plus à faire, on y va les yeux fermés. Vous avez chez lui aussi de belles volailles, des fromages de chèvre et de brebis, des olives, de l'huile, des confitures et du miel de la région. La ferme se trouve à l'entrée de Saint-Estève quand on arrive de Perpignan. A ne pas manquer, la nouvelle ferme pédagogique pour les «nins».

DOMAINE DE L'ARBRE BLANC

ZAE de la Tuilerie - **SAINT-GÉNIS-DES-FONTAINES**
✆ 04 68 95 91 06
www.arbre-blanc.fr
Du lundi au vendredi (10h-13h et 16h-19h), samedi (10h-12h). Visite et dégustation. Boutique en ligne et marchés.

Corine vous propose ses huiles numérotées, tels des parfums. La n° 1, extrêmement fruitée pour les vrais connaisseurs, aromatique et puissante ; la n° 2 à l'arôme herbacé, très fraîche, et d'une grande finesse et la n° 3, plus douce, idéale pour les fromages et la pâtisserie, composée d'olives noires uniquement. Corinne vous propose également sa nouvelle « Gamme Passion », ses citrons confits au gros sel, son caviar de tomates séchées à l'huile d'olive, ses tapenades noire ou verte et sa délicieuse confiture d'olives, ainsi que des savons à l'huile du domaine.

MAS ALART

Route de Cabestany
SALEILLES
✆ 04 68 50 51 89
www.masalart.com
Du lundi au samedi 10h-12h et 16h-18h. Boutique en ligne.

Ce vignoble, qui existe depuis 1897, s'étend aujourd'hui sur un terroir de 23 hectares principalement constitué de terrasses du Pliocène : des terres argilo-sableuses contenant de nombreux galets de quartz. Frédéric Belmas, qui représente la 5e génération, cultive 14 cépages différents permettant des cuvées variées de vins secs et de vins doux. L'équipe du Mas Alart s'est lancée dans l'œnotourisme et met en place des visites afin de vous faire découvrir le monde du vin et ses secrets (tous les jeudis en juillet et août - deux formules).

DOMAINE PAGNON

3, rue du Roussillon - **TORREILLES**
✆ 06 17 56 35 92
www.domaine-pagnon.com
Accueil, visite et dégustation sur RDV au caveau toute l'année et à Torreilles Plage tout l'été. Oenotourisme.

La famille Pagnon installée depuis 5 générations entre mer et montagne sur des terrains limono-calcaires, a fait le noble choix de l'agriculture BIO pour ses vignes et de se diversifier en plantant des abricotiers et 3 ha d'oliviers. On se régale autant avec leurs cuvées que leur jus d'abricot et surtout leur huile d'olive extra vierge issue de la variété arbequine. Parce qu'ils sont jeunes, souriants et pleins de vie, Marie, Pierre et Jules organisent en été des soirées vigneronnes, apéros et concerts dans le magnifique parc du domaine. On adore !

DOMAINE DES DEMOISELLES

Mas Mulès - **TRESSERRE**
✆ 06 83 04 34 62
100 % Bio. Accueil, dégustation et visite sur RDV. Prestations en œnotourisme. Gîte 4 pers.

Le domaine des Demoiselles est un vieux mas catalan qui surplombe les collines. Isabelle et Didier, un beau duo de vignerons passionnés vous parlera de vin et d'amour. Elle vinifie les vins et lui assure les travaux de la vigne, et tous deux réalisent un des meilleurs flacons du département selon les connaisseurs. Elégants, fins et parfois puissants, les nectars du Domaine ne laissent personne indifférent tant ils sont singuliers. On déguste dans le vieux chai aux murs de pierre épais et aux barriques alignées dans la pénombre. Coup de cœur pour le Futé !

LE TERROIR DU PÈRE BARRAS

57, Grand-Rue Raymond-VII
CORDES-SUR-CIEL
✆ 05 63 53 98 37
www.leperebarras.fr
Haute saison : ouvert tous les jours de 10h à 19h. Boutique en ligne.

Médaillé de bronze pour la première fois en 2015 au salon de l'Agriculture, pour son foie gras mi-cuit, Serge Barras, est un spécialiste en la matière. Élevés en plein air à Bournazel, ses canards de race mulard sont nourris au maïs sans OGM, dans le respect du produit. La boutique propose des dégustations et vous invite à découvrir foie gras, cassoulet, confit de canard, cou farci et quelques nouveautés comme la persillade de gésiers ou la tapenade de canard. Une valeur sûre !

DOMAINE FONTORBE

11, route de Gaillac
LAVAUR
✆ 05 63 58 12 01
www.lesvergersdusud.fr
Ouvert du lundi au samedi. Label « Saveurs du Tarn ».

Un des plus grands vergers de France au cœur du Pays de Cocagne : plus de 200 hectares consacrés à la production de pommes et de cerises, selon les méthodes traditionnelles issues de l'agriculture biologique. Sept jus de pomme différents ont ainsi été élaborés. Le traditionnel est un assemblage de trois variétés de pommes (granny, golden et braeburn), un mélange qui donne un goût subtil de pommes fraîches ; à noter aussi le pomme-cerise, le granny, le golden, le braeburn, le pink lady… Pour les fêtes, le jus de pomme se fait pétillant avec le Fonti'bulles.

SALAISONS OBERTI

Chemin de Granisse - **LACAUNE**
✆ 05 63 37 00 21
www.oberti.fr
Fermé en hiver. Visite libre : du lundi au samedi 9h30-11h15/14h30-16h45 (17h45 en été). Visite guidée en été.

La célèbre maison de salaisons Oberti a ouvert un musée consacré aux jambons de Lacaune. Sur place, toutes les étapes sont présentées. La balade vous fera traverser un séchoir de 12 000 jambons, où les effluves du séchoir vous chatouilleront les narines. Anciennes machines et objets d'époque seront détaillés au gré de la visite. Une vidéo sur les autres activités de l'entreprise vous sera projetée et une démonstration de tranchage sera réalisée par le maître salaisonnier. Pour finir, une dégustation des principales spécialités de la maison sera organisée.

LES ABEILLES EN FAMILLE

Les Caumonts
LISLE-SUR-TARN
✆ 06 23 48 88 33
Ouvert tous les jours de juin à septembre à partir de 16h. Uniquement sur réservation. Adulte : 9,50 €. Enfant : 5,50 €.

Venez découvrir les abeilles du Domaine de Candale avec Vincent leur apiculteur. Vous pourrez les approcher de tout près, à l'ombre des vieux chênes de la forêt de Sivens. Vincent vous expliquera leurs petits secrets, la vie de la ruche, la danse des abeilles. Vous chercherez avec lui la reine, le faux bourdon et pour terminer il vous fera peut-être caresser une abeille. Dégustation de miel. Tenues d'apiculteur à toutes les tailles prêtées à partir de 7 ans. Avant de partir, passez dire bonjour à Capucine et Crocus, les petits ânes provençaux. Aire de pique-nique.

FERME DE COMBELÉOUSE

LAUTREC
✆ 05 63 75 10 96
Ouvert tous les jours, sur réservation.

La ferme de Combeléouse est une exploitation familiale, située à Lautrec. On élève ici depuis 20 ans des canards, en plein air, dans des grands parcs herbeux. Le gavage, durant quatorze jours au maïs entier, et la transformation sont réalisés sur place. Les spécialités de la ferme sont les foies gras en conserve, le cou farci au foie gras, mais aussi les fritons, le jambonneau de canard, le cassoulet et les pâtés (qu'on déguste nature, à l'ail rose de Lautrec ou encore au foie gras) réalisés uniquement à base de canard. Délicieux !

GAEC LES PAULINÉTOISES

Le village
PAULINET
✆ 05 63 55 81 72
www.paulinetoises.fr
Vente directe à la ferme (téléphoner au préalable) et sur les marchés.

A une dizaine de kilomètres d'Alban, faites un détour pour venir découvrir et goûter ces fromages de brebis aux saveurs douces, fruitées, corsées ou même sucrées dans cette exploitation qui a fêté ses 30 ans en 2019. Du pâturage à l'affinage, le mot d'ordre ici, c'est fromage ! Vous trouverez également des yaourts au lait de brebis, des crèmes dessert, des colis de viande d'agneau, de la confiture de lait, du caillé doux, des pâtisseries au lait de brebis telles les pomelets ou le flaune… A la ferme ou sur les marchés, vous découvrirez une collection de saveurs.

LA FERME DE VALEYRES

Valeyres - **PENNE**
✆ 05 63 33 11 87
www.valmohair.com
Ouvert toute l'année. Ouvert tous les jours de 9h à 12h et de 14h à 18h. Visites à 10h, 11h, 14h, 15h, 16h et 17h.

Venez découvrir cet élevage de chèvres angora, à toison longue sur le magnifique site de Natura 2000. Au cours d'une visite d'une heure environ, passionnante, on découvre en quoi consiste l'élevage, sa principale raison d'être à savoir la production de mohair, ainsi que les techniques de tonte et la transformation des toisons, déclinées en pulls, écharpes, gants et couvertures. Les amateurs de marche trouveront un très beau sentier de petite randonnée en boucle au départ de la métairie des Pauvres, vallée de la Vère, traversant la ferme et reliant les Abriols.

FERME ANIMALIÈRE DE BELLEVUE

La Boujassié
SALLES
✆ 05 63 76 11 77
www.fermebellevue.fr
Haute saison ouvert tous les jours de 10h à 18h. Adulte : 6 €. Enfant : 5 €.

Christiane et Jean-Jacques ont fait de leur domaine une arche de Noé dédiée à la sauvegarde des espèces menacées. Au total, ils hébergent une centaine de races différentes (faisans dorés, moutons Jacob à quatre cornes, chèvres Highland...). Le domaine possède également un restaurant dans lequel on vous servira la gourmandise de Bellevue : le cochon à la broche ! Vous pourrez aussi pique-niquer, plonger dans la piscine, visiter et rester dormir dans le gîte.

APIS VINAEGRIA

La Borde
TRÉBAS
✆ 05 63 55 91 42
www.apis-vinaegria.com
Livraison possible. Boutique en ligne. Séjours en chambres d'hôtes, en gîtes, et en roulotte.

Difficile de ne pas se laisser séduire par cette exploitation unique en son genre ! Au sein de cette miellerie-vinaigrerie artisanale, on fabrique principalement du vinaigre de miel et de la moutarde de table au vinaigre de miel, vendus sous la marque Apis Vinaegria. Du vinaigre de miel ? Oui vous avez bien lu ! Avec le temps l'usage est devenu rare mais on peut faire du vinaigre à partir de cette douce matière. Déjà au Moyen Age on tirait de la ruche de nombreux produits de consommation courante tels que la cire, le miel bien sûr, mais aussi le vinaigre.

VERGER DE TREBAS

Les Pommiers - **TRÉBAS**
✆ 05 63 55 96 05
www.vergerdetrebas.com
Ouvert le lundi et du mercredi au samedi de 9h à 19h. Il est conseillé d'apporter vos caisses et emballages. Gîte.

Gala, Golden, Topaz, Fuji, Opal... C'est un vrai paradis de la pomme que Josy, Christian et Nicolas ont créé. Sur leur petite exploitation agricole, ils produisent bon nombre de variétés et les mettent en vente de manière responsable, toujours prêts à vous guider lors de votre choix. Sur place, ils proposent des pommes bien entendu, mais également des jus (pomme et poire), des poires William et du pétillant de pomme. Située sur le coteau des pommiers, leur exploitation dispose également d'un incroyable gite, tout équipé, particulièrement agréable.

LE MOULIN A VENT FLOUROUNO

VAOUR
✆ 05 63 56 35 79
www.alaingrezes.com

Alain Grèzes vend et livre des conserves de fabrication artisanale dans toute la France : des confits, des pâtés, des foies gras, du cassoulet et de nombreux autres plats cuisinés... Des produits et des vins plus étonnants les uns que les autres, trouvés au gré de ses livraisons, loin des circuits de la grande distribution. Fabrication artisanale garantie ! Il peut aussi vous expédier votre commande par la Poste, ou vous pouvez lui rendre visite en personne.

LAITERIE FABRE

La Buzatié
VIANE
✆ 05 63 37 50 69
Visites de la laiterie tous les jeudis de la haute saison pour les adultes et les enfants à partir de 6 ans.

L'exploitation existe depuis 1948 et voit la troisième génération aux commandes. Nichée au cœur des monts de Lacaune cette laiterie familiale s'est engagée dans le haut de gamme en matière de fromages de montagne de vache, de brebis et de chèvre. Unique centre de production des fromages des Monts de Lacaune, celle-ci excelle dans la fabrication de fromages types tels que les Monts de Lacaune, Blanche d'Oc, Tomme des Gavachs. Raclette des Monts de Lacaune, Beurre des Monts de Lacaune... De quoi déjà nous faire saliver ! Et tout ceci en bio !

FERME PÉDAGOGIQUE DE SAINT-MARTIN

LABARTHE

✆ 05 63 67 68 81

http://ferme.saint.martin.free.fr

Horaires variables selon les saisons.

Perchée sur une colline, la ferme de Saint-Martin est un lieu à vraiment investir avec les enfants. Ici, la découverte de la vie des champs est des plus ludiques, avec divers jeux (de piste, d'adresse, de mémoire) sur les animaux, les fruits, les légumes, un labyrinthe végétal, et les fameuses «olympiades des animaux». Découverte de tous les animaux de la ferme. On peut y passer une journée, pique-niquer sur place, se laisser tenter par la boutique, et y passer la nuit.

AU CLAIR DE LA BRUNE

Dalmayrac - **LAUZERTE** ✆ 06 31 44 24 41

www.auclair-delabrune.fr

Magasin en juillet et août du lundi au samedi de 10h à 18h30, le reste de l'année mercredi et samedi de 15h à 18h.

Les Portal sont venus d'Aveyron pour s'installer dans cette ferme en 1957 ! En 2012, avec deux générations d'écart, les Portal ouvrent la fromagerie. Ils proposent à tous les visiteurs et les gourmands leurs délicieux produits laitiers, issus de la race brune... N'hésitez pas à pousser les portes d'Au Clair de la Brune pour découvrir les techniques de production et savourer yaourts, fromage blanc, confiture de lait et fromages (quercynois, tomme de Saint-Urbain, camembrune...). Vous trouverez également leurs produits sur les marchés, à Lauzerte, à Montcuq...

DOMAINE DU GAZANIA

793, chemin de Sainte-Livrade

LABASTIDE-DU-TEMPLE

✆ 05 63 31 63 25

Ouvert du lundi au samedi de 10h à 12h et de 14h à 18h, jusqu'à 19h l'été.

C'est l'un des derniers producteurs de l'appellation Lavilledieu avec des vins très intéressants en rouge et rosé, qui méritent bien le détour, et un blanc sec surprenant à partir du cépage muscat de Hambourg. Mais le domaine, c'est aussi du jus de muscat, du verjus (produit rare et un peu oublié, issu de jus de raisin encore vert), des fruits, des fleurs, des plants et des plantes en saison. Bel accueil des frères Colombié, et beaucoup de pédagogie, notamment dans la visite de la fameuse serre exotique du domaine, que les écoliers des environs connaissent bien.

FERME DE LA MUDE

La Mude

MAUBEC

✆ 05 63 65 33 08

www.lamude.com

Ouvert tous les jours pour un meilleur accueil. Aire gratuite pour camping-car.

Béatrice et Jean-Pierre Pointu élèvent et gavent oies et canards, produisent leur propre foie gras, cuisinent leurs propres conserves, élèvent et nourrissent des vaches blondes d'Aquitaine et leurs veaux, cultivent ails et céréales. Ils ont aussi le sens de l'hospitalité et c'est avec le sourire qu'ils accueillent celui qui de passage désire visiter cette ferme, sur ces collines aux vastes espaces. La conserverie agréée CEE délivre aussi des recettes, comme celle des croquettes de veau, garanties. Ici le slogan est « de la fourche à la fourchette ».

CHÂTEAU SAINT-LOUIS

LABASTIDE-SAINT-PIERRE

✆ 05 63 30 13 13

www.chateausaintlouis.fr

Ouvert du lundi au vendredi de 9h à 12h et 14h à 18h. Les week-ends et jours fériés. Location de salle pour séminaires

Magnifique demeure, de style régional et persan. Un vignoble partagé entre tradition et modernisme donne le meilleur de son terroir. Les vignes, conduites en culture biologique certifiée par Ecocert, sont parsemées de fleurs vivaces, lupins, fenugrec, avoine, féveroles et d'autres plantes qui transfèrent l'azote de l'air à la terre ! Cette politique de qualité engendre des rendements inférieurs à la limite de l'appellation. Le cépage roi pour les vins de Fronton, tout comme pour le domaine, reste la négrette (appelée pinot Saint-Georges aux États-Unis).

DOMAINE D'OPALE

1983, chemin de Villemade

MONTAUBAN

✆ 06 50 22 52 47

Haute saison ouvert tous les jours de 9h30 à 19h. Visite libre sans réservation : 4 €. Visite guidée : 4,50 €.

Installé dans un cadre idyllique et arboré. Venez découvrir les animaux de la ferme : cochons, chèvres, moutons, ânes, chevaux, lapins..., et la basse-cour. Vous pourrez nourrir certains d'entre eux. Câlinez les lapins. Flânez dans l'arboretum, près de la mare aux canards et faites le tour du potager. Activités équestres. L'animatrice vous accompagne lors de petites balades en main dans ou aux abords du centre équestre, pour initier les plus jeunes aux joies de la monte à poney : préparez votre poney et pratiquez la voltige. Aire de pique-nique.

FERME ANIMALIERE DES PIBOULS

1432, route de Saint-Antonin
MONTAUBAN
https://fermeanimalieredespibouls.fr
Haute saison ouvert les mercredi et dimanche de 14h à 18h. Adule : 7 €. Enfant de 2 à 17 ans : 5 €.

Venez découvrir en famille ou en groupe moutons et chèvres. Câlinez les lapins. Des panneaux pédagogiques sont disposés devant chaque enclos pour tout savoir sur chaque espèce. Rentrez dans l'enclos des moutons d'Ouessant pour les voir de plus près. Egalement de nombreuses animations à thème. Halloween. Carnaval. Pâques. Faites un tour sur la page Facebook pour voir les naissances. Aires de jeux et de pique-nique. Boutique de produits locaux cuisinés. Balade à poney.

LA FERME DU RAMIER

2250, route de Saint-Etienne - **MONTAUBAN**
✆ 05 63 03 14 49
www.lafermeduramier.fr
Du lundi au samedi de 9h à 12h et de 15h à 18h30. Visite de la ferme les mercredis et samedis à 16h, 4 € par personne.

Une magnifique ferme dont on peut louer la réussite : imposer un fromage, la « tome du Ramier » à partir d'une région qui, *a priori*, n'est pas franchement des plus fromagères, ce n'était pas joué d'avance. C'est ce qu'a réussi la famille Maraval, avec un troupeau de 110 laitières et un magnifique outil de production des plus *high-tech*. Ce sont les vaches qui choisissent elles-mêmes le moment de la traite avec un système de libre-service. Aujourd'hui se sont les filles Edith et Hélène qui ont repris la ferme. La boutique propose fromages affinés et produits frais.

RUCHER DE LAURIOL

271, route de Lauriol - **MONTECH**
✆ 06 80 84 89 77
www.lerucherdelauriol.fr
Ouvert le vendredi et le samedi de 15h à 18h30. Visites sur rendez-vous. Marché de Grisolle et Montech (dimanche matin).

Wisco et Florence Romanzin vous accueillent dans leur ferme apicole. Le rucher de Lauriol exploite environ 200 à 300 colonies et pollinise les vergers environnants. Passionnés, ils partagent l'amour de leur métier. Pédagogues, la visite sera particulièrement appréciée par les enfants. Les miels récoltés de mai à septembre et extraits à froid sont en vente à la boutique : fleurs de colza, acacia, châtaignier, tournesol et mille et une fleurs de la vallée de la Garonne. Vous trouverez aussi des pains d'épice maison, du propolis ou encore du vinaigre de miel.

FERME DE LA SOULEILLE

MONTFERMIER
✆ 05 63 02 01 47
Ouvert du lundi au samedi de 9h à 12h et de 15h à 17h30. Visite de la ferme sur rendez-vous.

Christiane Daro élève des canards de manière traditionnelle en plein air. Elle les gave ensuite à l'aide du maïs qu'elle produit également sur près de 60 ha, sur la même exploitation, ce qui garantit un produit de qualité et une traçabilité parfaite ! La transformation se fait également sur place pour préserver la fraîcheur des produits. Vous pouvez donc acheter ici des foies gras, cassoulets, fritons, magrets et confits... Vous pouvez également commander ici les produits qu'il vous faut pour un buffet, un mariage ou n'importe quel événement important !

DOMAINE DE REVEL

45, chemin des Brugues
VAISSAC
✆ 06 77 11 93 31
http://domainederevel.com/
Visite et dégustation sur rendez-vous. Vente en directe. Fermé dimanche, lundi et jours fériés.

Mickaël Raynal, vigneron indépendant, a repris le domaine familial en 2010. Les 14 hectares de vignes sont regroupés autour du chai, face au hameau de Revel. AOC Coteaux du Quercy sur 4 ha et IGP Comté Tolosan sur le reste. Vins rouges, rosés secs et doux, blancs secs et doux et jus de raisin bio 100 % naturel. 30 cépages différents sont cultivés à la vigne. En 2019, Mickaël présente le premier vin bio certifié IGP Comté Tolosan issu d'un nouveau cépage tolérant aux maladies : le souvignier gris. Aujourd'hui, il se fait l'ambassadeur des cépages résistants !

APIDELICES

12, rue de cluzel
VALENCE
✆ 0563959322

Corinne a décidé de faire de sa passion son métier... avec succès ! Elle pratique une apiculture « traditionnelle », avec le souci de produire des miels de qualité avec des goûts et des textures différentes selon les sites et les années : les mêmes fleurs ne fleurissent pas chaque année au moment opportun en fonction des conditions climatiques. Pollen, propolis, cire d'abeille... font également partie des précieux trésors récoltés dans les ruches. « Les Apidélices » c'est actuellement 300 ruches réparties sur différent emplacements.

PAYS DE LA LOIRE

LA CLE DES CHAMPS

La Ranjonnière
BOUGUENAIS
✆ 02 40 65 14 67
lacledeschamps44.free.fr

La Clé des Champs est une association créée en 2004 avec l'ambition de favoriser les échanges et les liens entre campagne et ville en proposant des activités et animations autour de la découverte des animaux de la ferme, et plus globalement des activités de découverte de la nature et de l'environnement. Elle accueille des groupes d'enfants et leur propose, entre autres animations, des parcours sensoriels, des chasses au trésor, la visite du jardin des 5 Sens ou encore des ateliers « du mouton à la laine » et « ferme développement durable ».

L'ATELIER DES ABEILLES

57, rue François René de Chateaubriand
CARQUEFOU ✆ 02 40 50 01 28
www.atelierdesabeilles.fr
Ouvert le lundi de 14h30 à 18h30 ; du mardi au vendredi de 9h30 à 12h30 et de 14h30 à 18h30 ; le samedi de 9h30 à 12h30.

Frédéric, un apiculteur passionné à ouvert son Atelier pour le plaisir des particuliers mais aussi des professionnels de l'apiculture. Ici on trouve le meilleur des produits issus du travail des abeilles. Miels des fleurs de notre région ou de terroir. Miel de bruyère, de printemps, de tilleul, liquide, cristallisé chacun ses goûts. Des gourmandises comme les croquants, nougats ou hydromels complètent le panier gourmand des clients butineurs. Idée cadeaux avec des bougies, cosmétique, propolis mais aussi tout le matériel utile pour produire du miel à la maison !

LEGENDIA PARC

4, La Poitevinière - **FROSSAY** ✆ 02 40 39 75 06
www.legendiaparc.com
Janvier : fermé. Eté 7j/7 10h-19h, autres périodes, voir site. Adulte 14,50 €/25 €. Enfant 3-12 ans : 9,50 €/14,50 €.

Après une balade en petit train au cœur de cet écrin de verdure, empruntez les différents circuits à la découverte de 400 animaux de nos forêts ou domestiques. Différents circuits : hameau des nains, repaire des trolls, village des lutins, villa du chasseur de dragons. Joué par des comédiens avec la présence de chiens loups de Saarloos sur scène. Autre espèce au sein du parc, le serval : félin méconnu pouvant bondir jusqu'à 3 m en hauteur et 6 m en longueur, et atteindre 80 km/h ! Un lieu incontournable de la côte de Jade à ne pas manquer pour toute la famille.

CHÂTEAU CASSEMICHÈRE - VISITE OENOTOURISTIQUE

La Cassemichere - **LA CHAPELLE-HEULIN**
✆ 02 40 06 74 07
www.chateaucassemichere.com
Ouvert du lundi au samedi de 9h à 12h30 et de 14h à 18h. Dimanche sur réservation.

Si la famille Ganichaud est l'heureuse propriétaire du château, berceau historique du muscadet, c'est en 1601 que les anciens propriétaires ont fait construire le château. Lieu chargé d'histoire, c'est ici à la Chapelle-Heulin, qu'en 1730 le mot « muscadet » apparaît sur un acte notarié. Des plants importés de Bourgogne (cépage melon de Bourgogne) donneront ensuite naissance à ce tout nouveau vignoble du muscadet nantais. Au-delà de l'incontournable visite des caves et des dégustations, la Cassemichère c'est avant tout un site de visite oenotouristique de premier plan dans le vignoble nantais. Daniel Ganichaud et son fils Philippe, responsable du chais, se feront un plaisir de vous accueillir et de vous faire partager leur passion du métier et du patrimoine local. Comptez 45 minutes à une heure en empruntant une balade balisée commentée à l'aide de bornes interactives et de tablettes numériques mises à disposition. Les personnes le souhaitant pourront visiter le chais avec la cave Bacchus et celle «aux foudres» afin de découvrir les cuvées du château, avec bien sûr les incontournables muscadet-sèvre-et-maine sur lie : « cuvée 1601 de la Cassmichère » ou celle sélectionnée par un jury 100 % féminin (les Féminalises) « Cuvée du Clos du Bon curé » ou encore les vendanges d'automne (vins moelleux) pour ne pas tout citer ! On peut dormir au château pour profiter pleinement d'un court séjour oenotouristique, entre amis avec vue splendide sur le vignoble nantais !

LES DÉLICES DE L'AIR MARIN

2 bis, La Fradouillère
LES MOUTIERS-EN-RETZ
✆ 06 32 50 54 80
www.delicesairmarin.com
Horaires variables selon les saisons.

Les délices marins, c'est la marque de desserts glacés créée par la ferme L'Air Marin en 2014, qui a choisi de développer une activité de fabrication de glaces artisanales crémeuses et authentiques. Glaces et sorbets aux parfums classiques (chocolat, caramel, vanille, cannelle, pomme, poire, framboise...) côtoient des saveurs plus surprenantes réalisées en collaboration avec des producteurs locaux, à l'image du parfum à la bière Trompe Souris, au fromage Curé nantais...

DOMAINE DE LA GRANGE

La Grange
MOUZILLON
✆ 02 40 33 93 60
www.dhardy.com
Ouvert toute l'année. Sur rendez-vous.

Vous trouverez dans ce domaine du muscadet sèvre et maine-sur-lie, du gros plant-sur-lie, du mousseux et du vin de pays. Le terroir du Mouzillon offre des vins fermés quand ils sont jeunes mais qui s'épanouissent avec les années. Un gîte est par ailleurs à votre disposition sur place. Dominique Hardy accueille, conseille la dégustation et prend plaisir à présenter le fruit de son travail et de sa culture notamment dans la nouvelle salle œnotouristique. Si vous êtes à court de bouteilles, vous pouvez en commander directement sur le site Internet de l'exploitation.

LA FERME D'ÉVEIL DE LA CHANTRERIE

Route de Gachet
NANTES
Chaque dimanche pendant les mois de mai, juin puis septembre jusqu'au 15 octobre, de 10h30 à 12h30 et de 14h30 à 18h.

Devenue une ferme d'éveil, elle est ouverte à tous les dimanches durant une partie de l'année. On y découvre des races locales d'animaux menacées d'extinction et de nombreux légumes, fruits et plantes aromatiques. Une thématique pour chaque dimanche permet de renouveler les visites : en mai, tonte des moutons, en septembre : le miel et les abeilles, en octobre, présentation des citrouilles, courges et autres cucurbitacées… Un fermier animateur est présent pour répondre à vos questions.

LA PETITE MAISON DANS LA PRAIRIE €€

Chemin de l'Epron
PORNIC
✆ 06 14 60 28 00
www.lapetitemaisondanslaprairie44.net
De mars à novembre sur réservation. Chèque Vacances.

Comme il se doit, on est perdu dans la campagne. Le menu est unique : ici on déguste des fouées, une petite galette de pâte à pain, cuite devant la flamme, dans le four à pain, que l'on garnit encore toute chaude de produits du terroir. Petite variante, l'été, avec des pizzas cuites au feu de bois les mardis et jeudis soirs. Une boutique propose des produits faits « maison ». Des ateliers pour les enfants sont également organisés pour apprendre à fabriquer du pain.

FERME DE LA PUILLIÈRE

La Puillière
PORT-SAINT-PÈRE
✆ 02 40 04 82 61
www.ferme-pedagogique-la-puilliere.com
Ouvert toute l'année, les mercredis après-midi.

Isabelle et Jean-Paul vous accueillent sur leur exploitation et vous font partager leur quotidien. Petits et grands apprendront d'où vient le lait et comment il est produit, mais aussi comment est fabriqué le beurre. Parmi les autres thèmes proposés : observation des cultures, circuit à travers prés et marais, de l'herbe au lait, le blé au fil des saisons… Sur un ton à la fois didactique et convivial, le couple d'agriculteurs pédagogues parvient à se mettre au niveau de chacun en concevant des programmes de visites adaptés à un large public.

FERME DE LA CHASSELOIRE

Chemin de l'Ouchetien
SAINT-HERBLAIN
✆ 02 28 03 19 28
www.les-fermes.fr
Du lundi au jeudi de 9h15 à 13h et de 14h30 à 18h30 ; vendredi et samedi de 9h15 à 18h30.

À nous les paniers gourmands avec une large sélection de fruits et légumes frais issus de l'exploitation familiale. Au rayon de la Ferme, on trouve aussi de la crèmerie, charcuterie, miels, confitures, friandises, jus de fruits, œufs, tous locaux. Aux beaux jours, les fraises du potager sont à l'honneur et d'autres produits de saison. Les enfants découvrent les animaux : vaches, poney, cochons, âne, biquette. En octobre, c'est sur le 2e site de la Chebuette à Saint-Julien-de-Concelles que l'on cueille pommes bio et kiwis bio !

FERME DE MEZERAC

SAINT-LYPHARD
✆ 02 40 91 49 80
www.ferme-mezerac.fr
Ouvert du lundi au vendredi de 14h à 18h ; le samedi de 9h à 11h30.

Au cœur du Parc régional de la Brière et de la presqu'île guérandaise, depuis 2006, ce GAEC transforme le lait de ses vaches en produits fermiers. L'exploitation comprend 175 hectares de surfaces fourragères principalement destinées à l'alimentation des 100 vaches de race prim'holstein, normande ou simmental, des 90 génisses ainsi qu'à l'atelier viande composé de 60 vaches et génisses de race charolaise ou limousine. Un élevage de poulets fermiers vient compléter la production. Vous y trouvez du lait, du beurre, des fromages blancs, des yaourts, des faisselles.

AUX ESCARGOTS DE SAINT JEAN DE BOISEAU

Chemin du Plessis
SAINT-JEAN-DE-BOISEAU
✆ 06 81 30 16 61

Manuel est héliciculteur depuis quelques années. Loin d'être une vocation ou un rêve d'enfant, lui qui était photographe de formation, il a quitté son job pour faire un tour du monde. Et c'est en Asie qu'il a eu l'idée de l'héliciculture, à Hong Kong. Il avait alors le désir d'ouvrir un restaurant à l'étranger en mettant en valeur un produit typique de la gastronomie française. Il a alors découvert à distance l'élevage d'escargots et s'est intéressé au sujet. De retour en France, il a suivi une formation en héliciculture, puis une autre pour s'installer et est parti en quête d'un terrain pour démarrer son élevage. Aujourd'hui, Manuel élève entre 150 000 et 200 000 petites bêtes cornées. Lâchés en parc mi-avril début juin, les premiers escargots adultes sont ensuite mis en hibernation à une température comprise entre 4 et 6 °C, comme ils le feraient dans la nature, et conservés en chambre froide pendant plusieurs mois. Manuel fonctionne en frais, et cuisine pour cela ses escargots toutes les semaines. La chair est lavée au gros sel avant d'être cuisinée au court-bouillon. Il propose bien sûr les incontournables et traditionnels escargots au beurre persillé, soit dans leur coquille ou en croquilles, un biscuit salé. Parmi les autres recettes proposées, les escargots aux tomates séchées et basilic ; au roquefort ou encore au potimarron. À noter aussi, pour les plus réticents, l'escargotine : une recette de beurre persillé avec de la chair mixée à tartiner et à passer au four.

LE JARDIN DES CONFITURES

Le Jardin des Confitures
VALLONS-DE-L'ERDRE
✆ 06 11 31 40 74
www.lejardindesconfitures.com
Présent sur marchés et revendeurs à Nantes, agglomération et événements. Vente en ligne.

À Vritz, Isabelle Clérot (ancienne cuisinière de formation) a installé son laboratoire où elle fabrique désormais des confitures, des gelées, des chutneys, des sirops et autres pâtes à tartiner. Cette région traditionnellement arboricole réunit les conditions idéales pour ses productions à base de fruits ; ses préparations en pots sont en effet majoritairement issues de la transformation des fruits produits sur son exploitation. En conversion bio depuis 2019, « ici, pas de chimie ! », comme aime à le préciser Isabelle. Seuls les produits naturels sont utilisés lors de la confection. Vous trouverez ses produits sur Internet, dans les magasins de producteurs et sur les marchés de la région. Toutes sortes de savoureuses confitures (poire, reine-claude à la vanille, abricot à la vanille, pamplemousse rouge, rhubarbe...) ou gelées à base de recettes parfaitement originales ainsi que de délicieux chutneys (comme le chutney normand : pommes, oignons, raisins secs, citron, épices), merveilleusement présentés dans de jolis pots ou encore les délicieux sirops (sirop de sarriette, d'origan, de menthe, douceur d'enfance...). On cède devant la très grande qualité de ces douceurs mais également devant le mode de production et de distribution, directement du producteur au consommateur, ce qui est un gage certain de qualité. On les retrouve, entre autres l'Épi du fermier vers Canclaux, Little Britain Café face au parc du Grand Blottereau, ou Lecoq et aussi le nouvel espace de Brison traiteur à la gare de Nantes.

MAISON DU MUSCADET VIGNERONS DU CANTON DE VALLET

6, route d'Ancenis - **VALLET** ✆ 02 40 36 25 95
www.maisondumuscadet.fr
Horaires variables selon les saisons.

Depuis 1973, la Maison du Muscadet de Vallet regroupe une trentaine de producteurs indépendants qui valorisent ici leur savoir-faire. Cette association a pour siège une maison où l'on trouvera plus de 80 références de vins, tous produits dans les communes de Vallet, La Chapelle-Heulin, Mouzillon, Le Pallet, La Regrippière. Les vins sont d'ailleurs tous au même prix, quel que soit le producteur. On y vient pour découvrir les vins du vignoble nantais et on bénéficie de conseils avisés.

LA MAISON DE LA POMME

Lieu-dit La Bauche-Malo - **VERTOU**
✆ 06 88 78 04 33
www.lamaisondelapomme.fr
De début septembre à mi-octobre ouvert du vendredi au dimanche 9h30-18h. Magasin ouvert le vendredi toute l'année.

Si vous aimez les pommes, vous aimerez les cueillir vous-même à la Maison de la Pomme. Cette entreprise familiale qui, depuis 50 ans, ouvre ses vergers aux particuliers chaque année, de début septembre à mi-octobre. Elle pratique la culture raisonnée et bio et propose une vingtaine de variétés de pommes et cinq de poires (également des cerises, reines-claudes, quetsches, kiwis). Des panneaux indiquent où se trouve chaque variété, et si vous hésitez, vous pouvez déguster à l'accueil pour vous faire une idée avant de remplir vos cagettes et votre brouette.

FAMILLE MARY

74, rue Plantagenêt
ANGERS
✆ 02 41 22 05 31
www.famillemary.fr
Ouvert le lundi de 14h à 19h ; du mardi au samedi de 9h30 à 19h.

La famille Mary a fêté ses 100 ans ! Un siècle de commerce du miel et de ses dérivés pour cette belle entreprise familiale, et qui compte aujourd'hui plus d'une trentaine de boutiques franchisées. Le rayon miel français s'est encore agrandi cette année et offre un choix exceptionnel : miel de citronnier, de romarin, de thym, de bruyère, d'eucalyptus... Une exclusivité, une vraie ? Le miel au Cointreau, vendu en pot mais aussi à la pesée. Les produits de la ruche se déclinent aussi ici en gelée royale, propolis, pollen, confiseries et cosmétiques.

LE DOMAINE DES RUES

D78 - **CHENILLÉ-CHAMPTEUSSÉ**
✆ 02 41 41 08 41
www.domainedesrues.com
Ouvert du mardi au jeudi de 10h à 12h et de 14h à 17h. Sur réservation. Adulte : 3,50 €.

Il met en valeur l'identité animale, architecturale et géographique typique du Haut-Anjou. Bovins de race Rouge des Prés et Bleu du Maine, et poules locales feront partie de votre voyage au cœur du patrimoine rural, et de son environnement exceptionnel. Olivier élève aussi des porcs Blancs de l'Ouest, des poules et des moutons Bleus du Maine. Promenez-vous dans ses rues dont le parcours fléché permet de découvrir l'histoire d'une ferme modèle du Haut-Anjou du XIXe siècle. Animations et expositions. Le domaine accueille des réceptions et des fêtes de famille.

LES VERGERS DE LA SILVE

3, boulevard de l'Industrie
ECOUFLANT
✆ 06 22 42 57 14
lasilve.com

Les Vergers de la Silve se sont taillé une solide réputation grâce à la production de leur jus de pomme et notamment sa version pétillante. L'entreprise perpétue son savoir-faire depuis 1945. Les fruits y sont cueillis à la main, pressés selon une méthode traditionnelle, et mis en bouteille sans le moindre colorant, conservateur ou sucre ajouté. Vous pourrez découvrir différentes cuvées : Prestige, Terroir ou Luxe. Pour cette dernière, l'entreprise s'inspire, pour sa bouteille, des codes des grandes maisons de champagne. À consommer cette fois, sans modération.

LES TREILLES GOURMANDES

Route de Candé
LE LION-D'ANGERS
✆ 02 41 95 82 82
www.treillesgourmandes.com
Ouvert du lundi au vendredi de 9h à 12h30 et de 14h à 18h.

Les foies gras mi-cuits de canards, élevés en France, sont absolument parfaits de texture, de saveur. Le foie gras d'oie et les confits constituent une agréable alternative quand on pense à les associer à une bonne fricassée de pommes de terre à la sarladaise ! Ne pas manquer si vous êtes sur Angers, d'aller à la boutique de la rue Saint-Julien (Épica) où tous ces délices y font vitrine. Une offre particulière est faite aux camping-caristes et navigateurs de plaisance en matière de plats cuisinés et conserves, qui débarqueront au Lion d'Angers

UN CHEVAL UN CHAMP

Moulin des Quints
LE PUY-NOTRE-DAME
✆ 07 86 22 66 36
unchevalunchamp.fr

L'histoire de Un cheval Un champ démarre en 2013 avec la construction d'un roulotte et l'acquisition de 3 chevaux de trait qui permettent à l'équipe de sillonner les routes de France. Au Puy-Notre-Dame, ils se voient confier 5 ha de terre. Aujourd'hui, ils en exploitent 10. Et ont été reconnus producteurs de qualité au Collège culinaire de France. Un cheval Un champ propose des légumes bio et de saison : de l'ail des ours aux choux, en passant par les poivrons, les pommes de terre et bien d'autres ainsi qu'une belle sélection d'aromates.

MAISON CORABOEUF

La Télachère
LYS-HAUT-LAYON
✆ 02 41 75 82 39
www.maison-coraboeuf.fr

Qui a dit qu'il n'était de bon foie gras que du Périgord ? Pas la famille Corabœuf en tout cas, elle qui sait que la réussite dudit foie est entièrement liée à un savoir-faire. A partir de là, un bon foie gras artisanal de la région a toutes les chances de faire le bonheur de nos repas de fêtes. La ferme de la Télachère dispose d'un élevage de canards et assure la transformation. Si l'on sait que la qualité des foies gras ne cède en rien à la gentillesse de l'accueil, on se pressera à cette adresse pour découvrir une production délicieuse.

CHÂTEAU D'ÉPIRÉ

Place de l'ancienne église - **SAVENNIÈRES**
✆ 02 41 77 15 01
www.chateau-epire.com
Lundi-samedi 10h-12h et 14h-18h Week-end sur rdv. Groupe 30 personnes max (possibilité d'excursion dans les vignes).

Le château d'Épiré est un des plus anciens domaines de l'appellation Savennières. Le domaine est transmis de père en fils depuis 1882, aujourd'hui la cinquième génération de la famille Bizard veille sur 11 ha de coteaux dominant la Loire, dont 9 sont dédiés à l'AOC Savennières. Les trois parcelles situées autour de la propriété produisent trois cuvées différentes. Une visite guidée des chais vous permettra de percer les secrets de la vinification, il est également possible de découvrir le vignoble (visite guidée d'1h30) et son sublime panorama.

DOMAINE AUX MOINES

La Roche aux Moines - **SAVENNIÈRES**
✆ 02 41 72 21 33
www.domaine-aux-moines.com
Ouvert du lundi au samedi de 10h à 12h et de 15h à 18h. Uniquement sur rendez-vous, fermé le dimanche.

Sur ces terres cultivées dès le Moyen Âge, Monique Laroche a planté sa première vigne en 1974. Sa fille a converti le vignoble à l'agriculture biologique en 2009. Les vignes sont idéalement plantées au sommet d'un coteau bordant la Loire, à l'abri des vents du nord en hiver et rafraîchi en été par les vents d'ouest. Le domaine est exclusivement planté en chenin, sur la Roche aux Moines. On y déguste des savennières au nez puissant, minéral, chaud, aux robes marquées d'or. L'endroit est tout simplement à couper le souffle avec ses airs de Toscane ligérienne.

AU VENT DES ABEILLES

3, place du Mail
SAVENNIÈRES
✆ 02 41 72 28 10
www.au-vent-des-abeilles.com
Du mardi au samedi de 14h30 à 19h30.

Partagés entre deux fermes apicoles en Vendée et à Savennières, Anthony et Mathilde jonglent entre leurs deux exploitations. Débutée il y a plus de 20 ans, la ferme compte plus de 300 ruches produisant toutes sortes de miel de châtaigner, d'aubépine, de tilleul, d'acacia... Au Vent des Abeilles propose d'autres productions comme le pollen, la propolis et la gelée royale, des sucreries naturelles avec une variété de nougat, de pain d'épices et de chutney d'oignon ou figue préparé au miel. À Savennières, ce sont Evelyne et François Marchesi qui vous reçoivent.

LA CLE DES CHAMPS

TRÉLAZÉ
✆ 02 41 45 17 27
Ouvert le lundi, le mardi, le jeudi et le vendredi de 16h à 18h ; le mercredi de 10h à 12h et de 16h à 18h.

La famille Diard vous accueille et vous fait découvrir le monde agricole à travers différentes activités pédagogiques : petits et grands peuvent assister à la traite des vaches et goûter le bon lait cru, faire un parcours en mini-tracteur, donner à manger aux animaux : mouton, cochon, âne, poney, lapins, vaches, poules, canards, sans oublier Facebook, le bouc de la ferme, se défouler dans la grange de paille aménagée, ramasser les œufs des poules pondeuses. La boutique propose plusieurs produits locaux dont la tomme fermière au lait cru, la troglodyte d'Anjou.

LES ESCAPADES DU MEUGON

3 B, Avort - **TUFFALUN**
✆ 09 72 80 79 75
www.escapadesdumeugon.com
Ouvert mercredi de 14h à 18h, samedi de 9h à 12h. Sur réservation. Balade demi-journée : 8 €.

Partez en randonnée avec des lamas sur les sentiers du massif de Milly et des bords de Loire, à la découverte du patrimoine local et de la biodiversité. Agillama est une activité dédiée aux enfants recherchant un contact avec l'animal, parcours d'obstacles pratiqué pour le plaisir. Avec des animations : la découverte des lamas dans leur environnement, soins et toilettage, notions de dressage. Animalama est dédiée aux personnes en recherche de quiétude. Ateliers à thème pour les petits, comment équiper un lama porteur, coloriage d'un animal, maquette avec la laine.

DOMAINE FILLIATREAU

la Grande Vignolle
TURQUANT
✆ 02 41 52 90 84
www.filliatreau.fr
Ouvert tous les jours de 10h à 18h en saison (mars à octobre).

La famille Filliatreau joue un rôle moteur dans la production des vins rouges du Saumurois. Le domaine s'affirme sur les plus grandes tables comme l'un des emblèmes du Val de Loire. On y exploite plus de 45 ha labellisés bio depuis 2020, d'où sont issus des vins d'une légèreté et d'un fruité remarquable. Laissez-vous porter par la visite ludique et sensorielle « sens dessus dessous » : surprise et sourire garantis ! Vous serez guidés par les sens pour vivre un moment étonnant au cœur de la roche, où l'histoire de la Grande Vignolle vous sera contée avec humour.

LUCETTE ET JEAN-MARC CAMPAS

ARQUENAY

✆ 02 43 98 41 81

Ouvert du mercredi au samedi de 16h à 20h. Pour les autres jours, prendre rendez-vous.

Lucette et Jean-Marc Campas vous donnent l'embarras du choix avec une cinquantaine de confitures et gelée différentes, préparées avec les produits de la ferme : de quoi donner du caractère et de la variété aux goûters et petits déjeuners. Fruits du verger, lait de vache pour les confitures de lait, produits du jardin et même produits des champs (fleur de pissenlit, mûres sauvages, etc.) : tous sont mis à contribution pour la joie des petits et des grands.

ASINERIE DU BOIS GAMATS

Chemin du Château-du-Bois-Gamats

LAVAL

✆ 06 88 77 25 45

www.asinerieduboisgamats.fr

Visite mardi et jeudi à 15h30.

Cette ferme céréalière produit également du lait d'ânesse et de la laine mohair. Ils accueillent vos équidés en pension et disposent même d'un camping. Les enfants profiteront de ce petit paradis en visitant l'âsinerie. Vous pouvez partir en balade accompagné d'un âne adapté à chaque âge pour un circuit d'une demi-heure, ou participer aux soins et nourrissage des animaux et aux ateliers thématiques. De la traite au savon, fabrication de votre propre savon, créer une fleur magique avec la laine des chèvres angora. Activités avec les chevaux, voltige et bouchonnage.

LA FERME AU VILLAGE

La Petite Sévaudière - **BOUÈRE**

✆ 06 32 25 61 57

http://fermepedagogiquebouere53.com

Basse saison samedi à 10h30. Haute saison mardi et samedi à 10h30. Entrée à partir de 3 ans : 5,50 €.

Cette ferme étant une vraie ferme laitière, l'accueil se fait entre 10h15 et 17h, après la traite du matin et avant celle du soir. Sur cette plage chaque groupe ou famille peut choisir l'amplitude qui lui convient le mieux. Éric et Benoît possèdent des animaux du Grand Ouest, afin de conserver des races ayant presque disparues. Âne du Cotentin, poule de La Flèche, mouton d'Ouessant, chèvre des Fossés..., sont les races les plus adaptées à la région. Ils proposent également des ateliers de pétrissage et de cuisson de pain à l'ancienne.

L'ARCHE DESNOE

Le Grand Gravier - **SAINT-BERTHEVIN**

✆ 06 25 03 95 37

www.arche-desnoe-parcanimalier.fr

Haute saison tous les jours et jours fériés de 14h à 19h. Entrée : 5 €.

Baladez-vous dans les allées bucoliques de ce parc de 6 hectares permettant de passer de bons moments avec les animaux de la basse-cour. De la poule à la pintade, en passant par les lapins, dindons, cochons d'Inde, ainsi que chèvres, poneys, ânes et les faisans. Les enfants pourront donner à certains la nourriture fournie à l'entrée. Il y a aussi des espèces plus atypiques, comme les moutons à quatre cornes, les vaches naines, les lamas. Et la surprise est encore plus grande en découvrant un chameau et un dromadaire installés dans le même pré. Aire de pique-nique.

PAT A FOIN

CHAMPÉON

✆ 06 52 64 33 66

Haute saison ouvert tous les jours de 10h à 18h. Basse saison mercredi et week-end de 10h à 18h. Entrée : 5 €.

Dans un cadre verdoyant et vallonné de 7 hectares, cette ferme est un refuge offrant une agréable retraite à des animaux rescapés, issus d'abandon, sauvetage, sortis d'abattoir, retraités ou handicapés. Chèvres, poules, chevaux, vaches, et ânesses. Trois jeunes femmes passionnées par les animaux vous les feront découvrir et vous proposeront des activités variées autour des animaux domestiques, de la faune locale, et vous sensibiliseront à la cause animale. Elles prévoient également l'installation d'enclos permettant d'accueillir des animaux sauvages et des félins.

LA FERME DE LA PAPINIERE

La Chapelle au Grain

SAINT-GEORGES-BUTTAVENT

✆ 02 43 00 27 59

Haute saison ouvert tous les jours de 10h à 19h. Entrée : 5,50 €. Sur réservation.

Dans cette ferme de 15 hectares vous attendent les chèvres laitières, chevaux, ânes et ânesses, cochons et la basse-cour. Des paons et faisans, canards, cygnes et oies d'ornement. Sans oublier les nombreux arbres typiques du bocage mayennais, une flore riche et variée, ainsi que la culture de plantes aromatiques. Ateliers ludiques de fabrication de beurre et de confitures. Balade à poney et petit tour en carriole. Ils organisent également des camps d'été avec de nombreuses activités dont la découverte de vieux métiers comme la bourrellerie. Aire de pique-nique.

LES VERGERS D'AULAINES

Les Blottières
BONNÉTABLE
✆ 02 43 29 19 45

Vente directe à la ferme, le samedi de 9h à 12h et de 14h à 17h30. Bienvenue à la ferme.

Au cœur de l'exploitation Les Vergers d'Aulaines, on retrouve un duo de producteurs de pommes et de poires, Fabienne et Vincent, qui cultivent pas moins de six ha de vergers : 14 variétés de pommes sur 5 ha, 5 variétés de poires sur 1 ha. Vous trouvez à la ferme des fruits frais de différentes variétés, des confitures et des jus de fruits 100 % artisanaux. Les fruits des Vergers d'Aulaines sont également proposés à la vente le vendredi, en fin d'après-midi, sur la place du marché de Bonnétable et par le réseau la Ruche qui dit oui.

LES RUCHERS DE LA PAUMERAIE

50, rue du Jeu de Paume
BOULOIRE
✆ 02 43 63 03 64
www.ruchersdelapaumeraie.fr

Livraison possible. Sur rendez-vous.

Ici, on est apiculteur de père en fils depuis 1856. Les miels des ruchers de la Paumeraie sont en vente au marché de Nogent-le-Rotrou, le samedi matin, et sur plusieurs marchés fermiers de Paris et de la région. Faites vos commandes en piochant dans une quinzaine de variétés de miels dont châtaignier, ronce, acacia, sapin, bruyère, lavande, garrigue, forêt et autres sites de transhumance des ruchers sarthois. Également sur le stand pains d'épices, pollens, confiseries, savons.

LE CASSIS DE DOLLON

La Bruyère
DOLLON
✆ 02 43 82 39 39

Sur rendez-vous.

Une visite originale et qui va vous changer des fermes orientées élevages. Venez découvrir la crème de cassis de Dollon, une liqueur sans alcool très parfumée à consommer sans modération. Originaire des pays de l'Est, le cassis est arrivé à Dollon dans les années 1960 avec la particularité, depuis ses débuts en Sarthe, d'obtenir un taux sucré et une saveur intense dus à l'ensoleillement supérieur pendant sa période de maturation. A Dollon, Céline Brouard se consacre à la culture de ce petit fruit riche en saveurs et en bienfaits.

CIDRERIE PELLETIER

Maison Brûlée
LA CHAPELLE-HUON
✆ 02 43 35 58 66

Boutique à la ferme, se renseigner pour les horaires. Bienvenue à la ferme.

Daniel Pelletier est distillateur d'eaux-de-vie depuis 1987 et producteur de cidre avec Fanny depuis 2002. La cidrerie Pelletier est une affaire de famille. Ici on travaille artisanalement, dans le respect de l'environnement. Les moutons pâturent dans les vergers. On y trouve cidres, eaux-de-vie, confits, confitures et autres flacons dans lesquels les recettes les plus traditionnelles alternent avec quelques innovations. Une visite très agréable. Un coup de cœur ? Le confit de cidre qui accompagne à merveille un foie gras de canard de la Sarthe.

FERME DE LA HAIE

La Haie - **VILLAINES-LA-GONAIS** ✆ 02 43 93 42 84
www.cerfduperche.com

Ouvert en juin, juillet et août, mercredi, jeudi, samedi, visite à partir de 14h30. Adulte : 3,80 €. Enfant : 2,50 €.

Dépaysement garanti. Ambiance safari, grâce à une visite en camion camouflage dans un environnement champêtre et sauvage. Sophie et Dominique élèvent cerfs, poules et pintades sur un domaine de 40 hectares ponctué de haies bocagères, de taillis et de bois. Un biotope convenant bien aux cervidés. Au début de l'automne, offrez-vous une soirée, du crépuscule à minuit, pour écouter la parade nuptiale des cerfs. Dans la boutique, vous trouverez des plats cuisinés (conserves, charcuteries) à base de viande de cerf, mais aussi de la viande fraîche issue de l'élevage.

ARCHE DE LA NATURE

Route de Changé
YVRÉ-L'ÉVÊQUE
✆ 02 43 50 38 45
www.arche-nature.fr

Ouvert toute l'année, 7j/7. Basse saison de 9h à 18h. Haute saison de 9h à 22h. Gratuit.

Proche du centre-ville, le vaste domaine public de l'Arche de la Nature offre un espace naturel remarquable très apprécié des Sarthois. Chemins et sentiers s'entremêlent au cœur d'une forêt riche en découvertes. En chemin, point central du domaine, la Ferme de la Prairie est un attrait phare. Cochons, gallinacés, vaches, chevaux, chèvres et brebis sont impeccablement parqués, dans des pâtures modulables, des écuries, une étable ou une bergerie. Inutile de préciser que c'est l'endroit rêvé pour les petits citadins de découvrir les animaux de la ferme.

LA FROMAGERIE D'AIZENAY

Route de Saint-Gilles
AIZENAY
✆ 02 51 94 63 43
Ouvert du lundi au vendredi de 15h à 18h.

Située à la sortie d'Aizenay sur la route qui mène à St-Gilles-Croix-de-Vie, cette fromagerie familiale et artisanale, créée voici plus d'un quart de siècle par Monsieur Zerathe, produit différentes variétés de fromages de chèvre frais et affinés : la bûchette (5 variétés : nature, cendrée, aux herbes de Provence, au poivre ou sans sel), le crottin (nature ou cendré), le chabichou (aussi appelé palet selon la région). De bons produits. En vente directe sur place, mais également sur les étals des boutiques de fromagers vendéens, magasins de producteurs,...

LES VIVIERS DU GOIS

La Gésière
BEAUVOIR-SUR-MER
✆ 06 24 57 49 24

Nicola Karpoff vous reçoit dans sa ferme marine qui regroupe 3 activités : élevage de la crevette impériale (gambas), récolte artisanale du sel, et la salicorne, qu'on mange en légume ou condiment, la «pousse» des huîtres en claires. Des huîtres au goût particulier unique, en raison des bassins argileux. Saviez-vous que les gambas sont produites en France, dans les marais de l'Atlantique ? Les premières crevettes sont commercialisées de mi-août à mi-novembre, et la production est limitée donc hâtez-vous si vous voulez déguster ces produits de qualité extra.

FERME-AUBERGE DES SARTIÈRES €

Les Sartières - **BEAUVOIR-SUR-MER**
✆ 02 51 68 46 05
Vente directe le soir à partir de 18h. Ferme-auberge sur réservation uniquement (72h avant). Menu unique à 26,50 €

Coup de cœur pour Céline et François Joly, agriculteurs de cette ferme-auberge bio, élevant, en plein air, volailles fermières bio (poulets, pintades, canettes), produisant vache maraîchine, porc longué bio. À la boutique : terrines et rillettes de canard, poulet, pintade, saucisson et noix de jambon de porc, bœuf, plats cuisinés, confitures... Céline utilise les produits de la ferme pour concocter les plats servis dans la salle de la grange meublée brocante. Trois gîtes 4/6 personnes.

LA FERME DES COUTS ★

Les Couts - **CHANVERRIE**
✆ 02 51 91 51 44
www.ferme-des-couts.com
Ouvert toute l'année sur réservation. Gratuit. Camping 2 personnes 14 € à 18 €. Visite guidée. Restauration. Boutique.

Visitez l'élevage de cerfs, biches et faons de Chantal et Joseph Herault, éleveurs passionnés. Côtoyez 150 animaux en semi-liberté, apprenez leur cycle de vie,... Autre activité, les produits de l'élevage : terrines, rillettes, civets comme ce civet de cerf aux jeunes légumes, la terrine de cerf dorée au four. La ferme-auberge, offre un cadre original pour un repas avec produits de la ferme. Il y a aussi un kota-grill des soirées grillades. Enfin, camping à la ferme de 10 emplacements et 2 kotas finlandais (chalets en bois), avec sanitaires à disposition.

MAISON DE L'ÂNE

Rue du Gois - **BEAUVOIR-SUR-MER**
✆ 02 51 93 85 70
www.bourricot.com/maisondelane
Haute saison ouvert tous les jours de 10h à 19h. Adulte : 6 €. Enfant dès 2 ans : 4 €. Balade à dos d'âne : 2,50 €.

Musée et ferme pédagogique avec un marais salant, ici, la vedette c'est l'âne ! La ferme héberge oies, chèvres rares, petits chevaux de Prjevalski, poneys, auroch,... Au musée : collection hippomobile, expo sur l'histoire des ânes et du sel, film sur la naissance et les soins des ânes. L'asinerie abrite différentes races d'ânes et ânons : baudet du Poitou, Noir du Berry, Gris de Provence... A la boutique, un savon naturel au lait d'ânesse, fabriqué ici, du sel, de la salicorne... Assistez à la traite, avant la dégustation du lait d'ânesse. Balade à dos d'âne.

GAEC LE PARPOUNET

CHAVAGNES-EN-PAILLERS
✆ 06 12 55 12 03
Tous les jours de 9h à 12h et de 14h à 19h sur rendez-vous.

La famille Lardière est productrice de mogettes, mais pas que puisqu'elle élève également avec passion des vaches, de la Blonde d'Aquitaine précisément. Petit rappel : la mogette est un haricot blanc sec, au grain dont l'une des extrémités est allongée. C'est le produit phare de la ferme, qui propose également des cocos, flageolets, haricots rouges et des lentilles blondes. Cette GAEC vous propose des produits de qualité, produits familialement et localement à travers des pratiques d'élevage respectueuses de l'animal et de l'environnement.

LE RUCHER DE DAMVIX

8, chemin de Bazoin
DAMVIX
✆ 06 84 06 03 56

Ouvert vendredi et dimanche de 14h à 17h30. Musée de l'Abeille ouvert d'avril à fin octobre. Tarif entrée musée : 3 €.

Les amateurs de miel trouveront dans cette ferme différentes variétés de cette douceur excellente pour la santé : des miels issus du marais, miel de printemps, miel de châtaignier, miel d'acacia, de forêt, de luzerne, de bourrache... Sur place aussi des produits dérivés à base de miel comme des bonbons au miel, du nougat, et pour vos défenses immunitaires, la propolis est un allié pour se maintenir en bonne forme. Goûtez l'hydromel, découvrez le pollen sec et le pollen frais, ainsi que des savons au miel, du vinaigre au miel...

DOMAINE DE BOISSE

8, rue Phélippon-Baudry
FONTENAY-LE-COMTE
✆ 02 51 69 48 00

Ouvert du lundi au vendredi de 8h30 à 12h30 et de 14h à 18h. Samedi sur rendez-vous.

Une exploitation agricole qui assure le gavage de canards gras et l'élevage de pigeonneaux. Les foies gras de canard sont déveinés et l'on conseille de les déguster nature, frais mais pas glacés, accompagnés d'un vin blanc mœlleux. Oubliez le régime pour goûter le magret royal, un chausson de deux magrets dans lesquels a cuit un foie gras ; l'ensemble se déguste froid. Quant au pigeon, il se décline lui aussi en confits, gésiers, terrines, rillettes. Vous pouvez également choisir des pigeonneaux frais, prêts à cuire, que vous pourrez cuisiner vous-même.

DOMAINE SAINT-NICOLAS

L'ILE-D'OLONNE ✆ 02 51 33 13 04
www.domainesaintnicolas.com

Basse saison : du lundi au vendredi, 9h-12h/14h-17h. Haute saison : du lundi au samedi, 9h-12h30/14h-19h.

Au cœur des marais salants, sur 37 ha en culture biodynamique (depuis 1995), Thierry Michon produit des vins authentiques et prestigieux, référencés dans les guides et présents sur un grand nombre de tables étoilées françaises, et dans des établissements aux États-Unis, en Italie, au Japon. Des vins élégants et raffinés, vinifiés naturellement, reflet de notre biodiversité et de notre environnement. Chaque cuvée est une cuvée parcellaire. Également des vins effervescents produits en méthode traditionnelle ainsi que d'atypiques vins vinifiés et élevés en amphores.

LES HUÎTRES DU CAP HORN

Route de Beauvoir-sur-Mer
LA BARRE DE MONTS - FROMENTINE
✆ 02 51 68 50 43
www.leshuitresducaphorn.fr

Du lundi au vendredi de 9h à 12h et de 14h à 18h, pour la vente sur place.

Les Huîtres du Cap Horn, ce sont quatre générations d'ostréiculteurs, portant les traditions et les savoir-faire familiaux pour produire des coquillages de qualité. Sébastien Vaire vous accueille pour vous faire découvrir sa passion : la production de belles huîtres élevées au large de l'Ile de Noirmoutier. Depuis 1927, la famille produit de beaux coquillages. Visite de l'exploitation ostréicole, dégustation d'huîtres et vente au détail. Une nouvelle fois, les Huîtres du Cap Horn ont été récompensées par la médaille d'or au Concours Général Agricole en 2015.

L'ÎLE AUX PAPILLONS ★

5, rue de la Fassonnière - **LA GUÉRINIÈRE**
✆ 02 51 35 77 88
www.ile-aux-papillons.com

Du 10/04 au 25/09. Haute saison ouvert tous les jours de 10h à 19h30. Adulte : 9,20 €. Enfant jusqu'à 12 ans : 6,80 €.

Située sur l'île de Noirmoutier, c'est la plus grande serre au climat tropical de France, où virevoltent en totale liberté, parmi les plantes et les fleurs exotiques, plusieurs centaines de papillons d'une soixantaine de variétés différentes venant des quatre coins du monde. Un film documentaire retrace les stades de transformation de leur courte vie, depuis l'œuf, la chenille et la chrysalide, pour devenir enfin papillon. Vous pourrez observez toutes ces étapes dans l'éclo-serie. Aire de pique-nique couverte. Boutique de souvenirs sur le thème des lépidoptères.

LES VIVIERS DE LA BAIE €€

107 bis, Boulevard des Vendéens - **LA TRANCHE-SUR-MER** ✆ 02 51 97 90 49
www.les-viviers-de-la-baie.fr

Été : 7j/7, 9h-13h/17h-20h30. D'avril à juin et septembre : du mardi au dimanche. Basse saison : dimanche 10h-12h30.

Une entreprise familiale où rime qualité et connaissance des produits ! Souriantes, Magali et sa fille nous accueillent, tandis que Manu est à la production de moules et d'huîtres, qu'ils vendent ici avec d'autres produits de la mer : poissons, sardines de Saint-Gilles, soupe, homards... Selon les arrivages, Magali concocte paella de poissons, choucroute de la mer, colombo ou blanquette de poissons,... Plateaux de fruits de mer cuits sur mesure. À déguster en terrasse, acras maison, planche d'apéro, beignets de crevettes, moules frites, huîtres, fruits de mer,...

BRASSERIE LA CABAUDE

21, rue de la Paillolière
LES SABLES-D'OLONNE
✆ 09 86 26 85 32

Tous les jeudis soir, soirée dégustation de bière à partir de 18h. Visite guidée sur RV.

Dans cette brasserie artisanale, créée il y a 5 ans, on fabrique la « triple » : une bière de triple fermentation. Il y a plusieurs étapes dans le processus de fabrication de la bière : il faut d'abord aplatir le grain, puis vient l'empâtage, ensuite la filtration, puis la cuisson avec les houblons, la prochaine étape fait intervenir les fermenteurs, puis c'est la mise en bouteille, avant le stockage en chambre chaude. Plusieurs variétés de bières sont proposées, autour d'une gamme en comptant 8. Il est également possible de visiter la brasserie.

MARAIS SALANT DE BONNE POGNE

Route de La Guérinière
NOIRMOUTIER-EN-L'ILE
✆ 02 51 39 96 63

Haute saison : ouvert tous les jours de 9h30 à 19h30. Ouvert de février à la Toussaint. Visite gratuite du marais.

La saline de Brigitte, Philippe et leur fils Dylan, est constituée de 118 œillets. Ils produisent du gros sel et de la fleur de sel (nature et aromatisé) et selon les années de la salicorne. Pour varier vos plats, assaisonnez-les de fleur de sel au citron, gingembre, 5 baies, piment, curry, basilic... Si vous voulez tout connaître de la vie du saunier, de l'histoire du sel, comment on le récolte, comment on le conserve..., Dylan n'a pas son pareil pour captiver son auditoire.

VIGNOBLES MOURAT

Route de La Roche-sur-Yon
MAREUIL-SUR-LAY-DISSAIS ✆ 02 51 97 20 10
www.mourat.com

Du lundi au samedi 9h30-12h30 et 14h-19h. Visite du chai sur rdv, route de La Roche-sur-Yon.

Également propriétaires des liqueurs Vrignaud, les vignobles Mourat sont sur les coteaux dominant la vallée du Lay. L'ensemble du vignoble est en culture biologique (dont une partie en conversion). L'un des plus grands territoires viticoles sauvegardés. Principaux cépages pour les blancs, le chenin et le chardonnay, et pour les rouges, négrette, pinot noir, cabernet franc. Parmi les cuvées : Château Marie du Fou, Collection, O.V.N.I, Clos Saint-André, Moulin Blanc, et une méthode traditionnelle 13.36. A déguster au caveau médiéval au pied du château et au domaine.

L'ILOT ZANIMO

195, route des Quatre Moulins
SALLERTAINE
✆ 09 81 82 20 97

Haute saison du lundi au samedi de 10h à 18h. Basse saison du lundi au samedi de 14h à 18h. Adulte : 5 €. Enfant : 3 €.

L'îlot Zanimo est une ferme d'animation pédagogique équestre familiale située au même endroit que les Écuries de l'Ilot (poney-club). Avec plus de 20 hectares et une cinquantaine d'animaux au total, ils proposent diverses activités : visite guidée de la ferme, possibilité de nourrir les animaux et de découvrir leur mode vie et leurs habitudes, goûter à la ferme, baptêmes de poney, jeux et chasse au trésor... Les enfants seront les premiers à vouloir caresser les animaux. Rajoutons que les animaux sont élevés selon les principes des bienfaits de l'Approche Animale.

LA FERME PÉDAGOGIQUE DE LA JARRIE

12, La Grande Jarrie - **NESMY**
✆ 07 67 31 72 99

Haute saison du mardi au samedi de 9h à 13h et de 14h à 18h. Sur réservation. Participation libre avec forfait minimum.

Cette ferme accueille aussi bien les familles que les groupes pour des moments de partage autour du monde animal et végétal. Les enfants pourront nourrir poules, chèvres et cochons domestiques tout en posant des questions. C'est aussi un lieu on l'on pratique le jardinage en permaculture sur sol vivant, sans le travailler et sans pesticides ou engrais chimiques. Les amateurs apprécieront les ateliers d'initiation à la permaculture et à la botanique. Stage de jardinage. Balade à poney.

MIELLERIE DES FONTENELLES

Les Fontenelles
TRIAIZE
✆ 02 51 56 93 34

Ouvert toute l'année. De 15h à 19h. Visite guidée. Boutique. Animations.

Cette ferme apicole, agréée Bienvenue à la ferme, regroupe 2 exploitations : 200 ruches pour Pascale en bio et 700 pour Claude en conventionnel. Visite guidée et animée du site avec ouverture de ruches en saison. Animations : atelier de fabrication de miel, fabrication de bougies, de cosmétiques à base de miel et de cire, atelier consacré à la récolte de pollen. Ainsi, accompagné de l'apiculteur, l'enfumoir à la main, vous allez ouvrir votre ruche. On finit par la dégustation.

PASSPORT

PROVENCE-ALPES-CÔTE D’AZUR

FERME BERIDON

L'Infernet - **AUZET**

✆ 04 92 35 05 57

Haute saison ouvert tous les jours de 10h à 18h. Boutique. Adulte à partir de 7 €. Enfant à partir de 4,20 €

Insolite pour une ferme de Provence. Dans cette exploitation d'élevage de bovins et ovins, on croise des rennes, des bisons d'Amérique, des lamas et même des cochons vietnamiens. Mais aussi plus classiquement des poneys, des cochons fermiers, des vaches charolaises et des moutons, une basse-cour, mais encore des daims, des cerfs, des mouflons. S'ajoute une cabane pour les lutins... Domestique, sauvage ou exotique, voici un espace pour découvrir une faune très variée au sein d'un magnifique domaine de montagne. La cabane des lutins. Aires de jeux et de pique-nique.

FROMAGERIE DE BANON

Haut Carniol - **BANON**

✆ 04 92 73 25 03

www.fromagerie-banon.fr

Ouvert l'été. Le reste du temps, commandes à passer par téléphone et à venir récupérer du lundi au vendredi de 9h à 17h.

Depuis 1958, cette fromagerie fabrique et commercialise le célèbre Banon, fromage d'AOP, ainsi qu'une large gamme de fromages de chèvre frais et affinés. Le lait est collecté, les fromages fabriqués et affinés par les maitres des lieux, afin d'en conserver l'authenticité, la subtilité et la saveur d'antan. C'est ce savoir-faire, que vous viendrez ici, au milieu de nulle part sur la route d'Apt, partager et pourquoi pas apprendre à plier le fameux Banon dans son écrin de feuilles de châtaigniers. Sur place un film vous expliquera la fabrication des fromages.

COOPERATIVE LAITIERE DE LA VALLEE DE L'UBAYE

2, digue de la Gravette

BARCELONNETTE

✆ 04 92 81 00 30

www.fromagerie-ubaye.com

Ouvert toute l'année. Du lundi au samedi de 9h à 12h et de 14h à 19h. Fromagerie.

Fondée en 1949, la Coopérative Laitière de la Vallée de L'ubaye a été créée pour valoriser le savoir-faire fromager traditionnel montagnard. Actuellement la coopérative compte 2 sites avec point de vente aux particuliers : le siège à Barcelonnette où sont fabriqués les fromages secs, et la Bréole pour les fromages frais et les yaourts. Elle regroupe aujourd'hui 11 exploitations laitières de montagne pour une collecte qui avoisine les 2 millions de litres de lait par an.

LES RUCHERS APIJOUVENCE

CASTELLANE

✆ 04 92 83 61 43

www.apijouvence-miel-provence.com

Ouvert tous les jours de 9h à 19h. Commande en ligne possible par le site. Pot de 500 g à partir de 9 €.

Dans cette exploitation familiale, l'accueil est chaleureux. 400 ruches et près de 20 variétés de miel (lavande, thym, sarriette, romarin, pin, châtaignier...) vous y attendent pour une dégustation. La boutique installée sur l'exploitation vous propose toute sorte de produits dérivés de l'activité des abeilles. Des visites gratuites sont organisées durant les mois de juillet et août, avec description de la vie des abeilles grâce à une ruchette vitrée permettant l'observation en intérieur, ainsi que la découverte de la salle d'extraction du miel.

MIEL ARTISANAL, CHRISTIANE AUVIGNE

Entrée du village sur la route d'Allos

COLMARS

✆ 06 08 70 83 67

Ouvert en juillet et en août : tous les jours de 9h30 à 12h30 et de 15h30 à 19h.

Christiane est devenue apicultrice récoltante, par passion, sur les hauteurs de Colmar-les-Alpes. Il est préférable de l'appeler pour être sûre de la trouver. Sur place vous aurez le choix entre un miel de montagne doux aux saveurs florales et fruitées, et un miel de lavande, un des fleurons de la gamme produite sur ce territoire, connu pour sa puissance et son bouquet. Tous deux récoltés dans les ruches de la vallée, témoignent de la richesse d'un environnement préservé.

CORBI PARC

Le Moulin - **CORBIÈRES**

✆ 06 87 79 53 86

Fermé de janvier à février. Haute saison ouvert tous les jours de 10h à 18h. Adulte : 10 €. Enfant : 10 €. Boutique.

Caroline, Thierry et Aurélien vous réservent le meilleur accueil dans ce parc animalier et de loisirs pas comme les autres où vivent sur 2 hectares quelque 300 animaux domestiques, dont la plupart sont nains. Chameaux, lamas primés à des concours internationaux, vaches naines, bœufs texans, cochons nains, alpagas, ânes nains, volailles et bien d'autres encore. Les enfants prendront un malin plaisir à les caresser et même à les nourrir grâce aux graines offertes à l'entrée. Jeux aquatiques et manèges. Deux tyroliennes. Ateliers pédagogiques. Aire de pique-nique.

JARDIN DES PAPILLONS

10, montée Bernard-Dellacasagrande
DIGNE-LES-BAINS
✆ 04 92 36 70 70

Haute saison tous les jours de 9h à 19h. Sur demande à partir de septembre. Adulte : 8 €. Enfant de 7 à 14 ans : 5 €.

Parmi les multiples trésors à découvrir dans le riche musée-promenade, se trouve ce passionnant espace appelé Jardin des papillons. D'une richesse unique en France, il permet de découvrir, sur 1 ha environ, une centaine de variétés de papillons indigènes qui s'y sont réfugiées de façon naturelle. Et cela grâce aux jardiniers qui ont tout simplement cultivé ici leurs plantes préférées, donnant un lieu magique pour les observer en toute liberté. Pendant la période de vie des papillons (entre le 15 avril et le 15 septembre), le musée organise des visites guidées.

LES VERGERS D'ENTREVAUX

Le plan de Puget
ENTREVAUX
✆ 06 07 80 60 10

Magasin ouvert tous les jours de 9h à 18h30 (19h en été). Ferme auberge : téléphoner au 06 07 80 60 10.

Que ce soit dans leur magasin d'Entrevaux ou dans leur ferme située plan de Puget, Isabelle et Eric Mermet proposent une sélection de légumes frais de saison dont une partie importante sont bio. Chaque semaine, vous pourrez choisir un panier de fruits ou de légumes. Et aussi des fromages de chèvre, brebis et vache de la haute vallée du Var, des confitures maison, des miels produits localement, ou encore du jus de pommes d'Entrevaux. Vous pourrez également vous faire livrer chez vous ou sur un point à proximité de votre domicile, et ce jusqu'à Nice.

MOULIN DE GOUVAN

6, rue Marius Debout
FORCALQUIER
✆ 04 92 78 77 51

Visite gratuite de juin à septembre.

C'est un voyage dans le temps que vous propose de faire André-Michel Breger. À l'époque où les olives étaient broyées par des meules actionnées par des ânes ou des mulets, où la pâte d'olives obtenue était ensuite placée dans des scourtins, une sorte de grand béret plat, puis compressée afin de récolter le précieux nectar... Grâce à ce passionné qui a restauré ce moulin datant vraisemblablement du XVe siècle (le dernier qui reste en France) vous pourrez non seulement faire une visite très instructive mais également déguster une huile AOP Haute-Provence de qualité.

LE MOULIN DE GRÉOUX

chemin de la Rivière
GRÉOUX-LES-BAINS
✆ 06 82 08 25 67
www.lemoulindegreoux.fr

Boutique ouverte du mardi au samedi de 9h à 12h et de 15h à 18h. Également vente en ligne.

Dans ce moulin récemment ouvert, Bruno Bracchi, éleveur de chevaux, trouvait dommage que la culture de l'olivier ait été délaissée au fil des années à Gréoux. Il a donc remis lui-même en état une centaine d'oliviers séculaires et initié un élan dans la commune. Il vend ainsi son huile dans la boutique adjacente au moulin. Allez-y faire un tour le matin, car l'après-midi, Bruno emmène touristes et curistes en balade en calèche dans Gréoux. Ses visites, sur le thème de l'eau, se terminent au moulin avec présentation et dégustation des produits.

PARC ANIMALIER LES AIGLES DU VERDON ★

La Colline de Lineau
GRÉOUX-LES-BAINS
✆ 06 75 47 17 06

Ouvert tous les jours et les jours fériés de 11h à 18h. Adulte : 12 €. Enfant de 3 à 11 ans : 8 €.

Ce parc de 12 hectares associe spectacle équestre et fauconnerie. Vous vous laisserez surprendre par le ballet aérien des rapaces et apprécierez la beauté des chevaux pure race espagnol. Évolution en commun et en toute élégance. Des chorégraphies et des spectacles de connivence entre équidés et oiseaux de proie sont proposés avec la fauconnière Bélinda en chef d'orchestre. Buses de Harris, Faucon crécerelle, faucon américain, hibou grand-duc d'Europe, hibou grand-duc du Bengale, hibou grand-duc de Sibérie, caracara de Foster, chouette effraie, chouette Boobook, chouette le programme, milan noir, aigle pygargue à tête blanche et de magnifiques chevaux animent le site, dans le plus grand respect des caractères propres à chacune des espèces. Une alchimie s'est installée permettant de proposer ces magnifiques spectacles. En marge, un petit parc animalier est ouvert dans ce site magnifique de la colline de Linoux, près de Manosque, où se côtoient animaux de la ferme et de la basse-cour, cochons, oies, poules, canards, chèvres que vous pourrez approcher et câliner. Puis empruntez le parcours ombragé pour voir des animaux plus rares perruches, coatis, paons, tortues d'eau, chiens-loups de Saarloos et le buffle. Stages et ateliers découverte des rapaces et de la fauconnerie. Possibilité de fêter votre anniversaire, mariage, baptême, repas d'affaires, vos soirées diverses. Aires de jeux et de pique-nique ou vous restaurer au snack. Terrasse est ombragée l'été, et chauffée en hiver.

DOMAINE DU BAS CHALUS €

Route de la Brillanne, Chemin des Cerfs - **FORCALQUIER** ✆ 06 86 91 68 49
www.baschalus.fr

Chambre double de 54 à 66 € ; chambre triple de 78 à 86 €. Petit-déjeuner inclus. Parking inclus.

Henri et sa fille Cathy ont repris le flambeau de ce magnifique domaine où les familles sont reines. Un environnement agricole avec plus d'une centaine d'animaux, vous plongera dans le quotidien d'agriculteurs authentiques. Chambres d'hôtes, gîtes, camping, piscines sont à votre disposition pour un séjour réussi. Séparés d'une centaine de mètres, les deux bâtisses, la ferme et le moulin vous accueillent. Les chambres sont équipées de salles d'eau et WC indépendants dans une ambiance rustique. Vous profiterez ici d'une véritable immersion qui ravira petits et grands. Nouveauté : Romain sera aux fourneaux de la ferme-auberge et proposera des assiettes cuisinées à partir des produits du terroir.

DOMAINE SALVATOR

Le Moulin de Dabisse - **LES MÉES**
✆ 04 92 34 00 45
www.domainesalvator.fr
7j/7 sur rendez-vous. Vente directe en ligne sur le site Internet. Réservation au 06 29 40 68 03 ou au 06 29 40 77 73.

Situé à 450 m d'altitude, le domaine Salvator est composé de 40 ha d'oliviers multi-centenaires. Un terroir qui offre aux olives de Sophie et Frédéric Pinatel un caractère unique. En sont extraites quatre huiles : la cuvée Mistral AOP Haute-Provence, la cuvée Durance AOP Haute-Provence (aglandau), la cuvée Paradis AOC Provence (bouteillan) et la cuvée Ventaïre AOC Provence (fruité noir en conversion biologique). Ces cuvées sont régulièrement récompensées (voire ovationnées) au sein de tous les grands concours agricoles. Une belle consécration.

MIEL ET UNE TENTATIONS

Chemin des Varzelles
LES MÉES
✆ 06 75 54 46 25
www.mieletunetentations.com
Ouvert du lundi au jeudi de 9h à 18h ; le vendredi de 15h à 18h. Boutique en ligne.

Apiculteurs depuis des générations, Christophe et Pierre prennent soin des ruches et des abeilles, Delphine s'occupe du développement commercial de la marque Miel et Une Tentations. Les miels de crus traditionnels sont tous récoltés en France et mis en pot aux Mées, ainsi que des miels bio, tous originaires du Piémont italien. Ni mélangés, ni pasteurisés, ils sont tels que récoltés à la ruche, pour conserver leurs qualités gustatives. Miels de romarin, d'acacia, de châtaignier, de lavande sont récoltés aux époques de floraison correspondantes.

LE MOULIN DES PÉNITENTS

La Chauchière
LES MÉES
✆ 04 92 34 07 67
www.moulin-des-penitents.fr
Ouvert du lundi au samedi de 9h à 12h et de 14h à 18h.

Vous trouverez les divers crus et assemblages en vente au détail dans sa boutique sur place avec de nombreux autres produits dérivés de l'olive. Sur place également vous pourrez visiter son musée de l'olivier et déguster les divers crus à son bar à huile. La visite du moulin se fait sur réservation préalable. Vente et expédition, sur place comme en ligne par internet, pour la France comme pour l'étranger. En cas de venue sur place pour des visites individuelles, l'espace musée de l'olivier est accessible librement. Pour une visite commentée, prendre rendez-vous.

MOULIN DES VARZELLES

Chemin des Varzelles
LES MÉES
✆ 06 87 81 75 85
www.moulindesvarzelles.fr
En été : ouvert du lundi au samedi de 10h à 12h et de 15h à 18h. Hors saison sur rendez-vous.

Au pied des célèbres Pénitents, ce moulin a vu le jour il y a six ans sur l'exploitation agricole de Jean-Louis Sauvy. De ses quelque onze hectares d'oliviers cultivés en agriculture biologique, il produit près de 6 000 l d'huile : de l'AOP Haute-Provence fruité vert ainsi qu'un fruité doux huile d'olive de France. Dans la boutique attenante au moulin, près d'une centaine de produits sont également en vente. Vous y trouverez notamment des huiles aromatisées, des tomates confites, divers jus de fruits... Idéal pour remplir son panier de délicieux produits !

MOULIN FORTUNÉ ARIZZI

Le Mas-des-Pins - **LES MÉES** ✆ 04 92 34 04 80
www.moulinarizzi.com
Ouvert du lundi au samedi de 8h à 12h et de 14h à 18h, le dimanche matin d'avril à fin septembre. Visite possible.

Vous dégusterez ici dans le Moulin Fortuné Arizzi, magnifique propriété, l'une des meilleures huiles d'olive de France issue de l'assemblage Aglandau, Picholine et Frantoio. En cinquante ans d'expérience, ce moulin a su se doter d'une solide réputation qui dépasse les frontières. Vingt-huit hectares, 8 000 oliviers composent ce superbe domaine au cœur de la Haute Provence et au sein d'un mas typiquement provençal lové au sein d'un parc arboré. Vous aurez la possibilité de coupler la visite avec celle de l'écomusée du pigeonnier, pièce maitresse du domaine.

LE VIEUX COLOMBIER

Les Pourcelles
LES MÉES
✆ 06 62 57 38 63
www.campinglevieuxcolombier.com
Vente en ligne sur le site www.ppp-olive.com.

Agriculteur depuis toujours, Serge Masse est oléiculteur depuis 15 ans seulement. Entre 1998 et 2000, il a planté 1 800 arbres à côté des 5 oliviers de famille, répartis sur 5 parcelles autour du village des Pourcelles. Issues de la variété aglandau, les olives, qu'il fait triturer au moulin du Luberon, donnent une huile comme Serge Masse « l'aime : entre le fruité vert et le fruité mûr ». Donc sans trop d'ardence, mais suffisamment pour réveiller les plats ! Son huile bio est vendue sous la marque Première pression Provence.

LES JARDINS DE BOUTEILLE €€

chemin de Bouteille - **MANOSQUE**
✆ 06 78 25 47 43
www.gites-manosque.fr
Gîtes de différentes capacités et chambres d'hôtes 4 étoiles. Chambre double à partir de 100 €. Petit-déjeuner inclus.

© DR

Au cœur d'un domaine de cinquante hectares composés de fruitiers et de maraîchers. Florence a le sens de l'hospitalité. Sa propriété est tout simplement superbe avec un paysage agricole à perte de vue. Les chambres classées quatre étoiles ne manquent de rien. Décorées avec goût, elles sont non seulement spacieuses, mais aussi confortables avec des lits en 180 cm et des douches à l'italienne. La piscine, le jardin, les petits-déjeuners maison et les produits de la ferme proposés en vente directe font de ce lieu un endroit idéal où séjourner au calme.

FERME LA POURCINE

Chez Joël et Brigitte Corbon
LIMANS
✆ 04 92 73 01 54
www.lapourcine.com

La Pourcine est une ferme traditionnelle caprine de Haute-Provence, située à quelques dix kilomètres de Forcalquier, et à environ une quinzaine de kilomètres de Banon. Vous pourrez profiter de la présence des animaux et de la nature. Vous trouvez à la ferme de délicieux petits fromages frais, préparés avec le lait des chèvres de Joël et Brigitte, des banons, des tommes à l'ancienne, des crottins, de la cachaille, mais aussi de la viande ovine, des poulets, des œufs, de l'épeautre... Le plus : possibilité de louer un gîte rural.

LE VERGER DE SAINTE ROUSTAGNE - SERGE AMOUREUX

30, chemin du Clos de Portales - **MANOSQUE**
✆ 06 48 44 35 12
Lundi, mercredi, jeudi, samedi (9h-12h/15h-18h). Mardi et ven. sur rdv. Marchés de Lourmarin et Moustier-Sainte-Marie.

Dire que Serge est amoureux de ses arbres serait un peu facile. Pourtant, ce sexagénaire est devenu agriculteur à 21 ans sur un coup de tête ! « Ça m'a pris », dit-il simplement. Depuis, il s'occupe de ses 600 oliviers, dont 200 sont centenaires. L'huile certifiée bio est également estampillée AOP Haute Provence. Serge prépare aussi de la tapenade noire. Sur place, vous pourrez profiter d'une vidéo d'une dizaine de minutes expliquant tout le processus de fabrication, et d'une boutique.

LE MOULIN DE L'OLIVETTE

Rond-point de l'Olivette
MANOSQUE
✆ 04 92 72 00 99
www.moulinolivette.fr
Magasin ouvert tous les jours sauf dimanche et jours fériés. L'été, de 8h30 à 18h30 non-stop.

Créé en 1928, le moulin de l'Olivette a accompagné tout au long du XXe siècle l'histoire, le développement et la modernisation de l'oléiculture locale... Et il accompagne toujours plus de 2 000 coopérateurs de la région ! Après avoir été un des premiers moulins français à acheter une laveuse à olives dans les années 1970, il fait maintenant partie des moulins équipés de système d'extraction en continu. Le moulin produit deux appellations : l'AOP Haute-Provence (avec une variante bio) et l'AOC Provence, ainsi qu'une huile dite de France (au fruité subtil).

MOULIN À HUILE DE LA CASCADE DE MONESSARGUES

Route de Sigonce - **LURS** ✆ 04 92 79 95 03
moulin.de.la.cascade.monsite-orange.fr
Ouvert toute l'année. Visite guidée sur rendez-vous. Huile également disponible chez Justine (04 92 79 18 12) à Lurs.

Jérôme Masse vous propose de découvrir une tradition qui date de 1674, année de construction du Moulin de la Cascade. Il vous familiarisera avec les gestes ancestraux permettant d'obtenir une d'huile d'olive de haute qualité, à la saveur fruitée. Vous suivrez les différentes étapes du pressage des scourtins au ramassage de l'huile, en passant par la décantation naturelle dans les bacs en chêne. Une huile à admirer, avant de profiter de la belle cascade et de ses bassins tout proches.

FROMAGE PIRARD

Les Arnoux
MONTFURON
✆ 04 92 76 55 32

Vente à la ferme. Livraison des commandes mardi et jeudi.

Dans le village de Montfuron, la famille Pirard élabore des fromages fermiers pur chèvre dans le respect de la nature et des animaux. Les chèvres, de race saanen ou alpine, ne mangent que du foin et des céréales, et vont en pâturage lorsque la météo et la saison le permettent. Pas de souci de rendement, elles produisent entre 2 et 2,5 litres quotidiennement, et profitent d'une longue saison de repos pendant l'hiver. Vous trouvez les fromages sur le marché de Manosque le vendredi et le samedi. Vous pouvez aussi venir à la ferme, et même y passer un séjour en gîte !

MOULIN À HUILE PASCHETTA HENRY

4, avenue Charles-Richaud - **ORAISON**
✆ 04 92 78 61 02
www.moulinpaschetta-henry.fr

Boutique ouverte du lundi au samedi de 9h à 12h et de 14h à 18h. Visite du moulin possible. Achats en ligne.

Le moulin à huile Paschetta Henry a été créé en 1922. Aujourd'hui, plus de 400 producteurs continuent à apporter leurs olives. Si l'huile de ce moulin ne fait pas partie d'une AOP, c'est volontaire afin de pouvoir proposer à la vente une huile d'olive vierge extra à un prix plus abordable que ses concurrents. À sa boutique, vous pourrez la déguster. Olives, tapenades, miels, confitures ou terrines de producteurs locaux y sont aussi proposés, ainsi que quelques produits cosmétiques.

LES COMTES DE PROVENCE

11, espace Saint-Pierre - **PEYRUIS**
✆ 04 92 33 23 10
www.comtes-de-provence.com

Boutique ouverte du lundi au vendredi de 9h à 17h. Livraison possible. Visite des ateliers chaque mardi à 9h30, 2 €.

Les Comtes de Provence, c'est une histoire familiale de plus de 30 années d'expérience qui ont permis d'élaborer des confitures et des produits sucrés à base de fruits du bassin méditerranéen et de sucre pure canne, de façon traditionnelle dans des chaudrons pour optimiser le goût. Confitures, compotes, miels, marmelades (comme en Écosse) et une belle gamme bio (confitures, compotes, miels, fruits au sirop et confits) sont proposés en vente sur place à la boutique comme sur Internet. L'usine se visite une fois par semaine le mardi sur réservation préalable.

SAVONNERIE ARTISANALE HENRY PASCHETTA

Le Mardaric - **PEYRUIS**
✆ 04 92 78 61 02

Du lundi au samedi de 9h à 12h et de 14h à 18h30. Savonnerie fermée de novembre à février mais boutique ouverte.

Michel Paschetta a installé en 1979 ce moulin à huile familial. Aidé de sa femme Françoise il lui a adjoint en 1985 une savonnerie artisanale. Y sont produits des savons à base d'huile d'olive et d'huile de coco, suivant la méthode traditionnelle au chaudron marseillaise. Résultat : une gamme 100% naturelle, sans colorants ni produits de synthèse. Dans la boutique, vous trouverez des cosmétiques à l'huile d'olive et au lait d'ânesse, des huiles d'olives et d'autres produits régionaux.

LE MOULIN DU TERROIR

Famille Brunet - Le Roucaou
REILLANNE
✆ 06 07 37 66 45

Vente sur rendez-vous téléphonique préalable. Vente par bidon de 5 L ou par lots de bouteilles.

Les huiles d'Isabelle sont à son image : pleines de vigueur et très fruitées ! Il faut dire qu'elle chouchoute ses 4 000 oliviers de variétés aglandau et bouteillan : traitements raisonnés puis ramassage des olives au palpeur. Depuis 2006, elle possède son propre moulin afin de maîtriser entièrement sa production d'AOP Haute-Provence non filtrée, ce qui lui donne une texture incomparable. Son huile d'olive a déjà décroché une médaille d'or au Concours National des Huiles de France de Nyons. Appelez tôt le matin au moulin pour être sûr de sa présence !

LA VALLÉE SAUVAGE

Route de Sisteron - **SAINT-GENIEZ**
✆ 04 92 61 52 85
www.lavalleesauvage.com

Haute saison ouvert tous les jours et jours fériés de 10h à 19h. Adulte : 11 €. Enfant de 3 à 16 ans : 8 €.

La vallée sauvage, c'est l'endroit idéal pour passer un après-midi ombragé et au frais avec des petits. Ils seront ravis et émerveillés en cherchant à apercevoir marmottes, daims, cerfs, mouflons, chamois, chevreuils et sangliers qui vadrouillent dans ce parc. Venez découvrir les animaux des Alpes ! Promenez vous dans ce parc de 15ha et observez évoluer les animaux dans leur cadre naturel. L'espace « câlins lapins » séduira les plus petits qui peuvent caresser les lapins. Le plus : l'espace pique nique sur place et snack en été.

CAMPING À LA FERME BIO DE VAUVENIÈRES

Ferme de Vauvenières
SAINT-JURS
✆ 06 50 74 37 11
www.ferme-de-vauvenieres.fr

Camping d'avril à octobre. Visite de la distillerie toute l'année.

Dans ce superbe décor, entouré de lavandes et de verdure, c'est Claire et Yann qui vous accueillent avec le sourire au sein de leur camping. Sur place, 25 grands emplacements sont disponibles. En famille ou entre amis, on profite des jeux mis à disposition. Et pour faire rêver petits et grands, on prend le temps de visiter la distillerie et la confection d'huiles essentielles bio. Nouveauté : la cabane à services qui propose une boîte à livres et une kitchenette en libre service. C'est un gros coup de cœur, pour une expérience d'agritourisme tout en douceur !

© DR

© DR

FERME APICOLE DU MOULERON

SAINT-MICHEL-L'OBSERVATOIRE
✆ 04 92 76 65 22

Vente directe à la ferme. Il est préférable de téléphoner avant votre visite.

Christian Hogedez, apiculteur, accueille dans sa ferme des groupes d'enfants et leur explique tout sur l'obtention du miel. Pour les autres visiteurs, il propose miel de lavande, de printemps, de garrigue ainsi que pain d'épices, nougats et autres produits de la ruche, fabriqués et en vente sur place toute l'année. Si vous avez la chance d'être présent au moment de l'extraction du miel, il aura à cœur de vous montrer son savoir-faire et de vous livrer quelques secrets.

FERME DES PÉLISSONES

La pointe - **SEYNE** ✆ 06 72 90 21 02
www.fermedespelissones.fr

Magasin à la ferme ouvert du lundi au samedi de 10h à 12h et de 15h à 18h30. Dimanche et jours fériés de 10h à 12h.

Avis aux amateurs de qualité et d'exigence ! Cette exploitation produit des bovins Angus et des porcins bio transformés sur place et commercialisés en vente directe. Les maîtres des lieux ont choisi l'agriculture biologique non seulement pour la ferme, mais aussi dans leur manière de vivre, de réfléchir et de consommer au quotidien. Au magasin, vous pourrez acheter du bœuf, du veau ou du porc en colis, mais aussi au détail. La charcuterie éveille les papilles, et tout confectionné par Patricia et Anthony. Le plus : les événements à la ferme d'une grande richesse !

© KOSAMTU - ISTOKPHOTO.COM

LE PETIT JABRON

310, route de Noyers - **SISTERON**
✆ 04 92 62 89 89
lepetitjabron.pagesperso-orange.fr/

Vente à la ferme : du lundi au vendredi de 7h à 11h30. Marché de Sisteron samedi matin, de Saint-Auban dimanche matin.

Installée depuis 1984, la famille Donneaud élève dans cette ferme plus de 200 chèvres provençales et fabrique un fromage de qualité. Produit phare : le petit Jabron, un fromage de chèvre nature qui s'apprécie à chaque stade de son affinage : frais, demi sec, crémeux ou sec, car c'est la durée d'affinage qui déterminera la texture et la saveur du fromage. Du nom de la rivière qui coule près de la ferme il se décline au poivre ou à la sarriette. Excellent ! Elle élabore aussi un fromage similaire au Banon et d'autres fromages aux herbes, basilic, citron et miel.

COULEURS PAYSANNES

Les-Quatre-Chemins - **VALENSOLE**
✆ 04 92 72 14 96
www.couleurs-paysannes.fr

Ouvert du lundi au samedi de 9h à 19h. L'été ouverture jusqu'à 19h30. Snack ouvert tous les midis du mardi au samedi.

Un groupement de producteurs locaux ont imaginé et conçu un espace de 300 m² pour mettre en valeur leurs productions : fruits et légumes de saison, boucherie fermière, fromages fermiers, vins du terroir, pains paysans bio, truffes, amandes de Provence… Vous trouverez ici de quoi faire votre marché tout en échangeant avec des producteurs qui se relaient toute l'année pour assurer une présence permanente. Il y a aussi un rayon bien-être avec des fleurs coupées ou des plants de lavande pour égayer votre quotidien, et un snack sur place avec deux belles terrasses.

MOULIN BONAVENTURE

la Petite Colle, route d'Oraison
VALENSOLE
✆ 06 27 11 52 48
http://www.provence-huile-olive.fr

Ouvert toute l'année. Boutique. Visite gratuite et vente à la ferme sur appel téléphonique préalable.

L'huile d'olive produite ici est un petit bijou. Des 6 ha d'oliviers cultivés en agriculture biologique, Guillaume produit : une AOP Haute-Provence explosive en bouche, 2 mono-variétales à base de bouteillan et d'aglandau, et 2 huiles aromatisées citron ou bergamote. Les olives sont récoltées à la main afin d'assurer une maturité optimum et rapidement pressées pour garder un maximum de saveurs. Et dans un esprit éco-lo, Guillaume se sert de la pâte d'olives restante pour l'épandre sur ses terres en guise d'engrais, et des déchets de noyau pour alimenter le poêle.

OLIVIERS DE NOTRE-DAME

chemin de Saint-Claude
VALENSOLE
✆ 04 92 74 95 75

Ouvert tous les jours. Vente sur place sur rendez-vous préalable.

Pendant ses études d'agronomie, Geneviève Auric n'avait aucunement l'intention de reprendre l'exploitation familiale. Et pourtant, 19 ans plus tard, elle ne regrette pas son choix. Avec son compagnon Laurent Bouvin, elle exploite en agriculture biologique une quarantaine d'hectares de lavande et lavandin, des céréales et 1 142 oliviers précisément. Avec leurs arbres, le couple élabore une huile d'assemblage, pressée au moulin Bonaventure, qu'ils déclinent en fruité vert et en fruité mûr. Des nectars vendus à un prix abordable et de très bonne qualité.

LE RUCHER AUX MARMOTTES

Route des Serres de Nairaud
BEUIL
✆ 06 19 49 42 19
Ouvert tous les jours de 10h à 12h et de 14h à 18h. Visite de l'exploitation en été et sur réservation.

À une petite heure de Nice, direction le village de Beuil les Launes, en pleine nature. Avant ou après votre visite de la miellerie, profitez-en si c'est la période pour vous balader dans les environs et tentez d'apercevoir, comme l'endroit le laisse présager, des marmottes. Dans la boutique attenante aux ateliers d'extraction et de transformation, vous pourrez goûter les différentes sortes de miel (de montagne, Provence, lavande, ronce, thym...) ainsi que les spécialités dérivées : nougats, pains d'épice ou encore bougies à la cire d'abeille.

LA CUEILLETTE PROVENÇALE

Route de l'adrech
BOUYON
✆ 06 32 75 07 89

Calendula officinal, thym, lavande, tilleul, racines de pissenlits, sarriette... Les plantes que cultive Sophie sont certifiées bio et pour cause, elles sont prélevées en milieu sauvage et cultivées en pleine nature ! Au rythme des saisons, elle transforme ce qu'elle a cueilli à la main en sirops, sels aromatique, tisanes, vinaigres mais aussi en cosmétiques naturels, huiles de massages, etc. Vous pouvez retrouver les produits de la cueillette sur place, au Marché de nos collines au Rouret ainsi qu'à l'atelier ***l'Instant Présent*** à Coursegoules.

LA FERME DES CLAPIERS

2256, Chemin de Villeplaine
BÉZAUDUN-LES-ALPES
✆ 04 93 59 14 37

Camembert, tomme, yaourts, faisselles, Marcel Bauge installé à Bézaudun-les-Alpes est un producteur de fromages comme on les aime ! Ne manquez pas d'aller y faire un tour, en téléphonant au préalable pour être sûr de sa présence. Vente en direct à la ferme de fromages de vache et de chèvres, entre autres produits fermiers. Les produits de l'exploitation sont aussi à retrouver à la coopérative des Baous de Coursegoules et sur différents marchés paysans et foires locales mettant en valeur ces produits de terroir. Pas de visite de l'exploitation.

FROMAGERIE DE LA CHÈVRE BLANCHE

1139, chemin de Berdine
BOUYON
✆ 06 07 50 28 06
Vente sur place de mars à novembre. Visites (12 €/enfant et 15 €/adulte).

Installés depuis 1989, Jean Cassar, sa femme Marie et son fils Mathieu sont éleveurs caprin et porcin. Ils vous proposent de découvrir leur exploitation familiale, et les produits qu'ils confectionnent à base de lait de chèvre (faisselle, fromages frais ou affinés, bûches, brousse), mais aussi yaourts, salaisons et colis de viande. Les produits sont disponibles de mars à novembre. Le reste du temps, les chèvres sont en « congés maternité ». La fromagerie propose aussi des visites.

MOULIN COMMUNAL DE BONSON

Mairie de Bonson
BONSON
✆ 04 93 08 58 39
www.bonson.org

Ce moulin, qui appartient à la commune depuis les années 1930, au rez-de-chaussée de la salle des fêtes, ne marchait pas à chaque saison, faute de candidat pour le faire tourner d'octobre à avril et pour s'occuper des 120 oliviers du domaine communal. C'est le seul moulin du village et on y a trituré jusqu'à 40 tonnes d'olives. La Mairie y a investi près de 170 000 euros pour le restaurer et il rentrera à nouveau en activité lors de la récolte de fin 2020.

DOMAINE DE LA CHAPELLE SAINT-JÉRÔME

Piene Haute - **BREIL-SUR-ROYA**
✆ 06 07 40 46 35
https://800trees.com/fr/3-pate-d-olive
Uniquement sur rendez-vous. Vente dans divers magasins listés sur le site. Boutique en ligne.

Spécialisé en phytothérapie (huiles essentielles, plantes médicinales), le domaine de la chapelle Saint-Jérôme a naturellement pensé à inclure l'huile d'olive dans sa gamme de produits. Cultivés en biodynamie, les 800 oliviers plantés au cœur montagneux d'un cirque voisin du parc naturel du Mercantour donnent une huile AOP Nice entièrement fabriquée de façon artisanale et conditionnée dans des flacons en grès afin que le nectar soit préservé de l'air et de la lumière.

FERME SAVEUR CAPRINE

3103 A, chemin de Praghiou - **BREIL-SUR-ROYA**
✆ 06 76 60 93 88
www.bienvenue-a-la-ferme.com

Découverte de la ferme : 5 €, dégustation : 15 €. Accueil des visiteurs sur rdv. Membre de Mercantour Ecotourisme.

Sur le sentier pédestre reliant Breil au hameau de Libre, Saveur Caprine est une ferme de découverte et une exploitation agricole d'élevage de chèvres laitières menée en agriculture biologique. Possibilité de découvrir l'élevage, la basse-cour, de faire provision de fromages de chèvre et de pâte d'olive, les deux spécialités de la maison. Casse-croûte, goûter et dégustation sur réservation. Saveur Caprine, c'est aussi une association dont le projet est d'éduquer le public à la vie de la ferme animale et végétale, à travers des visites guidées ludiques.

FERME SAVEUR CAPRINE

3103, chemin de Praghiou
BREIL-SUR-ROYA
✆ 0676609388

Ouvert toute l'année. Tous les jours de 11h à 16h. Visite sur réservation.

La ferme Saveur Caprine propose de découvrir son activité agricole et élevage caprin avec production de fromages, mais aussi des randonnées libres ou accompagnées en compagnie des ânes (6 parcours sont disponibles à partir de la ferme). Un pique-nique fermier peut être pris sur place avec dégustation des produits locaux. La ferme propose aussi des produits bio sur place et aux marchés locaux. Le séjour en camping à la ferme est aussi possible. Sabine peut aussi partager avec vous la découverte du Yoga avec des séances en pleine nature.

FROMAGERIE CENERI

22, rue Meynadier - **CANNES**
✆ 04 93 39 63 68
www.fromagerie-ceneri.com

Ouvert du mardi au samedi de 8h à 19h, le dimanche de 8h30 à 12h30.

Dans la famille Céneri, on est fromager-affineur de génération en génération depuis 1968. L'enseigne est devenue au fil du temps la référence incontournable de la région en matière de fromages avec plus de 250 variétés qui enchantent les habitués mais également les touristes de passage. La grande spécialité de la maison reste le brie aux truffes fait sur place dans la plus pure tradition artisanale. On vous compose le plateau de vos rêves en fonction du nombre de personnes, de vos goûts et de votre budget. Il est néanmoins préférable de passer commande en amont.

MOULIN DE CASTAGNIERS

1, chemin du Moulin
CASTAGNIERS
✆ 04 93 08 10 75

Ouvert du lundi au vendredi de 8h à 17h. Visites sur rendez-vous uniquement. Vente d'Huile d'Olive, Tapenade…

Ce moulin à huile qui date de 1850 est transmis par génération, il est aujourd'hui géré par Roselyne la petite-fille du fondateur, épaulée par son neveu Jean-Luc. Propriétaires récoltants, ils exploitent une oliveraie locale et produisent ici une grande huile AOP, qui a été plusieurs fois couronnée. Un petit musée montre le moulin à farine d'antan et un film vidéo retrace les étapes du moulin à huile. Dans la boutique, on peut déguster et acheter des produits oléicoles. Prenez rendez-vous pour visiter : Roselyne ne peut pas être au four et au moulin !

LA FERME SAINT BERNARD €

2600, chemin Saint-Bernard - **CASTELLAR**
✆ 04 93 28 28 31
lafermestbernard.wixsite.com

Fermé du 31 mars au 30 septembre. Réservation recommandée. Animaux acceptés.

Depuis bientôt 30 ans, la famille Bovis vous accueille en proposant une cuisine régionale délicieuse et un hébergement en camping dans une atmosphère conviviale et authentique. L'hébergement est soit en plein air (tentes) soit dans le dortoir d'une capacité de 12 personnes. La cuisine d'Evelyne Bovis suit le rythme des saisons et s'adapte aux productions du jardin potager. Gerliane Bovis assure la vente directe de paniers de légumes et de produits transformés. Un joli endroit pour une halte ou un vrai séjour au calme en pleine nature.

LA GALINIÈRE

4172, RD12 - **CAUSSOLS**
✆ 06 13 69 09 99

Fermé de novembre à mars. Ouvert du lundi au vendredi de 10h à 19h, week-end de 11h à 19h. Accueil groupes seulement.

Dans la nature préservée du plateau de Caussols, au cœur du parc naturel régional des Préalpes d'Azur, la ferme de la Galinière est spécialisée dans l'élevage d'animaux d'ornement. Poneys miniatures, chèvres naines, moutons Ouessant, oies frisées, poules colorées, et même des lapins géants ! De quoi faire le bonheur des enfants lors d'une visite guidée avec Muriel. La Galinière ouvre ses portes pour faire découvrir la diversité des animaux de ferme à des groupes scolaires ou des centres de vacances, de mars à novembre, selon les conditions climatiques.

DOMAINE DU PIECHAL

1082, chelmin du Camp de Tende
CHÂTEAUNEUF-GRASSE
✆ 06 65 59 65 68
www.piechal.fr

Annette et Erwann Le Negrate sont à la tête d'un domaine comptant près de 5 hectares d'oliviers et pratiquent depuis des années déjà les méthodes de cultures dites biologiques, respectueuses de leurs terres. Située sur la route des Oliviers 06, cette exploitation peut être visitée sur rendez-vous. L'occasion de déguster, découvrir et repartir avec tout ou une partie de la gamme de produits à base d'olive de la variété caillette, authentiques olives labélisées est trop belle ! Nous vous conseillons la confiture d'olives qui se mariera à merveille avec du fromage.

LES RUCHERS DE CIPIÈRES

2235, route de Gréolières
CIPIÈRES
✆ 06 16 47 78 06
www.lesruchersdecipieres.com/

Ouvert du lundi au samedi de 9h à 19h. Vente à la miellerie.

Loin de la pollution et des pesticides, les petites abeilles de Philippe Coste butinent et produisent un miel absolument divin à retrouver aux Ruchers de Cipières. Vous y découvrirez alors des miels locaux de qualité, récoltés et conditionnés par les équipes du rucher, ainsi que du pollen frais, de la gelée royale, de la propolis, de véritables alliés santé 100% naturels. Sans oublier les confiseries et autres produits au miel selon la saison. Vente en circuits courts, sur les marchés locaux (tous les vendredis matin au marché de Valbonne) également.

SAVEURS PROVENÇALES DE LA BASTIDE

277, Chemin des Picholines
CHÂTEAUNEUF-GRASSE
✆ 04 92 60 33 47

Ouvert du mardi au samedi de 9h30 à 13h et de 15h à 18h.

En agriculture raisonnée depuis 1989, la Bastide propose à la vente ses produits maraîchers frais et en conserves. Fruits et légumes de saison, cueillis le matin même, mais aussi confits sucrés et salés, condiments, sauces, soupes, tapenades, pâtes d'olives et toastinades pour un apéritif du soleil, sans oublier les légumes à l'huile sont autant de spécialités qui promettent de vous régaler. La Bastide vend aussi des produits d'autres ESAT comme du vin, des charcuteries, etc.

LE PANIER DE LA MANDA

Avenue du Train-des-Pignes - **COLOMARS**
✆ 06 14 34 21 65

Ouvert toute l'année. Du mardi au vendredi de 9h30 à 12h30 et de 15h à 19h ; le samedi de 9h30 à 13h30.

Ce magasin, qui a ouvert ses portes grâce à l'initiative d'une association fédérant près de 28 producteurs locaux, a pour but de maintenir de petites exploitations agricoles à taille humaine tout en proposant des produits de qualité. Tenu par les agriculteurs à tour de rôle, l'idée est d'acheter directement du producteur au consommateur en limitant les marges au passage et favorisant un échange direct. On trouve de tout pour remplir son panier gourmand : viandes, fruits et légumes, épicerie, vin de Bellet, fromage, œuf, fleurs et plantes et produits oléicoles.

LE JAS DES ROCHERS

Chemin du Plan
CIPIÈRES
✆ 06 60 63 47 32
www.lejasdesrochers.com/

En plein cœur du parc des Préalpes d'Azur, accessible à pied seulement, l'exploitation tenue par Emmanuelle et son mari offre aux palais raffinés un produit d'exception : le safran. Cultivé de manière naturelle et récolté à la main, cet or rouge est à découvrir et à déguster lors de journées portes ouvertes ou de brunchs pour se reconnecter à la nature le temps d'une journée. Chaque plat proposé est cuisiné maison avec des produits bio par « Emma », qui se fera un plaisir d'échanger et de vous faire découvrir ses nombreuses recettes safranées. Vente sur place.

LA FERME D'ALAIN

220, route de Saint-Barnabé
COURSEGOULES
✆ 06 60 14 97 80

Ouvert tous les jours de 10h à 18h. Adulte : 13 €. Enfant : 13 €. Aire de pique-nique et jeux disponibles sur le site.

Cheval, chèvre, poney, vaches, poules, lapins, oies... Alain Baudino vous emmène à la découverte de son exploitation à travers une visite animée d'explications sur l'élevage bovin, démonstration de la traite ou encore du travail de chien de troupeau. Une activité ludique et éducative à partager en famille. Sur place, Alain vend également sa production (œufs, produits de ses chèvres naines et ânesses, légumes). C'est aussi l'endroit idéal, si vous êtes à la recherche d'un cadre authentique pour célébrer un mariage ou encore un anniversaire !

MOULIN DU ROSSIGNOL

41, chemin des Paroirs - **GRASSE**
✆ 04 93 70 16 74
www.moulin-du-rossignol.com
Ouvert du lundi au samedi de 9h à 12h et de 15h à 18h. Visite guidée et dégustations des produits. Vente en ligne.

L'ancien moulin à huile du Rossignol qui date de 1760, a su garder, au fil des années, ses meules en granit. Elles côtoient aujourd'hui une machine moderne sophistiquée qui assure le pressage. Il suffit de 80 kilos de fruits pour prétendre à repartir avec son huile. Pâte et confit d'olive « maison » sont disponibles sur les étals du moulin. Les visiteurs individuels intéressés peuvent demander à faire une visite guidée. La production est en vente à la boutique : huiles d'olive, et tous les produits dérivés de l'olive dont le confit d'olives, une recette maison...

PISCICULTURE DU CHEIRON

4850, route de Grasse - **GRÉOLIÈRES**
✆ 06 24 39 38 80
www.truitesducheiron.fr/
Ouvert en haute saison du mardi au dimanche de 10h à 18h.

La pisciculture du Cheiron, c'est avant tout un élevage bio de truites provenant de pêches raisonnées élevées dans des bassins alimentés par la source du Foulon, au pied du flanc sud du massif du *Cheiron*. Installé depuis plusieurs années dans les gorges du Loup, Pierre ouvre chaque été ses portes aux familles pour faire découvrir son métier à travers des journées de pêche en famille inoubliables. À la clé : une dégustation des poissons pêchés pour goûter aux truites arc-en-ciel ou Fario sorties de l'eau. Une adresse sympathique pour un moment ludique au grand air.

VACHERIE DE CHASTILLON

ISOLA-2000
✆ 04 93 23 12 48
www.isola2000.com
Ouvert toute l'année et tous les jours de 9h à 13h et de 15h30 à 20h. Atelier de fabrication.

Cet endroit incontournable propose à la vente une sélection de produits du terroir ainsi que des salaisons de qualité élaborés dans la pure tradition de fabrication piémontaise : fromages au lait cru, rigatello, reblochon, yaourts au lait entier ou fromages frais. Les plus curieux pourront également visiter l'atelier de fabrication de ces produits et assister à leur préparation tandis que les plus petits découvriront la traite des vaches et l'alimentation des veaux. Une savoureuse visite qui s'impose aux papilles dans cette vacherie devenue une institution.

ADOLIVE, LE DOMAINE DES PRÉS FLEURIS

3105, Chapelle Saint Pancrace
L'ESCARÈNE
✆ 06 09 07 59 12
www.adolive.com
Visite possible au domaine sur rendez-vous ou pour : dégustation, journée à la campagne entre amis. Boutique.

« C'est un arbre qui inspire. On se sent petit à côté de lui ». Jacqueline Bellino a trouvé la sérénité auprès de ses oliviers, 400 arbres de la variété cailletier dont 150 sont centenaires et un, millénaire, qui atteint les 7 m de circonférence (son chouchou). C'est dans les années 1970 que la Niçoise aspire à un retour à la terre. Exilée dans ses collines, à 20 km de la capitale de la Côte d'Azur, elle se lance dans l'oléiculture et est une des premières dans le département à avoir fait le choix du bio, quitte « à passer pour une folle ». Cultivés sans irrigation (« pour une plus grande concentration en polyphénols »), les oliviers descendent de terrasse en terrasse et s'entourent de pâquerettes, de coquelicots ou d'herbes folles selon la saison. « D'où le nom du domaine des prés fleuris », sourit Jacqueline Bellino qui trouve dans ce décor champêtre une source d'inspiration perpétuelle : elle a déjà publié plusieurs livres et recueils de poèmes avec l'arbre mythique comme fil conducteur... « L'oléiculture est un travail physique mais qui laisse le temps de méditer ». Une vocation pour cette grand-mère de 12 petits-enfants dont la vie semble guidée par le hasard de ses rencontres autour de l'olivier. « Cet arbre est un trait d'union entre les gens », poursuit-elle encore. Elle accueille ainsi des hôtes dans son domaine, avec son conjoint Gilles Gallois, et elle organise, à la belle saison, des soirées consacrées au jazz et à la lecture sous les oliviers...

FERME DE LA DORGANE

La Dorgane - **LA BOLLÈNE-VÉSUBIE**
✆ 04 93 03 03 16
www.cotedazur-tourisme.com
Vente à la ferme d'avril à novembre (sur rendez-vous). Sur le marché de Roquebillière le mardi matin d'avril à novembre.

Depuis plusieurs siècles, les agriculteurs ont développé une activité pastorale orientée essentiellement vers la production fromagère. Toutes les étapes de la fabrication sont réalisées dans les fromageries d'alpage. Dans le quartier de la Dorgane, plusieurs fermes sont implantées, notamment celle d'Annie et Gérard Sic qui élèvent des chèvres et des brebis laitières. La route carrossable s'arrête à 600 m de l'exploitation. Terminez à pied ! Sur place vous pourrez acheter tous les produits de la ferme : tommes et fromages, œufs, légumes, fruits et confitures.

LES LAMAS DU MIRADOU

Route de Peira-Cava - **LA BOLLÈNE-VÉSUBIE**
✆ 06 72 81 03 35
Ouvert toute l'année. Sur réservation uniquement. Entrée pour tous : 11 €. Balade commentée avec les lamas : 21 €.

Dans cette ferme atypique, Christian élève des lamas, exploités pour leur laine. Sur réservation et par groupe de 7 personnes au minimum, on peut les découvrir, les approcher et faire des balades sur le site naturel du col de Turini. Poursuivez la journée avec un repas bio à la ferme autour d'un menu adapté à chaque saison. A la boutique, pelotes de laine de lama fabriquées à Lucéram, vêtements en laine de lama importés d'Amérique du Sud, produits locaux et liqueurs maison. Possibilité de week-ends avec séances de relaxation, hébergement en yourte et repas inclus.

LA MAISON DU TERROIR

9, route d'Opio - **LE ROURET** ✆ 04 93 77 34 21
www.lemarchedenoscollines.fr
Ouverture du mardi au samedi de 8h30 à 19h et le dimanche de 9h à 12h30. Restaurant et salle d'exposition.

Depuis 2013, et dans le but de promouvoir les producteurs et terroirs locaux, la Maison du Terroir abrite une coopérative agricole : Le Marché de nos Collines. Dans ses rayons, les produits de 40 producteurs de la région qui proposent le fruit de leur travail directement aux consommateurs. Un bon moyen d'informer sur leurs pratiques naturelles et respectueuses de l'environnement et créer un lien convivial autour du terroir et de leurs produits de qualité. Et si vous souhaitez goûter à ces produits sans plus attendre, rendez-vous au Bistrot du Clos, juste à côté !

L'OLI D'AQUI

25, chemin de Pei Pellegrin
LE ROURET
✆ 06 21 87 21 67
Visite du verger, vente sur l'exploitation.

Situé sur la route des Oliviers, l'Oli D'aqui c'est la fierté de Jean-Philippe Frère oléiculteur de talent de nombreuses fois médaillés au concours général notamment pour ses olives noires de Nice AOC médaille d'or. Voilà de quoi vous convaincre de passer visite le verger, déguster ses produits du terroir ensoleillé et bien-entendu repartir avec un peu d'huile d'Olive et autres pâtes d'olives à partager à l'apéritif. Vous pourrez également retrouver cette gamme de produits au marché de nos collines, à la Maison du Terroir à quelques encablures de là.

APICULTEUR JEAN-LOUIS LAUTARD

343, avenue Docteur-Belletrud
LE TIGNET
✆ 04 93 66 46 57
Boutique en ligne. Visites de l'atelier boutique sur rendez-vous.

Amateur de miel ? Voici une adresse indispensable : celle de l'apiculteur Jean-Louis Lautard. D'ailleurs, il ne récolte pas que du miel mais aussi des médailles (44 !) récompensant son savoir-faire. La variété de ses miels est large : fleurs, fruitiers, arbustes de maquis, arbres du haut pays ou de montagne... Il transporte ses 800 ruches à travers la Provence de façon à retrouver le biotope idéal à ses espèces. En visitant son atelier, on découvre l'incroyable univers de l'apiculture.

LA FERME DU VAL-DEL-PRAT

3841, chemin du Mount
LUCÉRAM
✆ 04 93 79 54 66
Ouvert toute l'année, visite et vente à la ferme sur rendez-vous.

Émile Tihy vous accueille avec un grand sourire dans sa ferme et son vieux moulin à huile et vous initie aux secrets de la fabrication de l'huile d'olive, de la pâte d'olive et autres tapenades délicieuses. Après la visite, il est bon de déguster puis d'acheter les produits oléicoles, mais aussi des confitures, conserves et autres essences de lavande sauvage maison. En plus des ventes organisées dans la ferme, vous pouvez retrouver ces produits dans divers supérettes Bio (du type Biocoop) ainsi que sur les marchés, ou les foires...

DOMAINE DE BARBOSSI

Avenue des Amazones
MANDELIEU-LA-NAPOULE
✆ 04 93 49 42 41
Cave. Dégustation.

Des vignes dans l'Estérel ? Cela peut paraître surprenant. Et pourtant les vins de pays des Alpes-Maritimes du domaine de Barbossi sont produits à partir des vignes plantées sur les contreforts de l'Estérel qui jouxtent le parcours de golf de Barbossi. L'exploitation agricole propose des vins rouges, rosés et blancs. À la vente également du miel - ruches de Jean-Louis Lautard, apiculteur renommé ; de l'huile d'olive issue du domaine et des produits dérivés : olives noires à l'huile d'olive, pâte d'olive mais aussi crème de cèpes, pesto...

CONFITURES HERBIN

2, rue Palmaro - **MENTON**
✆ 04 93 57 21 00
www.confitures-herbin.com
Ouvert du lundi au samedi de 9h30 à 12h30 et de 14h à 19h ; le dimanche de 10h30 à 12h30 et de 14h30 à 17h30.

Ne quittez pas Menton sans avoir découvert les douceurs de la maison Herbin. Lors de votre visite, vous percerez les secrets de la fabrication des confitures artisanales et apprécierez particulièrement celles aux mélanges étonnants car l'"établissement est sans cesse à la recherche de nouvelles associations de goûts, pour le plus grand plaisir des clients les plus fidèles et les curieux. Possibilité de vous rendre à la boutique sans passer par la visite de la confiturerie en allant directement au n°2 rue du vieux collège à Menton.

LA MENTOUNASC

88, boulevard de Garavan
MENTON
✆ 07 60 16 01 31

Deux néo-Mentonnais, Alexis Gouttenoire et Rémi Guignot, viennent de lancer leur brasserie artisanale avec une forte originalité, une bière au citron de Menton. C'est dans leur ancien garage transformé en atelier sur le boulevard de Garavan, qu'ils officient désormais : D'un ensemble de cuves toutes neuves s'échappent les odeurs de la bière en fermentation. Aucun produit chimique, aucun artifice n'est utilisé, la refermentation en bouteille compte beaucoup car c'est à ce moment-là que le gaz naturel se crée. Avis aux amateurs !

LA BRASSERIE ARTISANALE DE NICE

14, Avenue Villermont
NICE
✆ 09 73 59 20 30
brasserie-nice.com
Ouvert au public du mardi au vendredi de 17h à 19h, et le samedi de 10h à 12h et de 16h à 19h.

Depuis 2015, cette très belle brasserie fabrique sur place de succulentes bières niçoises de tous genres. Une dizaine de saveurs différentes, de quoi satisfaire tous les amateurs du genre. Un espace vente est prévu sur place. Des visites de l'atelier sont également organisées sur réservation, au cours desquelles Olivier se fera un plaisir de vous présenter les secrets de la richesse de sa fabrication. Et surtout, après chaque visite, une dégustation gratuite est organisée !

CHÂTEAU DE CRÉMAT

442, chemin de Crémat
NICE
✆ 04 92 15 12 15
www.chateau-cremat.fr
Ouvert du lundi au vendredi de 9h à 17h30. Visites guidées du domaine sur rendez-vous.

Ce château qui domine la colline éponyme avec une vue époustouflante. Après d'importants travaux de rénovation de l'édifice, agrandissement et modernisation des caves, réhabilitation du vignoble, le domaine est devenu un lieu très prisé pour les réceptions. Ici, les rosés, aux parfums de rose sauvage, sont issus d'un assemblage de braquet, cinsault et grenache. Ils peuvent être dégustés lors de visites guidées du domaine, des jardins, du cuvier et du chai à barriques, avec explication des cépages, des saveurs et de l'accord avec les plats.

DOMAINE DE LA SOURCE

303, chemin de Saquier - **NICE**
✆ 04 93 29 81 60
www.domainedelasource.fr
Ouvert tous les jours de 10h à 18h. Dégustation : 12 € par personne. Groupe jusqu'à 40 personnes. Livraison possible.

Bien connu dans le monde de la viticulture, ce domaine de 5 ha produit en majorité les fameux vins AOC Vins de Bellet, un des plus petits vignobles de France. Le Bellet est donc un vin rare du sud de la France, qu'il vous est possible de découvrir au domaine de la source, sous forme de visites et dégustations pour les connaisseurs. En plus de cela, la famille Dalmasso possède aussi quelques oliviers à flanc de coteaux. Ils produisent une huile AOP de Nice typique et goûteuse, au fruité mûr et conditionnée dans de petites bouteilles (20 cl et 50 cl).

DOMAINE SAINT JEAN

343, chemin de Crémat
NICE
✆ 06 08 28 08 74
www.vins-bellet.fr/fr
Ouvert du lundi au samedi de 9h à 17h.

Le Domaine Saint-Jean a été créé en 2006, par Nathalie et Jean-Patrick Pacioselli, au cœur de l'AOC Bellet, sur les collines de l'ouest niçois. Le couple exploite ainsi une jeune exploitation certifiée en agriculture biologique. Les cépages typiques de l'appellation Bellet comme le rolle, la folle noire ou le braquet ont été récemment plantés sur le domaine et donnent des vins rosés ou rouges régulièrement récompensés au Concours Général Agricole. Petite anecdote : les vins du domaine sont même rentrés depuis au Musée Masséna.

PARC PHOENIX

405, promenade des Anglais - **NICE**
✆ 04 92 29 77 00
www.parc-phoenix.org
Haute saison ouvert tous les jours de 9h30 à 19h30. Adulte : 5,10 €. Enfant de 12 à 18 ans. 3 €.

Sur 7 hectares, au travers d'une vingtaine de jardins à thème, le parc possède l'une des plus grandes serres d'Europe dans laquelle on découvre six climats tropicaux. Oiseaux, tortues, poissons, iguanes et petits crocodiles du Nil illustrent la biodiversité de la nature. Avec des végétaux parfois vieux de plus de 8 millions d'années, tapis de fleurs odorantes, orchidées rares. Dans les jardins, poules, canards, paons, cygnes en liberté viennent à votre rencontre. Egalement wallabies, lémurs, loutres, porcs-épics et ouistitis. Accrobranche. Ateliers pédagogiques.

COOPÉRATIVE OLÉICOLE DE PEILLE

Place Carnot
PEILLE
✆ 04 93 91 71 71
www.peille.fr
De novembre à mars.

La municipalité a racheté ce moulin en chaîne continue il y a longtemps à l'époque ou la coopérative qui le gérait battait un peu de l'aile et ou la municipalité ne voulait pas voir fermer le dernier moulin de Peille. Depuis il est géré sous forme de coopérative oléicole et presse donc les olives de novembre à mars pour une centaine de particuliers qui peuvent repartir avec leur huile à partir de 80 kg. Ici, vous ne trouverez pas d'huile à la vente : chacun repart avec son huile.

CHÈVRERIE DU BOIS D'AMON

1307, route de Grasse - **SAINT-CÉZAIRE-SUR-SIAGNE** ✆ 04 93 40 75 04
www.chevrerieduboisdamon.fr
Vente de produits artisanaux et fromages certifiés bio. Hébergement possible sur place en chambre d'hôte.

Édith et Pascal ont choisi ce petit coin de France pour effectuer un retour à la nature et ont appris le dur labeur qui consiste à s'occuper d'un troupeau caprin. Quelques chevaux, poneys et ânes complètent un cheptel qui ravira les enfants friands de promenades guidées. On peut choisir une balade en famille suivie d'un pique-nique qu'on terminera sur une dégustation de fromages frais aux multiples saveurs. La journée découverte, ludique et pédagogique, permet de participer aux activités de la ferme. Divers fromages et autres produits laitiers en vente au domaine

CASA SALLUSTI €€€

670, chemin des Collets - **SAINT-JEANNET**
✆ 06 85 08 15 64
www.casasallusti.com
Ouvert le dimanche midi. Réservation impérative. Vin au verre.

La Casa Sallusti, c'est à la fois une table d'hôte gourmande, un écolodge et une belle chambre d'hôtes. Isabella Sallusti propose la visite de la ferme, la vente de ses produits naturels issus du potager biologique, mais aussi des ateliers pédagogiques. Sa table d'hôte réunit les convives pour déjeuner le dimanche. Dès 11h30, on peut découvrir le potager et ses animaux, puis au son de la cloche, on passe à table. Après le repas, les enfants referont un tour à la ferme et les grands pourront acheter les sirops et les confitures biologiques maison. Un bonheur !

VIGNOBLE DE SAINT JEANNET

800, chemin des Sausses
SAINT-JEANNET
✆ 04 93 24 96 01
vignoblestjeannet.fr
Ouvert du lundi au samedi de 9h à 19h. Visite de la cave et des vignes. Possibilité de camping à la ferme l'été.

Des bonbonnes de verre s'offrent au soleil à 400 mètres d'altitude, où tous les vins rouges séjournent ainsi conditionnés pendant trois à quatre mois. Les vins vont ensuite somnoler en fûts jusqu'à quatre ans pour le rouge Longo Maï, vin de pays des Alpes-Maritimes. Ce vignoble inédit, asséché par le mistral, vous réserve bien des dépaysements gustatifs. Le magasin sur site vend les vins du domaine et l'excellente huile d'olive de la Clémandine voisine.

LE CLOS SAINT-VINCENT

Collet des Fourniers
SAINT-ROMAN-DE-BELLET
✆ 04 92 15 12 69
www.clos-st-vincent.fr
Ouvert du lundi au samedi sur rendez-vous. Visite cave, vignoble et dégustation sur rendez-vous.

Roland Sicardi, ancien restaurateur retraité, et son gendre Joseph Sergi ont repris le vignoble pour le rajeunir et l'agrandir, toujours en recherchant la qualité à travers l'expression des cépages et de leur terroir, le tout, en défendant avec acharnement la spécificité du cru de Bellet. Le blanc (issu du cépage rolle) est vinifié en fûts de chêne et n'est mis en vente que 18 mois plus tard. Le rouge, quant à lui, attend deux années. A travers le rosé, on reconnaît le cépage braquet qui lui donne une robe saumon spécifique.

ALPHA - LE PARC DES LOUPS DU MERCANTOUR

548, promenade du Lac - **SAINT-MARTIN-VÉSUBIE**
✆ 04 93 02 33 69
Basse saison week-end de 10h à 17h. Haute saison ouvert tous les jours de 10h à 18h. Entrée pour tous : 5 €.

Savez-vous que le couple dominant d'une meute de loups s'appelle le couple alpha ? Savez-vous qu'un loup peut pister et identifier une proie sur 16 km ? Autant d'informations que vous allez pouvoir découvrir sur cet animal mythique. Le Parc Alpha, en plein cœur du Parc national du Mercantour, vous promet une visite aussi instructive que magique. Néanmoins, la tempête Alex a fait d'énormes dégâts sur le Boréon où est situé le Parc Alpha, que ce soit pour la route permettant d'y accéder, ainsi que dans le parc en lui-même. La furie des éléments n'avait pas épargné les meutes, tuant deux des trois loups arctiques. Partiellement détruit, laissant s'échapper 8 des 11 autres spécimens, le centre animalier est encore à reconstruire. Néanmoins, les travaux ont permis une réouverture partielle et temporaire pour le 14 juillet 2021, permettant au centre de rouvrir autour d'une nouvelle meute de 5 loups gris traditionnels du Mercantour qui sera désormais la seule présente au Parc Alpha. Les anciens loups qui s'étaient échappés ont trouvé refuge pour une retraite bien méritée dans les Deux-Sèvres. N'hésitez pas à vérifier les avancées des travaux sur le site de puremontagne.fr avant de vous y rendre. D'autant qu'avec son mini-parcours aventure, sa boutique snack et ses aires de pique-nique, tout est normalement prévu pour que vous passiez une journée complète et divertissante. On espère que ce sera toujours le cas. Prévoir une tenue adaptée, car vous êtes à 1 500 m d'altitude.

RESERVE BIOLOGIQUE DES MONTS D'AZUR

Domaine Le Haut-Thorenc
SAINT-VALLIER-DE-THIEY ✆ 04 93 60 00 78
http://www.reserve-biologique.com
Fermeture annuelle du 12 novembre au 1er décembre.

Première réserve animalière d'Europe ayant pour vocation la réintroduction d'espèces ancestrales datant du néolithique, et qui se côtoient, en toute liberté. Un domaine préservé de 700 ha accueillant deux espèces réintroduites en France : le bison d'Europe et le cheval de Przewalski. Plusieurs formules de découverte : à pied, en raquettes, en calèche, en traîneau... Vous pouvez aussi séjourner en écolodge ! Une immersion dans la nature sauvage dans le cadre d'un écotourisme bien pensé.

LES RUCHERS DES OLIVIERS

Route de Moulinet - **SOSPEL**
✆ 04 93 04 02 46
www.lesruchersdesoliviers.com
Pour les visites, il est conseillé de téléphoner avant. Ouvert jeudi, vendredi et samedi toute l'année.

Cela fait trente ans que Catherine et Marc, consacrent leurs journées de travail à leurs abeilles et à la fabrication de miels délicieux, primés au Concours général du Salon de l'Agriculture de Paris : 43 médailles et trois prix d'excellence sont à leur actif ! Dans leur point de vente à Sospel découvrez leurs produits phares comme les miels liquides ou crémeux (acacia, pin, romarin, fleurs de printemps, châtaignier...) mais aussi le nougat et le pain d'épice. Une belle idée cadeau à offrir ou pour se faire plaisir. Possibilité de commander en ligne.

SOFFIOTTI ET FILS

Le Col Saint-Jean
SOSPEL
✆ 04 93 04 08 81
http://www.soffiotti.com
Vente au domaine uniquement sur RdV et chez divers revendeurs. Voir liste détaillée sur le site.

Le domaine, dans la famille depuis 1974, comprenait des oliviers laissés à l'abandon. À force de travail, quelques deux cents arbres centenaires ont été remis en production, pour aujourd'hui donner une des meilleures huiles de la région. La plantation a été densifiée, ce qui nous amène aujourd'hui, à environ 800 arbres de la variété cailletier, cultivés en agriculture biologique, sur 4 ha d'un terrain en restanques, à 600 m d'altitude. Rajoutons à cette production quelque 150 oliviers centenaires pris en fermage par les exploitants sur la commune de Castillon. Deux types d'huile d'olive sont ainsi produites, au moulin de Lucéram : le cru Amandine, AOP Nice, en fruité mûr aux arômes d'amandes fraîches, de noisettes, et le cru Annette, également en AOP Nice, mais en fruité vert à mûr, aux arômes plutôt d'artichaut et de zestes de citron. Les huiles sont décantées et stockées en fût inox, à l'abri de la lumière et mises en bouteille au fur et à mesure de la vente. Le domaine produit également de la pâte d'olive AOP Nice, de la tapenade et des olives en saumure au naturel. Depuis 2004, Fréderic Soffiotti a donné une nouvelle impulsion à l'entreprise. Il a développé la gamme de produits, créé une identité visuelle, construit un laboratoire à confitures, aménagé un magasin de vente, organisé visites et goûters... A présent, son huile est vendue directement au domaine, mais aussi en épiceries fines, en région et à Paris (Lafayette Gourmet), dans une œnothèque à Milan, et même jusqu'au Japon !

MOULIN À HUILE BAUSSY

Rue Bourboutel - **SPÉRACÈDES**
✆ 04 93 60 58 59
www.moulinbaussy.com

Ouvert du mardi au samedi de 9h à 12h30 et de 14h30 à 18h30. Ouvert le lundi après midi en été. Vente en ligne.

Le moulin de Spéracèdes est résolument moderne. Il fonctionne avec des malaxeurs en acier. La fabrication de l'huile s'étend de novembre à mars avec des olives qui proviennent des Alpes-Maritimes mais aussi du Var. La visite du moulin est possible pendant la période de fabrication. Vous pouvez ensuite vous procurer l'huile d'olive, la tapenade, biscuits ou encore l'anchoïade directement à la boutique sur place ou en ligne via leur site internet. Une belle occasion de ramener un peu de Côte d'Azur dans vos valises. Accueil convivial.

LA FERME DES COURMETTES

Route des Courmettes
TOURRETTES-SUR-LOUP
✆ 04 89 05 87 21

Visites de février à novembre. Ateliers sur rendez-vous

Cette belle ferme est composée d'environ 80 chèvres de race alpine chamoisée qui pâturent sur les collines du domaine, face à la Méditerranée, à 800 m d'altitude. Plusieurs ateliers découverte sont organisés régulièrement. Sur réservation, vous pouvez ainsi visiter ce lieu pour voir vivre ses animaux et assister à tout le processus de fabrication artisanale des fromages. Dégustation et vente sur place de fromages primés à de nombreux concours. Le berger, Bruno Gabelier, est également poète et régale aussi les visiteurs de ses textes parfumés.

FERME AUBERGE LE MÉRINOS €€

3, Parran de la Fuont - **UTELLE** ✆ 04 93 03 18 39
www.fermelemerinos.fr

Réservation impérative. Menus de 26 € à 42 € (entrée + plat + dessert). Accueil des groupes.

Dans leur grande propriété aux portes du Mercantour, la famille propriétaire reçoit ses hôtes comme s'ils étaient des amis. Tout est élaboré sur place avec les produits de la ferme essentiellement. Les plats allient les couleurs et les saveurs, les assiettes sont joliment présentées... C'est un retour aux sources de l'agro-pastoralisme raisonné. Des visites de l'élevage d'ovins, de volailles, des animaux de basse-cour sont organisées. La boutique propose tous les délices de leur jardin : charcuterie, terrines, rillettes, huile d'olive, confitures, gelées...

DOMAINE DE PEYREBELLE

880, Chemin de Peyrebelle
VALBONNE
✆ 06 13 67 46 35

Visite de l'oliveraie sur rendez-vous. Vente sur le domaine.

Exploités par la famille Streitz depuis 1947, les 800 oliviers pluricentenaires du domaine de Peyrebelle répondent en tout point à la typicité de l'appellation Huile d'Olive de Nice. Sur la route des oliviers, ce domaine, entretenu sans aucun pesticide, accueille le public tous les jours sur rendez-vous pour une visite suivie d'une dégustation qui donne envie de repartir chez soi avec un peu d'huile, de tapenade ou encore de confitures élaborées avec les fruits de l'exploitation. Des produits à retrouver en haute saison sur le marché de Valbonne le vendredi matin.

LES JARDINS DE LA VALLÉE DE LA SIAGNE

1382, route de Biot
VALBONNE
✆ 04 92 28 09 39
http://lesjardinsdelasiagne.net/

« Vous avez besoin de légumes, ils ont besoin de travailler : Ensemble cultivons la solidarité ». Consommer utile est plus que jamais le credo de cette ferme favorisant le retour à l'emploi de femmes et d'hommes en situation précaire. Légumes et œufs biologiques, soupes, tartinades, coulis sont autant de produits solidaires vendus auprès des adhérents sous la forme de paniers, des distributeurs locaux et sur le marché de Valbonne le vendredi matin.

LA FERME DE TETOU

VENANSON
✆ 06 26 05 58 97

Ouvert tous les jours. D'avril à octobre, à la vacherie de Venanson.

Tetou, c'était le surnom du grand-père de la propriétaire qui a voulu lui rendre hommage. Un retour à ses racines, le besoin d'évoluer dans la nature et au contact des animaux. Elle a opté pour l'élevage de chèvres, un choix relativement rare dans la vallée, dominée par la vache et la brebis. Avec son troupeau de 70 têtes, elle réalise des fromages d'avril à octobre, à la vacherie de Venanson. Les fromages sont très goûtus et les clients ne s'y trompent pas : les 40 fromages réalisés quotidiennement partent comme des petits pains.

ASSOCIATION LE PONEY ET L'ENFANT

1935, route de lenfant
AIX-EN-PROVENCE
✆ 06 62 44 36 39
Atelier mercredi, samedi et vacances scolaires.

Ici, des ateliers sont proposés pour mettre en place et révéler les liens naturels entre l'enfant et l'animal. Cette relation aide ainsi à mieux apprendre à gérer ses émotions et ses réactions et permettre d'ajuster ses différents comportements pour un meilleur équilibre de la personne. Du simple échange à la rééducation, l'interaction avec les animaux fait son œuvre, que ce soient des poneys mais aussi des chats des chiens et d'autres habitants comme les cigales, les abeilles...

OLIVERAIE DU PETIT SAINT JEAN

180, chemin de Poulasson-Couteron
AIX-EN-PROVENCE
✆ 04 42 92 21 19
Ouvert du lundi au samedi de 17h à 20h. Sur rendez-vous. Bouteilles ou bidon de 5 litres.

Comme son nom l'indique, c'est un petit producteur, au sens d'artisanat et de qualité. Le domaine propose une huile d'olive AOP Haute Provence labellisée biologique, qui a décroché la médaille d'or en 2018 au Concours Régional des huiles. L'oliveraie du Petit Saint-Jean s'étend sur 7 ha sur le plateau de Valensole dans les Alpes de Haute Provence. Josiane et Gérard Terrasson exploitent un verger de 1 500 arbres à 90 % de variété aglandau qui confère toute sa typicité à leur huile.

LA BOUTIQUE CHÂTEAU L'EVESQUE

6, rue Laurent-Fauchier
AIX-EN-PROVENCE
✆ 04 42 54 00 00
www.chateaulevesque.fr
Ouvert du mardi au samedi de 10h à 19h. Animation le we de 10h à 12h30.

Nathalie et Jean-Michel Escoffier cultivent leurs 15 hectares de vignes en mode bio, dans le respect de la vigne et de l'environnement. Leurs vins ont une belle réputation parmi les Coteaux d'Aix-en-Provence. Vous trouverez à la boutique une sélection de leurs vins dans les 3 couleurs, au même tarif qu'à la propriété. Un espace dégustation vous aidera dans le choix de votre ou vos flacons. Différents cours et animations sont organisés sur l'exploitation et à la boutique.

LA CHÈVRERIE D'ALLAUCH

Chemin du Garlaban
ALLAUCH
✆ 04 91 68 26 64
Tous les jours sur rendez-vous ou le samedi à partir de 17h30. Fermé le dimanche. Gratuit. Accueil enfants.

La famille Nivaggioli vous accueille toute l'année dans ce joli petit coin de Provence, dans le vallon du Peynaou. Une trentaine de chèvres et un bouc constituent le cheptel. La fabrication des fromages au lait cru, une centaine par jour, grâce aux 90 l de lait récupérés chaque jour lors des deux traites journalières, vient d'une recette centenaire transmise par de vieux pastres allaudiens. Ces fromages se retrouveront sur les marchés de la région. Vous pouvez vous rendre sur place, avec les enfants, notamment en février, quand les chevreaux viennent de naître.

CHÂTEAU L'EVESQUE

Petite route de Couteron
AIX-EN-PROVENCE
✆ 04 42 54 00 00
www.chateaulevesque.fr
Animation œnologique, visite du vignoble, cours de cuisine, accord mets et vins...

Sur le plateau de Puyricard, venez découvrir ce domaine de vignoble de quinze hectares cultivés en mode bio. Il a été acquis en 1932. Aujourd'hui, c'est Nathalie et Jean-Michel Escoffier qui perpétuent la tradition, dans le respect de la vigne, de l'environnement, du goût et des senteurs. Les vins se dégustent sur place, sous les conseils avisés de Nathalie et Jean-Michel. Animation oenologique, animation gastronomique, cours de cuisine, ateliers pratiques de la vigne se succèdent toute l'année pour le plus grand plaisir des connaisseurs et des amateurs.

CHEVAUX DE RACE CAMARGUE

Mas du Pont De Rousty - **ARLES**
✆ 33 4 90 97 19 25
www.aecrc.com

L'Association des chevaux de race Camargue existe depuis 1964. Elle s'est donné pour but la promotion de cette race de chevaux, et son maintien dans son environnement originel. C'est une structure très active qui organise, tout au long de l'année, des manifestations autour du cheval de Camargue. Concours de selle ou de loisir, tests d'aptitude au tri des taureaux, Longines Equitation Lyon. Rencontres des Amazones de France. L'une de ses animations phares est le salon du cheval de Camargue, organisé tous les ans aux Saintes-Maries, les 18,19, et 20 février 2022.

MANADE MAILHAN

Mas de Bernacles
ARLES
✆ 04 90 97 00 12
www.manadejacquesmailhan.fr
Restauration.

Au cœur des taureaux de la manade Mailhan, dans un élevage de taureau de race « Camargue prestigieuse », de nombreuses formules vous sont proposées : ferrades, journées privées, spectacles traditionnels où aller à la découverte du travail des gardians, le tout dans une ambiance familiale et pour un maximum de 250 personnes. Vous avez la possibilité d'inviter à votre fête groupes folkloriques ou pena, voire un groupe gitan. Mais encore de louer un VTT, un 4x4 ou de faire de la randonnée à cheval. Bref, un complexe authentique 100 % camarguais.

MOULIN DES AMIS DE LA PICHOLINE

701, chemin de la Royante
AUBAGNE
✆ 06 60 86 33 81
www.moulindesamis.weebly.com
Ouvert du lundi au samedi de 9h à 13h pour la vente. Visites guidées en saison.

Une adresse futé pour les inconditionnels de l'huile d'olive provençale. Les olives sont cultivées localement sur le domaine, la cueillette est manuelle et l'extraction à froid pour une production d'huile d'olive à partir de différentes variétés : aglandaou, salonenque, caillon, picholine, frantoï, grossane et bouteillan. Plusieurs choix s'offrent à vous, en vrac, en bouteille de verre ou en inox, de 1 à 5 litres. Les particuliers peuvent y faire triturer leurs propres olives !

MIELLERIE GÉRARD JOURDAN

Quartier du Pas de l'Avé
AURIOL
✆ 06 83 50 57 32
www.apiculteur-marseille.com
Visite du rucher sur rendez-vous. À partir de 8,50 € le pot de 500 g.

Pour déguster les miels et produits des abeilles (pollens, bougie, propolis...) de Gérard Jourdan, il vous faudra directement aller à la rencontre de Gérard Jourdan ! Pas d'intermédiaire, pas de vente à distance, que du direct, du circuit court. Rendez-vous donc sur les marchés de Provence ou directement à la miellerie d'Auriol. Une quinzaine de miels différents sont proposés (lavande, arbouse, sapin, montagne, Camargue...) dont certains en Label Rouge, et surtout le seul producteur de miel de Marseille, marque déposée à l'INPI.

LE MOULIN DE BARBENTANE

1231, route d'Avignon
BARBENTANE
✆ 04 90 20 95 02
www.moulin-barbentane.com
Fermé le dimanche sauf en période de récolte et l'été.

Si l'huile d'olive est, bien entendu, le produit phare du Moulin de Barbentane, avec une qualité exceptionnelle et une saveur largement reconnue, on y trouve aussi de nombreux produits dérivés : anchoïades, tapenades et bien d'autres choses encore, tout aussi succulentes et même des cosmétiques. Bâtisse familiale, à l'origine, le moulin à huile est aujourd'hui un véritable lieu où Jean Roche, maître moulinier décline l'olive sous toutes ses formes. Le cadre est chaleureux et convivial et l'on peut y déguster des produits d'exception. Une halte incontournable.

LE MAS DES CHEVRES

476, chemin San-Remo
CHÂTEAURENARD
✆ 06 78 54 13 92
www.lemasdeschevres.fr
Ouvert du lundi au samedi.

Difficile de faire un choix tant l'offre des produits confectionnés ici est large : fromages frais, crémeux, demi-secs et secs, fromages fantaisie, mais également, faisselles, fromages blancs, fouettés, pyramides bi-goût, bûchettes, tommes, «camemberts», râpé et copeaux de chèvre, voilà un sacré plateau ! Une cinquantaine de caprins élevée sur les 4 hectares du mas familial d'Agnès Gaffet fournit le lait nécessaire, transformé sur place. En phase avec son époque, la chevrière a créé un *drive* pour récupérer sa commande (au mas ou sur un marché).

DOMAINE DE LA VAUTUBIÈRE

43 bis, les Collets - **COUDOUX**
✆ 06 87 04 75 12
www.domainedevautubiere.com/
Vente également au Citron Vert à Carry-le-Rouet, à l'office de tourisme d'Aix-en-Provence. Ouvert 7j/7 sur rendez-vous.

Chantal de Lander-Gaubens dirige de main de maître ce domaine familial. Le verger compte des oliviers millénaires. Elle travaille avec le moulin à huile de Coudoux qui propose une fabrication à l'ancienne. Pour ne pas altérer ses qualités, l'huile qui remonte à la surface du bac de décantation est recueillie à la « feuille ». Cet équipement produit quatre types d'huiles, toutes en fruité noir, à partir d'olives aglandau et salonenque. La sur-maturation et le savoir-faire du moulinier leur apportent des saveurs particulières. Délicieux !

MOULIN DE COUDOUX

impasse du moulin ou 9, chemin de la Croix - **COUDOUX** ✆ 04 42 52 05 04

www.moulinahuilecoudoux.com

Ouvert du mardi au samedi de 10h à 12h et de 14h à 18h. Visite au temps fort du pressage, en novembre et décembre.

La saison de l'huile d'olive se situe entre fin octobre-début novembre et fin décembre. Les producteurs amènent alors leur récolte afin de faire triturer leurs olives. Ce moulin perpétue une spécificité : la fabrication à l'ancienne. Après macération, les olives sont broyées à la meule de pierre, le pressage de l'huile est effectué avec des scourtins et la récolte de l'huile se fait manuellement « à la feuille ». Le moulin propose à la vente trois huiles différentes dont une dégustation vous fera apprécier les subtilités. La visite est possible toute l'année.

DOMAINE DE CAMAÏSSETTE

Route de Pélissanne - **EGUILLES**

✆ 04 42 92 57 55

www.camaissette.fr

Ouvert toute l'année du lundi au samedi de 9h30 à 12h et de 14h30 à 18h30. Vente à la cave et expédition sur demande.

On connaît le domaine Camaïssette pour ses vins classés en AOC Coteaux d'Aix. La propriété abrite également un verger d'oliviers qui produisent des huiles d'olive estampillées AOC Huile d'olive d'Aix en Provence. Ce domaine est dans la famille depuis 1901. Aujourd'hui aidée par son fils Olivier, œnologue, Michelle cultive 4 ha d'oliviers plantés il y a une vingtaine d'années. Les quatre variétés (la salonenque, l'aglandau, la grossane et la picholine) donnent deux sortes d'huile, une AOP et une AOC Provence pressée au moulin de la coopérative de Velaux.

MA FERME

Le Valadet – Route de Berre - **EGUILLES**

✆ 04 42 91 21 26

www.ma-ferme.eu

Ouvert tous les jours et les jours fériés de 9h à 19h. Fermé le 25 Décembre et le 1er Janvier.

Une visite à Ma Ferme est toujours un moment de plaisir. Entre l'accueil des chevreaux et l'odeur des plantes, on y entre comme un enfant dans un manège. Apprentis jardiniers ou connaisseurs vous trouverez ici tout ce dont vous avez besoin pour égayer votre potager. Il n'y a que l'embarras du choix ; des herbes aromatiques, toutes sortes de plants de fruits et légumes et des oliviers... Les fins gourmets seront ravis de garnir leur panier de produits locaux, avec un marché dédié au terroir situé près des récoltes des producteurs. Du frais, du local, du sain !

FAMILLE BLOCHET

Route d'Orgon, Le Collet du Pin - **EYGUIÈRES**

✆ 06 71 92 76 98

www.familleblochet.com

Ouvert tous les jours de 9h à 18h. Prendre rendez-vous par téléphone avant le passage.

Jérôme Blochet produit un miel dont vous nous direz des nouvelles. Il faut dire que cet apiculteur propose une gamme variée qui permet de satisfaire tous les goûts : ceux qui aiment les miels corsés comme ceux qui aiment les miels plus doux. Si Jérôme Blochet emmène ses ruches en Haute-Ardèche et à Tain-l'Hermitage, il trouve sur place de quoi faire des sublimes miels de romarin et de fleurs des Alpilles. Pour son miel de lavande, les abeilles partent butiner les fleurs violettes de Drôme provençale, et pour le miel de tournesol, les grands soleils du Lauragais.

FROMAGERIE CHIARI

Chemin du Mas de Farny

EYGUIÈRES

✆ 04 90 57 88 85

Ouvert tous les jours de 8h à 11h et de 18h à 20h. Du 15 février au 30 novembre.

Christine Chiari élève, non loin du village, son troupeau de chèvres issues d'une race originaire de Suisse : la saanen. Avec ses biquettes à la robe blanche, elle confectionne faisselles et fromages frais ou affinés. Qu'ils soient natures ou agrémentés d'ail, de thym ou de romarin, ils sont délicieux ! A déguster avec un filet d'huile d'olive pour exhaler toutes leur saveur… Si vous êtes de passage en fin d'après-midi, un conseil : arrêtez-vous pour assister à la traite (tous les jours à 18 heures). Un véritable goût de Provence !

CHÂTEAU D'ESTOUBLON

Route de Maussane

FONTVIEILLE

✆ 04 90 54 87 31

https://chateau-estoublon.com/

Ouvert tous les jours de 8h à 18h en haute saison. Barbecue japonais les samedis et dimanches.

Cette grande bâtisse, venue du fond des âges, s'élève majestueusement contre le versant sud des Alpilles. Depuis 1489, on y perpétue la tradition de l'huile d'olive et du vin et, aujourd'hui, on y reçoit. Que ce soit pour l'hébergement ou la restauration, le lieu est plein d'élégance et de noblesse. Le personnel est non seulement professionnel, comme l'on pourrait s'y attendre dans un établissement de cette classe, mais également attentionné, agréable, plein de sollicitude. La cuisine y est bien sûr de qualité, et prendre son repas en terrasse est un vrai plaisir.

MAS DE L'ANGE

FONTVIEILLE
✆ 06 80 88 02 98
Ouvert du lundi au samedi de 9h à 19h.

Dans ce mas appartenant à la famille Monnier depuis quatre générations, vous ne trouverez que des produits d'une grande qualité. Grâce aux 1 700 oliviers cultivés ici (huile d'olive AOC Vallée des Baux-de-Provence en fruité vert et noir, olives noires et vertes, crème d'olive, tapenade et même de la confiture d'olives, l'excellente « Redonnale »), mais également des confitures maison et des produits du terroir. N'hésitez pas à aller visiter le domaine et à acheter directement les produits à l'exploitation, tous les jours sauf le dimanche.

MIELLERIE SAINTE-VICTOIRE

279, CD 6
FUVEAU
✆ 06 09 87 18 39
Sur rendez-vous. Vente du miel sur le marché de Fuveau jeudi matin.

Cette exploitation apicole se trouve au cœur d'un environnement unique, au pied de la montagne Sainte-Victoire. Elle propose des miels fins de grande qualité élaborés avec passion par Jean-Jacques Malet et ses abeilles. En rayon : l'excellent miel de lavande, le mille-fleurs ou encore celui de châtaignier mais aussi les confiseries qui en découlent. Une adresse gourmande, vous l'avez compris. Le magasin a ouvert sur place, avec en parallèle une production de céréales, pâtes et farine.

MOULIN À HUILE DU MAS SAINT-JEAN

Route de Saint-Jean
FONTVIEILLE
✆ 04 90 54 72 64
www.moulin-saintjean.com
Visites du moulin et ateliers dégustation.

L'huile d'olive, son histoire et sa fabrication sont ici une question de passion. C'est même une histoire familiale. L'accueil est agréable, les lieux valent vraiment le coup d'œil : un vieux mas provençal planté au beau milieu du pays d'Alphonse Daudet. Bien entendu, les huiles issues du moulin sont réalisées à partir des quatre variétés d'olives qui constituent l'AOP Vallée des Baux-de-Provence. On peut visiter le moulin et participer à des ateliers de dégustation.

LE RUCHER DES RAJOLS

Chemin des Rajols
FUVEAU
✆ 04 42 68 01 63
Sur rendez-vous. Visite de la miellerie.

Ce couple d'apiculteurs travaille avec leurs abeilles depuis des années dans la pinède des Rajols. Les miels ont tous les ans la même onctuosité. On les retrouve régulièrement sur les salons de produits du terroir pour acheter un nougat noir absolument délicieux. Les enfants et les gourmands apprécient particulièrement les caramels et les sucettes. Si vous êtes plus curieux, il suffit de les appeler pour visiter leur miellerie, ce qui est toujours impressionnant. Ce sera aussi l'occasion de déguster les confitures, maison bien sûr.

ANIM'O PARC

20, chemin de Pellegrin - FUVEAU
✆ 06 01 32 16 45
Haute saison ouvert du mardi au dimanche de 10h à 19h. Basse saison tous les jours de 10h à 17h. Entrée : 9 €.

Sur 2,5 hectares sont installés une petite ferme pédagogique permettant de rencontrer lapins, poneys, chevaux, moutons, chèvres, cochons, poules, oiseaux, poissons rouges, et tout un tas de jeux : minigolf, structures gonflables, jeux de société géants (dames, dominos, morpion...), bac à sable, ping-pong et babyfoot. Les plus sportifs apprécieront football, volley-ball, karting à pédales et la chasse au trésor. Ils organisent aussi des animations pédagogiques. 2 000 m² d'expositions sont consacrés aux métiers et matériels anciens. Aire de pique-nique. Snack.

MOULIN À HUILE DE GRANS

24, rue des Moulins
GRANS
✆ 04 90 55 93 08
www.moulindegrans.fr
Vente sur rendez-vous.

Plus d'un millier d'oléiculteurs et particuliers s'y rendent à chaque saison. Le moulin triture ainsi entre 150 et 250 t d'olives, soit une fabrication de 30 000 à 50 000 l d'huile. Des olives broyées par une meule en granit et pressées à l'ancienne, dans des scourtins. Des machines et un savoir-faire qui privilégie donc un fruité noir : une huile très fruitée mais jamais ardente. Le précieux nectar récolté est ensuite conservé un mois au moulin dans des cuves qui permettent la décantation. Elle est ensuite redistribuée aux clients pendant le mois de janvier.

LES FIGUIÈRES DU MAS DE LUQUET

Chemin du Mas-de-la-Musique
GRAVESON
✆ 04 90 95 72 03
www.lesfiguieres.com
Ouvert du lundi au samedi.

Voilà près d'un demi-siècle que Francis Honoré et son épouse, Jacqueline, ont planté les premiers arbres de leur immense verger de figuiers. Au Mas de Luquet, sur 12 hectares, ce sont des dizaines de variétés de figues qui sont cultivées. Tandis que Jacqueline concocte des recettes sucrées et salées, élabore des confitures et des condiments (vinaigre, moutarde...), Francis emploie son bagou à convaincre les amateurs de succomber à la tentation. Un couple à rencontrer d'urgence.

DOMAINE DE VILLEMUS

Route de Bèdes
JOUQUES
✆ 06 22 32 44 84
www.villemus.com
Ouvert le samedi de 9h à 18h. Sur rendez-vous pour les autres jours.

Ce domaine viticole cultive également des oliviers et des amandiers. Cultivés en agriculture biologique, les 2 000 oliviers sont tous issus de la variété aglandau. Les olives sont récoltées tournantes, afin d'assurer un fruité vert plein d'arômes. Et pour les préserver au maximum, les fruits sont pressés juste après leur récolte. Il vous reçoit et vous explique son savoir-faire. Un parcours découverte permet de déambuler entre vignes, amandiers et oliviers dans un décor naturel unique. Un gîte rural, implanté dans le domaine, est proposé à la location.

LA FERME AUBERGE DE LA BAIE DES ANGES €€

647, Chemin des Plaines Baronnes - **LA CIOTAT**
✆ 08 21 20 01 26
https://lafermeauberge.fr
Ouvert du mardi au samedi de 12h à 14h30 et de 19h à 22h ; le dimanche de 12h à 14h30. Menus à 39 € ou 55 €.

Ici, les menus varient régulièrement car les plats sont élaborés selon la production locale. Autre point positif : tout est fait maison ! Dans les plats à la carte, vous pourrez trouver de la viande (entrecôte charolaise, porcelet de la ferme, hamburger de la ferme..), des poissons et crustacés (homard, dorade... selon arrivage), et tous les vendredis : aïoli traditionnel. Aussi, il est possible de privatiser la ferme auberge pour vos évènements (mariages, baptêmes, séminaires...)

LA FERME DE LA JACOURELLE

Route de Sainte Anne
LA ROQUE-D'ANTHÉRON
✆ 04 42 50 56 79
jacourelle.pagesperso-orange.fr
Ouvert tous les matins en semaine de 9h à midi sauf le jeudi sur le marché de La Roque-d'Anthéron.

De la brousse du Rove, des fromages de chèvres affinés et de l'huile d'olive, ce sont les bons produits bio que vous trouverez ici à la ferme de la famille Borel qui a optimisé les 150 hectares de leur exploitation située sur les collines de La Roque d'Anthéron. Une centaine de chèvres du Rove (une race caprine rustique originaire des Bouches du Rhône) y pâturent en liberté toute l'année. Deux gîtes labellisés Accueil Paysan pour séjourner et découvrir le quotidien d'une ferme.

CHÂTEAU DE CALAVON

12, avenue de Badonviller - **LAMBESC**
✆ 04 42 57 15 37
www.chateaudecalavon.com
Ouvert du lundi au samedi de 9h à 13h et de 14h à 18h toute l'année sauf jours fériés (sauf 14 juillet et 15 août).

Ce vignoble en agriculture bio s'étend sur 105 ha de petites parcelles en terrasses. Propriété de la famille Audibert depuis cinq générations, c'est le plus ancien domaine viticole de Lambesc. Les vins sont réputés aromatiques, structurés et puissants : rouges d'exception, blancs d'une grande finesse et élégants rosés. Le caveau est installé dans un ancien relais de poste du XVIIe siècle. Les samedis matin des mois en *r*, dégustation de vins et coquillages devant le caveau, oursinades en février, et en été animations et foodtruck. Convivial !

CHÂTEAU VIRANT

CD 10 - **LANÇON-PROVENCE**
✆ 04 90 42 44 47
www.chateauvirant.com
Du lundi au samedi de 8h à 12h et de 14h à 18h30. Haute saison : du lundi au samedi de 8h à 12h et de 14h à 19h.

Cette propriété viticole et oléicole se situe au cœur de la campagne provençale et produit des vins de cépages nobles. Elle bénéficie de l'AOP Coteaux d'Aix-en-Provence. Son moulin à huile a reçu la distinction Entreprise du Patrimoine Vivant, label d'excellence du savoir-faire français. Parmi les huiles d'olive phares, on retrouve l'AOP Aix-en-Provence, la Fruité Mûr de Château Virant, les Vallon des Oliviers en AOP Provence, en Fruité mûr et en Bio... De nombreuses gourmandises maison sont proposées à la boutique (confitures de vin cuit, caramels d'olives...)

CHÂTEAU LA COSTE

2750, route de la Cride - **LE PUY-SAINTE-RÉPARADE**
✆ 04 42 61 89 98
www.chateau-la-coste.com

Basse saison : tous les jours 9h-18h. Haute saison : tous les jours 9h30-20h. Visite guidée des chais : 12 €.

Ce vaste domaine représente un espace unique de près de 200 ha à la fois production viticole et musée d'art et d'architecture. Héritier d'une longue histoire, illustrée par la présence de sentiers pavés gallo-romains et autres vestiges d'un système d'irrigation ancien, le domaine viticole propose des vins bio certifiés Coteaux d'Aix-en-Provence et IGP des Portes de Méditerranée. Au Château la Coste, vous pouvez visiter les chais signés Jean Nouvel, découvrir des installations d'artistes ou encore vous attabler dans l'un des restaurants du domaine.

DOMAINE DE LA FANETTE

992/892, chemin Fanette
LE PUY-SAINTE-RÉPARADE
✆ 06 70 00 98 16
www.domainefanette.com

C'est chez Fanette, une figure du coin, que les Puechens venaient jadis prendre un verre sur la terrasse à l'ombre du marronnier. Les héritiers ont depuis planté de beaux oliviers, 4 ha en agriculture bio, dont ils tirent une huile d'olive en AOP Aix-en-Provence. La production fait la part belle au fruité vert, ardente en bouche, avec des arômes d'artichauts et d'herbe coupée à déguster sur un chèvre frais. L'huile Goût à l'ancienne longue en bouche et d'une incroyable richesse aromatique prend toute sa mesure sur un plat de poisson. L'accueil est chaleureux.

MANADE BLANC

Domaine de Paulon - **LE SAMBUC**
✆ 04 90 97 27 73
www.manade-blanc.fr

Ouvert toute l'année. En avril, juillet et août, mardi soir. Découverte de la manade lors de soirées camarguaises.

Cette superbe manade dispose d'une situation privilégiée et stratégique à égale distance d'Arles, de Beauduc et des Saintes-Maries de la Mer. Comme tous les élevages de ce type, elle abrite des troupeaux de taureaux et de chevaux, animaux emblématiques de la Camargue. Particulièrement active, la manade met des chevaux en vente, organise des journées camarguaises et héberge les voyageurs dans des gîtes ruraux authentiques. Notez également que, tous les mardis des mois d'avril, juillet et août, elle planifie des soirées camarguaises.

LE MAS DE LA DAME

CD 5 - **LES BAUX-DE-PROVENCE**
✆ 04 90 54 32 24
www.masdeladame.com

Haute saison : tous les jours de 9h à 19h. Fermé le dimanche en janvier et février.

Au Mas de la Dame, on produit du vin et des huiles d'olive de grande qualité depuis quatre générations. Outre le fait que l'endroit, une superbe bâtisse au beau milieu des vignes, est magnifique, les produits proposés sont vraiment excellents. La boutique est bien agencée, lumineuse et l'accueil professionnel. N'hésitez pas à demander conseil, le personnel se fera une joie de vous orienter dans vos choix. Côté tarifs, que ce soit pour les vins, en blancs, rouges, rosés ou pour les huiles, vous trouverez une large gamme de prix, adaptée à toutes les bourses.

MOULIN CASTELAS FRANCE

Quartier Frechier
LES BAUX-DE-PROVENCE
✆ 04 90 54 50 86
www.castelas.com

Ouvert tous les jours. Visite du moulin et dégustation gratuite sur réservation.

L'histoire de Catherine et Jean-Benoît Hugues sort des sentiers battus : le couple a travaillé quinze ans dans l'Arizona avant de relever le défi de l'oléiculture à l'heure du retour au pays. C'est dans le moulin construit en 2002 que les Hugues allient savoir-faire et passion et toute leur sensibilité d'oliverons pour donner naissance chaque année à des huiles d'une grande puissance. Une dizaine d' huiles d'olive sont élaborées, ainsi que six huiles aromatiques au naturel (cédrat, gingembre, thym et romarin, basilic et menthe, ail et piment d'Espelette).

FERME PÉDAGOGIQUE DU ROY D'ESPAGNE

Rue Jules Rimet - **MARSEILLE** (9e)
✆ 06 03 49 20 47

Ouvert le mercredi de 16h30 à 19h30 ; le samedi de 9h à 13h. Vente de produits de la ferme, marché, activités scolaires.

La campagne en plein Marseille ! Enfin pas tout à fait, nous sommes ici déjà presque dans le parc des Calanques mais c'est tout comme. Bienvenue à la ferme. Petits et grands pourront découvrir ici avec plaisir les joies du potager, rencontrer les animaux de la ferme et apprécier les produits cultivés on ne peut plus localement. Au-delà de l'aspect ludique, la jeune équipe en place depuis peu à la tête de la ferme est dévouée à sensibiliser le public aux enjeux environnementaux à venir. Votre sortie sera donc assurément fun mais également pédagogique.

LA LAITERIE MARSEILLAISE

86, rue Sainte
MARSEILLE (7e)
✆ 04 91 06 73 82
https://lalaiteriemarseillaise.fr
Du mercredi au samedi de 9h à 13h et de 16h à 19h30. Le mardi 16h-19h30.

Depuis janvier 2020, Marseille possède sa laiterie locale ! C'est à Audrey et Madeleine que l'on doit cette initiative, deux passionnées de fromage ayant fait leurs gammes aux 4 coins du pays. Le principe est simple et inédit : faire du fromage en ville. Le lait est acheminé depuis des coopératives de la région et transformé en succulents fromages et yaourts, dans le laboratoire donnant sur la boutique. Une belle manière de pouvoir acheter en circuit (plus que) court. Le goût et la texture sont au rendez-vous côté vache comme brebis ou chèvre.

LE NECTAR DES ALPILLES

CD 31 - **MAS-BLANC-DES-ALPILLES**
✆ 04 90 49 02 77
www.lenectardesalpilles.fr/
À partir de 14 € le kilo.

Miel, gelée royale, pollen... Norbert et Enca Maudoigt, et Clélia leur fille, installés dans le village depuis de nombreuses années proposent des produits naturels, issus de leurs ruches qu'ils déplacent en fonction du type de miel qu'ils veulent produire : au plateau de Valensole pour le miel de lavande, à Tain (Drôme), pour le miel de sapin et dans les Alpilles pour les miels de garrigue et de romarin. Ils ont une technique particulière de brassage pour garder l'onctuosité du précieux nectar. Une boutique en ligne a récemment été créée.

MOULIN CORNILLE

Rue Charloun-Rieu
MAUSSANE-LES-ALPILLES
✆ 04 90 54 32 37
www.moulin-cornille.com
Achats en ligne possibles.

Le Moulin Jean-Marie Cornille est une coopérative oléicole. En 1997, elle a reçu l'appellation d'origine contrôlée Huile d'olive de la vallée des Baux-de-Provence qui se caractérise par l'association de cinq olives issues d'un terroir unique (la Salonenque, la Grossane, la Béruguette ou Aglandau, la Verdale des Bouches-du-Rhône et la Picholine). Elle a ensuite reçu la distinction Entreprise du patrimoine vivant. La coopérative produit, entre autres une huile d'olive vierge fruitée noire AOP extrêmement renommée et de grande qualité.

MAS DE GOURGONNIER

Le Destet
MOURIÈS
✆ 04 90 47 50 45
www.gourgonnier.com
Ouvert tous les jours.

Ici, l'agriculture biologique est une façon de vivre ancrée dans la culture familiale. Selon leur cahier des charges « Nature et progrès », les vignes et les oliviers ne reçoivent aucun traitement chimique, insecticide ou herbicide, et ce depuis 1975 ! Un semi d'engrais vert et un compost de fumier de mouton constituent l'amendement du sol où cuivre et soufre protègent la végétation. Difficile de faire plus sain. Sur place, vous pourrez vous balader entre vignes et oliviers grâce à un parcours fléché au départ du mas. Très bucolique...

L'OR DES ABEILLES

Avenue Antonin-Mallet
PUYLOUBIER

Deux petits producteurs de miel ont uni leurs forces pour donner naissance, en 2006, à L'Or des abeilles, un rucher de 800 ruches. Celui-ci permet l'extraction de miels de cru des régions provençales avec des fleurs de romarin, thym, garrigue, tilleul, acacia, châtaignier, lavande... Autant de saveurs, de couleurs et de textures très différentes pour ces miels produits de manière artisanale et dans le respect de l'environnement. Depuis quelques années, un jeune viticulteur est venu rejoindre le Gaec, portant désormais à 1 000 le nombre de ruches.

FERME BIO DE PUYRICARD

Chemin de la Simone
PUYRICARD
✆ 06 15 89 81 58
Ouvert mardi, jeudi, vendredi 15h30-19h, dimanche 9h30-12h30. Marché de Rognes mercredi et samedi matin.

Frédéric Boyer cultive en famille des terres sur Puyricard, des cultures maraîchères de beaux fruits et légumes bio. Tomates, salades, courgettes, concombres, aubergines, haricots, oignons, melons et pastèques en été et l'hiver, pommes de terre, choux et choux-fleurs, navets, poireaux ainsi que des cucurbitacées de toutes sortes. Que du bio local et de saison ! Vous avez la possibilité de passer commande de votre panier et de le récupérer à la ferme à Puyricard ou les jours de marché à Rognes. Que demander de plus ? N'hésitez pas !

LE JARDIN DE BARBEGAL

Route de Barbegal
RAPHÈLE-LES-ARLES
✆ 04 90 54 63 69
Ouvert le mardi et le vendredi de 16h à 19h.

Dans le cadre enchanteur de la ferme-auberge, le jardin propose des produits du terroir venus directement de la ferme : œufs, agneaux, volailles, chapons pour les fêtes, fromages de chèvre, confitures, fruits et légumes de saison (l'hiver, vous pouvez retrouver le goût des poireaux, des blettes, des épinards, des choux... et l'été ce sera les tomates diverses et variées, les courgettes, les aubergines, la salade...). C'est un vrai plaisir d'aller chercher, avec son panier sous le bras, ces produits de qualité qui offrent un très bon rapport qualité-prix.

FROMAGERIE ROUMANILLE

196, petite route d'Eyragues
SAINT-RÉMY-DE-PROVENCE
✆ 06 77 39 03 40
Ouvert du lundi au samedi.

Du lait frais, tout juste sorti des pis de la vache... Non, nous ne sommes pas en Savoie, mais bien à Saint-Rémy, à quelques kilomètres du centre en direction de Maillane. A la ferme de Mélanie Roumanille, venir avec sa bouteille vide pour assister à la traite de 18h est devenu un rituel pour de nombreux Saint-Rémois. Comme dans l'ancien temps ! L'occasion d'admirer les Tarines (vaches savoyardes), mais également de repartir avec fromages, faisselles, yaourts et glaces. En plus, tout est bio ! Et un grand plus pour la gentillesse et l'accueil des propriétaires.

LA FERME DU BRÉGALON

Chemin du Gour - **ROGNES**
✆ 06 61 76 83 29
www.fermedubregalon.com
Ouvert du mardi au samedi 15h-19h. Vente au marché de Rognes le mercredi matin et Lambesc le vendredi matin.

Christine et Hugues Girard ont installé leur élevage et leur chèvrerie en 1990 sur la commune de Rognes. Frais, secs, demi-secs, au pavot, au sésame, aux baies roses, aux herbes de Provence... les fromages ont tous de la personnalité et seront les stars de votre plateau de fromages. Cette adresse mérite vraiment le détour, non seulement pour garnir votre panier d'excellents produits fermiers, mais également pour visiter la chèvrerie, une visite pédagogique à faire bien sûr en famille au moment de la traite des chèvres ou de la fabrication du fromage.

RUCHER DES ALPILLES

Grand-Draille-Nord – La Galine
SAINT-RÉMY-DE-PROVENCE
✆ 04 90 92 28 88
Visite gratuite sur rendez-vous.

Chez les Brun, le miel c'est une histoire de famille. Pas moins de cinq générations se sont succédé aux commandes de cette petite entreprise qui produit un miel tout simplement divin. Il faut dire que le souci du produire bon et local est ici poussé à l'extrême : pas d'importation, pas de coupage... rien que du produit transformé sur place. On ne va pas se mentir, il sera difficile de trouver mieux. Un conseil, avant de vous rendre à la miellerie, mieux vaut passer un coup de fil, car la famille est le plus possible sur le terrain pour choyer les butineuses.

LA FROMAGERIE DES ALPILLES

Petite route des Baux
SAINT-RÉMY-DE-PROVENCE
✆ 04 90 92 07 02
Ouvert du lundi au samedi.

Les amateurs de fromage de chèvres ont trouvé leur adresse. M. Rueda élève 70 chèvres. Si, vous avez de la chance, vous les verrez au moment de leur repas, se jeter sur le foin qu'il leur distribue. M. Rueda se fera également un plaisir de vous expliquer son travail et de vous présenter ses fromages. Ou devrait-on dire ses petites merveilles ! Vous l'aurez compris, *Le Petit Futé* est un inconditionnel de sa brousse, de ses crottins aux baies (sa spécialité) ou aromatisés aux herbes.

MANADE CAVALLINI

Route d'Arles - **SAINTES-MARIES-DE-LA-MER**
✆ 04 90 97 50 06
www.manadecavallini.com
Fermé de novembre à février. Ouvert tous les jours de 7h30 à 18h.

Portant haut et fort les traditions camarguaises, cette manade dirigée par la famille Cavallini partage avec vous les couleurs de la région dans un lieu caractéristique du delta du Rhône, en partenariat avec le Parc naturel régional de Camargue. Découvrez les 250 hectares en charrette aménagée avec des bancs, à travers les marais, rizières et prairies. Certaines visites sont suivies de dégustation. Ils organisent aussi des soirées festives thématiques, et des réceptions privées, dans une ancienne cave au cadre authentique pouvant accueillir jusqu'à 350 personnes.

SALIN DE GIRAUD [SALINS DU MIDI] ★★

Boulevard de la Camargue - **SALIN-DE-GIRAUD**
✆ 04 90 58 81 40
www.visitesalindegiraud.com/
Tous les jours, horaires variables. A pied : 10 €, enfant (5-13 ans) 8,50 €. En vélo : 12 €, enfant (5-13 ans) 10 €.

Le salin de 10 800 ha abrite quelque 278 espèces végétales et 200 espèces d'oiseaux (dont 157 protégées). Deux types de visites du salin de Giraud sont possibles toute l'année : la visite à pied, avec accès en voiture jusqu'au parking du Sémaphore, et la visite en empruntant votre propre vélo sur un parcours dédié au coeur d'une faune typiquement camarguaise et de paysages extraordinaires. En été, des visites guidées d'1h15 sont organisées sur réservation.

LA MAISON DU MIEL DU JARDIN D'ABONDANCE

Route de Saint-Zacharie - **TRETS**
✆ 04 42 61 48 09
www.mieldujardindabondance.net
Ouvert lun à sam 9h-12h30 et 14h30-19h30, dim 10h-12h30. Marché de Trets mercredi matin, d'Auriol samedi matin.

Sur les hauteurs du village, cette exploitation apicole biologique de transhumance produit plusieurs variétés de miels : romarin, garrigue, thym, acacia, châtaignier, calanques, tilleul et lavande, du Vercors. On trouve également propolis, glaces végétales, sablés au miel, blé, petit épeautre, pain d'épice, guimauves, cakes et pâtes de coing ou savonnettes. Des stages et des conférences sont régulièrement dispensés sur des thématiques de bien-être.

DISTILLERIE SAINTE VICTOIRE

256, Route de la Libération
VAUVENARGUES
✆ 06 77 79 79 24
www.distilleriesaintevictoire.fr
Ouvert du lundi au samedi de 14h30 à 19h.

Les Mallesson exploitent 20 ha de terres garrigueuses propices à la culture des plantes à parfum, aromatiques et médicinales. Elles sont distillées traditionnellement dans leur labo, pour produire des huiles essentielles, des eaux florales et des savons. L'autre partie est séchée et transformée en herbes de Provence. Ils produisent également une huile d'olive fruitée verte. La distillerie ne se visite pas, mais on peut découvrir les champs de lavande en fleurs en juillet.

LA FERME DU CHEVALET €

Le Chevalet
ASPRES-SUR-BUËCH
✆ 04 92 58 60 23
www.lafermeduchevalet.com
Réservation impérative. Gîte.

Coup de cœur pour cette ferme auberge de Terence et Maria. Qu'il est bon de se réfugier chez eux pour jeter un œil aux animaux qu'ils élèvent et transforment sur place, pour prendre un bon bol d'air ou plus égoïstement pour se sustenter d'une cuisine réalisée uniquement à base de produits frais et principalement issus de la production de la ferme. Poulets, agneaux et cochons sont à l'honneur de cette cuisine et comme on sait que tout est bon dans le cochon, il y a de quoi satisfaire les papilles avec les spécialités de la maison.

FROMAGERIE DE CHÂTEAU-QUEYRAS

La Gourgue - **CHÂTEAU-VILLE-VIEILLE**
✆ 04 92 46 73 16
www.fromageriechateauqueyras.fr
Ouvert tous les jours de 9h à 12h15 et de 15h à 19h. Visites organisées sur réservation. Vente par correspondance.

Une fromagerie d'exception au coeur du Queyras pour trouver à coup sûr les meilleurs fromages fermiers. Spécialités de montagne, produits biologiques et fromages au laits mélangés font la juste réputation de cette fruitière où l'on vient chercher sa raclette bio, une délicieuse tomme aux trois laits ou un gruyère des Alpages de référence, sans oublier le fameux bleu de Saint-Véran. Réservez votre visite de la fromagerie ou un atelier culinaire autour du... fromage !

GAEC DU PETIT PUY

3, impasse du Montoir
BRIANÇON
✆ 06 08 06 86 79

Après le succès de son restaurant «Les Délices du Fermier», Sylvie Thillet propose aujourd'hui de délicieux produits locaux. A commencer par les produits laitiers : lait cru, yaourts et les fromages de vache vendus en direct à la ferme. Avec son fils Anthony, elle propose également des terrines et de la charcuterie des cochons de la ferme. Vente de pommes de terre produites sur l'exploitation ainsi que tous les ingrédients pour réussir une délicieuse raclette. Du producteur à nos assiettes, avec toujours autant de bonne humeur et de plaisir.

FERME DES MILLE PATTES

Route de la Garde
GAP
✆ 06 68 53 03 69
Ouvert tous les jours. Sur réservation uniquement.

Située au pied de la montagne de Charance, ils proposent des sorties à cheval ou à poney d'une heure à plusieurs jours, des cours et des stages ouverts à tous suivant l'activité. Les chevaux sont pieds nus, vivent en paddock paradise ou pâtures en saison. Ils élèvent aussi des animaux domestiques, en majorité des races menacées, notamment françaises. Vous verrez donc un âne grand noir du Berry, un âne de Provence, porc blanc de l'Ouest, mouton de Belle-Ile, ainsi que plusieurs variétés de poules, oies, canards, lapins dont le sablé des Vosges, et des chèvres.

FROMAGERIE EBRARD

Le Village
CHABOTTES
✆ 04 92 22 39 76
www.fromagerie-ebrard.com

L'aventure a débuté en 1890 avec la création de la fromagerie par l'arrière-grand-père Charles Ebrard. Au départ, il ne fabriquait que des tommes et des gruyères à la demande des producteurs de lait. La cave d'affinage d'origine n'a presque pas changé mais la gamme s'est élargie, et une belle et grande boutique de bois propose désormais la production maison. Au rayon fromages, une gamme impressionnante de tous types et tous laits, certains estampillés bio, des yaourts, des faisselles, des crèmes, des flans, de la confiture de lait...

LA FERME DU COL

Le Col - **JARJAYES**
✆ 04 92 54 30 70
www.fermeducol.fr
Ouvert du lundi au samedi de 10h à 18h. Sans réservation. Adulte : 10 €. Enfant : 7 €.

En pleine montagne sauvage, Cindy et Raphaël vous ouvrent les portes de leur ferme pédagogique et de découverte. Ici, vous découvrirez un élevage de chèvres angora et d'alpagas, ainsi que plus d'une centaine d'animaux. Yacks, vaches, cochons vietnamiens, lapins angora, ânes, sans oublier les paons et les faisans. En dehors des visites guidées, vous pouvez faire une visite libre enrichie par des panneaux pédagogiques. Diverses activités sont proposées. Atelier autour de la laine, salle aux trésors de la nature et la surprenante boutique mohair. Balade à dos d'âne.

PARC ANIMALIER DE SERRE-PONÇON

LE SAUZE-DU-LAC ✆ 07 61 26 32 00
www.parcanimalierdeserreponcon.com
Ouvert tous les jours de 10h 18h. Adulte : 14,90 €. Enfant de 4 à 12 ans : 10,50 €. Restauration. Piscine. Boutique.

Venez passez une journée agréable auprès des animaux de la ferme, lapins, poules, cochons d'Inde, petites chèvres et l'ânon, tout en profitant du parcours quiz enfant. Vous verrez aussi le parc des renards. Assistez au nourrissage commenté des marmottes des Alpes, renards roux, chiens loups de Saarloos. Visite des coulisses de la fauconnerie. Deux spectacles de rapaces. Découverte du métier de soigneur. Garderie pour chiens. Dîner à thème en août. Aires de jeux et de pique-nique.

PARC ANIMALIER DU CREUSET ★

Les Sources - **ORCIÈRES**
✆ 04 92 55 78 16
www.parcducreuset.fr
Haute saison ouvert tous les jours de 10h à 19h. Adulte : 8 €. Enfant de 3 à 12 ans : 6,50 €.

Il est parfois frustrant quand on randonne en montagne, notamment en dessous de 2 500 m, de ne jamais croiser les animaux dont on parle tant : chamois, bouquetins, marmottes. C'est pourquoi, à travers un parcours dans la montagne, ce parc nous présente ces animaux et quelques autres comme les chèvres, les yacks, les lamas, les chevaux Falabella ou bien les rennes. Vous êtes certain de ravir les enfants qui voudront une marmotte en peluche à leur retour !

LE CHALET DU MIEL

Route de Saint-Véran
MOLINES-EN-QUEYRAS
✆ 04 92 45 81 73
http://le.chalet.du.miel.free.fr
Ouvert tous les jours de 9h30 à 19h.

Sur la route de Saint-Véran, une halte s'impose dans ce superbe chalet de bois où l'on nous propose à la vente, et à la dégustation avant toute chose, du bon miel du Queyras. Il faut dire que le miel, c'est la spécialité de la famille Allaix depuis quatre générations. Les abeilles qui butinent les fleurs de nos montagnes nous offrent un miel au goût et aux saveurs incomparables, tandis que le pollen et la gelée royale nous revigorent pour l'hiver. D'autres gourmandises avec des bonbons au miel, du miel au chocolat ou des nougats maison.

LAITERIE DU COL BAYARD

RN 85 Laye - **SAINT-BONNET-EN-CHAMPSAUR**
✆ 04 92 50 50 06
www.laiterie-col-bayard.com
Restaurant et magasin ouverts tous les jours sauf lundi. Boutique. Cave à vins.

Depuis trois générations, la Laiterie du Col Bayard propose le meilleur des productions de nos montagnes et un incroyable choix de plus de 120 fromages artisanaux, dont 40 sont issus de la production de la Laiterie. On commence donc par les fromages fabriqués maison, réalisés à base de lait de vache, de chèvre, de brebis ou de mélange. Pour vraiment savourer les meilleurs produits de la région, les gourmands peuvent se rendre au restaurant avec son fameux chariot de fromages ou de délicieux tourtons du Champsaur. Une étape parmi les plus gourmandes de la région.

LA FERME DES CABRIOLES

ORCIÈRES
✆ 06 45 37 10 23
Haute saison ouvert tous les jours de 9h à 12h et de 15h à 19h. Entrée : 8,50 € par famille

Venez découvrir les animaux, la fabrication du fromage, l'agriculture de montagne, et prévoyez des chaussures de marche. Les enfants pourront entrer dans les enclos des chèvres. Ils pourront également participer à un atelier de moulage de faisselles, à déguster ensuite. Sur réservation la veille, il est possible de déguster crêpes et fromage blanc. La ferme s'est diversifiée avec la création d'une mini-brasserie artisanale. Blonde et ambrée, la bière la sOrcière est brassée sur place avec l'eau de source des montagnes d'Orcières. Vente de fromages de chèvre.

ECOMUSEE DE LA FAUNE ★

Le Village - **SAINT-LÉGER-LES-MÉLÈZES**
✆ 04 92 21 47 78
Haute saison ouvert du mardi au samedi de 14h30 à 18h. Adulte : 3,50 €. Enfant de 6 à 16 ans : 2 €.

Ce sont deux superbes collections pour mieux connaître la faune des Alpes. La collection d'un taxidermiste et naturaliste et celle d'un passionné des papillons du Champsaur exposent près de 300 spécimens d'oiseaux, de mammifères et de reptiles, dont certains appartiennent à des espèces protégées, chouettes hulotte, marmotte, renard, écureuil, sarcelle, chat sauvage ou chamois, tous sont mis en scène dans leur milieu naturel. Expositions artistiques tout au long de l'année, ainsi que de nombreux ateliers et animations de découverte. Sorties de terrain naturalistes.

CHÂTEAU DE TAURENNE

5800, route de Tourtour
AUPS
✆ 04 98 10 21 35
www.taurenne.com
Basse saison : ouvert du lundi au samedi de 10h à 18h. Haute saison : tous les jours de 10h à 18h.

Situés sur les pentes sud du relief préalpin, entre 438 mètres et 580 mètres d'altitude, les 253 hectares du domaine bénéficient d'une situation privilégiée. Tout traitement chimique inutile est exclu et différentes variétés d'olives sont présentes sur le domaine. Elles sont récoltées tournantes afin de faire une huile, l'Or de Taurenne, AOP Provence. Six autres huiles sont également produites : quatre monovariétales (bouteillan, petit ribier, aglandau et frantoïo), une huile «goût à l'ancienne» et une huile aromatisée au citron.

JAS DE MAJASTRE €€

Route des Salles-sur-Verdon - **BAUDUEN**
✆ 04 94 70 05 12
www.domaine-de-majastre.fr
Menus de 75 € à 85 € (menu découverte et passion truffe). Carte estivale du 15 mai au 15 octobre, menu terroir à 35 €.

Un restaurant de terroir chaudement recommandé. Spécialisés en élevage de chien truffier jusqu'à la vente de truffes, la famille De Santis propose une cuisine de terroir raffinée, à base uniquement de produits bio de la ferme et du domaine. Le jeune chef Morgan Barra, fils de Philippe et ancien élève du lycée hôtelier Paul Augier à Nice, concocte avec créativité différentes recettes autour du diamant noir : brouillade aux truffes, feuilleté aux truffes, cappuccino de cèpe et chantilly aux truffes ou encore un dessert lacté aux lamelles de truffes...

COOPÉRATIVE LA BELGENTIÈROISE

Esplanade François Bottero - **BELGENTIER**
✆ 04 94 48 98 80
www.coop-belgentieroise.fr
Lundi, mercredi et samedi de 10h à 12h. Horaires variables selon les saisons, consulter le site. Dégustation gratuite.

Dès 1930, la coopérative oléicole s'est faite connaître pour ses olives de table, à commencer par celle qui porte son nom : la Belgentiéroise. Si ce fruit charnu fait toujours la joie des apéritifs provençaux, la production s'est depuis enrichie des variétés lucques et picholine, préparées de façon traditionnelle. La boutique propose de délicieux produis du terroir, outres les huiles : tapenade verte, pâtes d'olives noires, anchoïades, savons, confitures de figue...

DOMAINE DES ESCAVALINS - MOULIN

BELGENTIER
✆ 06 16 52 43 83
http://www.olives-en-provence.com
Vente sur place au domaine ou achat direct en ligne sur leur e-boutique du site internet. Agriculture biologique.

Outre leur activité de gîte, Géraldine et Mark ont planté dans leur parc de 40 ha une oliveraie de quelque 2 000 arbres. Équipés de leur propre moulin, ils fabriquent depuis 2015 une huile d'olive de Provence bio (labellisée) aux arômes fruités verts. En véritables passionnés, ils se réjouiront de faire partager leur savoir-faire aux visiteurs de passage : passez un coup de fil, ça vaut le détour ! Depuis 2019, brebis et chèvres évoluent en éco-pâturage.

ATELIER DE CUISINE PROVENÇALE €€

4, place Gambetta
BORMES-LES-MIMOSAS
✆ 04 94 71 27 80
Plats à emporter. Table d'hôtes à la belle saison. Cours de cuisine provençale de septembre à juin.

La cuisine provençale vous régale et vous rêvez de vous initier à sa pratique ? Mireille Gedda partage son savoir-faire. Découvrez avec elle et emportez les plats provençaux qui ont fait la renommée de la famille Gedda, ratatouille, daube… Mireille vous invite à sa table d'hôte, en été sur la terrasse, pour des soirées 100 % Provence, ratatouille, daube, velouté de favouilles en bourride d'aïoli, tarte aux tomates confites, compotée d'agneau au rosé de Provence, tian de courgettes....

FERME DE LA CABRETO

Lieu-dit Lourtaud
BRAS
✆ 04 94 69 90 53
http://ferme.cabreto.free.fr/
Ouvert tous les jours de 9h à 12h30 et de 15h à 19h du 15 février au 15 novembre. Parking.

Cette petite exploitation familiale d'élevage caprin est perdue en pleine nature. Sur place, visitez la chèvrerie et la fromagerie, avant d'acheter vos fromages de chèvre fermier, frais, crémeux, secs, moulés à la louche (tome, crémeux nature, sarriette ou poivre, ail-basilic), plus ou moins fort en goût suivant le temps d'affinage. Également apiculteur vous pourrez aussi vous fournir en miel de châtaigne, de lavande, de romarin ou toutes fleurs : un délice, directement produit à la ferme. À retrouver sur les marchés de Saint-Maximin le mercredi matin.

LE MOULIN DE CALLAS

Quartier Les Ferrages - **CALLAS**
✆ 04 94 39 03 20
www.moulindecallas.com
Ouvert du mardi au samedi de 10h à 12h et de 15h à 19h. Entrée gratuite. Groupe : sur réservation.

La famille Berenguier élabore des huiles d'olive de choix : la cuvée familiale « Cœur de Culture » maintes fois récompensée à Paris au concours général agricole, une huile monovariétale Ribier (appelé également Plant de Callas, emblématique du bassin). Le savoir-faire se transmet depuis 4 générations pour perpétuer la tradition au pays de l'olivier, toujours dans le respect du terroir et de l'environnement. Des arômes, des senteurs et des couleurs à découvrir dans la boutique ouverte toute l'année ainsi qu'une vidéo sur les différentes étapes de la fabrication.

LA FERME ALLEXANDRE

RD 562 - **CALLIAN**
✆ 04 94 47 72 75
www.ferme-allexandre.com
Ouvert du mardi au samedi de 8h30 à 12h30, du jeudi au samedi de 15h à 19h, et tous les jours en décembre (8h30-19h).

Depuis 1990, cette exploitation familiale de canards gras se consacre à la production artisanale et familiale de foie gras de canard et de toute la gamme issue de ce palmipède, en conserves et produits frais. En vente directe à la ferme, vous retrouverez ici pâté de canard aux cèpes, rillettes de canard, magrets salés, séchés, magrets frais, gésiers confits, raviolis au canard, foie gras de canard entier mi-cuit, foie cru, poulets de grain, pintades, chapons, ainsi que quelques pâtés et plats cuisinés : cassoulet de canard, cou de canard farci au foie gras.

HAMEAU DES VIGNERONS DE CARCES

66, avenue Ferrandin - **CARCÈS**
✆ 04 94 04 50 04
www.hameaudecarces.com/
Du lundi au samedi 9h à 12h et 14h à 18h. Haute saison : du lundi au samedi 9h à 13h et 15h à 19h ; dimanche 9h à 13h.

Créé en 1910, le Hameau des Vignerons se présente comme la troisième cave coopérative du Var avec quelque 600 ha de vignes, dont pas moins de 460 en AOC côtes-de-provence et quelque 200 ha en vin de Pays. Une gamme de vins aromatiques, dans les trois couleurs (blanc, rosé, rouge), révèle une grande richesse de saveurs. La Boutique du Hameau accueille le public pour dégustation et vente de vin. Idéal pour s'initier aux vins du secteur !

DOMAINE LE GRAND CROS

RD 13
CARNOULES
✆ 04 98 01 80 08
www.grandcros.fr
Basse saison : ouvert du lundi au vendredi de 9h à 18h. Haute saison : du lundi au samedi de 9h à 18h.

Voilà un domaine familial d'un peu moins de 25 ha, tout d'un seul tenant, où la famille Faulkner produit des vins dans les trois couleurs, mais aussi un rosé mousseux, selon une méthode traditionnelle. Situé au pied du massif des Maures, le vignoble côtoie pins, oliviers et restanques, et en son cœur se dresse un authentique mas provençal. À la vente, une agréable palette en blanc, rosé et rouge, qui exploite pleinement le potentiel du terroir. Un grand palmarès de médailles pour des vins aux saveurs agréables.

FERME FROMAGÈRE LA PASTOURELLE

Le Plan
CHÂTEAUDOUBLE
✆ 04 94 70 90 00
www.la-pastourelle.wifeo.com
Bergerie et fromagerie ouvertes tous les jours de 8h30 à 13h et de 15h à 19h.

Catherine Fleury vous invite à la découverte de son exploitation. Vous pourrez contempler les chèvres, assister à la traite, à la fabrication des fromages… Et bien entendu de déguster les produits de la ferme, tourtes salées ou sucrées, fromages, accompagnés d'une boisson. Vente de 19 variétés de fromages fermiers à la ferme : fromages au lait de chèvre, tommes, truffettes, aux herbes, pâtes molles, mais aussi fromages au lait de vache ou au lait de brebis.

TERRES DES NUS

Quartier le Plan
CHÂTEAUDOUBLE
✆ 06 08 04 51 25
Sur rendez-vous.

Photographe diplômé, Bruno Debon a choisi de réaliser son rêve en devenant agriculteur bio il y a une dizaine d'années, et aujourd'hui viticulteur. Devant sa maison située au fond d'un canyon calcaire proche des gorges de Chateaudouble, il commence par planter 2 500 pommiers de six variétés, dont il vend la production sur les marchés voisins et dans les AMAP locales. Il a ensuite réhabilité ses 2 ha de vieilles vignes aux 5 cépages, pour produire un vin vigneron très personnel, bio bien sûr et sans intrants. Un domaine encore confidentiel et des vins coup de cœur.

DOMAINE DE LA CONDAMINE

4205, chemin de la Condamine
COTIGNAC
✆ 04 94 04 60 26

Sur sa propriété familiale de Cotignac, sur laquelle est également implanté un vignoble d'environ trois hectares, Christian Berton produit une huile dite fruité noir (« goût à l'ancienne ») qu'il tire des 800 arbres plantés sur 1,5 hectare, sans irrigation. Bouteillan, aglandau et cayon sont les variétés qui donneront les 1 000 litres obtenus après trituration au moulin de la La Londe-les-Maures. Récompensé à de multiples reprises, l'oléiculteur fait notamment vendre une part de sa production à Ramatuelle, non loin de Saint-Tropez.

MIELLERIE MANDARD

Chemin de Saint-Michel
DRAGUIGNAN
✆ 04 94 68 05 10
www.mielmandard.com

Visite possible de la miellerie sur réservation préalable. Vente sur place et en ligne.

Installé depuis 1983, Jean-Philippe Mandard vit pleinement sa passion d'apiculteur et vous la fait partager en vous faisant visiter sa miellerie (sur rendez-vous). Sa production artisanale est riche de nombreuses variétés dont deux Label Rouge lavande et Provence toutes fleurs, mais aussi romarin, châtaigniers, Alpes toutes fleurs, tilleul, bruyère blanche, acacia, forêt, sapin, sans oublier le pollen. Des miels dont la qualité est l'aboutissement d'un savoir-faire artisanal hérité de la transmission de plusieurs générations d'apiculteurs.

LES RUCHERS DU BESSILLON

3252, route d'Entrecasteaux
COTIGNAC
✆ 04 94 04 60 39
www.lesruchersdubessillon.com

Haute saison : ouvert du mardi au dimanche de 10h à 12h45 ; le vendredi et le samedi de 16h à 18h30.

Cette affaire de famille continue à produire une dizaine de miels différents (l'arrière-grand-père récoltait déjà le miel en 1890 !), acacia, bruyère, châtaignier, lavande, montagne, Provence, romarin, sapin, thym, tilleul, toutes fleurs, arbousier, tournesol, de la gelée royale, de la propolis, du pollen, et propose à la boutique de nombreux produits dérivés, hydromel, barres de nougats, pâtisserie, savons... Avis aux gourmands ! À noter enfin que Fabienne et Vincent gèrent aussi sur l'exploitation et la location des gîtes Apigîtes.

MOULIN À HUILE DU FLAYOSQUET

1227, chemin de Coulombe
RD 57
DRAGUIGNAN
✆ 04 94 70 41 45

Haute saison : du lundi au samedi de 9h30 à 12h30 et de 14h30 à 19h. Visite guidée gratuite.

C'est le plus vieux moulin de France encore en activité. Datant du XIIIe siècle, il est aujourd'hui tenu par Max Doleatto, représentant la 5e génération de la famille. Sept huiles différentes sont produites à partir d'olives mûres, stockées pendant 4 à 6 jours. La « tradition » est un assemblage classique dans lequel domine la variété cayet roux. « L'authentique », en revanche, est une huile singulière, recueillie directement à la sortie de la meule. Passez goûter !

MOULIN DES CINQ PONTS

Quartier Saint-Pierre
CUERS
✆ 04 94 48 64 70
www.moulindescinqponts.fr

Ouvert de mars à octobre le jeudi matin de 9h à 12h. Parking. 20 € / litre.

Cette coopérative oléicole, fondée en 1920 sous le nom de La Laborieuse, est appelée aujourd'hui Moulin des Cinq Ponts, en référence à l'aqueduc qui est situé juste à proximité. Elle produit de l'huile d'olive du Var (avec les variétés locales cayon de Cuers, bouteillan, brun et picholine), une huile vierge extra catégorie fruité mûr. Sa grande particularité ? Elle a été obtenue après dénoyautage des olives... et oui ! Le Moulin des Cinq Ponts propose également des dérivés de l'olive comme des olives en saumure et pâte d'olives en conserve.

LE MAGALI MOULIN À HUILE

1244, rue du Malbousquet
FRÉJUS
✆ 04 94 40 85 33

Ouvert du lundi au samedi de 14h à 18h, sauf jours fériés. Visite guidée possible sur rendez-vous. Dégustation gratuite.

Voilà plus de 10 ans que Magali Lovera a ouvert, avec son père Roger, ce moulin en chaîne continue, aujourd'hui le dernier encore en activité à Fréjus. Lui, s'occupe essentiellement de la partie technique avec l'entretien des 2 500 oliviers, elle, s'affaire dans la boutique où elle vous expliquera les différents types d'huile proposés (au moins quatre en fruité vert et fruité mûr) et vous fera goûter maints produits dérivés : tapenades, crème d'olives, pastinades... Vous y trouverez aussi apéritifs, savons, crèmes et fabrications artisanales provençales.

DOMAINE LA ROUILLÈRE

Route de Ramatuelle - **GASSIN** ✆ 04 94 55 72 60
https://www.domainelarouillere.com
Ouvert toute l'année et les week-ends d'avril à octobre. Parking. Dégustation gratuite. Visite domaine sur rendez-vous.

Ce grand domaine de l'appellation Côtes-de-Provence crée en 1900 renaît de ses cendres en 1998, et s'étend sur 130 hectares entre Gassin et Ramatuelle. Son authentique bastide est nichée au cœur de 45 hectares de vignes répartis sur la presqu'île de Saint-Tropez. Le respect des pratiques traditionnelles est depuis toujours une des valeurs fondamentales. Cette culture de la tradition est alliée aujourd'hui à la modernité de la cave et la qualité des cépages. Une boutique d'été vous accueille à l'entrée du domaine pour découvrir et déguster ses cuvées. À découvrir.

FROMAGERIE DU JAS DE CLARE

4203, chemin de Cuges - **LA CADIÈRE-D'AZUR**
✆ 04 94 90 09 40
www.fromagerie-cadiere-azur.fr
Visite de 16h à 18h mercredi, vendredi, week-end. De mi-mars à mi-octobre, traite à 17h et dégustation de lait.

La famille Magnaldi possède un troupeau d'environ 150 chèvres et produit entre autres, des tommes, de la crème fraîche et même du beurre à certaines saisons. De délicieux fromages à retrouver sur les marchés de Saint-Cyr-sur-Mer, La Cadière-d'Azur et Sanary : c'est Christine que vous rencontrerez sans doute. La ferme est ouverte à la visite quelques jours par semaine et en saison, on peut même déguster du bon lait à peine sorti du pis. Chaudement recommandé !

LE MOULIN DE SAINT-CÔME

Quartier de Saint Come
LA CADIÈRE-D'AZUR
✆ 04 94 90 11 51
www.moulindesaintcome.fr
Haute saison : du lundi au samedi de 9h à 12h et de 14h30 à 19h ; le dimanche de 14h30 à 19h.

Le moulin de Saint-Côme propose de l'huile d'olive vierge extra, de France et d'ailleurs, des savons à l'ancienne en pur végétal, cuits en chaudron, toutes les spécialités régionales salées et sucrées, traditionnelles et créatives, ainsi que divers produits régionaux tels que nappes provençales, ustensiles en bois d'olivier, confitures, pour n'en citer que quelques-uns. Le moulin, attenant à la boutique, équipé depuis 1990 d'une chaîne d'extraction continue, traite chaque année environ 120 tonnes d'olives et se visite gratuitement.

VIEUX MOULIN À HUILE DU PARTEGAL

159, chemin des Laures - **LA FARLÈDE**
✆ 04 94 48 48 85
http://moulindupartegal.fr
Fév., mars, oct. et nov : 9h-12h et 14h-18h (sauf dimanche). D'avr. à sept : tous les jours 9h-12h30 et 14h-18h30.

Dans ce moulin à huile du XIVe siècle toujours en activité, vous découvrirez une meule en pierre entraînée par des engrenages en bois qui tourne dans sa « mare », des bassins de décantation, ainsi que des outils anciens, toujours utilisés. La visite guidée et sa dégustation (gratuites) vous apprendront à reconnaître les saveurs, arômes et odeurs des huiles de Provence. La boutique vous permet de découvrir un grand choix d'huiles d'olives artisanales et de produits du moulin.

CHÂTEAU VERT

Avenue Georges-Clemenceau
LA LONDE-LES-MAURES ✆ 04 94 66 80 59
www.chateau-vert.com
Ouvert le dimanche en juillet et août, de 10h à 13h. Parking. Visite du domaine et de la cave sur rendez-vous.

Rachetée par la famille Ghigo en 2010 (déjà propriétaire du Château Peigros à Pierrefeu du Var), cette propriété du XVIIe siècle s'étend sur 34 hectares et se compose de deux terroirs de prédilection pour la culture de la vigne. L'un sur la frange littorale, dont certaines parcelles sont classées en AOP Côtes de Provence La Londe, et l'autre proche de la rivière Maravenne, composé d'alluvions et de sable, et duquel est issu un vin IGP des Maures nommé la Sabine. Aujourd'hui, l'ensemble du domaine est conduit en agriculture biologique.

DOMAINE DU JASSON

680, RD 88 - **LA LONDE-LES-MAURES**
✆ 04 94 66 90 26
www.domaine-du-jasson.com
Juin à septembre : lundi-samedi 9h-12h/15h-19h. Le reste de l'année : lundi-vendredi 9h-12h/14h-18h, samedi 9h-12h.

Propriété familiale au passé oléicole depuis 1867, le domaine du Jasson bénéficie d'un microclimat propice à la culture de l'olivier. Les olives sont triturées directement dans le moulin du domaine. Trois huiles sont proposées : un assemblage estampillée AOC Provence en fruité vert, et deux monovariétales (bouteillan et cayon). Le domaine propose également des « agrulives », huiles obtenues à partir de ses olives et de ses agrumes (clémentine, kumquatou lime de Tahiti). L'occasion aussi d'admirer une magnifique vue des îles de Porquerolles et Port-Cros.

DOMAINES OTT - CLOS MIREILLE

Route du Fort-de-Brégançon
LA LONDE-LES-MAURES
✆ 04 94 01 53 55
www.domaines-ott.com
De mai à septembre inclus et jours fériés, ouvert du lundi au samedi : 10h-13h et 14h-19h. Hors saison : se renseigner.

Acquis en 1936 par Marcel Ott, le Clos Mireille bénéficie d'une situation géographique face à la mer propice à la naissance de vins subtils et singuliers. Le Blanc rivalise avec les meilleures cuvées nationales, alors que le rosé 2020 demeure une référence internationale. Sur place, vous aurez le loisir de découvrir les vins des deux autres propriétés des Domaines Ott* : le Château de Selle à Taradeau (AOC Côtes de Provence) et le Château Romassan au Castellet (AOC Bandol).

MUSÉE VIVANT DES AUTOMATES VIGNERONS

Route Valcros - **LA LONDE-LES-MAURES**
✆ 04 94 66 80 20
www.maravenne.com
Ouvert toute l'année. Sur réservation uniquement. Dégustation spéciale offerte au caveau. 13 €/adulte.

Au sein du Château Maravenne, qui déjà à lui seul mérite le détour, bienvenue au musée vivant des automates vignerons ! Au fil de votre visite, pas moins de 50 personnages et animaux défilent devant vos yeux de façon totalement automatisée, pour retracer dans un décor réaliste et grandeur nature le quotidien d'une famille vigneronne dans les années 1920. Un voyage dans le temps qui captivera petits et grands, et qui s'achève automatiquement par une dégustation !

LOU REDOUN

2497, route des lacs - **LA VERDIÈRE**
✆ 06 03 57 69 06
www.moulinlouredoun.fr
Ouvert mercredi et samedi de 9h à 12h et de 14h à 18h et du mardi et samedi de 9h à 12h et 15h à 19h en juillet-août.

Jean-Luc Trouillot est un paysan de nature. Aujourd'hui, il est déjà à la tête d'une belle exploitation et multiplie les activités : marché, transhumance, production de lavandes, de vins et... oléiculture. Avec ses 2 000 oliviers en agriculture bio (en majorité de l'aglandau), il récolte près d'une quinzaine de tonnes d'olives qu'il triture dans son moulin en chaîne continue. Il réalise ainsi une huile en fruité vert, mûr et noir ainsi que des huiles aromatisées au citron ou à la sauge. N'hésitez pas à lui rendre visite, il prendra le temps de vous accueillir.

ZOOPARC DU CANNET DES MAURES

268, chemin Sainte-Maïsse
LE CANNET-DES-MAURES
✆ 04 94 73 48 80
www.zoo-cannet.com
Haute saison ouvert tous les jours de 10h à 19h. Adulte : 8,50 €. Enfant de 3 à 12 ans : 6,50 €.

Ce conservatoire varois des animaux de basse-cour est devenu un vrai petit zoo de 4 hectares de plantes endémiques, déployés dans le massif des Maures, contribuant à la reproduction d'espèces en voie d'extinction. Ce sont aussi de vastes étendues où vivent buffles d'eau, yacks tibétains, watusis, chevaux tarpan, lamas et alpagas... Il abrite aussi une volière d'immersion avec plus de 500 superbes oiseaux. Les petits apprécieront la mini-ferme de plus de 150 races anciennes, s'amuseront à voir les cochons laineux prendre leur bain de boue, les facéties des chèvres, et surtout accéder au parc aux caresses, avec les cochons d'Inde et les furets. Vous craquerez devant les petits paonneaux se baladant librement dans les allées du parc avec leur mère. Vous pourrez assister au goûter des buffles d'eau asiatiques. Passez aussi par le nocturarium, observez ces étonnants spécimens méconnus. Des visites guidées sont organisées pour les groupes et les scolaires, avec des ateliers pédagogiques adaptés selon l'âge. Vous verrez aussi une yourte mongole, dans laquelle on trouve plusieurs lits servant de sièges pendant la journée, armoire, commode, une table basse où est posée la nourriture. Ils organisent tout un tas d'animations pour Halloween, atelier maquillage, sculpture sur citrouille, nourrissage et goûter des animaux, balade à poney... A disposition, une aire de pique-nique ombragée et une aire de jeux avec structures gonflables pour les enfants.

MIELLERIE DE L'ORATOIRE

987, chemin de l'Estagnol - **LE CASTELLET**
✆ 04 94 32 65 78
www.miel2lor.com
Ouvert mardi, jeudi, vendredi et dimanche de 15h30 à 18h30 ; mercredi et samedi de 10h30 à 12h30 et de 15h30 à 18h30.

Une miellerie familiale établie ici en 1972 par Eliane et Jean-Louis Paxé, et gérée aujourd'hui par Olivier, le fils et son épouse Virginie. Apiculteurs passionnés, ils font partager à leurs visiteurs leur amour des abeilles, des ruches, et de leur délicieux métier. Renseignez-vous si vous souhaitez visiter leur exploitation ; en attendant, leur boutique présente miels, pollen frais et gelée royale, pâtisseries et confiseries, bougies, savons, vinaigre de miel et plein d'idées pour des cadeaux 100 % locaux. Une belle adresse gourmande !

DOMAINE DE L'ANGLADE

Avenue Vincent-Auriol - **LE LAVANDOU**
✆ 04 94 71 10 89
www.domainedelanglade.fr
Hors saison se renseigner. En juillet-août, ouvert du lundi au vendredi de 9h à 13h et de 16h à 19h30 et dimanche matin.

Voici l'unique exploitation viticole au cœur du Lavandou, propriété depuis 1925 de la famille Van Doren, célèbre pour la fabrication de anches pour clarinettes et saxophones. Le domaine de 40 ha dont 19 de vignes est harmonieusement intégré dans un véritable écrin de verdure en bord de mer, où la vigne est protégée du marin par de jolis roseaux. Sur rendez-vous, vous pourrez réserver une visite complète qui comprend un tour dans les vignes à pied. À l'entrée du domaine, vous profiterez de la boutique pour faire vos emplettes d'un vin de renom.

CHÂTEAU DEMONPÈRE

Route des Mayons - **LE LUC** ✆ 04 94 60 07 78
www.chateau.demonpere.com
Ouvert du lundi au samedi (horaires variables selon la saison). Dégustation gratuite. Visite du domaine sur rendez-vous.

« Je suis venu ici pour cultiver l'AUTHENTIQUE... » écrivait Marcel Pagnol ; un slogan parfait ! La propriété de 144 ha dont 32 de vignes, 17 d'oliveraie et 95 de forêt méditerranéenne, est située dans la plaine des Maures, sur un site protégé pour sa faune et sa flore exceptionnelles. Une bergerie du XVe siècle transformée en chai, qui constitue désormais le caveau de vente. Le domaine produit des vins certifiés Bio depuis 2015 en AOP Côtes de Provence et Côtes de Provence Notre-Dame des Anges, dans la lignée de ses huiles d'olive certifiées Bio depuis l'origine.

MOULIN DE L'ESQUIROL

1227, avenue Ganzin
LE PRADET
✆ 04 94 08 28 20
www.moulinesquirol-oliveraie.com
Ouvert tous les jours de 9h à 12h et de 14h30 à 19h.

Autour d'une ancienne bâtisse du XVIIe siècle, la famille Martini cultive 2 000 arbres dont certains ont résisté au gel de 1956. Cultivées en agriculture raisonnée, les parcelles sont enherbées avec une récolte entièrement à la main ou à l'aide de peignes. Les olives sont portées au moulin, le bien nommé l'Esquirol du provençal *esquiraù*, écureuil, car il n'est pas rare d'en voir sur la propriété ! Ce moulin produit une huile AOC Provence, une huile d'olive de France ainsi que des olives de table, vertes ou noires, et des pâtes d'olives.

LES RUCHERS DES MAURES

Quartier les Jardins
LES MAYONS
✆ 04 98 11 49 52
www.rucherdesmaures.byethost22.com
Pas d'heures d'ouverture fixes. Merci de téléphoner à l'avance.

Marc Lamoine et Monique Ksourah vous accueillent dans leur miellerie tout au long de l'année. En vente, le produit de leurs ruches avec neuf variétés de miels différentes, dont cinq miels monofloraux rares et de faible production. Parmi les autres produits gourmands, on retrouve aussi du nougat noir, du pain d'épice pur miel, ou encore de la confiture de châtaignes du massif des Maures, élaborée d'après une recette locale avec les meilleurs fruits du massif des Maures. Vous pouvez également retrouver tous ses produits sur les marchés alentours.

MOULIN COMMUNAL DE MAZAUGUES

Mairie de Mazaugues
MAZAUGUES
✆ 04 94 86 97 70

Ce moulin à l'ancienne, avec sa presse à eau, triture environ 30 tonnes d'olives par an. Ouvert de début décembre à mi-janvier, on vient apporter ses fruits sur rendez-vous et on repart directement avec son huile. D'ailleurs, avec un apport de 80 kg, vous repartirez avec votre propre cuvée. C'est ce qui fait le succès de ce petit moulin qui appartient à la mairie depuis les années 1930. Il faut dire également que c'est le seul du village et des communes alentour.

AMAP DES OLIVADES

257, chemin de la Petite Garenne
OLLIOULES
✆ 04 94 30 03 13
www.olivades.com
Ouvert le lundi, le mercredi et le vendredi.

Envie de fruits et légumes d'ici et de saison ? Denise et Daniel Vuillon, à l'initiative de la 1re Association pour le Maintien de l'Agriculture Paysanne en France, accompagnent tous les producteurs des premières AMAP de PACA et de nombreuses régions. Vous vous engagerez dans une démarche durable en y achetant vos paniers de fruits et légumes sur une période (se renseigner). Pour concocter vos recettes, n'oubliez pas de jeter un œil au blog recettes du jardin, où vous trouverez de bonnes idées culinaires pour faire de votre panier un festin !

DOMAINE SACARON

RN 7
POURRIÈRES
✆ 04 94 78 58 66
Ouvert du lundi au samedi.

C'est dans un domaine qui qui s'étend sur 47 ha au pied de la Sainte-Victoire entre Puyloubier (Bouches-du-Rhône) et Pourrières, que la famille Decomis cultive la vigne et l'olivier. Avec ses 2 200 arbres, elle fait presser dans un moulin moderne une huile d'assemblage (aglandau, bouteillant, cayon et picholine) en fruité vert et fruité mûr. Cette huile n'est pas filtrée et garde toute son onctuosité. Vous la trouverez directement au domaine, où, en été, et ce deux fois par semaine, une soupe au pistou à déguster est proposée par Michèle Decomis.

DOMAINE SAINT-HUBERT

rd 6
POURRIÈRES
✆ 04 94 59 32 41
www.domaine-saint-hubert.fr/
Ouvert du lundi au samedi.

40 ha de vignes occupent la majeure partie du temps d'Alain Tabani. Mais il prend également grand soin des 900 oliviers. D'ailleurs, il ne fait aucun traitement chimique, et les nourrit au fumier. Du bio sans l'appellation en somme. Issues des variétés aglandau, salonenque et bouteillan, les olives sont triturées au moulin de Saint-Zacharie. Son huile est un assemblage de ces trois variétés, en fruité vert, et bénéficie de l'appellation AOP Aix-en-Provence. Vous la trouverez au domaine. Mais attention, les 1 200 litres produits sont souvent vendus dans les 6 mois.

CUEILLETTE DU ROCHER

Avenue Gabriel-Péri - CD 7
ROQUEBRUNE-SUR-ARGENS ✆ 04 94 45 57 90
www.fermedurocher.com
D'avril à juin et septembre et octobre, ouvert vendredi, samedi, dimanche, juillet et août, ouvert tous les jours.

Depuis plus de 15 ans, la première libre-cueillette dans le Sud-Est, vous invite à ramasser vous-même vos fruits et légumes. Choisissez vous-même vos produits préférés au fil des saisons et si vous n'avez pas le courage de vous baisser, vous trouverez aussi dans la boutique, les produits du jardin déjà cueillis. Vous trouverez en permanence du thym, de la sauge, de la sarriette, du romarin, de la menthe verte, de la marjolaine, du laurier, de l'estragon, de la ciboulette et suivant la saison, haricots verts, céleri branche, concombre, courgettes, tomates, salades.

MOULIN À HUILE LE CLOS SAINT-MARTIN

170, chemin rural du Ressard
ROQUEBRUNE-SUR-ARGENS ✆ 04 94 45 72 91
www.moulinleclossaintmartin.com
Ouvert toute l'année. Visite du moulin en juillet et août, à 10h30 du mardi au vendredi. Dégustation gratuite. Parking.

Plantés il y a une quinzaine d'années, les 2 500 arbres d'Éric et Sandrine Gayol sont issus des variétés ribier, bouteillan, aglandau, cailletier, cayet roux et picholine. Quatre huiles sont vendues au domaine : une AOC Provence, un assemblage en fruité vert, une mono-variétale de picholine en fruité vert et une mono-variétale de cailletier en fruité mûr. Le moulin est également ouvert aux particuliers qui peuvent repartir avec leur propre huile à partir de 200 kg.

RUCHER DE LA BOUVERIE

Avenue des Grands-Pins-Parasols
ROQUEBRUNE-SUR-ARGENS ✆ 04 94 40 01 69
www.rucherdelabouverie.com
Ouvert toute l'année le lundi et du mercredi au samedi 10h à 12h et 15h à 18h. Vente directe. Dégustation. Parking.

La famille Laponche est dans l'apiculture depuis 1925. Aujourd'hui, c'est François Laponche, la quatrième génération, qui poursuit la belle tradition apicole de la famille. Comme ses aïeux, il pratique chaque année les grandes transhumances entre Roquebrune-sur-Argens, le massif des Maures et la Haute-Provence. Cette récolte naturelle est ensuite centrifugée de manière traditionnelle et mis en pots dans les ateliers du Rucher de la Bouverie. Les miels, plus de dix variétés, peuvent être dégustés sur place, ou achetés sur de nombreux marchés de la région.

LE SENTIER DES VIGNES ★

SAINT-CYR-SUR-MER
Durée : 1h-1h30.

La région de Bandol compte plusieurs sentiers de randonnée, dont le sentier des vignes. Labellisé « sentier varois de qualité » en 2014, ce circuit à thème permet de découvrir, tour à tour, à travers sept tables explicatives, la Bastide de la Nartette, le vignoble AOC Bandol, la pelouse à orchidées, la dune éolienne plaquée, plus connue de tous sous le nom de « colline de sable », l'olivier, les cultures traditionnelles, les paysages et la géologie du secteur. Prévoir une heure à une heure et demie pour parcourir tranquillement ces 2 kilomètres de découverte.

DOMAINE STALENQ

543, route de Fayence - **SEILLANS**
✆ 06 51 88 75 17
www.domainestalenq.fr
Ouvert vendredi et samedi hors saison (10h-18h), et du lundi au samedi en été (10h-19h). Dégustation et explications.

Chez les Stalenq, les oliviers, c'est une histoire de famille depuis... 1593 ! Aujourd'hui, c'est Gilles Stalenq qui en est aux commandes. « Je n'utilise aucun désherbant chimique, je traite au cuivre deux fois par an et l'engrais provient de mes trois ânes et cinq chevaux. Je veux que mes sols vivent ! ». Une éthique qui se retrouve à la dégustation : ses deux huiles (un fruité vert très intense de picholine et petit ribier) et un fruité mûr d'araban (une variété endémique de Seillans) et de cailletier sont régulièrement primées.

MOULIN À HUILE COMMUNAL DE SEILLANS

Quartier La Fabrique - **SEILLANS**
✆ 04 94 76 85 11
www.seillans.fr
Ouvert de fin octobre à mi-janvier. Visites sur rendez-vous.

De tous les moulins du village, c'est le seul qui soit encore en activité. Propriété de la commune depuis les années 1830, il a fait peau neuve il y a une dizaine d'années. La mairie a souhaité garder un système « à l'ancienne » avec la meule et les scourtins. Ici, on n'est pas très regardant sur la quantité : avec 10 kg d'olives, on peut repartir avec sa bouteille d'huile ! Il se visite sur rendez-vous et pendant la Fête de l'olive, organisée tous les derniers dimanches de novembre.

LES CONFIOTES DE MAMIE

Le Pont Neuf
SOLLIÈS-PONT
✆ 04 94 28 84 25
http://lesconfiotesdemamie.free.fr
Ouvert toute l'année sur rendez-vous.

Sans aucun doute, voilà un endroit où les gourmands peuvent se rendre les yeux fermés et sans hésiter. Artisan confiturier, Marcelle Baux propose de vous faire découvrir une palette de confitures originales et variées, réalisées dans des chaudrons de cuivre à partir de produits frais du terroir et aux saveurs du temps passé, mais également différents produits régionaux issus de la fabrication artisanale de confitures pour accompagner vos repas, vinaigres aromatisés, chutneys, confiture d'olives noires et vertes, confiture de poivrons...

FERME DE BELVESET

1800, chemin de Belveset
TARADEAU
✆ 04 94 73 67 52
Ouvert tous les jours de 9h à 12h. Ouvert du 1er février au 30 novembre. Parking.

Connus pour leur qualité, les fromages de Florence et Philippe Bertin sont présents sur les meilleures tables de la région. Ils élèvent vaches et chèvres sur les collines de Taradeau et fabriquent leurs excellents fromages dont la réputation n'est plus à faire. Frais, crémeux, en brique, crottin, cendré, parfumé, leur camembert de chèvre s'arrache, tout comme leur goûteuse tomme vieillie six mois en cave. A découvrir dans leur mas provençal du XVIIe siècle, niché sur les hauteurs du village ou sur les marchés de Draguignan et de Lorgues.

MOULIN COMMUNAL DE TOURTOUR

Mairie de Tourtour
TOURTOUR
✆ 04 94 70 54 74
Il ouvre ses portes vers le 15 Décembre pour 1 ou 2 mois en fonction de l'importance de la récolte.

Ce sont les habitants du village qui l'ont construit au XVIIe siècle. Autant dire que le moulin communal fait partie intégrante du patrimoine et de l'histoire du village. Il a d'ailleurs été si bien préservé qu'il n'a pratiquement pas évolué. La presse se fait toujours manuellement : deux costauds tournent un gros bâton pour presser l'huile des scourtins. Un spectacle à ne pas manquer entre décembre et janvier, et lors de la Fête de l'huile nouvelle.

DOMAINE DES FÉRAUD

3590, route de Saint Tropez (D48)
VIDAUBAN
✆ 04 94 73 03 12
www.domainedesferaud.com
Ouvert du lundi au samedi de 10h à 18h.

Ancien trompettiste, le propriétaire Marcus Conrad, a choisi l'œnologue Jérôme Dufour pour l'accompagner et créer de superbes cuvées AOP Cotes de Provence et IGP Pays des Maures dans les 3 couleurs. Il vinifie aussi 2 cuvées de vins Nature sans intrant, en rouge et rosé. Des cuvées très réussies, déjà repérés par les journalistes spécialisés et guides de vins. Sur le domaine, un sentier Nature et vigneron serpente à travers bois et vignes, proposant de découvrir la riche faune et flore des lieux en une très jolie balade à l'ombre des immenses pins parasols.

LE PORC DU MONT VENTOUX

AUREL

✆ 04 90 64 01 94

Connaissez-vous les caractéristiques de cette appellation ? Le porc du mont Ventoux est élevé en semi-liberté sur le plateau de Sault, entre 800 et 1 000 mètres d'altitude, dans un rayon de 50 km environ. Grâce à une alimentation exclusivement composée de céréales et de légumineuses et à un environnement préservé et naturel, il produit une viande savoureuse. Le climat et le savoir-faire des éleveurs ont fait la renommée de sa charcuterie depuis plus d'un siècle. Peu de producteurs peuvent aujourd'hui revendiquer cette appellation.

MOULIN À HUILE LA BALMÉENNE

82, avenue Jules-Ferry - **BEAUMES-DE-VENISE**

✆ 04 90 62 93 77

www.labalmeenne.fr

Boutique du 1er avril à septembre du lundi au samedi de 10h à 13h et de 15h à 19h. Dimanche et fériés. Achats en ligne.

Avec 650 oléiculteurs qui livrent en moyenne de 300 à 400 tonnes d'olives (les bonnes années !) provenant exclusivement du Vaucluse pour une production annuelle de 60 à 100 000 litres d'huile d'olive vierge extra, le moulin à huile de la Balméenne est incontournable dans la région. Créée en 1925 la coopérative s'est évidemment modernisée mais le savoir-faire reste le même. Vous trouverez deux huiles à la boutique : une huile d'olive réalisée avec la verdale et l'AOC Provence.

FERME DE LA REBOULE

1250, chemin de la Barthelasse

AVIGNON

✆ 06 71 08 28 15

Ouvert du lundi au samedi de 10h à 12h15 et de 16h à 19h30. Pensez à téléphoner pour vérifier.

A 5 minutes du centre-ville, en face d'Avignon et dans le cadre champêtre et enchanteur de l'Ile de la Barthelasse avec une vue sublime sur le rocher des Doms et le pont d'Avignon, la ferme de Bernard Cappeau vous propose tout au long de l'année des produits de saison cultivés sur place. Fraises, abricots, pêches, poires, pommes, melons, prunes. Légumes d'hier et d'aujourd'hui, près d'une dizaine de variétés de tomates, fleurs de courgettes sur demande, et même grâce à quelques accords avec d'autres paysans locaux, œufs, fromages de chèvre…

MOULIN DES TERROIRS DE SAINT-LAURENT

BEAUMONT-DE-PERTUIS

✆ 06 22 97 90 54

www.oliverons.fr

Pas de vente sur place. Vente uniquement en direct en ligne sur leur site internet.

Chantal et Patrick Ochs conjuguent deux savoir-faire : ceux d'oléiculteur et de moulinier. Ecrasées par les meules en granit, les olives sont transformées en trois huiles : La Discrète, une monovariétale de bouteillan ; la Fougueuse, classée depuis 2008 parmi les meilleures huiles d'olive du monde ; et la Précieuse obtenue par l'écrasement des olives. Ce sont les toutes premières gouttes d'huile d'olive obtenues naturellement par écrasement sans aucune pression, une quintessence.

DOMAINE DE DURBAN

2523, route de Durban

BEAUMES-DE-VENISE

✆ 04 90 62 94 26

www.domainedurban.com

Ouvert du lundi au samedi de 9h à 12h et de 14h à 18h30. Fermé les jours fériés.

Le domaine est situé dans un cirque naturel sur les collines ; l'endroit est pittoresque avec vue sur les monts de Beaumes. Entrée dans la famille Leydier en 1967, cette seigneurie daterait de 1050... Il est reconnu pour son muscat riche et élégant. Les vendanges sont effectuées à la main. Ils produisent un vin blanc de pays Chardonnay/Viognier très fruité. On y retrouve la typicité du cépage avec son parfum abricoté ; ou bien une cuvée spéciale 100% Viognier. Leur cru Gigondas et cru Beaumes-de-Venise vieilles vignes sont conseillés pour les repas de gibiers.

LES VIGNERONS DU MONT VENTOUX

620, Route de Carpentras - **BÉDOIN**

✆ 04 90 65 95 72

www.bedoin.com

Ouvert toute l'année. Ouvert 7j/7 de 9h à 12h et de 14h à 18h. Été : du lundi au samedi de 9h à 13h et de 15h à 19h.

Le caveau est une institution qui sait très bien faire la promotion du terroir et de sa typicité. Les ateliers de dégustation promettent de mettre vos sens en éveil. Les balades vigneronnes traversent le village et les vignes. Les plus aventureux choisiront les balades en buggy où les enfants sont acceptés à partir de 11 ans. Les plus petits préféreront celles en calèche. Plus posément, on peut se rendre à la parcelle pédagogique qui est une approche du terrain très intéressante.

AUBERGE DE BRANTES €€

Le Village
BRANTES
✆ 04 75 28 01 68
Bistrot de pays. Fermé le mardi. Réservation recommandée. Menus de 16 à 25 €. Carte : 20 € environ. Accueil de groupes.

C'est un ancien relais de voyageurs situé 200 m au-dessus du petit village de Brantes. Sa terrasse offre un panorama sur le Mont Ventoux. Les amateurs de randonnées pédestres, équestres ou en VTT, font halte dans cette auberge au charme rustique et aux grandes tablées. Côté hébergement, les 7 chambres doubles sont on ne peut plus calmes. Pour l'assiette, une cuisine de spécialités locales avec des produits frais, vous êtes dans un Bistrot de Pays. Yvane vous prépare à la demande des casse-croûtes copieux pour vos randonnées.

BASTIDE DU LAVAL

Route de Cucuron - **CADENET**
✆ 04 90 08 95 80
www.bastidedulaval.com
Ouvert sauf le dimanche 10h-13h et 15h-19h. En janvier, février et mars sur rendez-vous. Boutique, location de gîtes.

Cette bastide tire son nom du ruisseau tout proche qui traverse Cadenet avant de se jeter dans la Durance. Carine et Roland Coupat exploitent 4 000 oliviers sur 15 ha autrefois plantés en vigne. 95 % des arbres sont de variété aglandau. Salonenque et picholine complètent le verger. Le domaine est certifié bio. Soucieux à tous points de vue de la qualité de l'huile qu'ils produisent, ils triturent eux-mêmes leurs olives. Il en résulte un fruité vert ou « goût intense » AOC Provence et un fruité noir tradition aux arômes d'olive noire.

DOMAINE RICHAUD

Route de Rasteau
CAIRANNE
✆ 04 90 30 85 25
Ouvert du lundi au samedi de 9h à 12h et de 14h à 17h30.

Militant de vins sincères, adepte de la vinification douce et résolument contre les méthodes traumatisantes, Marcel Richaud élabore ses vins avec autant de talent que de passion. Des vins de plaisir travaillés dans le plus grand respect. La cuvée phare du domaine demeure L'Ebrescade du nom d'un haut coteau. Ce vin, à la fois élégant, puissant, soyeux, aux arômes de fruits mûrs, de poivre, d'épices s'avère d'un grand potentiel de garde. D'autres cuvées sont disponibles dont une, en clin d'œil à son autre passion, le delta plane : la Terre d'Aigles.

LE MAS DE GOUREDON

1613, route de Beaumes-de-Venise
CAROMB
✆ 06 88 43 77 27
www.lemasdegouredon.fr
100% Bio. Ouvert le mercredi et le samedi de 11h à 12h30.

Installé depuis 2008, sur une petite exploitation traditionnelle du Ventoux, le mas propose de l'huile d'olive. Ils ont remis en culture du safran de Carpentras, oublié depuis plus de 100 ans. Au niveau des récoltes certifiées bio (dates approximatives) du 20/04 au 5/05 ce sera la saison de la fraise, du 15/05 au 01/07 la cerise, du 25/05 au 10/07 l'abricot, le 01/07 et le 20/08 la figue, du 20/08 au 25/09 le raisin et au 25/09 au 15/10 le coing ; idéal pour faire de bonnes confitures ! Alors ? Allez y faire un tour si vous êtes dans le coin.100% biodynamie.

MOULIN À HUILE DU COMTAT - HAUT FRÈRE

108, avenue de la Baisse - **CAROMB**
✆ 04 90 62 42 05
www.moulinducomtat.com
Visite sur rdv lundi. En juillet et août ouvert du lundi au samedi et jours fériés de 9h à 12h et de 15h à 18h.

Les frères Haut exploitent le moulin depuis 4 générations. L'huile d'olive est broyée par des meules en pierre. L'extraction se fait ensuite dans une centrifugeuse horizontale. Le fruité vert est tiré de la variété aglandau, appelée plus communément « verdale de Carpentras » dans ce coin du département. Le moulin du Comtat commercialise l'huile de ses vergers et de quelques oléiculteurs, et propose aux particuliers de triturer par lot, et de repartir ainsi avec sa propre huile.

CLOS SAINT PATRICE

Avenue impériale
CHÂTEAUNEUF-DU-PAPE
✆ 04 90 83 72 22
www.saintpatrice.com
Ouvert tous les jours et les jours fériés.

Cette petite parcelle de galets roulés et de silice d'à peine 2 ha est une pépite au cœur de Châteauneuf-du-Pape. A l'époque, ses vins étaient qualifiés de « grand cru ». Les nouveaux millésimes égalent les vins les plus élégants de l'appellation. Le bâtiment d'origine, de style Art déco, a été restauré et réhabilité pour devenir l'écrin de ces vins d'exception. La boutique bien achalandée et le caveau de dégustation se prolongent par un superbe espace de restauration et une terrasse en surplomb du village et avec la vue sur le château.

LA MIELLERIE DU GRAND LUBERON

Route de Lourmarin - **CUCURON**
✆ 04 90 77 29 70
Vente sur place, sur rendez-vous après appel téléphonique. Présence sur le marché de Cucuron mardi.

Ici, on est apiculteur professionnel depuis 1999. L'élevage de plusieurs centaines de milliers d'abeilles se fait dans 350 ruches qui «abritent» chacune 50 à 80 000 abeilles. Tous les produits sont biologiques : les miels (lavande, romarin, toutes fleurs..) mais aussi le nougat blanc au miel de lavande (avec des amandes de Provence bio), le pain d'épices ou le «saucimiel», un produit maison en forme de saucisson au chocolat au lait ou noir avec des fruits secs. Une belle panoplie.

MOULIN DAUPHIN

Rue du Moulin-à-Huile - **CUCURON**
✆ 04 90 77 26 17
www.moulin-dauphin.com
Ouvert le lundi, le mardi et du jeudi au samedi de 9h30 à 12h et de 15h à 18h. Moulin et boutique avec dégustation.

Moulinier depuis 1923, et oléiculteur depuis toujours dans ce village surnommé à juste titre « Cucuron des Olivettes », la famille Dauphin-Gasquet (Céline et Stéphane) vous accueille dans leur moulin à huile troglodyte. Niché dans une grotte des remparts de Cucuron, ce moulin qui vaut la visite fonctionne depuis le XIIe siècle. 230 tonnes d'olives en moyenne (des variétés locales aglandau, typiques du sud Luberon, bouteillan, cayon, et picholine), y sont triturées pour donner une huile vierge extra, caractérisée par un nez intense aux notes d'artichaut cru.

MOULIN ET DOMAINE OLIVERSION

833, Chemin de Galon - **CUCURON**
✆ 04 90 08 90 01
domaineoliversion.fr
De mars à juin : mardi, jeudi, vendredi et samedi de 10h à 12h et de 15h à 18h. Juillet et août : 10h-12h et 16h-19h.

C'est une histoire de famille depuis 4 générations. Les propriétaires bichonnent 12 ha certifiés en agriculture bio dont ils tirent une huile AOC Provence. Vous la trouverez à la boutique du domaine, dans de jolis flacons, fruitée ou aromatisée (citron, truffe, basilic, piment d'Espelette), aux côtés des tapenades vertes et noires. Et comme les bienfaits de l'huile d'olive sont multiples. Prenez le temps de découvrir les autres produits de ce moulin où sont cultivées des céréales.

MAISON OCTAVE

Quartier Fournigon - **GARGAS**
✆ 04 90 04 61 21
www.confitures-octave.fr
Ouvert le lundi, le mardi, le jeudi et le vendredi de 8h à 12h et de 14h à 17h. Route de Murs-Roussillon.

« Notre confiture, on ne la tartine pas, on la mange à la cuillère ! ». A la Maison Octave, les confitures sont faites à l'ancienne, dans de gros chaudrons de cuivre. Un savoir-faire qui a valu à José-Christophe Fernandez le titre de meilleur confiturier de France. Pas moins de quinze variétés sont proposées dont le fameux abricot rosé de Provence. On peut aussi déguster de sublimes marmelades orange-citron, et des abricots confits en période de fêtes, à Noël et à Pâques. Et attention, la boutique ferme à 17h, ce serait dommage de trouver porte close.

GABRIEL MEFFRE

Caveau au Domaine de Longue Toque - **GIGONDAS**
✆ 04 90 12 30 21
www.gabriel-meffre.fr
Hors saison du mardi au samedi 10h-12h30 et 14h30-18h. Haute saison du lundi au samedi 10h-12h30 et 13h30-19h. Ateliers dégustation.

La maison Gabriel Meffre est devenue un acteur régional leader dans la production et la commercialisation en vins fins de la Vallée du Rhône, de la Provence. Négociant éleveur, la maison Gabriel Meffre est aussi propriétaire du Domaine de Longue Toque à Gigondas (et gère aussi le Château Grand Escalion en Costières de Nîmes). Le Domaine est certifié depuis 2020, les vins se déclinent dans les 3 couleurs. Des ateliers de dégustation sont programmés tout au long de l'année sur différents thèmes. Un sentier viticole sera balisé à partir de Pâques 2022.

MOULIN DU CLOS DES JEANNONS

Route de Saint-Pantaléon - **GORDES**
✆ 04 90 72 68 35
http://moulinjeannons.com
Ouvert du lundi au samedi de 10h30 à 19h. Boutique. Huile d'olive AOP. La visite du moulin est gratuite.

Les propriétaires ont recréé l'intérieur d'une ferme et c'est réussi ! Dans le même esprit, l'huile élaborée au moulin se fait dans la tradition. Que ce soient les olives des 2 500 apporteurs ou celle de la famille qui possède 4 000 arbres, elles sont écrasées avec des meules de pierre. Vous les trouverez en bidons métalliques à la boutique ainsi que du miel, de la tapenade, du vin. Au cœur du village de Gordes, le moulin vous invite à visiter sa boutique avec sa cave du XIIe siècle.

GAEC CANTA CABRA

2204, Chemin de la Begude
GOULT
✆ 06 29 24 74 39
Basse saison : ouvert du lundi au samedi de 7h à 18h. Haute saison : tous les jours et les jours fériés de 7h à 18h.

Marie et François Grégoire passionnés, sont éleveurs de chèvres et fromagers. Leurs fromages sont des merveilles. Ils travaillent en bio, font leur propre fourrage et les céréales pour que l'alimentation de leur cheptel soit de qualité. Ils proposent tous les affinages du frais au plus sec, des tommes à l'ancienne et des grosses tommes mais aussi des yaourts. On les trouve sur le marché paysan de Coustellet le dimanche et à Lourmarin le vendredi. Leurs produits sont en vente sur place à la ferme. N'hésitez pas à aller les rencontrer !

LES TEMPLIERS DE PROVENCE

Domaine de Piégros -
GRAMBOIS
lestempliersdeprovence.com

Le domaine, qui fut certainement un site gallo-romain puis une ferme templière, possède cependant une oliveraie récente. Les 3 000 arbres sont encore jeunes et les années à venir promettent des récoltes plus importantes. Mais déjà, l'huile (issue de l'aglandau, la bouteillan, la cayon et la picholine) est de très bonne qualité, souvent médaillée. Il faut dire que les olives (en conversion bio) sont toutes récoltées à la main et amenées au moulin très rapidement.

AUBERGE DES PAPES €€

Route de Grignan - **GRILLON**
✆ 04 90 37 43 67
www.aubergedespapes.fr
Fermé octobre à avril. Hte saison ouvert tous les jours. Formule du midi. Chambres avec petit déjeuner. Demi-pension.

Le cadre est rustique et surtout rempli d'objets et de mobilier affectifs. Alors oui, c'est une adresse atypique. Mais si vous recherchez un accueil chaleureux et des plats savoureux, ne passez pas votre chemin. La cuisine de Marie Nicolas est un modèle de tradition provençale et typiquement locale. Et c'est donc sans surprise que l'on se régale avec la truffe. Elle parfume l'huile d'olive, se parsème en pétales ou se râpe en épais copeaux... Autres points forts : une terrasse fleurie très agréable, et un drôle de bar qui ferait penser à une caverne.

LA FERME DE BILLY BILLY

1768, chemin des Dames-Roses
L'ISLE-SUR-LA-SORGUE
✆ 06 73 36 36 50
Fermé de janvier à mars. Ouvert sur réservation. Visite libre : 5 €. Visite guidée : 7 €. Fêtes ponctuelles : 4 €.

Idéale pour passer une journée en famille et partager de bons moments avec les animaux. L'animatrice, très à l'aise avec les bambins, leur apprendra tout ce qu'il faut savoir sur les animaux de façon ludique et pédagogique et répondra à toutes les questions. Au fil de la balade, ils découvriront les poules, canards, oies, dindons, pigeons, moutons, chèvres, cochons, chevaux, ânes, vaches, lapins. Durant deux heures, ils pourront brosser l'âne, traire une chèvre, donner le biberon aux brebis et aux agneaux, ramasser les œufs, porter petits poussins et lapereaux.

LES FERMIERS EN HERBE

1768, chemin des Dames-Roses
L'ISLE-SUR-LA-SORGUE
✆ 06 38 11 74 43
Ouvert tous les jours sur réservation. Visite libre : 5 €. Fêtes ponctuelles entrée : 4 €.

Cette association accueille les enfants dans leur ferme pédagogique. Accompagnés d'une animatrice, ils vont devenir de vrais petits fermiers. Ils pourront brosser l'âne, donner à manger aux moutons, traire une chèvre, ramasser les œufs, donner le biberon aux agneaux, porter un petit poussin. Vous pourrez aussi visiter librement la ferme en famille. Le mercredi, le samedi après-midi où le dimanche après-midi, les enfants pourront fêter leurs anniversaires. Les adultes auront la possibilité de rester sur la ferme. A l'abri en cas de mauvais temps. Aires de jeux.

AUBERGE DU GRAND REAL €€

chemin de Galance
LA BASTIDONNE
✆ 04 90 07 55 44
Ouvert en semaine. Menus midi de 15 à 25 €.

Au cœur d'une exploitation agricole d'une centaine d'hectares, cette auberge vous propose une bonne cuisine familiale essentiellement de produits bio de la ferme et des environs. Dans la salle de restaurant, pierres apparentes et cheminée, à l'extérieur la terrasse est ombragée. Les vins sont de la région et du domaine dans les 3 couleurs. On est servi par les pensionnaires de L'E.S.A.T. (Établissement et Service d'Aide par le Travail). Quant aux prix tout à fait raisonnables, ils permettent de soutenir le travail des résidents (autistes pour la plupart).

AUBERGE DU GRAND REAL

chemin de Galance
LA BASTIDONNE
✆ 04 90 07 55 44
Visites sur rendez-vous uniquement.

Le Moulin du Grand Réal est un moulin à huile traditionnel, vous pourrez voir la meule de granit, les scourtins et les deux presses hydrauliques au cours de votre visite. Les olives récoltées sur le domaine y sont triturées de novembre à décembre pour donner une huile labellisée A.O.C., certifiée agriculture biologique. L'huile du moulin ainsi que tous les produits de ferme directement cultivés ou fabriqués par le Grand Réal (légumes de saison, fromages de chèvre…) sont en vente au magasin de l'ESAT. Ils sont également servis à l'auberge. Fraîcheur assurée.

ALAIN MEYER

La Garenne
LE BARROUX
✆ 04 90 62 51 71
Mieux vaut appeler avant.

Du producteur au consommateur, il n'y a rien de meilleur que de déguster les fruits mûrs à point, en l'occurrence des abricots et des cerises, les fruits emblématiques de la région. Ici, ils ont été cueillis la veille dans le verger de la propriété. Pour la petite histoire, c'est l'arrière-grand-père d'Alain Meyer qui a planté les premiers abricotiers au Barroux en 1900 ! Vous pourrez donc remplir votre panier des fruits de saison, de l'huile d'olive aussi selon la saison, du nectar d'abricot artisanal, et des confitures de cerise et d'abricot.

LES LAMAS DU BARROUX

685, chemin de Choudeirolles - **LE BARROUX**
✆ 04 90 65 25 46
www.leslamasdubarroux.com
Fermé de novembre à mars. Adulte : 6 €. Enfant de 6 à 14 ans : 3 €. Visite sur rendez-vous uniquement

On apprend vraiment plein de choses. Il y a les œuvres de tissage et de tapisseries confectionnées avec la laine des lamas. Leurs toisons sont filées, à la main au fuseau ou au rouet, à l'ancienne, puis tissées sur des métiers de basse et haute lices. Marie – c'est elle qui élève les lamas – vous racontera que ces animaux sont les meilleurs débroussailleurs de la forêt méditerranéenne. Après 1h30 de visite guidée, vous saurez tout sur les lamas, leurs origines, leur utilisation, leur reproduction ; vous pourrez même les approcher.

DOMAINE LA CORÉE

9, Route de Lauris
LOURMARIN
✆ 04 90 68 02 95
Haute saison : ouvert de 9h à 12h. Ouvert tous les jours d'avril à août. Ouvert le dimanche.

La notoriété des melons de Cavaillon produits par Pierre Avon n'est plus à faire. Ils poussent à Lourmarin, mais on les retrouve sur quelques bonnes tables lyonnaises et parisiennes. Pas difficile à trouver, c'est en sortant de Lourmarin, côté château en direction de Lauris-Puyvert. Remplissez votre panier, comptez un pour deux personnes. Isabelle et Pierre vous proposent également des asperges, des fraises, des tomates anciennes, des figues et du rosé. Produits récoltés tous les jours, vente à la ferme, détail, gros, demi-gros.

LA FERME DE GERBAUD

Campagne Gerbaud
LOURMARIN
✆ 04 90 68 11 83
www.plantes-aromatiques-provence.com
Renseignements sur le site Internet. Sur réservation.

Qui rêve de distinguer le thym de la sarriette, la sauge du romarin ou l'aneth du fenouil et d'en connaître les vertus principales ainsi que leurs utilisations au quotidien, se doit un jour de rencontrer Paula Marty, c'est la gardienne des secrets des plantes du vallon de Gerbaud. Passionnée par les plantes aromatiques, elle fait redécouvrir à ses visiteurs les fameuses herbes de Provence. Et pas n'importe lesquelles : celles qui poussent à l'état sauvage sur son domaine et dont elle nous garantit tout le parfum et la saveur.

FERME PLANTEVIN

Quartier Entrevon
MALAUCÈNE
✆ 04 90 37 06 23
Ouvert de mai à octobre, tous les jours de 10h à 19h.

La période change parfois, tout dépend des caprices de Mme Météo : parfois vous retrouverez les bonnes productions des Inglebert dès le début du mois de mai, parfois un peu plus tard. Quoi qu'il en soit, le contenu reste le même et ne pâlit pas d'année en année : fraises, cerises, abricots, melons, raisins, asperges, tomates, aubergines, courgettes... Mais aussi des jus de fruits, des olives et de l'huile d'olive… Bon client, vous pouvez passer commande par téléphone pour réserver votre lot et être sûr de ne pas vous retrouver le bec dans l'eau !

MOULIN DU VIEUX CHÂTEAU

8, rue du Moulin-à-Huile
MÉRINDOL
✆ 04 90 72 86 76
Ouvert d'août à octobre du lundi au samedi 10h-12h puis sur rdv, de novembre à décembre tous les jours non-stop.

Le lieu est intiment lié à l'histoire du village : après le massacre des Vaudois au XVIe siècle, le moulin, bâti au cœur de Mérindol au XVIIe siècle va symboliser le renouveau au village. Deux siècles plus tard, il va entrer dans la famille Boudoire. Depuis cinq générations, Francine et son mari René perpétuent toujours la tradition. Trois huiles sont produites au moulin : l'AOC Provence, fruité vert, une huile fruité mûr, composée d'aglandau et de salonenque, et un fruité noir goût à l'ancienne, où les olives sont volontairement laissées à la fermentation.

LA FERME DES MARELLES

967, route de Mazan
MODÈNE
✆ 04 90 36 26 33
Fermé de mi-décembre à mi-mars. Ouvert de 10h à 12h et de 15h30 à 18h30.

La production de fromage est saisonnière, ce qui laisse ensuite le temps aux chèvres de se reposer. En plein cœur de l'hiver, point de fromages frais, mais des fromages déjà mûrs et plus fermes. La différence entre un fromage de chèvre fermier et celui que vous trouverez au supermarché ? Les fromages de chèvre fermiers sont fabriqués sur place avec un seul et même lait, tandis que les non-fermiers le sont à partir d'un lait de mélange issu d'élevages différents qui aura été collecté. La Ferme produit de l'huile d'olive bio, du vin rouge et du nectar de cerises.

FERME LE VIGUIER

Ferme agricole d'élevage d'Ovins - **MONIEUX**
✆ 04 90 64 04 83
www.leviguier.com
Élevage agneaux de Sault. Également 5 chambres d'hôtes. Table d'hôtes. En saison, séjour découverte de la truffe.

Depuis de nombreuses années, dans leur ferme familiale, Samuel et Marc Giardini vous accueillent. C'est ici qu'ils produisent l'agneau de Sault, et c'est leur activité principale. Mais ils ont d'autres cordes à leur arc. Non seulement ils vous feront découvrir l'univers de la truffe noire avec à la clé des sorties cavage, mais pour mieux en profiter, ils proposent également des chambres d'hôtes labellisées 3 épis, ainsi qu'une sympathique table d'hôte, à base de produits de la ferme : agneaux, lapins, volailles, légumes de saison...

DOMAINE &LESCHANCEL

9D, chemin des Basses Briguières, - **MORMOIRON**
✆ 0609645926
www.leschancel.com
Ouvert tous les jours en été et du lundi au vendredi en basse saison. Privatisation espace séminaire

Anne et Pierre Chancel ont démarré une nouvelle vie en créant, il y a 4 ans, ce domaine préservé de 30 hectares au pied du Ventoux (12 hectares cultivés en Bio entourés par 12 hectares de bois). Leurs premiers millésimes sont prometteurs dans les 3 couleurs et déjà sur de belles tables de Paris et de la région. Le domaine vallonné offre de superbes points de vue avec un circuit balisé *le Chemin Sensationnel,* une balade jalonnée d'activités (ateliers bien-être, lectures) qui se clôture par un pique-nique et la dégustation des vins. A découvrir absolument.

AUBERGE LA TUILERIE €

786, chemin de la Tuilerie - **ORANGE**
✆ 04 90 70 92 89
www.gitesprovence.com
Fermé janvier/février. Ouvert du vendredi au dimanche. Haute saison : mercredi au lundi et jours fériés midi et soir.

L'Auberge de la Tuilerie, c'est avant tout le domaine familial, domaine du Grand-Père Jules. C'est Xavier qui travaille les terres et produit vins rouges, blancs et rosés labellisés bio, et vin naturel. Surprenant de prime abord, vous aurez vite l'impression de vous être invité chez l'habitant : de la bonne cuisine sans chichis réalisée par Sylvie, et une atmosphère tranquille. L'apéritif est servi avec des olives marinées, puis c'est la farandole : entrée froide, entrée chaude, plat, fromage, dessert, café et une bouteille de vin IGP Rouge bio offerte.

LA CHÈVRERIE DES FONTAINES

96, route de Saint-Didier
PERNES-LES-FONTAINES
✆ 06 14 67 09 69
Ouvert les mardis et vendredis de 17h à 19h. Vente sur l'exploitation.

Julie élève son petit troupeau avec beaucoup d'attention. C'est la première chose que l'on comprend quand on va sur son exploitation pour acheter ses fromages, ses yaourts ou sa brousse. Le fromage frais est nature ou aromatisé à l'échalote, au cumin, à la sarriette ou aux pétales de rose. En fonction des saisons, elle propose aussi des saveurs alsaciennes, italiennes (tomate, origan) Noël (cannelle, gingembre et graines de sésame), potagères (poireaux, carottes, échalotes, oignons).

CHÂTEAU VAL JOANIS

2404, route de Villelaure - **PERTUIS**
© 04 90 79 20 77
www.val-joanis.com
Ouvert toute l'année. Dégustation, apéros et concerts en été. Possibilité de privatisation ; Visite des Jardins

Au pied du Grand Luberon, au nord d'Aix-en-Provence, le Château Val Joanis s'étend sur 400 ha de nature préservée avec 110 ha de vignes implantées entre pinèdes et oliviers. La grande diversité des terroirs (calcaires, galets roulés, argiles rouges) permet de produire des rouges riches et élégants, des blancs fins et racés et des rosés frais et gourmands. Ici les vins riment avec convivialité, notamment en été avec les Apéros de Val Jo et le Festival Les Musicales dans les Vignes de Provence. Les jardins classés « Jardins remarquables » méritent la visite.

LE JAS DES GRANDS CEDRES €

1620, Route de Mérindol-les-Oliviers - **PUYMÉRAS**
© 04 90 46 42 29
2 épis. 3 chambres de 55 €. Petit déjeuner inclus. Table d'hôte le soir 20 € par personne (sur réservation).

Cette ferme familiale du XIXe siècle se situe au milieu des vignes, des cerisiers et des abricotiers. Isabelle et Stéphane vous accueillent pour un séjour paisible dans un beau jardin en fleurs. Les chambres sont simples et confortables. Les couleurs des boutis contrastent avec la blancheur des murs. Les salles d'eau sont joliment carrelées. Le soir, dégustation de la cuisine provençale entièrement préparée avec soin par Isabelle, dans la grande salle à manger ou à l'extérieur en terrasse. Randonnées, vélo et autres sports sont au programme.

FERME LES ALPAGAS DE BOURBOUTON

Domaine Hugues de Bourbouton
RICHERENCHES
© 06 80 94 85 86
Fermé d´octobre à avril. Visite sur rendez-vous. Adulte : 10 €. Moins de 4 ans : gratuit. Boutique. Animations.

Partez à la découverte de ce camélidé élégant, doux, attachant, originaire des plateaux andins. Animal qui s'adapte facilement à notre région. Lors de journées, l'éleveur vous présente l'animal, vous donne la possibilité d'apprendre à le mener à la longe, s'en occuper, le nourrir. Sachez qu'en sortant, en passant par la boutique, vous avez le choix de vous laisser tenter par l'achat de laine ou par l'achat de l'attendrissant alpaga, ça sort de l'ordinaire non ?

LA FERME AUX BASILICS

Quartier Pont-Julien
ROUSSILLON
© 06 71 04 22 38
lafermeauxbasilics.com
Ouvert de juillet à octobre. Visites sur réservation de juin à septembre. 5 €/personne.

Voici une belle collection de variétés naturelles de basilics garantis sans traitements (basilic latino, basilic citron, basilic géant de Gênes, basilic thaïlandais...). De toutes ces bonnes choses, la propriétaire fabrique d'excellents produits : sirop de basilic naturellement parfumé au citron ou à l'anis ou encore une gelée de basilic parfumée – toujours naturellement – à la cannelle. Un second jardin est dédié à d'autres plantes aromatiques dont quelques espèces de sorcières... En juillet et août, on déguste la traditionnelle soupe au pistou.

LA CABRIOLE

Quartier de la Molière
SAIGNON
© 04 90 04 70 59
Tous les jours de 9h à 12h et de 15h à 18h.

Si vous aimez le bon, le vrai fromage de chèvre fermier, n'hésitez pas à vous rendre chez Marianne Denais qui « s'engage à nourrir ses animaux avec une alimentation à base de foin, d'herbe et de céréales, à élaborer ses fromages avec le lait cru de son troupeau sur son exploitation selon des techniques traditionnelles et à avoir des pratiques respectueuses de ses animaux et de l'environnement ». Pour assister à la traite, on vient entre 16h15 et 17h pour les chèvres et entre 17h et 17h45 pour les vaches. Boutique sur place. Vente sur les marchés également.

CHÂTEAU DE RUTH

SAINTE-CÉCILE-LES-VIGNES
© 0432809718
www.chateauderuth.com
Ouvert de 9h à 12h et de 14h à 17h30. Sur RDV le week-end. Téléphonez pour une dégustation.

Le domaine est l'un des plus anciens de la vallée du Rhône puisque son nom apparaît pour la première fois en 1561. Le Château est situé au sommet d'un amphithéâtre de vignes. Il abrite sous Louis XIV un couvent dont il reste des vestiges. Rénové et transformé en 1889, il devient la propriété successive des Trintignant (célèbre coureur automobile) puis Beauharnais. Propriétaire depuis 2010, Vincent Moreau consacre tout son savoir-faire et son enthousiasme pour élaborer des vins de qualité issus des terroirs des Côtes du Rhône. Il ne vous reste plus qu'à déguster !

RARE : UNE DÉGUSTATION SUR CUVES

Cours Maurice-Trintignant
SAINTE-CÉCILE-LES-VIGNES
✆ 04 90 30 83 25
www.chantecotes.com
Renseignements caveau de Chantecôtes.

Une fois par an, au printemps, Chantecôtes invite ses clients et les amateurs de ses Côtes du Rhône à découvrir le millésime de l'année « sur cuves ». Dans les locaux de la cave Cécilia, des tables sont dressées pour accueillir une vingtaine de lots : Côtes du Rhône blancs, rosés et rouges du millésime en cours, qui seront commercialisés dans l'année. Cette dégustation se déroule dans une atmosphère particulière, pour la première fois vous pénétrez dans « le saint des saints ».

CHÂTEAU DE SANNES

1580, RD 37 - **SANNES**
✆ 04 90 07 78 04
http://www.chateaudesannes.fr
Ouvert 7/7 en juillet/aout, du mardi au samedi de septembre à juin. Activités oenotouristiques, soirées musicales, Privatisations

Coup de cœur pour ce domaine de 70 ha situé au sein du Parc naturel du Luberon, près d'Ansouis : un voyage dans une Provence secrète et historique. À la boutique, les productions du domaine avec des huiles d'olive, des miels et une gamme de vins bio, aromatiques et typés : des rosés frais et fruités, des blancs floraux et complexes, des rouges élégants et puissants. À déguster en découvrant une exposition Miró - Prévert. Également sentier œnotouristique avec découverte de la biodiversité locale, ateliers de bien-être et rencontres culturelles et musicales.

FERME PÉDAGOGIQUE DE L'OISELET

Garrigues de l'Etang - **SARRIANS**
✆ 04 90 65 57 57
www.oiselet.com
Ouvert toute l'année. Réservation conseillée. Le mercredi et le samedi de 9h à 17h, 18h30 en été.

C'est une ferme qui bouillonne de bonnes idées. On y cultive des légumes d'hier et d'aujourd'hui et on produit aussi du vin. Mais on vient surtout ici pour ses journées à thème et ses ateliers. Le programme change en fonction des saisons : L'été on pique-nique, l'hiver on fait un stage cuisine et on mange dans la grande salle. Il y a aussi des journées découverte faune et flore, des journées «saveurs oubliées». Toute l'année, on se balade dans le conservatoire des légumes oubliés.

FERME AUBERGE LA MAGUETTE €€

Hameau de Saint-Jean-de-Sault - **SAULT**
✆ 04 90 64 02 60
Label « Bienvenue à la ferme ». Ouvert toute l'année vendredi et samedi soir ; le dimanche midi. Réservation impérative.

C'est une exploitation où l'on cultive lavande, lavandin, épeautre et pois chiche. En plus de ça, la propriétaire propose aux voyageurs de passage de copieux repas à la ferme et une boutique de produits de la ferme où vous trouverez, pêle-mêle : épeautre, pois chiche, lentilles, maraîchage, lavande, lavandin, céréales, poulet, lapin, cochon, agneau. Dans votre assiette, des spécialités « terroir » et maison : sorbet au fraises, meringues à la lavande... Un assortiment bien tentant !

VALLON DES LAVANDES

Ancienne route d'Aurel - Le Vallon
SAULT
✆ 04 90 64 14 83

Au début du chemin des lavandes, venez puiser dans l'histoire d'une fleur, toutes ses richesses et ses senteurs. Producteurs et distillateurs de lavande et lavandin selon la méthode traditionnelle, Sylvie et Thierry vous accueillent sur leur exploitation agricole à la découverte de cette fleur bleue et vous font visiter la distillerie construite en 1947 par le «grand-père Félix». Ils vous expliqueront les méthodes de culture et coupe jusqu'à l'acheminement du végétal à la distillerie, ainsi que chaque étape de la distillation.

L'ATELIER DES 3 SOUQUETS

1471, Route de Vaison - **SÉGURET**
✆ 06 18 56 57 02
www.les3souquets.fr
Ouvert le samedi de 10h à 19h. Haute saison : du mardi au dimanche de 10h à 19h. Ouvert le dimanche matin en décembre.

Denis, santonnier, grand défenseur du monde rural. C'est revêtu de son tablier qu'il vous accueille chaleureusement dans son atelier afin de vous faire découvrir son art, sa passion : la création de santons en argile peinte ou cirée. Tout au long des échanges, Denis malaxe l'argile, la peint, signe les sujets. On retrouve des figurines classiques comme l'enfant Jésus, le berger, les rois mages, mais ce qui rend Denis populaire c'est sa petite touche apposée sur certains santons : il met en avant un villageois (tels l'herboriste, le boulanger...).

LES CONFITURES D'ISABELLE

La Croix de Maillet
SÉGURET
✆ 04 90 37 26 88
Vente directe.

Les arbres ont toujours fait partie de la vie d'Isabelle. Elle le cultive et elle le transforme, c'est sa motivation. Son plus grand plaisir : être dans ses arbres au petit matin avec le soleil qui se lève et les cigales qui se réveillent. Ses créations, elle les fait découvrir lors des salons en hiver. Très exigeante, elle tient à conserver une production de qualité et à taille humaine. Et le résultat paye, puisqu'elle est souvent récompensée pour la qualité de ses produits.

CONFRÉRIE DE LA CERISE DES MONTS DE VÉNASQUE

Les Espuys
VÉNASQUE
✆ 04 90 67 37 46
www.cerise-venasque.com

Cette confrérie rassemble quelque 110 producteurs du nord comme du sud du Vaucluse qui ont à cœur de créer des variétés de cerises haut de gamme. Leur première création fut celle des monts de Venasque en 1978, puis la chérise en 1997. Les cerises du mont Venasque ont cette particularité d'être de gros calibre. Tous les ans, une fête est organisée fin mai début juin avec force dégustation et défilé. N'hésitez pas à vous renseigner auprès de l'office de tourisme.

DE NOS TERRES A L'ASSIETTE

15, rue des cèdres
VAISON-LA-ROMAINE
✆ 04 90 35 58 38
Ouvert le lundi et le samedi de 8h à 13h ; du mardi au vendredi de 8h à 18h. Plats préparés à emporter. Pains.

Patricia agricultrice et Marlène proposent de sélectionner pour vous une large gamme de produits locaux du Vaucluse et de la Drôme Provençale (vins, huile d'olive, glaces artisanales, spiruline…). Marlène propose un large choix d'entrées, de terrines, de desserts à base de produits frais de la boutique, tous réalisés sur place. Elle fait revivre les légumes d'antan : le navet boule d'or.. Laissez-vous tenter par le flan panais/fenouil/ cumin, un délice.

LA FERME DES ARNAUD

Domaine du Serre des Moines
VILLEDIEU
✆ 04 90 28 90 81
www.fermedesarnaud.com

Une histoire de famille ! Après la guerre, Yves reprend les terres en friche. Il n'est alors âgé que de 14 ans. L'exploitation devient viable lorsque son fils Pierre la reprend, en convertissant l'ensemble du domaine en agriculture biologique en 1978. Véritable pionnier, l'avenir lui donnera raison ! Le domaine s'agrandit et, aujourd'hui, la relève est assurée par Martial et Samuel, qui ont bien l'intention de donner un nouvel élan à la Ferme des Arnaud. L'exigence de la qualité est cependant toujours de mise et a accompagné toutes les générations.

LE CARBET AMAZONIEN

2033, route de Pernes
VELLERON
✆ 09 71 57 79 87
www.lecarbetamazonien.fr
Haute saison ouvert tous les jours de 10h à 18h. Adulte : 8 €. Enfant de 4 à 14 ans : 6 €.

Ce cadre enchanteur de plus de 500 m² est le royaume des plantes tropicales et des papillons sud-américains. C'est une passionnée d'horticulture exotique et d'entomologie qui orchestre les lieux. Vous évoluez au sein d'une immense serre tropicale, où sont élevés des papillons paléarctiques et tropicaux. La visite est pédagogique, mais surtout très poétique. On devient attentif à la fragilité et à la beauté des papillons en liberté et viennent se poser là, juste à côté de vous sur de magnifiques plantes tout aussi colorées qu'eux. Aires de pique-nique.

FERME LA GRANDE BASTIDE

1139, chemin des Iscles-de-Durance
VILLELAURE ✆ 04 90 79 57 67
grandebastide.wordpress.com/
Distribution le lundi et le vendredi de 18h à 19h. Production de légumes et céréales, paniers bio.

Les Follet se sont installés en bordure de Durance depuis une bonne dizaine d'années, exploitant 28 hectares cultivés en bio, en production céréalière et maraîchage. Chaque semaine, leurs paniers légumes et céréales de saison – croquants et savoureux à souhait – font bien des heureux. Engagez la discussion et peut-être que les sympathiques propriétaires vous permettront de visiter la ferme dans son ensemble et vous expliqueront leur mode de production. Vous pourrez suivre leur aventure sur le blog et connaître les horaires qui peuvent parfois changer.

INDEX

EDITION

Directeurs de collection et auteurs : Dominique AUZIAS et Jean-Paul LABOURDETTE

Auteurs : Marie-Charlotte AMBLARD, Jean-Paul LABOURDETTE, Dominique AUZIAS et alter

Directeur Editorial : Stéphan SZEREMETA

Rédaction France : Briséis CREAC'H-MENUT, Mélanie COTTARD, Audrey VEDOVOTTO, Nicolas WODARCZAK

Rédaction Monde : Laure CHATAIGNON, Morgane VESLIN, Pierre-Yves SOUCHET, Natalia COLLIER

FABRICATION

Maquette et Montage : Romain AUDREN, Julie BORDES, Delphine PAGANO

Iconographie et Cartographie : Anne DIOT, Julien DOUCET

WEB ET NUMERIQUE

Directeur Web : Louis GENEAU DE LAMARLIERE

Développeurs : Guillaume BARBET, Adeline CAUX et Roland SPOUTIL

Intégrateur Web : Mickael LATTES, Antoine DION

Webdesigner : Caroline LAFFAITEUR

Community Traffic Manager : Alice BARBIER, Mariana BURLAMAQUI et Noémie LE SAUX

DIRECTION COMMERCIALE

Directeur commercial : Guillaume VORBURGER

Coordinatrice des Régies commerciales : Manon GUERIN assistée de Jonas HESOL

Account Manager Marketplace : Leila ROUGEOT assistée de Lola FAVRE-MOT

Responsable Régies locales : Michel GRANSEIGNE

Responsables Développement régie inter : Jean-Marc FARAGUET et Guillaume LABOUREUR et Camille ESMIEU

Chefs de Publicité Régie nationale : Caroline AUBRY, François BRIANCON-MARJOLLET, Perrine DE CARNE MARCEIN, Jonathan TOUTOUX et Amélie NOEL

DIFFUSION ET PROMOTION

Directrice des Ventes : Bénédicte MOULET assistée d'Aissatou DIOP

Responsable des ventes : Jean-Pierre GHEZ assisté de Nelly BRION

Relations Presse-Partenariats : Jean-Mary MARCHAL

ADMINISTRATION

Président : Jean-Paul LABOURDETTE

Directrice des Ressources Humaines : Dina BOURDEAU assistée de Sandra DOS REIS et Eva BAELEN

Directrice Administrative et Financière : Valérie DECOTTIGNIES

Comptabilité : Guillaume PETIT, Aminata BAGAYOKO, Jeannine DEMIRDJIAN

Recouvrement : Fabien BONNAN assisté de Sandra BRIJLAL

Responsable informatique : Elie NZUZI-LEBA

PETIT FUTÉ AGRITOURISME

LES NOUVELLES EDITIONS DE L'UNIVERSITE
18, rue des Volontaires - 75015 Paris.
✆ 01 53 69 70 00 - Fax 01 42 73 15 24
Internet : www.petitfute.com
SAS au capital de 1 000 000 € - RC PARIS B 309 769 966
Couverture : © PeopleImages - iStockPhoto.com
Impression : CORLET IMPRIMEUR - 14110 Condé-en-Normandie
Achevé d'imprimer : février 2022
Dépôt légal : 02/04/2022
ISBN : 9782305070131

Pour nous contacter par email, indiquez le nom de famille en minuscule suivi de @petitfute.com
Pour le courrier des lecteurs : info@petitfute.com

IMPRIMÉ EN FRANCE